Die Rechtsprechung

des

Königlichen Ober-Tribunals

in

Straf-Sachen

herausgegeben

von

F. C. Oppenhoff,
Ober-Staats-Anwalt beim Königl. Ober-Tribunal

Sechster Band.

Berlin, 1865.
Druck und Verlag von Georg Reimer.

Widersetzlichkeit. — Vollstreckungsbeamter. — Magistratsbote.

Ein mit der Behändigung eines Steuerzettels an den Steuerpflichtigen beauftragter Magistratsbote ist ein Vollstreckungsbeamter im Sinne des § 89 StGB.s.

StGB. § 89 [vgl. dort n. 18; RdOTr 4. S. 504].

Erk. (Z. II.) v. 16. März 1865 c. Schridder (29. II. Cr.).

Schr. hatte sich dem Magistratsboten D. mit Gewalt widersetzt, als dieser ihm einen für ihn bestimmten Kommunalsteuerzettel überbrachte und die Unterschrift sowie die Rückgabe des Behändigungsscheines verlangte. Aus § 89 StGB. bestraft, rügte er im Wege der NB., daß D., weil nur mit der Ueberbringung eines Steuerzettels beauftragt, ebensowenig wie der einen Brief bestellende Postbriefträger, als Vollstreckungsbeamter anzusehen sei Zurückweisung. Gründe:

Der Magistratsbote D. ist mit Recht als ein Exekutivbeamter im Sinne des § 89 des StGB.s angesehen worden. Die Feststellung der Staats- und Kommunal-Steuern bildet einen Zweig der Staats- resp. Kommunal-Verwaltung. Die örtliche Erhebung der direkten Staatssteuern und der Kommunal-Steuern oder Kommunal-Umlagen erfolgt regelmäßig durch die Kommunal-Behörde. Der Steuerzettel enthält die Angabe des gegen den einzelnen Steuerpflichtigen festgestellten Betrages der zu leistenden Steuer, und insoweit auch eine Auflage seitens der Behörde, nach welcher er sich zu richten hat. Bei den Staatssteuern läuft vom Tage der Insinuation des Steuerzettels eine bestimmte Reklamationsfrist gegen die festgestellte Steuerquote des Einzelnen, und er muß der Reklamation ungeachtet einstweilen die festgesetzte Quote bezahlen (vgl. Gem.-St.-Ges. v. 30. Mai 1820 § 33. 34; Eink.-St.-Ges. v. 1. Mai 1851 § 13—15. 23. 36). Die eigentlichen Gemeinde-Abgaben werden notorisch durch exekutorisch erklärte Steuerrollen festgesetzt, und die Steuerzettel sind nur die Auszüge aus diesen Rollen. Hiernach steht sachlich das in dem Steuerzettel liegende Gebot der Steuerzahlung einem Befehle der Verwaltungsbehörde an den Steuerpflichtigen ganz gleich, und der Magistratsdiener, welcher amtlich beauftragt ist, einen solchen Zettel dem einzelnen Steuerpflichtigen förmlich zu insinuiren, müßte deshalb auch schon als ein zur Vollstreckung des Befehls dieser Behörde berufener Beamter angesehen werden. Zwar enthält der Steuerzettel an sich noch nicht den Exekutionsbefehl. Allein er gehört zu den Voraussetzungen der Exekutions-Vollstreckung. Es verhält sich dabei analog wie mit der Zustellung eines Urtheils, welches der betreffenden Partei von dem Gerichtsvollzieher oder Gerichtsboten zugestellt wird. Kann es aber nicht bezweifelt werden, daß die letzteren bei Insinuation ihrer Urtheile als Exekutiv-Beamte angesehen werden müssen, so muß auch ein Gleiches bei dem Magistratsdiener der Fall sein, welcher einen Steuerzettel zu insinuiren beauftragt ist. Wenn in dem Erkenntnisse des Kgl. OTr.s v. 28. April 1854 ausgeführt ist, daß Postbriefträger nicht zu den Exekutiv Beamten im Sinne des § 89 des StGB.s gehören, und die NB. sich auf dieses Erkenntniß mit der Behauptung beruft, daß es sich im gegenwärtigen Falle eben so wenig, wie in dem Falle des eben citirten Urtels um einen in Vollziehung zu setzenden Akt der Staatsgewalt, sondern nur um die Ausrichtung eines einfachen Auftrags handle, so übersieht sie, daß der Privatbrief, welchen die Postbehörde durch einen Briefträger zustellen läßt, eine obrigkeitliche Auflage oder einen Befehl, welchem der Adressat nachzukommen hätte, überall nicht enthält, während es sich hier allerdings um die Insinuation einer obrigkeitlichen Auflage an den Angeklagten handelte. Mit Rücksicht auf den bemerkten Unterschied hat denn auch das Kgl. OTr. in dem Urtheil v. 11. Mai 1864 c. Peters [RdOTr. 4. S. 504] angenommen, daß ein Postbriefträger, wenn er mit der Insinuation einer gerichtlichen Verfügung beauftragt ist, und dieselbe vollzieht, allerdings als ein Exekutiv-Beamter im Sinne des § 89 des Strafgesetzbuchs zu betrachten ist.

Antr. des GStA.s: gleichl. [27.—3.]

---

1. Rheinufer (linkes). — Weidfrevel. — Hochwald.
2. Rheinisches Verfahren. — Forstfrevel. — Berufung.

1. Auf dem linken Rheinufer sind die in Hochwaldskulturen begangenen Weidefrevel nicht aus Art. 38. Tit. 2 des Ruralges.s, sondern aus Art. 8. 10. Tit. 2 der Ordonnanz v. Aug. 1669 zu bestrafen.

Vgl cit. Ord Tit. 24 Art 2; Tit. 25 Art 2. 3; Tit. 26 Art. 1. — Zwischen Hochwald und Niederwald besteht der Unterschied, daß jener bestimmt ist, den ausgewachsenen Stamm zu ziehen, wogegen der Niederwald als Ausschlag und Stangenholz in kürzeren Umtriebsperioden gefällt und abgeräumt wird; sic: V KH. 16. März 1852 c. Müller (A. 7089); daher ist eine Kultur als Hochwald anzusehen, wenn sie dazu bestimmt ist, ein solcher zu werden: B. KH 30. Sept. 1844 c. Docter (Rh. Arch. 38. 2 S 46); B II. 20. Okt 1859 c Backes (309); Erk. d Paris. KH.s v. 21 Juni 1822; 13. Juni 1823: Sir 22. 1. S. 432; 23. 1. S. 372; u. o

2. Nach Rheinischem Verfahren sind die Polizeigerichte für alle Forstvergehen zuständig, selbst wenn die angedrohte Strafe das für Uebertretungen bestimmte Maaß übersteigt; dagegen unterliegen im letzteren Falle die ergehenden Urtheile unbedingt der Berufung.

Rh. StPO. Art. 177. 199; Vdn. v. 7. Juni 1821 §§ 4. 8; Einf.-Ges. z. StGB. Art. VIII. [n. 10] XIV. XX. [n 8].

Erk. (Z. II.) v. 16. März 1865 c. Schüßler & Bauer (33. I. Cr.)

Sch. und B. waren unter der Beschuldigung „— mit einer dritten Person im Gemeindewalde von H. in einer dreijährigen Fichtenkultur mit 11 Stück Rindvieh weidend betroffen zu sein" vor das (Rh.) Polizei-Gericht gestellt, von diesem aber wegen eingetretener Verjährung freigesprochen worden. In den Gründen des Urtheils war ausgeführt, daß die betr. That unter Art. 38 Tit. 2 des Ruralges.s v. 28. Sept. — 6. Okt 1791 falle, weil eine Fichten-Kultur als Niederwald (bois taillis) anzusehen sei, und der cit. Artikel unter dem Ausdrucke „communautés" auch die Gemeinden mit begreife; ebendeshalb greife hier die Verjährung des Art. 8 Abschn. 7 des cit Ruralges s Platz. — Der PAnw. ergriff den Kass.-Rekurs, zu dessen Rechtfertigung der betr. Ober-Prokurator ausführte: eine Fichten-Kultur sei dazu bestimmt, demnächst zum Hochwald herangezogen zu werden, und deshalb im Sinne des Gesetzes als „Hochwald" zu betrachten, das zutreffende Strafgesetz sei daher nicht das Ruralges, sondern die Forst-Ordonnanz v. Aug. 1669 Tit. 32. Art. 8 10, und ebendeshalb die Verjährung des ersteren unanwendbar. — Das OTr. hat den Rekurs verworfen, indem es erwog:

daß die Bestimmungen der Ordonnanz v. Aug. 1669 das gemeine Recht und die Regel für die Bestrafung aller in den Waldungen des Staates, so wie der Gemeinden verübten, Frevel bilden; daß denselben durch das Ruralgesetz zwar insofern derogirt wird, als unter dem daselbst Art. 38. Tit. II. gebrauchten Ausdrucke: communautés in gleicher Weise, wie dies nach dem Sprachgebrauche der Ordonnanz anzunehmen ist, die Gemeinden und nicht bloß sonstige Institute zu verstehen sind, und daher ein Waldfrevel nicht schon um deswillen, weil er in dem Eigenthum einer Gemeinde verübt ist, als unter die Vorschriften der Ordonnanz fallend zu betrachten ist;

daß dagegen der bezogene Art. 38, weil und wiefern er nur die in dem Schlagholze (bois taillis) der Gemeinden u. s. w. verübten Beschädigungen als Ruralvergehen bezeichnet, gegenüber den das Waldeigenthum aller Art umfassenden Bestimmungen der Ordonnanz, eine nicht über ihren Wortlaut auszudehnende Ausnahme darstellt;

daß thatsächlich feststeht, daß der den Gegenstand der vorliegenden Beschuldigung bildende Weidfrevel in einer der Gemeinde H. gehörigen dreijährigen Fichtenkultur, also in einer Waldanlage vorgekommen ist, welche nicht unter den Begriff des Schlagholzes gehört, vielmehr ihrer forstwirthschaftlichen Bestimmung gemäß zum Hochwald herangezogen wird und diesem daher hinsichtlich der Ahndung der darin verübten Beschädigungen rechtlich gleichgestellt werden muß;

daß hieraus folgt, daß nicht die Vorschriften des Ruralgesetzes, sondern die der Forstordonnanz, das hier zur Anwendung kommende Strafgesetz bilden;

daß nun aber die letztere, — Tit. 32. Artt. 8. 10 — den Forstfrevel, um welchen es sich handelt, nach Maaßgabe der Zahl der aufgetriebenen Viehstücke mit einer Geldbuße bedroht, welche die Höhe der durch Art. XIV. bez. VIII. des Einf.-Ges.s z. StGB. normirten Polizeistrafe übersteigt; daß, wenn das Polizeigericht auf diese Strafe vermöge der im § 4 der Vdn. v. 7. Juni 1821 ausgesprochenen und durch Art. XX. des Einf.-Ges.s aufrecht erhaltenen speziellen Attribution zu erkennen hat, die strafbare Handlung darum noch nicht den Charakter einer Uebertretung, sondern nach dem Maaße der angedrohten Strafe den eines Vergehens an sich trägt, und daher auch in Bezug auf die Zulässigkeit des Rechtsmittels, zumal mit Rücksicht auf §8 der allegirten Vdn. v. 1821 nach den für Vergehen (en matière correctionelle Art. 199 der StPO.) geltenden Vorschriften behandelt werden muß, woraus sich ergiebt, daß das in der Sache ergangene Urtheil der Berufung des öffentlichen Ministeriums unterliegt, mithin nicht in letzter Instanz ergangen und daher der dagegen ergriffene Kassationsrekurs nach Art. 177 der StPO. unstatthaft ist.

Antr. des GStA.s: gleichl [29. — 3.]

Anklagebeschluß und Anklageschrift. — Mittheilung.

Sind einem vor den Schw.-GH. verwiesenen verhafteten Angeklagten der Anklagebeschluß und die Anklageschrift durch Vorlesung bekannt gemacht worden, so bedarf es selbst dann, wenn die Verhandlung demnächst vertagt und der Angeklagte in Freiheit gesetzt wird, einer abschriftlichen Mittheilung jener Aktenstücke vor der neuen Verhandlung nicht mehr.

Vdn. v. 3. Jan. 1849 § 79 [vgl. dort n. 6]; Ges. v. 3 Mai 1852 Art. 64. Vgl. RdOTr. 4 S. 396.

Erk. (Z. I.) v. 17. März 1865 c. Lemke (355. I Cr.).

L. war vor den Schw.-GH. verwiesen und in Haft; hier waren ihm Anklagebeschluß und Anklageschrift durch Vorlesung bekannt gemacht worden In der zur Hauptverhandlung bestimmten Sitzung (13. Okt) erfolgte indessen eine Vertagung, gleichzeitig ward L. aus der Haft entlassen; vor dem neuen Termin (15. Febr.) ist die Mittheilung jener Aktenstücke nicht wiederholt worden. Die NB. rügte, daß diese Stücke dem Angeklagten nicht zugestellt worden seien. Zurückweisung. Gründe:

Es ist richtig, daß nach Inhalt der Akten dem Angeklagten bei seiner Vorladung zur Audienz am 15. Februar d. J. eine Abschrift der Anklage und des Anklagebeschlusses nicht ertheilt worden ist. Dennoch hat dadurch eine Verletzung des § 79 der Vdn. v. 3. Jan. 1849 nicht stattgefunden. Denn zur Zeit der ersten in dieser Sache angestandenen Audienz v. 13. Okt. 1863 war derselbe verhaftet, und damals wurde ihm gemäß § 49 der cit. Vdn. und Art. 64 des Ges. v. 3. Mai 1852 die Anklage und der Beschluß durch Vorlesung bekannt gemacht. Das Gesetz schreibt aber die allerdings nothwendige Maaßregel der Mittheilung dieser Schriftstücke an den Angeklagten überhaupt nur einmal, nämlich bei der Einleitung des Hauptverfahrens, vor. Daraus folgt, daß von den beiden vorgeschriebenen Formen derselben, nämlich der Verlesung bei dem Verhafteten und der abschriftlichen Zufertigung bei dem Nichtverhafteten, nur diejenige als nothwendig zu befolgen ist, welche sich bei der Einleitung des Verfahrens als die zu befolgende ergiebt, und daß eine Wiederholung in der anderen Form bei einer Fortsetzung des Verfahrens in wiederholten Audienzen, wenn auch unter veränderten Umständen, nicht geboten ist. Dem Angeklagten war es aber unbenommen, nach seiner Entlassung aus der Haft und bei Empfang der Vorladung zur zweiten Audienz sich Abschrift der Anklage u. s. w. zu erbitten; eine solche war überdies vorschriftsmäßig seinem Vertheidiger ertheilt. Dazu kommt, daß der Angeklagte endlich in der Audienz am 15. Febr. den Mangel einer genügenden Information nicht gerügt hat (G. A. 12. S. 280; RdOTr. 4. S. 396).

Antr. des GStA.s: gleichl. [15.—3.]

Diebstahl. — Fische. — Teich 2c.

Die Wegnahme von Fischen aus Teichen und Behältern ist nur dann aus § 217 Nr. 1 StGB. zu bestrafen, wenn dieselben in jene Wasserräume zum Zwecke der Aufbewahrung gebracht oder in denselben gezüchtet worden sind.

StGB § 217 Nr. 1 [vgl. dort n. 13].

Erk. (V. I.) v. 17. März 1865 c. Mühmel & Wurst (263 I. Cr).

Die Angeklagten hatten „— — aus dem sog. Ständer am Wrbitzteiche Karpfen in der Absicht rechtswidriger Zueignung weggenommen," und waren deshalb aus § 217 Nr 1 l. c. gestraft worden. Das AG. hatte in dieser Beziehung ausgeführt: „Teiche seien notorisch Anlagen zur Hegung und Zucht von Fischen, auch wenn sie nicht fortwährend bewässert und mit Fischen besetzt seien; hier sei erwiesen und auch allgemein bekannt, daß die Zapfenlöcher zum Teiche gehörten und vom innern Teiche durch Stäbe getrennt seien, damit beim Ablassen des Wassers die Fische nicht abzögen; daher seien die [in dem Ständer] zwischen den Stäben und den Zapfenlöchern befindlichen Fische auch in der Fischanlage, der Gewahrsam des Besitzers des Teichs, und der von den Angeklagten erbotene Beweis, daß die Fische in den Ständer nicht aus dem Wirbitz-, sondern aus einem anderen Teiche gekommen seien, unerheblich." — Auf die NB. der Angeklagten hat das OTr. dieses Erkenntniß vernichtet und die Sache an das AG zurückverwiesen. Gründe:

Wie in dem Plenar-Erkenntnisse des OTr.s v. 11. Jan. 1858 c Wolle [Oppenhoff StGB. § 217 n. 14] bereits ausgesprochen und weitläuftig erörtert worden ist, findet auf das unbefugte Fischen, d. h. die Aneignung von Fischen, die sich noch nicht im ausschließlichen Besitze eines Dritten befinden, sondern vorerst nur dem Occupationsrechte desselben unterliegen, zunächst der § 273 des StGBs. Anwendung. Als Diebstahl, und zwar als Diebstahl unter erschwerenden Umständen, wird dagegen die unbefugte Aneignung von Fischen, die noch im Wasser sind, aus § 217 Nr. 1 gestraft, wenn eine Besitzergreifung an denselben schon stattgefunden, d. h. wenn sich die entwendeten Fische in Teichen oder Behältern befunden haben, in welche sie zum Zwecke der Aufbewahrung hineingebracht oder in welchen sie gezüchtet worden sind. Daß ein solcher Fall hier vorliege, hat jedoch der App.-Richter nicht festgestellt, er sagt im Gegentheile nur, daß sich die Karpfen, deren Entwendung die Imploranten beschuldigt sind, in dem sogenannten Ständer am Ausflusse des Wirbitz-Teiches zwischen den Stäben und den Zapfenlöchern befunden hätten und dieser Ständer ein Zubehör des Wirbitz-Teiches gewesen sei. Ob aber der (jetzt abgelassene und trocken gelegte) Wirbitz-Teich ursprünglich zur Zucht von Fischen gedient habe, und ob die Fische im Ständer dorthin aus dem Wirbitz-Teiche, oder, wie von dem Zeugen G. behauptet wird, durch Zufall bei hohem Wasserstande aus dem unterhalb gelegenen Galgenteiche, oder gar, wie die Imploranten behaupten, aus dem (im Besitze eines Dritten befindlichen) sogenannten Kuntze-Teiche gekommen seien, das Alles erklärt der App.-Richter für unerheblich und lehnt es daher ab, sich darüber (eventuell nach erhobenem neuen Beweise) thatsächlich auszusprechen, weil er von der Ansicht ausgeht, daß, wie es sich immer hiermit verhalten haben möge, der Eigenthümer des in Rede stehenden Ständers auch ohne Weiteres Eigenthümer der darin befindlichen, gleichviel wie hineingekommenen Fische sei. Diese Ansicht, der möglicherweise der § 177 I, 9. ALR. und der darin befindliche Ausdruck „gehören" zum Stützpunkte dienen könnte, ist jedoch schon in dem allegirten Erkenntnisse des OTr.s v. 11. Jan. 1858 widerlegt worden, und muß deshalb, insoweit es sich um den § 217 Nr. 1 des StGB.s handelt, als eine rechtsirrthümliche bezeichnet werden.

Hiernach mußte das App.-Erkenntniß vernichtet, zugleich aber die Sache in die zweite Instanz zurückgewiesen werden, weil es noch in thatsächlicher Beziehung einer Feststellung darüber bedarf, ob der Ort, wo sich die Fische befunden, ein zur Aufbewahrung oder Züchtung von Fischen bestimmtes Behältniß oder ein dazu bestimmter Teich, beziehungsweise ein Theil eines solchen gewesen sei. Die allgemeine Bemerkung des App.-Richters, es sei eben so notorisch, daß Teiche Anlagen zur Hegung und Zucht von Fischen seien, als daß sie nicht stets bewässert und mit Fischen besetzt seien, kann den Mangel dieser Feststellung nicht ersetzen, weil, wenn auch zuzugeben ist, daß „Teiche" eine solche Bestimmung haben können, darum doch nicht alle Teiche dieselbe haben, mithin auch aus obiger Prämisse nicht geschlossen werden kann, daß der Wirbitz-Teich (so lange er noch nicht abgelassen war) dieselbe gehabt habe, am wenigsten, daß nach seiner Ablassung nun diese Bestimmung auf den sogenannten Ständer übergegangen sei.

Antr. des GStA.s: gleichl [28.—3.]

---

1. Kuppelei. — Eignes Kind. — Bescholtenheit.
2. Oeffentlichkeit. — Ausschließung. — Urtheils-Verkündung.

1. Die Strafbarkeit der Kuppelei des eigenen

Kindes ist nicht durch die Unbescholtenheit des letzteren bedingt.

StGB. §§ 147 [vgl. dort n. 8]. 148 Nr. 2.

2. **Ist die Oeffentlichkeit für die Hauptverhandlung ausgeschlossen worden, so ist auch das Endurtheil in nicht öffentlicher Sitzung zu verkünden.**

Ges. v 3. Mai 1852 Art. 18 [vgl dort n. 8].

Erk. (Z. I.) v. 17. März 1865 c. Niemeier (736. I. Cr.).

So wenig wie die Kuppelei überhaupt (§ 147) von der Bescholtenheit derjenigen Personen, deren Unzucht Vorschub geleistet worden, abhängig ist, ebensowenig ist dies nach § 148 Nr. 2 bei der qualifizirten Kuppelei der Fall. Der Thatbestand beschränkt sich vielmehr hauptsächlich nur auf das hier festgestellte Verschaffen oder Gewähren von Gelegenheit zur Unzucht. —

Nach Inhalt des Protokolles muß allerdings angenommen werden, daß die beim Beginne der Verhandlung erfolgte Ausschließung der Oeffentlichkeit auch bei Verkündigung des Urtels auf Grund des Verdiktes noch fortgedauert hat. Allein der Ausdruck im Art. 18 des Ges.s v. 3. Mai 1852 umfaßt unbedenklich auch jene Fällung des Urtels, weil diese eben auch ein Akt der Hauptverhandlung ist. Der § 14 der Vdn. entscheidet hierüber nichts, vielmehr ergeben die sonstigen Vorschriften, insbesondere diejenigen über die Schwurgerichtsverhandlungen und die Darstellung der einzelnen Akte in derselben als unzweifelhaft, daß die Hauptverhandlung, welche nur in der Voruntersuchung einen direkten Gegensatz hat, erst mit der erfolgten Verkündigung des Urtels ihr Ende erreicht, diese also einschließt. Könnte darüber noch ein Zweifel obwalten, so würde er dadurch erledigt werden, daß die Kommission der II. Kammer nach Ausweis der Materialien zu Art. 19 noch den Zusatz vorgeschlagen hatte: „das Endurtheil ist in allen Fällen öffentlich zu verkünden," dieser Vorschlag aber von der Kammer abgelehnt ist. Würden also die Gründe für den Vorschlag in der Annahme gelegen haben, daß die Fällung oder doch die Verkündung des Urtheils nicht zur Hauptverhandlung gehöre, so würden sie durch den Beschluß der Kammer reprobirt worden sein. In jedem Falle folgt hieraus soviel, daß es Absicht gewesen ist, die Verkündung des Urtels, bei sonst ausgeschlossener Oeffentlichkeit, davon nicht auszuschließen Der dafür angeführte Grund ist der gewesen, daß mit dem Urtel auch die Gründe öffentlich verkündet wurden, dadurch also der Zweck der Ausschließung der Oeffentlichkeit vereitelt werden würde. (Goltd. Matt. S. 77. 78. 386.)

Antr des GStA.s: gleich! [15 — 3]

Theilnahme. — Wesentlichkeit. — Feststellung.

Behauptet der der Theilnahme an einer Strafthat (§ 34 Nr. 2) Angeklagte, seine Theilnahme sei eine nicht wesentliche gewesen, so muß der Instanzrichter, welcher die Anklage für begründet erachtet, die Richtigkeit jener Behauptung prüfen.

StGB. § 34 Nr 2. 35 [vgl. dort n 8. 9]: Strafverf Art. 84 n 12.

Erk. (B. I) v. 17. März 1865 c. Schwiderka (Stölzel & Gen. 239. I. Cr).

Der Implorant hat in seiner Appellationsschrift ausdrücklich behauptet, daß seine Theilnahme an dem Vergehen des Mitangeklagten St. keine wesentliche gewesen sei, der App-Richter hat dies aber gänzlich ignorirt. Hierin liegt eine Verletzung des § 35 des StGB.s, nach welchem es im Falle des § 34 Nr. 2 in Beziehung auf die verwirkte Strafe unter allen Umständen von rechtlicher Erheblichkeit ist, ob die Theilnahme eine wesentliche oder nicht wesentliche war. Sobald also der Angeklagte im Falle des § 34 Nr. 2 l. c. einwendet, daß seine Theilnahme an einem Vergehen eine nicht wesentliche gewesen ist, so muß der Richter diesen rechtlich erheblichen Einwand des Angeklagten seiner Prüfung unterwerfen, und sich bestimmt darüber aussprechen, ob er ihn für begründet erachtet oder nicht, was der App.-Richter nicht gethan hat. — Das OTr. hat auch bereits wiederholt anerkannt und eingehend ausgeführt, daß in Schwurgerichtssachen im Falle des § 34 Nr. 2 cit., sobald die Frage, ob die Theilnahme eine nicht wesentliche war, beantragt wird, eine solche Frage auch den Geschworenen zur Vermeidung einer Nichtigkeit vorgelegt werden muß (conf. die bei Oppenhoff ad § 35 StGB. in der Note 9 allegirten Entscheidungen). Aus denselben Gründen, welche in dieser Beziehung für Schwurgerichtssachen angeführt sind, muß konsequenter Weise auch für die vor den Gerichtsabtheilungen verhandelten Untersuchungen angenommen werden, daß, wenn die Unwesentlichkeit vom Angeklagten ausdrücklich behauptet wird, der Richter diesen Einwand nothwendig prüfen und sich darüber bestimmt aussprechen muß, ob er ihn für begründet erachtet.

Antr. des GStA.s: gleichl. [18.—3.]

Konnexität. — Verweisung vor ein anderes Gericht.

Eine bei einem zuständigen Gerichte anhängige Untersuchungssache kann nicht wegen Konnexität mit einer anderen Sache vor das mit dieser befaßte Gericht verwiesen werden, wenn diese letztere Sache bereits rechtskräftig abgeurtheilt ist.

Ges. v. 3. Mai 1852 Art. 4. 3. [vgl. dort n. 15].

Beschl. (I.) v. 17. März 1865 c. Wahry (69. B. I. Cr.).

Das KG. zu G. hatte beim OTr. beantragt, eine bei ihm anhängige Untersuchungssache gegen W. an das StG. zu B zu verweisen, weil W. dort wegen eines andern Vergehens in Untersuchung und in Haft sei. Da sich indessen ergab, daß diese letztere Sache bereits durch rechtskräftig gewordene Verurtheilung des W. erledigt sei, so lehnte das OTr. jenen Antrag ab, „weil unter diesen Umständen eine Verweisung der dort (in G.) schwebenden Untersuchungssache an das StG. zu B. nach Art. 4 des Ges.s v 3. Mai 1852 nicht mehr erfolgen könne."

Antr des GStA.s: gleichl. [47 —3.]

Chausseehebestelle. — Umfahren. — Dolus.

Das Umfahren einer Chausseehebestelle ist nur dann strafbar, wenn nachgewiesen ist, daß es geschah, um sich der Zahlung des Chausseegeldes zu entziehen.

Chauss.-Geld-Tarif v. 29 Febr. 1840 Zus.-Bemerkk. n. 5. Vgl. RbOTr. 2. S 338; 5 S. 298; Hartm. Strafgess. S. 245 n. 2. 3.

Erk. (Z. II.) v. 23. März 1865 c. Rieder (428 II. Cr. v. 1864).

R. hatte durch seinen Knecht R. 4 Ochsen auf der Chaussee treiben lassen; vor der Berührung der Hebestelle Br. hatte der Treiber die Chaussee verlassen, auf einem kürzeren Feldwege die Stadt Br. erreicht und war hier wieder auf die Chaussee gelangt; die Instanzrichter haben gleichwohl von der Anklage der Chausseegelddefraude freigesprochen, „weil nicht angenommen werden könne, daß R. den nähern Weg in der dolosen Absicht eingeschlagen habe, um die Hebestelle zu umgehen.“ — NB. des OStA.s: die Worte „Umfahren“ ꝛc. in der cit. Nr. 5 deuteten insofern auf eine Absichtlichkeit der Handlung, als die irrthümliche Betretung des Nebenwegs straflos sei; wo dagegen die Vorsätzlichkeit der Handlung feststehe, bedürfe es nicht weiter eines Nachweises der Absicht einer Defraudation, vielmehr sei diese bis zum Beweise des Gegentheils zu präsumiren — Zurückweisung Gründe:

Eine praesumtio doli stellt das Gesetz weder für die speziell hervorgehobenen Kontraventionsfälle, noch für die übrigen unter die Schlußbestimmung zu subsumirenden Fälle auf. Auch knüpft es bei den zuerst gedachten Fällen nicht, etwa wie im § 6 Nr. 1 bis 5 des ZStr.-Ges.s v. 23. Januar 1838, allgemein an die äußere, materielle Handlung schon die Vollendung der Defraudation. Kann man also nicht behaupten, daß es sich im Falle des § 5 cit. von solchen Zuwiderhandlungen gegen die Vorschriften öffentlicher Gefälle und Abgaben handle, bei welchen es der Regel nach auf eine strafbare Absicht überhaupt nicht ankomme, so muß die entgegengesetzte Regel bestehen bleiben, daß die Anklage diese Absicht gleich dem materiellen Faktum zu erweisen hat. Kann es auch fraglich sein, ob die mehr bezogene Nr. 5 der Zusatzbestimmungen zu dem Chausseegeld-

Tarif v. 29. Febr. 1840, insoweit sie die Zuwiderhandlungen gegen die Nr. 2 und 3 dieser Zusatzbestimmungen unter Strafe stellt, von jedem dolus absehe, so läßt sich doch ein Gleiches bei dem Umfahren der Hebestelle nicht behaupten, da das Wort selbst, wie bereits hervorgehoben ist, die Absicht, sich der Chausseegeldentrichtung zu entziehen, voraussetzt, es mithin auch im konkreten Falle des Nachweises dieser Absicht gegen den Angeklagten bedurfte. Wenn sodann die Nichtigkeitsbeschwerde sich für die von ihr vertretene Ansicht über den präsumirten dolus noch auf die ratio legis beruft, welche darin bestehen soll, daß den Behörden, welche derartige geringfügige Kontraventionen zu überwachen und zu verfolgen hätten, nicht unverhältnißmäßige Weiterungen entgegentreten sollten, so würde doch diese Absicht, selbst wenn sie als begründet anzunehmen wäre, nicht dazu führen können, daß der Gesetzgeber darum von den allgemeinen Grundsätzen über die Strafbarkeit einer Handlung habe abweichen wollen.

Antr. des GStA.s: gleichl. [27.—2.]

---

1. Vorlesung. — Fremdes Recht. — Privatbelehrung.
2. Ausland. — Ausländisches Gesetz. — Feststellung.

1. Kommt es bei einer Entscheidung auf den Inhalt eines ausländischen Gesetzes an, so kann der dazu erforderliche Beweis nicht ohne Weiteres durch Vorlesung einer von einem fremden Rechtsverständigen ausgegangenen Privatbelehrung erhoben werden.

Vdn. v. 3. Jan. 1849 §§ 14 [n. 48. 58]; 22 [n 12—14].

2. Eine im Auslande begangene That ist nur dann in Preußen zu bestrafen, wenn festgestellt ist, daß die konkrete Handlung, so wie sie von den Instanzgerichten festgestellt ist, am Orte ihrer Begehung strafbar sei.

StGB § 4 Nr 3 [n. 18 25] Vgl. RdOTr 2. S. 75; 4. S. 214; 5. S. 475. — Sic: B (I, 254) 8. März 1865 c. Groß

Erk. (B. II) v. 23. März 1865 c. Schlüter (429. II. Cr. v. 1864).

Schl. war in erster Instanz aus § 89 StGB. bestraft worden, weil er in einem kurhessischen Orte dem in Ausübung seines Amtes thätigen Polizeidiener eines kurhessischen Nachbarortes durch Drohungen Widerstand geleistet hatte. Auf seine Appellation hatte dagegen das AG. freigesprochen, weil es auf Grund einer von Sch. beigebrachten und in der Sitzung verlesenen Bescheinigung eines kurhessischen Advokaten als erwiesen annahm, daß nach kurhessischen Gesetzen der gedachte Polizeidiener in dem Nachbarorte eine Amtshandlung nicht habe vornehmen dürfen. Auf die NB. des OStA.s ist dieses Erkenntniß vernichtet worden. Gründe

Mag auch da, wo es auf den Beweis des Inhalts fremder Landesgesetze ankommt, dieser Beweis, wenn eine andere Beweisführung nicht möglich ist, wohl auch durch gehörig beglaubigte Gutachten ausländischer Rechtsgelehrten geführt werden können, so war doch das Schriftstück, in dessen stattgehabter Verlesung der App.-Richter eine Beweisaufnahme hat finden wollen, nur eine dem Vater des Angeklagten Schl. in einem an diesen gerichteten Privatbriefe, auf dessen Anfrage, von einem kurhessischen Advokaten als Konsulenten ertheilte Rechtsbelehrung, die höchstens als unbeeidetes Zeugniß gelten konnte. Als eine im mündlichen Verfahren vor dem erkennenden Richter erfolgte Beweisaufnahme, wie solche das Gesetz verlangt, läßt sich diese Verlesung, deren Vornahme als eine Ausnahme von der Regel des § 14 der Vdn. v. 3. Jan. 1849 auch auf keine Weise motivirt worden ist, nicht ansehen.

Die Sache ist sodann an das AG zurückverwiesen und in dieser Beziehung in den Gründen noch ferner ausgeführt worden:

Bei dieser anderweitigen Verhandlung wird dann auch in Betracht kommen, daß nach § 4 Nr. 3 des StGB.s wegen der von dem Angeklagten im Auslande begangenen Handlung Strafe in Preußen nur dann eintreten kann, wenn nicht nur diese Handlung in Preußen als ein Vergehen oder Verbrechen mit Strafe bedroht ist, sondern auch nachgewiesen und festgestellt wird, daß dieselbe, und zwar die konkrete Handlung, wie sie von den Instanzrichtern festgestellt ist, — mit den Umständen, unter welchen sie nach dieser Feststellung stattfand, vgl. Erk. v. 15. Nov. 1861 (RbOTr. 2. S. 75); id. v. 25. Okt. 1863 (RbOTr. 4. S. 214) — auch durch die kurhessischen Gesetze mit Strafe bedroht sei.

Antr. des GStA s: gleichl. [26 — 2]

Chausseehebestelle. — Umfahren. — Verbot eines Weges.

Nur derjenige „umfährt" eine Chausseehebestelle, welcher vor derselben die Landstraße benutzt, sie dann verläßt und hinter der Hebestelle wieder erreicht. Daher ist es nicht als eine Zuwiderhandlung gegen das betr. Verbot anzusehen, wenn Jemand von einem Seitenorte aus die Landstraße erst hinter der Hebestelle erreicht oder dieselbe auf dem Heimwege vor der Hebestelle verläßt, sollte er zu diesem Ende auch über freies Feld fahren oder einen von der Steuerbehörde verbotenen Weg benutzen.

Chaussee-Geld-Tarif v. 29. Febr. 1840 Zuss.-Bemerkk. Nr 5 Vgl. RbOTr 2. S 550; 5 S. 298.

Erk. (B. I.) v. 24. März 1865 c. Kuba & Gen. (219. I. Cr.).

Die Mühle des Müllers C. K. liegt in der Nähe der von H. nach K. führenden Landstraße vor dem Dorfe Kr; der nächste von der Mühle zur Landstraße führende Weg mündet in dieselbe kurz vor der Hebestelle Kr. ein; ein zweiter Weg führt durch das Dorf Kr.; auf ihm gelangt man erst hinter der Hebestelle auf die Landstraße Die Steuerbehörde hatte nun die Benutzung dieses letzteren Weges für andere als Bestellungsfuhren verboten und deshalb mit einem Sperrschlage versehen, um dadurch alle diejenigen, welche zur Landstraße gelangen wollten, zum Passiren der Hebestelle zu nöthigen. — C. K. und sein Sohn H. K. sind, der erstere wegen zweimaligen, der letztere wegen einmaligen Umfahrens der Hebestelle verfolgt und bestraft worden Nach der instanzrichterlichen Feststellung hatte C K. das erste Mal mit seiner Fuhre auf dem nächsten Wege die Landstraße erreicht, dieselbe auf eine kurze Strecke benutzt, war dann aber vor der Hebestelle auf einen zur Dorfstraße führenden Seitenweg abgebogen und erst hinter der Hebestelle wieder auf die Landstraße zurückgelangt. Auf dem Rückwege hatte er dagegen die Landstraße vor der Hebestelle verlassen, war auf dem „verbotenen" Wege bis zu dem geschlossenen Sperrschlage gekommen, hatte diesen dadurch umgangen, daß er über eine (sonst nicht zum Wege dienende) Sandgrube fuhr, und hatte so schließlich seine Mühle erreicht, ohne die Landstraße hinter der Hebestelle zu berühren. — Sein Sohn H. K. hatte dieselbe Richtung genommen und hatte, da er den Sperrschlag geöffnet fand, ebenfalls die Mühle erreicht, ohne die Landstraße hinter der Hebestelle wieder zu berühren — Die von beiden gegen das Erkenntniß des AG.s ergriffene NB. ward von der GStA.-schaft in Betreff des ersten Falles (des E. K.) für unbegründet, in Betreff der beiden andern aber für begründet erachtet und dabei hervorgehoben, daß ein „Umfahren" nur da vorliege, wo bei derselben Fuhre die Landstraße sowohl vor als hinter der Hebestelle benutzt sei; fehle es an dieser Voraussetzung, so sei es gleichgültig, welcher Weg vor Erreichung der Landstraße, resp. nach dem Verlassen derselben benutzt sei; ebendeshalb komme es auch nicht darauf an, ob die Steuerbehörde einen solchen Weg überhaupt oder für gewisse Fuhrwerke verboten, und ob sie diese Untersagung durch aufgestellte Tafeln ꝛc. bekannt gemacht habe oder nicht; jedes derartige Verbot der Steuerbehorde sei durchaus wirkungslos. — Das OTr. hat sich dieser Ansicht im Wesentlichen angeschlossen und in Betreff der beiden letzteren Fälle auf Freisprechung erkannt, zugleich aber auch in Betreff des ersten Falles das angefochtene Erkenntniß vernichtet und die Sache an das AG. zurückverwiesen zur näheren Prüfung, ob E. K. im gedachten Falle mit der Absicht gehandelt habe, sich der Zahlung des Chausseegeldes zu entziehen. Gründe:

Die Bestimmung in der Nr. 5 der zusätzlichen Vorschriften zum Chausseegeld-Tarif und der AKO. v. 29. Februar 1840 setzt bei ihrer Strafandrohung gegen das „Umfahren der Hebestelle" voraus, daß Angeschuldigter die Handlung in der Absicht unternommen habe, um auf dem von ihm eingeschlagenen, das Passiren der Hebestelle nothwendig bedingenden Wege sich der Entrichtung des Chausseegeldes zu entziehen. Eine solche Absicht ist alsdann unzweifelhaft vorhanden, wenn der Angeschuldigte die Chaussee vor der Hebestelle benutzt hat, dieselbe sodann ohne einen besonderen Grund seitwärts verläßt und später wieder unterhalb der Hebestelle die Chaussee betritt.

Die Angeklagten haben in zwei Fällen die nach der Oertlichkeit nächste Richtung nach der Mühle eingeschlagen, und in dieser Richtung nicht nöthig gehabt die Chausseestelle zu passiren, oder auch nur die Chaussee unterhalb derselben zu benutzen, so wie sie dieselbe auch, wie angegeben, unterhalb nicht wieder benutzt haben. Ob sie dabei den Kommunikationsweg mit dem Sperrschlag auf derselben, und sogar das freie Feld benutzt haben, und ob insbesondere der erstere für Fuhren, welche nicht Wirthschaftsfuhren u. s. w. sind, nicht passirt werden darf, ist für die Strafbarkeit aus der Nr. 5 des allegirten Gesetzes gleichgültig. Solche Benutzung kann durch besondere Polizeiverordnungen mit Strafandrohung unter Umständen untersagt werden, der Thatbestand der Nr. 5 aber wird dadurch allein nicht begründet. Das Strafgesetz in dieser Vorschrift zwingt Niemand die Hebestelle zu passiren, wenn er vor derselben auf einem kürzeren Wege zu seinem neben der Chaussee liegenden Ziele gelangen kann. [15. — 3.]

Schiffsregister. — Eintragung. — Frist.

Dem Rheder, welcher es verabsäumt hat, die Eintragung seines Schiffs in das Schiffsregister in den vom Gesetz vorgesehenen Fällen rechtzeitig verändern zu lassen und deshalb bestraft worden ist, kann vom Handelsgericht nicht eine neue Frist bestimmt werden, innerhalb welcher er jene Veränderung zu bewirken habe. Die abermalige Verabsäumung kann nicht zum zweiten Male bestraft werden.

D HGB. Artt. 436. 437; Einf-Ges v. 24. Juni 1861 Art. 53 §§ 8 9

Beschl. (I) v. 24. März 1865 c Wittenberg & Erhardt (87. B I. Cr)

Das Briggschiff M war in der Nordsee untergegangen; gleichwohl hatten die Rheder W. und E es verabsäumt, die Löschung desselben im Schiffsregister innerhalb der gesetzlichen sechswöchentlichen Frist zu veranlassen und waren deshalb aus § 9 Art 53 des Einf-Ges s z.

HGB. bestraft worden. Demnächst bestimmte das Handelsgericht denselben zur Führung des Nachweises von dem Untergange eine neue Frist, welche indessen ebenfalls unbenutzt verstrich Der StA. erhob deshalb eine erneuerte Anklage; beide Instanzgerichte lehnten indessen die Eröffnung der Untersuchung ab, weil das Handelsgericht eine neue Frist nicht bestimmen konne und das Gesetz eine wiederholte Bestrafung nicht androhe, das öffentliche Interesse sei dagegen genügend gewahrt, weil das Handelsgericht auch von Amtswegen die Löschung veranlassen könne. Beschwerde des OStA s, welcher ausführte: nach der Minist.-Instr. v 12. Dez 1861 gehe der Hauptzweck des Schiffsregisters dahin, dem Hauptschiffsdokument im internationalen Verkehr das gebührende Ansehen zu sichern und den Mißbrauch der Preuß. Flagge zu verhindern; die richtige Führung des Registers liege sonach im öffentlichen Interesse; die Strafbarkeit der Unterlassung beginne deshalb mit Ablauf der betr Frist und dauere so lange, bis die vom Gesetz gewollte Handlung von dem dazu Verpflichteten geschehen sei; sie könne daher so lange gestraft werden, als die causa criminalis währe. Das OTr. hat diese Beschwerde zurückgewiesen Gründe:

Nach dem Allgemeinen Handelsgesetzbuche und dem Einführungsgesetze v. 24. Juni 1861 sind die Folgen, die die Unterlassung von Anmeldungen zu Eintragungen in das Handelsregister nach sich ziehen, verschieden von denen bezüglich des Schiffsregisters. Nach den §§ 1—8 des Art. 5 des Einf.-Ges.s ist die verabsäumte Anzeige zur Eintragung in das Handelsregister lediglich durch Ordnungsstrafen zu ahnden, die im Falle der Fortdauer der Nichtbefolgung der gesetzlichen Vorschriften so lange zu wiederholen sind, bis eine Erledigung eintritt. Dies wird in der JMin.-Instr. v. 12. Dez. 1861, und zwar in den §§ 88 ff. Thl. I. Abschn. 6 näher ausgeführt und das diesfällige Verfahren angeordnet. Anders verhält sich dagegen die Sache bei unterlassener Anmeldung zu Eintragungen von Veränderungen in das Schiffsregister. Der Art. 437 HGB. hat es den Landesgesetzen überlassen, die diesfälligen Fristen und Strafen zu bestimmen und es verordnet demgemäß der § 8 des Art. 53 des Einf.-Ges.s v. 24. Juni 1861 eine sechswöchentliche Frist zur Anzeige von derartigen Eintragungen, zu denen nach Art. 436 des HGB.s auch der

Fall gehört, wenn das Schiff untergegangen ist, indem dann dasselbe in dem Schiffsregister gelöscht werden muß.

Demnächst bestimmt der § 9 des Art. 53 des Einf.-Ges.s wörtlich:

„Wer eine nach den vorstehenden §§ ihm obliegende Verpflichtung binnen der 6wöchentl. Frist nicht erfüllt, wird mit Geldbuße bis zu 100 Thlrn. bestraft, sofern er nicht beweist, daß er ohne sein Verschulden außer Stande gewesen sei, dieselbe zu erfüllen; die Strafe tritt nicht ein, wenn vor Ablauf der Frist die Verpflichtung von einem Mitverpflichteten erfüllt ist."

Eine weitere Folge für den Fall der fortdauernd unterbleibenden Anzeige droht das Gesetz ebensowenig an, als es eine neue Frist zur Anbringung derselben festsetzt, oder eine derartige Bestimmung dem richterlichen Ermessen überläßt.

Hieraus folgt prinzipiell, daß die Zuwiderhandlungen bezüglich der Handelsregister nicht als strafrechtliche Vergehen, sondern nur als Ordnungswidrigkeiten betrachtet werden, welche disziplinarisch mit bloßen Ordnungsstrafen so lange zu ahnden sind, bis die Erledigung erfolgt, wogegen die Unterlassungen in Betreff der Schiffsregister mit Geldbußen und strafrechtlich verfolgt werden müssen.

Daß dies richtig ist, ergiebt sich aus der Min.-Instr. Thl. II. Einleit. sub Nr. 8, wo es heißt:

.. der Zweck dieser Anordnungen besteht keineswegs bloß darin, bei der Führung des Schiffsregisters die nöthige Ordnung zu erhalten und für den Privatrechtsverkehr eine erhöhte Sicherheit zu gewinnen, sondern es liegt ihnen hauptsächlich die Absicht zum Grunde, dem Haupt-Schiffsdokument im internationalen Verkehr das gebührende Ansehen zu sichern und den Mißbrauch oder den unbefugten Gebrauch der Preuß Flagge zu verhüten. Deshalb ist auch nicht, wie bei der Führung des Handelsregisters, den Gerichten nur zur Pflicht gemacht, die Betheiligten durch Ordnungsstrafen zu den erforderlichen Anzeigen und Nachweisungen anzuhalten; vielmehr ist die Versäumung einer solchen Anzeige oder Nachweisung ... für ein strafbares Verhalten erklärt, welches, wie jede andere Verletzung eines Strafgesetzes, gegen den Schuldigen nach den für das Untersuchungs-verfahren geltenden allgemeinen Vorschriften zu verfolgen ist (Art. 437 des HGB.s und Art. 53 § 8 des Einf.-Ges.s).

Steht demnach fest, daß bezüglich der Schiffsregister die Unterlassung der erforderlichen Anzeigen als ein Vergehen im strafrechtlichen Sinne sich darstellt, dann unterliegt es auch keinem Bedenken, daß der angefochtene Beschluß des AG.s rechtlich zutrifft. Denn das in Rede stehende Vergehen wird durch den Ablauf der sechswöchentlichen Frist vollendet; es gehört daher zur Begriffsbestimmung desselben, daß diese Frist eben versäumt sein muß, um eine Strafe eintreten zu lassen, und eine spätere Anzeige die einmal vollendete strafbare Handlung nicht beseitigt. Dies spricht der § 9 des Art. 53 des Einf.-Ges.s ganz deutlich aus, und gerade deshalb ist anzunehmen, daß die Fortdauer der Nichtanzeige des Verpflichteten nur in dem Falle als ein neues Vergehen sich darstellen könnte, wenn das Gesetz hierfür, unter Bestimmung einer anderweitigen Frist, wiederum Strafen angedroht hätte, da es ein unbestrittener Grundsatz des Strafrechts ist, daß ein und dieselbe vollendete Strafthat nicht mehrmals hinter einander bestraft werden darf. Der Gesetzgeber ist sich dessen in dem vorliegenden Falle sehr wohl bewußt gewesen, weil er bei den unterlassenen Anzeigen bezüglich der Handelsregister eine Wiederholung der Ordnungsstrafen ausdrücklich vorgeschrieben hat, bei den Schiffsregistern also ein Gleiches gethan haben würde, wenn er es bezweckt hätte. — Unter diesen Umständen kommt es nicht auf die in der Beschwerde geltend gemachte Betrachtung an: daß der Zweck der ganzen Vorschrift dahin geht, dem Hauptschiffsdokument im internationalen Verkehr das gebührende Ansehen zu sichern ꝛc., sowie, daß dieses Interesse an und für sich auch nach erfolgter Bestrafung bestehen bleibt und nur durch vollständige Befolgung der im Art. 436 des HGB.s enthaltenen Vorschrift zu wahren ist.

Denn eine solche Erwägung konnte wohl für den Gesetzgeber maaßgebend sein, dahin zielende Bestimmungen zu treffen, sie bleibt aber bei Auslegung der klaren Fassung des einmal gegebenen Gesetzes ohne Einfluß, wozu noch kommt, daß, wie der Beschluß des AG.s richtig hervorhebt, nach der Nr. 8 c. der Einleit. zum II. Thl. der Instr. des Justiz-Ministerii v. 12. Dezbr. 1861, die Löschung in dem Schiffsregister unter Umständen auch von Amtswegen erfolgen kann.

Antr. des GStA.s: gleichl. [23 — 3]

Staatsanwalt. — Nichtigkeitsbeschwerde. — Zurücknahme.

Die Staatsanwaltschaft ist nicht befugt, eine von ihr ergriffene Nichtigkeitsbeschwerde zurückzunehmen.

Vdn. v 3. Jan. 1849 § 1 [vgl. dort n. 79]; Ges. v. 3. Mai 1852 Art. 1 [vgl. dort n. 14; S. 460 n. 56a; RdOTr. 4 S. 525].

Erk. (Z. I.) v. 29. März 1865 c. Beitschert (396. I Cr.).

Am Schlusse des die NB des Angeklagten zurückweisenden Erkenntnisses des OTr.s geschieht auch der vom StA angemeldeten, demnächst aber wieder zurückgenommenen NB. Erwähnung; sie wird für wirkungslos erklärt, weil sie nicht gerechtfertigt worden war; im Uebrigen heißt es in Betreff der Zurücknahme:

Von der Kgl. StA.-schaft ist die NB. rechtzeitig angemeldet, demnächst aber wieder zurückgenommen. Wäre nun die Anmeldung der NB. mit einer gehörigen Angabe der Beschwerdepunkte verbunden gewesen, so würde die Zulässigkeit ihrer Zurücknahme aus den in dem Plenarbeschlusse v. 23. Mai 1864 (RdOTr. 4. S. 525) angeführten Gründen zu verneinen sein. Denn jene Gründe treffen, wenn gleich damals nur über die Zulässigkeit der Zurücknahme einer von der Kgl. StA.-schaft eingelegten Appellation zu entscheiden war, für das Rechtsmittel der NB. in gleicher Weise zu. [46. — 4.]

Ehe, verbotene. — Preuße. — Auswanderung. — Umgehung.

Ein Preuße, welcher ein Preußisches Eheverbot dadurch umgeht, daß er nach erwirkter Entlassung aus dem Preußischen Unterthanenverbande auswandert und sich im Auslande trauen läßt, wird nicht von der Strafe des § 170 II, 1. ALR. betroffen.

ALR. II, 1. § 170; — StGB. § 4; — Einf.-Ges. z. StGB. Art. II. [vgl. dort n 14].

Erk. (Z. I.) v. 29. März 1865 c. Magnus & Heise (274. I. Cr).

M war wegen eines mit der E H begangenen Ehebruchs von seiner Frau geschieden und nebst der H. aus § 140 StGB. bestraft worden. Er hat darauf seine Entlassung aus dem Preußischen Unterthanenverbande erwirkt, ist mit der H nach England gegangen und hat sich dort trauen lassen, worauf beide nach Preußen zurückkehrten. Hier ist ihre Ehe auf die vom StA erhobene Klage für nichtig erklärt worden. Dagegen wurden beide von der aus § 170. II, 1 ALR. erhobenen Anklage freigesprochen; zwar sahen beide Instanzgerichte es als erwiesen an: „daß die Auswanderung der Angeklagten aus Preußen lediglich zu dem Zwecke geschehen sei, um die durch das Preußische Gesetz verbotene Ehe zu erreichen, daß dieselben also nur um dieses Landesgesetz unwirksam zu machen, sich in England hätten trauen lassen;" gleichwohl ward aber § 170 cit für unanwendbar erklärt, weil die Angeklagten durch die mit Konsens erfolgte Auswanderung aufgehört hätten, Preußen zu sein und deshalb dem Preußischen Strafgesetze nicht mehr unterlägen. — Die gegen das Urtheil des AGs vom OStA. ergriffene NB ward zurückgewiesen. Gründe:

Es ist richtig, daß der § 170 II, 1. ALR. auch nach der Emanation des StGB.s annoch als Strafvorschrift fortbesteht, weil er, wie der Art. II. des Einf.-Ges.s z. StGB. sagt, eine Materie betrifft, über welche das StGB. Nichts bestimmt. Es ist ferner richtig, daß der gedachte § 170 einen eigenthümlichen für sich bestehenden und mit den Civilgesetzen des Landes eng verbundenen Thatbestand enthält, welcher sonach zugleich mit Rücksicht auf den Zweck und die Bedeutung dieser Civilgesetze aufzufassen ist, mithin, was hier indeß nach den weiter unten folgenden Grundsätzen nicht in Frage steht, bei der Anwendung des § 4 des StGB.s auf einen Preußen möglicherweise zu einer besonderen und unabhängigen Beurtheilung führen könnte. Endlich ist es richtig, daß die hier vorangegangenen Civilentscheidungen soweit, als sie die Nichtigkeit der Ehe der beiden Angeklagten nach Preußischen Gesetzen entschieden haben, für den Strafrichter präjudizielle Kraft haben, weil eine solche allen den Status der Person, und die mit demselben unmittelbar in Verbindung stehenden Rechtsverhältnisse betreffenden Civilentscheidungen gegenüber dem Strafrichter beiwohnt (G. Arch. 5. S. 750; Entscheidungen v. 20. Dez. 1854, 8. Febr. 1856, 9. Nov. 1857). — Damit ist aber überall für die vorliegende Frage der Anwendung der Strafvorschrift des § 170 auf die beiden Angeklagten nach den Anträgen der NB. Nichts gewonnen.

Nach jenen Civilentscheidungen steht nämlich nur die Thatsache fest, daß die Ehe der Angeklagten in Preußen für nichtig erklärt ist, weil die Angeklagten die Ehe mit Verletzung derjenigen Civilgesetze, zu deren Schutz der § 170 cit. erlassen worden ist, geschlossen haben, daß demnach jene Civilgesetze auch mit der Anerkennung der Thatsache, daß jedenfalls der M. zur Zeit der Eheschließung im Auslande nicht mehr Preußischer Unterthan war, dennoch auf die Angeklagten anwendbar sind. Die Gründe aber, auf denen diese Anwendbarkeit beruht, sind auf das Strafrecht nicht übertragbar, haben also selbstverständlich für dasselbe nicht gleichfalls vermöge jener erkannten Anwendbarkeit präjudizielle Kraft, und zwar deshalb nicht, weil sie seiner inneren Natur und positiven Vorschriften desselben widerstreiten. Das Civilrecht kennt nämlich den Grundsatz der strengen Territorialität der Rechte nicht, jedenfalls nicht soweit es sich um den Status und die Familienrechte, also auch um die Ehe und damit auch um die Ehehindernisse, namentlich um solche Ehehindernisse, welche die Nichtigkeit der Ehe begründen, handelt. Es gilt vielmehr der Grundsatz, daß diese Rechte den Gesetzen des Wohnsitzes folgen, daß demnach auch die Frage über die Gültigkeit einer Ehe nicht nach den Gesetzen des Ortes, wo dieselbe geschlossen ist, sondern nach den Gesetzen des Wohnsitzes, und zwar bei verschiedenem Wohnsitz der eheschließenden Personen, nach denen des Wohnsitzes des Ehemannes zu beurtheilen sind. Dieser Grundsatz gilt nicht allein bei der Kollision verschiedener Territorialrechte desselben Landes, sondern auch bei der Kollision internationaler Rechte, so daß also auch die Eheschließung von Ausländern, welche in Preußen wohnen, aber während ihres hiesigen Wohnsitzes im Auslande ihre Ehe geschlossen haben, nach den Preußischen Gesetzen zu beurtheilen ist (v. Savigny System 8. S. 10. 28. 32. 33. 37. 100. 134. 325. 328. 356 ff.; Bornemann System § 36; Bar: das internationale Privat- und Strafrecht § 90 ff.). Hierauf beruhen also auch die vorliegenden Civilentscheidungen über die Nichtigkeit der Ehe der Angeklagten, indem zwar unter der Anerkennung, daß der M. zur Zeit der Eheschließung in England bereits aus dem Preußischen Unterthanenverbande entlassen war, doch festgestellt ist, daß beide, besonders der M., dennoch ihren Wohnsitz in Preußen behalten haben.

Das Strafrecht, jedenfalls das Preußische StGB., folgt abweichend hiervon dem Grundsatz der Territorialität, von welchem es im § 4 StGB. nur einzelne hier nicht in Rede stehende Ausnahmen macht. Nicht die Gesetze des Wohnsitzes, sondern diejenigen des Orts der verübten That sind hier die entscheidenden, und die Frage, ob die in fraudem legis im Auslande verübte strafbare Handlung nicht dennoch nach den Gesetzen des Wohnsitzes strafbar sei, kommt hier, abgesehen davon, daß es bei uns an einer besonderen Vorschrift darüber fehlt, jedenfalls deshalb nicht zur Anwendung, weil sie nur einen besondern Ausnahmefall bei der im Uebrigen anwendbaren Vorschrift des § 4 Nr. 3 des StGB.s bilden könnte, diese Vorschrift aber eben hier überhaupt nicht anwendbar ist. Die Anklage und demgemäß auch die NB. gründen sich nämlich auf diesen § 4 Nr. 3, weil M. nach den Civilentscheidungen den hiesigen Landesgesetzen unterworfen, und deshalb auch zur Zeit seiner Handlung in England unterworfen geblieben sei. Die Unrichtigkeit dieser Grundlage folgt aus dem Obengesagten. Der § 4 Nr. 3 stellt die Nationalität des Thäters als Preuße als die erste Bedingung der Anwendung des diesseitigen Strafgesetzes auf die im Auslande verübte Handlung auf, und diese Ausnahme von dem Prinzip der Territorialität, indem hiernach dem Preußen das Strafgesetz der Heimath auch in das Ausland folgt, wird durch das völkerrechtliche Verhältniß, durch die Versagung der Auslieferung und endlich durch die Bedingung, daß die Handlung auch an dem ausländischen Orte der That strafbar sei, gerechtfertigt. Der M. war aber zur Zeit dieser Handlung durch die ihm bereits ausgehändigte Entlassungsurkunde aus dem Preußischen Unterthanen-Verbande geschieden, hatte also seine Eigenschaft als Preuße verloren (§ 20 Ges. v. 31. Dez. 1842). Der § 4 Nr. 3 ist also auf den M. unanwendbar. Die strafbare Handlung desselben soll in der Eheschließung mit der H. liegen. Der strafbare Thatbestand besteht also in der Vornahme dieses Civilaktes und muß sich deshalb auf die formellen Grenzen dieses Aktes, unabhängig von seiner Vorbereitung und von seinen Folgen, beschränken. Der Akt besteht aber in der priesterlichen Trauung. Diese, damit die strafbare Handlung selbst, hat in England stattgefunden, gleichgültig ob ihre Vorbereitung und ihre Folgen über die Grenzen dieses Landes hinausgegangen sind, und namentlich Preußen selbst berührt haben, ein Gesichtspunkt, welcher namentlich für die etwa anzuregende Frage einer Fortsetzung resp. Behauptung dieser in England eingegangenen Ehe auch in Preußen, verbunden mit der Nothwendigkeit ihrer Nichtigkeitserklärung in Preußen, also für die Frage über die Fortsetzung des strafbaren Thatbestandes auch in Preußen, entscheidend ist, da es sich nicht um das Verbrechen der Bigamie handelt.

Die Vorderrichter gründen ihre Entscheidung darauf,

daß der M. Ausländer geworden sei, und sie gelangen dadurch zu demselben Resultate, da keiner der Fälle hier vorliege, nach welchen ein Ausländer wegen einer im Auslande verübten strafbaren Handlung in Preußen gestraft werden könne. Mit Unrecht zieht hieraus die NB. Folgerungen, indem sie auf den Wohnsitz des M. in Preußen und auf den Umstand, daß derselbe die Rechte einer fremden Nationalität noch nicht gewonnen habe, hinweist. Muß nun auch anerkannt werden, daß für gewisse Verhältnisse die Negation der Eigenschaft als Preuße nicht ausreicht, vielmehr die positive Eigenschaft der Angehörigkeit zu einem fremden, unter Umständen zu einem bestimmten fremden Lande, erforderlich ist, so sind doch solche Verhältnisse, welche namentlich die in Bezug genommene Entscheidung v. 3. Febr. 1854 c. Bringe im Auge hat, hier nicht in Frage. Es genügt, daß M. nicht Preuße ist, und daß er diese durch die Entlassungsurkunde verlorne Eigenschaft nach den bestimmten Vorschriften des Ges.s v. 31. Dez. 1842 (§ 13. 23) durch den Wohnsitz allein nicht wieder erlangen konnte.

Antr. des GStA s: gleichl. [15. — 4.]

---

1. **Rechtskraft, relative. — Freisprechung von einer Qualifikation.**
2. **Beweisantrag. — Kommissarische Zeugenvernehmung. — Verlesung. — Nothwendigkeit.**

1. Der Instanzrichter, welcher die den Gegenstand der Anklage bildende That von einem anderen Gesichtspunkte aus für strafbar erachtet, als in der Anklage geschehen war, darf nicht von der in der letzteren angenommenen Qualifizirung freisprechen. Eventuell begründet eine solche neben einer Verurtheilung wegen derselben Handlung ausgesprochene Freisprechung keine relative Rechtskraft.

Vdn. v. 3 Jan. 1849 § 1 [n. 29 31]. Vgl RdOTr. 3. S. 14. 389

2. Ist auf den Antrag des Angeklagten die Vernehmung von Zeugen durch einen kommittirten Richter veranlaßt worden, so kann die beantragte Verlesung des betr. Protokolls in der Sitzung nicht „wegen Unerheblichkeit" des Bekundeten abgelehnt werden.

Vdn. v. 3. Jan. 1849 §21 [dort einzutr. als n. 15a].

Erk. (Z. V. I.) v. 29. März 1865 c. Wiebach (57. I. Cr.).

Die W. war in 1. Instanz wegen „Unterschlagung" verurtheilt, zugleich aber von der „Anklage des Diebstahls" freigesprochen worden, weil das KrG. die Handlung nicht als einen Diebstahl, sondern eben als eine Unterschlagung betrachtete. Das AG bestätigte dieses Erkenntniß mit der Maaßgabe, daß die W. nicht der Unterschlagung, sondern des Diebstahls schuldig befunden werde. Hierin fand die NB. eine Verletzung der relativen Rechtskraft, weil der StA gegen das 1. Urtheil nicht appellirt habe; außerdem rügte sie es, daß das AG., nachdem es auf den Antrag der W. mehrere Zeugen durch einen kommittirten Richter hatte vernehmen lassen, die Verlesung des betr. Protokolls in der Sitzung deshalb abgelehnt hatte, weil die bekundeten Thatsachen in Beziehung auf den als vorliegend angenommenen Diebstahl unerheblich seien. Das OTr. hielt den ersten Grund für nicht zutreffend, hat dagegen wegen des zweiten die Vernichtung ausgesprochen. Gründe:

Was den ersten Grund betrifft, so trat, da der StA. von dem ersten Erkenntniß nicht appellirt hatte, zwar zu Gunsten der Angeklagten eine relative Rechtskraft ein, deren Folge sich jedoch nur auf die Höhe der erkannten Strafe, nicht aber auf die Qualifikation der That bezog. Gegenstand der Anklage ist nämlich die der Angeklagten zur Last gelegte Handlung und nicht deren Qualifikation, welche wesentlich nur wegen der Kompetenzbestimmung des erkennenden Richters stattfindet.

Es hätte daher der erste Richter, wenn er in der festgestellten That eine Unterschlagung gefunden, nicht eine Freisprechung von der Anklage des Diebstahls aussprechen sollen, da eine Freisprechung nur in dem Fall gerechtfertigt ist, wenn der Beweis der That gegen die Angeklagte nicht geführt oder in derselben die Merkmale einer strafbaren

Handlung nicht enthalten sind. Nach diesen Grundsätzen, welche das Kgl. OTr. wiederholt, neuerdings noch in dem Urtheil v. 17. Juni v. J. (G. Arch. 12. S. 631) angenommen hat, war der App.-Richter gesetzlich berufen, die That ihrem wahren Sachverhalt gemäß zu qualifiziren.

Dagegen muß in der Ablehnung des Antrages der Angeklagten, die Aussagen der Zeugen G. und Sch. vorlesen zu lassen, eine unzulässige Beschränkung der Vertheidigung gefunden werden. Die kommissarische Vernehmung dieser in der Rechtfertigungsschrift genannten beiden Defensionalzeugen war durch Verfügung des App.-Richters v. &c. angeordnet und hatte am &c. in Gegenwart der Angeklagten stattgefunden. Obwohl dieselbe wiederholt bei den [Haupt-] Verhandlungen v. &c. die Vorlesung dieser Zeugenaussagen beantragt hatte, wurde ihr Antrag dennoch abgelehnt und als Grund in dem Erkenntniß angegeben, „daß die diesfälligen zunächst auf die Frage, ob Unterschlagung anzunehmen sei, bezüglichen Anführungen (in der Rechtfertigungsschrift) nach den obigen, den Diebstahl konstatirenden Anführungen für unerheblich erachtet worden."

Diese Erwägung ist zwar thatsächlicher Natur, vermag jedoch nicht die Zurückweisung des Antrags zu rechtfertigen. Der erkennende Richter hatte nach Vorschrift des § 21 der Vdn. v. 3. Jan. 1849 eine kommissarische Beweisaufnahme bewirken lassen und es mußte das Vernehmungsprotokoll bei der mündlichen Verhandlung vorgelesen werden, damit sowohl der StA. als die Angeklagte aus demselben etwaige Momente zur Begründung ihrer Anträge herleiten konnten. Die Angeklagte, wenn sie in den Zeugen-Aussagen Vertheidigungsgründe fand, war nicht veranlaßt, andere Beweismittel geltend zu machen und eine Beschränkung auf die vor der Vernehmung angegebenen Thatsachen trat nicht ein, da die vernommenen Zeugen auch andere Umstände bekundet haben konnten. Die Angeklagte durfte erwarten, daß die Vorlesung des Vernehmungsprotokolls stattfinde und konnte hiernach ihre Vertheidigung einrichten, welche

begründete Voraussetzung aber durch die Ablehnung ihres Antrags beseitigt worden ist. Ein bereits aufgenommenes Beweismittel durfte nicht unberücksichtigt gelassen werden.
[13.—4.]

Betrug. — Vermögensbeschädigung. — Werthbestimmung.

Ist Jemand durch Täuschung zum Erwerbe einer Sache veranlaßt werden, so kann es als „Vermögensbeschädigung" im Sinne des § 241 StGB. angesehen werden, wenn die Sache für ihn nicht den Werth hatte, welchen sie beim Vorhandensein der vorgespiegelten Eigenschaften für ihn gehabt haben würde, sollte auch der Werth, den die Sache für einen Dritten haben konnte, der Gegenleistung entsprechen.

StGB. § 241 [vgl. dort n 12. 20].

Erk. (Z. II.) v. 30. März 1865 c. Goldenberg (61. II Cr.).

G. war des Betrugs schuldig befunden und aus § 241 StGB. bestraft worden, weil er in gewinnsüchtiger Absicht das Vermögen der Wittwe Wr. dadurch beschädigt habe, daß er sie durch Täuschung zu einem Kuhtausche veranlaßte. In der letzteren Beziehung war festgestellt worden, daß er die ꝛc. Wr. dadurch in Irrthum versetzt habe, daß er sie glauben machte, die von G. in Tausch gegebene Kuh sei mit dem vierten Kalbe trächtig, und daß er die wirkliche Zahl der Ringe an den Hörnern der Kuh unterdrückte. — Seine NB. rügte Gesetzesverletzung und Beschränkung der Vertheidigung, weil das AG. den angebotenen Beweis darüber, daß die betr. Kuh einen der Gegenleistung entsprechenden Werth gehabt, als unerheblich abgelehnt habe. — Zurückweisung Gründe:

Der App.-Richter konnte, mochte auch die Kuh zur Zeit des Tausches für eine andere Person einen der Leistung der ꝛc. Wr. äquivalenten Werth haben, die ꝛc. Wr. in ihrem Vermögen beschädigt ansehen, wenn die fragliche Kuh denjenigen Werth für sie nicht gehabt hat, welchen für sie eine Kuh von den vorgespiegelten Eigenschaften gehabt haben würde, wenn sie den Ertrag wirklich von der Kuh nicht gehabt, den sie bei dem vorgespiegelten Alter der Kuh gehabt hätte; und wenn sie, bekannt mit dem wirklichen Alter der Kuh, nicht soviel für dieselbe gegeben haben würde, als sie wirklich gegeben hat. Der hiergegen gerichtete Einwand der NB., daß wenn Jemand Eisen zu kaufen glaube, und Gold erhalte, dessen Vermögen nicht beschädigt, sondern verbessert sei, paßt nicht, da die rc. Wr. in der Auffassung des App.-Richters immerhin weniger an Werth erhalten hat, als sie vertragsmäßig zu erwarten hätte, und selbst der gemeine Werth einer Sache, welcher erst durch Schätzung ermittelt werden soll, den absoluten Werth derselben für den Verkehr nicht überall darstellt.

Antr. des OStA.s: gleichl. [27. — 2.]

Waage. — Stempelung. — Unrichtigkeit.

Der Besitz einer unrichtigen Waage ist straflos, wenn dieselbe mit dem Aichungsstempel versehen ist.

StGB. § 348 Nr. 2 [vgl. dort n. 12]; Ges. v. 24. Mai 1853 § 7.

Erk. (B. Z. II.) v. 30. März 1865 c. Heinemann (104 II. Cr.).

H. war wegen des Besitzes einer unrichtigen, aber mit dem Aichungsstempel versehenen Waage aus § 348 Nr. 2 StGB. bestraft worden. Auf die NB. des OStA.s ist das Erkenntniß 2. Instanz vernichtet und auf Freisprechung erkannt worden. Gründe:

Die Vernichtung des angegriffenen Erkenntnisses konnte keinem Bedenken unterliegen, da in demselben das Ges. v. 24. Mai 1853 gänzlich übersehen worden ist. Indem dieses die Stempelung der Waagen einführte, mußte es zugleich den Unterschied aufheben, welchen der § 348 Nr. 2 des StGB. zwischen Maaßen und Gewichten einerseits und Waagen andererseits voraussetzt, und konnte den Besitz gestempelter Waagen, welche damit die Beglaubigung ihrer Richtigkeit seitens einer kompetenten öffentlichen Behörde tragen, ebensowenig mehr strafbar sein lassen, als der Besitz gestempelter Maaße und Gewichte nach § 348 Nr. 2 strafbar war. Demgemäß ist denn auch im Schlußsatze des

§ 10 des Ges.s v. 24. Mai 1853 die Unanwendbarkeit des § 348 des StGB.s auf unrichtige Waagen, die gestempelt sind, ausdrücklich erklärt.

Antr. des GStA.s: gleichl. [23.—2.]

Beleidigung. — Anzeige. — Innehalten mit dem Verfahren.

Der der Beleidigung Angeklagte kann, wenn er mit der Absicht zu beleidigen gehandelt hat, nicht das Innehalten mit dem Verfahren aus dem Grunde verlangen, weil die That eine Verleumdung darstelle, und weil von ihm wegen der behaupteten Thatsachen bei der zuständigen Behörde Anzeige gemacht sei.

StGB. § 152 [n. 16]; § 159 [n. 1]

Erk. (Z. II.) v. 30. März 1865 c. Henning (120. II. Cr.).

Die Entscheidung, daß mit Rücksicht auf die der fraglichen Aeußerung zu Grunde liegende beleidigende Absicht der Angeklagte nicht bloß das Recht, mit der Einrede der Wahrheit der behaupteten Thatsache gehört zu werden, sondern auch das die Sistirung des Verfahrens bis zur Erledigung einer von ihm angebrachten Denunziation zu verlangen, nicht habe, beruht auf einem Rechtsgrundsatze, dessen Richtigkeit anerkannt werden muß. Käme die in Rede stehende Aeußerung nur unter dem Gesichtspunkte der Verleumdung in Betracht: so würde der Angeklagte sich mit dem Einwande, daß die behaupteten Thatsachen wahr seien, schützen können; da aber durch den App.-Richter nach der Form und den Umständen, unter welchen die Aeußerung geschehen, die beleidigende Absicht ausdrücklich festgestellt ist, so kommt es nach der Vorschrift des § 158 auf den Beweis der Wahrheit nicht weiter an. Die Wahrheit einer Thatsache berechtigt zu deren einfachen Behauptung und Verbreitung, nicht aber, dieselbe in beleidigender Form und Absicht vorzubringen.

Dieser Grundsatz erstreckt sich auch auf die durch § 159

gewährte Befugniß des Angeklagten, zu verlangen, daß im Falle einer wegen der behaupteten Thatsachen bei der zuständigen Behörde gemachten Anzeige mit dem Verfahren über die Verleumdung innegehalten werde. Auch hierin liegt nur die Anwendung des Prinzips, daß mit dem Beweise der Wahrheit der Vorwurf der Verleumdung abgelehnt werden kann. Wo dies nicht zur Anwendung kommt, weil die festgestellte Absicht der Verleumdung den Charakter einer Beleidigung verleiht, cessirt also auch die Bestimmung des § 159.

Antr. des OStA.s: gleichl. [29.—2.]

Diensteidliche Versicherung. — Gerichtsbote. — Fahrlässigkeit.

Ein Gerichtsbote, welcher in Betreff einer von ihm bewirkten Insinuation eine Versicherung unter Berufung auf seinen Diensteid aus Fahrlässigkeit falsch abgiebt, wird deshalb nicht von der Strafe des § 132 StGB. betroffen.

StGB. § 132 [vgl. dort n. 1; § 129 n. 10].

Erk. (Z. II.) v. 30. März 1865 c. Mewes (102. II. Cr.).

Gegen den Gerichtsboten M. war festgestellt worden, daß er „— — in einer Civilprozeßsache in Betreff der Insinuation eines Erkenntnisses eine amtliche Versicherung unter Berufung auf seinen Diensteid aus Fahrlässigkeit falsch abgegeben habe." Gleichwohl sprach ihn der Schw.-GH. von der aus § 132 erhobenen Anklage frei, weil dieser § sich nur auf diejenigen Fälle der Eidesleistung beziehe, in welchen nach §§ 125—127 der wissentliche Meineid bestraft werde, d. h. wenn der Eid dem Richter gegenüber in den für den Civil- oder Strafprozeß vorgeschriebenen Formen abgeleistet sei, dieselben Fälle seien bei den im § 128 dem Eide gleichgestellten Versicherungen vorausgesetzt, insbesondere gelte Nr. 3 daselbst nur von einer diensteidlichen Versicherung, die der Beamte als Zeuge oder Sachverständiger vor dem Richter abgebe, während § 129 von Versicherungen an Eidesstatt vor andern Behörden handle, die übrigens von amtlichen Versicherungen auf den Diensteid insofern verschieden seien, als sie nicht einen wirklichen Eid vertreten, noch sich auf einen geleisteten Eid beziehen. — NB. des OStA.s. Dieser führte aus: die §§ 20 21. I, 7 AGO. (nach § 3 Vdn. v. 5. Mai 1838 auch für die Insinuation der Erkenntnisse geltend) schreibe ausdrücklich eine vom Boten über den Hergang bei der Insinuation auf den Amtseid zu machende Anzeige vor, welche demnächst für die Parteien beweisend sei und dadurch die Natur eines vom Gesetz erforderten schriftlichen Zeugnisses annehme, weshalb § 41 auch die Falschheit einer solchen Anzeige mit Kriminalstrafe bedrohe; zwar verneine ein V. I. 28. Jan. 1853 c. Nentwig (Oppenhoff StGB. § 129 n. 10) für den Fall einer wissentlich falschen Anzeige die Anwendbarkeit des § 129, aus den Worten des § 128 Nr. 3 dürfe aber zu folgern sein, daß eine amtliche Versicherung auf den Diensteid als die Stelle eines Eides vertretend für eine eidesstattliche erachtet werden müsse. Das OTr. hat diese NB. zurückgewiesen. Gründe:

Aus dem Schuldspruche erhellet nicht, ob der Angeklagte die fragliche amtliche Versicherung schriftlich oder mündlich abgegeben habe, die Anklage selbst zeigt indessen, daß es sich von einem schriftlichen Berichte handelte. Der § 132 des StGB.s kann nur Anwendung finden, wenn die aus Fahrlässigkeit erfolgte eidliche Versicherung einer Unwahrheit als eine solche thatsächlich festgestellt ist, welche, wissentlich begangen, die Strafe des Meineides gemäß den §§ 125 bis 128 einschließlich nach sich ziehen würde. Der Gegensatz zwischen den Bestimmungen der §§ 125 bis 129 und derjenigen des § 132 läßt sich nicht in der Form und dem Inhalte der eidlichen Versicherungen, deren Ernst und Wahrhaftigkeit dadurch gesichert werden soll, sondern lediglich in dem Unterschiede der subjektiven Schuld des Schwörenden, dem Vorsatze oder der Wissentlichkeit einerseits und der bloßen Fahrlässigkeit andererseits, finden. Falsche eidliche Versicherungen, die nach den §§ 125 bis 129 straflos bleiben, wenn sie sogar wissentlich abgegeben sind, können um so weniger strafbar sein, wenn nur Fahrlässigkeit derselben zu Grunde liegt, und die Motive zu § 119 des neuesten Entwurfes des StGB.s, dem § 132, wie zu dem entsprechenden Paragraph der früheren Entwürfe, indem sie die Bedenken gegen die Strafbarkeit „des aus Fahrlässigkeit begangenen Meineides“ überhaupt hervorheben, beweisen zur Genüge, daß ein derartiger innerer Widerspruch zwischen den Strafandrohungen gegen wissentlich falsche und aus Fahrlässigkeit unrichtige eidliche Versicherungen nicht besteht. Es bedarf nun keiner Ausführung, daß keine der Eidesleistungen, welche in den §§ 125 bis 127 einschließlich vorgesehen sind, objektiv vorliegt. Die nämlichen und keine anderen sind aber auch in § 128 daselbst vorausgesetzt, nur unter den anderen äußeren Formen, welche dieser Paragraph bezeichnet, wie der Zusammenhang desselben mit den vorhergehenden Paragraphen „der Ableistung eines Eides wird gleichgeachtet," seine Entstehungsgeschichte und die Motive darthun und die oben erwähnte bisherige Rechtsprechung anerkannt hat. Insbesondere ist darnach unter einer „amtlichen Versicherung unter Berufung auf den Diensteid" nicht jede solche Versicherung ohne Unterschied, wie und wo sie abgegeben wird, sondern nur eine diensteidliche Versicherung zu verstehen, die statt des in den §§ 125 bis 127 gedachten Eides ein Beamter als Partei, Zeuge oder Sachverständiger vor Gericht erklärt; mit andern Worten, falsche Versicherungen, die unter dem Eide nicht mit den im § 126 angedrohten Strafen bedroht sind, können auch unter dem Diensteide nicht nach § 126 bestraft werden, sondern fallen unter die Disciplinar-Gesetze beziehungsweise unter den Titel 28, II. des StGB.s „Verbrechen und Vergehen im Amte," unter welchen beiden Kategorien nach den bekannten Motiven zu Tit. 28 und jenen Gesetzen von 1849 bis 1852 die im 8. Abschnitte II, 20 ALR. §§ 323 ff. bezeichneten „Verbrechen der Diener des Staats," jetzt sich wiederfinden. Dies gilt insbesondere auch von diensteidlichen falschen Insinuationsberichten, worauf nach § 41. I, 7 AGO die §§ 333, 334 und 340 II, 20 ALR. anwendbar waren. Dagegen besagen die Motive zu den §§ 153 ff. des Entwurfs zum StGB. von 1847 ausdrücklich, daß das Verbrechen des Meineids nicht auf schriftliche Eidesleistungen sich beziehe und daß der falsche Amtseid nicht mehr in der Ausdehnung des § 1420. II, 20 ALR. als Meineid zu bestrafen sei, sondern in der Beschränkung auf „die Vernehmung von

Beamten in Prozessen und Untersuchungen,", welche in den §§ 153 und 154 des damaligen Entwurfs, in den §§ 125 bis 127 des jetzigen StGB.s in präciserer Fassung vorgesehen sind. Die Worte „in Prozessen und Untersuchungen" des § 155 Nr. 3 von 1847 finden sich zwar im § 128 Nr. 3 nicht wieder, augenscheinlich aber nur deshalb, weil der ganze § 128 nur gewisse Betheuerungsformen der in den §§ 125 bis 127 vorausgesetzten gewöhnlichen Eidesformel gleichstellt, im Uebrigen den Thatbestand der letzteren erfordert (vgl. Komm.-Ber. II. K. zu § 106 des Entw. und die Motive der Regierungs-Vorlage; Goltd. Matt. 2. S. 248; Oppenhoff StGB. zu § 128 Nr. 1). Demnach ist der § 132 des StGB.s auf die fahrlässige diensteidliche Versicherung des Angeklagten mit Recht nicht angewendet worden.

Ebenso wenig konnte der § 129 daselbst Anwendung auf den festgestellten Thatbestand finden, da eine „Versicherung an Eidesstatt" darin nicht vorkommt, und nicht identisch mit einer „amtlichen Versicherung unter Berufung auf den Diensteid" ist, vielmehr ihrem Begriffe nach voraussetzt, daß kein Eid, auch kein Diensteid, geleistet sei, sondern die Gesetze in besonderen Fällen statt des Eides oder Diensteides bloße Versicherungen mit diesem bekräftigenden, allein dieselben nicht zu wirklichen Eidesleistungen erhebenden Zusatze gestattet haben, wie in dem citirten Erkenntnisse c. Nentwig (G.A. 1. S. 238; vgl. ibid. 8. S. 765; G. Matt. 2. S. 250) näher ausgeführt ist. Das Argument, welches hiergegen in der Nichtigkeitsbeschwerde aus der Gleichstellung der diensteidlichen Versicherung im § 128 n. 3 mit der eidlichen abzuleiten versucht wird, beweist augenscheinlich die Anwendbarkeit des § 129 auf eine schriftliche diensteidliche Versicherung ebensowenig, als die Anwendbarkeit desselben auf jede eidliche Versicherung, die nicht unter die §§ 125 bis 127 fällt.

Antr. des GStA.s: gleichl. [23. — 2.]

1. Abtreibung der Leibesfrucht. — Versuch. — Fragstellung.
2. Kosten. — Reale Konkurrenz. — Theilweise Freisprechung.

1. Bei einer Anklage wegen versuchter Abtreibung der Leibesfrucht ist es nicht unerläßlich, die Tauglichkeit des Mittels in der Fragstellung speziell hervorzuheben; jedenfalls genügt es, wenn dieses Mittel als ein „nicht absolut untaugliches" bezeichnet ist.

StGB. §§ 31 [n. 10]; 181 [n. 6]; 197 [n. 4. 5].

2. Der mehrerer in realer Konkurrenz verübter Strafthaten Angeklagte, welcher von einer dieser Anklagen freigesprochen wird, darf nicht in die durch diese veranlaßten Kosten verurtheilt werden.

Vdn. v. 3. Jan. 1849 § 178 [n. 5].

Erk. (Z. II.) v. 30. März 1865 c. Möllmann (136. II. Cr.).

Der Vertheidiger der der versuchten Abtreibung der Leibesfrucht angeklagten M. hatte beantragt, in die Fragstellung aufzunehmen, ob die That geschehen sei: „durch innere Mittel, welche, wenn sie in zureichender Menge genommen wären, zur Abtreibung 2c. an sich geeignet und also Abortivmittel gewesen sein würden" Der GH. nahm indessen in die Frage nur die Worte auf: „— durch ein inneres Mittel, welches nicht absolut dazu untauglich war —." Die dieses rügende NB. der M. ward zurückgewiesen. Dagegen erfolgte Vernichtung des betr. Erkenntnisses insoweit, als die M. zur Tragung aller Kosten des Verfahrens verurtheilt war, obgleich sie von der konkurrirenden Anklage des Kindesmords freigesprochen wurde — Gründe:

Es erheischt bezüglich auf einen Abtreibungsversuch, welcher Gegenstand der Anklage und des Verfahrens geworden ist, das Gesetz v. 3. Mai 1852 Art. 81 Abs. 1 bei der Fragestellung, wenn diese dem Wortinhalte des Gesetzes (StGB. § 181. 31) entspricht, nicht eine weitere Spezialisirung hinsichts der angewendeten (inneren oder äußeren) Mittel und namentlich hinsichts der Tauglichkeit derselben, in Beziehung auf welche ohnehin bekanntlich, — wie schon die Motive zu § 233 des Entwurfs v. J. 1847 S. 64 aussprachen, — nach ärztlichen Erfahrungen es keine Mittel giebt, welche dem Zwecke der Abtreibung unter allen Verhältnissen entsprechen. Vielmehr ist es Aufgabe des Vorsitzenden des Schwurgerichts, welcher in seinem Schlußvortrage die bei Beurtheilung der Thatfrage etwa in Betracht kommenden gesetzlichen Vorschriften nöthigenfalls zu erläutern hat (Ges. v. 3. Mai 1852 Art. 79 Abs. 2), geeignetenfalls in seinem Resumé die etwa nach der Sachlage angemessen erscheinende Erläuterung der gesetzlichen Erfordernisse des Thatbestandes der procuratio abortus und des strafbaren Versuches einer solchen zu geben; während der Versuch, eine solche Erläuterung in die zu stellende Frage selbst aufzunehmen, leicht zu einer irrthümlichen Auffassung der Fragestellung Seitens der Geschwornen und zu Widersprüchen in ihrer Antwort Anlaß geben könnte, dem vorzubeugen dem Schwurgerichtshofe obliegt, und jedenfalls nur dem thatsächlichen Ermessen des letzteren anheimfällt, ob jene weitere Spezialisirung in der zu stellenden Frage vorzunehmen sei (vgl. Zachariä Abh. in G. Arch. 5. S. 587; Oppenhoff StGB. § 31 n. 10, § 181 n. 6, § 197 n. 5). —

Es ist richtig, daß nach § 178 der Vdn. v. 3. Jan. 1849 in Verbindung mit § 617 der Crim.-Ordn. und nach Beseitigung der Bestimmung am Schlusse des § 609 der Crim.-Ordn., einem Angeklagten, gegen den wegen mehrerer, von einander verschiedener (real-konkurrirender) strafbarer Handlungen prozedirt, der aber Hinsichts einer derselben freigesprochen worden ist, nicht die Kosten der diese letztere betreffenden Untersuchungs-Verhandlungen zur Last gelegt werden dürfen. In dem vorliegenden Falle durfte deshalb die Angeklagte nicht schlechthin in die Kosten des Verfahrens verurtheilt werden. Vielmehr mußte sie von Tragung der Kosten, welche durch das die Anklage des Kindesmordes betreffende Verfahren erwachsen sind, entbunden werden, und dem späteren die Kosten-Liquidation betreffenden Verfahren vorbehalten bleiben, ob, — abgesehen von den Gerichtskosten, die ohnehin nur nach Maaßgabe der Höhe der rechtskräftig ausgesprochenen Strafe zum Ansatze kommen, — jenen Gegenstand der Anklage betreffende besondere Nebenkosten erwachsen seien.

Antr. des GStA s. gleichl. [26.—2.]

Diebstahl. — Fische. — Teich.

Als „Teich" im Sinne des § 217 Nr. 1 StGB. ist ein Wasserraum nur dann anzusehen, wenn er zur Haltung und Aufbewahrung von Fischen dient und regelmäßig dazu bestimmt, auch gleichzeitig überall umschlossen ist.

StGB. § 217 Nr. 1 [n. 13; vgl. RbOTr. 6. S 9]

Erk. (V. II.) v. 30. März 1865 c. Näkers (51. II. Cr.).

N. war, weil er Fische, welche sich in einem fremden Wasserraume befanden, geschossen und sich angeeignet hatte, aus § 217 Nr. 1 bestraft worden; er appellirte und stellte unter Beweis, daß der betr. Wasserraum kein geschlossener, sondern mit einem benachbarten einem Dritten gehörenden Mühlenteiche mittelst eines Durchlasses verbunden sei, so daß die Fische aus dem einen in den andern gelangen könnten, weshalb derselbe nicht als „Teich" betrachtet werden dürfe. Das AG. bestätigte indessen das 1. Erkenntniß, indem es erwog, daß hier lediglich der Wortlaut des cit. § entscheide, welcher nur voraussetze, daß die Fische aus einem „Teiche" entnommen seien, ohne das vollständige Umschlossensein dieses Teiches zu fordern. Auf die NB. des N. ist dieses Erkenntniß vernichtet worden. Gründe:

Der § 273 des StGB.s bestraft die Verletzung des bloßen Okkupationsrechts durch Ausübung der Fischerei; der § 217 Nr. 1 daselbst sieht dagegen einen Diebstahl an den Fischen vor. Zum Begriff des Diebstahls gehört, daß der Gegenstand desselben überhaupt im Eigenthum, und daß solcher der Gewahrsam eines Anderen unterworfen ist, so daß eine Entziehung aus der Gewahrsam stattfinden kann. An Fischen, die sich in fließenden Gewässern noch in ihrer natürlichen Freiheit bewegen, besteht weder Eigenthum noch Gewahrsam. Eine Gewahrsam an Fischen ist vielmehr nur bei geschlossenen Wasserräumen denkbar. Aber selbst nicht alle geschlossene Wasserräume, welche sich im Eigenthum eines Andern befinden, bringen es mit sich, daß dabei auch schon Eigenthum und namentlich Besitz an den darin befindlichen Fischen angenommen werden müßte, wogegen hinwiederum bei gewissen Arten von solchen Wasserbehältnissen diese Annahme sich gleichsam von selbst darbietet. Dies ist die Auffassung, von welcher das StGB. bei dem im § 217 Nr. 1 vorgesehenen ausgezeichneten Diebstahle ausgegangen ist.

Der Fischdiebstahl ist, wie in der Plenar-Entscheidung v. 11. Jan. 1858 (G. A. 6. S. 46) des Näheren ausgeführt ist, nicht auf die Entwendung von Fischen aus allen umschlossenen Gewässern, und namentlich nicht auf Privatseen ausgedehnt, vielmehr auf die Fischentwendung aus Teichen und Behältern beschränkt worden. Der innere Grund ist der, daß man bei den von Natur gegebenen, gewöhnlich größeren Wasserräumen, wie bei den Privatseen, obschon sie selbst im Eigenthum des Grundbesitzers stehen, einen wahren Besitz an den darin befindlichen Fischen nicht angenommen, solchen vielmehr nur an den Fischen in den Teichen und Behältern statuirt hat. Eben durch die Annahme der Gewahrsam wurde hier die Möglichkeit eines Diebstahls gegeben; der Diebstahl ist aber in dem § 217 Nr. 1 als ein ausgezeichneter Diebstahl behandelt, weil die Fische in den Teichen und Behältern, gleich den anderen in der Nr. 1 des § aufgeführten Sachen, dem öffentlichen Vertrauen ausgesetzt bleiben müssen, oder ausgesetzt sind.

Was nun den Begriff eines Teiches im Sinne des Gesetzes betrifft, so kann es für diesen Begriff nicht darauf ankommen, daß örtlich ein Gewässer gerade Teich genannt wird. Unter einem Teiche sind vielmehr im gesetzlichen Sinne solche Wasserräume zu verstehen, welche künstlich angelegt sind, oder wenn von Natur entstanden, doch ebenfalls zur Haltung und Aufbewahrung von Fischen dienen und *regelmäßig dazu bestimmt sind*: Ferrière dict.

du droit s. v. étang; Dict. de l'acad. franç. ibid.; Adelung Wörterbuch v. Teich.

Jedenfalls gehört aber das Merkmal des Umschlossenseins insoweit zum Begriffe eines Teiches, als ohne dasselbe die Gewahrsam an den Fischen nicht gedacht werden kann.

Den hiernach entscheidenden Gesichtspunkten begegnet man in den Gründen des App.-Richters überall nicht; es ist ihnen darin vielmehr mehrfach entgegengetreten. Wenn der App.-Richter zuvörderst den aus den faktischen Verhältnissen entlehnten Ausführungen des Appellanten, welche dahin gehen, daß es sich hier nicht um einen Teich im Sinne des Gesetzes handle, entgegensetzt, es müßten dagegen die Worte des § 217 Nr. 1 entscheiden, welcher zu seiner Anwendung nur voraussetze, daß die Fische aus einem „Teiche" entwendet seien, ohne das vollständige Umschlossensein dieses Teiches zu fordern, — so kann man nur unterstellen, daß der App.-Richter von der irrigen Annahme ausgegangen sei, daß schon der Umstand, daß ein Gewässer örtlich ein Teich genannt werde, einen Teich im Sinne des Gesetzes begründe, während er die Frage nach dem gesetzlichen Begriff des Wortes, darnach, ob und inwieweit das Umschlossensein dazu gehöre, und namentlich den dabei entscheidenden Gesichtspunkt der möglichen Gewahrsam an den Fischen überall nicht beantwortet hat. Sodann war die von dem Appellanten angerufene Analogie von den Gehegen nicht so unzutreffend, wie sie im Appellations-Urtheil dargestellt wird. Bei den sämmtlichen in der Nr. 1 des § 217 des StGB.s zusammengestellten Gegenständen wird Diebstahl angenommen, weil die Gewahrsam, der Besitz an denselben als vorhanden gedacht ist. Der Diebstahl ist ausgezeichnet, weil die Gegenstände dem öffentlichen Vertrauen ausgesetzt sind, und das ist ihr Gemeinsames. Wie aber ein Wilddiebstahl überhaupt nicht stattfindet, wenn das Gehege, worin sich das Wild gewöhnlich aufhält, nicht geschlossen ist, der Schluß z. B. durch eine dadurch führende Landstraße aufgehoben ist, — so ist auch der Diebstahl an Fischen aus Gewässern ausgeschlossen, welche so wenig geschlossen sind, daß sich die Fische ungehindert in's fließende Wasser begeben können. Der gemeinsame Grund in beiden Fällen ist dann lediglich darin zu finden, daß wie an dem Wild, so auch an den Fischen eine Gewahrsam nicht besteht, und deshalb von einem Diebstahl überhaupt die Rede nicht sein kann. Wenn endlich nach Demjenigen, was in der bereits citirten Plenar-Entscheidung des Kgl. OTr.s v. 11. Jan. 1858 ausgeführt ist, die Bestimmungen des ALR. §§ 176. 177. I, 9, so fern sie von geschlossenen Gewässern überhaupt reden, für die Anwendung des § 217 Nr. 1 des StGB.s bezüglich des Fischdiebstahls nicht maaßgebend sind, so konnten doch auch jene Bestimmungen unbedenklich dafür angerufen werden, daß die Teiche an sich zu den geschlossenen Gewässern gerechnet werden, wie sie denn auch nach dem oben Ausgeführten wirklich dazu gehören.

Antr. des GStA.s: gleichl [27. — 2.]

Beschlagnahme. — Rechtmäßigkeit. — Fremde Sachen.

Die Bei-Seite-Schaffung einer von einer zuständigen Behörde in Beschlag genommenen (sequestrirten) Sache ist strafbar, ohne daß es darauf ankäme, ob jene Maaßregel nach den Gesetzen gerechtfertigt war, sowie ob die Sache im Eigenthume eines Dritten stand.

StGB. § 272 [vgl. dort n. 2 16].

Erk. (Z. I.) v. 31. März 1865 c. Gallinat (286. I. Cr.).

G., wegen Bei-Seite-Schaffung eines gegen ihn sequestrirten Pferdes bestraft, machte im Wege der NB. Gesetzesverletzung geltend, weil die auf den Antrag seiner Ehefrau gegen ihn verhängte Sequestration später durch Urtheil aufgehoben und somit als ungesetzlich anerkannt worden sei; außerdem rügte er Beschränkung der Vertheidigung, weil ihm der Beweis abgeschnitten worden, daß er das Pferd bereits vor der Sequestration an einen Dritten verkauft gehabt habe. — Zurückweisung. Gründe:

Ob die Einleitung der Sequestration des dem Angeklagten und seiner Ehefrau gehörigen Grundstücks und mit dieser die Beschlagnahme des Pferdes, dessen Bei-Seite-Schaffung dem Angeklagten zur Last gelegt wird, nach den Gesetzen materiell ungerechtfertigt gewesen und später aus diesem Grunde wieder aufgehoben worden, ist in Bezug auf den Thatbestand des § 272 a. a. O. und die Strafbarkeit des Angeklagten einflußlos; entscheidend allein ist es, daß die Beschlagnahme seitens der zuständigen Behörde oder Beamten erfolgt, und daß derselben, ihrer Kenntniß ungeachtet, die betreffende Sache vorsätzlich entzogen ist. Dem App.-Richter fällt daher eine Verletzung des Strafgesetzes nicht zur Last, wenn er die Frage, ob die Einleitung der Sequestration an sich durch die Gesetze begründet war, nicht zur Erörterung gezogen hat: Erk. v. 1. Juni 1861 c. Hartung (RdOTr. 1. S. 422). —

Die unter das Zeugniß des rc. gestellte Thatsache ist unerheblich. Denn war das Pferd, als Angeklagter mit demselben nach Hause zurückgekehrt war, obgleich er den geschehenen Verkauf vorschützte, von dem gerichtlichen Kommissar ausdrücklich der Beschlagnahme mitunterworfen worden, so erfüllte der Angeklagte den Thatbestand des § 272, sobald er das ihm gegenüber mit Beschlag belegte Pferd bei Seite schaffte, gleichviel, ob einem Andern in der That zur Zeit der Beschlagnahme bereits ein Titel zur Erwerbung des Eigenthums oder gar das Eigenthum selbst zustand: Präj. Nr. 173, G.A. 4. S. 265.

Antr. des GStA.s: gleichl. [50.—3.]

Unzucht. — Stiefvater. — Stiefkind.

Die Unzucht zwischen Stiefvater und Stieftochter ist auch dann strafbar, wenn sie erst nach der Auflösung der die Stiefverbindung begründenden Ehe stattfand.

StGB. § 141 [vgl. dort n. 7. 8. 5].

Erk. (Z. I.) v. 31. März 1865 c. Gorzanski (218. I. Cr.).

Der § 6. II, 1 ALR. bestimmt, daß das Eheverbot zwischen Stiefeltern und Stiefkindern fortdauert, wenngleich die Ehe, wodurch die Stiefverbindung entstanden war, durch Tod oder richterlichen Ausspruch wieder getrennt worden ist, und ist durch die Vdn. v. 22. Dez. 1843 (GS. 1844. S. 47) auch auf den Fall ausgedehnt worden, wenn das Verhältniß des Kindes zu dem früheren Ehegatten auf einer unehelichen Zeugung beruhet. Den Vorschriften über den Incest aber liegen die Eheverbote zum Grunde. Deshalb und weil der § 141 StGB. keinen Unterschied macht, ob die die Stiefverbindung begründende Ehe zur Zeit der Unzucht bereits getrennt worden ist oder nicht, übrigens auch aus den Materialien zum StGB. hervorgeht, daß die ausdrückliche Bestimmung, daß die Unzucht zwischen dem Stiefvater und der Stieftochter auch nach dem Ableben der Mutter der letzteren strafbar sein solle, nur um deswillen im § 141 nicht aufgenommen worden ist, weil sie sich von selbst verstehe (Goltd. Matt. 2. S. 289), — hat der App.-Richter mit Recht die als verletzt bezeichneten Gesetze zur Anwendung gebracht.

Antr. des GStA.s: gleichl. [50.—3.]

Unzucht mit dem Stiefkind. — Beischlaf.

Als strafbare „Unzucht mit einem Stiefkinde" ist nur der Akt des Beischlafs anzusehen; dagegen bedarf es weder einer Vollendung dieses Aktes noch der Einwilligung des Stiefkindes; es genügt die Vereinigung der Geschlechtstheile.

StGB. § 141 [vgl. dort n. 1. 1a].

Erk. (V. I.) v. 31. März 1865 c. Hein (95. I. Cr.).

H. hatte mit seiner über 14 Jahre alten Stieftochter in der Art Unzucht getrieben, daß er seine Geschlechtstheile in die ihrigen brachte; zur Vollendung des Beischlafs war es indessen nicht gekommen, weil das Mädchen sich losriß. Von der aus § 141 erhobenen Anklage sprach das AG. frei, weil unter „Unzucht" in jenem § die vollendete Beischlafsvollziehung zu verstehen sei, und dabei, wie aus dem Schlußabsatze hervorgehe, ein Einverständniß des Stiefkindes vorausgesetzt werde. Auf die NB. des OStAnw.s ward dieses Erkenntniß vernichtet. Gründe:

Es ist richtig, daß der im § 141 des StGB.s gebrauchte Ausdruck „Unzucht" gleichbedeutend ist mit „Beischlaf." Beide Abtheilungen des Kriminal-Senats des Kgl. OTr.s haben in diesem Sinne öfter entschieden, z. B. noch die erste in dem Erk. v. 18. Aug. 1862 c. Schmidt (RdOTr. 2. S. 545). Die Entstehungsgeschichte des § 141 l. c. ergiebt die Richtigkeit dieser Annahme unzweideutig und namentlich das Gutachten der Kommission der zweiten Kammer spricht sich darüber ganz bestimmt aus; cfr. Verhh. der 1. und 2. Kammer über das StGB. S. 125. Die fernern Rechtsanschauungen aber, die der App.-Richter hiernächst weiter entwickelt, sind unrichtig. Er hält die Anwendung des § 141 l. c. erst dann für zulässig, wenn der Beischlaf vollendet worden. Davon besagt aber das Gesetz nichts. Dasselbe hat sich, eben um den im gemeinen deutschen Strafrecht bis in das größte Detail getriebenen Unterscheidungen, die, wie sich das erwähnte Gutachten der 2. Kammer a. a. O. ausdrückt, bis zur Laszivität ausgeartet waren, zu entgehen, des Ausdrucks „Unzucht" als des allgemeinern statt des einer engern Auffassung fähigen des „Beischlafs" oder der „Beischlafs-Vollziehung" bedient. Es läßt sich daher nicht rechtfertigen, nunmehr dieselben in's Weite gehenden Anschauungen wieder in den § 141 des StGB.s hinein zu tragen, welche sogar die neuere gemeinrechtliche deutsche Praxis und Theorie, in Uebereinstimmung mit allen frühern Entwürfen des gegenwärtigen StGB.s, aufgegeben hat, und die zur Vollendung des Verbrechens der Nothzucht nur die körperliche Vereinigung der Geschlechtstheile verlangen; cfr. Feuerbach Lehrb. Ausg. v. Mittermaier § 268 Nr. 2. Im vorliegenden Falle ist dies Erforderniß bereits in erster Instanz festgestellt, und es liegt daher ein konsumirtes Vergehen, keineswegs aber ein Versuch zu demselben vor.

Sodann ist es auch nicht richtig, wenn der App.-Richter meint, daß zur Erfüllung des Thatbestandes des § 141 l. c. ein gegenseitiges Einverständniß zur Vollziehung des Beischlafs gehöre. Es wird dies aus dem Gegensatze des § 142 l. c. und aus dem Schlußsatze des § 141 l. c. gefolgert, der die Strafbarkeit auch der Stiefkinder androht, sobald sie das 16. Lebensjahr zurückgelegt haben. Allein der § 142 l. c. beweist Nichts, weil derselbe auf andern Voraussetzungen beruht, namentlich aber nicht wie der § 141 l. c. den Beischlaf voraussetzt, sondern bereits jede unzüchtige Handlung ahndet. Der Schlußsatz des § 141 l. c. ist gleichergestalt indifferent, weil derselbe ja keineswegs von der Nothwendigkeit einer jedesmaligen Bestrafung des über 16 Jahre alten Stiefkindes handelt, sondern nur davon spricht, daß eine unbedingte Straflosigkeit der Stiefkinder dann eintreten soll, wenn sie das 16. Lebensjahr noch nicht zurückgelegt haben. Die Strafbarkeit der ältern Stiefkinder dagegen hängt selbstredend von den jedesmal obwaltenden Umständen ab, und muß nicht jedesmal eintreten, da eine Reihe von Fällen denkbar ist, in denen eine Verschuldung der Kinder nicht, dagegen eine solche der Eltern unzweifelhaft vorliegt, ohne daß eine vorherige Einigung zur Vollziehung des Beischlafes stattgefunden hat. Es ist deshalb auch gleichgültig, wenn der App.-Richter hervorhebt, daß die Stieftochter des Angeklagten von demselben sich losgerissen habe, nachdem die Vereinigung der Geschlechtstheile beider vor sich gegangen war.

Antr. des GStA.s: gleichl. [20.—3.]

Eröffnungsbeschluß. — Staatsanwalt. — Beschwerde.

Gegen einen die Untersuchung vor der Gerichtsabtheilung eröffnenden Beschluß steht dem Staatsanwalt die Beschwerde nicht zu, insofern durch dieselbe nur geltend gemacht wird, daß die

Untersuchung wegen eines anders qualifizirten Vergehens zu eröffnen gewesen wäre.

Vdn. v. 3. Jan. 1849 § 12 [vgl. dort n. 3]. Dagegen wird der StA.-schaft die Beschwerde nicht zu versagen sein, wenn sie geltend macht: statt der Eröffnung der Untersuchung habe eine Versetzung in den Anklagestand erfolgen müssen; zwar kann sie vor der Abtheilung noch auf Inkompetenzerklärung antragen; mit Rücksicht auf die zu erzielende Zeit- und Kostenersparniß muß ihr aber auch das näher zum Ziele führende Rechtsmittel der Beschwerde zustehen.

Beschl. (I.) v. 31. März 1865 c. Steffenhagen & Gen. (95. B. I. Cr.).

Der StA. hatte gegen St. und Gen. die Eröffnung der Untersuchung wegen Unterschlagung (§ 226. 227 StGB.) beantragt und gegen den ablehnenden RK.-Beschluß die Beschwerde an das AG. ergriffen; hier beantragte der OStA. Eröffnung der Untersuchung wegen Diebstahls; der Criminal-Senat sprach indessen nunmehr die Eröffnung der Untersuchung in Gemäßheit der ursprünglichen Anklage wegen Unterschlagung aus. Gegen diesen Beschluß erhob der OStA. Beschwerde an das OTr.; er suchte auszuführen, daß die That nicht Unterschlagung sondern Diebstahl sei und beantragte in diesem Sinne den Eröffnungsbeschluß zu berichtigen. — Die GA.-schaft sprach sich für die Zurückweisung aus: gegen einen Eröffnungsbeschluß stehe der StA.-schaft die Beschwerde nur insofern zu, als sie ein rechtliches Interesse der Strafverfolgung geltend mache; ein solches liege hier nicht vor, da die im Beschlusse enthaltene Qualifizirung der That die StA.-schaft nicht hindere, ihre abweichende Ansicht in vollstem Umfange zur Erörterung zu bringen, indem sie dieselbe bei der mündlichen Verhandlung geltend mache und eine Prüfung der Sache von diesem Gesichtspunkte aus beantrage; dann sei, mit Rücksicht auf Art 30 des Ges. v. 3. Mai 1852 die befaßte Gerichtsabtheilung verpflichtet, diesem Antrage zu entsprechen und in der angeregten Beziehung eben so zu verfahren, als wenn der Eröffnungsbeschluß auf jenen Gesichtspunkt ausdrücklich mit gerichtet gewesen sei (vgl. Oppenhoff Strafverf. Art. 30 n. 8; B. I. 27. März 1863 c. Hiltowski, 275). — Das OTr. hat demgemäß die Beschwerde zurückgewiesen. Gründe:

Der Beschluß [des AG.s] hat der Anklage gemäß die Eröffnung der Untersuchung wegen Unterschlagung ausgesprochen. Sollte die Kgl. StA.-schaft im Laufe der Hauptverhandlung zu der Ansicht gelangen, daß nicht Unterschlagung sondern Diebstahl vorliegt, so bleibt es ihr unbenommen, diesen Gesichtspunkt nach Art. 30 des Ges.s v. 3. Mai 1852 zur Geltung zu bringen. [20.—4.]

Non bis in idem. — Zollvergehen. — Ideale Konkurrenz.

Ist über eine Anklage wegen eines Straffalles rechtskräftig abgeurtheilt, so kann ein mit jenem Straffalle ideell konkurrirendes Zollvergehen nicht mehr zum Gegenstande einer neuen Strafverfolgung gemacht werden; der Einwand des Non bis in idem schließt dann die Anwendung des § 23 des ZStr.-Ges.s aus.

Vdn. v. 3. Jan. 1849 § 1 [vgl. dort n. 48]; Ges. v. 3. Mai 1852 Art. 30; ZStr.-Ges. § 23. Vgl. RdOTr. 3. S. 23; 4. S. 471; Hartm. Strafgess. S. 218 n. 1.

Erk. (S. I.) v. 5. Apr. 1865 c. v. Wichlinski (279. I. Cr.).

v. W. war, weil er mit anderen Personen unbefugt bewaffnete Haufen gebildet hatte, aus § 97 StGB. bestraft worden. Nach eingetretener Rechtskraft des betr. Erkenntnisses erhob die StA.-schaft gegen ihn wegen derselben Handlung die neue Anklage: „daß er es unternommen habe (gegen ein ergangenes Verbot) Waffen und Kriegsmaterial aus Preußen nach Polen zu befördern." Gegen das verurtheilende Erkenntniß 2. Instanz hat v. W. die NB. ergriffen und Verletzung des § 23 des ZStr.-Ges.s geltend gemacht. Das OTr. hat das app.-gerichtliche Erkenntniß vernichtet und das freisprechende erstinstanzgerichtliche Urtheil bestätigt. Gründe:

Allerdings hätte der Richter in jener früheren Untersuchung auf Grund des § 23 des ZStr.-Ges.s bei der vorliegenden idealen Konkurrenz eines gemeinen Vergehens und eines Zollvergehens, wenn solche schon damals festgestellt wäre, den Angeklagten sowohl auf Grund des § 97 des StGB.s als auch auf Grund des § 1 des ZStr.-Ges.s bestrafen können. Dies ist aber nicht geschehen, in der frühern Entscheidung vielmehr die Handlung des Angeklagten nur von dem Gesichtspunkt des § 97 l. c. beurtheilt, und der Umstand, daß Angeklagter auch verbotswidrig die Waffen, mit welchen er und seine Begleiter im Grenzbezirke betroffen wurden, nach Polen auszuführen beabsichtigte, gar nicht zur Sprache gebracht, sondern gänzlich ignorirt. Wenn aber dieser Umstand schon damals im Laufe der Untersuchung erörtert und festgestellt worden wäre, so würde der damalige Richter durch nichts behindert gewesen sein, den Angeklagten nach Art. 30 des Ges.s v. 3. Mai 1852 nicht bloß wegen Theilnahme an einem unbefugt gebildeten bewaffneten Haufen, sondern auch wegen Kontrebande zu bestrafen. Da dies aber in jener früheren Untersuchung versäumt, auch dem StA. eine neue Anklage wegen Kontrebande nicht vorbehalten ist, so kann nach dem Grundsatze non bis in idem wegen derselben Handlung des Angeklagten eine nachträgliche anderweitige Bestrafung desselben nicht stattfinden: Erk. v. 27. Sept. 1862 c. Erbe (RdOTr. 3. S. 24; vgl. Oppenh. Strafverf. § 1 n. 48). [18.—4.]

Beschuldigter. — Skrutinialverfahren. — Zwang zu erscheinen.

Der Beschuldigte, welcher einer im Skrutinialverfahren an ihn ergangenen Vorladung des Untersuchungsrichters keine Folge leistet, kann durch Vorführung zum Erscheinen gezwungen werden.

Cr.-Ordn. §§ 260. 262; Vdn. v. 3 Jan. 1849 §§ 18 [vgl. dort n. 7]. 46. 56. 135; Ges. v 3. Mai 1852 Artt. 23 [vgl. dort n.4]. 74.

Beschl. (I.) v. 6. Apr. 1865 c. Dibowski (110. B. I. Cr.).

D. war eines Diebstahls verdächtig geworden; der StA. beantragte daher seine verantwortliche Vernehmung im Skrutinialverfahren. Er leistete indessen der vom Untersuchungsrichter an ihn unter Androhung der Vorführung erlassenen Vorladung keine Folge, weshalb der StA. die Vorführung (Cr.-Ordn. § 262) beantragte. Diese Maßregel ward aber jetzt von beiden Instanzgerichten arg. § 18 der Vdn. vom 3. Jan. 1849 für unstatthaft erachtet, weil ein Zwang zur Vernehmlassung im Skrut.-Verfahren unzulässig, der Zwang zum Erscheinen aber bedeutungslos sei, da D. durch sein Nichterscheinen bereits zu erkennen gegeben habe, daß er sich nicht vernehmen lassen wolle. Auf die Beschwerde des OStA.s ist der Beschl. des AG.s aufgehoben und dem KrG aufgegeben worden, dem Antr. des StA s zu entsprechen. Gründe:

Es handelt sich darum, ob in dem von dem StA. vorläufig durch die beantragte verantwortliche Vernehmung des Beschuldigten eingeleiteten Skrutinialverfahren die zwangsweise Vorführung des auf wiederholte Vorladung zu seiner Vernehmung vor dem Untersuchungs-Richter ausgebliebenen Beschuldigten gesetzlich statthaft sei. Daß in dieser Beziehung der § 18 der Vdn. v. 3. Jan. 1849 nicht entgegen stehe, leuchtet nach seiner deutlichen Fassung ein. Er untersagt Zwangsmittel gegen den erscheinenden, aber eine Erklärung verweigernden Angeschuldigten. So nur ist diese Vorschrift mit den anderweiten Bestimmungen der cit. Vdn. und des Ges.s v. 3. Mai 1852 zu vereinigen. Denn da der § 18 unzweifelhaft eine für die ganze Untersuchung, also auch für die Voruntersuchung und die Hauptverhandlung geltende Vorschrift ist, der § 46 aber die persönliche Vernehmung in der Voruntersuchung in das Ermessen des Richters stellt, und der § 75 dieselbe sogar befiehlt, da ferner der Art. 23 und die §§ 56 und 135 die Vorführung in der Voruntersuchung und in der Hauptverhandlung beider Instanzen behufs des persönlichen Verhörs ausdrücklich gestatten, so folgt von selbst, daß das Gesetz im § 18 die Vorführung allein nicht schon dem Zwange zu einer Erklärung gleichgestellt, vielmehr, wie erwähnt, nur den vor dem Richter erscheinenden und diesem gegenüber die Erklärung verweigernden Angeschuldigten vor Augen gehabt haben kann.

Es handelt sich also lediglich um die Frage, ob dieselben Grundsätze auch für dies bloße vorbereitende Skrutinialverfahren gelten dürfen. Mit Recht beruft sich aber die Beschwerde auf den noch in Kraft bestehenden § 262 der Cr.-Ordn., welcher sich unmittelbar an den die summarische Vernehmung betreffenden § 260 anschließt, und die Pflicht jedes Angeschuldigten, sich in Person vor dem ihn vorladenden Richter Behufs seiner Vernehmung zu gestellen, ausspricht. Der Zweck des Skrutinialverfahrens fällt aber im Wesentlichen mit demjenigen der Voruntersuchung zusammen, und soll sogar die letztere ersetzen, wenn sich der StA. veranlaßt sieht, in Untersuchungen, welche nicht zur Kompetenz des Schwurgerichtes gehören, die förmliche Voruntersuchung überhaupt gar nicht zu beantragen, vielmehr durch sein Skrutinium allein die Sache bis zur Erhebung der Anklage vorzubereiten. Man würde also, wenn man die zwangsweise Vorführung nur in der förmlichen Voruntersuchung, resp. in der Hauptverhandlung als statthaft erachten wollte, einen indirekten Zwang gegen den StA. aussprechen, die Voruntersuchung zu beantragen, wenn er ohne persönliche Vernehmung des Angeschuldigten durch den Richter auch im Skrutinium die Vorbereitung für die Anklage nicht bewirken könnte. Dazu tritt, daß die persönliche Vernehmung sogar in vielen Fällen, zur Feststellung der Identität oder aus anderen Gründen, eine durchaus nothwendige und zwar auch zum Vortheil des Beschuldigten selbst dienende Maaßregel sein kann. Aus diesen Gründen muß daher angenommen werden, daß die Vorschrift des Art. 23 des Ges.s v. 3. Mai 1852 eine für das gesammte Untersuchungsverfahren gegebene sei. Der Gegensatz des Abs. 2 gegen den Abs. 1, welcher letztere eben einen für das ganze Verfahren geltenden Grundsatz ausspricht, ergiebt dies deutlich, und es ist daher auch auf den Ausdruck: „Angeklagter" in jenem Abs. 2 kein entscheidendes Gewicht zu legen.

Antr. des GStA.s: gleichl. [15.—3.]

Gefangene. — Schuldgefangene. — Meuterei.

Die Strafe des § 96 StGB. trifft auch Schuldgefangene, welche sich der Meuterei schuldig machen. StGB. § 96 [n. 2.; vgl. § 94 n. 2].

Erk. (Z. I.) v. 7. Apr. 1865 c. Hirschburg & Geidies (251. I. Cr.).

Daß der App.-Richter den § 96 StGB. mit Recht

auch auf Schuldgefangene angewendet hat, unterliegt keinem Bedenken. Denn das Gesetz nennt „Gefangenenanstalten“ und „Gefangene.“ Unter diesen ganz allgemeinen Benennungen sind auch Schuldgefängnisse und damit auch Schuldgefangene begriffen; es hätte einer ausdrücklichen Ausnahme im Gesetz oder doch einer sonstigen Andeutung in demselben bedurft, um sie nicht darunter zu begreifen. Auch Schuldgefangene befinden sich in der Gewalt der Obrigkeit, unter der Bewachung ihrer Beamten. Zu welchem Zwecke diese Gewalt über ihre Person ausgeübt wird, ist gleichgültig. Der § 96 steht in dem Titel des StGB.s von dem „Widerstand gegen die Staatsgewalt.“ Einen solchen Widerstand üben auch Schuldgefangene, welche sich unter den im Gesetze als strafbar bezeichneten Formen der obrigkeitlichen Gewalt widersetzen, resp. entziehen. — Ein gleicher Strafgrund findet bei den §§ 94 und 95 statt, in denen auch von „Gefangenenanstalten“ und „Gefangenen“ die Rede, und bei denen die Ausdehnung auf die Befreiung von Schuldgefangenen, schon ihrem besonderen Thatbestande nach, keinem Zweifel unterworfen ist. Das Bedenken aber, welches besonders aus dem Absatz 3 des § 96 hergeleitet ist, erledigt sich nach der richtigen Auffassung des App.-Richters durch die Betrachtung, daß derselbe nicht als eine allgemeine Vorschrift für alle die im § 96 genannten „Gefangenen,“ sondern nur für solche unter denselben zu gelten hat, welche wegen Verbrechen oder Vergehen in Straf- oder Untersuchungshaft sich befinden. Wollte man das Gesetz nur auf Gefangene dieser Kategorie, also damit nur auf Straf- oder Untersuchungsgefängnisse beschränken, so würde man zu dem Widerspruch gelangen, den Ausbruch von Schuldgefangenen, welche, wie notorisch, an vielen Orten nicht in abgesonderten Schuldgefängnissen, sondern in denselben Gefängnissen mit Strafgefangenen detinirt werden, für straflos, den Ausbruch ihrer Mitgefangenen aber für strafbar zu erklären.

Antr. des GStA.s: gleichl. [15. — 3]

Bernstein. — Unterschlagung.

Die Aneignung gefundenen Bernsteins zum Nachtheil des dazu allein berechtigten Bodeneigenthümers ist als Unterschlagung zu bestrafen.
StGB. § 226 [n. 9].

Erk. (Z. I.) v. 7. Apr. 1865 c. Kronheim (Tetzlaff & Gen. 284. I. Cr.).

Kr. war wegen Theilnahme an der Bei-Seite-Schaffung eines (in Pommern) gefundenen Stückes Bernsteins zum Nachtheile des zur Aneignung allein berechtigten Bodeneigenthümers aus § 226. 227 StGB. bestraft worden. Seine NB. rügte Gesetzesverletzung: der Bernstein sei hier nicht ein für sich bestehender Gegenstand, sondern ein mit dem Grunde und Boden organisch verbundener Theil des letzteren und deshalb auch mit diesem in der Gewahrsam des Eigenthümers gewesen; die Wegnahme desselben durch den Mitangeklagten T. sei daher Diebstahl gewesen, und der ihm (Kr) zur Last gelegte Ankauf des Bernsteins hätte möglicher Weise Hehlerei, nicht aber Theilnahme an einer Unterschlagung sein können. Zurückweisung. Gründe:

Nach der AKO. v. 13. Mai 1804 (Rabe 8. S. 51) wird das Graben des Bernsteins in Pommern zu den Regalien nicht gerechnet, er gehört daher nach § 106. I, 9 und § 72. II, 16 ALR. dem Eigenthümer des Grund und Bodens, in welchem er gefunden wird. In dieser Beziehung hat aber bereits das Kgl. OTr. in dem Erkenntniß v. 7. Apr. 1852 (Entsch. 22. S. 464 folg.) ausgeführt, daß ein Dritter, welcher ohne Ermächtigung des Grundstücks-Besitzers gefundenen Bernstein sich aneignet, und darüber verfügt, nach § 226 des StGB.s strafbar ist. Es wurde ausgeführt, daß diese That im Sinne des StGB.s als Diebstahl nicht anzusehen sei; freilich habe man eine Gewahrsam an denjenigen Sachen, worüber zu verfügen man das physische Vermögen habe, selbst wenn man nicht wisse, daß man die Sache inne habe (§ 1. I, 7 ALR.: Simon und v. Strampff Matt. in der Lehre des Besitzes S. 603); allein dies entscheide nicht, weil der Ausdruck „Finder“ im § 226 des StGB.s sowohl in subjektiver als in objektiver Richtung hin aufzufassen sei; danach werde ein Fund auch durch ein zufälliges Entdecken und Ergreifen solcher Sachen gemacht, die entweder einem Eigenthümer dergestalt entkommen seien, daß er nicht weiß, wo sie sind, oder auch an solchen, die ihrem dermaligen Eigenthümer ganz verborgen sind (wie z. B. bei einem Schatze), deren Eigenthümer zwar existirt, jedoch ohne alle Kenntniß von demselben; es müsse also eine Sache sein, an welcher der Eigenthümer keinen Besitz habe, weil er ihn verloren, oder wo er den Besitz nicht ausüben könne, weil er von der Sache keine Kenntniß habe; jedenfalls empfehle es sich bei der Zweifelhaftigkeit der Frage, in dem gegebenen Falle, das mindere Vergehen einer Unterschlagung anzunehmen. Das Kgl. OTr. hat sodann in seiner Plenar-Entscheidung v. 25. März 1861 (RdOTr. 1. S. 316) diese Grundsätze für die Provinz Westpreußen, in der das Bernsteingraben kein Regal ist, als richtig anerkannt, und der App.-Richter hat deshalb in dem vorliegenden Falle, in welchem ein gleiches Sachverhältniß obwaltet, rechtlich nicht geirrt, wenn er ihnen gefolgt ist.

Antr. des GStA.s: gleichl. [20. — 3.]

Anreizung (öffentliche). — Strafthat. — Feststellung.

Zur Anwendung des § 36 StGB. insbesondere des Abs. 2 genügt die Feststellung, daß zu einer nur durch ihren allgemeinen Begriffsausdruck bezeichneten Strafthat öffentlich angereizt sei; es bedarf nicht nothwendig der speziellen Angabe der Begriffsmerkmale dieser Strafthat.

StGB. § 36 [vgl. dort n. 2].

Erk. (Z. I.) v. 7. Apr. 1865 c. Walkowiak (303. I. Cr.).

W. war aus § 36 Abs. 2 bestraft worden, weil er: „öffentlich — — zu Handlungen, welche Verbrechen oder Vergehen darstellen, aufgefordert und angereizt habe;" als das Vergehen, zu welchem angereizt sei, war die „Betheiligung diesseitiger Unterthanen am Aufstande in Polen" bezeichnet. Die NB., welche es rügte, daß die Feststellung nicht die Begriffsmerkmale der Strafthat, zu welcher aufgefordert sei, enthalte, ward zurückgewiesen. Gründe:

Es ist deutlich ausgesprochen, daß das Verbrechen oder Vergehen, zu welchem Implorant aufgefordert hat, das im § 91 StGB. vorgesehene Vergehen, beziehungsweise Verbrechen des Aufruhrs sei und daß dasselbe nicht bloß gegen Rußland, sondern auch gegen Preußen gerichtet gewesen. Daß nun aber, wenn das Verbrechen oder Vergehen, zu welchem aufgereizt worden, nicht zur Ausführung gekommen ist, mithin nur der im § 36 Abschn. 2 des Strafgesetzbuches vorgesehene Fall der erfolglosen Aufforderung vorliegt, nicht von einer genauen Feststellung der thatsächlichen Merkmale des zu begehenden Verbrechens oder Vergehens die Rede sein kann, leuchtet von selbst ein, da der Anreizende selbst diese zum Voraus unmöglich bestimmen kann, weshalb eine solche Präzisirung auch nicht einmal erfordert wird, um, im Falle das Verbrechen oder Vergehen begangen worden, den Anreizenden nach § 36 Abschnitt 1 a. a. O. als Theilnehmer zu bestrafen; vgl. Goltd. Matt. 1. S. 336 Note 2; Oppenhoff StGB. § 34 n. 52, § 36 n. 2. Hiernach muß es genügen, wenn der Richter das Verbrechen oder Vergehen, zu welchem angereizt worden, nach seinen gesetzlichen Merkmalen bezeichnet und dieses ist von Seiten des Appellationsrichters durch die Bezugnahme auf den § 91 des StGB.s mit hinlänglicher Bestimmtheit geschehen.

Antr. des GStA.s: entg. [28. — 3.]

Geschworne. — Aufklärung. — Protokollirung.

Wird den Geschwornen auf ihren Wunsch durch den Vorsitzenden im Berathungszimmer eine Aufklärung ertheilt, so ist die Protokollirung des betr. Hergangs nicht erforderlich; ebendeshalb bedarf es der Zuziehung des Gerichtsschreibers nicht.

Ges. v. 3. Mai 1852 Art. 94 [vgl. dort n. 9. 10; RdOTr. 2. S. 421. 448; 3. S. 175]

Erk. (Z. II.) v. 11. Apr. 1865 c. Lange (139. II. Cr.).

Weder der Art. 79 noch der Art. 94 des Ges. v. 3. Mai 1852 schreibt die Protokollirung einer Berufung des GH.s in das Berathungszimmer der Geschworenen auf Grund des Art. 94, oder des in demselben Verhandelten, vor. Vielmehr ist das Ersuchen der Geschworenen um eine Aufklärung und die Ertheilung derselben absichtlich als eine Gewissenssache der ersteren und der Mitglieder des GH.s der Oeffentlichkeit entzogen, der sie auch nicht anheimgegeben sein könnte, ohne die Unabhängigkeit und Freiheit der Berathung der Geschworenen selbst dadurch zu gefährden, daß dem Publikum oder den Angeklagten und der StA.-schaft ein Blick in die Entstehung ihres Wahrspruches eröffnet würde. Daß die Aufklärung, welche sie hierbei von dem GH. erbitten und erhalten, über die in Art. 94 vorgezeichneten Schranken nicht hinausgehe, haben sie und die Mitglieder des GH.s, welche deshalb sämmtlich zugegen sein müssen, unter ihrem Eide zu verantworten. Der Gerichtsschreiber ist jedoch jenen Mitgliedern im Sinne des Art. 94 nicht beizuzählen, da es zu seinem Berufe in keiner Weise gehören kann, die Beobachtung des Art. 94 durch den Vorsitzenden zu kontrolliren, und sein Amt als Protokollführer wegfällt, wo nichts protokollirt werden soll. Demgemäß ist bereits wiederholt erkannt worden, insbesondere, daß die Protokollirung des fraglichen Herganges nicht erforderlich sei, in den Erkenntnissen bei Oppenhoff n. 10 zu Art. 94 und RdOTr. 2. S. 421 und 448, und daß es der Zuziehung des Gerichtsschreibers nicht bedürfe, dort n. 9 und RdOTr. 2. S. 421; vgl. Bd. 3 S. 175.

Antr. des GStA.s: gleichl. [23 — 2.]

Arznei. — Verkauf. — Vermengung.

1. Als „Arzneien" im Sinne des § 345 Nr. 2 StGB. sind diejenigen Stoffe anzusehen, welche in den nach Anleitung des Regl. v. 16. Sept. 1836 erlassenen Ministerial-Bekanntmachungen als solche bezeichnet sind.

StGB. § 345 Nr. 2 [n. 9]; Regl.-Entw. v. 16. Sept. 1836 Art. 2. 5 u. AKO. v. 17. Okt. 1836 (G.S. 37. S. 41); Bekanntmachung v. 19. Juli 1857 (G.S. S. 654).

2. Es kann als „Verkauf einer Arznei" angesehen werden, wenn der betr. Stoff in einer nur mechanischen Verbindung mit andern Stoffen an Andere käuflich überlassen wird.

StGB. § 345 Nr. 2 [dort einzutr. als n 9a]; vgl. RdOTr. 5. S. 559.

Erk. (Z. II.) v. 20. Apr. 1865 c. Dorweiler (84. II. Cr).

Zu den Stoffen, welche nach Art. 2 und 5 des Regl. v. 16. Sept. 1836 von Nichtapothekern nicht in Quantitäten unter einem Pfunde verkauft werden dürfen, gehört jetzt nach der Bekanntmachung vom 19 Juli 1857 (B.) auch das Santonin Der Kaufmann D. war wegen Zuwiderhandlung gegen das betreffende Verbot aus § 345 Nr. 2 StGB. verurtheilt worden, weil er in kleinen Quantitäten Santoninpastillen verkauft hatte, welche aus einem Theile Santonin und ungefähr 40 Theilen Zucker, Eiweiß und Farbstoff bestanden. Die Instanzrichter hatten ausgeführt: die Pastillen seien nicht als „chemische Präparate" anzusehen, weil sie das Santonin nur in einer mechanischen Vermengung mit den übrigen Stoffen enthielten und es überhaupt keine chemischen Präparate des Santonin gebe; alle nicht durch einen chemischen Prozeß, sondern nur durch eine mechanische Darstellung hervorgebrachten Präparate fielen aber in die Kategorie der verschiedenen einfachen Stoffe, aus denen sie bestehen und unterlägen den für diese geltenden gesetzlichen Beschränkungen. Das focht der Kass.-Rekurs des D. an, weil er nicht reines Santonin, sondern ein davon ganz verschiedenes Gemisch verkauft habe, auf welches das betr. Verbot sich nicht beziehe. Das OTr. hat den Rekurs verworfen, indem es erwog:

daß unter „Arzneien" im § 345 Nr. 2 und 4 StGB., welche Bestimmungen an die Stelle des § 7 des Reglements v. 16. Sept. 1836 getreten sind (vgl. Ministerial-Bekanntmachungen v. 19. Juli 1857), alle Stoffe zu verstehen sind, welche in den Beilagen A. B. C. dieses Reglements und deren späteren Ergänzungen und Abänderungen verzeichnet sind;

daß die vorigen Richter also mit Recht den ohne polizeiliche Erlaubniß erfolgten Verkauf von Santonin unter einem Pfunde für einen durch § 345 Nr. 2 mit Strafe bedrohten Verkauf einer Arznei erklärt haben;

daß dieselben thatsächlich festgestellt haben, die von dem Kassationskläger in der angegebenen Weise verkauften Pastillen seien ein Gemenge von reinem Santonin in einer bloß mechanischen Verbindung mit Mehl, Zucker und andern Stoffen;

daß die Schlußfolgerung hieraus, der Verkauf der Pastillen sei mithin auch ein Verkauf von Santonin, gleichfalls als eine thatsächliche erscheint, worin eine unrichtige Auslegung der bezeichneten Gesetze sich nicht erkennen läßt, worauf vielmehr die Anwendung des § 345 Nr. 2, wie geschehen, erfolgen mußte.

Antr. des GStA.s: gleichl. [23.—2.]

Holztransport. — Kontrolle.

Soweit die die Kontrolle des Holztransports in den Provinzen Sachsen, Westphalen und der Rheinprovinz betr. Vdn. v. 30. Juni 1839 Anwendung findet, ist jedes Verfahren des Holzes ohne Bescheinigung strafbar.

Vdn. v 30. Juni 1839 §§ 1. 2.

Erk. (V. II) v. 20. Apr. 1865 c. Neusius (125. II. Cr.).

N. war von der Beschuldigung: „— eine Fuhre — Holz an das Neuthor der Stadt Trier gebracht zu haben, ohne mit einem Legitimationsscheine über den Ursprung des Holzes versehen zu sein," deshalb freigesprochen worden, weil er das Holz nicht in die Stadt gefahren, sondern nur die Absicht gehabt habe es einzubringen, was zur Anwendung der cit. Vdn. nicht genüge. Auf den Kass.-Rekurs des PAnw.s erfolgte Vernichtung und Verurtheilung des N. zur Konfiskation des Holzes, indem erwogen ward:

daß die Kgl. Vdn. v. 30. Juni 1839, welche in Gemäßheit des § 4 für die Kreise Saarburg und Trier durch die im Amtsblatte verkündete Vdn. des Kgl. Ob.-Präsidiums der Rheinprovinz v. 11. Juni 1840 in Kraft getreten ist, im § 1 ihrem im Eingange ausgesprochenen Zwecke nach nicht allein das Einbringen unverarbeiteten Holzes in eine Stadt oder ein Dorf, sondern überhaupt das Verfahren desselben, ohne Bescheinigung der Polizeibehörde des Wohnortes des Transportführers oder des

Eigenthümers des Waldes, aus welchem das Holz gebracht wird, bei Strafe der Konfiskation des letztern, verbietet;

daß auch aus den Ausdrücken im § 2 unzweideutig erhellet, daß jeder Führer eines Holztransportes auf dem Transporte eine bezügliche Bescheinigung bei sich tragen muß.

Antr. des OStA.s: gleichl. [23. — 2.]

Straffestsetzung. — Chaussee-Polizei-Uebertretung. — Landrath.

Die vorläufige Straffestsetzung wegen Chaussee-Polizei-Uebertretung steht (auch in Westphalen) dem Landrath zu.

Ges. v. 14. Mai 1852 § 1 [vgl. Strafverf. S. 628 n. 6]; Regul. v. 7. Juni 1844 § 10 (G.S. S. 170); AKO. v. 17. Okt. 1845 (G.S. S. 726).

Erk. (S. II.) v. 20. Apr 1865 c. Wilmsmann (406. II. Cr. v. 1864).

Der Landrath zu Dortmund hatte gegen W. wegen einer am 10. Dez. 1863 verübten Chaussee-Polizei-Uebertretung am 6. März 1864 eine Strafe durch Verfügung festgestellt und letztere dem W. am 6. Apr. zustellen lassen. W. provozirte auf gerichtliche Entscheidung; der PAnw. schritt daher am 24. Apr. ein. Der PRichter erachtete indessen jetzt die That für verjährt, weil seit dem 10. Dez bis zum 24. Apr. mehr als 3 Monate verstrichen seien; die Strafverfügung des Landraths habe die Verjährung nicht unterbrochen, weil für Westphalen die durch § 10 des Regulativs v. 7. Juni 1844 begründete Kompetenz der Landräthe durch die AKO. v. 17. Okt. 1845 wieder beseitigt und die betr. Funktionen den Amtmännern übertragen seien, so daß jetzt nur von diesen eine Strafverfügung ausgehen, und die im entgegengesetzten Sinne sich aussprechende Min.-Verf. v. 13. Dez. 1859 (BMBl. S. 336) für Westphalen nicht als bindend angesehen werden könne. — Den gegen diese Entscheidung vom PAnw. ergriffenen Rekurs hat das AG. durch Verfügung zurückgewiesen; auf die NB. des OStA s ist aber die letztere vom OTr. aufgehoben und die Sache an das AG. zurückverwiesen worden. Gründe:

Es kann dahingestellt bleiben, ob, wenn wirklich zu einer vorläufigen Straffestsetzung wegen der bei ihm zur Anzeige gekommenen Chaussee-Polizei-Kontravention des Angeschuldigten, nicht der Landrath, sondern nur ein anderer

Beamter, namentlich der Amtmann, kompetent gewesen wäre, daraus folgen würde, daß der Erlaß dieser Verfügung ohne alle Wirkung gewesen sei und insbesondere die im § 9 des Ges. v. 14. Mai 1852 bestimmte Wirkung auf den Lauf der Verjährung nicht gehabt, also die Verjährung nicht unterbrochen habe; denn die Annahme des Rekurs-Richters, daß nur der Amtmann, nicht der Landrath hier solche vorläufige Strafverfügung und Straffestsetzung zu erlassen kompetent gewesen sei, ist rechtsirrthümlich.

Zur Zeit, wo die AKO. v. 17. Okt. 1845 es genehmigte, daß die, nach § 10 des Regulativs v. 7. Juni 1844, das Verfahren bei Chaussee-Polizei-Uebertretungen betreffend, den Landräthen zustehende Abfassung des Straf-Resoluts in der Provinz Westphalen den Amtmännern übertragen werde, übte dort in dem Amtsbezirke der Amtmann die Polizei-Verwaltung und die Polizei-Gerichtsbarkeit aus, während dem Gemeinde-Vorsteher, nur wenn der Amtmann nicht in derselben Gemeinde wohnte, bloß die Ahndung von Orts-Polizei-Kontraventionen mit Geldbuße bis zu 1 Rthlr. überlassen war: Land-Gem.-Ordn. v. 31. Okt. 1841 § 110. 80 (GS. S. 318. 311). In Folge der Verordnung v. 2. und 3. Jan. 1849 fiel aber die Ausübung der Polizei-Gerichtsbarkeit durch die Amtmänner weg. Auch in Bezug auf Chaussee-Polizei-Uebertretungen erfolgte nunmehr die Untersuchung und Entscheidung durchweg nach den Vorschriften des 5. Abschnittes der Vdn. v. 3. Jan. 1849 in erster Instanz durch den Polizeirichter: cit. Vdn. § 161. 183; Min.-Verf. v. 3. Mai 1850 zu I. 1 (JMBl. S. 171). Damit war — wenn nicht auch schon das in den §§ 2—4 des Regul.s v. 7. Juni 1844 vorgeschriebene Submissions-Verfahren (vgl. Erk. II. v. 25. Okt. 1855 c. Emmerich, 282; Oppenh. Strafverf. Art. 120 n. 6; RdOTr. 2 S. 323; und dagegen: Min.-Verf. v. 29. Jan. 1858 und v. 13. Dez. 1859 (VMBl. 1858 S. 60; 1859 S. 336)) — jedenfalls auch das in der AKO. v. 17. Okt. 1845 vorausgesetzte, im § 10 des Regulativs v. 7. Juni 1844 bestimmte Verfahren in Betreff der

Abfassung eines, Chaussee-Polizei-Uebertretungen betreffenden Straf-Resolutes durch Polizei-Verwaltungs-Behörden, und daher auch die darauf bezügliche, für die Provinz Westphalen eine Ausnahme anordnende Kompetenz-Bestimmung jener AKO v. 17. Okt. 1845, beseitigt.

War aber jene für die Provinz Westphalen eine Ausnahme anordnende Kompetenzbestimmung der cit. AKO. weggefallen, so ist sie auch nicht etwa durch den § 1 des Ges. v. 14. Mai 1852 wieder hergestellt. Wenn hier zur vorläufigen Straffestsetzung wegen der in einem bestimmten Bezirke verübten, sein Ressort betreffenden Uebertretungen derjenige für befugt erklärt ist, der in diesem Bezirke die Polizei-Verwaltung auszuüben hat, so hat durch jene Bezeichnung angegeben werden sollen, daß bezüglich auf solche spezielle Gegenstände polizeilicher Verwaltung, für welche die Polizei-Verwaltung gewissen Beamten (unmittelbar) in einem, viele Gemeinden umfassenden Bezirke zukommt (für Deich-Verbände, Meliorations-, Entwässerungs- und ihnen gleichstehende oder ähnliche Anlagen) diesen Beamten, und nur ihnen, solche Befugniß zustehe: Stenogr. Berichte 1. Kammer 1850/51 S. 1305; Regl. v. 30. Sept. 1852 § 2 (JMBl. S. 343); Oppenhoff Strafverf. S. 628 n. 3. 4. — Dies trifft für Staats- und Kreis-Chausseen bei den Landräthen zu (Min.-Verf. v. 13. Dez. 1859, VMBl. S. 336; Oppenhoff Strafverf. S. 628 n. 2. 5. 6), und daß Chaussee-Polizei-Uebertretungen sich dazu eigneten, in dem die vorläufigen Straffestsetzungen wegen Uebertretungen betreffenden Verfahren abgemacht zu werden, erkannte die Kommission der 1. Kammer in ihrem, das Ges. v. 14 Mai 1852 betreffenden Berichte v. 16. Febr. 1852 ausdrücklich an. — Hiernach verstoßen die Gründe, aus welchen der Rekursrichter den Rekurs zurückgewiesen hat, allerdings gegen das Ges. v. 14. Mai 1852 § 1 und 9 und gegen § 339 des StGB.s; vgl. Oppenhoff Strafverf. Art. 120 n. 6 und S. 628 n. 6, S. 636 § 11 n. 2.

Antr. des GStA.s: gleichl. [26. — 2.]

Strafantrag. — Verführung. — Mutter.

Die Mutter eines verführten Mädchens ist befugt, den erforderlichen Strafantrag zu stellen, wenn der Vater abwesend und sein Aufenthaltsort unbekannt ist.

StGB. § 149 [n. 4].

Beschl. (I.) v. 21. Apr. 1865 c Berth (114. B. I. Cr.).

B. war von der StA.-schaft beschuldigt worden, „ein unbescholtenes fünfzehnjähriges Mädchen zum Beischlaf verführt zu haben;" die Instanzgerichte lehnten aber die Eröffnung der Untersuchung deshalb ab, weil der gestellte Strafantrag nur von der Mutter und nicht von dem (abwesenden und nicht zu ermittelnden) Vater ausgegangen sei. Auf die Beschwerde des OStA.s ist der betr. Beschluß des AG.s aufgehoben und die Sache zur nähern thatsächlichen Prüfung an das gedachte AG. zurückverwiesen worden. Das OTr. hat dabei erwogen:

daß die abweichende Fassung des § 54 StGB., welche nur von dem Vater oder dem Vormunde des Verletzten spricht, beweist, daß der Gesetzgeber, wenn er sich in dem § 149 l. c. des Ausdrucks: „Eltern," bedient, beabsichtigt hat, in derartigen Fällen den Kreis der zum Strafantrage Berechtigten zu erweitern;

daß sodann bereits durch das Erkenntniß des Kgl. OTr.s v. 6. Nov. 1862 c. Feiden (RdOTr. 3. S. 112) ausgesprochen ist, daß ein solcher Antrag nicht nothwendig von beiden Eltern ausgehen muß, und kein ersichtlicher Grund vorliegt, in Fällen wie der gegenwärtige, wo festgestelltermaßen der noch lebende Vater seinem Aufenthalte nach unbekannt ist, der Mutter des Kindes, welcher die Erziehung und die Obhut desselben obliegt, das Recht, den erforderlichen Strafantrag allein zu stellen, abzusprechen, da ihr doch gerade das erwähnte Gesetz die Befugniß zu einem solchen im Allgemeinen beigelegt hat, auch der Wortlaut desselben der Annahme nicht entgegensteht, unter obwaltenden Umständen sowohl beiden Eltern zusammen, oder einem von ihnen allein, jene Befugniß zuzusprechen.

Antr. des GStA.s: gleichl. [20. — 3.]

Fragstellung. — Eventualfrage. — Identität der Handlung.

Zum Gegenstande einer Eventualfrage können auch solche Handlungen gemacht werden, welche wenn auch nicht direkt so doch dem ganzen Zusammenhange nach in der Anklage enthalten sind.

Vdn. v. 3. Jan. 1849 § 1 [n. 12]; Ges. v. 3. Mai 1852 Artt. 30. 79 [n. 42] 86 [n. 5]. Vgl. Z I 9. Juni 1865 c. Zackow, 676 (s unten).

Erk. (Z. I.) v. 21. Apr. 1865 c. Listewski (Hillert & Gen. 483. I Cr.).

Die Wittwe P hatte, nach ihrer in der Voruntersuchung abgegebenen Zeugenaussage, zehn Wechselformulare in blanco acceptirt und dem H. zur Verwerthung übergeben, dieselben aber demnächst unbenutzt zurückerhalten und in ihren Schreibtisch gelegt Gleichwohl waren später zwei dieser Formulare ausgefüllt, durch H. und L. in Umlauf gesetzt und so in die Hände dritter Inhaber gelangt, welche dieselben gegen die &c. P einklagten. Auf den Grund jener Zeugenaussage wurden daher H. wegen Diebstahls und Fälschung (StGB. § 248) jener Formulare, L. wegen Theilnahme an dieser Fälschung in Anklagestand versetzt. Vor dem Schw.GH modifizirte indessen die als Zeugin vernommene &c. P. ihre frühere Aussage nnd gab die Möglichkeit zu, daß ihr nicht alle zehn Formulare zurückgegeben, vielmehr zwei derselben von H. zurückbehalten, ausgefüllt und demnächst in Umlauf gesetzt sein könnten. Demgemäß beantragte der StA die Stellung zweier Eventualfragen, ob sich L. der Unterschlagung der Valuta jener beiden Wechsel, die er mit der Verpflichtung der Ablieferung an die P. erhalten, — und ob sich H der Theilnahme an dieser Unterschlagung schuldig gemacht habe. Die Vertheidiger widersprachen diesem Antrage, „weil die Unterschlagung mit dem Vorwurfe des Diebstahls und der Urkundenfälschung nichts zu thun habe, Art. 86 des Ges.s v. 3. Mai 1852 also keine Anwendung finden könne, und weil nach dieser Richtung die Vertheidigung nicht genügend vorbereitet sei" Der GH. gab aber dem Antrage des StA s statt, „weil der Fall des Art. 86 cit. vorliege, indem die Anklage die Behauptung, daß die auf die Accepte der P. zu lösende Valuta an diese abzuführen gewesen sei, sowie daß die wirkliche Valuta anderweitig und zwar zu ihrem Nachtheil verwendet worden sei, — deutlich enthalte" Die Geschwornen verneinten darauf die Haupt- und bejahten die Eventualfragen, und der GH. verurtheilte aus § 227. — Die NB. des L. rügte Verletzung des Art. 86 cit.

Die GStA.-schaft erachtete diese NB. für begründet: grundsätzlich stehe fest, daß das Gericht durch die Anklage nur mit derjenigen konkreten Handlung befaßt werde, welche den Gegenstand der ersteren bilde, und daß nur die diese Handlung „begleitenden" näheren Umstände in den Kreis der Beurtheilung hineingezogen werden könnten, selbst wenn die Anklage sie nicht berühre (Oppenh Strafverf. § 1 n. 16. 47 ff.; Art. 30 n. 1); als Gegenstand der Anklage sei aber nur dasjenige zu betrachten, was der Anklagebeschluß als solchen (nach Art 63 Abs. 2) hervorhebe, nicht aber dasjenige, was darüber hinaus vielleicht in der Anklageschrift des OStA s demnächst vorgebracht oder historisch zur Aufklärung des Sachverhalts erwähnt sei (vgl. Oppenh. l. c. § 78 n 38; Art. 81 n. 2. 7; RdOTr. 1. S. 431); im vorliegenden Falle gehe nun der Anklagebeschluß davon aus, daß H die ihm übergebenen Wechselformulare dem P. zurückgegeben, sie ihr aber später heimlich wieder weggenommen, mit Hülfe des L. ausgefüllt (verfälscht) und in Umlauf gesetzt habe; nur wegen dieser Wegnahme und Fälschung sei die Versetzung in den Anklagestand ausgesprochen; jene Auffassung von dem Sachverlaufe sei dagegen bei den Eventualfragen gänzlich aufgegeben worden; nach ihnen solle H. zwei Wechsel zurückbehalten, also nicht später gestohlen, auch nicht verfälscht, sondern auftragsgemäß ausgefüllt und verwerthet haben, dagegen solle die gelöste Valuta nicht der übernommenen Verpflichtung gemäß abgeliefert sein; die Eventualfragen unterstellten also, daß die im Anklagebeschlusse den Angeklagten zur Last gelegte That von ihnen überall nicht begangen sei, daß sie vielmehr zu einer andern Zeit, durch ein anderes Thun und an einem anderen Objekte eine andere Strafthat verübt hätten; diese andere Strafthat könne ebendeshalb nicht als ein den angeblichen Diebstahl (Fälschung) „begleitender Umstand" bezeichnet werden, weil ihre Verübung nur im Falle der Nichtbegehung des letzteren möglich gewesen sei, und weil sie, selbst wenn sie neben dem letztern hätte verübt werden konnen, diesen in keiner Weise rechtlich qualifizirt, ihn also — im Sinne des Gesetzes (Artt. 30. 80. 84. 85) — nicht begleitet, resp. keinen „näheren Umstand desselben" (Art 86) dargestellt haben würde. — Das OTr. hat die NB. zurückgewiesen. Gründe:

Der Sinn und der Zweck der Artt. 30 und 86 des Ges.s v. 3. Mai 1852, sofern erstere nicht bereits aus dem Wortlaute derselben erhellen sollten, ergeben sich aus der Entstehungs-Geschichte dieser gesetzlichen Bestimmungen, welche beide dasselbe Prinzip aussprechen, ganz unzweideutig. Die Rechtsprechung hatte bereits nach der Vdn. v. 3. Jan. 1849 sich dahin entschieden, daß die Anklage der StA.-schaft nur für die als verbrecherisch bezeichnete Thatsache, nicht aber für das anzuwendende Strafgesetz maaßgebend sei, und daß, wenn der erkennende Richter in dieser Thatsache ein anderes Verbrechen erkenne, als das in der Anklage bezeichnete, er das betreffende Strafgesetz anzuwenden habe, insofern er dabei nur nicht in eine ganz andere Kategorie von Verbrechen übergehe, vgl. Erk. d. OTr. v. 10. Juli 1850 (Grdss. S. 11). Bei der Berathung des Ges.s v. 3. Mai 1852 ging man aber in dieser Beziehung noch weiter. Man nahm an, daß es die Aufgabe des Strafrichters mit sich bringe, daß er bei der Haupt-Verhandlung auch auf solche, sich ergebende, die in der Anklage erwähnten Thatsachen begleitende Umstände näher eingehe, welche, sei es verbunden oder vereinzelt, von einem Gesichtspunkte aus als strafbar erscheinen, unter welchen in der Anklage die dem Angeklagten Schuld gegebene That nicht gebracht worden sei; man müsse es für unrichtig erklären, wenn von vielen Gerichten angenommen worden, daß sie, in einer einmal wegen einer bestimmten Gesetzesverletzung eingeleiteten Untersuchung, auch nur das Schuldig oder Nichtschuldig wegen dieser Gesetzesverletzung oder doch das Erstere auch nur wegen einer mit einer geringern Strafe bedrohten Gesetzesverletzung derselben Kategorie, nicht aber für die aus dem bei der Hauptverhandlung aus Veranlassung der Anklage ermittelten Thatbestande sich ergebende strafbare Handlung anderer Kategorie die gesetzliche Strafe aussprechen dürften; durch ein solches Verfahren würden Personen, die zwar nicht der, in der Anklage präcisirten Gesetzesverletzung, wohl aber einer aus der Anklage entwickelten anderen strafbaren Handlung sich schuldig gemacht, entweder ganz straflos bleiben, oder wegen der erstern freigesprochen, wegen der letztern aber einer zweiten Untersuchung unterworfen werden, während doch schon bei richtigem Verhalten des Gerichts in einer Untersuchung die Sache hätte definitiv erledigt werden können und sollen; (vgl. Matt. z. d. Vdn. v. 3. Jan. 1849 ꝛc. S. 88). Aus diesen Erwägungen gingen die

Art. 30. 86 l. c. hervor, nach welchen Gegenstand der Hauptverhandlung und Entscheidung nicht bloß die Thatsachen sind, welche in der Anklage erwähnt worden, sondern auch die nähern Umstände, von welchen dieselben begleitet waren, und zwar selbst dann, wenn sie, verbunden oder vereinzelt, von einem Gesichtspunkte aus als strafbar erscheinen, unter welchen sie die Anklage nicht gebracht hat. Deshalb sollen in Schwurgerichts-Sachen, diesem neuen Resultate gemäß, besondere Fragen gestellt werden können, auch wenn die That sich als eine Gesetzesverletzung einer andern, selbst schwereren Gattung darstellt. Dabei ist nur festzuhalten, daß die äußeren Thatsachen, welche der Anklage bereits zum Grunde gelegt worden, nach wie vor das Fundament der neuen Entwicklung geblieben sind, daß also die anderweit ermittelte strafbare Handlung nicht völlig isolirt und außer Verbindung mit der, der Anklage zum Grunde liegenden That sich darstellt; vgl. Matt. rc. S. 426.

In diesem Sinne hat das Kgl. OTr. stets und namentlich auch in dem von dem Imploranten selbst allegirten Erkenntnisse v. 19. Febr. 1862 c. Daubitz [RdOTr. 2 S. 259] entschieden. Die vorstehend entwickelten Grundsätze aber auf den vorliegenden Fall angewendet, ergeben, daß eine Verletzung des Art. 86 l. c. nicht stattgefunden hat. Denn die Thatsachen, welche der Anklage zum Grunde lagen, sind im Wesentlichen auch das Fundament der den Geschwornen vorgelegten Eventual-Fragen geblieben. Der Hauptunterschied zwischen beiden ist lediglich der, daß die Anklage eine Entwendung zweier Wechsel-Blanketts resp. eine Fälschung derselben behauptete, während die Eventual-Fragen diese schwereren Momente nicht haben, vielmehr eine bloße Unterschlagung von in Gewahrsam bekommenen Wechsel-Valuten umfassen. Im Uebrigen sind die einzelnen äußeren Thatsachen dieselben geblieben, und die Anklage enthielt, wenn auch nicht direkt, so doch dem ganzen Zusammenhange nach, die Andeutung, daß die Eigenthümerin der entwendeten Wechsel die durch deren Verwerthung gewonnene Valuta nicht erhalten habe, diese vielmehr von den Angeklagten an sich behalten worden war. Deshalb, und weil sogar nach dem Systeme des StGB.s Diebstahl und Unterschlagung zu einer und derselben Kategorie strafbarer Handlungen gehören, war es der Vorschrift des Art. 86 l.c. vollkommen angemessen, den veränderten Ergebnissen der Hauptverhandlung gemäß, den Geschwornen eventuelle Fragen vorzulegen. Ob aber der GH. nach Lage der Sache es für angethan hielt, eine Vertagung eintreten zu lassen, hing von seinem Ermessen ab. Er hat sich dieser Prüfung eingehend unterzogen, indeß keinen Grund zu dieser Maaßnahme gefunden, wogegen in dieser Instanz um so weniger angekämpft werden kann, als nach Ausweis der Schwurgerichts-Verhandlung den Angeklagten ausreichende Gelegenheit gegeben worden, sich über den neu hervorgetretenen Gesichtspunkt zu erklären, resp. ihre Entlastungsbeweise vorzuschlagen. Sie haben aber selbst angeführt, daß sie in dieser Beziehung nichts vorzubringen haben und daraus folgt, daß sie in ihrer Vertheidigung nicht beschränkt worden sind. [15. — 3.]

Beschwerde. — Beschluß. — Haft. — Schwurgerichtshof. — Instanzenzug.

Die Beschwerde gegen einen Beschluß, durch welchen ein Schwurgerichtshof in der Sitzung vor dem Erkenntnisse die Freilassung des Angeklagten anordnet, ist nicht an das Ober-Tribunal, sondern an das App.-Gericht zu richten.

Ges. v. 3. Mai 1852 Art. 12 [n. 9. 10].

Beschl. (I.) v. 21. Apr. 1865 c. v. Suckow (116. B I. Cr.).

v. S., ein Ausländer, war wegen schwerer Körperverletzung in Anklagestand versetzt und seine Freilassung aus der Untersuchungshaft nur gegen Bestellung einer Kaution gestattet worden, weil er früher schon einmal flüchtig geworden war. Diese Kautionsbestellung erfolgte nicht. Als dagegen in der zur Hauptverhandlung bestimmten Sitzung ein Hauptzeuge ausblieb, vertagte der Schw.-GH. die Sache bis zur nächsten Sitzungsperiode und ordnete gleichzeitig die Freilassung des v. S. ohne weitere Sicherungsmaaßregel an. Diesen Beschluß, insoweit dadurch die Freilassung verfügt wurde, griff der StA. in einer an das OTr. gerichteten Beschwerde aus dem Grunde an, weil für denselben keine Gründe angegeben, also nicht zu ersehen sei, ob dabei nicht eine irrige Rechtsanschauung obgewaltet habe. — Das OTr. hat diese Beschwerde dem betr AG „zur ressortmäßigen Verfügung" zugefertigt, ohne hierfür weitere Motive anzugeben. [20. — 4.]

Schwurgerichtshof. — Angeklagter. — Letztes Wort. — Befragen.

Im schwurgerichtlichen Verfahren bedarf es am Schlusse der Verhandlung über die Thatfrage einer ausdrücklichen Befragung des Angeklagten über dasjenige, was er noch anzuführen habe, nicht nothwendig; es genügt, wenn ihm die Möglichkeit gegeben war, das zu seiner Vertheidigung Dienliche auszuführen [und zuletzt das Wort zu nehmen].

Ges v. 3. Mai 1852 Art. 79 [n 15 vgl. § 14 n. 40; RdOTr. 3. S. 404].

Erk. (Z. I.) v. 26. Apr. 1865 c. Bialecki (519. I Cr.).

Das schwurgerichtliche Protokoll wies nach, daß nach der Beendigung des Beweisverfahrens StA. und Vertheidiger ihre Ausführungen vorgetragen hatten; sodann hieß es: „die Angeklagten selbst hatten nichts mehr anzuführen." Die NB. des B. suchte nun auszuführen: es liege ein Verstoß gegen einen Grundsatz des Verfahrens vor, weil das Protokoll nicht erkennen lasse, daß die Angeklagten ausdrücklich befragt worden seien, ob und was sie zu ihrer Vertheidigung noch anzuführen hätten; die Vorschrift des § 121 der Vdn. müsse zur Erläuterung des Art. 79 herangezogen, und also auch vor dem Schlußvortrage des Vorsitzenden eine solche ausdrückliche Befragung für unerläßlich erachtet werden. Zurückweisung. Gründe:

Aus den Materialien über die Vdn. v. 1849 und dem Gesetze v. 1852 ergiebt sich über die verschiedene Fassung des § 121 der cit. Vdn. und des Art. 79 des cit. Ges.s, insbesondere also darüber Nichts, daß nur in dem § 121 die ausdrückliche Befragung des Angeklagten durch den Vorsitzenden: ob und was derselbe noch anzuführen habe, vorgeschrieben ist. — Die Aenderung, welche der frühere § 100 der Vdn. durch den Art. 79 dadurch erfahren hat, daß dieser auch der Ausführungen des Angeklagten, von denen der § 100 Nichts erwähnt hatte, gedenkt, entscheidet über die hier vorliegende Frage, ob auch in dem Stadium des Art. 79 der Angeklagte, gleich wie in dem Stadium des § 121, von dem Vorsitzenden ausdrücklich befragt werden solle, Nichts. — Man wird auch im Allgemeinen zugeben können, daß ein besonderer Grund für eine verschiedene Behandlung der Sache in beiden Stadien nicht vorliege, daß vielmehr dieselbe Veranlassung, dem Angeklagten das Wort zu seiner Vertheidigung persönlich zu ertheilen, in beiden Fällen vorliege. Allein eine wirkliche Verletzung einer vorgeschriebenen Form wird sich nur dann behaupten lassen, wenn das Gesetz in dieser Beziehung eine klare und unzweifelhafte Fassung hätte; gerade aber jene offenbare Verschiedenheit der beiden Fassungen im Art. 79 und im § 121 läßt den Sinn mindestens ungewiß. Davon aber auch abgesehen, läßt sich jedenfalls selbst dann, wenn man von einer gleichen Behandlung der Sache in beiden Fällen ausgeht, eine Nichtigkeit des Verfahrens wegen des hier gerügten Mangels einer ausdrücklichen Befragung des Angeklagten nach dem Schlusse der Beweisaufnahme nicht erkennen. Der Art. 79 giebt auch dem Angeklagten die Befugniß zur Ausführung über die Thatfrage, und zwar am Schlusse einer Verhandlung, in welcher der Vorsitzende das Verhör mit dem Angeklagten geführt hat, und in welcher der Art. 76 dem Angeklagten sogar gestattet, Fragen an die Zeugen zu richten, in welcher also überhaupt dem Angeklagten jedes Mittel freiwilliger Aeußerungen zu seiner Vertheidigung gewährt ist. Von einer Beschränkung der Vertheidigung kann also hier nicht deshalb, weil derselbe am Schlusse nicht noch ausdrücklich befragt ist, was er noch anzuführen habe, sondern nur dann die Rede sein, wenn ihm irgend ein Hinderniß in der Ausübung seiner gesetzlichen Befugniß von Ausführungen zu seiner Vertheidigung bereitet wäre; ein solches ist aber hier nicht behauptet worden.

Antr. des GStA.s: gleichl. [15.—4.]

Mißhandlung. — Eltern. — Ehe.

Auch die Mißhandlung der unehelichen Eltern ist nach § 191 StGB. zu bestrafen.

StGB. § 191 [n. 1].

Erk. (Z. I.) v. 26. Apr. 1865 c. Hamster (379. I. Cr.).

Der § 191 a. a. O. macht keinen Unterschied zwischen ehelicher und außerehelicher Vaterschaft, vielmehr deutet das Wort „leiblich" in diesem Gesetze nur die Blutsverwandtschaft der Natur im Gegensatze zu der analogen Adoptiv-Verwandtschaft an.

Antr. des GStA.s: gleichl. [50.—4.]

Branntweinsteuer. — Maischbottich. — Entfernen.

Die die Destillirgeräthe und das „aus den Händen Geben" derselben betreffenden Vorschriften der Steuer-Ordnung finden jetzt auf alle Maischgeräthe Anwendung.

Steuer-Ordn. v. 8. Febr. 1819 § 17; — Regul v. 1. Dez. 1820 § 11.

Erk. (Z. I.) v. 26. Apr. 1865 c. Radloff (324. I Cr)

Der App.-Richter führt mit Recht aus, daß seit Einführung der Maischbottichsteuer nach § 11 des Regulativs v. 1. Dez. 1820 (Schimmelpfennig 2. Ausg. S. 226) alle Bestimmungen der Steuer-Ordnung v. 8. Febr. 1819, soweit sie sich auf Destillir- und Brenngeräthe beziehen, nunmehr auf Maischgeräthe Anwendung finden sollen. Dies gilt daher auch von der Kontrollvorschrift im § 17 l. c., nach welcher Inhaber von Brennereien Destillirgeräthe nicht eher aus den Händen geben dürfen, bevor sie dem Steueramt ihres Wohnorts Anzeige gemacht und darüber von demselben eine Bescheinigung erhalten haben. Hiernach ist vom Angeklagten allerdings die im § 73 der Steuer-Ordnung angedrohte Ordnungsstrafe wegen Zuwiderhandlung gegen § 17 derselben verwirkt.

Antr. des GStA.s: gleichl. [18. — 4.]

---

1. Presse. — Verleger. — Kautionspflichtiges Blatt. 2. Anpreisung. — Strafthat. — Ausland.

1. Auch der Verleger eines kautionspflichtigen Blattes haftet aus § 35 des Preßges.s, wenn er den Verfasser oder Herausgeber eines Artikels strafbaren Inhaltes nicht rechtzeitig nachweist.

Preßges. v. 12. Mai 1851 § 35. Vgl. RdOTr 3. S. 503; 4. S 371; 5 S. 169. 387; Hartm. Strafgess S. 466 n. 3. 4; id Preßges. S. 204 n. 5 6.

2. Die Strafe des § 87 StGB. trifft auch denjenigen, welcher in Preußen einen im Auslande von Ausländern zu verübenden Aufruhr anpreist.

StGB § 87 [vgl. dort n. 16; RdOTr. 5. S. 138].

Erk. (B. I) v. 26. Apr. 1865 c. Schieweck, Merzbach & v. Zychlinski (270. I. Cr.).

I. In dem Beschl. v. 17. Juni 1863 [RdOTr. 3. S. 503] und in dem Plenar-Erkenntnisse v. 22. Febr. 1864 [RdOTr. 4. S. 371] ist bereits Seitens des Kgl. OTr.s ausführlich dargelegt worden, daß der § 35 a. a. O. auch auf kautionspflichtige Zeitungen und Zeitschriften Anwendung findet, und daß einem einzelnen in einer solchen Zeitung oder Zeitschrift enthaltenen Artikel gegenüber nicht der verantwortliche Redakteur als solcher, sondern derjenige als Herausgeber anzusehen ist, welcher den Artikel der Zeitung oder Zeitschrift zum Zwecke des Abdrucks zugeführt und so dessen Abdruck veranlaßt hat. Die diesfälligen Ausführungen sind durch die Gründe des App.-Urtheils nicht widerlegt worden. — Zunächst stehen der in dem Erkenntnisse v. 22. Febr. 1864 hervorgehobenen Tendenz der §§ 35 u. ff. a. a. O.: „dem Staate die Mitwirkung der bei dem mechanischen Theile der Presse betheiligten Personen zur Ausmittelung der eigentlichen Urheber strafbarer Preßerzeugnisse zu sichern," die vom App.-Richter angezogenen Materialien nicht entgegen. Allerdings hatte der bei Berathung des § 27 des Regierungs-Entwurfs (jetzt § 24 des Preßgef.s) nicht bloß in der ersten, sondern auch in der zweiten Kammer gestellte Antrag, diesem § den Zusatz beizufügen„ daß alle Artikel kautionspflichtiger Zeitungen mit dem Namen des Verfassers unterzeichnet sein sollten, — auch Seitens der Staatsregierung — keine Billigung gefunden. Diesem Antrage aber lag nach dem Beispiele der neueren französischen Gesetzgebung lediglich die Absicht unter, das Publikum gegen anonyme Angriffe zu schützen, das Klagerecht der Angegriffenen zu sichern und die Presse zu veredeln (Stenogr. Berichte der I. Kammer S. 539 ff.); derselbe wurde bekämpft, weil — wie es im Komm.-Berichte der II. Kammer heißt — durch die Namennennung zu jedem einzelnen Artikel der Einfluß der Journalisten nicht geschwächt, dadurch vielmehr jeder Mitarbeiter an politischen Blättern zu einem politischen Charakter erhoben werde, während die schädlichen Wirkungen der aus der politischen Erörterung niemals ganz zu verbannenden Leidenschaftlichkeit durch die in den politischen Blättern hergebrachte Anonymität wesentlich gemildert würden, und weil — wie in der I. Kammer geltend gemacht ward — es eine gänzliche Abirrung von dem Systeme des Gesetzentwurfs enthalte, wenn die Präventiv-Maaßregeln nicht bloß gegen die bei der Presse beschäftigten Gewerbetreibenden, sondern auch gegen den Schriftsteller gerichtet würden (Hartmann, Ges. ü. d. Presse S. 128. 127). Dieser letzteren Erwägung hatte im Wesentlichen der Minister des Innern zugestimmt; wie aber aus dieser zustimmenden Aeußerung der App.-Richter zu dem Schlusse gelangen konnte, daß es der Staatsregierung auf die Verfolgung des Verfassers eines in ein kautionspflichtiges Blatt aufgenommenen Artikels strafbaren Inhalts gar nicht angekommen sei, ist nicht erfindlich. —

In dem Urtheile 2. Instanz ist ferner darauf Gewicht

gelegt, daß nach dem § 42 des Regierungs-Entwurfs (§ 35 des Ges.s) der Verleger für den Inhalt einer Druckschrift verantwortlich sein sollte, a) „wenn der Verfasser auf dem Titel gar nicht oder fälschlich angegeben worden." — Allerdings bezog sich diese spezielle Bestimmung nicht auf einzelne Artikel einer Zeitung, hinsichts welcher die Worte „auf dem Titel" keinen Sinn gehabt haben würden. Der hieraus gezogenen Folgerung aber, daß die Regierung die Anwendbarkeit des § 42 überhaupt auf die kautionspflichtige Tagespresse nicht beabsichtigt habe, steht der weitere Inhalt dieses § geradezu entgegen. Denn derselbe enthielt unter b) „wenn der Verfasser sich nicht im Bereiche der richterlichen Gewalt Preußens befindet" und unter c) „wenn die Druckschrift politischen oder religiösen Inhalts ist und den Umfang von 5 Druckbogen nicht übersteigt," Verantwortlichkeits-Fälle, welche eine Beschränkung auf nicht-periodische Druckschriften nicht gestatteten. Wie im § 41 des Regierungs-Entwurfs die Voraussetzungen, unter welchen der Drucker einer Druckschrift für den Inhalt verantwortlich sein sollte, nach dem klaren Wortlaute auch auf die periodischen Druckschriften sich bezogen (§§ 9. 27 des Entwurfs), so sollte auch im § 42 die Verantwortlichkeit des Verlegers für alle Fälle und für alle Gattungen von Druckschriften geregelt werden. Erst in den §§ 44. 45 des Entwurfs, an deren Stelle der § 37 des Ges.s getreten ist, trat die Beschränkung auf kautionspflichtige Blätter ein, und zwar aus dem natürlichen Grunde, weil in diesen Bestimmungen die Strafbarkeit des Redakteurs behandelt wurde, dessen nur kautionspflichtige Zeitungen und Zeitschriften bedürfen. Um deswillen hat die vom App.-Richter angezogene Stelle in dem Nachtrags-Berichte der Kommission der I. Kammer „im Systeme des Gesetzentwurfs sei der Unterschied zwischen periodischer und nicht-periodischer Presse möglichst durchzuführen versucht, und darum auch hier dem Redakteur eines periodischen Blattes in Bezug auf die Frage seiner Verantwortlichkeit an letzter Stelle eine besondere gesetzliche Vorschrift gewidmet worden," ihre volle Berechtigung, und ist durchaus nicht geeignet, die Ansicht des App.-Richters, daß in den §§ 35 und 36 des Gesetzes ausschließlich von nicht-periodischen Druckschriften gehandelt werde, irgend zu begründen, und zwar um so weniger, als der dem § 35 entsprechende, die Strafbarkeit des Druckers betreffende § 36 ausdrücklich auf den § 24 des Gesetzes verweiset, welcher gerade von kautionspflichtigen Zeitungen oder Zeitschriften handelt.

Im Uebrigen genügt es, auf die Gründe des Erkenntnisses v. 22. Febr. 1864 Bezug zu nehmen. —

III. Es ist Seitens des Kgl. OTr.s bereits mehrfach (Erkenntniß v. 24. Apr. 1863, G. A. 11. S. 500; Beschl. v. 28. Sept. 1864, G. A. 12. S. 779 [RdOTr. 5. S. 138]) ausgeführt, daß der § 87, welcher die öffentliche Anpreisung von Handlungen, welche in den diesseitigen Gesetzen als Verbrechen oder Vergehen bezeichnet sind, mit Strafe bedroht, nicht auf die im Inlande verübten Handlungen beschränkt ist. Die diesfälligen auf der Entstehungsgeschichte und dem vorbeugenden Charakter des § 87 beruhenden Erörterungen haben im App.-Urtheile keine Widerlegung gefunden. Allerdings ist die im § 87 behandelte Anpreisung als ein Vergehen gegen die Preußische Staatsgewalt charakterisirt; aber auch die Verherrlichung einer im Auslande begangenen verbrecherischen That kann geeignet sein, in den diesseitigen Staatsangehörigen die Leidenschaften zu erregen, gefährliche Ansichten über die Preiswürdigkeit und Rühmlichkeit solcher Handlungen hervorzurufen, und den öffentlichen Frieden des diesseitigen Staates zu gefährden. Was der App.-Richter hinsichts der Nichtanwendbarkeit des § 4 Nr. 3 StGB. auf die von einem Preußen im Auslande begangenen sogenannten politischen Verbrechen oder Vergehen auszuführen sucht, trifft nicht den vorliegenden Fall; hier handelt es sich nicht um eine von Inländern im Auslande begangene strafbare Handlung, sondern darum, ob durch die von Inländern im Inlande geschehene öffentliche rechtfertigende Anpreisung einer an sich betrachtet nach Preußischen Gesetzen ein Verbrechen darstellenden That, welche gegen eine auswärtige Regierung gerichtet gewesen, gegen das diesseitige Strafgesetz gefehlt worden ist. Wenn der App.-Richter diese Frage, ohne auf den der Anklage zum Grunde liegenden als „rechtfertigend und anpreisend" bezeichneten Aufsatz näher einzugehen, lediglich aus dem generellen Grunde verneint, weil § 87 a. a. O. nur „Handlungen gegen den Preußischen Staat" im Auge habe, so verletzt er dieses Gesetz, und es muß seine Entscheidung vernichtet werden.

Antr. des GStA.s: gleichl. [50.—4.]

Schonzeit. — Rehbock. — Aufhebung.

Provinzielle Vorschriften, welche das Schießen von Rehböcken während der Schonzeit untersagen, sind nicht aufgehoben.

Jagd-Pol.-Ges. v. 7. März 1850 § 18; — Pos. Publ v. 1. März 1794; AKO v. 30. März 1841 (Pos. ABl. 1842. S. 145); ALR. II, 16. § 51.

Erk. (B. I.) v. 26. Apr. 1865 c. Zehl (288. I. Cr.).

Z. war von der aus dem Publikandum der Posener Kriegs- und Dom.-Kammer v 1 März 1794 erhobenen Anklage: „— während der Schonzeit auf der von ihm gepachteten Jagd 3 Rehböcke geschossen und verkauft zu haben" — deshalb freigesprochen worden, weil jenes Publikandum nach der AKO. v. 30. März 1841 nur noch insoweit zur Anwendung kommen solle, als nicht das ALR. und spätere allgemeine Gesetze für die betr. Verbrechen abweichende Strafbestimmungen enthielten oder einzelne Strafarten ganz abgeschafft seien, nach § 51. II, 16 ALR. aber das Schießen der Rehböcke das ganze Jahr hindurch gestattet, dort also für den vorliegenden Fall eine Strafe nicht angedroht sei Auf die NB des OStA s ist das Erk. des AG.s vernichtet und auf Strafe erkannt worden. Gründe:

Die AKO. v. 30. Mai 1841 erkennt das Publikandum v. 1. März 1794 „die Forstverbrechen und deren Strafen betreffend" als noch gültiges Provinzialgesetz — worüber man gestritten hatte — ausdrücklich an, und bestimmt nur, daß, wenn das ALR. oder spätere allgemeine Gesetze für die hier in Rede stehenden, d. h. im gedachten Publikandum als Verbrechen bezeichneten Handlungen abweichende Strafbestimmungen enthalten, oder dadurch einige Strafarten ganz abgeschafft sind, nicht die Strafbestimmungen des Publikandi, d. h. nicht die in demselben angedrohten Strafen, sondern an deren Stelle die im ALR. oder in sonstigen allgemeinen Gesetzen bestimmten Strafen Anwendung finden sollen. Die Strafbarkeit einer in dem cit. Publikandum vorgesehenen Handlung (in der AKO. v. 30. Mai 1841 mit dem damals üblichen allgemeinen Ausdrucke „Verbrechen" bezeichnet) ist daher nach wie vor allein nach dem — noch als Provinzialgesetz gültigen —, und als solches dem ALR. und sonstigen allgemeinen Gesetzen derogirenden Publikandum v. 1. März 1794 „die Forstverbrechen und deren Strafen betreffend" zu beurtheilen, und nur insofern es sich um die Festsetzung der durch Zuwiderhandlung gegen das gedachte Publikandum verwirkten Strafe handelt, kommen die etwa abweichenden Strafbestimmungen des ALR.s und der sonstigen allgemeinen Gesetze zur Anwendung. Es ist nur eine Konsequenz hiervon, wenn die cit. AKO. noch ausdrücklich mit Bezugnahme auf eine schon ältere AKO. v. 12. Juli 1810 hervorhebt, daß die für die Geldstrafen zu substituirenden Freiheitsstrafen nach den Grundsätzen des ALR.s abzumessen sind. Nach § 27 des Publikandi würde der Angeklagte für jeden in der Schonzeit auf seiner Jagd geschossenen und demnächst verkauften Rehbock eine Geldbuße von 100 Thlrn., also im Ganzen von 300 Thlrn., verwirkt haben. An Stelle dieser Strafbestimmung tritt aber jetzt nach der AKO. v. 30. Mai 1841 die im § 1 des Ges.s v. 9. Dez. 1842 (G. S. 43. S. 2) angedrohte Geldbuße von 10 Thlrn. für jeden Rehbock.

Antr. des GStA.s: gleichl. [18.—4]

Betrug. — Postschein. — Gewinnsucht.

Zum Thatbestande des Betrugs im Falle des § 243 Nr. 6 StGB. genügt als Dolus die Absicht, die verhängte Exekution abzuwenden oder hinauszuschieben; insbesondere bedarf es einer weiter gehenden gewinnsüchtigen Absicht nicht.

StGB. § 243 Nr. 6 [n. 20].

Erk. (Z. II.) v. 27. Apr. 1865 c. Hengsbach (140 II. Cr.).

Es ist allerdings nicht zu bestreiten, daß das Vergehen des § 243 Nr. 6 eine Art des Betruges ist. Der eigenthümliche Charakter derselben besteht indeß, vermöge besonderer gesetzlicher Bestimmung, gerade darin, daß die in den Fällen gewöhnlichen Betruges jedesmal zu eruirende gewinnsüchtige Absicht hier schon in der bloßen Absicht, eine verhängte Exekution abzuwenden oder hinauszuschieben, auch ohne die Absicht eines weiteren bleibenden Gewinnes, gefunden wird, und daß schon die Verletzung des Rechtes des Exekutionssuchers, auf dem Wege der jetzt verhängten Exekution und mittelst ungehemmten Fortganges derselben seine Befriedigung zu erlangen, als Vermögensbeschädigung gilt, wenn auch demnächst auf anderem Wege die Befriedigung erfolgt (cf. Erk. des OTr.s v. 8. Okt. 1857 — Entsch. Bd. 37 S. 34).

Antr. des GStA s: gleichl. [29.—2.]

Präklusivfrist. — Sonntag.

Die präklusivische Rechtsmittelfrist ist nicht gewahrt, wenn die betr. Schrift am vorletzten Tage aber erst nach dem Schlusse der Ausgabe mit der Post anlangt, und wegen des am letzten Tage einfallenden Sonntags erst am folgenden Tage zur Präsentation gelangt.

Vdn. v. 3. Jan. 1849 Abschn. IV. (vgl Oppenhoff Strafverf S. 459 n. 50. 54; Beschl I. 15. Sept 1864 c. Bansi, 240 B., G. A. 12. S. 637).

Beschl. (I.) v. 27. Apr. 1865 c. Lier (187 II. Cr.).

Wollte man auch annehmen, daß, wenn bei einem geordneten Geschäftsgange die Schrift rechtzeitig zu Händen des Gerichts gelangt sein würde, der verspätete Eingang derselben dem Imploranten nicht zum Nachtheil gereichen könnte, so liegt doch auch eine solche Voraussetzung hier nicht vor. Zunächst konstirt nicht, daß die fragliche Schrift schon am 11. März so zeitig in N. mit der Post angelangt ist, daß sie noch in regelmäßiger Weise an diesem Tage an das Gericht ausgegeben werden konnte. Der ordnungsmäßige Geschäftsgang spricht dagegen. Der 12. März und letzte Tag der Präklusivfrist war ein Sonntag. Am Sonntage ist aber der regelmäßige Geschäftsgang des Gerichts unterbrochen. Wer daher eine Rechtfertigungsschrift, für welche die Präklusivfrist an diesem Tage abläuft, so spät absendet, daß sie jedenfalls erst an diesem Tage bei Gericht eingehen könnte, muß sich selbst sagen, daß solche der Regel nach erst am Montag zu Händen der Gerichtsbehörden gelangen werde, von welchen der rechtszeitige Eingang zu konstatiren ist.

Er kann sich daher auf eine Abweichung von dem gewöhnlichen und ordentlichen Geschäftsgang nicht berufen, um die Verspätung zu rechtfertigen, und zwar um so weniger, als es nicht an Mitteln fehlte, um außergewöhnlich die Schrift zu Händen des Gerichts zu befördern.

Antr. des GStA.s: gleichl. [27.—4]

---

1. Urkunde. — Wechsel. — Unterschrift.
2. Nichtigkeitsbeschwerde. — Staatsanwalt. — Antrag der Vertheidigung. — Ablehnung.

1. Ein mit einem unterzeichneten Acceptationsvermerke des Bezogenen versehenes, aber der Unterschrift des Ausstellers und eines Giros ermangelndes, im Uebrigen aber ausgefülltes Formular eines gezogenen Wechsels auf eigne Ordre ist eine „Urkunde," nicht aber ein Wechsel.

StGB. § 247 [n. 81. 96]; § 251 [n. 7].

2. Der Staatsanwalt ist **nicht** befugt, die unterlassene Stellung einer vom Vertheidiger beantragten Frage im Wege der Nichtigkeitsbeschwerde zu rügen.

Ges. v. 3. Mai 1852 Art. 109 [n. 26].

Erk. (Z. I.) v. 3. Mai 1865 c. Grünheid & Sonnack (543. I. Cr.).

Nach dem Geschwornenspruche hatte M. S. „einen an eigne Ordre auf J. S. gezogenen, aber der Unterschrift des Ausstellers ermangelnden Wechsel in der Absicht ꝛc. durch Unterzeichnung des Acceptationsvermerkes mit dem Namen J. S. fälschlich angefertigt und davon ꝛc. Gebrauch gemacht," und Gr. hatte ihm bei dieser Handlung wissentlich Hülfe geleistet. Der Schw.-GH. sprach gleichwohl von der Anklage frei, weil das Schriftstück wegen Mangels der Unterschrift kein Wechsel, und wegen Mangels der Angabe einer causa debendi, sowie der Bezeichnung desjenigen, an den die Zahlung zu leisten sei — keine Urkunde sei. NB. des OStA s, welcher auszuführen suchte, daß hier Wechselfälschung vorliege, weil S. den Versuch gemacht habe, das Schriftstück zu versilbern, hierin aber die stillschweigende Ermächtigung für den eventuellen Käufer gelegen habe, den Wechsel durch Hinzufügung seiner Unterschrift als Aussteller zu vervollständigen; außerdem ward es gerügt, daß der Schw.-GH. die Stellung einer vom Vertheidiger beantragten Frage: ob eine solche Ermächtigung anzunehmen (in Uebereinstimmung mit dem Antrage des StAnwalts) deshalb abgelehnt habe, „weil die Angeklagten kein Interesse hätten, die Stellung dieser Frage zu beantragen;" schließlich ward geltend gemacht, jedenfalls sei die Schrift auch in ihrer jetzigen Gestalt als „Urkunde" anzusehen. Nur in dieser letzteren Beziehung hat das OTr. die NB. für begründet erachtet, demgemäß das Erkenntniß des Schw.-GH.s vernichtet und die Strafe aus §§ 247 250 verhängt. Gründe:

Die NB. des StA.s ist, soweit sie Wechselfälschung behauptet, unbegründet. Daß die Unterschrift des Ausstellers unter einem Wechselpapier ein zur Gültigkeit desselben unerläßliches Erforderniß sei, kann nach Art. 4 der D. WO. nicht zweifelhaft sein. Nach der Feststellung durch das Verdikt der Geschwornen fehlt es aber an dieser Unterschrift. Die Bezugnahme des StA.s auf die Erkenntnisse des OTr.s v. 1. Dez. 1858 und 14. Sept. 1859 (G. A. 7. S. 847. 849) ist unzutreffend. Dort handelte es sich um Fälle, in denen nach stattgefundener Fälschung der Name des Ausstellers wirklich auf den Wechsel gesetzt war, mithin zur Zeit der erhobenen Anklage und demgemäß der Entscheidung durch das Verdikt ein vollständiger allen gesetzlichen Erfordernissen formell entsprechender Wechsel vorlag, und es sich also nur darum handelte, mit welchem Rechte der Aussteller sich für befugt habe halten können, den Wechsel mit seiner Unterschrift zu versehen. In dem vorliegenden Falle hat aber zur Zeit der Entscheidung des Verdikts und des SH.s das Erforderniß dieser Unterschrift gefehlt, sowie denn auch jetzt noch der Wechsel ohne dasselbe vorliegt, und es kann daher rechtlich als gleichgültig dahingestellt bleiben, ob der D. vermöge des Auftrags der Angeklagten zum Verkauf des Wechsels zugleich befugt gewesen sein würde, seine Unterschrift als Aussteller auf denselben zu setzen. Er hat dies jedenfalls nicht gethan, möglicherweise sich selbst nicht dazu für befugt gehalten.

Abgesehen von der unter diesen Umständen erhellenden rechtlichen Unerheblichkeit der von dem Vertheidiger beantragten Zusatzfrage: „ob zwischen dem D. und den Angeklagten verabredet sei, daß der erstere seinen Namen als Aussteller auf den Wechsel setzen solle,“ ist auch der StA. nicht befugt, die unterlassene Stellung dieser Frage, gegen welche er selbst protestirt hat, zu rügen. Der SH. hat diese Frage aus dem zutreffenden Grunde zurückgewiesen: weil nach Lage der Sache die Angeklagten kein Interesse hätten, die Stellung dieser Frage zu beantragen. Der SH. hätte daher nur Veranlassung haben können, dieselbe von Amtswegen zu stellen. Hat er dies nicht gethan, so läßt sich daraus jetzt kein Nichtigkeitsgrund herleiten, am wenigsten aber aus der Nichtstellung einer von dem Vertheidiger in Verkennung der eigenen Interessen seiner Klienten beantragten Frage.

Dagegen liegt allerdings eine einfache Urkundenfälschung im Sinne des § 247 StGB. vor: denn das Schriftstück in seiner vorliegenden Gestalt, so wie sein Inhalt durch die

Verdikte zu 1 und 5 festgestellt ist, enthält jedenfalls ein Zahlungsversprechen des Acceptanten J. S. an den künftigen rechtmäßigen Inhaber der Anweisung, mithin eine Erklärung, welche auch in ihrer jetzigen unvollkommenen Gestalt, also ohne Benennung des Berechtigten, der Beweiskraft für Rechte und Rechtsverhältnisse in einem Rechtsstreite durch den Hinzutritt anderer in demselben zu erweisenden Umstände nicht entbehrt.

Antr. des GStA.s: gleichl. [15. — 2.]

Presse. — Strafverfahren. — Mittheilung.

Weder aus § 48 des Preßges.s noch aus der Oeffentlichkeit des Gerichtsverfahrens oder aus der Freiheit der Vertheidigung eines Angeklagten folgt die unbedingte Statthaftigkeit einer Veröffentlichung der vor einem Strafgerichte gepflogenen Verhandlungen.

Preßges. v. 12. Mai 1851 §§ 48. 34; Vdn. v. 3. Jan. 1849 § 14 [vgl. dort n. 9a]; StGB. § 154. Vgl. RdOTr. 1. S. 456; 3. S. 280; Z. (I, 682) 24. Okt. 1860 c. Minden, JMbl. S. 427; Z. (I, 1212) 6. Jan. 1864 c. Michaelis; Z. (II, 86) 28. Mai 1864 c. Schröder; Beschl. (II, 46 B) 17. Juni 1865; Hartm. Strafgess. S. 472 n. 4; id. Preßges. S. 256 n. 8. 9.

Erk. (Z. I.) v. 3. Mai 1865 c. Minden (393. I. Cr.).

Aus dem im § 48 des Preßges.s v. 12. Mai 1851 ausgesprochenen Verbote, Anklageschriften und andere Schriftstücke eines Kriminal-Prozesses vor Beendigung der mündlichen Verhandlung u. s. w. zu veröffentlichen, folgt noch nicht, daß dergleichen Veröffentlichungen nach diesem Zeitpunkte jederzeit ohne Rücksicht auf ihren Gegenstand und Inhalt stattfinden dürften. Ebensowenig ist die Befugniß zur unbeschränkten Verbreitung von Gerichtsverhandlungen durch die Presse aus der Oeffentlichkeit der Gerichtsverhandlungen herzuleiten, und endlich kann das, was dem Angeschuldigten vor Gericht zu seiner Vertheidigung zu sagen erlaubt war, nicht ohne Weiteres auch einem jeden

Dritten, dem das Privilegium der Vertheidigung nicht zur Seite steht, durch die Presse zu veröffentlichen gestattet sein, vielmehr muß dem Dritten gegenüber der Inhalt der mitgetheilten Vertheidigungsrede sowie seine eigene Verschuldung in Betracht gezogen werden, wie solches auch schon in dem Erkenntnisse des OTr.s c. Hoppe v. 12. Febr. 1863 (RdOTr. 3. S. 280) ausgesprochen worden ist.

Antr. des GStA.s: gleichl. [28. — 4.]

Unterschlagung. — Frachtführer. — Ablieferung nach Ladeschein. — Annahme. — Frachtzahlung.

Der Frachtführer, welcher das versendete Gut in der durch den Ladeschein bekundeten Quantität an den Addressaten abgeliefert und von diesem die Zahlung der Fracht erhalten hat, wird dadurch gegen eine Anklage wegen Unterschlagung eines Theiles des Gutes nicht geschützt, wenn geltend gemacht wird, der Addressat habe sich in Betreff der erfolgten vollständigen Ablieferung in einem Irrthume befunden.

StGB. § 225 [dort einzutr. als n. 28a]; D.HGB. Art. 408.

Erk. (B. I.) v. 3. Mai 1865 c. Pflugradt (Briese & Gen. 1255. I. Cr. v. 1864).

Br. und Gen. hatten den Transport einer Ladung Weizen aus Polen nach Danzig übernommen, und das im Ladeschein angegebene Quantum an den Addressaten B. abgeliefert, von diesem auch die Zahlung der Fracht erhalten. Die Anklage behauptete nun, daß dieselben nicht das ganze verladene Quantum abgeliefert, sondern demnächst einen Theil desselben an einen Dritten verkauft hätten; insbesondere ward von der StA.-schaft in 2. Instanz der Beweis erboten, daß B. nur in Folge eines Irrthums angenommen habe, es sei die vollständige Ablieferung bewirkt worden. Das AG. bestätigte indessen das erstrichterliche freisprechende Erkenntniß, weil durch die erfolgte Ablieferung und durch die Frachtzahlung das Geschäft zwischen B und den Angeklagten vollständig abgewickelt gewesen und von B zu erkennen gegeben sei, daß er auf den etwa im Kahn zurückgelassenen Weizen keine Ansprüche mehr mache, und weil sonach dieser Weizen nur als dereliquirt angesehen werden könne. Auf die NB. des OStA.s ist dieses Erkenntniß vernichtet und die Sache an das AG zurückverwiesen worden. Gründe:

Wahrscheinlich ist [für die Annahme des App.-Richters] der Art. 408 Abs. 1 des D.HGB.s maaßgebend gewesen, welcher bestimmt: „Durch Annahme des Guts und Bezahlung der Fracht erlischt jeder Anspruch gegen den Frachtführer." Allein es ist dabei von vornherein übersehen worden, daß diese Bestimmung sich lediglich auf die civilrechtlichen Verhältnisse zwischen dem Frachtführer und dem Empfänger der Ladung bezieht, dadurch aber die Frage, ob der Erstere etwa in strafrechtlicher Hinsicht verantwortlich gemacht werden kann, um so weniger erledigt wird, als sogar der folgende Absatz des cit. Art. 408 davon handelt, wie es selbst nach jenem Zeitpunkt mit der Verantwortlichkeit des Frachtführers steht, wenn ein Verlust oder eine Beschädigung in Frage kommt, welche bei der Ablieferung nicht erkennbar waren. Demnächst ist es aber nach den Artt. 413 bis 415 l. c. unzweifelhaft, daß die Fracht, d. h. das gesammte vom Verlader empfangene Getreide, wie sich auch aus der Natur der Sache ergiebt, nach Inhalt des Ladescheins, voll und unverkürzt an den, in demselben genannten Empfänger abgeliefert werden muß. Eine gleiche Bestimmung fand sich in den §§ 1716 ff. II. 8. ALR. vor, und die Vdn. v. 5. Mai 1809 (G.S. 1806—1810 S. 573) verbot ganz speziell das Zurückbehalten eines sogenannten Sprotts oder Ueberkahns. Wenn nun die Handlung B. bei Empfangnahme der Fracht in dem Glauben stand, die volle, an sie addressirte Ladung erhalten zu haben, und demgemäß die Fracht zahlte, so folgt daraus allein weder eine ausdrückliche, noch eine stillschweigende Willens-Erklärung derselben dahin, daß sie sich ihres Anspruches auf den ihr rechtswidrig vorenthaltenen Theil der ihr gebührenden Ladung entschlagen, resp. denselben dereliquirt habe, wie der App.-Richter meint. Denn nach § 16. I, 9. ALR. ist eine Sache nur alsdann für verlassen zu achten, wenn der bisherige Eigenthümer den Besitz in der ausdrücklich oder stillschweigend erklärten Absicht, sich der Sache zu entschlagen, aufgegeben hat. Wollte der App.-Richter zu einem, dieser Bestimmung entsprechenden Resultate gelangen, so mußte er die diesfälligen thatsächlichen Unterlagen feststellen, was aber, wie gezeigt, nicht geschehen ist. Der Vorderrichter hat daher das gesammte, hier in Betracht kommende Rechtsverhältniß, und namentlich den Begriff der Dereliktion, so wie folgeweise den Thatbestand des im § 225 StGB.s vorgesehenen Vergehens der Unterschlagung verkannt. [20. — 4]

Presse. — Rückfall.

Auch bei den durch die Presse verübten Strafthaten tritt die Strafe des Rückfalls nur dann ein, wenn zur Zeit der Begehung des neuen Straffalles in Betreff des früheren eine rechtskräftige Verurtheilung ergangen war.

Preßges. v. 12. Mai 1851 § 54; vgl. RdOTr. 3. S. 459; Hartmann Strafgess. S. 477 n. 3; id. Preßges. S. 308 n. 6.

Erk. (V. I.) v. 3. Mai 1865 c. Rosbach (Minden & Gen. 392. I. Cr.).

Der OStA. geht von der irrigen Ansicht aus, daß die im § 54 des Preßges.s ausgesprochene Aberkennung der Befugniß zum Gewerbebetriebe bei der zweiten, beziehungsweise dritten Verurtheilung wegen eines Preßverbrechens oder Preßvergehens von anderen Voraussetzungen abhänge, als denen des Rückfalls überhaupt. Abgesehen von der Beschränkung auf einen fünfjährigen Zeitraum hängt die Rückfallsstrafe des § 54 l. c. ebenso gut wie die Rückfallsstrafe aus § 58 des StGB.s von dem Tage der Begehung, nicht von dem Tage der Verurtheilung wegen des neuen Preßvergehens oder Vergehens ab, wie solches vom OTr. bereits in dem Erkenntnisse v. 20. Mai 1863 c. Levysohn (RdOTr. 3. S. 459) nachgewiesen worden ist. Als Tag der Begehung der dem rc. R. zur Last gelegten Preßvergehen könne nun aber nur beziehungsweise der 27. Jan.

und der 22. Febr. 1864 angesehen werden. Damals aber waren die vom OStA. in Bezug genommenen Vorerkenntnisse v. 7. und 3. März 1864 noch nicht ergangen, viel weniger rechtskräftig, welches ebenfalls zu den Voraussetzungen des Rückfalles gehört; nach dem Grundsatze des § 58 StGB. kann sich der R. mithin auch gegenwärtig bezüglich der Fälle, welche durch jene Erkenntnisse entschieden worden sind, möchten dieselben sich auch früher ereignet haben, nicht im Rückfalle befinden, woraus die Unanwendbarkeit des § 54 l. c. auf den vorliegenden Fall von selbst folgt.

Antr. des GStA.s: gleichl. [28.—4.]

Unterschlagung. — Gewahrsam. — Zufall.

Derjenige, dem eine Sache von einem Dritten lediglich in Folge einer Personenverwechslung übergeben wird, erlangt die Gewahrsam derselben durch Zufall im Sinne des § 226 StGB.

StGB. § 226 [n. 12].

Erk. (Z. II.) v. 4. Mai 1865 c. Wilke (4. II. Cr.).

Der W. war, als sie einen Maskenball zu M verließ, vom Garderobier aus Irrthum ein fremder Pelzkragen ausgehändigt worden; sie nahm denselben an und behielt ihn in ihrer Gewahrsam, als sie demnächst nach ihrer Heimath H. zurückreiste; erst später erfolgte die Rückgabe auf Erfordern der Eigenthümerin. Hierin fanden die Instanzrichter den Thatbestand des § 226 StGB. Ihre NB. rügte Gesetzesverletzung; sie habe die Gewahrsam nicht durch „Zufall" erlangt, da der Garderobier ihr denselben bewußter Weise übergeben habe. Zurückweisung. Gründe:

Die Instanzrichter konnten ohne Rechtsirrthum aus dem für erwiesen erachteten Sachverhalte entnehmen, daß die Angeklagte durch Zufall die Gewahrsam der in Rede stehenden fremden Sache erlangt gehabt hatte. Denn der Begriff des Zufalls erfordert nicht ein ohne alles menschliche Zuthun eintretendes Ereigniß (vgl. v. Savigny System 3. S. 5c).

Durch Zufall im Sinne des § 226 StGB. wird na-

-mentlich die Gewahrsam einer fremden Sache auch da erlangt, wo anders als durch eine bewußt unternommene, auf dem Willen der in einem Rechtsverhältnisse Betheiligten beruhende freie Handlung die Gewahrsam erlangt wird; vgl. Erkk. v. 11. Juli 1862 und v. 23. Juni 1864 (RdOTr. 2. S. 522; 5. S. 18).

Hatte der Garderobier, welcher den fraglichen Pelzkragen zur Aufbewahrung angenommen hatte, bei dieser Annahme oder bei der demnächstigen Rückgabe die Person der Deponentin mit einer andern Person verwechselt, und händigte er in Folge solchen Irrthums in der Person der Deponentin, um seine Verpflichtung zur Rückgabe zu erfüllen (ALR. I, 14. §§ 24. 54. 68) den qu. Pelzkragen der Angeklagten aus, so betraf dieser Irrthum das Wesentliche des Rechtsgeschäfts, als welches auch die Tradition einer Sache erscheint. Es wurde durch diesen Irrthum der Wille selbst, jene Sache der Angeklagten zu tradiren, ausgeschlossen (v. Savigny Syst. 3. S. 263. 267; II, 2. 268. 269. 382 Note; Weiske Rechts-Lex. 9. S. 219 Note 148, 221; 12. S. 250. Note 146; 274; ALR. I, 4. § 76; I, 16. § 417). In Beziehung auf die Angeklagte war solcher Irrthum und die in Folge desselben an sie geschehene Extradition des qu. Pelzkragens ein Zufall; während dagegen da, wo (ohne Personen-Verwechselung) aus Irrthum eine Zahlung geleistet wird, zu der der Zahlende sich irrthümlich für verpflichtet hält, durch den Irrthum nicht der Wille zu zahlen ausgeschlossen wird, und deshalb dabei der Irrthum eine andere rechtliche Wirkung hat (v. Savigny l. c. S. 263b. 469; ALR. I, 16. § 178. 193).

Antr. des GStA.s: gleichl. [26.—3.]

Kontumazialverfahren. — Schwurgericht.

Wenn der im schwurgerichtlichen Verfahren erschienene Angeklagte sich entfernt, nachdem die Geschwornen sich zur Abfassung ihres Spruches in ihr Berathungszimmer zurückgezogen haben, so kann demnächst in seiner Abwesenheit auf Grund des ergehenden Geschwornenspruchs zur Fällung des Urtheils geschritten werden.

Ges v 3 Mai 1852 Artt. 35. 41—45. 65. 66 [n. 2. 3]. 100 [n. 6].

Erk. (Z. I.) v. 5. Mai 1865 c. Detzer (389. I. Cr.).

D hatte der Verhandlung vor dem Schw.-GH. beigewohnt, sich aber unmittelbar vor der Verkündung des Geschwornenspruchs entfernt; der GH. hatte demzufolge in seiner Abwesenheit die Verhandlung der Sache fortgesetzt und das Erkenntniß verkündet Die NB des D. rügte Verletzung der Artt. 35 65 l. c, weil nicht das Verfahren abgebrochen und demnächst in contumaciam erneuert worden sei. Zurückweisung. Gründe:

Der GH. hat mit Recht die Eröffnung eines besonderen und zwar neuen Kontumazialverfahrens nach Art. 65 des Ges.s v. 3. Mai 1852 nicht für geboten erachtet und daher die Verkündigung des Verdiktes und des Urtels in seiner Abwesenheit für statthaft erachtet. Denn nach Art. 35 ff., 65 ibid. findet das Kontumazialverfahren nur statt, wenn dem Angeklagten die Vorladung zur Hauptverhandlung u. s. w. gar nicht persönlich zugestellt werden konnte, oder wenn er in der Hauptverhandlung nicht erschienen ist.

Antr. des GStA.s: gleichl [15. — 2.]

Konkurrenz (reale). — Preßerzeugniß.

Der Umstand, daß verschiedene Strafthaten durch eine und dieselbe Druckschrift verübt worden sind, steht nicht entgegen, eine reale Konkurrenz derselben anzunehmen und demgemäß die Strafen zu kumuliren.

StGB. § 56 [dort einzutr. als n. 10a].

Erk. (Z. I.) v. 5. Mai 1865 c. Oppenheim (391. I. Cr.).

O. hatte eine Druckschrift veröffentlicht, deren Inhalt nach der Feststellung der Instanzrichter in verschiedenen Stellen gegen Strafgesetze verstieß; in drei Stellen ward der Thatbestand des § 101, in einer vierten der des § 102 und in einer fünften der des § 75 gefunden. Die Strafzumessung erfolgte indessen nur nach § 55 StGB., weil „Alles, was in demselben Monatsberichte stehe, als uno actu geschehen anzusehen sei." Auf die NB. des OStA.s ist das betr. Erkenntniß vernichtet und die Sache an das AG. zurückverwiesen worden. Gründe:

Daß, wenn in einer und derselben Druckschrift gegen die §§ 101 und 102 StGB. gefehlt worden ist, die Strafen beider §§ kumulirt werden können, ist bereits in dem eine NB. gegen ein Erkenntniß des Kammergerichts zurückweisenden Urtheile des OTr.s v. 16. Sept. 1863 c. Zabel*) ausgeführt worden. Es liegt zu Tage, daß, wenn dieses der Fall ist, auch jeder einzelne dieser §§ in derselben Druckschrift mehr als einmal und daneben noch der § 75 a. a. O. verletzt sein kann. Mag nun auch die Frage, ob wenn Zuwiderhandlungen derselben Person gegen verschiedene Strafgesetze vorliegen, dieselben als aus einer einzigen oder aus einer Mehrheit von Handlungen entsprungen anzusehen seien, theilweise in das Gebiet der Thatfragen gehören, so bedarf es doch in dieser Beziehung jedenfalls einer besonderen Feststellung und Motivirung. Eine solche ist in den Worten des App.-Richters, es sei Alles, was in demselben Monatsberichte stehe, als uno actu geschehen, zu erachten, nicht zu finden. Denn wenn auch das Erscheinen einer Druckschrift, durch welches die in derselben enthaltenen strafbaren Handlungen zum Abschluß kommen, als ein einzelner Akt aufgefaßt werden kann, so folgt daraus noch nicht, daß auch die Abfassung der einzelnen Abschnitte dieser Druckschrift, durch welche verschiedene Strafgesetze verletzt sind, oder welche wiederkehrende Verletzungen desselben Strafgesetzes enthalten, nur als ein einziger Akt zu betrachten sei, vielmehr ist es nöthig, dieses besonders festzustellen und

*) Die betr. Gründe des cit. Erkenntnisses v. 16. Sept. 1863 lauteten: „Eine kumulirte Anwendung des § 101 und 102 wegen desselben Preßerzeugnisses, worin sich neben einander der Thatbestand beider Vergehen findet, ist nirgends ausgeschlossen."

zu diesem Zwecke das bindende Glied aufzusuchen, welches diese verschiedenen Akte zu einem einzigen stempelt.

[28.—2.]

---

1. Polizei-Verordnung. — Richterliche Prüfung.
2. Polizei-Verordnung. — Kollekte. — Aufforderung zu Beiträgen.

1. Im Falle einer Zuwiderhandlung gegen eine Polizei-Verordnung ist der mit der Sache befaßte Strafrichter zur Prüfung berufen, ob diese Verordnung dem Gegenstande nach gültig sei.

Pol.-Ges. v. 11. März 1850 §§ 17. 6. 5. 11. 12. 15; StGB. § 332 [n 47. 12. 14]; vgl. RbOTr. 3. S 290; 5. S. 237; Hartm. Strafgess. S. 423.

2. Eine Polizei-Verordnung, welche die Statthaftigkeit einer öffentlichen Aufforderung zur Leistung freiwilliger, an einem dritten Orte einzuzahlender Beiträge von einer vorgängigen polizeilichen Erlaubniß abhängig macht, und Zuwiderhandlungen mit einer Strafe bedroht, ist nicht verbindlich.

ALR. II, 8. §§ 38. 204; II, 11. § 750; II, 19. § 26 [II, 20. §§ 244 bis 247]; Instr. f. d. Ober-Präsidenten v. 31. Dez. 1825 § 11 Nr. 4; Pol.-Ges. v. 11. März 1850 § 6i. Vgl. B. II. 28. Apr. 1853 c. Verheyen (JMbl. S. 251); RbOTr. 3. S. 207.

Erk. (Z. Pl.) v. 8. Mai 1865 c. Balzer & Gen. (294. II.; 1. Pl. Cr.).

Die Regierung zu E. hatte eine Polizei-Verordnung erlassen, nach welcher: „öffentliche Ausschreibungen von Kollekten und derartige Aufforderungen zu Sammlungen nur mit Genehmigung des Ober-Präsidenten zulässig, und auch zu allen öffentlichen Anzeigen und Bekanntmachungen solcher Kollekten, selbst wenn dieselben keine ausdrückliche Aufforderung zu Beiträgen, sondern nur die Nachricht über das Stattfinden von Kollekten enthielten, dieselbe Genehmigung erforderlich sein sollte. Zuwiderhandlungen waren mit einer Geldbuße bedroht. Gegen diese Verordnung sollten B. u. Gen. dadurch verstoßen haben, daß sie als Vorstand des „Schleswig-Holstein-Vereins" in einem öffentlichen Blatte ohne

Genehmigung des Ober-Präsidenten eine Bekanntmachung erlassen hatten, in welcher sie zum Beitritt zum Vereine und zu Beisteuern zu den Zwecken desselben mit dem Bemerken aufforderten, daß dieselben bei jedem Vorstandsmitgliede in Listen eingetragen oder brieflich angemeldet werden könnten. Sie wurden indessen von der dieserhalb erhobenen Anklage freigesprochen, in 1. Instanz: weil der in jener Verordnung mit Strafe bedrohte Thatbestand nicht vorliege, in 2. Instanz: weil der Gegenstand der Verordnung nicht zu denjenigen gehöre, welche nach § 10 II, 17. ALR. und nach § 6 des Pol.-Ges.s v. 11. März 1850 polizeilich geregelt werden könnten, der Verordnung also die gesetzliche Gültigkeit abgehe. — Das Erkenntniß 2. Inst. hat der OStA. durch NB. wegen Verletzung der §§ 17. 6 des cit. Pol.-Ges.s angefochten.

Der OStA. hielt die NB. für begründet: dem Richter, welcher zur strafrechtlichen Handhabung einer Pol.-Vdn. berufen sei, stehe es allerdings zu, darüber zu wachen, daß die Polizei-Behörden bei Erlassung solcher Verordnungen nicht über die ihnen gesetzten Grenzen hinausgingen, insoweit das Gesetz für die betr. Verordnungsbefugniß solche Grenzen gezogen habe, deren Wahrung durch die Gerichte nach der Natur ihrer Stellung möglich sei; diese Befugniß werde durch § 17 des Ges.s v. 11. März 1850 nicht ausgeschlossen, da er nur von solchen Erlassen spreche, welche wirkliche polizeiliche Vorschriften seien; sei letzteres zweifelhaft, so müsse der Richter diese Frage zunächst prüfen; das cit. Gesetz bestimme nun aber in den §§ 6 und 12, was zu den Gegenständen der polizeilichen Vorschriften gehöre; daher sei ein Erlaß, welcher andere als die dort bezeichneten Gegenstände behandle, keine „polizeiliche" Vorschrift und also nicht verbindlich, — zu den betreffenden Gegenständen gehöre nun aber (nach § 6 i) „alles, was im besondern Interesse der Gemeinden und ihrer Angehörigen polizeilich geordnet werden muß;" daß hierher der in der fraglichen Pol.-Vdn. behandelte Gegenstand nicht gehöre, würde nur dann anzunehmen sein, wenn es dem Begriffe der Polizei widerspreche, derartige Aufforderungen einer polizeilichen Regelung zu unterwerfen; das lasse sich indessen in keiner Weise behaupten, da es sehr wohl geschehen könne, daß durch eine solche Aufforderung die öffentliche Ruhe und Sicherheit an einzelnen Orten gefährdet, oder daß dadurch Parteileidenschaften in bedenklichem Grade aufgeregt würden; hätte die Regierung einen solchen Zweck ihrer Verordnung ausdrücklich angegeben, so hätte der Richter nach § 17 l. c. nicht untersuchen dürfen, ob es der polizeilichen Regelung wirklich bedurft habe; das sei im vorliegenden Falle zwar nicht geschehen, wohl aber habe die Regierung die Verordnung „auf Grund des [durch § 12 nur näher bestimmten] § 11 l. c." erlassen, und dadurch in genügender Weise an den Tag gelegt, daß sie die polizeiliche Regelung des Gegenstandet als durch die Verhältnisse geboten betrachtet habe; das sei um so unzweifelhafter, als die Instr. f. d. Ober-Präsidenten v. 31. Dez. 1825 § 11 Nr. 4 die Genehmigung der Ausschreibung von Kollekten den Ober-Präsidenten überweise; eine speziellere Angabe des polizeilichen Gesichtspunktes schreibe das Gesetz nicht vor, wohl deshalb, weil hiervon die bindende Kraft der Verordnung dem Publikum gegenüber nicht abhängig gemacht sei, und weil den Gerichten die Prüfung, ob die Polizei-Behörde sich auf den richtigen polizeilichen Standpunkt gestellt habe, ohne eine Vermischung der richterlichen und der polizeilichen Gewalt, nicht habe überwiesen werden können; — sei hiernach die betr. Regierungs-Verordnung in gesetzlicher Weise erlassen, so sei das Urtheil des AG.s, welches die Gültigkeit derselben negire, zu vernichten und die Sache zur nähern Prüfung, ob die von dem Angeklagten erlassene Aufforderung gegen die Verordnung verstoße, an das AG. zurückzuverweisen. —

Das OTr. hat die NB zurückgewiesen. Gründe:

Die Befugniß der Gerichte, die Gültigkeit einer Verordnung der örtlichen Polizei-Verwaltung oder Bezirks-Regierung auch nach der Richtung hin zu prüfen, ob der Gegenstand derselben den §§ 6 und 12 des Ges.s v. 11. März 1850 entsprechend sei, läßt sich mit Grund nicht bezweifeln. Das bezogene Urtheil der I. Abth. des Sen. f. Strafsachen v. 13. Febr. 1863 verneint die hier vorliegende Frage nicht; dagegen ist das in der NB. beanstandete Prüfungsrecht in mehrfachen andern Entscheidungen des Kgl. OTr.s vorausgesetzt, oder ausdrücklich anerkannt (vgl. Erk. v. 6. Apr. 1854 c. Haas, v. 6. Sept. 1853 c. Diesing, v. 8. Jan. u. 1. Okt. 1857 c. Knorsch resp. Romerscheid und v. 15. Apr. 1858 c. Hoppe). Insbesondere ist dies auch in dem seither ergangenen Urtheil der II. Abth. des Sen. f. Straff. v. 8. Nov. 1864 c. Kleinschmidt (RdOTr. 5. S. 237) geschehen, und in näherer Ausführung begründet.

In der That involvirt die Bestimmung des § 17 des Ges.s über die Polizei-Verwaltung die von der NB. behauptete Beschränkung überall nicht; die Befugniß der Gerichte, die gesetzliche Gültigkeit solcher polizeilichen Strafverordnungen auch nach der vorhin bezeichneten Richtung hin zu prüfen, folgt schon aus allgemeinen Grundsätzen, und es würde daher um dieselbe auszuschließen, einer desfallsigen ausdrücklichen Bestimmung bedurft haben, und eine solche ist in dem cit. § 17 nicht zu finden. Das Recht allgemeine polizeiliche Strafvorschriften zu erlassen, ist ein Ausfluß der gesetzgebenden Gewalt. Diese Gewalt als solche wird verfassungsmäßig von dem Könige und den beiden Häusern des Landtages ausgeübt. Einer Behörde kann sie nur zustehen, wenn und in wie weit sie ihr durch ein förmliches Gesetz ausdrücklich übertragen worden ist. Die einer Behörde eingeräumte Strafverordnungsgewalt ist mithin ihrer Natur nach nur eine delegirte, die nur Kraft der Delegation besteht, und nicht weiter reicht als die letztere geht. Nach allgemeinen Grundsätzen müssen daher auch die Gerichte zur Untersuchung der Frage berufen sein, ob eine auf Grund einer derartigen Delegation ergangene, und Gesetzeskraft beanspruchende Polizei-Verordnung von einer hierzu kompetenten Behörde und innerhalb der durch das Gesetz selber aufgestellten Schranken erlassen worden ist.

Für das Gebiet des Strafrechts findet sich denn auch eine ausdrückliche Sanktion des Prinzips in dem Art. 8 der Verfassungs-Urkunde, indem derselbe bestimmt:

> Strafen können nur in Gemäßheit eines Gesetzes angedroht und verhängt werden.

Von einer durch eine polizeiliche Verordnung angedrohten Strafe kann aber nur gesagt werden, daß sie in Gemäßheit des Gesetzes angedroht, wenn die Behörde, von welcher sie erlassen wurde, zum Erlaß von Polizei-Verordnungen durch ein Gesetz überhaupt ermächtigt war, und wenn der Gegenstand der Verordnung zu den Materien gehört, welche nach der Bestimmung des Gesetzes der polizeilichen Regelung überlassen sind. Wenn sodann aber auch vom Richter eine Strafe nur in Gemäßheit eines Gesetzes verhängt werden darf, so setzt die Verhängung einer Strafe auf Grund einer polizeilichen Strafverordnung voraus, daß letztere dem Gesetze, ihrer Quelle, konform sei. Das richterliche Prüfungsrecht muß sich also darauf erstrecken, ob die Verordnung von einer gesetzlich berechtigten Behörde innerhalb der Grenzen ihrer gesetzlichen Delegation erlassen wurde.

Die Richtigkeit dieser Auffassung wird auch auf einem andern Wege bestätigt. Die eigentlichen Gesetze, welche von der allgemeinen verfassungsmäßigen gesetzgebenden Gewalt ausgehen, sind, da diese Gewalt das ganze Gebiet der Gesetzgebung beherrscht, ihrem materiellen Inhalte nach der Prüfung des Richters nie unterworfen. Ihre formelle verfassungsmäßige Verkündigung macht sie für den Richter ohne Weiteres verbindlich (Art. 102 der Verf.-Urk. v. 1850). Den Gesetzen gegenüber stehen die Verordnungen als Ausnahmen von der Regel. Für die Kgl. Verordnungen, deren Erlaß durch Art. 63 der Verf.-Urk. normirt ist, ist im Art. 102 das. die Gesetzbestimmung aufgenommen worden, daß, bei gehöriger Verkündigung, die Prüfung ihrer Rechtsgültigkeit den Behörden nicht, vielmehr nur den Kammern zustehe.

Aus dem Umstande aber, daß gerade für diesen Fall für nothwendig befunden worden ist, den Gerichten das Prüfungsrecht über die Rechtsgültigkeit der Verordnungen, durch eine ausdrückliche Bestimmung zu entziehen, würde schon die Anerkennung des Prinzips zu folgern sein, daß überall, da wo es sich um eine Verordnung handelt, welche in Ausübung eines ausnahmsweise bestehenden Gesetzgebungsrechts erlassen ist, das Prüfungsrecht des Richters über deren innere gesetzliche Gültigkeit an sich begründet sei. Es geht aber auch aus der Allerhöchsten Botschaft vom 7. Jan. 1850, welche den erwähnten Zusatz zur Verfassung (Nr. 13) proponirte, mit ihren Motiven und den Verhandlungen darüber, direkt hervor, daß eben nur Königliche, nicht aber andere Verordnungen von der richterlichen Prüfung eximirt sein sollten. Im Einklange hiermit steht der § 332 des StGB.s, wonach als Uebertretungen nur solche Handlungen oder Unterlassungen zu bestrafen sind, welche durch Gesetze oder gesetzlich erlassene Verordnungen der Behörden unter Strafe gestellt sind, da hiernach der gesetzliche Erlaß einer

Verordnung nothwendig eine Vorfrage für den über die Handlung urtheilenden Strafrichter bildet. Kein Zweifel also, daß nach allgemeinen Grundsätzen, und den damit übereinstimmenden, bisher hervorgehobenen positiven Normen, der Richter für berufen erachtet werden müßte, auch bei der Frage nach der Gültigkeit einer auf Grund des Gesetzes über die Polizei-Verwaltung v. 11. März 1850 erlassenen Polizei-Strafverordnung auch die Prüfung darauf zu erstrecken, ob die Verordnung sich auch auf eine Materie beziehe, deren polizeiliche Regelung der Ortspolizei-Behörde resp. der Regierung durch die §§ 6 und 12 des Gesetzes überwiesen ist.

Der § 17 des eben bezogenen Gesetzes über die Polizei-Verwaltung enthält aber auch die positive Bestimmung nicht, wodurch dieses richterliche Prüfungsrecht ausgeschlossen wäre. Zunächst erkennt dieser § 17 selbst die Befugniß des Polizeirichters, die gesetzliche Gültigkeit solcher Verordnungen zu prüfen, im Allgemeinen jedenfalls an. Freilich will daraus, daß es darin heißt: „die Gerichte hätten bei den Zuwiderhandlungen gegen ortspolizeiliche Vorschriften (§§ 5 und 11) nicht die Nothwendigkeit und Zweckmäßigkeit, sondern nur die gesetzliche Gültigkeit jener Vorschriften nach den Bestimmungen der §§ 5. 11 und 15 in Erwägung zu ziehen, — hergeleitet werden, daß dieses Prüfungsrecht ein beschränktes sei, welches seine Begrenzung in den speziell hervorgehobenen §§ 5. 11 und 15 finde, und folglich nach der Richtung, ob die Verordnung ihrem Gegenstande nach, innerhalb der im § 6 resp. 12 gestellten Grenzen gehalten sei, für untersagt erachtet werden müsse.

Gegen diese beschränkende Auslegung erhebt sich indessen schon die Betrachtung, daß man dazu durch ein argumentum e contrario gelangen muß, welches überhaupt bedenklich, um so bedenklicher ist, wo dessen Anwendung zum Widerspruch mit allgemeinen Grundsätzen führen würde. Allein die Bezugnahme der §§ 5. 11 u. 15 ist auch als eine Ausschließung anderer Fälle nicht zu betrachten. Wäre es, so müßte die Ausschließung auch für den gleichfalls nicht bezogenen § 7 des Gesetzes geltend sein, wonach bei Gegenständen der landwirthschaftlichen Polizei die subjektive Kompetenz der Ortsbehörde von der Zustimmung der Gemeindevertretung abhängig gemacht ist. Daß aber in diesem Falle sich die Prüfung des Richters auch darauf auszudehnen habe, ob die Zustimmung der Gemeindevertretung im Einzelfalle erfolgt sei, ist in der bisherigen Judikatur des Kgl. OTr.s wenigstens stets festgehalten worden. Es bedurfte aber des Citats der §§ 6 und 12 im § 17 nicht, um darauf hinzuweisen, daß auch nach der in jenen erstern §§ begrenzten objektiven Sphäre hin der Richter den Beruf habe, zu untersuchen, ob sich die Polizei-Strafverordnung innerhalb dieser Grenzen bewege. Die §§ 6 und 12 hängen mit den §§ 5 und 11 unzertrennlich zusammen. Die zuletzt angeführten §§ enthalten so zu sagen das Delegationsprinzip. Sie bezeichnen einestheils die subjektiv berechtigten Behörden zum Erlaß der Vorschriften, anderntheils aber auch durch die Worte „ortspolizeiliche" resp. „Polizei-Vorschriften" den allgemeinen Umfang für das diesen Behörden eingeräumte Verordnungsrecht selbst. Die §§ 6 und 12 füllen den hiermit gegebenen Rahmen in der objektiven Beziehung nur aus, so daß also auch die Bezugnahme der §§ 5 und 11 jene der §§ 6 und 12 cit. von selbst in sich schließen muß.

Ueberdies dürfen nach § 15 der Vdn. v. 11. März 1850 in die polizeilichen Vorschriften (§§ 5 und 11) keine Bestimmungen aufgenommen werden, welche mit den Gesetzen oder den Verordnungen einer höhern Instanz in Widerspruch stehen.

Eine polizeiliche Strafverordnung der Ortspolizei-Behörde oder der Regierung, welche mit der Quelle, woraus das Recht dieser Behörden zum Erlaß solcher Verordnungen fließen soll, im Widerspruch stehen würde, müßte daher auch nothwendig als mit einem Gesetze im Widerspruch stehend befunden werden. Daß unter den „Gesetzen," von welchen der § 15 spricht, nämlich bloß außerhalb des

Gesetzes über die Polizei-Verwaltung v. 1850 liegende Gesetze zu verstehen seien, dafür liegt ein zwingender Grund überall nicht vor, und muß ja auch in dem Falle, wo es sich um den Erlaß einer Polizei-Verordnung über Gegenstände der landwirthschaftlichen Polizei ohne Zustimmung der Gemeinde-Vertretung handelt, allein auf den § 7 des Gesetzes über die Polizei-Verwaltung zurückgegangen werden, um die gesetzliche Ungültigkeit einer solchen Verordnung darzuthun. Der im § 17 cit. hervortretende Gegensatz liegt überhaupt nur in dem Ausschluß der richterlichen Prüfung über die Nothwendigkeit und Zweckmäßigkeit der polizeilichen Strafverordnungen und dem Prüfungsrecht der Gerichte über die gesetzliche Gültigkeit derselben, während es in keiner ausreichenden Weise indizirt ist, daß jenes Recht an sich wiederum beschränkt werden solle, je nachdem es sich um die subjektive oder objektive Berechtigung der fraglichen Behörde zum Erlaß der Polizei-Strafvorschriften handle. Der Inhalt des mehr bezogenen § 17 führt also auch keineswegs zu der Annahme, daß den Gerichten die Befugniß untersagt sei, in Erwägung zu ziehen, ob eine polizeiliche Strafverordnung der Ortspolizei-Behörde oder der Regierung den Voraussetzungen des § 6 resp. 12 des Gesetzes entspreche oder nicht. Fragt man die dem Gesetze v. 11. März 1850 über die Polizeiverwaltung vorangegangene Landesgesetzgebung, und die Entstehungsgeschichte jenes Gesetzes, um daraus auf den Sinn desselben zurückzuschließen und die Absicht des Gesetzgebers zu entnehmen, so kömmt man ebenfalls zu keinem andern als dem bisher gefundenen Resultate.

Nach § 6. II, 13 des ALR.s gehörte das Recht, allgemeine Polizei-Verordnungen zu geben, zu dem Majestätsrechte, und die Ausübung dieses Rechtes war den Regierungen in Gemäßheit der §§ 40 und 45 der Vdn. v. 26. Dez. 1808 nur in so weit eingeräumt, daß sie bloß mit höherer Genehmigung allgemeine polizeiliche Strafverordnungen innerhalb der Grenzen der polizeilichen Strafgewalt erlassen durften. Durch die Regierungs-Instruktion v. 23. Okt. 1817 war die Befugniß der Regierung lediglich dahin erweitert, daß sie in Absicht auf solche Gebote, welche an sich schon durch das Gesetz feststanden, in letzterm aber die Strafe nicht ausdrücken, eine Polizeistrafe androhen konnten. Bei diesem Stande der Gesetzgebung für die ältern Provinzen der Monarchie konnte die Frage, um welche es sich hier handelt, kaum hervortreten. Dagegen war in der Rheinprovinz den Verwaltungs-Behörden und namentlich den Gemeindebehörden (Ortsbehörden) bereits durch die Gesetze v. 16. Aug. 1790 und v. 19. Juli 1791 hinsichtlich bestimmter Materien die Befugniß zum Erlaß von Polizei-Verordnungen mit Strafandrohung eingeräumt. Das Ressort-Reglement v. 20. Juli 1818 enthält in den §§ 32 und 33, hinsichtlich der Befugniß der Regierungen zum Erlaß von Polizei-Strafverordnungen, dieselben Bestimmungen, welche sich in dem § 45 der Vdn. v. 26. Dez. 1808 und § 11 der Instr. v. 23. Okt. 1817 vorfinden.

Das Gesetz über die Polizei-Verwaltung v. 11. März 1850 ist von der Staatsregierung ohne Motive den Kammern vorgelegt worden. Von dem Vertreter der Staatsregierung ist aber bei den Verhandlungen darüber von vornherein anerkannt worden, daß dasselbe sein Vorbild in jenen ältern Gesetzen der Rheinprovinz habe. Nach der in diesem Rechtsgebiete streng durchgeführten Unabhängigkeit der Verwaltungs- und gerichtlichen Behörden hatten die letztern nie über den innern Werth, also über die Nothwendigkeit und Zweckmäßigkeit der von den Gemeinde-Behörden erlassenen polizeilichen Strafverordnungen zu urtheilen. Dagegen ist dort nie in Zweifel gezogen worden, daß die Gerichte in Betreff solcher Verordnungen zu untersuchen hatten, ob dieselben auf diejenigen Materien bezüglich waren, welche den gedachten Behörden gesetzlich überwiesen waren, und daß sie im Verneinungsfalle denselben, als mit dem Gesetze im Widerspruch stehend, die strafrechtliche Anwendbarkeit zu versagen berufen waren.

Eine Vergleichung des Gesetzes über die Polizei-Verwaltung mit jenen Rheinischen Gesetzen zeigt deutlich, daß dieselben sich in wesentlicher Uebereinstimmung mit einander befinden. Dem Verfasser des Gesetzes über die Polizei-Verwaltung war es, wie die Verhandlungen in der ersten Kammer ergeben, wohl bekannt, daß in der Rheinischen wie in der französischen Judikatur das vorerwähnte Prüfungsrecht in Bezug auf die Strafverordnungen der Gemeinde-Behörden stets ausgeübt worden ist. Wenn nun im § 17 des Gesetzes die Prüfung der Nothwendigkeit und Zweckmäßigkeit der polizeilichen Strafverordnungen, gleichwie es im Gebiete des Rheinischen Rechts der Fall war, den Gerichten untersagt, denselben dagegen aber das Recht eingeräumt worden ist, die gesetzliche Gültigkeit solcher Verordnungen zu prüfen, so würde man hieraus mit Grund den Schluß ziehen, daß das gerichtliche Prüfungsrecht in dem Sinne aufgenommen worden sei, wie es nach der Quelle des Gesetzes fortwährend bestanden hat, es sei denn, daß die Absicht ausdrücklich zu erkennen gegeben worden sei, jenes Recht in seinem wesentlichsten Punkt zu beschränken. Dies ist indessen nicht geschehen. Die Erklärungen, welche von dem Vertreter der Regierung und des Justizministeriums bei den Verhandlungen über den Gesetzentwurf abgegeben wurden (Stenogr. Ber. I. Kr. S. 2331. 2337), lassen namentlich eine solche Absicht nicht hervortreten; es ist daraus nur zu entnehmen, daß man bei der Bestimmung des § 17 das Gewicht darauf gelegt hat, daß die Gerichte nicht die Nothwendigkeit und Zweckmäßigkeit der Polizei-Strafverordnungen, sondern nur die gesetzliche Gültigkeit derselben zu prüfen haben sollten — so daß also nur dieser Gegensatz accentuirt wurde — und daß man höchstens glaubte, durch Aufnahme der generellen Klausel sub litt. i im § 6 jenen Verordnungen eine Schutzwehr gegeben zu haben, daß Urtheile der Gerichte, wodurch deren Anwendbarkeit beseitigt würde, nicht in dem Maaße vorkommen könnten, wie es früher in Frankreich der Fall war. Dabei wurde inzwischen deutlich genug ausgesprochen, daß durch die gedachte Klausel sub litt. i der Ortsbehörde keineswegs die Ermächtigung ertheilt werden sollte, das ganze Gebiet der Gesetzgebung zu betreten, und Dinge durch Polizei-Strafverordnungen zu regeln, welche außerhalb des speziellen Interesses der Gemeinde lägen. Sie sollte also bloß die Möglichkeit bieten, innerhalb des Gebietes, was durch die Bestimmungen sub litt. a—h im § 6 als jenes des ortspolizeilichen Verordnungsrechtes charakterisirt war, ortspolizeiliche Vorschriften für Fälle ähnlicher Art zu geben, nicht aber solche, die mit der Materie überhaupt nichts gemein hätten.

Es läßt sich endlich auch nicht behaupten, und ist auch bei der Redaktion des Gesetzes nicht behauptet worden, daß bei der Allgemeinheit der Bestimmung sub litt. i § 6 die richterliche Prüfung der Frage, ob sich die Polizei-Verordnung innerhalb der Grenzen der Materie bewege, stets mit der den Gerichten untersagten Prüfung der Nothwendigkeit und Zweckmäßigkeit der Verordnung zusammenfallen müsse, da die Frage nach der Zweckmäßigkeit und Nothwendigkeit lediglich den innern Werth der Verordnung, die Angemessenheit der innerhalb des Bereichs des polizeilichen Gesetzgebungsrechts getroffenen konkreten Vorschrift berührt. Dagegen ist, weil durch das Gesetz über die Polizei-Verwaltung das Recht der Ortspolizei-Behörde und der Regierungen, polizeiliche Strafvorschriften zu erlassen, seine Begrenzung gefunden, im § 14 die frühere Befugniß der Regierungen, sonstige allgemeine Verbote und Strafbestimmungen in Ermangelung eines bereits bestehenden gesetzlichen Verbotes mit höherer Genehmigung zu erlassen, aufgehoben worden.

Nach allem diesen hat also der App.-Richter den § 17 des Gesetzes über die Polizei-Verwaltung v. 11. März 1850 dadurch keineswegs verletzt, daß er die Frage zur Erwägung gezogen hat, ob die mit Bezugnahme auf § 11 des Ges.s v. 11. März 1850 von der Kgl. Regierung zu E. erlassene

Verordnung v. 3. Dez. 1862 den Voraussetzungen des § 6 des bezogenen Gesetzes über die Polizei-Verwaltung entspreche oder nicht.

In der Sache selbst hat aber auch der App.-Richter rechtlich nicht gefehlt, wenn er angenommen hat, daß die fr. Verordnung für den unterliegenden Fall als eine gesetzlich gültige nicht zu betrachten, weil der Gegenstand derselben nicht zu denjenigen gehöre, welche nach § 6 (resp. § 12) des mehr bezogenen Gesetzes über die Polizei-Verwaltung der polizeilichen Regelung durch allgemeine Strafvorschriften überwiesen sind.

Die in Rede stehende Verordnung verbietet nicht nur das öffentliche Ausschreiben von Kollekten, sondern auch derartige Aufforderungen zu Sammlungen unter der angedrohten Polizeistrafe, so daß darunter also alle öffentlichen Aufforderungen zu Sammlungen überhaupt begriffen sind.

Nach der Behauptung der NB. soll in der von den Angeklagten in dem Nordhauser Kourier veröffentlichten Bekanntmachung eine Aufforderung zum Beisteuern zu dem angegebenen Zwecke und somit das öffentliche Ausschreiben einer Sammlung liegen. Der App.-Richter findet zwar auch in der fraglichen Bekanntmachung eine öffentliche Aufforderung zur Beisteuer zu dem bezeichneten, an sich erlaubten Zweck — eine öffentliche Aufforderung zu einer Sammlung; allein er spricht der mehrgedachten Verordnung gerade wegen ihrer Ausdehnung auf öffentliche Aufforderungen zu Sammlungen, selbst zu gesetzlich nicht verbotenen Zwecken, die gesetzliche Gültigkeit ab. — Die Frage ist also hier die, ob die Regierungs-Verordnung, indem sie, außer der öffentlichen Aufforderung zu Kollekten, öffentliche Aufforderungen zu Sammlungen überhaupt bei einer Polizeistrafe verbietet, als eine gültige Polizei-Verordnung anzusehen sei, und diese Frage muß mit dem App.-Richter verneint werden, denn derartige Aufforderungen gehören weder zu den Gegenständen polizeilicher Anordnung überhaupt, noch zu den Gegenständen, welche im besondern Interesse der Gemeinden oder ihrer Angehörigen, oder des Bezirks polizeilich geregelt werden müssen. Die §§ 5. 6. 11. 12 des Ges.s v. 11. März 1850 bieten keinen Halt und keine Analogie dar, sie den Gegenständen der Orts- oder Bezirks-Polizei zuzuzählen. Ist es die Aufgabe der Polizei überhaupt, die nöthigen Anstalten zur Erhaltung der öffentlichen Ordnung, Ruhe und Sicherheit, und zur Abwendung der dem Publikum oder einzelnen Personen bevorstehenden Gefahr zu treffen (§ 10. I, 17 ALR.), so kann von alldergleichen bei Aufforderungen keine Rede sein, Inhalts deren es dem freien Willen eines Jeden anheimgestellt wird, Geld zu irgend einem erlaubten Zweck an einen bestimmten Ort, oder an die Auffordernden selbst, welche sich einfach zur Empfangnahme der Beisteuer bereit erklären, zu bringen oder zu schicken. Dabei wird in keinerlei Rechtssphäre eingegriffen, die Ruhe, Sicherheit und Ordnung weder an öffentlichen Orten, noch in den Wohnungen gestört, Niemand in seiner Person oder in seinem Eigenthum gefährdet, und nicht einmal ein moralischer Zwang zur Beisteuer gegen den Einzelnen geübt. Die ältere Landesgesetzgebung hat zwar das Kollektenwesen in den Bereich seiner Vorsehung gezogen. Allein öffentliche Aufforderungen der hier fraglichen Art unterscheiden sich erheblich einerseits von Aufforderungen zu Beiträgen zu den Zwecken einer privilegirten Gesellschaft oder einer Gemeinde, womit eine gewisse Pression nach Analogie der Besteuerung auf die Mitglieder ausgeübt wird (vgl. Edikt v. 7. Sept. 1738 in Rabe Samml. 1. Abth. 1. S. 124; §§ 38 u. 204. II, 8; §§ 246. 247. II, 20 ALR. mit Randrubrik), andererseits von Ausschreibungen und Sammeln von Kollekten, d. h. Haus- und Kirchen Kollekten, wobei die Belästigung der einzelnen zur Beisteuer angegangenen Personen unter der Einwirkung eines gewissen moralischen Zwanges, die Störung in Haus und Kirche, das Einschreiten der Gesetzgebung in Wahrung des Gemeinwohls veranlaßt hat; (vgl. das cit. Edikt bei Rabe und § 244. II, 20 ALR.)

Dagegen hat die Landesgesetzgebung das natürliche Recht, ohne Eintritt in den Frieden der Wohnungen oder der Kirche, zu Gaben merae facultatis, und zu einem erlaubten Zwecke öffentlich einzuladen, und sich zur Empfangnahme derselben bereit zu erklären, nicht nur nicht beschränkt, sondern dadurch anerkannt, daß sie nur das eigentliche Kollektiren, von Haus zu Haus, von Person zu Person in ihren Bereich gezogen, und insbesondere das öffentliche Ausschreiben von Kollekten, und zwar Hauskollekten, an die Genehmigung der Kgl. Oberpräsidenten geknüpft hat (Instr. f. d. Oberpräsidenten v. 31. Dez. 1825 § 11 N. 4e). Wie der § 244. II, 20 d. ALR.s nur das mit dem Eindringen in die Häuser verbundene Privatkollektiren zum Gegenstande eines Polizeistrafgesetzes gemacht hatte, so wollte auch die Staatsregierung noch im § 246 des Entwurfs zum gegenwärtigen Strafgesetzbuche nur Hauskollekten, keineswegs aber öffentliche Aufforderungen zu einer freiwilligen Beisteuer, wie eine solche hier in Frage steht, als Objekt polizeilicher Fürsorge angesehen wissen (vgl. Beseler Komm. zu § 268 des StGB.s). Die Staatsregierung hat den vorgeschlagenen § 246 wegen der von der Kommission der II. Kammer dagegen geäußerten Bedenken fallen lassen. Aber es ist mit nichts angedeutet und widerspricht aller Annahme, daß nunmehr der Orts- oder der Bezirks-Polizei-Behörde in der Hinsicht eine Strafpolizeigewalt habe überlassen werden sollen, welche die Gesetzgebung selbst nicht für sich in Anspruch nehmen wollte.

Aus dem Gange der Landesgesetzgebung einschließlich der cit. Instr. für die Kgl. Oberpräsidenten folgt zugleich aber auch, daß das Kollektenwesen (und was damit zusammengestellt werden könnte) im Allgemeinen auch nicht zu den Gegenständen der Bezirks- oder Lokalinteressen in Preußen zu rechnen sei. Höhere allgemeinere Rücksichten sollten bei Beaufsichtigung desselben leitend sein. Unterschiede in der Behandlung der einzelnen Bezirke und Gemeinden sollten vermieden werden, und darum allen Behörden unter dem Oberpräsidenten die Zulassung oder das Verbot selbst eigentlicher Kollekten entzogen sein. Indem die Kgl. Regierung zu E. ihrerseits vorschreibt, daß die öffentlichen Aufforderungen zu Sammlungen der Genehmigung des Oberpräsidenten bei Strafe bedürfen, und dadurch solche Aufforderungen den Hauskollekten gleichstellt, schreitet sie über die Landesgesetzgebung weg in ein Gebiet hinaus, welches diese dem Privatwillen überlassen hatte, und der Umstand, daß sie die Anwendbarkeit ihrer Verordnung bei vorkommenden Sammlungen von einer Amtshandlung des Kgl. Oberpräsidenten bedingt sein läßt, zeigt zugleich, daß der Gegenstand der Verordnung überhaupt nicht zu denjenigen gehört, deren polizeiliche Regelung den Bezirksregierungen durch das Gesetz v. 11. März 1850 überwiesen worden ist. Eine Strafvorschrift hätte höchstens auf den § 11 der Reg.-Instr. v. 23. Okt. 1817 (welche durch den § 14 des Ges.s über die Polizei-Verwaltung nicht aufgehoben ist) gegründet werden können; dann mußte dieselbe aber auf eigentliche, von der Genehmigung des Oberpräsidenten allein abhängige Kollekten — Hauskollekten — beschränkt bleiben.

Abgesehen von dem Bisherigen, zeigt endlich sodann ein Blick auf die Bestimmungen des § 6 sub litt. a—h des Ges.s v. 11. März 1850, daß eine Polizeistrafvorschrift, welche indistinkte öffentliche Aufforderungen zu Sammlungen verbietet, nicht gerechtfertigt werden kann, weil keiner der Gesichtspunkte, welche hier hervorgehoben sind, wie vom App.-Richter ausgeführt ist, darauf zutreffend erscheint. Die allgemeine Klausel sub litt. i des § (6) hat, und dies ist beim ersten Angriff der NB. bereits ausgeführt, nur Fälle ähnlicher Art mit der vorhergedachten vor Augen und einen solchen ähnlichen der Polizeigewalt unterworfenen Fall bietet eine Aufforderung zu Sammlungen, wie sie hier vorausgesetzt ist, nicht dar.

Wollte man dann aber schließlich sogar zugeben, daß

in besondern Fällen die öffentliche Aufforderung zur freiwilligen Betheiligung an Gaben zu einem bestimmten Zwecke an einen bestimmten Ort, oder in einem bestimmten Bezirke, Anlaß geben können zum Schutze der Personen und des Eigenthums ꝛc. polizeiliche Vorkehrungen zu treffen, so muß die Gefährdung der polizeilichen Ortsinteressen besonders, und als solche motivirt sein. Denn wenn, wie gezeigt, eine allgemeine gegen öffentliche Einladungen zu Geldbeiträgen an und für sich gerichtete Strafpolizei-Verordnung durch die §§ 5. 6. 11. 12 des Gesetzes über die Polizei-Verwaltung nicht gerechtfertigt wird, so wird der Strafrichter nur durch eine besondere Motivirung in Stand gesetzt, noch zu prüfen, ob die Strafpolizei-Verordnung sich über einen Gegenstand verhalte, dessen polizeiliche Regelung der Orts- oder Bezirkspolizei-Behörde überwiesen ist. [27. — 1.]

Urkunde. — Voller Beweis. — Konventionelle Beweiskraft.

Eine Schrift kann als Urkunde angesehen werden, wenn ihr durch Uebereinkommen der Parteien unter gewissen Voraussetzungen eine Beweiskraft beigelegt ist und das Vorhandensein jener Voraussetzungen feststeht.

StGB. § 247 [n. 75. 76. 81].

Erk. (Z. II.) v. 11. Mai 1865 c. Glaß (76. II. Cr).

Gl. arbeitete mit 7 andern Personen für den Amtmann R. als Drescher; als Lohn sollte der 14te, resp. der 18te Scheffel des gedroschenen Getreides bezahlt werden; die Zahlung erfolgte gewöhnlich bei dem Aufmessen des Getreides. Zur Kontrolle wurde ein Dreschregister in zwei Exemplaren geführt, in welches nach Kolonnen der Tag der Aufmessung, die Scheuer wo dieses geschehen, die Art und Quantität des ausgedroschenen Getreides und die Quantität des Dreschlohns nach Scheffeln und Metzen eingetragen wurde; die Eintragungen in beide Register bewirkte der Verwalter F, dieser behielt auch das eine Exemplar, während Gl. als sog. Vorarbeiter das zweite aufbewahrte und dem F vorlegte, so oft eine neue Eintragung zu bewirken war. Nach der getroffenen Vereinbarung sollten die Register, wenn gegen die Richtigkeit der Eintragungen nichts eingewendet wurde, als Beweis des richtigen Empfanges der notirten Dreschlöhne dienen. — Durch Geschwornenspruch ist nun Gl. zwar nicht schuldig befunden worden: „— in der Absicht sich und Andern Gewinn zu verschaffen, ein mit dem 2c. R. gehaltenes, in seiner des Beschuldigten Verwahrung befindliches Register über den von ihm in Gemeinschaft mit Andern bewirkten Ausdrusch von Roggen, in dessen letzter mit der Ueberschrift: „Lohn in Scheffeln und Metzen" versehener Kolonne, deren dort durch den Verwalter des R. einzutragende Vermerke über die Höhe des Lohnes, zufolge dieserhalb getroffenen Uebereinkommens in Ermangelung eines Widerspruchs des Beschuldigten gegen die eingetragenen Vermerke bei Rückempfang des Registers, dem R. als Quittung über den richtigen Empfang des Lohnes dienen sollten, — durch Beseitigung der unter dem 2c. eingetragenen Scheffelzahl 7 verfälscht und von dem so verfälschten Register — zum Zwecke der Täuschung Gebrauch gemacht zu haben;" dagegen ist durch Bejahung einer Eventualfrage festgestellt worden, daß er „in der Absicht 2c. Gewinn zu verschaffen von der verfälschten Stelle in dem bezeichneten Register, welches nach dem vorstehend bezeichneten Uebereinkommen die gedachte Bestimmung hatte, wissend, daß das Register durch Beseitigung der unter dem 2c. eingetragenenen Zahl 7 verfälscht war, Gebrauch gemacht habe." Auf Grund dieses Spruches verhängte der Schw.-GH. Strafe aus § 249 StGB., indem er ausführte, die Schrift sei für eine Urkunde zu erachten, insofern darauf als ein Beweisstück nach § 164. I, 10 AGO. in Verbindung mit § 592. II, 8 ALR. im Prozesse Gewicht gelegt werden könne. NB. des Gl. Zurückweisung. Gründe:

Das fragliche Register ist zum Beweise des darin hinreichend angedeuteten Rechtsverhältnisses von Erheblichkeit. Zwar ist allerdings der NB. zuzugeben, daß das Register für sich allein, durch die in der Lohnkolonne bewirkte Eintragung des Lohnes, den vollständigen Beweis der Auszahlung dieses Lohnes von Seiten des Arbeitgebers nicht liefert. Denn als ein Lieferungsbuch im Sinne des § 592. II, 8 ALR. und § 164. I, 10 AGO. kann das fragliche Register füglich schon um deswillen nicht angesehen werden, weil der Amtmann R. zu den Gewerbtreibenden nicht zu zählen ist, von welchen der § 591. II, 8 l. c. spricht, und welche der § 592 das. zu seiner Voraussetzung hat. Allein eine Schrift braucht auch, um als Urkunde angesehen werden zu können, die Beschaffenheit nicht zu haben, daß sie den vollen Beweis des Rechtsgeschäftes oder Rechtverhältnisses, welches darin angezeigt ist, zu liefern geeignet wäre; es genügt vielmehr, wenn sie dazu dienen kann, in Verbindung mit andern Umständen das Dasein des Rechtverhältnisses oder Rechtsgeschäfts zu bescheinigen, und das läßt sich bei dem vorliegenden Register nicht bezweifeln, wenn dasselbe mit den durch den Ausspruch der Geschwornen festgestellten Umständen in Verbindung gebracht wird. Nach der dadurch festgestellten vertragsmäßigen Bestimmung des Registers sollte die in der letzten mit der Ueberschrift „Lohn in Scheffeln und Metzen" versehenen Kolonne von der Hand des Verwalters des R. eingetragene Zahl den Betrag des gezahlten Druschlohnes darstellen und als Quittung Seitens der Drescher darüber gelten, sofern beim Rückempfang des Registers, von dem jetzigen Angeklagten Gl. als Vorarbeiter, ein Widerspruch gegen die betreffende Eintragung nicht erhoben wurde. Mangels eines Widerspruchs hatte also der Zahlungsvermerk den Charakter einer mit seinem Willen erfolgten Eintragung und bei einem Streite über die Auszahlung des Druschlohnes vor dem Civilrichter hätte der 2c. R. zweifelsohne auf das in dem Besitz des Angeklagten befindliche Register als einer gemeinschaftlichen Skriptur zum Zweck des Nachweises der erfolgten Zahlung provoziren und demnächst der Richter das vorgelegte Register für geeignet erachten können, diese Zahlung zu bescheinigen.

Dem steht auch nicht entgegen, daß regelmäßig der Charakter einer Schrift, wenn sie als Urkunde in Betracht kommen soll, objektiv zu beurtheilen ist, da diese Regel nicht absolut gilt, und namentlich da schon ihre Anwendbarkeit verliert, wo das Gesetz einer Schrift nur unter bestimmten Umständen, aber auch beim Dasein derselben wirklich eine Beweiskraft beilegt, und folglich auch der Civilrichter diese Beweiskraft nur mit Berücksichtigung jener Umstände beurtheilen könnte. Es liegt aber auch kein ausreichender

Grund vor, einer Schrift, welche von Parteien mit Rücksicht auf ein zwischen ihnen eingegangenes Rechtsverhältniß errichtet, deren Beweiskraft aber durch sie von besondern thatsächlichen Umständen konventionell abhängig gemacht ist, diese Beweiskraft zu versagen, sofern diese Umstände demnächst thatsächlich festgestellt werden. [27. — 3.]

Feuer-Versicherung. — Ueberversicherung.

Jede wissentliche Ueberversicherung eines Mobiliargegenstandes gegen Feuersgefahr ist strafbar; sie wird dadurch nicht straflos, daß gleichzeitig andere Gegenstände für einen geringeren als den gemeinen Werth versichert sind, so daß die Gesammtsumme der Versicherung den Gesammtwerth der Sachen nicht übersteigt.

Ges. v 8. Mai 1837 § 20. Sic: B. (II. 31) 24. März 1859 c. Fritsch; Hartm Strafgess S. 172 n. 3.

Erk. (3. II.) v. 11. Mai 1865 c. Greim (147).

Gr., wegen Ueberversicherung seines Handwerkzeugs bestraft, machte im Wege der NB. (unter Hinverweisung auf B. [II, 287] 18. Sept. 1856 c Rohr, Hartm. l. c. S. 173 n. 1) geltend, eine Ueberversicherung könne nur da vorliegen, wo der Gesammtwerth aller gleichzeitig versicherten Gegenstände zu hoch angegeben sei; die Höhe einer einzelnen Position sei nicht entscheidend; er habe nicht nur sein Handwerkszeug sondern sein ganzes Mobiliar versichert gehabt, es sei aber nicht festgestellt, daß diese Versicherung im Ganzen zu hoch gewesen sei. Zurückweisung. Gründe:

Wenn es sich bloß von der Frage einer Ueberversicherung handelt, so ist nach dem deutlichen Wortlaute des § 20 des Ges.s v. 8. Mai 1837 lediglich die Versicherung der Mobiliar-Vermögensgegenstände zu einem höhern als dem gemeinen Werthe entscheidend, aus den Bestimmungen der §§ 1. 5 und 13 l. c. ergiebt sich aber zugleich, daß zum Zwecke der Versicherung die Angabe der Gegenstände nach einzelnen Stücken oder nach Gattungen erfolgen muß, und daß nur bei Waarenlagern, großen Naturalien-Vorräthen und ähnlichen Gegenständen, welche zum Verkauf oder zum Verbrauch zusammengebracht zu werden pflegen, und rücksichtlich deren besondere Kontrollmaaßregeln vorgeschrieben sind, eine Ausnahme gemacht ist. Dadurch ist also ein Zusammenwerfen der nach einzelnen Stücken oder gattungsweise zu einer bestimmten Versicherungssumme angegebenen Gegenstände mit andern, welche nicht zu derselben Rubrik gehören, geradezu ausgeschlossen, und der Grund, aus welchem dies geschehen ist, liegt einfach darin, daß man gegen die Ueberversicherung der Gegenstände über den gemeinen Werth eine Kontrolle in der Spezialisirung nach Einzelstücken, oder wenigstens nach Gattungen haben wollte. Mit diesem Gesichtspunkte hat die im § 28 l. c. gegebene Strafvorschrift gegen Ueberliquidationen — Aufstellung zu hoher Entschädigungsforderungen — nichts zu thun, und es paßt daher auch das von der NB. angerufene, nur einen solchen Fall der Ueberliquidation behandelnde Urtheil des Kgl. OTr.s v. 18. Sept. 1856 (G. A. 4. S. 829) überall nicht hierher.

Antr. des GStA.s: gleichl. [27. — 3.]

Hausiren. — Aufkauf. — Umherreisen.

Beim Ankaufe von Waaren zum Wiederverkaufe kann als ein Umherreisen (Umherziehen) auch der Besuch verschiedener Privathäuser an demselben Orte angesehen werden, nicht aber der Besuch verschiedener offener Laden oder verschiedener Kaufleute.

Hauſ.-Regul. v. 28. Apr. 1824 § 5.

Erk. (V. II.) v. 11. Mai 1865 c. Köhler & Schäftlein (86. II. Cr.).

Die Gemüsehändlerinnen K. u. Sch. waren von ihrem Wohnorte G. an zwei verschiedenen Tagen nach E. gefahren und hatten dort bei verschiedenen Gärtnern Gemüse gekauft, um solches in G. wieder zu verkaufen, ohne im Besitze eines Gewerbescheins zu sein. Hierin hatte der 1. Richter den Thatbestand des § 5 cit. nicht gefunden, weil weder die Reise der Angeklagten von G nach E., noch der hier stattgehabte Besuch von zwei bis drei mit Gemüse handelnden Gärtnern als ein

„Umherziehen" anzusehen sei. Das AG. nahm dagegen ohne neue Beweisaufnahme das Gegentheil an und bestrafte wegen Hausirkontravention. Dieses Erkenntniß ist auf die NB. der Angekll. vernichtet und die Sache in die 2. Instanz zurückverwiesen worden. Gründe:

Aus den vom ersten Richter als bewiesen angenommenen Thatsachen folgte keineswegs mit rechtlicher Nothwendigkeit, daß die Beschuldigten Aufkäuferei von Gemüsen im Umherziehen betrieben hätten. Zwar würde der Begriff des Umherziehens nicht nothwendig bedingen, daß der Aufkauf der Sachen gerade an verschiedenen Orten des Inlandes geschehen sei; auch das Besuchen verschiedener Privathäuser in Einem Orte des Inlandes würde diesen Begriff erfüllt haben, so daß dabei die Reise der Beschuldigten von G. nach E. allerdings außer Betracht bleiben konnte. Allein die Erfüllung des Begriffes würde mindestens den Besuch mehrerer Privathäuser im Sinne des Regulativs von 1824 erfordert haben. Als ein gewerbscheinpflichtiger Aufkauf ist es jedenfalls nicht zu betrachten, wenn Waaren bei Kaufleuten, oder auch nur in offenen Läden, wenn auch zum Wiederverkauf, außerhalb der Jahrmarktszeit, und außerhalb des Wohnorts des Einkäufers aufgekauft werden, da insbesondere offene Läden den Privathäusern, von denen § 5 des Regulativs spricht, nicht gleichzustellen sind; (Reskr. d. Min. d. Inn. und d. Fin. v. 11. Nov. 1828; id. v. 17. März 1829 bei Hoffmann das Hausir-Regulativ fol. 37 und 38; v. Rönne Gewerbe-Polizei Bd. II. S. 274.) Nun hat aber der erste Richter den Gewerbebetrieb der Angeklagten im Umherziehen unter andern auch aus der thatsächlichen Erwägung verneint, daß der Besuch von 2 bis 3 Handelsgärtnern, welche die Gemüse zu verkaufen hätten, als ein im Umherziehen betriebener Aufkauf nicht zu betrachten sei und solche Handelsgärtner, welche ihre Gärten für jeden Käufer offen halten, um das darin befindliche Gemüse abzusetzen und aus diesem Absatze ihr gewöhnliches Geschäft machen, können wohl auch den Kaufleuten, und den Personen, welche zum

Verkauf ihrer Waaren offene Läden halten, gleich gestellt werden. Mindestens ist die Annahme nicht unbedingt ausgeschlossen, daß ihre Gärten, gleich offenen Läden, als Privathäuser nicht zu betrachten seien. Es ergiebt sich hieraus, daß die Feststellung des App.-Richters, welcher von dem thatsächlichen Umstande, daß der Aufkauf nach der Annahme des ersten Richters bei Handelsgärtnern geschehen ist, ganz absieht, sich nicht als eine reine rechtliche Folgerung, welche sich aus den vom ersten Richter für bewiesen erachteten Thatumständen ohne Weiteres ergäbe, darstellen kann. Der App.-Richter ist mithin allerdings in unberechtigter Weise von der thatsächlichen Feststellung des ersten Richters abgewichen. [27.—3.]

Meineid. — Förmlichkeiten.

Als wesentliche Förmlichkeit einer Eidesleistung ist nur die Bekräftigung verbunden mit der Anrufung Gottes zu betrachten. Dagegen sind die äußeren Formen, welche nach der körperlichen Beschaffenheit oder dem religiösen Bekenntnisse des Einzelnen verschieden sein können, oder welche nur das äußere körperliche Verhalten betreffen, nicht wesentlich.

StGB. §§ 125 [n. 15]. 126 [n. 19. 20].

Beschl. (II.) v. 11. Mai 1865 c. Schulze (33. B. II. Cr.).

Sch. war in einer Voruntersuchung als Zeuge vernommen und in der für Stumme vorgeschriebenen Form (Abschreiben und Unterschreiben der Eidesformel: Cr.-Ordn. § 335 Nr. 5) vereidet worden, weil er nach einer Registrirung des Untersuchungsrichters so stotterte, „daß eine Vereidung durch Nachsprechen der Eidesformel unmöglich war.“ In der demnächst gegen ihn wegen falschen Zeugnisses eingeleiteten Untersuchung lehnte das AG. die Versetzung in den Anklagestand ab, weil die Nachsprechung der Eidesformel eine wesentliche Förmlichkeit einer Eidesleistung sei, insoweit nicht das Gesetz selbst eine Ausnahme ausdrücklich anordne, ein Stotternder aber einem „Stummen“ nicht gleichgeachtet werden könne. Auf die Beschwerde des OStA.s ist der betr.

Beschluß aufgehoben und die Sache zur anderweiten Beschlußnahme an das AG zurückverwiesen worden. Gründe:

Allerdings bildet für die Form der körperlichen Eidesleistung das persönliche mündliche Schwören die Regel, und es ist richtig, daß eine Eidesleistung überhaupt nur da als geschehen angesehen werden kann, wo die für eine solche wesentlichen Förmlichkeiten beobachtet worden sind. Als wesentlich kann hierbei aber nur die Bekräftigung angesehen werden, verbunden mit der Anrufung Gottes; insbesondere sind die äußeren Formen, welche nach der Verschiedenheit der Individuen, nach ihrer körperlichen Beschaffenheit oder nach ihrem religiösen Bekenntnisse verschieden normirt sind, oder nur das körperliche Verhalten zum Gegenstande haben, nicht für wesentlich zu erachten, schon aus dem einfachen Grunde, weil die Formen vom Gesetze nach der Verschiedenheit der Umstände verschieden geregelt sind, so daß keine derselben für sich allein als unerläßlich angesehen werden könnte. Hiernach muß es genügen, wenn ein Eid überhaupt nur in einer vom Gesetze anerkannten Form abgeleistet und so äußerlich die Annahme einer gültigen Eidesleistung begründet ist; vgl. ALR. II, 20. §§ 4. 19; Z. Pl. v. 25. Jan. 1864, RbOTr. 4. S. 318.

Antr. des GStA.s: gleichl. [29.—3.]

Beleidigung, einfache. — Strafklage. — Zeuge.

Ist wegen einer einfachen Beleidigung in Folge einer irrigen Qualifizirung die Strafklage erhoben worden, so ist es nicht unstatthaft, den Beleidigten als Zeugen zu vernehmen, obgleich er bei der regelrechten Behandlung der Sache als Civilkläger hätte auftreten müssen.

Vdn. v. 3. Jan. 1849 §1 [n.32]; Einf.-Ges. v 14. Apr. 1851 Art. XVI. [n. 9]. Vgl. RbOTr. 1. S. 496.

Erk. (V. II.) v. 11. Mai 1865 c. Wrede (95 II. Cr. .

Gegen W war wegen „Verleumdung" des ꝛc Sch. Anklage erhoben worden; die Instanzrichter stellten indessen fest, daß nur eine einfache Beleidigung vorliege; sie sprachen daher von der „Verleumdung" frei, und erkannten gleichzeitig, daß die Beleidigung nur im Wege des Civilprozesses zu verfolgen sei. Auf die NB. des OStA.s ward das Erkenntniß des AG.s vernichtet und die Sache zurückverwiesen, weil in einem solchen Falle der Strafrichter auch über die einfache Beleidigung aberkennen müsse. Bei der neuen Verhandlung fand das AG. die erstrichterliche Feststellung bedenklich, es vernahm darauf eine Zeugin von Neuem und sprach dann wegen ungenügenden Beweises frei, indem es gleichzeitig erwog, die Vernehmung des beleidigten Sch. als Zeuge sei unstatthaft gewesen, weil ihm gesetzlich für die Verfolgung der einfachen Beleidigung die Stellung als Privatkläger zugewiesen und er dadurch zum Zeugnisse in dieser Sache unfähig gemacht sei; hieran könne zum Nachtheile des Angeklagten auch dadurch Nichts geändert werden, daß aus Irrthum eine unhaltbare Anklage wegen eines andern Vergehens erhoben worden sei. — Auf die NB. des OStA.s ist auch dieses Erkenntniß vernichtet und die Sache an ein anderes AG. verwiesen worden. Gründe:

Weil der rc. Sch., wenn dieser wegen Ehrverletzung im Civilprozesse geklagt hätte, in eigener Sache nicht hätte Zeuge sein können, hält ihn der App. Richter auch in dem vorliegenden Strafverfahren, in welchem in Folge einer Denunziation des rc. Sch. wegen Verleumdung Anklage erhoben und die Untersuchung eröffnet war, wiewohl in diesem Strafverfahren, auch nach Freisprechung des Angeklagten von der Anklage der Verleumdung (dem Plenar-Präjudize Nr. 265 v. 25. Juni 1860, Entsch. 44. 2. S. 66 und dem in der vorliegenden Sache unterm 14. Juli 1864 ergangenen Erkenntnisse gemäß), noch darüber zu erkennen ist, ob der Angeklagte wegen einfacher Beleidigung schuldig zu erachten und zu bestrafen sei, für einen unzulässigen Zeugen. Dem liegt eine Verwechselung von einander verschiedener Begriffe zu Grunde.

Der App.-Richter hat einen in erster Instanz eidlich vernommenen Zeugen, dessen Glaubwürdigkeit zu beurtheilen ihm allerdings zukam, und den als Denunzianten er für einen testis suspectus würde haben erachten können, der aber, auch wenn er Denunziant war, doch immer als solcher in dem vorliegenden Strafverfahren noch kein (absolut oder relativ) **unzulässiger** Zeuge (testis inhabilis) war, — Cr.-Ordn. § 357 Nr. 7; 113; Erk. v. 20. Sept. 1861 (G. A. 9. S. 773); id. v. 18. Dez. 1861 (RdOTr. 2. S. 161) — für einen solchen, für ein **unzulässiges** Beweismittel erachtet. Dadurch hat er allerdings den zu den wesentlichen Vorschriften des Verfahrens gehörenden § 22 der Vdn. v. 3. Jan. 1849 verletzt.

Antr. des GStA.s: gleichl. [26. — 3.]

Presse. — Kaution. — Lithographische Korrespondenz.

Eine lithographirte, periodisch ausgegebene aber nur an Zeitungsredaktionen abgesetzte sog. Korrespondenz politischen Inhalts ist kautionspflichtig.

Preßges. v. 12. Mai 1851 §§ 11. 14. 17. 42. — Sic: B. (I. 3) eod. c. Stern.

Erk. (B. I.) v. 12. Mai 1865 c. Freese (283. I. Cr.).

Fr. hatte während der Dauer des Landtags eine sog. lithographische Korrespondenz herausgegeben, welche an allen Sitzungstagen der Häuser des Landtags erschien, Referate über die Plenar- und Kommissionssitzungen und über sonstige parlamentarische Angelegenheiten brachte und in ungefähr 30 Exemplaren an Zeitungsredaktionen, welche darauf für einen in jedem Einzelfalle vereinbarten Preis abonnirt hatten, unter Kreuzband versandt wurde. Daß dieselbe auch an Privatpersonen abgelassen sei, war nicht erwiesen. Da Fr. dafür eine Kaution nicht bestellt hatte, ward er aus § 42 des Preßges.s angeklagt, aber in beiden Instanzen freigesprochen. Der erste Richter hielt jenen § für unanwendbar, weil die Korrespondenz nicht den Zweck habe, ihren Inhalt unmittelbar zur Kenntniß des großen Publikums zu bringen und deshalb keine „Zeitung" (Zeitschrift) sei, der Angeklagte vielmehr nur [ähnlich wie die englischen reporters] an einzelne Redaktionen identische Berichte erstattet habe, die eben nichts anderes seien als gewöhnliche Briefe und auch nur wie diese (unter Kreuzband) versandt würden; die gezahlten Abonnementspreise stellten daher auch nur das Honorar für die Berichterstattung dar; es liege im Wesen der ganzen Einrichtung, daß der Inhalt dieser Berichte nicht dem größeren Publikum zugänglich gemacht, sondern vor diesem zur Zeit und bis zur Veröffentlichung in den Zeitungen geheim gehalten werde; auch treffe bei der Korrespondenz der Grund der Kautionspflicht nicht zu; diese stelle ein Sicherungsmittel gegen Ausschreitungen der zur Verbreitung unter das Publikum bestimmten Presse dar; eines solchen bedürfe es hier nicht, weil das Staatsinteresse durch die Kautionspflichtigkeit und die Verantwortlichkeit des Redakteurs derjenigen Zeitungen, welche demnächst die Berichte der Korrespondenz abdruckten, genügend gewahrt sei; die Korrespondenz sei aber gar keine „Druckschrift" im Sinne des Preßgesetzes, weil sie nicht zur Verbreitung (sc. unter das Publikum) bestimmt sei. — Das AG. erkannte dagegen an, daß die Korrespondenz nach § 14 des Preßges. den Zeitungen gleich stehen würde, wenn sie in monatlichen oder kürzeren Fristen „erscheine"; letzteres sei aber nicht der Fall, weil das „Erscheinen" eines Preßerzeugnisses offenbar mit seiner „Herausgabe" (§ 11), seiner „Veröffentlichung" (§ 32) gleichbedeutend sei; diese Worte würden aber nur dann passen, wenn die Schrift unter das Publikum verbreitet oder mindestens doch Alles gethan sei, um diese Verbreitung zu bewirken; das sei aber in Betreff der Korrespondenz nicht anzunehmen, da sie nach den Ausführungen des ersten Richters sich lediglich als eine Berichterstattung des Angeklagten an verschiedene Zeitungsredaktionen darstelle, die keineswegs den Zweck habe, selbst unter das Publikum verbreitet zu werden; daher treffe auch § 33 l c hier nicht zu, weil auch dieser sich nur auf eine Verbreitung unter das Publikum beziehe, und die stattgehabte Versendung an die Redaktionen nicht eine solche Verbreitung unter das Publikum bezwecke.

NB. des OStA.s. — Die OStA.-schaft sprach sich für die Vernichtung des Erkenntnisses aus: die sämmtlichen Ausführungen der Instanzrichter beruhten auf der willkührlichen Annahme, daß das Preßges., wenn es von einer „Veröffentlichung", „Versendung", „Verbreitung" 2c., resp. von einem „Erscheinen" spreche, darunter nur diejenigen Handlungen verstehe, welche die Schrift dem „Publikum" oder dem „großen Publikum" zugänglich machten; davon enthalte aber das Gesetz nichts, vielmehr ergebe § 33 das Gegentheil, welcher nur bei dem „Ausstellen" oder „Anschlagen" voraussetze, daß die betr. Orte dem Publikum zugänglich seien; von einem „großen Publikum" sei im Gesetz nirgendwo die Rede und es sei durchaus ungerechtfertigt, diesem irgend eine Klasse von Personen z. B. hier die Redakteure anderer Zeitungen entgegenzusetzen, vielmehr seien diese unter dem Begriffe des „Publikums" mit begriffen; daß eine Druckschrift allen und jeden zugänglich gemacht werde, sei in keiner Weise wesentlich; es genuge eben die Verbreitung an Andere; übrigens treffe die Ausführung der Instanzgerichte: „Fr. sei nur Berichterstatter verschiedener Zeitungen gewesen", schon deshalb nicht zu, weil nach dem festgestellten Sachverhalte Fr. nicht von den verschiedenen Redaktionen als ihr gemeinschaftlicher Berichterstatter gebungen und bestellt worden sei, sondern diese sog. Berichterstattungen auf eigene Hand und als eigene Spekulation unternommen und die Produkte seiner Thätigkeit den verschiedenen Redaktionen für einen im Einzelfalle zu vereinbarenden Preis zugänglich gemacht habe.

Das OTr. hat das Erkenntniß 2. Inst. vernichtet und den Fr. aus § 42 l c. verurtheilt.

Nach § 11 des Preßges.s ist Jeder, welcher eine Zeitung oder Zeitschrift in monatlichen oder kürzeren, wenn auch unregelmäßigen Fristen herausgeben will, verpflichtet, vor der Herausgabe eine Kaution zu bestellen. Die §§ 12 und 13 enthalten sodann das Nähere über den Betrag der Kaution. Daran schließt sich der § 14, welcher lautet:

„Den Zeitungen oder Zeitschriften stehen lithographirte oder auf irgend eine andere Art technisch vervielfältigte Schriften gleich, welche in monatlichen oder kürzeren, wenn auch unregelmäßigem Fristen erscheinen"

Es steht aber fest, daß die hier in Rede stehende Korrespondenz eine lithographisch vervielfältigte Schrift ist, welche in kürzeren als monatlichen Fristen an die Zeitungsredaktionen, welche sie halten, vertheilt wird. Sie unterliegt daher nach § 14 l. c. in Betreff der Kautionspflichtigkeit denselben Vorschriften, wie Zeitungen und Zeitschriften nach Maaßgabe des § 11 l c., und da ferner feststeht, daß diese Korrespondenz auch politischen Inhalts ist, so hat sie nach § 17 l. c. keinen Anspruch auf Kautionsfreiheit. Dabei kommt es darauf, ob diese Korrespondenz für eine Zeitung oder Zeitschrift anzusehen ist, d. h. ob sie dem Begriff und den Erfordernissen einer Zeitung oder Zeitschrift entspricht, gar nicht an. Denn der § 14 l. c. bestimmt nicht etwa, daß lithographirte oder auf eine andere Art technisch vervielfältigte Zeitungen oder Zeitschriften den gedruckten Zeitungen und Zeitschriften gleich stehen sollen, sondern, daß lithographisch oder auf andere Art technisch vervielfältigte Schriften überhaupt, wenn sie in monatlichen oder kürzeren Fristen erscheinen, in Bezug auf ihre Kautionspflichtigkeit den Zeitungen und Zeitschriften gleich stehen. Hätte der § 14 l. c. nur die Bedeutung, daß lithographirte oder auf andere technische Art vervielfältigte Zeitungen und Zeitschriften den gedruckten gleichstehen, so würde der § 14 l. c. einestheils eine ganz andere Fassung erhalten haben, anderntheils überflüssig sein, da schon der § 55 des Preßgesetzes ganz allgemein vorschreibt:

„den Erzeugnissen der Presse im Sinne dieses Gesetzes stehen gleich: alle auf ähnlichem mechanischen Wege bewirkte und zur Verbreitung bestimmte Vervielfältigungen von Schriften, bildlichen Darstellungen, mit oder ohne Schrift, Musikalien mit Text oder sonstigen Erläuterungen."

Im Kommissionsbericht der ersten Kammer heißt es aber:

„die Bestimmungen dieses § (55) finden ihre Rechtfertigung darin, daß bei dem vorgeschrittenen Stand der Gewerbe und bei den täglich in ihr neu auftretenden Erfindungen ein die Preßerzeugnisse behandelndes Gesetz sich nicht damit begnügen darf, bloß von Druckschriften zu sprechen, sondern das ganze Gebiet, auf welchem der Gedanke durch Wort, Schrift oder bildliche Darstellung zur Verbreitung technisch mechanisch vervielfältigt wird, begreifen muß."

Auch ohne den § 14 cit. könnte daher schon nach § 55 desselben nicht bezweifelt werden, daß lithographisch oder auf andere Art technisch vervielfältigte Zeitungen oder Zeitschriften den gedruckten Zeitungen und Zeitschriften auch in Beziehung auf die Kautionspflicht ganz gleich stehen. Hieraus ergiebt sich, daß der § 14 l. c. einen weiteren Sinn haben muß, welcher schon seinem Wortlaut nach dahin geht:

daß alle periodischen in monatlichen oder in kürzeren Fristen erscheinende lithographisch oder auf andere technische Art vervielfältigte Schriften überhaupt den Zeitungen und Zeitschriften gleich stehen.

Allein auch hiervon ganz abgesehen, und wenn man selbst den § 14 l. c. dahin auslegen könnte, daß er nur lithographisch oder auf andere technische Art vervielfältigte Zeitungen und Zeitschriften den gedruckten Zeitungen und Zeitschriften gleichstellt, würde dennoch die vorliegende lithographirte Korrespondenz kautionspflichtig sein, da sie auch dem Begriff einer Zeitung entspricht. Das Preßgesetz giebt keine Definition einer Zeitung oder Zeitschrift. Das OTr. hat jedoch bereits in dem Erkenntnisse v. 12. Juli 1855 c. Eßmann (G.A. 3. S. 693) angenommen, daß der Unterschied zwischen Zeitungen und Zeitschriften nur davon abhängt, ob die periodisch erscheinende Schrift in einzelnen Blättern oder in größeren Heften herausgegeben wird. Sodann ist aber in dem Erkenntniß des OTr.s v. 19. Jan. 1860 c. Stünbeck (G.A. 8. S. 398) ausgesprochen, und eingehend näher ausgeführt, daß nach dem Sprachgebrauche und nach dem Inhalt des Preßgesetzes der Begriff einer Zeitung dahin zu bestimmen ist, daß er die gesammte periodische Presse, welche Tagesnachrichten in einzelnen ausgegebenen Blättern bringt, umfaßt, welches im vorliegenden Falle vollkommen zutrifft. Die Gründe, aus welchen das Kgl. Kammergericht die vorliegende lithographirte Korrespondenz nicht als eine Schrift ansieht, auf welche sich der § 14 des Preßgesetzes bezieht, beruhen auf einem Rechtsirrthum. Das Kammergericht nimmt an, daß bei der vorliegenden Korrespondenz deshalb nicht von einem Erscheinen, Herausgeben und Veröffentlichen im Sinne des Preßgesetzes die Rede sein könne, weil dies eine Verbreitung unter das Publikum voraussetze, welche in der bloßen Versendung an die Redaktionen, welche auf die Korrespondenz abonnirt haben, nicht gefunden werden könne. Allein auch die Zeitungs-Redaktoren gehören zum Publikum und können einen bestimmten Leserkreis desselben bilden. Der § 33 des Preßgesetzes verordnet aber ganz allgemein:

„Die Veröffentlichung des Preßerzeugnisses ist erfolgt, sobald die Druckschrift verkauft, versendet, verbreitet, oder an Orten, welche dem Publikum zugänglich sind, ausgestellt oder angeschlagen worden ist.“

Das OTr. hat auch bereits in dem Erkenntniß v. 28. Jan. 1852 (Entsch. 22. S. 87) ausgesprochen, daß bei Beurtheilung der Frage, ob eine Veröffentlichung im Sinne des § 33 cit. vorliege, nicht zwischen dem Publikum, dieses als Bewohner eines bestimmten räumlich begrenzten Bezirks aufgefaßt, und einem anderweit, etwa nach dem Berufe der Theilnehmer innerhalb gewisser Grenzen sich haltenden Leserkreis unterschieden, und daher nicht als Regel aufgestellt werden könne, daß die Mittheilung einer Druckschrift an einen bestimmten Leserkreis keine Verbreitung und Veröffentlichung derselben im Sinne des § 33 sei, daß daher auch namentlich die Bestimmung des Preßerzeugnisses für gewisse Berufsklassen eine Verbreitung im Sinne des § 33 enthalten könne, da in diesem nicht gerade von einer allgemeinen Verbreitung die Rede, und eine Verbreitung in der weitesten Bedeutung durch Mittheilung der Druckschrift von Seiten des Herausgebers an bestimmte Individuen an sich nicht ausgeschlossen sei. [15.—2.]

Anschuldigung (falsche). — Selbstvertheidigung.

Der § 154 StGB. findet auf eine falsche Anschuldigung keine Anwendung; Bestrafung tritt daher auch dann ein, wenn die falsche Anschuldigung nur in der Absicht geschah, sich selbst von einer drohenden Strafe zu befreien.

StGB. § 133 [n. 10].

Erk. (B. I.) v. 12. Mai 1865 c. John (415. I. Cr.).

Der 16 jährige Bäckerlehrling J. war in den Verdacht einer zwiefachen Brandstiftung gerathen; deshalb von dem Bürgermeister vernommen, legte er ein vollständiges Geständniß ab, bezüchtigte aber gleichzeitig den Schuhmacherlehrling R., daß dieser ihn zu jenen Handlungen angestiftet habe. R. ward in Folge dessen verhaftet und erst in Freiheit gesetzt, nachdem J. bei seiner gerichtlichen Vernehmung jene Bezüchtigung zurückgenommen hatte. J. ward deshalb unter der Anklage einer zwiefachen Brandstiftung und einer falschen Anschuldigung vor den Schw.-GH. verwiesen. Die Geschwornen bejahten die ihnen gestellten 3 Hauptfragen, nahmen in Betreff der beiden Brandstiftungen Unzurechnungsfähigkeit, in Betreff der falschen Anschuldigung Zurechnungsfähigkeit an, und bejahten endlich in Betreff dieses letzteren Anklagepunktes die Zusatzfrage (3a): ob J. „diese That nur in der Absicht begangen habe, sich von dem Vorwurfe der Anschuldigung der Brandstiftung zu reinigen, oder von der Strafe der Brandstiftung zu befreien." Hierauf erwog der Schw.=GH, daß der Spruch auf die Frage 3a „die thatsächliche Verneinung der auf eine Bestrafung des R. gerichteten Absicht enthalte und somit die Abwesenheit eines Dolus des Thäters konstatire, welcher als ein thatsächliches Erforderniß im § 133 vorausgesetzt werde," — und sprach nicht nur von den Brandstiftungen, sondern auch von der falschen Anschuldigung frei. — Auf die NB. des StA.s ist das Erkenntniß in Betreff dieses letzteren Anklagepunktes vernichtet und J. aus § 133 bestraft worden. Gründe:

Die früheren Entwürfe des StGB.s stellten im § 133 das Erforderniß einer direkten Absicht auf, durch die falsche Anzeige eine Untersuchung und Bestrafung des Beschuldigten herbeizuführen. Man wollte, wie dies ausgesprochen wurde, dadurch den Fall bloßer Vorwürfe begangener Verbrechen bei Gelegenheit anderer Verhandlungen vor dem Richter von dem Thatbestande des § 133 ausschließen, denselben also auf den eigentlichen Fall einer besonderen und freiwilligen Anzeige eines Verbrechens oder Vergehens bei der Behörde beschränken. Nachdem nun der Satz, welcher jenes Erforderniß der direkten Absicht enthielt, später gestrichen und demnach in das StGB. nicht übergegangen ist, besondere Gründe für diese Aenderung aber nicht angegeben sind, läßt sich nur voraussetzen, daß man ohnedies jenen Fall der bloß gelegentlichen Vorwürfe als durch die Fassung des Gesetzes von selbst schon für ausgeschlossen, zu seiner Ausschließung also auch das Erforderniß der direkten Absicht nicht mehr für erforderlich erachtet hat. Einer Feststellung oder besonderen Verneinung desselben bedarf es daher zur Anwendung des § 133 nicht mehr, und daß hier der gedachte Fall der bloß gelegentlichen Vorwürfe nicht vorliege, ergiebt sich, wie erwähnt, aus dem mit dem Wortlaut des § 133 übereinstimmenden Verdikte.

Dagegen ist es allerdings richtig, daß der § 133 eine Handlung voraussetzt, welche geeignet sein muß, eine Untersuchung und Bestrafung des Beschuldigten herbeizuführen, und daß, wie überall, der Angeklagte dieser Folge sich bewußt gewesen sein muß. Bei einer vorsätzlich verübten strafbaren Handlung bedarf es aber in jedem einzelnen Fall einer besonderen und ausdrücklichen Feststellung nicht, daß der Angeklagte sich auch der Folgen seiner Handlung bewußt gewesen sei. Sie liegt stillschweigend in der Feststellung des Vorsatzes und, wie hier noch besonders geschehen, der Zurechnungsfähigkeit überhaupt, und nur die Abwesenheit dieses Bewußtseins hat der Richter ausdrücklich festzustellen, und dadurch die Nichtanwendung des Gesetzes auf den Angeklagten zu rechtfertigen. Im Schwurgerichts-Prozesse bedarf es dazu also eines besonderen Verdiktes der Geschwornen. Im vorliegenden Falle liegt ein solches Verdikt nicht vor. Eine diesfällige Frage ist gar nicht beantragt. Der Schw.-GH. irrt aber, wenn er aus dem Verdikt zur Frage 3a dasselbe Resultat zieht. Denn die dadurch festgestellte Absicht, sich selbst von der Anschuldigung der Brandstiftung zu reinigen und sich von der Strafe derselben zu befreien, schließt keineswegs das Bewußtsein des Erfolgs einer Untersuchung oder Bestrafung gegen den Anderen, hier also gegen den fälschlich angeschuldigten R. aus, läßt dasselbe vielmehr recht eigentlich voraussetzen, enthält also unter den obwaltenden Umständen eine ausdrückliche Bestätigung dessen, was ohnehin, wie oben erwähnt, stillschweigend in dem Wortlaut des Verdiktes zu 3 und in dem Wortlaut des Gesetzes liegt. Daß eine zwiefache Brandstiftung verübt war und daß der Angeklagte der Thäter gewesen sei, steht durch die vorangegangenen Verdikte zu 1 und 2 fest. Der Angeklagte ist nur wegen des hier von den Geschwornen festgestellten Mangels der Zurechnungsfähigkeit bei diesen Brandstiftungen freigesprochen. War also das Verbrechen überhaupt verübt und der Angeklagte selbst der Thäter, so kann er bei der bei dem bereits erfolgten Einschreiten der Behörde gegen ihn vorgebrachten falschen Anschuldigung, daß R. der Thäter gewesen sei, nur die Absicht gehabt haben, gegen diesen die Untersuchung und eventuell die Bestrafung herbeizuführen. Ein anderer Zusammenhang ist vernünftigerweise nicht anzunehmen. Der Satz in dem Verdikt 3a: „der Angeklagte habe nur die Absicht gehabt, sich u. s. w. zu befreien," steht dieser Annahme nicht entgegen. Denn diese Ausschließlichkeit der Absicht bezieht sich nur auf das Motiv des Verbrechens, und führt somit auf die angeregte Frage über die Anwendbarkeit des § 154 des StGB.s auf das Vergehen der falschen Anschuldigung. Der Angeklagte kann also und muß nach dem oben Angeführten mit dem Bewußtsein gehandelt haben, daß die Untersuchung auf seine Anzeige gegen den R. eröffnet werden würde, und der Zweck ist dabei nur gewesen, sich selbst von der Untersuchung zu befreien. Es würde also nicht Bosheit oder Rache, sondern die im § 154 erwähnte Vertheidigung vorgelegen haben. Allein der § 154 ist hier nicht anwendbar.

Die Kalumnie ist allerdings mit der Verleumdung nahe verwandt, und sie war deshalb auch in den früheren Entwürfen des StGB.s unter dem Titel von den Ehrverletzungen aufgeführt, so daß also damals auch der § 154 darauf mit für anwendbar erachtet werden mußte. Die Kommission der II. Kammer hat sie jedoch aus jenem Titel entfernt und ihr die jetzige abgesonderte Stellung im System angewiesen. Wenn nun auch diese Trennung lediglich deshalb erfolgt ist, weil man die Ehrverletzungen, abweichend von dem Entwurf von 1850, nur als solche Vergehen behandeln wollte, deren Bestrafung von dem Strafantrag des Verletzten abhängig sei, während ein solches Erforderniß bei der Kalumnie nicht anwendbar sei, so muß doch diese, wenn auch nur aus formellen Gründen erfolgte, Aussonderung des Vergehens selbstverständlich den Erfolg haben, daß besondere die Ehrverletzung betreffende und aus ihrer eigenthümlichen Natur abgeleitete Vorschriften, wie jener § 154, nicht aus dem Grunde jener früheren Stellung im System dem Vergehen der Kalumnie folgen können Der Charakter des letzteren hat durch seine Anreihung an die Münzfälschung und den Meineid (Tit. 7 u. 8) die erhöhte Bedeutung eines Vergehens gegen öffentliche Treue und Glauben erhalten, bei welchen die Entschuldigungsgründe, welche der § 154 aufstellt, nicht zutreffen.

Antr. des GStA.s: gleichl. [15. — 2.]

Nichtigkeitsbeschwerde. — Legalisirung. — Dienstsiegel.

Zur Gültigkeit der Legalisation einer Nichtigkeitsbeschwerde bedarf es der Beidrückung des Dienstsiegels des betr. Rechtsanwalts selbst dann nicht, wenn derselbe nicht bei demjenigen Gerichte angestellt ist, bei welchem das Schriftstück eingereicht ist.

Ges. v 3. Mai 1852 Art. 110 [n. 26]; Vdn. v 21. Juli 1848.

Beschl. (I.) v. 12. Mai 1865 c. Jungblut (115. B. I. Cr.) spricht den obigen Grundsatz ohne weitere Begründung aus.

Antr. des GStA.s: gleichl. [50 — 2.]

Vertheidigung. — Mündlichkeit. — Ablesen.

Die Vertheidigung ist mündlich zu führen; dieser Vorschrift entspricht es nicht, wenn dieselbe abgelesen wird.

Vdn. v. 3. Jan. 1849 §§ 14 [n. 57]. 34 [n. 6]; Ges. v. 3. Mai 1852 Art. 76 [n. 9].

Erk. (Z. I.) v. 12. Mai 1865 c. Krüger (404. I. Cr.).

Der Angeklagte hat in dem Hauptverfahren nicht etwa schriftliche Notizen als bloße Unterlage seines mündlichen Vortrags, und um seinem Gedächtnisse zu Hülfe zu kommen, benutzen, sondern er hat nach Ausweis des Sitzungs-Protokolls und wie er in der NB. erklärt, seine Vertheidigungsrede ablesen wollen. Dieser Absicht ist der Vorsitzende mit Recht entgegengetreten, weil nach dem die Mündlichkeit als Hauptprinzip des Verfahrens anordnenden und gemäß § 136 Abs. 4 auch für die App.-Instanz maaßgebenden § 14 der Vdn. v. 3. Jan. 1849 auch die Vertheidigung des Angeklagten mündlich geführt werden soll, diesem Grundsatze aber das Ablesen einer Vertheidigungsschrift geradezu widerspricht.

Antr. des GStA.s: gleichl. [50 — 2.]

Lehrer. — Züchtigung. — Verletzung.

Die Strafbarkeit eines Lehrers, welcher einen Schüler „verletzt" hat, wird dadurch nicht ausgeschlossen, daß die Züchtigung einen Nachtheil für die Gesundheit nur mittelbar in Folge anderer mitwirkender Umstände herbeigeführt hat.

AKO. v. 14. Mai 1825 Nr. 4—6 (G.S. S. 149). Vgl. Oppenhoff Ressortgess. S. 531.

Erk. (Z. I.) v. 12. Mai 1865 c. Schipull (414 I Cr.).

Der Lehrer Sch. war wegen Ueberschreitung seines Züchtigungsrechts aus § 187 StGB. bestraft worden, weil er „einem Schüler G. durch einen Schlag eine „„wirkliche Verletzung,"" einen wirklichen Nachtheil an seiner Gesundheit, wenn auch nur mittelbar dadurch zugefügt habe, daß G sehr skrophulös sei." Das AG. erwog: „ob der Nachtheil für die Gesundheit unmittelbar durch die Züchtigung eintrete, oder eine Folge dazutretender Umstände sei, erscheine nach dem V. II. 8. Nov. 1860 Bolles c. Wischmeier (G.A. 9. S 136) unerheblich". — Die NB. des Sch. rügte Gesetzesverletzung. Zurückweisung Gründe.

Der App.-Richter hat bei seinen Rechtsausführungen die Bestimmungen der AKO. v. 14. Mai 1825 zutreffend berücksichtigt und erwogen, daß eine Bestrafung des Angeklagten im Wege der Untersuchung nur dann eintreten dürfe, sofern ermittelt sei, daß eine wirkliche Verletzung vorliege, die der Gesundheit des Kindes auch nur auf entfernteste Art schädlich werden könne. Wie bereits erwähnt, hat er eine derartige „Verletzung" für nachgewiesen angenommen, und daß er bei den thatsächlich festgestellten Unterlagen den Begriff einer „Verletzung" im Sinne des §187 StGB., resp. der Nr. 4b der AKO. v. 14. Mai 1825 rechtlich verkannt haben sollte, ist nicht ersichtlich. Allerdings ist dieser Begriff ein engerer als der allgemeinere einer „Mißhandlung" und man kann auch zugeben, daß derselbe eine Beschädigung des körperlichen Organismus voraussetzt, allein hiergegen hat, unter den oben hervorgehobenen thatsächlichen Feststellungen bezüglich des durch die Art des Schlages herbeigeführten Zustandes des Daumens des Knaben S., der App. Richter rechtlich nicht geirrt und namentlich nicht durch die Betrachtung, daß es genüge, daß dieser wirkliche Nachtheil an der Gesundheit des Verletzten nur in Verbindung mit dem zugefügten Schlage herbeigeführt worden sei.

Hiermit stehen auch die Erkenntnisse des GH.s z. Entsch. d. Komp.-Konfl. v. 5. Apr. 1856 [JMbl. 1858 S. 67], auf die sich der Implorant beruft, im Einklange, welche dieselben Grundsätze entwickeln.

Antr. des GStA.s: gleichl. [20. — 2.]

Disciplin. — Rechtsanwalt. — Richter.

Für ein gegen einen Rechtsanwalt gerichtetes Disciplinarverfahren ist der Ehrenrath der Rechtsanwalte auch dann zuständig, wenn es sich um ein Dienstvergehen handelt, welches der Betreffende vor seiner Ernennung zum Rechtsanwalt sich als Richter hat zu Schulden kommen lassen.

Ges. v. 30. Apr. 1847 § 2.

Erk. (I. Civ.-Sen.) v. 15. Mai 1865 c. Rechtsanwalt B. (416. D.).

Es hat kein Bedenken, daß die Kompetenz des Ehrenraths in dieser Sache durch eine prorogatio voluntaria, die in Disciplinar-Untersuchungen nicht stattfindet, nicht begründet werden konnte, und daß auch das Kammergericht die zuständige Disciplinar-Behörde des Angeschuldigten nicht ist, da er sein früheres richterliches Amt in dessen Departement nicht mehr bekleidet. Durch Uebernahme seines jetzigen Amts als Rechtsanwalt im Departement von N. ist er aus seinem früheren als Richter ausgeschieden und hat sein Gerichtsstand bei dem Disciplinar-Gerichte, dem er in demselben unterworfen war, aufgehört. Der Ehrenrath ist der Meinung, daß seine Kompetenz auf die Zeit beschränkt sei, seit welcher der Angeklagte das Amt eines RA.s geführt habe, und sich nicht auf Handlungen aus der Zeit seiner Funktion als Richter erstrecke. Die Ansicht wird auf den § 2 des Ges.s v. 30. Apr. 1847 gestützt, aber durch ihn nicht gerechtfertigt. —

Die Absicht und die Zwecke des Gesetzes lassen den eigentlichen Sinn seines § 2 deutlich erkennen.

Das Ges. v. 29. März 1844 hatte Vorschriften über die Untersuchung und Bestrafung von Disciplinar-Vergehen der Beamten erlassen, und als Regel die vorgesetzten Provinzial-Behörden dazu berufen, sie zu rügen und darüber zu entscheiden. In Betreff der Rechtsanwalte, Advokaten und Notarien hat das Ges. v. 30. Apr. 1847 eine Ausnahme gemacht. Die Befugnisse der Disciplinar-Aufsicht sind dem Stande selbst übertragen, er hat sie durch einen aus Wahlen der Berufsgenossen hervorgegangenen Ehrenrath aus seiner Mitte auszuüben. Der § 1 des Gesetzes verordnet über die Errichtung des Ehrenraths, der § 2 über die ihm gegebene Stellung. Nach dem ersten Satze hat er die Erfüllung der durch das Amt gebotenen Pflichten der Rechtsanwalte zu überwachen, nach dem zweiten tritt er insbesondere bei allen Disciplinar-Vergehen der Letzteren an die Stelle der im Ges. v. 29. März 1844 bestimmten Disciplinar-Behörde. Der § 2 hat daher unter Standesgenossen im ersten Satze, unter Justizkommissarien ꝛc. im zweiten Satze, die den Disciplinar-Befugnissen des Ehrenraths unterworfene Beamten-Kathegorie bezeichnen wollen und bezeichnet. Dagegen gehört es nicht zu den Gegenständen des § 2 und lag außerhalb seiner Grenzen, über die Kompetenzfrage für den besonderen Fall zu entscheiden, wenn ein RA. eines Disciplinar-Vergehens in einem früheren Amte beschuldigt werden würde. Diese Frage läßt der § 2 völlig unberührt. Aus seinem ersten Satze könnte vielleicht die Inkompetenz des Ehrenraths hergeleitet werden, da der Angeklagte zur Zeit des Vergehens nicht Standesgenosse war, und der Ehrenrath ihn damals nicht zu überwachen hatte. Allein der zweite sich mit dem Uebergangsworte: Insbesondere — anschließende Satz verleiht dem Ehrenrath zugleich alle Befugnisse der in dem Gesetze angeordneten Disciplinar-Behörden, läßt ihn an deren Stelle treten, und bestimmt dadurch näher den Umfang seiner Wirksamkeit. Nach dem § 66 des Disciplinar-Ges.s v. 21. Juli 1852 finden ferner die §§ 2—7 dieses Gesetzes auch auf Rechtsanwalte Anwendung. Im § 2 wird daselbst allgemein verordnet, daß ein Beamter den Vorschriften desselben unterliegt, welcher

> b) sich durch sein Verhalten in oder außer dem Amte der Achtung, des Ansehens oder des Vertrauens, die sein Beruf erfordert, unwürdig zeigt.

Ein Disciplinar-Vergehen dieser Art ist dem Angeschuldigten zum Vorwurf gemacht, indem er nicht gegen die besonderen Pflichten seines früheren Amtes, sondern gegen die Pflichten, die er in seiner Eigenschaft als Beamter überhaupt zu erfüllen hatte, gefehlt haben soll. Seine Beamtenstellung dauert fort, die aus ihr fließenden Pflichten bestanden nach § 2 des Disc.-Ges.s v. 7. Mai 1851 in gleicher Weise schon für sein früheres richterliches Amt. Ob nun bei einem eintretenden Wechsel im Amt die Disciplinar-Behörde des späteren Amts auch rücksichtlich der noch nicht anhängig gemachten Disciplinar-Vergehungen des Beamten in dem früheren zuständig sei, ist nach den über das Disciplinar-Verfahren überhaupt bestehenden Vorschriften zu beurtheilen. In diesen ist nicht ausgesprochen, weder daß das Disciplinar-Vergehen in dem früheren Amte durch Uebertragung des neuen für erloschen gelten, noch daß rücksichtlich derselben die Kompetenz der früheren Disciplinar-Behörde, der der Beamte durch das Ausscheiden aus dem ersten Amte nicht mehr unterworfen ist, fortbestehen solle. Unzulässig erscheint die Annahme, daß zwar die Rüge der Handlung noch stattfinde, daß aber vom Gesetz eine Behörde nicht bestimmt sei, die darüber zu befinden habe. Die Kompetenz der jetzigen Disciplinar-Behörde muß auch für solche

Handlung'n aus dem früheren Amte eintreten, weil kein Gesetz sie derselben entzogen hat. Die Erwägungen des Ehrenraths, daß eine Anklage wegen früherer Disciplinar-Vergehungen auch in den Fällen der Verjährung oder einer freiwilliger Niederlegung des Amts nicht stattfinde, treffen nicht zu. In dem ersten Falle ist durch Verjährung — ganz davon abgesehen, in wie fern sie bei Disciplinar-Vergehen Platz greift — die Strafbarkeit ausgeschlossen; der letztere setzt voraus, daß der Beamte aus dem Beamtenstande ausgeschieden ist. Hier ist eine Verjährung nicht einmal behauptet und nur ein Wechsel des Amts eingetreten, wogegen die Beamtenstellung fortbesteht.

Antr. des GStA s: gleichl. [—2.]

Zeuge. — Glaubwürdigkeit.

Der Strafrichter kann auch solche Zeugen für glaubwürdig erachten, welchen die AGO. die volle Glaubwürdigkeit abspricht.

Vdn. v. 3. Jan. 1849 § 22 [n 70]; AGO. I, 10. § 233.

Erk. (Z. I.) v. 17. Mai 1865 c. Vainczyk (435. I. Cr.).

In das Ermessen des Instanzrichters ist es gelegt, auch solche Personen für glaubwürdig zu erachten, welche mit dem Angeklagten in Feindschaft und Prozessen leben, die Vorschriften des § 233 Nr. 3. I, 10. AGO. und § 145. II, 18. ALR. sind in Gemäßheit des § 22 der Vdn. v. 3. Jan. 1849 für den Strafrichter nicht bindend.

Antr. des GStA.s: gleichl. [50. —4.]

Perhorrescenz. — Richter. — Nichtigkeit.

Der Angeklagte, welcher vor dem erkennenden Gerichte einen in Beziehung auf einen mitwirkenden Richter obwaltenden Perhorrescenzgrund nicht geltend gemacht hat, kann auf denselben eine Nichtigkeits-Beschwerde nicht stützen.

AGO I, 2. § 143—147; Vdn. v. 14. Dez. 1833 § 5 n. 5—7; Dekl. v. 6. Apr. 1839 Artt. 3. 17; vgl. Strafverf. S. 56 n. 16.

Erk. (Z. I.) v. 17. Mai 1865 c. Brötzmann (Papke & Gen. 610. I. Cr.)

Es mag dahin gestellt bleiben, ob die Anführung des Angeklagten, daß der Kr.-Richter A. im Frühjahr 1864 gegen denselben wegen Beleidigung denunzirt habe, und daß der Angeklagte deshalb verurtheilt sei, thatsächlich richtig ist, zumal Beweismittel dafür nicht genannt sind; in jedem Falle war es Sache des Angeklagten, sein hierauf gegründetes Perhorrescenzgesuch gegen den A. vor dem Schw.-GH. geltend zu machen, wie dies aus den §§ 143 ff. I, 2. AGO. sich ergiebt. Umstände der vorliegenden Art machen den Richter nicht absolut unfähig, an der Entscheidung der Sache Theil zu nehmen, fordern also eine ausdrückliche Geltendmachung durch die betreffende Partei (§ 5 Nr. 5. 6. 7 der Vdn. v. 14. Dez. 1833, Art. 17 der Dekl. v. 6. Apr. 1839).

Antr. des GStA s: gleichl. [15. — 4.]

Geschwornenspruch. — Schuldig. — Form.

Zur Bejahung einer den Geschwornen vorgelegten Frage bedarf es nicht nothwendig des Gebrauchs des Wortes: „Ja"; auch der Ausspruch: „der Angeklagte sei schuldig" kann genügen.

Ges v. 3. Mai 1852 Artt. 80 [n 13]. 91 [n. 9]

Erk. (Z. I.) v. 17. Mai 1865 c. Erwardt (605. I. Cr.).

Die den Geschwornen vorgelegten beiden Fragen sind so gestellt, daß sie sich mit „Ja" oder „Nein" beantworten lassen und dadurch ist der Vorschrift des Art. 80 cit. genügt. Wenn nun die Geschwornen auf jede dieser Fragen die Antwort: „Schuldig mit mehr als sieben Stimmen" ertheilt haben, weder Seitens des Angeklagten, noch Seitens der Kgl. StA.-schaft ein Bedenken gegen die Deutlichkeit der

Antworten erhoben wurde, und der GH. auch in Betreff der jetzt zum Gegenstande des Angriffs gemachten Antwort auf die zweite Frage es für zweifellos erachtet hat, daß die Geschwornen den Ausdruck „Schuldig" gleichbedeutend mit „Ja" gebraucht, auch in ihrem Ausspruch über die äußere Folge der That nicht die Absicht des Thäters unsachgemäß hineingezogen haben, der GH. also den Spruch für deutlich und ausreichend erachtet hat, so liegt auch darin, daß er eine nähere Aufklärung von den Geschwornen nicht verlangt hat, nicht eine Verletzung der Vorschrift des Art. 97 a. a. O.

Antr. des GStA.s: gleichl [47. — 4.]

Fragstellung. — Thäterschaft. — Theilnahme.

Wenn die Versetzung in den Anklagestand dem Angeklagten die Selbstbegehung eines Verbrechens zur Last legte, so kann den Geschwornen eine besondere Frage wegen einer dem Angeklagten zur Last fallenden Theilnahme an diesem (durch einen Andern verübten) Verbrechen vorgelegt werden, sollte der Thatbestand dieser Theilnahme auch nicht in denjenigen konkreten Handlungen zu finden sein, welche der Anklagebeschluß als Selbstbegehung der That qualifizirte.

Ges. v. 3. Mai 1852 Art. 86 [n. 6]; Einf.-Ges. z. StGB. Art XXV. — Sic: Z. (I, 50) 9. Jan. 1861 c. Schildt.

Erk. (Z. I.) v. 17. Mai 1865 c. Majewski (593. I. Cr.).

M. war wegen dreifacher Brandstiftung in Anklagestand versetzt worden. Auf den Antrag des StA.s und trotz des Widerspruchs der Vertheidigung stellte der Schw.-GH. in Beziehung auf jeden der 3 Anklagepunkte auch noch die Eventualfrage: ob M. schuldig sei, denjenigen, welcher die betr. Hauptthat begangen, zur Begehung dieser That durch Ueberredung bestimmt zu haben. Zwei dieser Fragen wurden bejaht, und M. demgemäß verurtheilt. Seine NB. rügte Verletzung des Art 86 cit.: nach dem Grundsatze des Art. 30 ibid., welcher durch Art. 86 auf schwurgerichtliche Verhandlungen angewendet werde, dürfe nur diejenige konkrete Handlung, welche dem Anklagebeschlusse zum Grunde liege, zum Gegenstande einer besondern (Eventual-) Frage gemacht werden, indem sie von einem andern strafrechtlichen Gesichtspunkte aufgefaßt werde; diese Beschränkung müsse auch bei der Anwendung des Art XXV. des Einf.-Ges.s maaßgebend sein; es sei daher auch wegen Theilnahme rc die Stellung einer Eventualfrage nur dann statthaft, wenn der betr. Thatbestand in demselben konkreten Thuen gefunden werde, welches zum Gegenstande des Anklagebeschlusses gemacht und dort als Selbstbegehung der That qualifizirt worden sei. Sodann ward auszuführen gesucht, daß die von den Geschwornen festgestellte Anstiftung unmöglich durch diejenigen Handlungen bewirkt sein könne, in welchen die Anklage die Selbstbegehung gefunden hatte. Verwiesen war dabei auf Oppenhoff Strafverf Art. 86 n. 6. — Das OTr. hat die NB zurückgewiesen. Gründe:

Wenn der Art. 86 des Ges.s v. 3. Mai 1852 eventuelle Fragen alsdann gestattet, wenn die Thatsachen, welche der Anklage zum Grunde liegen, oder die etwa hervorgetretenen näheren Umstände verbunden oder vereinzelt von einem Gesichtspunkte aus als strafbar erscheinen, unter welchen sie die Anklage nicht gebracht hat, so hat das Gesetz hier eine Veränderung der Sachlage im Auge, welche zwar die äußere Hauptthat in ihren wesentlichen Bestandtheilen selbst nicht alterirt, wohl aber entweder die Betheiligung des Angeklagten an derselben überhaupt oder einzelne Nebenumstände des Thatbestandes unter einem anderen Gesichtspunkt erscheinen läßt.

Die eventuelle Frage wegen Theilnahme, und also auch wegen Theilnahme durch Anstiftung, bei einer wegen Thäterschaft erhobenen Anklage läßt also die Hauptthat selbst völlig unverändert, sie stellt nur die Betheiligung des Angeklagten an derselben unter einem andern Gesichtspunkt dar. Der Art. XXV. des Einf.-Ges.s gestattet ausdrücklich eine solche eventuelle Frage und muß daher nothwendig davon ausgehen, daß die verschiedenen Handlungen, durch welche die Thätigkeit des Theilnehmers nach § 34 StGB. ausgedrückt wird, auch wenn sie von den Handlungen der Thäterschaft verschieden sind, daß also dort die Anstiftung oder die Hülfsleistung in Beziehung und zur Unterstützung der Hauptthat und hier die Verübung der Hauptthat selbst, nicht als eine spezifische Aenderung der zur Anklage gestellten That erscheinen. Unter dieser Voraussetzung ist denn auch die Annahme, daß nicht der Angeklagte, sondern ein Dritter der Thäter, jener also nur der Theilnehmer gewesem sei, also die Substituirung des Dritten als Thäters in der eventuellen Frage wegen Theilnahme gleichfalls als keime unzulässige Aenderung der Anklage zu betrachten. Eine solche Substituirung ist eine nothwendige Voraussetzung der Zulasfung solcher eventuellen Frage überhaupt. Soll die Theilnahme eventuell festgestellt werden dürfen, so muß die Existenz eines andern Thäters außer dem Angeklagten die Bedingung, und demnach auch deren Feststellung in dem vorliegenden Verfahren nothwendig sein. Sie kann aber alsdann nur in der Form, wie hier geschehen, historisch vermittelst der gegen den Angeklagten gestellten Theilnahmefrage erfolgen, weil eine direkte Frage gegen einen unbekannten, also auch nicht mit zur Untersuchung gezogenen Thäter unstatthaft, und ebenso unstatthaft endlich die Aussetzung der Untersuchung bis zu dessen persönlicher Ermittelung und Verfolgung ist. Es ist demnach auch auf die Verdikte der Geschwornen das Strafgesetz §§ 34. 285 StGB. richtig angewendet. [15.—4.]

Rheinisches Verfahren. — Sitzungspolizei. — Strafverfügung. — Appellabilität. — Verfahren.

1. Die in der Rh. BPO. Artt. 10. 11 den Friedensrichtern zur Handhabung der Ordnung in den Sitzungen beigelegte Strafgewalt ist durch die Bestimmungen der Artt. 504 ff. der Strafprozeßordnung nicht beseitigt.

Rh. BPO. Art 10ff., Rh. StPO. Artt. 504 ff. Nach der allgemein angenommenen Ansicht greifen die Artt. 504ff. nur da Platz, wo in oder bei einer öffentlichen Gerichtsverhandlung injures oder voies de fait unter Erregung eines Tumultes verübt werden; in allen andern Fällen konnen die Richter wegen vorgekommener outrages nach

Anleitung der Artt. 10 ff. und 91 der BPO. einschreiten; vgl. in Betreff des Näheren Chassan délits de la parole n 2074 sqq.

2. Gegen die demgemäß vom Friedensrichter erlassenen Strafverfügungen ist die Berufung zulässig.

Rh. BPO. Art. 12. Sic: Thomine n. 32; Chauveau sur Carré n. 48; contra: Pigeau Comm. sur l'art. 12 l. c.

3. Diese Berufung muß in der für Civilsachen vorgeschriebenen Form ergriffen und an das Landgericht als Civilgericht gebracht werden.

Ebendas. Sic: B. KH. 11. März 1839 c. Kuhl (Rh. Arch 28. 2. A. S. 59); contra: Carré n XII Note und ein dort cit, nicht näher bezeichnetes, Erk. des Pariser KH.s; Chauv. l c. n 50 bis.

Erk. (B. II.) v. 18. Mai 1865 c. Allmacher (148. II. Cr.).

A. hatte in der Civilsitzung des FrG.s zu Tr. eine Aeußerung gemacht, in welcher der Fr-Richter eine grobe Unehrerbietigkeit fand. Derselbe erließ deshalb ein „Strafresolut," durch welches er auf Grund des Art. 11 der Rh. BPO. eine eintägige Gefängnißstrafe gegen A. verhängte. Dieser ergriff zum Protokolle des Gerichtsschreibers Berufung; das ZPG., vor welches die Sache demnächst gebracht wurde, erachtete diese Berufung für statthaft, und verhängte statt der Gefängnißstrafe nur eine Geldbuße. Kassations-Rekurs des Ob.-Prokurators, welcher principaliter (arg StPO Art. 505 und gestützt auf eine Aeußerung Cambacérès im Staatsrath) die Statthaftigkeit der Berufung bestritt, eventuell aber geltend machte, dieselbe könne nur in der für Civilsachen vorgeschriebenen Form ergriffen und nur durch den höheren Civilrichter abgeurtheilt werden; jedenfalls aber sei nach Art. 11 cit. nicht auf Geldbuße, sondern nur auf Gefängnißstrafe zu erkennen gewesen. — Das OTr. hat das angefochtene Urtheil vernichtet und die Berufung des A. als unannehmbar verworfen, indem es erwog:

daß, wenn die Artt. 504 ff. der StPO. Vorschriften enthalten, durch welche bei eintretenden Ruhestörungen in den öffentlichen Gerichtssitzungen den Gerichten, neben der Verhängung der sonstigen, zur Wiederherstellung der Ordnung dienlichen Maaßregeln, ausnahmsweise die sofortige Aburtheilung über die bei dieser Gelegenheit verübten Verbrechen, Vergehen oder Uebertretungen übertragen wird, durch diese, wenn gleich jüngere Vorschriften den wesentlich davon verschiedenen und auf ein anderes Verhältniß sich beziehenden Bestimmungen der Artt. 10 und 11 der BPO. nicht derogirt wird, welche dem Friedensrichter als Ausfluß seiner eigenen Gerichtsbarkeit und zum Schutze derselben die Befugniß verleihen, vorkommende Verletzungen der ihm verschuldeten Achtung, ohne Rücksicht darauf, ob dieselben den Charakter allgemeiner Strafbarkeit an sich tragen, durch Ermahnung, Geldbuße oder leichte Gefängnißstrafe zu rügen;

daß der Friedensrichter, indem er sich dieser Befugniß bedient, nicht in der Weise, wie dies die bezogenen Artikel der StPO. regeln, und vermöge der dort ausgesprochenen Attribution einen Akt der Strafgerichtsbarkeit im eigentlichen Sinne, sondern einen Akt der seiner Jurisdiktion inhärirenden Audienzpolizei-Gewalt ausübt;

daß auf solchen denn auch die Vorschrift des Art. 505 der StPO. über die Ausschließung der Berufung gegen die auf Grund desselben erfolgte Bestrafung gewöhnlicher Polizei-Uebertretungen nicht Anwendung findet;

daß vielmehr für die Fälle der Artt. 10 und 11 der BPO. die spezielle Vorschrift des Art. 12 ibid. gilt, welche eine andere Auslegung, als daß durch dieselbe die Berufung gegen dergleichen Entscheidungen für zulässig erklärt ist, nicht zuläßt;

daß diese Berufung aber, eben weil es sich nicht um eine Ausübung der polizeilichen Strafgerichtsbarkeit handelt, nicht an das, die zweite Instanz in Polizeisachen bildende Zuchtpolizeigericht, sondern an denjenigen Richter, welcher nach den allgemeinen Kompetenzregeln (Art. 12 Tit. 3 des Ges.s v. 24. Aug. 1790) für Sachen der friedensgerichtlichen Gerichtsbarkeit die höhere Instanz bildet, also an die Civilkammer des Landgerichts gelangen und in der hierfür vorgeschriebenen Form des Art. 456 der BPO. erhoben werden muß.

Antr. des GStA s: gleichl. [29. — 3.]

1. Beweisaufnahme, neue. — Sitzungsprotokoll. — Verlesung.
2. Feststellung. — Thatsächliche Unterlage.
3. Falsche Anschuldigung. — Theilweises Verschweigen.

1. Die Verlesung des über die Verhandlung in erster Instanz aufgenommenen Protokolls kann nicht als Wiederholung der Beweisaufnahme gelten.

Ges. v. 3. Mai 1852 Art 101 [n. 87]. Vgl. RbOTr. 2. S. 460; 4. S. 117.

2. Eine nur die Begriffsmerkmale eines Straffalles mit den Worten des betr. Strafgesetzes umfassende Feststellung genügt nicht zur Anwendung des letztern, wenn nicht gleichzeitig die konkreten Thatsachen angegeben sind, worin jene gesetzlichen Merkmale gefunden werden.

Ebendas. Art 31 [n. 26 ff.]. Vgl. RbOTr. 4. S. 3; 5. S 298; 2. S. 156. 442.

3. Bei einer Anklage wegen falscher Anschuldigung kann die Falschheit auch in einem wissentlichen Verschweigen wesentlicher Umstände gefunden werden.

StGB. § 133 [dort einzutr. als n. 7 a]. Vgl. § 156 n 7

Erk. (B. Z. II.) v. 18. Mai 1865 c. Steilemann (15 II. Cr.).

Die Verlesung dessen, was über die Aussage der Zeugen in dem Audienz-Protokolle 1. Instanz registrirt war, ist nicht in einem Beschlusse des Gerichts, nach Maaßgabe des § 21 der Vdn. v. 3. Jan. 1849 oder des Art. 25 des Ges.s v. 3. Mai 1852 motivirt worden; sie konnte aber auch gar nicht als anderweite Beweisaufnahme und würde nicht einmal als Wiederholung der in erster Instanz stattgehabten Beweisaufnahme haben gelten können; vgl. Oppenhoff Strafverf. Art. 101 n. 87. —

Ebenso begründet ist der Vorwurf, daß der App.-Richter die wesentliche Vorschrift des Art. 31 des cit. Ges.s verbunden mit § 136 Abs. 4 der cit. Vdn. verletzt habe. Die anderweit selbstständig von dem App.-Richter getroffene Feststellung ist ungenügend bewirkt. In derselben sind nur die gesetzlichen Merkmale des Vergehens falscher Anschuldigung, dessen der Angeklagte schuldig erklärt ist, angegeben, nicht aber ist der mit den Worten des Gesetzes erfolgten schließlichen Feststellung eine aus dem Sachverhalte, für welchen die Beweise nach dem zweiten Absatze jenes Art. 31 in den Erkenntnißgründen anzugeben waren, entnommene thatsächliche Unterlage gegeben worden, wie dies nach dem ersten Absatze dieses Artikels erforderlich war. Es sind nicht die konkreten Thatsachen angegeben worden, worin jene gesetzlichen Merkmale gefunden worden sind, wohin also die Anschuldigung des zc. R. ging, welche strafbare Handlung oder Verletzung der Amtspflichten sie diesem schuld gab, worin oder in welchen Beziehungen sie falsch war, und daß und worin die ein besseres Wissen des Angeklagten darlegenden Thatsachen bestanden. —

Dagegen fällt dem App.-Richter ein Rechtsirrthum, wie er in der Beschwerdeschrift mit der Angabe, daß eine objektiv richtige Thatsache durch Verschweigen konkurrirender Umstände nicht zu einer falschen werden könne, behauptet worden ist, nicht zur Last. Denn auch durch wissentliches Verschweigen wesentlicher Umstände bei der Darstellung eines Vorganges wird die Wahrheit entstellt, dieser Vorgang also falsch dargestellt.

Antr. des GStA.s: gleichl [26. — 3.]

Rheinisches Verfahren. — Berg- (Forst-) Frevel. — Verjährung.

Auf dem linken Rheinufer wird die Verjährung in Berg- (Forst-) Frevel-Sachen durch die Voruntersuchung unterbrochen.

Rh. Ges. v. 21. Apr. 1810 Art. 95; Ges. v. 15—29. Sept 1791 Tit. 9 Art. 2. 8 — Sic: B. KH. (Int. d. Ges.) v. 4. Dez. 1843 (Rh. Arch.

37. 2 A. S.5); B. II. 4. Okt. 1860 (ibid. 55. 2. A. S 98); contra: Z. KH. 11. Mai 1840; id. 23. Dez. 1844 (Rh. Arch. 30. 2. A. S. 9; 38. 2. A S 94).

Erk. (B. II.) v. 18. Mai 1865 c. Welter & Gen (117. I. Cr.).

W. u. Gen. hatten an einer durch das Oberbergamt verbotenen Stelle den Bergbau betrieben; diese ihre Handlung war durch ein vom Berggeschwornen L. am 10. Juni 1864 aufgenommenes Protokoll konstatirt worden. Am 7. Sept. beantragte der Ob.-Prokurator die Einleitung der Voruntersuchung, nach deren Abschluß die Beschuldigten am 29. Okt vor das ZPG geladen wurden. Beide Instanzgerichte erachteten indessen die Strafverfolgung für verjährt, weil zwischen der Protokollirung und der Vorladung vor das ZPG. mehr als 3 Monate lägen, Berg- und Forstfrevel aber nach der oben cit. Gesetzesstelle ohne vorherige Voruntersuchung unmittelbar vor die Zuchtpolizeigerichte gebracht werden sollten, und sonach die Akte der Voruntersuchung nicht geeignet seien, die Verjährung zu unterbrechen.

Der vom OProk. gegen das Urtheil 2. Instanz ergriffene Kass.-Rekurs ward von der GStA.-schaft für begründet erachtet; sie führte aus: zunächst sei aus Art. 95 des Bergwerksges.s v. 20. Apr. 1810 nicht zu folgern und sei in Frankreich nie angenommen worden, daß die für Forstfrevel geltende kurze Verjährungsfrist auch auf Bergwerks-Kontraventionen auszudehnen sei, denn dieselbe beruhe bei den Forstfreveln auf der formellen Beweiskraft der Protokolle (vgl. Mangin Act. publ. n. 332. 333), welche in Bergwerkssachen nicht gelte Davon abgesehen, seien aber auch die Gründe der Instanzgerichte nicht durchgreifend; zur Zeit der Verkündung der Forstgess. v. 1791 seien in Frankreich (nach dem Ges v. 19. Juni 1791 Tit. 2 Art. 46 ff.) die Korrektionell-Gerichte aus den Friedensrichtern und ihren Assessoren gebildet worden, während die Berufungen von den ergangenen Urtheilen (nach Art. 61 ff. 1 c.) an die (in Civilsachen in 1. Instanz entscheidenden: Ges. v 16.—24. Aug. 1790 Tit. 4 Art. 1) Distriktsgerichte gelangten. Dagegen seien Forstfrevelsachen anders behandelt worden; ihre Verfolgung sei durch das Forstges. v. 15.—29. Sept. 1791 Tit. 9 Art. 1 der Forstverwaltung überwiesen, welche die betr. Klagen nach Art 2 ibid. (und Art. 7 des Dekr. v. 6. 7. 11. Sept. 1790) immédiatement vor die Distriktsgerichte bringen sollte; es sei klar, daß hier durch das Wort immédiatement keineswegs eine Voruntersuchung (welche zu jener Zeit in zuchtpolizeilichen Sachen überhaupt nur in sehr untergeordnetem Maaße stattfand, vgl. cit. Ges. v. 19. Juli 1791 Tit. 2 Art. 43) ausgeschlossen, sondern daß durch dasselbe nur die exzeptionelle Kompetenz der Distriktsgerichte hervorgehoben werden solle, welche sonst in Strafsachen nie in erster Instanz fungirten; diese Kompetenz sei hier nur deshalb gewählt worden, weil man das ganze Verfahren mehr als ein civilgerichtliches auffaßte; demgemäß sei freilich die Einleitung einer Voruntersuchung durch die Forstverwaltung und folgerecht auch die Unterbrechung der Verjährung durch eine solche nicht möglich gewesen; das habe sich aber nothwendig geändert von dem Augenblicke an, wo auch die StA.-schaft zur Verfolgung der Forstfrevel berufen und die ZPGerichte in Betreff derselben für zuständig erklärt worden seien; es sei nicht abzusehen, warum jetzt nicht der StA.-schaft in Forstfrevelsachen dieselben Mittel zur Erforschung der Wahrheit zustehen, und warum ihren desfallsigen Maaßnahmen nicht dieselbe Wirksamkeit beiwohnen sollte, wie in allen andern Strafsachen; Doktrin und Jurisprudenz hätten sich denn auch in Frankreich in diesem Sinne festgestellt (vgl. Cass 26 Febr. 1807, Sir. Coll nouv 2. 1. p. 349; Merl. Rép v. délit for. § 19; Mang. Act. publ. n. 347; Meaume sur le Code forestier n. 1319); dasselbe müsse dann aber um so mehr in Bergwerkssachen (wenn man auf sie die 3monatliche Verjährung des Art. 8 Tit. 9 des Ges. v. 15.—29. Sept. 1791 ausdehne) gelten, als sie nur von der StA.-schaft verfolgt werden könnten, und das Ges. v. 1810 Art. 95 die ausschließliche Zuständigkeit der ZPGerichte sofort ausgesprochen habe.

Das OTr. hat das angefochtene Erkenntniß vernichtet und die Sache an eine andere Appellkammer verwiesen. Erwogen ward:

daß, wie bereits in dem Urtheile des Kgl. OTr.s v. 4. Okt. 1860 c. Reinold (Rh. Arch. 55. 2. A. S. 98 ff.) des Nähern ausgeführt ist, mit besonderer Rücksicht darauf, — daß es bereits in der gleichzeitigen Gesetzgebung mit dem Ges. v. 15.—29. Okt. 1791 allgemeiner Grundsatz war, daß die Verjährung der öffentlichen Klagen wegen strafbarer Handlungen, durch jede Handlung der strafrichterlichen Gewalt, welche zu dem Zwecke geschieht, die Strafthat zu untersuchen und zu bestrafen, unterbrochen wurde (Code des peines v. 25. Sept. 1791 Tit. 6 Art. 1 u. 2) und daß das Ges. v. 15.—29. Okt. 1791 besondere Bestimmungen über die Unterbrechung der Verjährung nicht enthält; —

daß ebensowenig der daselbst im Art. 8 gebrauchte Ausdruck: „action" näher bestimmt ist, dieser Ausdruck, der in seiner weiteren Bedeutung jedes Handeln zum Zwecke der Ermittelung und Verfolgung der Vergehen in sich begreift, der Auslegung im Sinne dieser weiteren Bedeutung jedenfalls nicht entgegensteht und diese Auslegung mithin hier gerade deshalb für gerechtfertigt erachtet werden muß, weil sie mit den damals allgemein geltenden Grundsätzen am meisten im Einklange steht und auch durch die im Art. 8 Sekt. 7 Tit. 1 des Ruralges.s v. 29. Sept.—6. Okt. 1791 für die Verfolgung der Ruralvergehen innerhalb der dort festgesetzten kürzeren Verjährungsfristen gebrauchte allgemeine Ausdrucksweise „poursuite" unterstützt wird;

In Erw., daß daher auch an dieser, der neuesten Judikatur des Kgl. OTr.s entsprechenden Gesetzesauslegung um so mehr festgehalten werden muß, als die Gründe des angegriffenen Urtheils nicht dazu angethan erachtet werden können, die Richtigkeit jener Auslegung, der zufolge der im Art. 8 des Ges.s v. 15.—29. Sept. 1791 gebrauchte Ausdruck „action" keineswegs als einer Vorladung vor den erkennenden Richter entsprechend aufzufassen ist, zu erschüttern;

daß insbesondere das Moment nicht von Belang ist, daß die Verjährung aus Art. 8 cit. von einem, von dem jetzt geltenden gemeinen Rechte verschiedenen Standpunkte ausgehe, nämlich den Tag der Konstatirung des Vergehens und nicht jenen der Verübung desselben, zum Ausgangspunkt nehme und überdies auch die Verjährungsfrist verschieden bestimmt sei, je nachdem bei der Konstatirung des Frevels die Thäter bekannt oder nicht bekannt seien, da zuvörderst der erwähnte Ausgangspunkt der damaligen gemeinrechtlichen Rechtsanschauung und selbst nach der des Code des délits et des peines des Jahres IV. entsprechend war, trotzdem aber bei dieser Rechtsanschauung jeder Verfolgungsakt der dazu berechtigten Behörden die Verjährung unterbrach (Art. 1. 2 des Ges.s v. 25. Sept. 1791; Code des délits et des peines Art. 9. 10), und sodann die Erweiterung der Verjährungsfrist für den Fall, daß der Thäter nicht bekannt ist, sich auch ohne die Folgen, welche das angegriffene Urtheil daraus zieht, erklären;

daß die übrigen Argumente des angegriffenen Urtheils, welche aus der Anordnung des Verfahrens in dem Tit. 9 des Ges.s v. 15.—29. Sept. 1791, sowie aus der darin vorkommenden, angeblich verschiedenen Verwendung der Worte: poursuite und action abgeleitet sind, wesentlich schon der Auffassung des Kgl. OTr.s in den Urtheilen Rh. Arch. 30. 2. A. S. 5; 38. 2. A. S. 94 zu Grunde gelegt waren, solche aber bei der in dem Urtheile v. 4. Okt. 1860 c. Reinold niedergelegten letzten Rechtsansicht des Kgl. OTr.s als entscheidend gegen diese neuere Ansicht nicht angesehen worden sind. [27.—3.]

Thäter. — Gemeinschaftlichkeit.

Mitthäter sind diejenigen, welche eine That in gemeinsamer Absicht in der Weise ausüben, daß jeder nicht nur seine eigne Absicht verwirklichen will, sondern auch mit dem Bewußtsein und dem Vorsatze handelt, dadurch auch die gleiche Absicht des Andern zu verwirklichen.

StGB. Thl. I Tit. III. [S. 84 n. 4].

Erk. (Z. I) v. 19. Mai 1865 c. Hähnchen (Semper & Gen. 467. I Cr).

H. wegen eines „gemeinschaftlich mit S." verübten Betruges bestraft, focht das Erkenntniß 2. Inst. mit der NB. an, weil er mit Unrecht als Mitthäter angesehen worden sei. Zurückweisung. Gründe:

Die Instanzrichter haben nicht geirrt, wenn sie den Angeklagten als Mitthäter erachtet haben. Denn die Miturheberschaft enthält eine ausdrückliche oder stillschweigende Uebereinkunft, welche die Ausführung der That in nicht bloß gleicher, sondern in gemeinsamer Absicht in der Weise in sich schließt, daß die Thätigkeit eines jeden Urhebers sich unmittelbar auf die Verwirklichung der eigenen Absicht bezieht und zugleich mit dem Vorsatze und mit dem Bewußtsein stattfindet, sie auch für die Verwirklichung der gleichen Absicht der andern Miturheber dienen zu lassen;

der den Thatbestand des Verbrechens objektiv erschöpfende, dem gemeinsamen Willen Aller entsprechende Erfolg muß durch die **gemeinsame** Thätigkeit zu Stande gekommen sein: Hälschn. Syst. §§ 91. 92. 94. Diesen Erfordernissen entsprechen die Feststellungen der Instanzrichter. Denn diese haben als erwiesen angenommen, daß die Absicht, sowohl in dem Beschädigten einen Irrthum zu erregen, als auch einen Gewinn zu erlangen, bei beiden Angeklagten obgewaltet hat, und daß durch das gemeinsame Verhalten Beider die Irrthumserregung und die Beschädigung des Vermögens des Z., welcher sich ohne Hinzutritt des Imploranten mit dem ihm unbekannten [Mitangeklagten] S. in das Geschäft nicht eingelassen haben würde, wirklich eingetreten ist.

Antr. des GStA.s: gleichl. [50 — 4.]

Geschworne. — Berathung. — Mittheilung von Aktenstücken.

Den Geschwornen dürfen nur solche Schriftstücke ins Berathungszimmer mitgegeben werden, welche ihnen behufs unmittelbarer Kenntnißnahme vom Inhalte auch in der mündlichen Verhandlung vorgelegt werden durften und vorgelegt worden sind. Mitgabe andrer Schriftstücke zieht Nichtigkeit nach sich.

Ges. v. 3. Mai 1852 Art. 88 [n. 6]. Vgl. RbOTr. 1. S. 451. 576; 4 S. 201.

Erk. (V. I.) v. 24. Mai 1865 c. Friedländer (481. I. Cr.).

Die NB. des wegen Meineids verurtheilten Angeklagten rügte es, daß den Geschwornen ein Heft Civil-Prozeß-Akten in das Berathungszimmer mitgegeben sei, so daß sie also durch Einsicht desselben auf eigne Hand Beweismomente hätten entnehmen können. Das Sitzungs-Protokoll enthielt hierüber Nichts; da aber der StA die betr. Thatsache bezeugte, so veranlaßte das OTr eine nähere Erklärung des Vorsitzenden und des Gerichtsschreibers; auch diese bestätigten demnächst die Richtigkeit der Aufstellung mit dem Zusatze, die Akten hätten das Protokoll über die betr. Eidesleistung sonst aber keine Beweisverhandlungen enthalten; nur zur Kenntnißnahme von jenem, zu diesem Behufe besonders engeschlagenen, Protokolle sei das betr. Heft den Geschwornen übergeben worden. — Das OTr. hat das Erkenntniß und das vorhergegangne Verfahren vernichtet. Gründe:

Es steht fest, daß die Geschwornen die Civil-Prozeß-Akten bei ihrer Berathung benutzt haben. Nun ist es unbedenklich statthaft, denselben gewisse Ueberführungsstücke und enzelne, denselben beizuzählende Urkunden u. s. w., überhaupt also Sachen oder Schriftstücke, welche ihnen behufs ihrer unmittelbaren Kenntnißnahme als Thatrichter auch in der Verhandlung selbst vorgelegt werden dürfen oder müssen, zu übergeben. Es würde also statthaft gewesen sein, ihnen die Verhandlung v. 15. Apr. 1863 zu übergeben, um sich daraus die Norm des Eides — welche die gestellte Frage selbst nicht enthielt — zu vergegenwärtigen. Allein die Uebergabe ganzer Aktenstücke, welche die Entstehung der Untersuchung, die vollständigen Prozeßverhandlungen, in denen der falsche Eid geleistet und zum Gegenstand besonderer vorangehender und nachfolgender Verhandlungen geworden ist, enthalten, dürfen ihnen nicht übergeben werden, sie sind vorbereitende Aktenstücke für die Untersuchung, und in ihrem ganzen Umfange nicht unmittelbare Beweisstücke derselben. Zwar behauptet der StA., daß diese Akten Gegenstand der besonderen Verhandlung mit dem Angeklagten geworden seien, und in diesem Falle würde es allerdings denkbar sein, sie in gewissem Sinne für Beweisstücke zu erachten. Allein das Audienz-Protokoll ergiebt darüber an der bezeichneten Stelle der Akten nichts, und der Vorsitzende des Schw.-GH.s bemerkt in seiner Erklärung, daß er nur die Verhandlung v. 15. Apr. 1863 aus den Akten verlesen habe. Nur diese Verhandlung durfte daher als ein unmittelbares Beweisstück betrachtet und übergeben werden, und die Anweisung des Vorsitzenden, welche die Geschwornen nur darauf verwies, bietet keine Gewähr dafür, daß sie nicht dennoch die ganzen ihnen mit übergebenen Akten benutzt, und daraus, dem Art. 95 des Ges.s

v. 3. Mai 1852 zuwider, Beweise für die Schuld des Angeklagten geschöpft haben, ohne daß ihnen diese Beweise in der geordneten Form der schwurgerichtlichen Verhandlung vorgeführt worden sind.

Antr. des GStA.s: gleichl. [15.—4.]

Brausteuer. — Defraude. — Kontravention. — Haftbarkeit.

Derjenige, welcher das Brauereigewerbe betreibt, haftet unmittelbar und selbstständig für die in seiner Brauerei begangenen Defraudationen und Kontraventionen, wenn derjenige, welcher die betr. Handlung begangen hat, nicht ermittelt werden kann.

Steuer-Ordn. v. 8. Febr. 1819 §§ 61. 83; AKO. v. 10. Jan. 1824 Nr. 1; Ges. v. 21. Sept. 1860. Vgl. Hartm. Strafgess. S. 120 n. 1.

Erk. (V. I.) v. 24. Mai 1865 c. Kittel (262. I. Cr.)

In der Brauerei des K. waren nach der instanzgerichtlichen Feststellung „— 207 Zentner Braumalzschroot unversteuert eingemaischt und an einem nicht deklarirten Orte aufbewahrt worden" Gleichwohl ward K. von der aus § 61 der Steuer-Ordn. und aus der AKO. v. 10. Jan 1824 Nr. 1 erhobenen Anklage vom AG. freigesprochen, weil er sich mit dem unmittelbaren Betriebe der Brauerei nicht befaßt, ja nicht einmal am Orte derselben gewohnt habe, ihm auch eine Kenntniß von den dort vorgekommenen Unregelmäßigkeiten nicht nachgewiesen sei; er könne daher nicht als der unmittelbar Strafbare in Anspruch genommen werden, sondern hafte nur subsidiarisch für die durch die Handlungen und Unterlassungen seiner Gewerbsgehülfen verwirkten Strafen, nachdem solche zuvor durch Untersuchung und Entscheidung gegen diese Thäter festgestellt sein würden. Demgemäß hatte das AG. eine demnächstige Verfolgung der eigentlichen Defraudanten und des K. als für sie subsidiarisch verhaftet, vorbehalten Auf die NB. des Prov.-Steuer-Direktors ist dieses Erkenntniß vernichtet und das verurtheilende Erkenntniß erster Instanz bestätigt worden Gründe:

Es ist [von den Instanzrichtern] objektiv der Thatbestand einer Braumalzsteuer-Defraudation und Kontravention festgestellt. Schon nach der Wortfassung der AKO. v. 10. Jan. 1824 kann nicht bezweifelt werden, daß in einem solchem Falle der Brauer, d. h. derjenige, welcher das steuerpflichtige Gewerbe betreibt, auf dessen Namen also die Versteuerung und Deklaration erfolgt, für die Defraudations- und Kontraventions-Strafe auch unmittelbar und selbstständig haften muß, wenn derjenige nicht ermittelt ist, welcher die That, die den Thatbestand der Defraudation oder Kontravention bildet, begangen hat. — Die Steuer-Ordnung und somit auch die cit. AKO. gehen überhaupt davon aus, daß die Defraudations- und Kontraventions-Strafe in der Regel von dem Steuerpflichtigen selbst, als demjenigen, der dem Fiskus für die Befolgung der gesetzlichen Vorschriften verantwortlich ist, verwirkt ist, und nur ausnahmsweise soll nach § 83 der Steuer-Ordnung — an dessen Stelle jetzt das Ges. v. 21. Sept. 1860 getreten ist — der Gewerbetreibende blos subsidiarisch haften, sobald feststeht, daß die Handlung, welche die Defraudation oder Kontravention bildet, nicht von dem Gewerbetreibenden selbst, sondern von seinem Gesinde, seinen Angehörigen oder Gewerbsgehülfen begangen ist. Liegt daher, wie hier, ein solcher Ausnahmefall nicht vor, so bleibt es bei der die Regel bildenden unmittelbaren Verantwortlichkeit des Gewerbetreibenden selbst. Der Fiskus kann unmöglich dadurch in eine nachtheiligere Lage kommen, daß zufällig derjenige nicht ermittelt ist, welcher persönlich die Defraudation oder Kontravention, welche objektiv feststeht, begangen hat. Der Grundsatz, auf welchen der App.-Richter wesentlich seine Entscheidung gründet, daß nämlich nur derjenige, der eine verbotswidrige und strafbare Unterlassung oder Handlung begeht, bestraft werden könne, findet in dieser Allgemeinheit auf Zuwiderhandlungen gegen die Steuergesetze keine Anwendung. Eben so wenig kann es den Angeklagten von der verwirkten Defraudations- und Kontraventionsstrafe befreien, daß er zur Zeit der in seiner Brauerei begangenen Unregelmäßigkeiten derselben nicht persönlich vorgestanden, sondern sie für seine Rechnung durch einen Anderen hat verwaltem lassen, daß er überhaupt damals gar nicht am

Ort der Brauerei wohnte, und von den stattgehabten Kontraventionen und Defraudationen keine Kenntniß gehabt hat. Auf alle diese Umstände kommt es bei Anwendung der AKO. v. 10. Jan. 1824 Nr. 1 gegen den Angeklagten, als den verantwortlichen Steuerpflichtigen nicht an (Erk. v. 20. Jan. 1859 c. Landsperger, G. A. 7. S. 535).

Antr. des GStA.s: gleichl. [18 — 4.]

Diebstahl rc. — Pflegeeltern. — Antrag.

Unter „Pflegeeltern" im Sinne des § 229 StGB. sind diejenigen zu verstehen, welche ein hülfloses Kind in Pflege übernehmen. Ein so begründetes Verhältniß dauert in seinen Wirkungen auch über die Zeit der wirklichen Pflege hinaus fort.

StGB. § 229 [n 12].

Erk. (Z. I.) v. 24. Mai 1865 c. Kötel gen. Friedrich (363. I. Cr.).

K. (26 J. alt) hatte sich eines schweren Diebstahls gegen die Wittwe B. schuldig gemacht; gleichwohl erkannte der Schw.-GH., daß er „straflos zu lassen sei," weil die rc. B. einen Antrag auf seine Bestrafung nicht gestellt habe; eines solchen Antrags habe es bedurft, weil er von der B (der Schwester seiner Mutter) von Kindheit an verpflegt und erzogen worden sei, während sich seine (unehelichen) Eltern nicht um ihn bekümmerten. — Die NB. des StA.s rügte Verletzung des § 229 StGB.: aus der Zusammenstellung der „Pflegeeltern" mit „Vormündern und Erziehern" gehe hervor, daß jenes Verhältniß nur so lange als bestehend angesehen werden könne, als thatsächlich die „Pflege" und „Erziehung" dauere; nichts spreche dafür, daß man dabei an das „todtgeborne Institut" zu denken habe, von welchem Abschn 12. II, 2. ALR. handle. — Das OTr. hat die NB. zurückgewiesen. Gründe:

Der Begriff des Pflegeverhältnisses, auf welches sich der § 229 des StGB.s bezieht, ist lediglich aus den gesetzlichen Vorschriften in den §§ 753 f. Abschn. 12. II, 2. ALR. zu entnehmen. Dort wird zwischen einem natürlichen durch Pflege hülfloser Kinder entstandenen (§§ 753—771), und einem vertragsmäßigen Pflegeverhältnisse (§§. 772. 773) unterschieden. Nur das erstere, nicht aber das letztere fällt nach der Entscheidung v. 4. Sept. 1861 c. Kuhnke (G. A. 9. S. 784; RdOTr. 1. S. 518) unter die Vorschrift des gedachten § 229. Das Motiv, aus welchem bei dem ersteren den Pflegeeltern erweiterte Rechte gegeben sind, ist nach den Materialien zum ALR. die besondere Rücksicht auf die Sorge für uneheliche Kinder gewesen. Man hat denen, welche sich solcher in der Regel hülfloser Kinder annehmen, die erweiterten elterlichen Rechte beilegen wollen, um sie dadurch zur Aufnahme mehr zu bewegen, und ihnen die freie Verfügung über die Erziehung und den Lebensberuf der Pfleglinge zu erweitern (Bornem. Syst. 5. S. 468). Schon das Strafrecht des ALR.s erwähnte im § 1135 der nur auf Antrag strafbaren Diebstähle der Pflegebefohlenen gegen ihren Pflegevater, und gab im § 1136 durch die Erwähnung der Hauszucht zu erkennen, daß dieses Antragsrecht — also die Modifikation der Strafbarkeit überhaupt — nur so lange dauern s·lle, als eine zu solcher Hauszucht berechtigende Hausgenossenschaft vorhanden sei. So ist auch der § unter der landrechtlichen Praxis verstanden worden (Temme Lehre v. Diebstahl S. 147 f.). Diese Beschränkung hat man bei der Redaktion des StGB.s beseitigt (Goltd. Matt. 2. S. 510. 2). Man hat die Familienbande und das Pietätsverhältniß überhaupt bei den §§ 228. 229 des StGB.s vor Augen gehabt. In dieser Beziehung und im Gegensatz zu den von dem StA. gedachten „Vormündern und Erziehern" ist es nun entscheidend, daß das Verhältniß der letzteren theils mit absolut bestimmten Jahren (Großjährigkeit), theils mit einer relativ bestimmten Zeit (Erziehung) aufhört, während zwar bei der „Pflege" das letztere auch der Fall sein würde, das Gesetz aber, abweichend von jenen Verhältnissen, dauernde Rechte auch nach der Zeit der „Pflege" beilegt. Nach Bornemann (5. S. 469) lautete der jetzige § 753 des ALR.s nach seiner ersten Fassung so: „So lange die Pflege dauert, hat der Pflegevater u. s. w." Statt dessen legt der jetzige § 753 den Pflegeeltern unbedingt und ohne solche Beschränkung die persönlichen Rechte der leiblichen Eltern bei, und der Ausfluß dieser Rechte auch über die Zeit der wirklichen Pflege des hülflosen Kindes hinaus sind das Erforderniß des Konsenses des Pflegevaters zur Verheirathung (§ 758), das modifizirte Erbrecht der Pflegeeltern (§ 762) und die Dienstpflicht der Pflegekinder nach deren 14. Lebensjahre (§ 764 f.). Es würde überhaupt schwer werden, in jedem konkreten Falle, mit Bestimmtheit das, wie der StA. sagt, thatsächliche Pflegeverhältniß zeitlich zu begrenzen, nachdem das Erforderniß der Hausgenossenschaft fortgefallen ist. Eine Art Pflegeverhältniß, wenn auch nicht mehr aus dem Grunde der Hülflosigkeit, hat nach der Feststellung des Richters auch jetzt noch immer zwischen der B. und dem Angeklagten bestanden. Indeß kommt es auch hierauf nicht, vielmehr auf das jedenfalls im Allgemeinen für die Lebensdauer begründete Verhältniß nach den obigen gesetzlichen Vorschriften an, und ein solches ist nach den Feststellungen des Schw.-GH.s zwischen der ꝛc. B. und dem Angeklagten unbedenklich begründet. Es hätte daher ohne den Antrag der B. eine Strafverfolgung nicht eingeleitet werden sollen. Um so mehr ist aber die Entscheidung des Schw.-GH.s begründet.

Antr. des GStA s: Zurückweisung der NB. [15.—4.]

Bauhandwerker. — Bau. — Baugerüst.

Die kunstwidrige und gemeingefährliche Aufstellung eines Baugerüstes durch einen Bauhandwerker ist nach § 202 StGB. strafbar.

StGB. § 202 [dort einzutr. als n. 3a]

Erk. (B. I.) v. 26. Mai 1865 c. Beidel (302 I. Cr.).

Der Maurer B., der kunstwidrigen und gemeingefährlichen Aufstellung eines Baugerüstes aus § 202 StGB. angeklagt, ward vom AG. dieses Vergehens nicht schuldig befunden und nur wegen fahrlässiger Körperverletzung bestraft, weil „die Aufstellung eines Gerüstes nicht die Ausführung eines Baues selbst sei," § 202 also keine Anwendung finden könne. Auf die NB. des OStA s erfolgte Vernichtung dieses Erkenntnisses. Gründe:

Der § 202 StGB. unterscheidet nicht, bei welchen Stadien eines Baues oder einer Vorrichtung zu demselben der Verstoß begangen worden, und da bei Interpretation eines Gesetzes vorzugsweise der Wortlaut entscheidet, so konnte der App.-Richter nicht annehmen, „daß die Aufstellung eines von ihm als fehlerhaft bezeichneten Baugerüstes nicht unter den § 202 l. c. falle," da ein solches jedenfalls bei einem Bau erforderlich ist, um denselben effektuiren zu können. Der Sinn des Gesetzes ist offenbar der gewesen, „die Baumeister resp. Bauhandwerker zu der größten Vorsicht bei allen ihren Arbeiten anzuhalten, damit dem Publikum die nöthige Sicherheit für Leib und Leben gewährt werde." Daß aber zur Aufstellung oft sehr komplizirter Gerüste bestimmte, von der Baukunst festgestellte Regeln zur Anwendung zu bringen sind, kann nicht in Abrede genommen werden. Die NB. hebt in dieser Beziehung mit Recht hervor, daß bereits der § 773. II, 20. ALR. Vorkehrungen gegen den Einsturz von Gerüsten anempfohlen, und die Vernachlässigung solcher mit Strafe bedroht hatte, der § 202 des StGB.s aber durch seine allgemeine Fassung die speziellen Vorschriften des ALR. nicht aufheben, sondern vielmehr in unbeschränkter Weise hat aufnehmen wollen.

Antr. des GStA.s: gleichl. [20 — 2.]

Konnexität. — Verbindung. — Schwurgerichtshof.

Ein Schwurgerichtshof, welcher mit verschiedenen Untersuchungssachen durch verschiedene Anklagebeschlüsse befaßt worden ist, kann dieselben im Hauptverfahren verbinden, wenn er findet, daß zwischen ihnen eine Konnexität obwaltet. Seine desfallsige Beschlußnahme kann nicht mit der Nichtigkeitsbeschwerde angefochten werden.

Ges. v. 3. Mai 1852 Art. 3 [n. 7. 2] Vgl. RbOTr. 1. S. 463.

Erk. (Z. I.) v. 26. Mai 1865 c. **Loska** (618 I. Cr.).

Die Gerichte sind befugt, konnexe strafbare Handlungen gleichzeitig zu untersuchen (Ges. v. 3. Mai 1852. Art. 3) und der Umfang der Konnexität ist im Gesetz nicht scharf abgegrenzt, namentlich führt der Art. XXII. des Einf.-Ges. v 14. Apr. 1851, wie seine Fassung deutlich zeigt, nur die hauptsächlichen Fälle derselben an. Es ist daher Sache thatsächlichen Ermessens, zu entscheiden, ob zwei im Uebrigen selbstständige Anklagesachen in einem solchen Zusammenhange stehen, daß sie als konnex betrachtet und verbunden verhandelt werden können. Zu diesem Ermessen war der Schw.-G.=, welcher durch die Verweisungsbeschlüsse des Anklage-Senattes mit beiden hier in Frage kommenden Anklagen befaßt und für beide kompetent war, ungeachtet der getrennt erfolgten Anklagebeschlüsse befugt, und sein Beschluß, beide Anklagen vereinigt zu verhandeln, kann mit der NB. nicht angefochten werden; vgl. RdOTr. 1. S. 463. — Wenn in der NB. bemerkt wird, „es dürfe kein Angeschuldigter ohne rechtskräftigen Verweisungsbeschluß als Mitschuldiger eines anderen Angeklagten vor Gericht gezogen werden," so ist dies unzutreffend; denn durch die vereinigte Verhandlung der beiden fraglichen Anklagen wurde der jetzige Implorant nicht als Mitschuldiger (Mitangeklagter) derjenigen Strafthat vor Gericht gestellt, welche den Gegenstand der Anklage wider M. bildete. Ebenso ist es rechtlich unerheblich, ob die Vereinigung beider Sachen dem Angeklagten L. möglicherweise nachtheilig gewesen ist, d. h. eine ungünstige Einwirkung namentlich auf die Geschwornen geübt haben kann. Ein Angeklagter kann eine gesetzlich zulässige Anordnung des Gerichtes nicht lediglich deshalb anfechten, weil sie eine ihm „schädliche Einwirkung" äußern könne.

Antr. des GStA.s: gleichl. [46. —2.]

Beschlagnahme. — Aktivforderung. — Entziehen.

In Beziehung auf eine mit Beschlag belegte Aktivforderung kann der Instanzrichter ein „Entziehen der Beschlagnahme" annehmen, wenn der Exequendus nach dem Empfange des Inhibitoriums die Forderung einem Dritten cedirt und dadurch die Anstellung von Prozessen herbeiführt, durch welche die Realisirung der Beschlagnahme zeitweise hinausgeschoben wird.

StGB. § 272 [n. 6].

Erk (Z. I.) v. 26. Mai 1865 c. Scholz (295. I. Cr)

Sch. war aus § 272 verurtheilt worden, weil er eine ihm gegen U. zustehende, durch das KG. zu F. in Beschlag genommene Forderung seiner Tochter L. Sch cedirt und den Schuldner U. veranlaßt hatte, der letztern einen neuen Schuldschein auszustellen. Seine NB. rügte Verletzung des § 272: bei Drittschuldner, welcher nach der an ihn ergangenen Behändigung der Arrestverfügung an den Exequendus oder den Cessionar desselben zahle, bleibe nichts destoweniger verpflichtet, die arrestirte Summe nochmals zu zahlen; es werde daher durch die Cession der Beschlagnahme nichts entzogen und dem exequirenden Gläubiger kein Nachtheil zugefügt; hier sei auch festgestellt, daß die arrestirte Zahlung durch den debitor cessus U. zum Depositum geleistet sei und dort als Streitmasse beruhe. Das OTr. hat die NB. zurückgewiesen. Gründe:

Es kann nicht bezweifelt werden, und das Plenar-Erkenntniß des Kgl. OTr. v. 31. März 1856 (Pl. c. Meißner, Entsch. 33. S. 229) hat dies näher ausgeführt, daß unter dem Ausdruck: „Sachen" im Sinne des § 272 l. c. auch Aktivforderungen zu verstehen sind. Eben so wenig unterliegt es aber einem Bedenken, daß unter Umständen, nach Zustellung des Inhibitorii an den Arrestaten, auch auf andere Weise, als durch Annahme der Zahlung, die Beschlagnahme vereitelt werden kann. Was unter Entziehung aus derselben zu verstehen ist, hat bereits das Erkenntniß des Kgl. OTr.s v. 14. Mai 1858 c. Tresper (G. A. 6. S. 715) dahin erläutert: „daß die inkriminirte Handlungsweise an und für sich geeignet sein müsse, die erfolgte Beschlagnahme mehr oder weniger, für immer oder zeitweise zu beeinträchtigen resp. wirkungslos zu machen."

In dieser Beziehung haben nun die Vorderrichter thatsächlich festgestellt, daß der Angeklagte nach dem Empfange des Inhibitorii die mit Arrest belegte Forderung seiner

Tochter nicht allein schriftlich cedirte, sondern auch den Schuldner U. veranlaßte, für dieselbe einen Schuldschein auszustellen. Hierin konnten sie eine mindestens zeitweise Vereitelung der Beschlagnahme finden, weil dadurch die Möglichkeit gegeben war, über die beschlagene Forderung in nachtheiliger Weise zu disponiren, wie denn auch festgestellt ist, daß die Folge dieser Handlungsweise des Angeklagten wirklich die gewesen, daß Prozesse entstanden sind, welche die Befriedigung des Arrestlegers hinausgeschoben, also die Realisirung der Beschlagnahme mindestens zeitweise beeinträchtigt haben. [20.—2.]

Gewerbebetrieb, unbefugter. — Konkurrenz.

Durch die einmalige Bestrafung wegen unbefugten Gewerbebetriebs sind alle vor der Verurtheilung in erster Instanz vorgenommenen Gewerbshandlungen geahndet und erledigt.

StGB. § 56 [n. 21]; § 146 [n. 8]; § 276 [n. 3].

Erk. (V. I.) v. 26. Mai 1865 c. Wittkowski (314. I. Cr.).

Der erste Richter hat festgestellt, daß der Angeklagte wegen Winkelschriftstellerei oder, wie er an einer anderen Stelle sagt, wegen Anfertigung von Schriftsätzen gegen Entgelt und ohne Konzession durch das Erkenntniß v. 2. Juli 1863 verurtheilt ist, und der App.-Richter hat sich den thatsächlichen Feststellungen des ersten Richters überall angeschlossen. Da es nun, wie in vielfachen Entscheidungen des OTr.s angenommen (vgl. JMBl. 57. S. 274; G. A. 10. S. 137; 11. S. 354; Oppenh. StGB. § 56 n. 4), im Begriffe der Gewerbsmäßigkeit liegt, daß die einzelnen Handlungen, durch welche ein Gewerbe unbefugt betrieben worden ist, nicht als so viele selbstständige strafbare Handlungen angesehen werden können, vielmehr zusammen nur als eine Strafthat, so sind durch ein wegen des unbefugten Gewerbebetriebes gefälltes Strafurtel die einzelnen den unbefugten Gewerbebetrieb darstellenden Handlungen für mitgeahndet zu erachten, wenigstens insoweit als sie begangen sind, bevor die Verurtheilung wegen des unbefugten Gewerbebetriebes in erster Instanz erfolgte. [46 — 2.]

Beweisantrag. — Prüfung. — Bescheidung.

Es ist nicht unerläßlich, daß der App.-Richter über die in der App.-Rechtfertigungsschrift gestellten Beweisanträge sofort Beschluß fasse und hiernach den Appellanten bescheide; es genügt, wenn die betr. Prüfung und Entscheidung im Enderkenntnisse erfolgen.

Vdn. v. 3. Jan. 1849 § 126 [n. 70; vgl. § 52 n. 15. 17. 18. 26].

Erk. (Z. II.) v. 27. Mai 1865 c. Dicke (197. I Cr.).

Die NB. des Angekl. rügte es, daß über die in seiner App.-Rechtf.-Schrift gestellten Beweisanträge nicht sofort durch Beschluß, sondern erst im Enderkenntnisse entschieden worden sei; es sei ihm dadurch die Möglichkeit entzogen worden, den betr. Beschluß sofort und vor der Hauptverhandlung durch Beschwerde beim OTr. anzufechten; [vgl. hierüber Oppenh. Strafverf. Art. 11 n. 3; RdOTr. 3 S. 300]. Zurückweisung. Gründe:

Wenn der Angeklagte sich darüber beschwert, daß nicht auf seine in der Appellations-Rechtfertigungsschrift enthaltenen Beweisanträge sofort und vor der Hauptverhandlung resolvirt worden ist, so erledigt sich dies dadurch, daß eine solche sofortige Beschlußfassung und Bescheidung als ein wesentlicher Grundsatz des Verfahrens nicht zu betrachten ist, es vielmehr ausreicht, wenn der vor dem Audienztermine gestellte Antrag in dem Erkenntnisse geprüft und darüber entschieden wird.

Antr. des GStA.s: gleichl. [29. — 3.]

Bankerutt. — Buchführung. — Bilanz.

Die Pflicht, Bücher zu führen und alljährlich eine Bilanz zu ziehen, sowie die Strafe der Versäumung dieser Pflicht trifft auch diejenigen

Kaufleute, welche dieses Geschäft bereits zur Zeit der Einführung des D. HGB.s betrieben.

StGB. § 261 Nr. 2. 3 [n. 14. 29; vgl. § 259 n. 50—56]; D HGB. Artt. 29 ff. 4. 10.

Erk. (Z. II.) v. 27. Mai 1865 c. Egeln (206. II. Cr.).

Die NB. des aus § 261 Nr. 2. 3 StGB. verurtheilten E. rügte Verletzung des cit. §, weil er sein kaufmännisches Geschäft bereits vor der Einführung des D. HGB.s betrieben habe, die Vorschriften desselben über die Buchführung und die Ziehung der Bilanz also, wie aus der Fassung des Art. 29 l. c. hervorgehe, auf ihn keine Anwendung finden konnten. Zurückweisung. Gründe.

Nach Art. 1 des Einf.-Ges.s z. D. HGB. v. 24. Juni 1861 trat auch der Art. 29 dieses Gesetzbuches mit dem 1. März 1862 in Kraft und das darin enthaltene Gebot mußte seitdem von jedem Kaufmanne im Sinne des Art. 4 daselbst, welcher nicht zu den im Art. 10 bezeichneten Handelsleuten gehört, beobachtet werden, soweit es für die Zukunft nach dem 1. März 1862 eine jährliche Inventarisirung und Bilanz vorschrieb. Das Gebot: „er (jeder Kaufmann) hat demnächst in jedem Jahre ein solches Inventar und eine solche Bilanz seines Vermögens anzufertigen," ist keinesweges von dem Umstande bedingt, daß sein Gewerbe noch nicht begonnen oder daß er bei dem früher begonnenen ein Inventar errichtet habe und konnte davon nach der Absicht des Gesetzgebers unmöglich bedingt werden, da sonst ein Unterschied zwischen allen vor dem 1. März 1862 etablirten Kaufleuten einerseits und den später etablirten andererseits statuirt worden wäre, der nirgends im D. HGB. zugelassen ist und die Wirksamkeit desselben auf lange Zeit größtentheils aufgehoben haben würde.

Dazu kommt, daß die Vorschriften, welche in den Artt. 29. 30 und 31, wie sonst im D. HGB. (z. B. Artt. 19. 22. 28 ꝛc.) für alle Kaufleute mit der erwähnten Ausnahme (Art. 10) gegeben sind, aus der Natur des kaufmännischen Gewerbes selbst und der Nothwendigkeit einer fortdauernden Uebersicht der Lage eines Handelsgeschäftes, woran das öffentliche Vertrauen geknüpft sein soll, sich herleiten und nur allgemein und absolut festsetzen, was vorher schon in der Rheinprovinz ebenso (C. de comm. art. 9), in den übrigen Provinzen relativ bestimmt, beziehungsweise als eine selbstverständliche Pflicht der Kaufleute vorausgesetzt war; (vgl. ALR. II, 8. § 566 ff.; II, 20. § 1468; Konk.-Ordn. § 116; StGB. § 261 Nr. 3).

Auf die Anwendung des § 261 Nr. 3 des StGB.s hat daher die Einführung des D. HGB.s nur den Einfluß geäußert, daß auch in dem älteren Theile des Staatsgebiets die Beschaffenheit des Geschäftes eines Falliten nicht mehr thatsächlich zu untersuchen ist, um darnach seine Verpflichtung zur jährlichen Ziehung der Bilanz richterlich zu bestimmen: sondern daß diese Bestimmung gesetzlich dergestalt getroffen ist, daß die Verpflichtung für alle Kaufleute gilt, deren Geschäft nicht eine im Art. 10 des D. HGB.s vorgesehene Beschaffenheit hat.

Antr. des GStA.s: gleichl. [23. — 3.]

Stempel. — Wechsel. — Postdatirung.

Ein postdatirter Datowechsel wird erst mit dem Eintritte des Tages stempelpflichtig, von welchem er datirt ist.

Stemp.-Ges. v. 7. März 1822 §§ 20. 26

Erk. (Z. II) v. 27. Mai 1865 c. Süllwald & Lauber (132. II. Cr.).

Am 8. Sept. 1864 ward ein von S. an eigne Ordre auf L gezogener, von dem letztern acceptirter vom 12. Sept. 1864 datirter Datowechsel von dem Indossatar Th. zur Stempelung vorgelegt, von dem betr. Steuerbeamten aber, nach protokollarischer Konstatirung des Sachverhaltes, ungestempelt zurückgegeben. Derselbe gelangte später an S. zurück und ward am 10. Sept im Einverständnisse der Betheiligten vernichtet. Von der demnächst erhobenen Anklage der Stempeldefraude sind S. und L freigesprochen worden, weil erwiesener Maaßen der Wechsel ein unrichtiges Datum getragen habe und deshalb (arg. D WO. Art. 4 Nr. 6) ungiltig sei; zwar werde an sich die Richtigkeit des Datums präsumirt, auch sei der Gegenbeweis einem dritten Inhaber gegenüber nicht statthaft; wenn aber der Beweis aus dem Sachverhalte mit Nothwendigkeit hervorgehe, wenn z. B die Klage aus einem postdirten Wechsel noch vor dem Eintritte des Datums angestellt werde, so könne Jeder die Ungültigkeit geltend machen — Die NB des OStA.s rügte Verletzung des cit. Art. 4 der WO.: wenn auch das Datum ein wesentliches Erforderniß eines gültigen Wechsels sei, so spreche doch Nichts dafür, daß dasselbe nothwendig den wirklichen Tag der Ausstellung wiedergeben müsse; das Gegentheil gehe auch aus den Konferenz-Protokollen S. 14 hervor (vgl. Volkm. u. Löwy D. Wechs.-Ordn. § 16); eventuell habe über die Stempelpflichtigkeit nur der Civilrichter entscheiden konnen. — Die GStA.-schaft erachtete diese NB. für begründet: das Gesetz schreibe nicht vor, daß das Datum den richtigen Ausstellungstag angeben müsse; jedenfalls würde mit dem Eintritte des betr. Tages der Wechsel sich formell als durchaus gültig darstellen, und nach der eignen Annahme des AG.s ein Gegenbeweis ausgeschlossen sein; der Wechsel könne aber nicht zeitweise ungültig sein und demnächst in unveränderter Gestalt gültig werden; vielmehr sei in einem solchen Falle die Sache sofort so zu behandeln, als wenn durch die Postdatirung nur der Fälligkeitstermin hinausgeschoben worden sei; dadurch aber werde an der Gültigkeit und sofortigen Stempelpflichtigkeit des Wechsels nichts geändert. — Das OTr. hat die NB. z u r ü c k g e w i e s e n. Gründe:

Wenn die Allg. D. Wechs.-Ordn. im § 4 abweichend von früheren Auffassungen für alle Wechsel die Angabe des Datums zu den wesentlichen Erfordernissen macht, so könnte man hierdurch wohl den Schluß nahe gelegt finden, daß das im Wechsel angegebene Datum auch das wirkliche Datum seiner Ausstellung sein müsse, und wenn es in den Konferenz-Protokollen Sitzung 4 S. 14 heißt:

> „zu Nr. 6 ward die Frage aufgeworfen, ob es überall der Angabe des Datums für den Wechsel bedürfe? Man ließ es aber bei der Bestimmung des Paragraphen bewenden, und hielt es nicht für erforderlich, durch die Fassung des Paragraphen anzudeuten, daß das Datum das wirkliche Datum der Ausstellung sein müsse,“

so ließe sich diese letztere Erklärung ganz füglich dahin verstehen, daß man die Uebereinstimmung des angegebenen Datums mit dem wirklichen für selbstverständlich halte. Allein selbst zugegeben, daß das Antedatiren oder Postdatiren eines Wechsels nicht unter allen Umständen die Wechselkraft des

Wechsels aufhebe, so kann doch der Natur der Sache nach ein postdatirter Datowechsel seine rechtliche Existenz erst mit dem Tage erlangen, von welchem er formell datirt; — er erhält erst durch dieses Datum die Angabe der Zeit, zu welcher gezahlt werden soll (§ 4 Nr. 4 l. c.).

Ein Wechsel daher, welcher am 8. Sept. 1864 gezogen, an diesem Tage acceptirt, und auch demnächst einem Dritten remittirt, der aber mit dem Datum v. 12. ej. versehen wird, von wo ab er in drei Monaten zahlbar sein soll, und dessen Indossament gleichfalls das Datum v. 12. Sept. trägt, hat jedenfalls nach dem Willen der Parteien nur die Bestimmung, ein Wechsel v. 12. Sept. 1864 zu sein, und er stellt auch als Formalakt erst einen Wechsel von diesem Datum dar, indem die wechselmäßigen Folgen überall nur auf dieses Datum zurückgeführt werden können. Die Abmachungen der Parteien vor dem Zeitpunkte, von welchem sie den Wechsel förmlich datiren, haben nur den Charakter vorbereitender Handlungen zu dem Wechsel von diesem Datum; für sie, wie für jeden Dritten existirt ein Wechsel, eine Schrift mit Wechselkraft und Gültigkeit, nur mit dem ihr verliehenen Datum der Ausstellung, und da die Steuer-Stempelbehörde in der Beziehung jedem Dritten gleichsteht, so kann auch von einer Pflicht, ein Dokument als Wechsel nach § 20 des Stempelgesetzes v. 7. März 1822 zur Abstempelung zu präsentiren, nicht eher die Rede sein, als solches rechtlich die Natur eines Wechsels erlangt hat. —

Die Folgerung, welche die NB. aus dem Umstande, daß das Datum der Ausstellung eines Wechsels nicht mit dem wirklichen Datum übereinstimmen müsse, dahin ableitet, daß das präsentirte Dokument am 8. Sept. ein gültiger Wechsel gewesen sei, ist nach dem bereits oben Gesagten nicht haltbar, da darnach eine richtige Folgerung nur dahin führt, daß das fragliche Dokument nur als ein vom 12. Sept. 1864 gültiger Wechsel gelten könnte. Von dieser Auffassung aus würde denn auch nur eingeräumt werden können, daß Aussteller, Acceptant und Indossant des Wechfels, sofern sie aus demselben belangt würden, die Einrede nicht machen könnten, der Wechsel sei bereits am 8. Sept. 1864, mithin vor seinem wirklichen Datum, ausgestellt worden, um sich der Verbindlichkeit der Zahlung zur Verfallzeit nach dem Datum zu entziehen; wohl aber würden sie unbedenklich, wenn ihnen die Zahlung drei Monat nach dem Datum vom 8. Sept. abverlangt würde, nach dem Dokumente fragen, welches allein den Titel zu einer solchen Forderung abgeben könnte. Wenn die NB. ferner gegen die Annahme, daß die Wechselkraft jedenfalls erst mit dem 12. Sept. als dem Tage der Ausstellung eingetreten sein würde, geltend macht, daß die Einziehung einer Wechselverbindlichkeit ex die der Wechselordnung unbekannt sei, so erledigt sich dies einfach durch die Betrachtung, daß eben nur ein Datowechsel vom 12. und nicht vom 8. Sept. vorliegt, eine wechselmäßige Verbindlichkeit vom 8. Sept. weder eingegangen werden sollte noch eingegangen ist, und daher von einem betagten Rechtsgeschäfte im Sinne des Civilrechts, welches ein am 8. Sept. existent gewordenes Rechtsgeschäft voraussetzte, und dessen Wirksamkeit erst mit einer bestimmten Zeit beginnen sollte, nicht gesprochen werden kann.

In der Konsequenz der bisherigen Ansicht hätte also der Wechsel qu. erst am 12. Sept., und zwar ehe ein Geschäft damit gemacht worden, zur Abstempelung vorgelegt werden müssen. Er ist indessen dem Präsentanten nach der Aufnahme eines Protokolles über die Präsentation am 8. wieder zurückgegeben worden, und Partheien haben ihn demnächst, wie thatsächlich feststeht, am 10. Sept. kassirt, so daß er den Zeitpunkt, wo er die Natur eines gültigen Wechsels erlangt hatte, gar nicht erreicht hat. Die Sache stellt sich sonach einfach dahin: daß zur Zeit der Präsentation des mehr besprochenen Dokumentes dasselbe noch einen Wechsel nicht darstellte, also auch dem Wechselstempel nicht unterlag, daß es aber zu der Zeit, wo es in die Wechselkraft treten sollte, mit dem Willen der Partheien aufgehört hatte, zu existiren, und damit von selbst jeder Anspruch der Steuerbehörde auf Erlegung der Stempelsteuer zerfiel, wie es auch der Fall gewesen wäre, wenn dieselbe auf anderem Wege, als durch die Präsentation von der Existenz des Dokumentes in seiner Beschaffenheit am 8. Sept. 1864 Kenntniß erlangt hätte, Partheien aber vor dem 12. Sept. vernichtet hätten.

[27.—3.]

Presse. — Redakteur. — Beweislast.

Die „Verantwortlichkeit" des Redakteurs hat nicht den Sinn, daß er für den strafbaren Inhalt seines Blattes bis zu dem ihm obliegenden Nachweise seiner Nicht-Kenntniß von jenem Inhalt als Thäter oder Theilnehmer hafte.

Preßges. v. 12. Mai 1851 §§ 22. 37. Vgl RdOTr. 4 S. 279; 5. S 163. Vgl Hartm. Strafgess. S. 467 n 5; id Preßges. S 219 n. 5

Erk. (Z. Pl.) v. 29. Mai 1865 c. Küster (4 Pl ; 393 II. Cr.)

Das „B— Kreisblatt" hatte einen Artikel gebracht, dessen Inhalt gegen § 101 StGB. verstieß; es ward daher gegen R. als Verfasser und gegen den Redakteur des Blattes K. wegen Theilnahme (§ 34 Nr. 2 StGB.) an der That des ersteren Anklage erhoben, R. verurtheilt, K. aber der Theilnahme nicht schuldig befunden. Die Instanzrichter gingen davon aus, daß das Gesetz keine rechtliche Vermuthung für die Mitschuld des Redakteurs und für eine ihm in Betreff seiner Nichtkenntniß vom Inhalt obliegenden Beweislast begründe. Die vom OStA. unter Hinverweisung auf Z I. 8. Jan. 1864 c Holdheim und Z. I. 12. Okt 1864 c. Thiele (RdOTr 4. S. 279, 5. S. 163) ergriffene NB ist vom OTr. zurückgewiesen worden. Gründe:

Allerdings spricht das Preßgesetz v. 12. Mai 1851 im § 22 von der „Verantwortlichkeit" der Redakteure kautionspflichtiger Zeitungen oder Zeitschriften, ohne jedoch an dieser Stelle über den Begriff und den Umfang dieser Verantwortlichkeit irgend eine Vorschrift zu treffen. Der Sinn des Gesetzes in dieser Hinsicht muß daher aus seinen anderweiten Vorschriften ermittelt werden. Dieselben können allein in dem Abschn. IV. „von der Bestrafung der durch die Presse verübten Gesetzesübertretungen" gesucht werden, und sind auch in der That hier allein vorhanden. An die Spitze ist die Vorschrift des § 34 gestellt, daß nämlich für das durch eine Druckschrift begangene Verbrechen oder Vergehen Jeder verantwortlich sei, welcher nach allgemeinen strafrechtlichen Grundsätzen als Urheber oder Theilnehmer strafbar erscheine. Also als leitend sind auch für die strafbaren durch die Presse begangenen Handlungen die allgemeinen strafrechtlichen Grundsätze genannt. Nach diesen Grundsätzen muß aber jedem Angeschuldigten der Beweis seiner Schuld und des Maaßes seiner Schuld durch die Anklage geführt werden, der Richter hat denselben aus den durch die Untersuchung ermittelten Umständen nach Lage des Falles zu entnehmen, und auf Grund dessen die positive Feststellung nach seiner Ueberzeugung zu treffen (§ 22 der Vdn. v. 3. Jan. 1849). Soweit also die Anklage den Beweis nicht zu führen vermag, oder der Richter denselben sonst aus den Umständen des Falles nicht entnehmen kann, muß er die Schuld des Angeklagten verneinen. Gesetzliche Präsumtionen der Schuld existiren nicht, soweit nicht das materielle Strafgesetz in einzelnen Fällen durch seine Fassung zu erkennen giebt, daß es mit gewissen bestimmt bezeichneten Umständen Folgerungen in Bezug auf den Thatbestand des Verbrechens verbindet. Dies gilt insbesondere auch vom Dolus, also dem Willen eine strafbare Handlung begehen zu wollen, in Verbindung mit dem Wissen der Umstände, welche die Strafbarkeit bilden. Solche Vorschriften des materiellen Strafrechts finden sich aber in dem Preßgesetze nicht. Dasselbe hat außer den die Ordnung der Presse betreffenden formellen Vorschriften in Beziehung auf den Redakteur nur die besondere Vorschrift des § 37, nach welchem derselbe in allen Fällen, in denen er nicht in Gemäßheit des obigen § 34 als Urheber oder Theilnehmer strafbar erscheint, wegen des Umstandes allein, daß in dem von ihm redigirten Blatte ein Preßverbrechen oder Preßvergehen verübt worden, mit einer Geldbuße belegt werden soll, eine Ahndung, welche sich lediglich auf die dem Redakteur zur Last fallende Vernachlässigung der Aufmerksamkeit in Beziehung auf den Inhalt seines Blattes bezieht. Diese letztere Vorschrift allein ist es also, in welcher strafrechtlich jenes Verantwortlichkeits-Prinzip des § 22 seinen Ausdruck gefunden hat.

Nun ist es allerdings richtig, daß dasselbe bei der Redaktion des Preßgesetzes in einem weit größern Umfang aufgestellt worden ist, und in allen Entwürfen zu besondern und ausdrücklichen Vorschriften geführt hat. Nach diesen sollte von vorn herein bei allen durch die Presse begangenen Verbrechen oder Vergehen den Redakteur kautionspflichtiger Blätter eine Fiktion der Strafbarkeit als Urheber oder Theilnehmer begleiten, also ohne das Erforderniß eines Nachweises der wirklich existirenden Urheberschaft oder Theilnahme, welcher vielmehr außerdem gegen den wirklichen Thäter oder Theilnehmer zulässig war. Allein dieses ganze System einer solchen fingirten Verantwortlichkeit in dem bezeichneten Umfange ist bei der Schlußredaktion des Preßgesetzes gefallen, und eine Wiederherstellung desselben auf dem Wege der Interpretation allein scheitert an jenen beiden nunmehr allein maaßgebend bleibenden §§ 34 und 37 des Gesetzes. Wenn daher auch in demselben Kommissions-Berichte der II. Kammer, in welchem der Wegfall dieses Systems vorgeschlagen wurde, die Aeußerung sich findet: „es liege in der Natur des Sachverhaltes, daß der Redakteur ohne den bündigsten Gegenbeweis als Urheber oder mindestens als Theilnehmer gelten müsse," so ist entweder auf diese Aeußerung deshalb, weil der positive Ausdruck dafür durch eine Gesetzesvorschrift fehlt, und nach den schließlich angenommenen Grundsätzen nicht anders als fehlen konnte, gar kein Gewicht zu legen; oder aber man muß sie als eine Ansicht über die Natur des Redaktionsgeschäftes, welches thatsächlich in den meisten Fällen den Schluß auf die Schuld oder Mitschuld des Redakteurs gestatten werde, betrachten. In dieser letztern Auffassuug enthält die Aeußerung aber eben nur eine Ansicht der Berichterstatter, welcher, auch wenn ihr die Faktoren der Gesetzgebung selbst beigetreten sein sollten, für den Richter kein höheres Gewicht beizulegen ist, als die ihm ohnedies obliegende Pflicht in jedem einzelnen Falle thatsächlich zu prüfen, ob aus der Stellung des Redakteurs überhaupt und ins Besondere in dem unterliegenden Falle der Beweis der Schuld oder Mitschuld für geführt zu erachten sei. Dieser Pflicht haben die Instanzrichter hier genügt, und dabei das Bestehen einer rechtlichen Vermuthung dafür, daß der Redakteur eines kautionspflichtigen Blattes als solcher Thäter oder Theilnehmer der durch einen darin enthaltenen Artikel begangenen strafbaren Handlung sei, mit Recht verneint.

Antr. des GStA.s: gleichl. [27.—1.]

Presse. — Verleger. — Nachweis des Verfassers. — Fristbewilligung.

Es ist nicht unstatthaft, auf den Antrag des Verlegers einer Druckschrift, welcher bei seiner ersten Vernehmung den Verfasser 2c. nachweisen soll, eine Terminsverlegung zu bewilligen (indirekt entschieden).

Preßges. v. 12. Mai 1851 § 35 [vgl. RbOTr. 4. S. 494]; Hartm. Strafgess S. 212 n. 8].

Erk. (Z. I.) v. 31. Mai 1865 c. Horch (Meyer & Gen. 329. I. Cr.).

Die — Zeitung hatte einen Artikel strafbaren Inhalts gebracht. Die Verlegerin Wittwe H., deshalb vernommen, hatte versichert, den Verfasser und Herausgeber nicht zu kennen, und war demgemäß aus § 35 des Preßges. s verurtheilt worden. Ihre NB. behauptete Verletzung des cit. §: ihr Sohn leite für sie das Geschäft; deshalb habe sie bei ihrer ersten Vernehmung den Verfasser 2c. nicht nachweisen können, zumal ihr in der Voruntersuchung der Zweck der Vernehmung nicht angegeben, und ihr auch im Termine nicht an die Hand gegeben sei, sich eine Nachfrist zu erbitten. Diese NB. ist zurückgewiesen worden, weil auf den festgestellten Thatbestand der cit. § mit Recht angewendet worden sei. Dann heißt es weiter:

Dabei ist es gleichgültig, daß der Angeklagten bei der Vorladung zum Termine der Zweck ihrer Vernehmung nicht bekannt gemacht worden ist, weil es ihre Sache gewesen wäre, unter Darstellung der vorwaltenden Umstände die Ansetzung eines neuen Termins zu erwirken. Dies hat sie nicht gethar, und muß sie sich die diesfälligen Folgen selbst beimessen.

Antr. des GStA.s: gleichl. [20.—4.]

Geld, falsches. — An-sich-Bringen. — Versuch.

Das An-sich-Bringen falschen Geldes, um es in Umlauf zu setzen, kann den Versuch des im § 122 des StGB.s vorgesehenen Verbrechens darstellen, sollte auch mit dem In-Umlauf-Setzen ꝛc. noch nicht der Anfang gemacht sein.

StGB. §§ 122 [n. 5]. 31 [n. 14]. Vgl. RbOTr 5. S. 429

Beschl. (I.) v. 31. Mai 1865 c. Hübner (Schmittag & Gen. 151. B. I. Cr.).

Nach der thatsächlichen Annahme des Anklagesenats hatte die H. „falsches Geld mit der Absicht an sich gebracht, dasselbe in Umlauf zu setzen;" gleichwohl lehnte derselbe die Versetzung in den Anklagestand wegen des Versuchs des im § 122 StGB. vorgesehenen Verbrechens lediglich deshalb ab, „weil der Beschuldigten keinerlei Handlungen nachgewiesen worden, welche einen Anfang der Ausführung des zweiten Thatbestandes-Momentes des § 122 cit., des In-Umlauf-Setzens des falschen Geldes, enthalten." Auf die Beschwerde des OStA s ward dieser Beschluß aufgehoben und die Sache an das AG. zurückverwiesen, zur nähern Prüfung, ob nicht auch ohne den Beginn des In-Umlauf-Setzens in der Handlung der H. der Anfang der Ausführung des betr. Verbrechens zu finden sei. Erwogen ward:

daß zwar zum Thatbestande des vollendeten Verbrechens aus § 122 des StGB.s erforderlich ist, daß Jemand falsches oder verfälschtes Geld an sich bringt und es entweder in Umlauf setzt oder zum Zwecke der Verbreitung aus dem Auslande einführt,

daß aber um deswillen die Strafbarkeit des Versuchs dieses Verbrechens nicht dadurch bedingt wird, daß mit der Vornahme beider zur schließlichen Vollendung gehöriger Thätigkeiten der Anfang gemacht ist, vielmehr — wie bei jeder anderen durch mehrere Handlungen gebildeten Strafthat — rechtlich nichts entgegensteht, im einzelnen Falle den Anfang der Ausführung der Strafthat schon alsdann als vorhanden anzunehmen, wenn die Handlung des Beschuldigten nur einen Theil des Thatbestandes darstellt, sofern bei dieser Handlung zugleich die Absicht auf den weiteren wesentlichen Bestandtheil der Strafthat gerichtet war — wie bereits mehrfach, insbesondere in Bezug auf den Versuch einer Urkundenfälschung ausgeführt ist — (Erk. v. 13. Mai 1857; id. v. 11. Mai 1859; G. A. 5. S. 666; 7. S. 558 [Oppenh. StGB. § 247 n. 62]).

Antr. des GStA.s: gleichl [50. — 3.]

Urkunde. — Vollmacht. — Milde Beiträge.

Eine Schrift, durch welche zu milden Beiträgen aufgefordert und eine namhaft gemachte Person mit der Empfangnahme beauftragt wird, ist eine Urkunde.

StGB. § 247 [n. 142].

Beschl. (I.) v. 31. Mai 1865 c. Krampe (155. B. I. Cr.).

Kr. hatte, nach der thatsächlichen Annahme der Instanzrichter, unter den Namen eines „Bezirksvorstehers" und eines „Predigers" eine Aufforderung zu milden Beiträgen für die Pockenkranken in Gr., welche am Schlusse die Bemerkung trug: „der Ueberbringer Herr D. ist zur Empfangnahme von Liebesgaben autorisirt" — fälschlich angefertigt, und davon zum Zwecke der Täuschung Gebrauch gemacht. Gleichwohl lehnte das AG. die Versetzung in den Anklagestand aus §§ 247. 250 StGB deshalb ab, „weil das qu Schriftstück keine Urkunde sei," und eröffnete die Untersuchung nur wegen qualifizirter Betteleı. Auf die Beschwerde des OStA.s hat das OTr diesen Beschluß aufgehoben, indem es erwog, daß in der Handlung des Kr.

der Thatbestand der Urkundenfälschung — strafbar nach §§ 247. 250 des StGB.s — zu finden ist;

daß insbesondere dem in Rede stehenden Schriftstücke auch der von dem AG. vermißte Charakter einer Urkunde im Sinne des § 247 Nr. 2 l. c. beiwohnt, indem dasselbe außer der Aufforderung zu milden Beiträgen zugleich die Bevollmächtigung des Ueberbringers D. Seitens des angeblichen Ausstellers zu ihrer Empfangnahme enthält, ein solches Vollmachts-Verhältniß aber, abgesehen von den daraus herzuleitenden Verbindlichkeiten des Machtgebers gegen die Beisteuernden, den Bevollmächtigten zur Verrechnung und Ablieferung der erhaltenen Liebesgaben an den Machtgeber verpflichten würde, und somit das Schriftstück zum Beweise von Verträgen, Rechten und Rechtsverhältnissen von Erheblichkeit ist.

Antr. des GStA.s: Aufhebung des Beschl. [46.—3.]

Ueberversicherung. — Vermuthung.

Die Vorschrift des § 20 des Ges.s v. 8. Mai 1837 über die zu vermuthende Wissentlichkeit einer Ueberversicherung ist nicht aufgehoben.

Ges. v 8. Mai 1837 § 20; Vdn v. 3. Jan. 1849 § 22 [n. 72].

Erk. (Z. I.) v. 31. Mai 1865 c. Röcker (499. I. Cr.)

spricht den obigen Grundsatz unter Hinverweisung auf Z. II 10. Nov. 1859 c. Fritsch (315, G. A. 8. S. 102) aus.

Antr. des GStA.s: gleichl. [18.—4.]

Hausir-Kontravention. — Musiker. — Gesellschaft. — Vorsteher.

1. **Musiker, welche unter der Leitung eines Vorstehers umherziehend für Geld Musik machen, bedürfen dazu eines Gewerbescheins für jeden Einzelnen, oder eines alle Einzelnen nennenden gemeinschaftlichen Gewerbescheins.**

Haus.-Reg. v. 28. Apr. 1824 §§ 18 26; AKO. v. 14. Okt. 1833 (GS. S. 126); AKO. v. 4 Dez 1836 § 2 (GS. 1837 S. 13); Ges. v. 14. Sept. 1857 (GS. 1858 S. 9). Vgl. RbOTr. 5. S 514.

2. **Der Vorsteher einer Gesellschaft von Musikern, welche umherziehend für Geld Musik machen, ohne im Besitze eines Gewerbescheins zu sein, hat, wenn er selbst für sich einen Gewerbe-**

schein besitzt, die Strafe des § 30 des Hausir-Regulativs verwirkt.

Erk. (V. Z. II.) v. 8. Juni 1865 c. Graß & Gen. (42 II. Cr).

Eine Gesellschaft von 4 Musikern, bestehend aus der als Vorsteherin handelnden Wittwe Gr., der B. M., der E. M. und der M v. O., hatte umherziehend für Geld Musik gemacht, obgleich nur die Gr. im Besitze eines auf ihren Namen lautenden Gewerbescheins war Hierin fanden die Instanzrichter eine Zuwiderhandlung gegen § 20 des Haus.-Regulativs, weil die drei zuletzt erwähnten Personen als Gewerbsgehülfen der Gr. thätig gewesen seien, ohne im Gewerbeschein derselben mit genannt zu sein; sie verhängten indessen gegen alle vier nur die Strafe des § 30 l c., weil die Strafandrohungen der §§ 26—29 hier nicht paßten. Die NB. des OStA.s suchte auszuführen, es liege ein Fall des § 28 vor, weil die Begleiterinnen der Gr für die Rechnung und in Gemeinschaft mit der letzteren die Gewerbshandlungen vorgenommen und dadurch unbefugter Weise den Gewerbeschein der letzteren mißbraucht hätten. — Die GStA.-schaft hielt die NB. in Betreff der 3 Begleiterinnen der Gr. für begründet, nicht aber, weil § 28 hier Platz greife, sondern weil jede der Angeklagten für eigne Rechnung gehandelt und daher eines Gewerbescheins bedurft, mithin gegen § 26 verstoßen habe. In Betreff der Gr. beantragte sie dagegen Vernichtung des angefochtenen Erkenntnisses und Freisprechung, weil diese einen Gewerbeschein gehabt habe, ihr gemeinsames Handeln mit ihren eines Gewerbescheins entbehrenden Begleiterinnen aber nicht die Uebertretung einer Vorschrift des Hausir-Regulativs darstelle. — Das OTr. hat die NB in Betreff der Gr. zurückgewiesen, in Betreff der übrigen Angeklagten aber das Erkenntniß 2. Instanz vernichtet und die Sache an das AG. zurückverwiesen. Gründe.

Nach den [oben citirten] gesetzlichen Bestimmungen muß zunächst jeder Musiker, der außerhalb des Polizei-Bezirks seines Wohnorts, und in größerer Entfernung als 2 Meilen von demselben für Geld (also gewerbsmäßig) Musik macht, mit einem, allein auf seine Person lautenden, oder doch, wo jenes von ihm in einer, unter einem Vorsteher das Musikergewerbe treibenden Gesellschaft geschieht, ihn auch benennenden und signalisirenden Gewerbeschein versehen sein, den er selbst, event. der Vorsteher der Gesellschaft bei sich führen muß. Er verfällt sonst in eine Strafe, welche nach dem Plenarbeschluß v. 26. Aug. 1839 (Entsch. 4. S. 408;

Präj. Nr. 661) in keinem der Fälle der §§ 26 bis 28 eine bloß polizeiliche ist, wie sie nach § 30 (vgl. § 32) bestimmt werden kann, und keineswegs voraussetzt, daß ein solcher Musiker selbstständig, unter eigener Verantwortlichkeit und allein für eigene Rechnung jenes Gewerbe betreibe, vgl. B. II. v. 10. März 1864 (RdOTr. 4. S. 417); Z. I. 17. Febr. 1865 (RdOTr. 5. S. 514). Der App.-Richter hat daher, bezüglich auf die übrigen Angeschuldigten außer der Wittwe Gr., — welche, wenn sie gewerbsmäßig Musik gemacht haben, dies doch für eigene, wenn auch wohl mit der Wittwe Gr. gemeinschaftliche Rechnung gethan haben, — den § 26 des Regulativs v. 28. Apr 1824 unrichtig ausgelegt und dadurch verletzt, daß er, in Folge solcher unrichtigen Auslegung, denselben für unanwendbar auf die gedachten drei Angeschuldigten und nur den § 30 für anwendbar erachtet, namentlich angenommen hat, der § 26 passe an und für sich nicht, weil hinsichtlich jener übrigen Angeklagten ein selbstständiger Gewerbebetrieb oder ein Mitinnehaben des der Wittwe Gr. ertheilten Gewerbescheins nicht festgestellt sei, sie vielmehr nach der Feststellung nur an den Handlungen der Wittwe Gr. sich betheiligt hätten, wiewohl doch auch da, wo das Musiker-Gewerbe umherziehend in einer Gesellschaft unter einem Vorsteher betrieben wird, der für die übrigen Mitglieder zu haften hat, diese Haftung nicht die Verpflichtung eines jeden Gesellschaftsmitgliedes ausschließt, selbst für eigene Lösung des Gewerbescheins auf seine Person zu sorgen, oder sich zu überzeugen, daß der Gewerbeschein der Gesellschaft mit namentlicher Aufführung und Signalisirung der einzelnen Mitglieder ertheilt sei. Deshalb unterliegt hinsichts der gedachten drei Angeschuldigten das angefochtene Erkenntniß der Vernichtung.

Anders verhält es sich mit der Wittwe Gr. Sie war mit einem Gewerbeschein versehen. Auf Grund desselben hat sie selbst das Gewerbe betrieben, also nicht selbiges durch einen Andern, der von ihr vorgeschoben wäre, für ihre Rechnung betreiben lassen. Einen Mißbrauch mit dem Gewerbeschein selbst hat sie auch dadurch nicht getrieben, daß sie mehr und andere Personen, als in dem Gewerbeschein aufgeführt waren, mit sich geführt und auch an dem außerhalb des Polizei-Bezirkes ihres Wohnorts stattgehabten Musikmachen für Geld sich hat betheiligen lassen. Der Fall, daß der Inhaber des Gewerbescheins eine darin nicht genannte, wenn auch zu seiner Familie gehörige Person mit umherführt, was im § 20 des Regulativs allerdings auch, aber in einem besonderen Satze und mit Unterscheidung von den dort gedachten übrigen Fällen, namentlich auch von dem eines mit dem Gewerbeschein getriebenen Mißbrauchs untersagt ist, ist ausdrücklich im § 28 nicht mit Strafe bedroht, wie es dort hinsichts der übrigen im § 20 bezeichneten Fälle von Uebertretungen der vorgeschriebenen Verhaltungsregeln geschehen ist. Er ist daher nur im § 30 mit Strafe bedroht. Bezüglich der Wittwe Gr., gegen welche diese letztere Strafe schon vom ersten Richter festgesetzt ist, ist daher die NB. nicht begründet und soweit war deshalb die NB. zurückzuweisen. [26. — 3.]

---

1. Beschwerde. — Frist. — Anfangstermin.
2. Gewerbesteuer. — Fleischhandel.

1. Die Frist, innerhalb welcher der Ober-Staats-Anwalt einen appellationsgerichtlichen Beschluß anfechten kann, läuft nur von der an ihn erfolgten Mittheilung, nicht von dem Tage, an welchem der Beschluß dem beim Gerichte erster Instanz fungirenden Staats-Anwalt mitgetheilt worden ist.

Ges. v. 3. Mai 1852 Art. 11 [n. 16]; Art. 13 [n. 8].

2. Derjenige, welcher zu Wirthschafts- und Haushaltungszwecken Vieh anschafft und schlachtet, und nur das den eignen Bedarf überschreitende Fleisch verkauft, treibt nicht einen Fleischhandel im Sinne der Steuer-Gesetzgebung.

Gew.-St.-Ges. v. 30. Mai 1820 § 10 e. Vgl. RbOTr. 5. S. 314.

Beschl. (II.) v. 8. Juni 1865 c. Müller (52. B. II. Cr.).

Gegen M. war die Eröffnung der Untersuchung wegen Gewerbesteuer-Kontravention beantragt, von den Instanzgerichten aber deshalb abgelehnt worden, weil M. nur zum eignen Wirthschafts- und Haushaltungsbedarf Vieh angeschafft und geschlachtet, und nur das den eignen Bedarf übersteigende Fleisch anderweit durch Verkauf verwerthet habe, hierin aber ein steuerpflichtiger Fleischhandel nicht zu finden sei. Das AG. theilte seinen die Beschwerde des PAnw.s zurückweisenden Beschluß nur dem letzteren, nicht dem OStA. mit. Erst längere Zeit nach jener Mittheilung ergriff der OStA. die Beschwerde an das OTr., indem er hervorhob, daß die Präklusivfrist (des § 12 der Vdn. v. 3. Jan. 1849 sowie des Art. 14 des Ges. v. 3. Mai 1852) gegen ihn zur Zeit nicht habe laufen können. Das OTr. hat diese Ausführung stillschweigend gebilligt, indem es auf das Materielle der Sache einging, und die Beschwerde deshalb zurückwies, weil die Entscheidung des AG.s rechtlich begründet sei; es ward dabei auf B I. 30. Nov 1864, RdOTr. 5. S. 314 hinverwiesen.

Antr. des GStA.s: gleichl. [23.—8.]

---

1. 2. Fragstellung. — Anklage. — Befassung. — Zeit-, Ortsangabe.

3. Verlesung. — Prozeßschriften. — Selbstständige Beweismittel.

1. Es ist statthaft, bei einer auf „Mord" lautenden Anklage den Geschwornen eine Eventualfrage wegen Raubes vorzulegen, wenn die zum Thatbestande des letztern gehörige Gewalt in denjenigen konkreten Handlungen gefunden wird, welche die Anklage als Mord qualifizirt hatte.

Ges. v. 3. Mai 1852 Art. 86 [n. 14; Art. 30 n. 3]. Vgl. RdOTr. 2. S. 259.

2. Es ist statthaft, in der Frage die Zeit- (Orts-) Angabe weit zu fassen, sobald dadurch nicht in Betreff der festzustellenden konkreten That ein Zweifel hervorgerufen wird.

Ebendas. Art. 81 [n. 9].

3. Der Vorsitzende kann ohne vorgängigen Gerichtsbeschluß Prozeßschriften über die Füh-

rung der Untersuchung und solche Urkunden, welche für sich allein Beweisstücke bilden, verlesen lassen; dieselbe Befugniß steht ihm zu, wenn die Nothwendigkeit und Veranlassung der Verlesung sich aus der vorhergegangenen Verhandlung selbst ergeben.

Vdn. v. 3. Jan. 1849 § 14 [n. 45].

Erk. (Z. I.) v. 9. Juni 1865 c. Zackor (676. I. Cr.).

Die Eheleute Z und der Schlossergeselle R waren wegen „Mordes" des Müllers Gr. definitiv in Anklagestand versetzt und vor den Schw.-GH. gestellt worden. Hier wurde den Geschwornen außer den dem Anklagebeschlusse entsprechenden Fragen auch noch die Fragen vorgelegt, ob die einzelnen Angeklagten schuldig seien: „im Herbste 1858 zu St. in Gemeinschaft mit Andern dem ꝛc. Gr. diesem gehörige bewegliche Sachen in der Absicht rechtswidriger Zueignung weggenommen zu haben, und zwar a) mit Gewalt gegen die Person des Gr., und b) so daß der Tod des Gr. durch die Mißhandlung verursacht sei." — Diese Frage ist von den Geschwornen in Betreff der Ehefrau Z. unter Beseitigung des Umstandes ad b mit mehr als 7 Stimmen bejaht worden. Demgemäß aus §§ 230. 231 StGB. bestraft, hat sie die NB. ergriffen und Folgendes gerügt:

1) Verletzung der Artt. 86. 30 des Ges.s v. 3. Mai 1852: der Anklagebeschluß habe nur einen Mord zum Gegenstande gehabt; nach den citt. Gesetzesstellen möge es statthaft gewesen sein, Eventualfragen wegen tödtlicher Körperverletzung oder fahrlässiger Tödtung zu stellen, und ebenso einen konkurrirenden Diebstahl als begleitenden Umstand der Hauptthat zu berücksichtigen; es habe aber der Anklage wegen Mordes nicht die wegen Diebstahls oder Raubes substituirt werden dürfen, da diese nothwendig vom Morde verschiedene selbstständige Strafthaten darstellten;

2) es sei die Verurtheilung auf Grund des Geschwornenspruchs um so unstatthafter gewesen, weil dieser Ort und Zeit des Raubes nicht erkennen lasse; es sei jetzt sehr wohl möglich, daß die Geschwornen bei ihrem Wahrspruche an einen ganz andern, zu einer andern Zeit stattgehabten Vorfall gedacht hätten, als Gegenstand der Anklage gewesen sei;

3) der Vorsitzende habe ohne einen dieses anordnenden und rechtfertigenden Gerichtsbeschluß verschiedene Aktenstücke verlesen lassen; nämlich: a) die Requisition des AG s an das Medizinal-Kollegium um Erstattung eines Superarbitriums in Betreff des objektiven Thatbestandes;

b) ein Vorerkenntniß, durch welches der Mitangeklagte Z. von der Anklage des Vatermordes freigesprochen war; c) die Denunziation eines Dritten, welche die Veranlassung zur vorliegenden Untersuchung gegeben; d) eine amtliche Anzeige eines Stadtmagistrats über den Wohnungswechsel eines Mitangeklagten.

Die GStA.-schaft beantragte Zurückweisung der NB. und führte namentlich in Betreff des ersten Beschwerdepunktes aus: nach dem Grundsatze der Artt. 86. 30 l c. sei es nicht nur statthaft, sondern auch geboten, die zum Gegenstande der Anklage gemachte konkrete That von allen Gesichtspunkten aus, unter welchen sie sich als strafbar darstellen könnte, zu erledigen und demgemäß die Fragen zu stellen; eine Aenderung des betr. Verbrechensbegriffs sei dabei in keiner Weise ausgeschlossen, und ebensowenig die Berücksichtigung anderer sich an die betr. Handlung anschließender thatsächlicher Momente; hier sei der Gegenstand der Anklage eine vorsätzliche und mit Ueberlegung gegen den Gr. verübte Gewalthandlung gewesen, welche den Tod desselben herbeigeführt habe; nichts habe entgegengestanden, einen mit dieser That in Verbindung stehenden gegen Gr. verübten Diebstahl, wenn er durch die stattgehabten Verhandlungen ermittelt wurde, in das Verfahren und die Fragstellung hineinzuziehen, und ebensowenig habe es bedenklich sein können, die Fragstellung auf einen Raub zu richten, wenn nach dem Ergebnisse der Verhandlungen gerade diejenige konkrete That, in welcher die Anklage den Thatbestand des Mordes fand, nicht dieses Verbrechen, wohl aber denjenigen Gewaltsakt darstellte, durch welchen der neuerdings ermittelte Diebstahl den Charakter des Raubes (§ 230) annahm; diese Verfahrungsweise sei deshalb unbedenklich und dem unserem Strafverfahren zum Grunde liegenden Hauptprinzipe entsprechend gewesen, weil nach erfolgter unbedingter Freisprechung vom Morde die betr. Gewalthandlung in keiner Weise mehr zum Gegenstande einer neuen Anklage wegen Mißhandlung, Raubes oder einer sonstigen Strafthat habe gemacht werden können; ob dagegen durch diese andere Qualifizirung derselben That die Vertheidigung des Angeklagten erschwert worden, und ob nicht statt der Stellung einer Eventualfrage wegen Raubes der Vorbehalt einer anderweitigen Verfolgung wegen dieses Verbrechens zu machen gewesen sei, habe nur dem thatsächlichen Ermessen des Schw.-GH.s unterlegen.

Das OTr. hat die NB. zurückgewiesen. Gründe:

Die Anklage ging auf Mord. Sie erörterte ausführlich den dringenden Verdacht, daß dieser Mord unternommen sei, um sich der Gelder u. s. w. des Gr., deren theilweiser Besitz nach Verübung der That gegen die Angeklagte nachgewiesen sei, zu bemächtigen. Es war also das in unserem früheren Strafrecht als ein besonderes qualifizirtes Verbrechen des Raubmordes aufgestellt. Nachdem das neue StGB. diese besondere Qualifikation des Mordes nicht wieder aufgestellt hat, wird die Absicht der Ausführung einer Beraubung vermittelst des Mordes allerdings nur zu einem bloßen Motive der That, man wird ihr jedoch darum den Charakter eines die That begleitenden Umstandes nicht verneinen können. Dies ergiebt sich deutlich aus dem Verhältniß des Thatbestandes des Raubes zu demjenigen des mit der Absicht der Beraubung verübten Mordes. Der Raub wird verübt durch einen Diebstahl mittelst Gewalt an der Person. Die That bleibt Raub, auch wenn die Gewalt an der Person den Tod der letzteren zur Folge gehabt hat. Die That geht aber in das schwerere, den Raub als solchen rechtlich absorbirende Verbrechen des Mordes über, sobald der Thäter die Handlung von vorn herein mit der überlegten Absicht zu tödten und nur mittelst dieser Tödtung zu berauben verübt hat. Beide Thatbestände werden also lediglich durch die vorher überlegte Absicht zu tödten geschieden; derjenige des Raubes tritt also sofort in Kraft, sobald entweder die Tödtung überhaupt, oder doch die Absicht der Tödtung verneint wird. In diesem Sinne ist daher der Raub allerdings als ein begleitender Umstand des Mordes zu behandeln, und eine Anklage, welche wie die vorliegende die Absicht der Bemächtigung des Geldes beim Morde behauptet, kann und muß unter Umständen ihre völlige Erledigung auch durch die Feststellung des Thatbestandes des Raubes dann, wenn das absorbirende Moment des Mordes hinwegfällt, finden.

Obwohl nun die Anklageformel im vorliegenden Falle nur auf Mord lautete, war es nicht unstatthaft, den in der Anklage indizirten Umstand in die Hauptfrage mit aufzunehmen, ob die Tödtung Behufs der Ausführung eines Diebstahls verübt sei. Das OTr. hat dies in früheren Fällen gemißbilligt (G. A. 7. S. 209; 10. S. 759; 13.

S. 195; RdOTr. 5. S. 494), indeß nur mit Rücksicht auf die Form, unter welcher jener Umstand in der Frage ausgedrückt war, weil dadurch bei den Geschwornen das Mißverständniß herbeigeführt werden könnte, als handle es sich um den Thatbestand des Mordes und um denjenigen des Todtschlages bei Unternehmung eines Verbrechens oder Vergehens (§ 178 StGB.) in einer und derselben Hauptfrage. Im vorliegenden Falle ist eine Form gewählt,

a) mit Ueberlegung,

b) um ein Hinderniß u. s. w.;

welche ein solches Mißverständniß gar nicht, oder doch weniger leicht herbeiführen konnte, weil hier der Umstand der Ueberlegung in eine mehr unmittelbare Verbindung mit der beabsichtigten Beseitigung des Hindernisses bei der Ausführung des Diebstahls gebracht ist. Immer aber ist diese Frage von den Geschwornen ganz verneint.

Diese Verneinung erfolgte aber ohne Sonderung der einzelnen Umstände. Dadurch war also zwar jedenfalls der Thatbestand des Mordes erledigt. So lange es aber ungewiß blieb, ob die Geschwornen nur die überlegte Absicht zu tödten, oder auch die Tödtung überhaupt, oder endlich auch die Verübung des Diebstahls mittelst einer Handlung, welche nur unabsichtlich den Tod des Angegriffenen zur Folge gehabt, verneint hätten, war der GH. so berechtigt als verpflichtet, die fernere Frage in dieser Richtung zu stellen, um dadurch die Anklage vollständig zu erschöpfen. Diesen Zweck hat die Frage 5. gegen die rc. Z. erfüllt. Sie enthält das, was die Anklage derselben vorwirft, nämlich die Bemächtigung der Sachen des Gr. mit einer gegen dessen Person verübten Gewalt und mit der Verursachung des Todes durch diese Gewalt, aber hier, nach Verneinung der ersten Frage, ohne die überlegte Absicht zu tödten. Daß aber in der Anklage des Mordes auch die eventuelle Behauptung einer Gewalt gegen die Person mit der bloßen Folge des Todes liege, bedarf keiner weiteren Ausführung.

Hierdurch erledigen sich die Angriffe der Beschwerde,

soweit sie sich auf die Substituirung einer andern als der angeklagten That mittelst der Frage 5. beziehen. Das Resultat ist kein dem Verfahren widersprechendes. Durch die Verneinung aller Hauptumstände der That ist eine ursprünglich nur als ein Nebenumstand zu betrachtende und in ihrem Verhältniß zur Hauptthat (dem Morde) allerdings rechtlich gleichgültige Thatsache, die Bemächtigung der Sachen des Angegriffenen, als nunmehr allein strafbare That übrig geblieben. Es mag dahin gestellt bleiben, ob vermittelst einer lediglich aus Art. 86 des Ges.s v. 3. Mai 1852 gestellten Frage, also in dem Falle, wenn erst durch die Hauptverhandlung ein in der Anklage nicht erwähnter Umstand als ein die That begleitender ermittelt wird, derselbe nach Verneinung der Hauptthat allein als Gegenstand der Feststellung durch das Verdikt und als Gegenstand der sofortigen Verurtheilung, statt des bloßen Vorbehalts anderweiter Verfolgung, behandelt werden könne. Ein solcher Fall liegt aber hier nicht vor; es handelt sich vielmehr hier, wie oben gezeigt, um einen bereits in der Anklage hervorgehobenen, mit der Hauptthat unmittelbar verbundenen, wenn auch erst durch Verneinung ihrer Hauptbestandtheile rechtlich wirksam gewordenen Umstand. Dadurch erweist sich denn die Behauptung der Beschwerde, daß nach erfolgter Verneinung des Mordes die Freisprechung der Angeklagten hätte erfolgen müssen und — wie der Schlußantrag der Beschwerde andeutet — nur die weitere Verfolgung wegen Raubes hätte vorbehalten werden dürfen, als hinfällig. —

Zu Nr. 2. Gegenstand der Anklage und der Verhandlung war eine That, deren Zeit und Ort nicht mit voller Bestimmtheit zu ermitteln war. Nach der Anklage sollte der Gr. von Stargard aus durch die Angeklagten als Leiche nach dem Madüe-See transportirt sein. Die Anklage nahm also Stargard als Ort der That an. Nach den medizinischen Gutachten war es zwar als festgestellt zu erachten, daß der Tod durch Erstickung bewirkt worden sei, aber noch in ihrer letzten Aeußerung in der Audienz waren die Sachverständigen darüber nicht völlig einig, ob diese Erstickung schon auf dem Lande, oder erst im Wasser verübt worden sei; in diesem letzteren Falle würde also als Ort der That der Madüe-See anzunehmen gewesen sein. Ferner war es zweifelhaft, wie viele Tage der Gr. vor der am 8. Dez. 1858 stattgefundenen Obduktion gestorben sei? Auch in dieser Beziehung stimmten die schließlich in der Audienz hierüber befragten Sachverständigen nicht völlig überein. Es war daher möglich, daß die That im Nov. oder auch erst im Dez. 1858 verübt worden sei. Unter diesen Umständen blieb Nichts übrig, als eine Fassung der Frage zu wählen, welche zwar durch die Angabe von Stargard als Ort, und des Herbstes 1858 als Zeit der That relativ bestimmt war, aber durch eine noch speziellere Angabe in dieser Hinsicht nicht zugleich ausschließlich Thatsachen hinstellte, für welche keine bestimmten Grundlagen vorlagen, deren besondere Feststellung vielmehr — innerhalb der Grenzen, welche die Frage für Ort und Zeit enthielt — den Geschwornen anheimfiel. Von einer Ungewißheit der festzustellenden konkreten That im Unterschiede von irgend einer anderen denselben Angeklagten zur Last fallenden konnte dabei nicht wohl die Rede sein. —

Zu Nr. 3. Die Verlesungen und zwar auch ohne den Beschluß des GH.s war der Vorsitzende zu bewirken resp. anzuordnen wohl befugt. Denn theils waren diese Schriftstücke Prozeßschriften über die Führung der Untersuchung (zu 1), theils amtliche Urkunden, welche für sich allein Beweisstücke bilden (zu 4), theils endlich lag die Nothwendigkeit und die Veranlassung der Verlesung in der unmittelbar vorangegangenen Verhandlung, resp. in dem Verhör der Zeugen und der Angeklagten durch den Vorsitzenden. So war zu 2 der [Mitangeklagte] Z. über die Veranlassung und das Resultat der früheren Untersuchung gegen ihn befragt und hatte darüber selbst eine genügende Auskunft nicht geben können. Ferner handelte es sich bei dem Verhör darum, die erste Ursache zu der Annahme zu ermitteln, daß die aufgefundene Leiche diejenige des Gr. gewesen sei.

Endlich aber handelte es sich bei dem Verhör der Z. und des Zeugen, Polizeiinspektor P., um den Inhalt des von dem letzteren aufgenommenen polizeilichen Geständnisses der Z., und um deren darunter befindliche, den Geschwornen vorgezeigte Unterschrift (zu 5).

Außer diesen Vorlesungen der Schriftstücke selbst finden sich allerdings Vermerke in dem Audienzprotokoll, nach welchen der Vorsitzende den Inhalt von Schriftstücken angegeben, resp. Thatsachen daraus „konstatirt" hat. Allein in zwei Fällen handelte es sich um Prozeß-, resp. Untersuchungs-Akten, welche außerhalb der vorliegenden Untersuchung verhandelt sind, und zwar nicht um einen einzelnen Umstand daraus, sondern in der That um den Inhalt im Allgemeinen, die Veranlassung, das Resultat u. s. w. Die Veranlassung dazu lag theils wiederum in dem Verhör, theils in dem eigenen Antrage des Vertheidigers, welcher um Vorlegung der Untersuchungs-Akten gegen R. bat. Von der Vorlesung der ganzen Akten kann aber in solchen Fällen ersichtlich keine Rede sein; und wenn die Angeklagten und deren Vertheidiger gegen die Angabe des Inhalts der Akten durch den Vorsitzenden Erinnerungen zu machen hatten, — was hier nicht geschehen ist, so war es ihre Sache, die Verlesung betreffender Stellen aus den Akten zu beantragen. Endlich hat der Vorsitzende „konstatirt," daß eine von einem Zeugen erwähnte Familie nach amtlicher Auskunft bereits im Jahre 1856 nach Amerika ausgewandert sei, und daß sich der Angekl. Z. im Jahre 1861 im Krankenhause befunden habe. Solche Erläuterungen, welche zum Gange und etwa zum Verständniß der Verhandlung dienen, müssen, auch wenn sie Thatsachen betreffen, dem Vorsitzenden nach seinem Ermessen unbedenklich gestattet sein, besonders dann, wenn darin nicht ein unmittelbares Beweismittel für die That liegt, und wenn dagegen ein Einspruch Seitens der Partheien nicht erfolgt, die Uebereinstimmung der Mittheilung mit der Quelle, aus welcher sie herrührt, dadurch also anzunehmen ist. [15.—2.]

Presse. — Bericht. — Landtagsverhandlung.

Nicht jeder wörtliche Abdruck einer einzelnen in einem Hause des Landtags gehaltenen Rede ist als ein „Bericht von einer öffentlichen Sitzung" anzusehen; insbesondere paßt diese Bezeichnung nicht, wenn eine einzelne der Staatsregierung Mängel zum Vorwurfe machende Rede ohne die Vertheidigung des angegriffenen Ministeriums und ohne die in der Sitzung erfolgte Berichtigung der Thatsachen abgedruckt wird.

Preßges. v. 12. Mai 1851 § 38. Vgl. RbOTr. 4. S. 429; Beschl. (I, 197. B.) v. 20. Juli 1865 (unten); Hartm Preßges. S. 227.

Beschl. (I.) v. 9. Juni 1865 (160. B. I. Cr.).

Eine Nr. (98) der —Zeitung war in Beschlag genommen worden, weil sie eine vom Abgeordneten F. im Hause der Abgeordneten gehaltene Rede wortgetreu nach den stenographischen Berichten mittheilte, deren Inhalt für strafbar erachtet wurde. Die Instanzgerichte hoben indessen diese Beschlagnahme auf, weil jene Mittheilung als ein „Bericht aus einer öffentlichen Sitzung des betr. Hauses" anzusehen sei. Auf die Beschwerde des OStA.s ist der Beschluß des AG.s aufgehoben und die Sache zur näheren Prüfung an das letztere zurückverwiesen worden. Gründe:

Die Grundsätze über die Anwendung des § 38 des Preßges.s v. 12. Mai 1851, welcher „wahrheitsgetreue Berichte von den Kammersitzungen" von aller Verantwortlichkeit befreit, sind in ihrer Anwendung auf den damals vorgelegenen Fall in unserer Entscheidung v. 31. März 1864 c. Lüning [RbOTr. 4. S. 429] ausgesprochen. Damals handelte es sich um die Aufnahme einzelner Aeußerungen aus der Rede eines Abgeordneten in einen raisonnirenden Artikel der Zeitung. Im vorliegenden Falle handelt es sich nicht um einen solchen Fall, sondern, wie festgestellt ist, um den Abdruck einer ganzen Rede eines Abgeordneten nach dem stenographischen Berichte. Es mag nun dahin gestellt bleiben, ob ein solcher Abdruck in anderen Fällen als ein wahrheitsgetreuer Bericht von der öffentlichen Sitzung betrachtet werden kann, wenn einerseits nicht ein Bericht der ganzen Sitzung gefordert werden kann, und andererseits eine für sich allein als ein Ganzes zu betrachtende Rede ohne spezielleren Zusammenhang mit dem Vorangehenden oder Nachfolgenden vorliegt. Hier aber handelt es sich um eine Rede, welche spezielle, der Verwaltung der Staatsregierung angeblich zur Last fallende Mängel und die darauf bezüglichen Thatsachen berührt, daran eine, wie behauptet wird, verletzende Kritik der gedachten Verwaltung knüpft, und sofort eine die berichteten Thatsachen widerlegende Erklärung und Berichtigung des betreffenden Ministers gefunden haben soll. In einem solchen Falle kann von einem Berichte der oben gedachten Art, also von einem historischen Vorgange in der Sitzung, nicht die Rede sein, wenn das Referat sich allein auf die den Angriff enthaltende Rede des Abgeordneten, ohne die Vertheidigung des angegriffenen Ministers, mindestens ohne die Berichtigung der Thatsachen, beschränkt.

Es ist nun, wie aus dem Beschlusse des Kr.-G.s hervorgeht, in der früheren Nr. 95 derselben Zeitung ein kursorischer Bericht der ganzen Sitzung enthalten gewesen, und darin auch der Entgegnung auf die Rede des Abgeordneten F. gedacht. Das Kgl. AG. hat daher anderweit zu erwägen, ob diese Verbindung beider Nummern der Zeitung dem Erfordernisse eines Berichtes über den ganzen Vorgang in dem oben gedachten Sinne entspricht, oder ob dies nach Lage des Falles durch die Trennung beider Nummern von einander nicht stattfindet, ferner aber, ob insbesondere dasjenige, was in der Nr. 95 über die Entgegnung des Ministers angeführt ist, im Zusammenhalt mit der vollständigen Rede des F. in der Nr. 98 dem Bedürfnisse entspricht, welchem das Preßgesetz genügen will, nämlich eine zum Verständniß des Publikums dienende Darstellung des Verhandelten wiederzugeben.

Antr. des GStA.s: Aufhebung des Beschl.s. [15.—3.]

Beweisantrag. — Zeuge. — Grund des Wissens.

Ein Beweisantrag kann nicht aus dem Grunde abgelehnt werden, weil derselbe nicht näher darlege, auf welche Weise die benannten Zeugen von den zu bekundenden Thatsachen Kenntniß erlangt hätten.

Vdn. v. 3. Jan. 1849 § 52 [n. 39]; Cr.-Ordn. § 320.

Erk. (B. I.) v. 14. Juni 1865 c. Blumowski (611. I. Cr.).

Der Angeklagte hatte in 2. Instanz zum Beweise seines Alibi sich auf die Zeugin R. dafür berufen, daß er „am betr. Morgen zu Hause gewesen sei," das AG. aber die Beweiserhebung aus dem Grunde abgelehnt, „weil nicht angegeben sei, wodurch die &c. R. Gelegenheit erhalten, sich von dem Einheimischsein des Angeklagten Ueberzeugung zu verschaffen." Auf die NB des Bl. ist das ergangene Erkenntniß vernichtet und die Sache an das AG. zurückverwiesen worden. Gründe:

Der [vom AG.] angegebene Grund beruht augenscheinlich auf der Anschauung, daß es nicht genüge, daß der Angeklagte in der App.-Rechtfertigungsschrift die zur Anfechtung der erstrichterlichen Feststellung bestimmten Thatsachen und Beweise deutlich und präzis angebe, daß derselbe vielmehr verpflichtet sei, näher darzulegen, auf welche Weise der von ihm benannte Zeuge von der durch ihn zu bekundenden Thatsache Kenntniß erlangt habe. Ein derartiger Grundsatz ist dem Prozeßrecht fremd. Dem vernehmenden Richter liegt es zwar ob, darauf zu sehen, daß der Zeuge bei der Abhörung seine Wissenschaft so bestimmt und ausführlich, wie es die Natur der Sache erfordert, angebe und überall den Grund derselben beifüge; nicht aber darf die Prüfung und Entscheidung der Frage, ob die neuen Thatsachen und Beweise im Falle ihrer Richtigkeit resp. Glaubwürdigkeit geeignet sein würden, eine von derjenigen des ersten Richters abweichende thatsächliche Feststellung zu begründen, und ob deshalb die angetretenen Beweise zu erheben seien, von einer Motivirung der Beweisanträge im Sinne des lediglich eine Instruktion für den die Vernehmung der Zeugen bewirkenden Richter enthaltenden § 320 Cr.-Ordn. abhängig gemacht werden. Indem der App.-Richter daher eine solche Begründung für erforderlich erachtete, schnitt er dem Angeklagten die Vertheidigung in unzulässiger Weise ab: B. [I, 1200] v. 11. Nov. 1857 c. Friedrich, G. A. 6. S. 96.

Antr. des OStA.s: gleichl. [50.—4.]

Anschuldigung, falsche. — Strafthat. — Verjährung.

Die falsche Anschuldigung wird dadurch nicht straflos, daß zur betr. Zeit die Strafverfolgung wegen der zur Anzeige gebrachten Handlung durch die bereits abgelaufene Verjährung ausgeschlossen gewesen wäre.

StGB. § 133 [einzutr. als n 5b]. Vgl RbOTr 5. S. 182.

Erk. (B. I.) v. 14. Juni 1865 c. Ristau (529. I. Cr.).

R. hatte am 9. Jan. 1863 bei der StA.-schaft eine unrichtige Anzeige gemacht, nach welcher der Schulze F im Herbste 1862 dem Eigenthümer Fr. von einem Baume einen halben Scheffel Aepfel gestohlen habe. Gleichwohl sprach das AG. denselben von der Anklage der falschen Anschuldigung frei, weil die angezeigte That, wenn wahr, eine Zuwiderhandlung gegen § 42 Nr. 1 der FPO., somit eine Uebertretung, und als solche zur Zeit der Anzeige bereits verjährt gewesen sein würde; es fehle daher an dem Begriffsmerkmale der Anschuldigung einer strafbaren Handlung Auf die NB des OStA s ist dieses Erkenntniß vernichtet und die Sache an das AG. zurückverwiesen worden. Gründe:

Der Wortlaut des § 133 StGB. steht der Ausführung des App.-Richters und der Wirkung, welche derselbe der eingetretenen Verjährung der angeschuldigten Handlung beilegt, durchaus entgegen. Die Ausführung würde nur etwa zutreffen, wenn das Gesetz für alle Fälle die wirkliche Einleitung der Untersuchung gegen den Angeschuldigten als

Erforderniß aufstellte, gleichwohl aber schon die Denunziation selbst durch die Anzeige einer bereits verjährten Strafthat die Unmöglichkeit einer solchen Untersuchung und der Verurtheilung in derselben ergäbe. Entscheidend ist aber die innere und auch historische Verwandtschaft des Vergehens mit der Kalumnie (der Verleumdung), sowie denn auch in den früheren Entwürfen unseres StGB.s beide zusammengestellt und später nur aus rein formellen Gründen getrennt sind. Die Grundlage für beide war demnach die Ehrverletzung. Der Charakter einer solchen bleibt aber unbedenklich stehen, auch wenn die Handlung wegen eingetretener Verjährung oder aus anderen Gründen nicht mehr strafbar ist, und es wäre in sich widersprechend, daß die Anschuldigung nicht strafbarer, aber unsittlicher Handlungen, welche dem Hasse oder der Verachtung aussetzen, ohne Zeitbeschränkung als einfache Verleumdung strafbar bleiben sollte, weil bei solchen Handlungen von einer Verjährung nicht die Rede sein kann, während die falsche Anschuldigung strafbarer Handlungen nur bis zum Ablauf der Verjährungszeit dieser Handlungen strafbar bleiben oder sodann, obwohl wissentlich falsch, nur noch als Verleumdung strafbar werden sollte.

Antr. des GStA s: Vernichtung [15. — 4.]

Zeugenvernehmung. — Trennung.

Nichtigkeit tritt nicht ein, wenn das Gericht im Hauptverfahren keine Kunde davon erhält, daß ein zu vernehmender Zeuge sich im Zuhörerraume befindet.

Vdn. v. 3. Jan. 1849 § 22 [n. 46].

Erk. (Z. I.) v. 14. Juni 1865 c. Schade (703. I. Cr.).

Dem Gerichtshofe fällt nur dann ein Fehler zur Last, wenn er die ihm angezeigte oder sonst bekannt gewordene Thatsache, daß der zu vernehmende Zeuge sich im Zuhörerraume befindet, nicht rügt und dem Mangel nicht abhilft. Das Protokoll ergiebt aber hiervon überall Nichts.

Antr. des GStA.s: gleichl. [18. -- 4.]

Beweisantrag. — Gegenbeweis. — Ablehnung.

Ein Beweisantrag des Angeklagten kann nicht aus dem Grunde abgelehnt werden, weil das Gegentheil der unter Beweis gestellten Thatsache bereits anderweitig vollständig erwiesen sei.

Vdn v. 3. Jan. 1849 §§ 52. 126 [dort einzutr als n. 61 a].

Erk. (S. I.) v. 14. Juni 1865 c. Weiß (606. I. Cr.).

Die Angeklagte war trotz ihres Leugnens wegen Unterschlagung eines gefundenen Beutels mit Geld verurtheilt worden; in der 2. Instanz stellte sie unter Beweis, daß das Dienstmädchen K. den Beutel von der Erde aufgehoben, und daß sie (W.) sich zwar gebückt, nicht aber etwas aufgehoben habe. Das AG. lehnte diese Beweiserhebung ab, weil bereits durch die Aussagen der beiden Zeuginnen Gl. das Gegentheil, nämlich daß in der That die W. den Beutel aufgehoben, erwiesen sei. Auf die NB. der W. erfolgte Vernichtung und Zurückverweisung der Sache an das AG. Gründe:

Die Erhebung der Beweise hat der App.-Richter abgelehnt, weil bereits durch die Aussagen der beiden Zeuginnen G. das Gegentheil, nämlich, daß in der That die Angeklagte W. den Beutel aufgehoben habe, erwiesen sei. Mit dieser Entscheidung aber hat der Richter der ihm durch das Gesetz (§ 126 der Vdn. v. 3. Jan. 1849; Art. 101 des Ges.s v. 3. Mai 1852) gestellten Aufgabe, die Erheblichkeit der neuen Thatsachen und Beweise zu prüfen und zu erwägen, ob dieselben im Falle ihrer Richtigkeit und im Zusammenhange mit den vom ersten Richter in Betracht gezogenen Thatsachen geeignet sein würden, eine von derjenigen des ersten Richters abweichende Feststellung zu begründen, nicht genügt. Eine derartige Prüfung liegt nicht vor, wenn der App.-Richter sich darauf beschränkt, neue Beweise, durch welche das direkte Gegentheil von demjenigen dargethan werden soll, was der erste Richter als erwiesen erachtet und worauf derselbe seine Schlußfeststellung mitgegründet hat, um deswillen abzulehnen, weil einmal durch die in der früheren Instanz vernommenen Zeugen etwas anderes erwiesen sei. Eine so motivirte Ablehnung des Beweisantrages beschränkt das Vertheidigungsrecht des Angeklagten in unzulässiger Weise und enthält eine Verletzung der citt. § 126 und Art. 101.

Antr. des GStA.s: entgeg. [50. — 4.]

Beamter. — Gefangener. — Entweichung.

Ein Beamter, welcher einen ihm anvertrauten Gefangenen entweichen läßt, hat die Strafe des § 322 StGB. nur dann verwirkt, wenn ihm die Bewachung rc. des Gefangenen in amtlicher Eigenschaft anvertraut war; das folgt nicht mit Nothwendigkeit aus seiner sonstigen amtlichen Stellung.

StGB. § 322 [dort einzutr. als n. 2a].

Erk. (B. I.) v. 16. Juni 1865 c. Bockelmann (493. I. Cr.).

Es läßt sich nach der Fassung des § 322 des StGB.s von vornherein nicht annehmen, daß jeder Beamte, gleichgültig welcher Eigenschaft derselbe im Uebrigen sein möge, bloß deshalb, weil ihm der Transport eines Gefangenen anvertraut wird, diesen Transport unter allen Umständen als eine Amtshandlung übernehme und überkomme, dieser Transport also niemals als ein neben und außer seinem Amte freiwillig übernommener Auftrag gedacht werden könne. Dies vorausgeschickt, ist es nun nicht ersichtlich, von wem der Angeklagte, welcher als Exekutor beim Distrikts-Kommissarius zu C. bezeichnet wird, zu diesem Amte bestellt ist, eventuell welches die amtlichen Funktionen seien, die ihm damit ein für alle Mal übertragen worden sind; ebensowenig ob, wenn zu diesen ihm ein für alle Mal übertragenen Funktionen die Besorgung der Transporte von Gefangenen nicht gehören sollte, der Distrikts-Kommissarius ihm diese Besorgung in einzelnen Fällen, und namentlich auch im vorliegenden als Amt übertragen hat und hat übertragen können. Ohne Weiteres kann dieses für den vorliegenden Fall nicht angenommen werden. Denn vermöge einer allgemeinen gesetzlichen Vorschrift liegt in der Regel nur den Gensdarmen die amtliche Pflicht ob, Transporte der Gefangenen zu übernehmen: Vdn. v. 30. Dez. 1820 § 12 II, 5 (GS. 1821. S. 6). Sonst werden dergleichen der Regel nach durch Privatpersonen besorgt, denen dieselben zwar von der zuständigen Behörde, aber nicht als ein öffentliches Amt, sondern nur als vorübergehende Funktionen übertragen werden, weshalb denn auch etwaige von solchen Personen verübte Vernachlässigungen bei Bewachungen eines Gefangenen nicht nach § 322 des StGB.s als Amts-, sondern vielmehr nach § 95 a. a. O. als Privat-Vergehen geahndet werden; vgl. Präj. Nr. 140 v. 23. Febr. 1855 (Entsch. 30. S. 325). Auch der Umstand, daß der Angeklagte als Exekutor ein dem Distrikts-Kommissarius zu C. untergebener Beamter sein soll, würde für sich allein das Vergehen, welches der Angeklagte als Transporteur eines ihm von seinem Amtsvorgesetzten übergebenen Gefangenen begangen hat, noch zu keinem Amtsvergehen machen, es vielmehr darauf ankommen, ob ihm dergleichen Transporte im Allgemeinen, oder doch im vorliegenden Falle als ein Amt, im Gegensatze zu einer bloßen Privatfunktion, mit der auch andere Privatpersonen betraut werden können, übertragen worden sei.

Antr. des GStA.s: entgeg. [28. — 2.]

Lotterie. — Verkauf eines Loosen-Antheils.

Es ist nicht als die „Veranstaltung einer Lotterie" anzusehen, wenn Jemand aliquote Theile an einem bestimmt bezeichneten, in seinem Besitz befindlichen Loose der Staats-Lotterie Andern käuflich überläßt und diesen einen entsprechenden Antheil an dem darauf etwa fallenden Gewinne zusichert.

StGB. § 268 [dort einzutr. als n. 4a].

Beschl. (I.) v. 16. Juni 1865 c. Dannemann (158. B I. Cr.).

D. hatte „sich damit befaßt, sog. Lotterie-Antheils-Scheine unter seinem Namen ausgefertigt zu verkaufen, wodurch er den Käufern aliquote Antheile an den Gewinnen zusicherte, die auf bestimmt bezeichnete, von ihm wirklich besessene' Nummern von Originalloosen der Preuß. Klassen-Lotterie in einer bestimmten Ziehung fallen würden." Die Instanzrichter fanden hierin nicht die „Veranstaltung einer Lotterie." Beschwerde des OStA s an das OTr. Zurückweisung. Gründe:

Wenn das AG. auf Grund des [angenommenen] Sachverhältnisses ausführt, daß jede einzelne Ueberlassung einer solchen Quote sich als ein Verkaufsgeschäft darstelle, aus welchem der Käufer das Recht erlange, den entsprechenden Antheil an dem Gewinne zu fordern, sofern ein solcher auf das betreffende Loos falle, wobei es für die Auffassung des Kontraktsverhältnisses zwischen dem Angeschuldigten und dem Käufer gleichgültig sei, daß Letzterer (welcher die Natural-Uebergabe der Loos-Antheile nicht beanspruchen könne) sich nicht in der Lage befinde, seinen Anspruch gegen die Lotterie-Direktion unmittelbar geltend zu machen — §§ 555. 556. I, 11. ALR. —, so kann in dieser Ausführung ein Rechtsirrthum nicht erblickt werden. Denn die Loose der Preuß. Klassen-Lotterie werden als Papiere behandelt, welche auf den bloßen Inhaber lauten, § 556 a. a. O., gleich diesen gelten sie im Verkehre wie Waaren, und können Gegenstand von Rechtsgeschäften, insbesondere des Kaufs, sein. Daraus folgt, daß auch das Eigenthum an aliquoten Antheilen einem Anderen übertragen werden kann. Alsdann entsteht ein gemeinschaftliches Eigenthum an dem Loose; der Erwerber der Quote wird Miteigenthümer des Looses, ohne daß die ungleiche Theilnehmung in der Beschaffenheit des Rechts der verschiedenen Eigenthümer etwas ändert — §§ 14. 15. I, 8, §§ 1. 3. I, 17. ALR. — Zwar kann der Erwerber des Antheils das zu seinem besonderen Eigenthum gehörende Recht auf die gemeinschaftliche Sache (§ 4. I, 17 ALR.) der Lotterie-Direktion gegenüber nicht geltend machen, sobald der Veräußerer das Loos in seinem Besitze behält; hingegen hat ihm gegenüber der Veräußerer alle Verbindlichkeiten eines Verwahrers und Verwalters der gemeinschaftlichen Sache, und die Pflicht im Falle eines auf das Loos fallenden Gewinnes die Zahlung desselben nach Maaßgabe des abgetretenen Antheils und der vereinbarten Bedingungen zu leisten. Ist aber die Abtretung von Antheilen unter Uebergabe sogenannter Antheilsscheine eine rechtlich zulässige Uebertragung des Eigenthums, so steht es auch folgeweise den Paciscenten zu, den Preis nach ihrem Belieben und Uebereinkommen zu bestimmen, insbesondere diejenige Summe zu überschreiten, welche der Veräußernde selbst gezahlt hat, und dabei zugleich diesem eine besondere Vergütung für den Fall zuzusichern, daß auf das Loos ein Gewinn falle.

Antr. des GStA.s: gleichl [50. — 4.]

Unterschlagung. — Bei-Seite-Schaffen.

Die Unterlassung der verschuldeten Rückgabe einer fremden Sache kann nicht als ein zum Thatbestande der Unterschlagung ausreichendes „Bei-Seite-Schaffen“ angesehen werden.

StGB. § 225 [n. 49]. Vgl. RdOTr. 2. S. 177.

Erk. (B. I.) v. 16. Juni 1865 c. Sutor (502 I. Cr.).

Zwar giebt die Schlußfeststellung der Instanzrichter den Wortlaut des § 225 des StGB.s wieder. Allein mit Grund wird gerügt, daß ein: „Bei-Seite-Schaffen“ im Sinne des Gesetzes nicht nachgewiesen sei. Es wird dazu eine den Gegenstand der Unterschlagung betreffende Handlung erfordert (G. A. 9. S. 385; 6. S. 121; RdOTr. 2. S. 277), durch welche derselbe dem Berechtigten entzogen wird; das bloße Nichtabliefern ungeachtet der dazu obwaltenden Verpflichtung reicht nicht aus. Im gegenwärtigen Falle ist aber nach Annahme der Instanzrichter der in Rede stehende Brief irrthümlich von der Post an den Angeklagten oder dessen Commis ausgehändigt worden, und hat spätestens beim Lesen desselben — aus seinem Inhalte —

der Angeklagte die Ueberzeugung gewonnen, daß der Brief nicht an ihn gerichtet war. Der Angeklagte sei also — so drückt der erste Richter sich aus — verpflichtet gewesen, den Brief entweder dem richtigen Addressaten M. auszuhändigen, oder der Post abzuliefern, „was er beides nicht gethan." Ein solches Nichtthun ist noch kein Bei-Seite-Schaffen, und die sonstigen Anführungen der Instanzrichter ergänzen den hervorgehobenen Mangel nicht.

Antr. des GStA.s: entgeg. [46.—2.]

Diebstahl. — Wegnahme. — Gemeinschaft.

Es kann als ein von zwei Personen gemeinschaftlich verübter Diebstahl angesehen werden, wenn der Eine die in der Gewahrsam eines Dritten befindliche Sache ergreift und sofort dem Andern übergiebt.

StGB. § 215 [n. 46. 47].

Erk. (Z. I.) v. 16. Juni 1865 c. Both (Homann & Gen. 521. I. Cr.).

Die H. hatte dem schlafenden A. ein Portemonnaie unter dem Arme weggezogen und es dem B übergeben, der es in seine Tasche steckte. Hierin fanden die Instanzrichter einen gemeinschaftlich verübten Diebstahl, weil die Handlungen beider einen „einzigen kontinuirlichen Akt darstellten, dergestalt, daß die H. das Portemonnaie, nachdem sie es ergriffen, erst durch dessen Uebergabe an B. wegschaffte, also erst mit der letztern den Akt der „„Wegnahme"" ausführte." — Die NB. des B fand hierin eine Gesetzverletzung, weil nach dem festgestellten Sachverhalte die H. die Wegnahme des Portemonnaie aus der Gewahrsam des A. und somit den Diebstahl bereits vollständig verübt gehabt habe, ehe sie ihm dasselbe übergab; er habe daher nicht wegen Diebstahls, sondern höchstens wegen Hehlerei bestraft werden können. Zurückweisung. Gründe:

Wenn auch zuzugeben ist, daß das Wort: „Wegnehmen" nicht gleichbedeutend ist mit: „in Sicherheit bringen" und das StGB. der neueren Ansicht huldigt, welche dem Begriffe des vollendeten Diebstahls nicht die sogenannte Ablations-, sondern vielmehr die Apprehensionstheorie zum Grunde legt (vgl. G. Matt. 2. S. 461. Nr. 4; Berner

Lehrb. 2. Ausg. S. 312 fg.), so ist doch andererseits auch das „Wegnehmen" nicht gleichbedeutend mit bloßem „Anfassen", sondern es setzt immer voraus, daß der Dieb die ergriffene Sache zugleich in seine Gewahrsam gebracht hat. Hat daher, wie der App.-Richter thatsächlich feststellt, „die Angeklagte H. die Gewahrsam des Portemonnaie, nachdem sie dasselbe gefaßt, in der Weise ergriffen, daß sie es sogleich dem Mitangeklagten V. zugesteckt, um es für sie zu verwahren, und hat V. hierzu wissentlich mitgewirkt, so konnte der App.-Richter den Vorgang sehr wohl als ein Ganzes auffassen.

Antr. des GStA.s: gleichl. [28.—2.]

Appellation. — Beweisantrag. — Bezugnahme.

Hat der Appellant „die von ihm in erster Instanz gestellten Beweisanträge" wiederholt, so kann der App.-Richter dieselben nicht deshalb unberücksichtigt lassen, weil eine allgemeine Bezugnahme auf eine in erster Instanz eingereichte Schrift nicht genüge.

Vdn. v. 3. Jan. 1849 § 129 [n. 10a]. Contra: RdOTr. 4. S. 449.

Erk. (V. I.) v. 16. Juni 1865 c. Willmert (469 I. Cr.).

Wenn der App.-Richter von einer Prüfung der auf Vernehmung von 8 Zeugen gerichteten Beweisanträge des Angeklagten sich schon deshalb entbunden erachtet, weil eine allgemeine Bezugnahme auf eine in erster Instanz eingereichte Schrift — welche die Beweisanträge speziell enthält — nicht genüge, so läßt sich dieser Grund nicht für ausreichend erachten, ist auch in dieser Allgemeinheit in dem vom App.-Richter allegirten Erkenntnisse nicht ausgesprochen, weil dasselbe in einem Falle ergangen ist, wo der App.-Richter unter Berücksichtigung der konkreten Umstände eine allgemeine Bezugnahme auf eine in erster Instanz eingereichte Schrift für ungenügend erklärt hatte.

Antr. des GStA.s: entgeg. [47.—2.]

Gericht (erkennendes). — Erneuerung der Voruntersuchung.

Der mit einer Sache befaßte erkennende Richter ist verpflichtet, alle zur erschöpfenden Beurtheilung des Thatbestandes erforderlichen Mittel anzuwenden; er kann zu dem Ende die Sache auch behufs besserer Vorbereitung der Hauptverhandlung an den Untersuchungsrichter zurückverweisen, und darf einen auf nähere Ermittelungen abzielenden Antrag der Staatsanwaltschaft nicht deshalb zurückweisen, weil er nicht verpflichtet sei, die Voruntersuchung wieder zu eröffnen.

Vdn. v. 3. Jan. 1849 §§ 1 [n 12 ff.] 77 [n. 3]. 78 [n. 14]. Vgl. RdOTr 1. S. 62.

Erk. (B. II.) v. 17. Juni 1865 c. Bernoulli (116. II. Cr.).

B. hatte in der von ihm herausgegebenen Zeitschrift „der Evangelist ꝛc." einen aus einem andern Blatte entlehnten Artikel abdrucken lassen, in welchem die StA.-schaft den Thatbestand des § 135 StGB. fand. In der Voruntersuchung vernommen, gab B. zu, Herausgeber des Blattes zu sein und den Abdruck des Artikels veranlaßt zu haben; dagegen bestritt er die Strafbarkeit desselben; in Betreff der (in der Beschuldigung vorausgesetzten) Veröffentlichung der betr. Nr. machte er keine Einwendungen. In dem die Untersuchung eröffnenden Beschlusse, sowie demnächst in dem verurtheilenden Erkenntnisse erster Instanz wurde die That dahin präzisirt: „daß B. öffentlich in der von ihm — herausgegebenen Nr. 2 der Druckschrift ꝛc. die auf die Mutter Gottes sich beziehenden Lehren und Gebräuche der katholischen Kirche in einer Weise dargestellt habe, welche dieselben dem Hasse und der Verachtung aussetzten;" in den Gründen des Erkenntnisses war speziell hervorgehoben worden, daß der betr. Artikel durch den „Evangelisten" hier (d. h. in der Stadt O.) zur Veröffentlichung gekommen sei. B. appellirte und machte jetzt erst geltend, daß eine „Veröffentlichung" der betr. Nr. des Blattes in Gemäßheit des § 33 des Preßges.s nicht stattgefunden habe, da das Verfahren lediglich auf Grund des der Polizei zu O. nach § 5 des Preßges.s eingereichten Pflichtexemplars angehoben worden sei. Demzufolge beantragte der OStA. „durch Requisition des Bürgermeisters zu O. festzustellen, ob eine Veröffentlichung des Blattes stattgefunden habe." Das AG. erkannte aber sofort und ohne neue Beweiserhebung auf „Freisprechung," indem es ausführte: die im § 135 StGB. vorausgesetzte „Oeffentlichkeit" sei vom ersten Richter zwar festgestellt, mit Rücksicht auf den ermittelten Sachverhalt sei aber anzunehmen, daß diese Feststellung auf der irrigen Rechtsansicht beruhe, als genüge in dieser Beziehung der auf Veranlassung des B. stattgehabte Abdruck des Artikels in dem von ihm herausgegebenen Blatte; ebensowenig könne in der Einsendung des Pflichtexemplars an die Polizeibehörde die erforderliche Veröffentlichung gefunden werden; stehe sonach die Oeffentlichkeit nicht fest, so sei auch dem oben gedachten Antrage des OStA.s nicht stattzugeben; zwar könne die StA.-schaft neue Thatsachen und Beweismittel vorbringen, dadurch sei aber dem Richter 2. Instanz nicht die Pflicht auferlegt, die Voruntersuchung wieder zu eröffnen, um auf Grund zu ermittelnder Thatsachen, die sich erst in der Untersuchung selbst näher ergeben könnten, zu der Möglichkeit einer thatsächlichen Feststellung zu gelangen; daher habe gemäß Artt. 30 und 86 des Ges.s v. 3. Mai 1852 die Aufhebung des erstrichterlichen Urtheils „unter dem Vorbehalte einer neuen Anklage" erfolgen müssen. — Die NB. des OStA.s rügte u. A. Abweichung von der thatsächlichen Feststellung ohne vorgängige Beweiserhebung, die Ablehnung der von ihm in Antrag gebrachten Beweiserhebung und endlich die „Freisprechung unter Vorbehalt"; eine solche sei hier unstatthaft gewesen, da der Art. 30 des Ges.s v. 3. Mai 1852 einen Vorbehalt nur in Beziehung auf eine andere Qualifizirung der That gestatte, während die Anklage, sowie sie erhoben worden, endgültig erledigt werden müsse (vgl. Oppenh. Strafverf. Art. 30 n. 38); übrigens enthalte der unbedingt freisprechende Tenor vom Vorbehalte Nichts.

Die GStA.-schaft erachtete diese NB. in allen ihren Theilen für begründet: Nichts spreche dafür, daß der erste Richter bei Feststellung der „Oeffentlichkeit" in dem vom zweiten Richter angedeuteten Rechtsirrthume befangen gewesen sei, vielmehr sei es handgreiflich, daß diese Feststellung lediglich darauf beruhe, daß der Angeklagte jenes von der Anklage behauptete Begriffsmerkmal in 1. Instanz gar nicht bestritten habe; jedenfalls habe aber der 2. Richter dieses Merkmal nicht ohne neue Beweiserhebung beseitigen können; sodann aber verkenne derselbe seine Aufgabe vollständig, wenn er die vom OStA. beantragten näheren Ermittelungen aus dem Grunde ablehne, weil das AG. nicht die Pflicht habe, die Voruntersuchung wieder zu eröffnen; der mit einer Sache befaßte Richter habe die Pflicht, von Amtswegen Alles anzuwenden, was zur Gewinnung einer Ueberzeugung, und sonach „zur Möglichkeit einer thatsächlichen Feststellung" dienen konne; selbst in Ermanglung eines Antrags der StA.-schaft dürfe daher ein sich darbietendes Hülfsmittel nicht unberücksichtigt bleiben, sowie es denn auch unstatthaft sei, deshalb freizusprechen, weil die StA.-schaft den „ihr obliegenden" Beweis nicht erbracht habe; insbesondere aber sei es keineswegs unzulässig, daß der erkennende Richter nähere Ermittlungen durch den Untersuchungsrichter anordne; Voruntersuchung und Hauptverhandlung seien nicht grundsätzlich getrennte Stadien des Verfahrens, vielmehr solle das letztere durch das erstere lediglich vorbereitet werden; zeige es sich in der Hauptverhandlung, daß diese Vorbereitung eine ungenügende sei, so stehe Nichts im Wege, eine Vervollständigung derselben anzuordnen (vgl. Oppenh. Strafverf. § 77 n. 3; § 78 n. 14; § 75 n. 10; RbOTr. 1. S 62).

Das OTr. hat das Erkenntniß 2. Instanz vernichtet und die Sache an das AG zurückverwiesen. Gründe:

Ueber die Pflicht des erkennenden Gerichtes, den Umfang seines Berufes in dieser Sache konnte nach dem erwähnten Beschlusse kein Bedenken obwalten, die Anklage, welche alle Merkmale des § 135 des StGB.s unzweideutig umfaßte, mußte erschöpft werden. Hinsichtlich des Merkmals der Oeffentlichkeit hat der erste Richter zu diesem Ende erwogen nicht allein, daß der Angeklagte als Herausgeber des zur Verbreitung bestimmten Blattes, „der Evangelist rc.", den Abdruck des fraglichen Artikels darin angeordnet, sondern auch, daß der Artikel „hier (in O.) zur Veröffentlichung gelangt sei," hat darauf in seiner Schlußfeststellung die Anklage wirklich erschöpft und dabei wiederum die §§ 32—34 des Preßges.s in Verbindung mit § 135 des StGB.s angewendet. Es ist demnach nicht anzunehmen, daß der erste Richter den Begriff der Veröffentlichung in § 33 l. c. verkannt, daß er sich unter der von ihm buchstäblich festgestellten Oeffentlichkeit etwas Anderes oder weniger gedacht habe, als was der § 33 erfordert, und es trifft ihn höchstens der Vorwurf, das nicht bestimmter in seinen Entscheidungsgründen hervorgehoben zu haben, wiewohl ihm die damalige Sachlage und namentlich die Vertheidigungsweise des Angeklagten dazu keine Veranlassung gegeben hatte.

Hätte aber der zweite Richter auch mit Recht eine größere Genauigkeit der Gründe des ersten Erkenntnisses in dieser Beziehung vermißt, hätte selbst der erste Richter die Anklage nicht erschöpft, sondern das Merkmal der Oeffentlichkeit und die dazu nach dem Preßgesetze erforderlichen

Voraussetzungen übersehen: so durfte sich der App.-Richter nicht darauf beschränken, deshalb dem ersten Richter einen Vorwurf zu machen, mußte vielmehr seinerseits die Anklage nach den Vorschriften der Artt. 30. 31 und 101 oder 102 des Ges.s v. 3. Mai 1852 der Erledigung zuführen. Die Thatsache der Oeffentlichkeit, wie sie der § 135 des StGB.s erheischt, war nach Obigem in Gemäßheit des Eingangs des Art. 30 in der Anklage erwähnt, sogar durch die Bezugnahme auf die §§ 32 und 33 des Preßges.s erläutert; der Art. 30 cit. gebot daher dem zweiten wie dem ersten Richter sowohl im eignen Interesse des Angeklagten, wie des Staates, die Anklage durch ein strafendes oder freisprechendes Urtheil definitiv zu beseitigen, und ein Fall der Anwendbarkeit der ausnahmsweisen Bestimmung des Alinea des Art. 30, wonach eine die Anklage und den darin aufgestellten Gesichtspunkt der Strafbarkeit verändernde Sachlage den Richter ermächtigt, den Angeklagten in Beziehung auf die zur Sprache gebrachte Thathandlung einer abermaligen Untersuchung auszusetzen, lag nicht vor. Auch war die Beobachtung jener Vorschriften nicht einmal von einem Beweisantrage der StA.-schaft bedingt; mit der ganzen Anklage nach Maaßgabe des Beschlusses v. 2c. befaßt, hatte das Gericht von Amtswegen alle Mittel anzuwenden, um nach § 22 der Vdn. v. 3. Jan. 1849 die Ueberzeugung der Schuld des Angeklagten gewinnen oder das definitive Nichtschuldig aussprechen zu können. Der App.-Richter hat dies aber nicht gethan, er hat selbst den Antrag der StA.-schaft, welcher zu diesem Zwecke gestellt war, lediglich aus dem Grunde zurückgewiesen, weil dem Gerichte zweiter Instanz die Pflicht nicht obliege, „die Voruntersuchung wieder zu eröffnen, um auf Grund neu zu ermittelnder Thatsachen, die sich erst in der Untersuchung selbst näher ergeben können, zu der Möglichkeit einer thatsächlichen Feststellung zu gelangen." Der cit. Art. 30 macht indessen keinen Unterschied zwischen dem ersten und zweiten Richter, der erste Richter war in seinem Erkenntnisse nicht nur zu der Möglichkeit, sondern zu einer wirk-

Inhalt.

Die Rechtsprechung

des

Königlichen Ober-Tribunals

in

Straf-Sachen

herausgegeben

von

F. C. Oppenhoff,
Ober-Staats-Anwalt beim Königl. Ober-Tribunal.

Sechsten Bandes drittes Heft.

Berlin, 1865.
Druck und Verlag von Georg Reimer.

lichen dem § 135 des StGB.s entsprechenden Feststellung aus dem Inbegriffe der vor ihm gepflogenen Verhandlungen gelangt; konnte der zweite Richter dies nicht, soweit ihm jene Verhandlungen vorlagen, hatte er mit anderen Worten Bedenken gegen jene Feststellung, so schrieb der Art. 101 des Ges.s v. 3. Mai 1852 ihm den einzig zulässigen Weg zur Ueberwindung derselben vor, und selbst wenn er mit dem ersten Richter eine Nichtigkeit im Sinne des cit. Art. 101 hätte vorwerfen können und solche formeller Natur gewesen wäre, so war er äußersten Falles befugt, die Sache in die erste Instanz zurückzuverweisen; keinenfalls aber, die Freisprechung des Angeklagten auszusprechen, ohne seinerseits festzustellen, daß die fragliche Druckschrift nicht veröffentlicht worden sei, und die Möglichkeit hierzu einer neuen Untersuchung vorzubehalten.

Zwar stand es ihm frei, die Ueberzeugung zu finden und zu erklären, daß die von der StA.-schaft beantragte Requisition des Bürgermeisters zu einer positiven oder negativen Feststellung nicht führen könne, also thatsächlich unerheblich sei, daß auch kein anderer neuer Beweis erfindlich, allein dann mußte er gemäß cit. Art. 101 wenigstens eine Beweisaufnahme wiederholen, um die erstrichterliche Feststellung aufgeben und seinerseits die Vorschriften der Artt. 30 und 31 l. c. erfüllen zu können. Schien ihm dazu die Ergänzung der, durch den Beschluß v. 2c. beendigten „Voruntersuchung" nöthig, wenn er nicht einmal deren Zweck nach § 44 der Vdn. v. 1849 erreicht hielt — eine andere Bedeutung hat die „Voruntersuchung" neben ihrem Gegensatze zum mündlichen Hauptverfahren gesetzlich nicht — so stand es ihm auch frei, die Sache noch einmal an den Untersuchungsrichter unter Vertagung der Entscheidung zu verweisen, wiewohl es am nächsten lag, den Bürgermeister als Zeugen vorzuladen oder nach § 21 daselbst zu verfahren, insofern er mit der vom StA. beantragten Requisition desselben um eine amtliche Aeußerung resp. Feststellung der

Veröffentlichung qu. nicht zu einem Endurtel kommen zu können glaubte.

Antr. des OStA.s: gleichl. [23. — 3]

Urkunde (amtliche). — Amts-Charakter. — Amts-Siegel.

Fehlt bei einer die Namensunterschrift eines Beamten tragenden Urkunde die Angabe des Amts-Charakters, so ist aus dem beigefügten Amts-Siegel nicht mit Nothwendigkeit der amtliche Charakter der Urkunde zu folgern.

StGB. § 251 [n. 11].

Erk. (Z. II.) v. 17. Juni 1865 c. Erbsmehl (173 II. Cr.).

Der Gerichtsbote E. hatte mehrere an das betr. Kreisgericht gelangte Postauslieferungsscheine fälschlich mit der Namensunterschrift des Direktors L. (jedoch ohne Hinzufügung seines amtlichen Charakters) und mit einem Abdrucke des Amts-Siegels des Gerichts versehen und auf Grund dieser Schriften die betr. Geldsendungen auf der Post in Empfang genommen. Gleichwohl strafte der Schw.-GH. nur aus §§ 247 250, nicht aus § 251 des StGB.s, weil „als öffentliche Urkunde nur diejenige anzusehen sei, welche es sein wolle und nach ihrer Form sein solle, und daher diese ihre Bestimmung in sich trage; das treffe nicht zu, wenn ein bloßer Namen ohne Kennzeichen seiner die erhöhte Glaubwürdigkeit verleihenden Qualität oder des Amtes, dessen Träger der Betreffende ist, beigefügt werde; dieses Erforderniß könne durch den Siegel-Abdruck nicht ersetzt werden." NB. des OStA.s. Zurückweisung. Gründe.

Hier ist nur die thatsächliche Feststellung in Verbindung mit der darin begriffenen äußeren Beschaffenheit der Urkunden entscheidend. Diese gewährt aber die für die Annahme öffentlicher Urkunden im Sinne des § 251 des StGB.s erforderlichen Voraussetzungen nicht. Dies könnte nur der Fall sein, wenn bezüglich der auf den Urkunden befindlichen Unterschrift „L." der amtliche Charakter desselben festgestellt wäre. Diese Feststellung liegt aber nicht vor, und sie geht auch mit Nothwendigkeit aus dem bei der Unterschrift abgedrückten Siegel nicht hervor. Der Schw.-GH. hat daher mit Recht den fraglichen Urkunden den Charakter von öffentlichen Urkunden abgesprochen, und wenn dies wesentlich um deswillen geschehen ist, weil der amtliche Charakter des Unterzeichners der Urkunden nicht erkennbar gemacht ist, so rechtfertigt dieser Grund auch allein schon seine Entscheidung.

Antr. des GStA s: entgeg [27. — 3.]

Verleumdung. — Wiederholung fremder Behauptungen.

Die Verbreitung einer Druckschrift mit Kenntniß von ihrem verleumderischen Inhalt ist strafbar, auch wenn nicht feststeht, daß der Verbreitende sich die betr. Behauptungen angeeignet oder sie aus bösem Vorsatze weiter gebracht habe.

StGB § 156 [n. 14].

Erk. (B. II.) v. 17. Juni 1865 c. Saalfeldt (43. II. Cr.)

S. hatte eine Druckschrift mit der Kenntniß ihres (verleumderischen) Inhalts verbreitet, war aber durch das AG. von der aus § 156 erhobenen Anklage deshalb freigesprochen worden, weil nicht feststehe, „daß er sich alle in der betr. Schrift ausgesprochenen thatsächlichen Behauptungen und rechtlichen Ansichten angeeignet und aus bösem Vorsatze verbreitet habe; auf die ohne einen solchen Vorsatz erfolgte Verbreitung könne nur § 43 des Preßges.s Anwendung finden, dessen Voraussetzungen (eine vorher erfolgte Beschlagnahme) hier nicht obwalteten." Auf die NB des OStA s ist dieses Erkenntniß vernichtet und die Sache an das AG zurückverwiesen worden Gründe:

Zunächst ist die Bezugnahme auf § 43 des Ges.s v. 12. Mai 1851 nicht zutreffend, da diese Bestimmung eine bloß formale, nicht durch Bekanntschaft mit dem Inhalte einer Druckschrift bedingte Verantwortlichkeit desjenigen anordnet, welcher eine Druckschrift, der Beschlagnahme ungeachtet, verbreitet, und eben so wie die §§ 35. 36 und 37 a. a. O. den Fall nicht berührt, wo schon nach allgemeinen strafrechtlichen Grundsätzen die Verbreitung der Druckschrift den Thatbestand eines Vergehens einschließt. — Wenn nun aber der App.-Richter im vorliegenden Falle den vom ersten Richter festgestellten Thatbestand der Verleumdung dadurch beseitigt, daß er ausführt, es könne nicht angenommen werden, der Angeklagte habe sich alle Behauptungen der Druckschrift angeeignet und dieselben aus bösem Vorsatz verbreitet, so liegt darin die rechtsirrthümliche Anschauung, daß zum Thatbestande der Verleumdung ein Aneignen der in Rede stehenden Thatsachen und ein besonderer böser Vorsatz gehöre. Der Thatbestand der Verleumdung — § 156 des StGB.s — wird vielmehr selbstständig nicht bloß durch das Behaupten, sondern auch durch das Verbreiten von Thatsachen gebildet, welche einen Anderen dem Hasse und der Verachtung aussetzen, und erfordert außer dem Bewußtsein, daß man unbewiesene Thatsachen dieser Art verbreite, nicht noch einen besonderen bösen Vorsatz.

Antr. des GStA.s: gleichl. [47. — 3.]

Presse. — Gerichtsverhandlung. — Strafbarkeit. — Beschlagnahme.

1. Die Mittheilung einer früher gemachten strafbaren Aeußerung ist nicht deshalb straflos, weil sie erfolgte bei Gelegenheit eines Berichtes, welcher über eine wegen jener Aeußerung stattgehabte öffentliche Gerichtsverhandlung erstattet wurde.

Preßges. v 12. Febr 1863 § 48 Vgl Z. (I. 628) 24 Okt. 1860 c. Minden, JMbl S. 427; RbOTr. 3. S. 280; 6 S. 86.

2. Das Gericht, welches über die Fortdauer der Beschlagnahme einer Druckschrift befindet, hat nur die objektive Strafbarkeit des Inhalts, nicht die Schuldfrage zu prüfen.

Preßges. v. 12 Febr. 1863 §§ 29 50.

Beschl. (II.) v. 17. Juni 1865 (46. B. II. Cr.).

Es würde allerdings eine rechtsirrthümliche Ansicht gewesen sein, wenn das AG. angenommen hätte, daß strafbare Aeußerungen, welche den Gegenstand einer öffentlichen Gerichtsverhandlung ausgemacht haben, bei ihrer Anführung und Wiedergabe in einem durch die Presse veröffentlichten

Berichte über diese Gerichtsverhandlung nicht strafbar sein könnten (vgl. Erk. v. 24. Okt. 1860, JMbl. S. 427; Beschl. v. 12. Febr. 1863, RbOTr. 3. S. 280). Es würde ebenso dem Gesetze zuwider sein, wenn das AG. in Bezug auf den § 29 des Preßgesetzes, also in Bezug auf ein Verfahren, bei welchem, — ebenso, wie bei dem im § 50 Abs. 3 l c. angeordneten Verfahren — bloß der objektive Thatbestand zu konstatiren, nicht aber eine Schuldfrage zu entscheiden ist, angenommen hätte, es komme, um die Beschlagnahme einer Druckschrift anzuordnen oder fortdauern zu lassen, auch auf subjektive Strafbarkeit, auf Dolus des Urhebers oder Verbreiters der Druckschrift, auf dessen Absicht zu beleidigen an 2c. [26. — 3.]

Stempel. — Wechsel. — Mehrere Aussteller.

Jeder von mehreren Ausstellern eines ungestempelten in Umlauf gesetzten (gezogenen) Wechsels verwirkt die volle Stempelstrafe.

Stemp.-Ges. v. 7. März 1822 § 26. Contra: Präj. Nr 2020 (Entsch. 16. S. 506); B. (I, 329) 11. März 1857 c. Lilienthal; B. (I, 342) 26. März 1858 c. Frey. Vgl. RbOTr. 1. S. 154; 3. S. 491; Hartm. Strafgess. S. 102 n. 13.

Erk. (3. Pl.) v. 19. Juni 1865 c. Feige (176. Cr II.).

F. hatte gemeinschaftlich mit der Wittwe K. einen Wechsel auf die Eheleute G. ausgestellt und vor der Stempelung in Umlauf gesetzt. Gegen das ihn dieserhalb zu der vollen Stempelstrafe verurtheilende Erkenntniß 2. Instanz ergriff der OStA. im Interesse des F. die NB., weil dieser und die Wittwe K zusammen nur einen Kontrahenten mit solidarischer Haftbarkeit darstellten, der Inhaber nur einmalige Zahlung beanspruchen, ebendeshalb aber auch die verwirkte Stempelstrafe beiden zusammen nur einmal zur Last fallen könne; hierfür war auf die Erkenntnisse des OTr.s v. 23. Juni 1848, v. 11. März 1857 und v. 23. Nov. 1860 (Entsch. 16. S 506; G. A. 5. S. 545; RbOTr. 1. S. 154) Bezug genommen. Das OTr. hat diese NB. zurückgewiesen. Gründe:

Abgesehen davon, daß die gemeinschaftliche Ausstellung des Wechsels durch die individuell und nicht etwa als Firma einer Handelsgesellschaft unterzeichneten Wittwe Kl. und F., welcher die Gemeinschaftlichkeit fortwährend bestritten hat, von den Vorderrichtern thatsächlich nicht festgestellt worden ist, würde dieselbe die Anwendung des § 26 des Stempelges.s v. 7. März 1822 gegen jede dieser Personen nicht hindern können. Denn der Thatbestand der Stempelkontravention besteht in der Unterlassung der durch § 20 das. einem jeden inländischen Inhaber des Wechsels auferlegten Pflicht, denselben zur Stempelung vorzulegen und ist nach § 26 vollendet, die Strafe jener Unterlassung ist verwirkt von dem Inhaber, sobald derselbe in einer der bezeichneten, im Wechselverkehr vorkommenden Eigenschaften, als Aussteller u. s. w. oder auch nur als Mäkler an dem Umlauf des Papiers Antheil genommen hat. Die Unterlassung der Stempelung bildet also das Wesen der Defraudation oder Kontravention (in der Sprache des Stempelgesetzes § 22), wie auch der Eingang des § 26 deutlich zu erkennen giebt, und die Strafe dieser Unterlassung soll von einem Jeden, welcher Inhaber des Wechsels war und die vorgeschriebene positive Pflicht versäumt hat, eben deshalb „besonders und ganz" entrichtet werden. Wie die im § 20 gebotene Pflicht untheilbar und völlig unabhängig von dem Vertragsverhältniß der Wechselverbundenen untereinander, vielmehr an die einzige Thatsache geknüpft ist, daß Jemand einen noch nicht gestempelten Wechsel besitzt, wobei stillschweigend ein in der Wechsel-Ordnung vorgesehener, kein zufälliger Besitz unterstellt wird —, so ist auch die fragliche Pflichtverletzung, die Stempelkontravention, untheilbar und ihre Strafbarkeit nach § 26 nicht in der kontraktlichen Stellung der Wechselverbundenen begründet, wozu ja auch der Mäkler in keiner Weise gehört, sondern durch die aus der Unterschrift, oder gegen den Mäkler aus andern Beweisen hervorgehende Schuld an der Thatsache, daß ein Wechsel ungestempelt umläuft, ganz und gar bedingt.

Der § 26 cit. unterscheidet im Anschlusse an § 20 auch nicht, wie der § 22 bei sonstigen Urkunden und Verträgen die „eigentlichen Kontravenienten" von andern Inhabern ungestempelter Wechsel, und würde daher in seiner sehr bestimmten umfassenden Ausdrucksweise dem Richter eine verschiedenartige Bestrafung der darunter begriffenen Personen, je nach ihrem privatrechtlichen Verhältnisse zu einander, insbesondere eine Theilung der „ganz und besonders" für jede derselben angedrohte Strafe selbst dann nicht gestatten, wenn der § 22 dergleichen Theilstrafen zuließe. Allein selbst nach dem ersten Satze des § 22 verfällt jeder Inhaber der ungestempeltem Urkunde dem Staate gegenüber in die ganze Strafe, und der Unterschied zwischen den „eigentlichen Kontravenienten" und den übrigen strafbaren Personen bezieht sich lediglich auf ihre Stellung zu einander, indem letzteren ein Regreß-Anspruch gegen erstere gewährt wird, so daß das zweite Alinea des § 22: „Der eigentliche Kontravenient u. s. w." keinen der nach jenem ersten Satze der Strafe verfallenen Inhaber einer Urkunde von der strafrechtlichen Verfolgung dadurch befreit, daß die Aussteller der einseitigen und alle Theilnehmer mehrseitiger Verträge für die „eigentlichen," d. h. dem dritten-Bestraften gegenüber regreßpflichtigen Kontravenienten erklärt werden und damit denselben ihrerseits der vorher gedachte Regreß versagt ist.

Die Eigenthümlichkeiten des Wechselverbandes und des Wechselverkehrs, die damit verbundene kurze Frist seiner gewöhnlichen Dauer und die Leichtigkeit, im Laufe derselben die Stempelung zu vermeiden, haben dagegen den Gesetzgeber in § 26 veranlaßt, jeden Theilnehmer am Umlauf des Papiers, sei er Aussteller oder Acceptant, Präsentant u. s. w., gleich den Theilnehmern an mehrseitigen Verträgen in § 22, als eigentlichen Kontravenienten besonders mit der ganzen Strafe zu bedrohen.

Ueberhaupt wird die Strafe der Betheiligung an einem Verbrechen, einem Vergehen, einer Defraudation oder Kontravention nirgends nach Maaßgabe der Gemeinschaft an einer dadurch verletzten Vertrags- oder Steuerpflicht angedroht, sondern Art und Maaß der Strafe sind im StGB. selbst und allein für die darin definirte Strafthat oder Theilnahme zu suchen. Demgemäß folgt jedem Kontravenienten die gesetzliche Strafe, und diese kann und muß — selbstredend innerhalb des dem richterlichen Arbitrium anheimgegebenen Spielraums — so viel Mal ausgesprochen werden, als Kontravenienten sind, wenngleich die defraudirte Steuer nur einmal zu entrichten ist. Hieran ändert auch der Umstand nichts, daß die Steuerstrafen durch Multiplikation des umgangenen Steuerbetrages bestimmt werden; denn der einfache Faktor ist immer die ganze Steuer; bei Stempelkontraventionen namentlich der objektive Betrag des „nachzubringenden," „tarifmäßigen" Stempels, „desjenigen, was den Staatseinkünften entzogen worden ist," niemals nur eine Quote davon. Endlich enthält das Stempelgesetz keine Andeutung dafür, daß ein Kontravenient für die Strafe eines andern Kontravenienten haften solle. Wäre daher z. B. die Strafe der Wechselstempel-Kontravention irgend eines Ausstellers wegen seiner Konkurrenz mit noch einem oder mit vier Ausstellern nur der 12½fache oder 5fache Betrag des Stempels; so würde es an jeder Bestimmung darüber fehlen, daß ersterer bei dem Unvermögen der letzteren auch deren Strafe zu zahlen habe.

Die Bestimmungen der Steuer- und Zollstrafgesetze über die Verhaftung gewisser Kontravenienten oder Nichtkontravenienten wegen ihres Herrschafts- oder Verwandtschafts-Verhältnisses für die Strafe der unter diesem stehenden Kontravenienten stehen zu der vorliegenden Frage in gar keiner Beziehung. Sowohl die Anwendung der vollen Strafe gegen jeden Kontravenienten auf die mit jener bedrohte Handlung oder Unterlassung, als die regelmäßige Unverantwortlichkeit für die Strafen, welche von dritten Personen durch ihre Handlungen verwirkt sind, greift demnach auch bei Stempel-Kontraventionen Platz, indem jene im § 26 cit. sogar aufs Nachdrücklichste hervorgehoben, diese unberührt geblieben ist; (vgl. StGB. § 35 mit § 39 ff. 64 ff. II, 20 ALR.; Einf.-Ges. z. StGB. Art. XXVII. § 1 mit Art. 55 des Rh. StGB.s) und weder frühere Urtheile, insofern sie eine Abweichung von diesen Grundsätzen im Stempelgesetze gefunden haben, noch die Ausführungen des Imploranten sind geeignet, die Vernichtung des angegriffenen Urtheils herbeizuführen, welches vielmehr durch den cit. § 26 vollständig getragen wird, ohne daß es dabei noch der Bezugnahme auf Art. 81 der Wechselordnung bedurfte, der übrigens ebensowenig, als das Stempelgesetz, eine unrichtige Auslegung vom App.-Richter erfahren hat.

Antr. des GStA.s: gleichl [23. — 1.]

Presse. — Vertheilung. — Oeffentlicher Ort.

Die „Oeffentlichkeit" eines Ortes im Sinne des § 10 des Preßges.s ist nicht dadurch bedingt, daß dem Gesammtpublikum der beliebige Zutritt offen steht; es genügt, wenn die betr. Versammlung eine individuell begränzte nicht war, vielmehr eine weitgehende wenngleich bedingungsweise Betheiligung zuließ.

Preßges. v. 12. Mai 1851 § 10. Vgl. StGB. §§ 36 [n. 4]. 152 [n. 2].

Erk. (V. I.) v. 21. Juni 1865 c. **Martini** (492. I. Cr.).

M. hatte in einem Wirthslokale in einer daselbst „Seitens der Vereine der Stadtbezirke 59 und 60 abgehaltenen Versammlung" Druckschriften ohne polizeiliche Erlaubniß verkauft, war aber von der aus § 10 des Preßges.s erhobenen Anklage freigesprochen worden, weil nach der Annahme des Pol.-Richters „nur die Vereinsmitglieder und die durch Mitglieder Eingeführten Zutritt zur betr. Versammlung gehabt hätten, die Vereinigung daher als eine geschlossene, nicht aber als eine öffentliche anzusehen sei." Der Rekurs des PAnw s ward vom AG. durch eine die Gründe des 1. Richters billigende Verfügung zurückgewiesen Auf die Beschwerde des OStA.s ist diese letztere aufgehoben und die Sache zur kontradiktorischen Verhandlung an das AG. zurückverwiesen worden Gründe:

Die Frage: „ob im gegebenen Falle ein Ort als ein öffentlicher im Sinne des § 10 des Preßges.s anzusehen sei," beruht allerdings auf den ermittelten und festgestellten thatsächlichen Unterlagen, allein die aus denselben gezogene Folgerung, ob ihnen gemäß das Vorhandensein der gesetzlichen Begriffsbestimmung anzunehmen oder nicht, gehört zur rechtlichen Beurtheilung, und insofern ist der Angriff der NB. ein an sich zulässiger.

Was die Sache selbst anlangt, so deutet bereits die Entstehungsgeschichte des § 10 cit. die Richtigkeit der Behauptung der Kgl. StA.-schaft an. Der § 10 l. c. ist nämlich dem § 9 der Vdn. v. 30. Juni 1849 nachgebildet. Der letztere lautet:

„Niemand darf auf öffentlichen Wegen, Straßen oder Plätzen, oder an anderen öffentlichen Orten, Druckschriften oder andere Schriften ausrufen, verkaufen, vertheilen, anheften oder anschlagen, ohne daß er dazu die Erlaubniß der Orts-Polizei-Behörde erlangt hat, und ohne daß er den Erlaubnißschein, in welchem sein Name ausgedrückt ist, bei sich führt.

Der Grund zu dieser Bestimmung lag nach den Motiven eines, zufolge Allerhöchster Ermächtigung v. 2. März 1849 vorgelegten Gesetzes-Entwurfs, darin, daß durch die unbeschränkte Gestattung des Anheftens von Anschlagezetteln und Plakaten in Städten und Ortschaften die öffentliche Ordnung gefährdet und die Freiheit und Sicherheit des Verkehrs gehemmt werde. Dann aber wurde dabei in Betracht gezogen, daß durch das unbeschränkte Gestatten des Vertheilens von Druckschriften an öffentlichen Orten leicht die Uebelstände herbeigeführt würden, welche zu verhüten durch die Beschränkung des Plakatenwesens beabsichtigt werde. In dem von der Staats-Regierung vorgelegten Entwurfe eines Preßgesetzes war im § 12 der oben mitgetheilte § 9 der cit. Vdn. wiedergegeben, nur fehlten im ersten Satze die Worte: „an anderen öffentlichen Orten.“ Die Kommission der I. Kammer beantragte die Einschaltung derselben, um den Zweifel zu beseitigen, ob die Polizei-Behörde berechtigt sei, beispielsweise in Eisenbahnhöfen, das Ausrufen u. s. w. von Druckschriften rc. zu untersagen. Das Plenum der I. Kammer trat dem Vorschlage bei. Die Kommission der II. Kammer beantragte dagegen die Streichung jener Worte. In dem diesfälligen Berichte wurde zwar anerkannt, daß diejenigen, welche auf Straßen und Plätzen Druckschriften ausrufen oder verkaufen wollen, der strengsten polizeilichen Beaufsichtigung zu unterwerfen seien, allein die gedachten Worte: „an anderen öffentlichen Orten" enthielten eine allzuweite, und aus den Motiven des Gesetzes nicht zu rechtfertigende Ausdehnung. Nur auf öffentliche Wege, Straßen und Plätze, die jeder Klasse vom Publikum ohne alle Ausnahme zugänglich seien, beziehe sich das Motiv des Gesetzes, daß durch Plakate und Ausrufer eine leicht zur Störung der Ordnung und des Friedens führende Aufregung herbeigeführt werde, während die vorliegende Fassung in den Worten, „oder an anderen öffentlichen Orten," jeden Ort begreife, der überhaupt, wenn auch bedingungsweise, dem Publikum zugänglich sei, als Schauspielhäuser, Konzertsäle, Kaffeehäuser u. s. w., so daß beispielsweise die Vertheilung von Konzert-Programmen nur durch eine polizeilich autorisirte und mit dem Erlaubnißschein versehene Person geschehen dürfe. Dagegen wurde geltend gemacht, daß die Ausdehnung des Verbots namentlich auf Eisenbahnhöfen zu billigen sei, was zur Entgegnung führte, daß der § 12 nicht dem Feilbieten von Schriften an und für sich, sondern den Excessen vorbeugen wolle, die aus der Ansammlung und Aufregung größerer Menschenmassen leicht entstehe. Der Antrag, die mehrerwähnten Worte zu streichen, wurde sodann von der Kommission genehmigt, allein das Plenum der II. Kammer nahm den § in der von der I. Kammer beschlossenen Fassung an, nachdem der Regierungs-Kommissarius vorweg erklärt hatte, daß es nur auf einem Versehen beruhe, wenn in dem Regierungs-Entwurfe die im § 9 der Verordnung stehenden Worte: „oder an anderen öffentlichen Orten" weggeblieben seien; conf. Hartmann, das Ges. üb. d. Presse S. 73ff.; v. Rönne, desgl. S. 93.

Allein auch abgesehen hiervon, ist der Sinn des § 10 des Preßgesetzes nicht der von den Vorderrichtern angenommene. Der Eingang des allegirten Gesetzes benennt „öffentliche Wege, Straßen, Plätze." Hiermit sind also solche Orte gemeint, welche Jedermann, ohne Unterschied, offenstehen. Wenn nun hierauf: „auch andere öffentliche Orte," erwähnt und den vorigen gleichgestellt werden, so können darunter nur solche verstanden sein, welche nicht ausschließlich zum Privat-Verkehr Einzelner dienen. Eine umfassendere positive Definition läßt sich nicht aufstellen, weil die Verschiedenheit der Fälle nicht zu erschöpfen ist. So viel ist überall gewiß, daß zur Begriffs-Erfüllung eine Zugänglichkeit des Ortes für alle zum Publikum zu rechnenden Personen ebensowenig erforderlich ist, als der Begriff nicht schon dadurch beseitigt wird, daß bestimmte Bedingungen für die zuzulassenden Personen aufgestellt, einzelne Individuen oder ganze Klassen ausgeschlossen sind. In ähnlicher Weise hat das Kgl. OTr. in dem Erkenntnisse v. 7. Jan. 1858 c. Lehmann, hinsichtlich des gleichen, im § 151 des StGB.s gebrauchten Ausdruckes: „an Orten, welche dem Publikum zugänglich sind," — entschieden.

Wenn im vorliegenden Falle die Vorderrichter aussprechen, daß nur von einer geschlossenen Gesellschaft die Rede sei, so haben sie die Bedeutung der hervorgehobenen Stelle des § 10 l. c. rechtlich verkannt, weil deren Anwendbarkeit dadurch, daß dem Gesammt-Publikum der beliebige Zutritt nicht offen gestanden haben mag, wie oben gezeigt, noch nicht ausgeschlossen wurde, und der Ort nichtsdestoweniger als ein öffentlicher betrachtet werden durfte, da die Versammlung eine individuell begrenzte nicht war, vielmehr eine weitgehende, wenngleich bedingungsweise Betheiligung zuließ.

Antr. des GStA.s: gleichl [20. — 4]

Geschworner. — Polizeiverwalter. — Unfähigkeit.

1. Die aus der Mitwirkung eines unfähigen Geschwornen folgende Nichtigkeit kann vom Staats-

anwalt geltend gemacht werden, sollte derselbe auch jener Mitwirkung nicht widersprochen haben.

Vdn. v. 3. Jan. 1849 § 95 [n 30. 31].

2. Nichtigkeit tritt auch dann ein, wenn ein Geschworner vor Einleitung der Voruntersuchung als Polizeibeamter in Beziehung auf den objektiven Thatbestand oder auf die Ermittlung des Thäters thätig gewesen ist.

Ebendas. [dort einzutr. als n 5a].

Erk. (V.I.) v. 21. Juni 1865 c. Fürst (660. I. Cr.).

Die Vorschrift des § 95 l. c. ist im öffentlichen Interesse ergangen, die Unfähigkeit eines Geschwornen im Sinne dieser Vorschrift stellt daher unter allen Umständen einen Nichtigkeitsgrund dar, mithin auch in den Fällen, wenn Seitens des StA.s oder des Angeklagten — mag ihnen das Dasein des Hinderungsgrundes bekannt gewesen sein oder nicht — gegen die Mitwirkung des Geschwornen kein Widerspruch erhoben worden ist. Denn ein Verzicht auf wesentliche Formen und Grundsätze des Verfahrens ist unstatthaft: Erk. Pl. v. 9. Dez. 1861 (RdOTr. 2. S. 121). Demgemäß ist Seitens des Kgl. OTr.s hinsichtlich der Verletzung des § 95 a. a. O. bereits in mehrfachen Entscheidungen (vgl. Erk. v. 15. Juni 1860 c. Lobenstein und v. 5. Nov. 1863 c. Achenbach: G. A. 8. S. 677; RdOTr. 4. S. 156) ausgesprochen worden, daß die absolute Unfähigkeit eines zur Entscheidung in einer speziellen Sache berufenen Geschwornen durch zustimmende Erklärungen des Angeklagten oder des StA.s nicht beseitigt werden können. Es ist sonach auch im vorliegenden Falle nicht Gewicht darauf zu legen, daß der Mitwirkung des Geschwornen K. nicht widersprochen worden ist, vielmehr der StA. wie der Angeklagte denselben als Geschwornen ausdrücklich angenommen haben.

Nicht minder einflußlos ist es, ob der Geschworne seine etwaige Thätigkeit als Polizeibeamter bloß in dem der Voruntersuchung wider den Angeklagten vorangegangenen sogenannten Todesermittelungs-Verfahren oder auch noch später entwickelt hat. Erst in der zweiten Hälfte des Monats März v. J.s ward der Angeklagte der That verdächtig und zur gerichtlichen Haft gebracht, inzwischen hatte der StA. die Polizeibehörden aufgefordert, dem Verbrechen und dessen Urhebern nachzuforschen und bei dem Gerichte vielfache Verhandlungen, namentlich auf Grund der bei und in der Leiche vorgefundenen, demnächst in der Anklageschrift als erhebliches Belastungs-Moment gegen den Angeklagten geltend gemachten Gegenstände, und insbesondere die Abhörung von Zeugen veranlaßt, welche im Hauptverfahren nach Ausweis des Sitzungsprotokolls lediglich auf ihre in der Todesermittelungssache des v. B. rubrizirten Aktenstücke befindlichen Aussagen Bezug genommen haben und auf den dort geleisteten Eid verwiesen worden sind.

Mit Recht daher behauptet die NB., daß die sogenannte Todesermittelungssache und die ihr folgende Untersuchung wider den Angeklagten nicht, wie es in der vom Vorsitzenden des Schw.-GH.s an den Geschwornen gerichteten Anfrage geschehen, gesondert werden dürfen, vielmehr ein Ganzes bilden. Sowie ein Zeuge, welcher in dem Skrutinialverfahren vernommen worden, unbedingt unfähig gewesen sein würde, in der Hauptverhandlung als Geschworner zu fungiren, ebenso war auch diejenige Person, welche vor Einleitung der Voruntersuchung wider den Angeklagten Nachforschungen nach dem Thäter angestellt hatte, an der Mitwirkung als Geschworner behindert. Demnach muß es zur Begründung der NB. genügen, daß der Geschworne K., wenn auch nicht gerade in Bezug auf den Angeklagten, so doch in Veranlassung des Todes des v. B. als Polizeiverwalter irgend eine Thätigkeit zur Aufklärung der Sache entfaltet hat.

Antr. des OStA.s: gleichl. [50.—4.]

Bankerutt. — Gutsbesitzer. — Landwirthschaftliches Nebengewerbe.

Der Gutsbesitzer, welcher beim Betriebe der Landwirthschaft einzelne Handelsgeschäfte macht, wird dadurch noch nicht zum Kaufmann, insofern er jene Handelsgeschäfte nicht gewerbsmäßig betreibt.

StGB. §§ 259 [n. 1. 11]. 261.

Erk. (B. II.) v. 22. Juni 1865 c. de Haas (103. I. Cr.).

Der Angeklagte Oekonom d. H., welcher nach der Annahme der Instanzrichter Fabrikant und Kaufmann gewesen war und seine Zahlungen eingestellt hatte, war wegen mangelhafter Buchführung und unterlassener Ziehung der Bilanz aus § 261 StGB verurtheilt worden. Zur Rechtfertigung der Annahme, daß d. H „Kaufmann" gewesen, hatte der App.-Richter ausgeführt: er habe eine Krautfabrik gehabt und dazu nicht bloß die in seiner Ackerwirthschaft gezogenen Runkelrüben (jährlich durchschnittlich 1000 Ctr.) verwendet, sondern dazu auch noch einige 100 Ctr Rüben gekauft, und das fabrizirte Kraut in den Handel gebracht; die Behauptung: die Krautfabrikation sei kein selbstständiger Zweig seiner Wirthschaft gewesen, sondern im Zusammenhang mit der Viehzucht betrieben worden, und die darüber in Antrag gebrachte Beweiserhebung, seien unerheblich, da die angekauften Rüben, wenn auch im geringen Quantumsverhältnisse zu den selbstgezogenen, mit diesen zu dem fabrizirten und *gewerbmäßig verkauften* Kraut verwendet und daher zum Zweck der Krautfabrikation und zum Krautverkauf gedient hätten. — Die NB. des d. H. rügte Verletzung des Art. 31 des Einf.-Ges. z. HGB. und des Art. 14 des Einf.-Ges. z. Konk.-Ordn., sowie des cit. § 261, weil seine unter Beweis gestellte Behauptung: „daß er die Krautfabrikation nur als landwirthschaftliches Nebengewerbe betrieben habe," unberücksichtigt geblieben sei; wenn auch die citt. Art. 31 und 14 unter der gedachten Voraussetzung nur in Betreff der Anwendung der Konkurs-Ordnung bestimmten, daß die Gutsbesitzer nicht zu den Kaufleuten zu rechnen seien, so müsse das doch auch in Beziehung auf die Strafvorschriften der §§ 259 ff. StGB. gelten, zumal da nur ein Kaufmann seine „Zahlungen einstellen" könne, und auch die Konkurs-Ordnung beim gemeinen Konkurse überall nur von „Vermögensunzulänglichkeit", nicht aber von „Zahlungseinstellung" spreche. — Das OTr. hat das angefochtene Erkenntniß *vernichtet* und die Sache an das AG. zurückverwiesen.

Wenn der App.-Richter die Unerheblichkeit der Thatsachen, aus welchen der Angeklagte folgerte, daß er Rüben nicht in der Absicht, sie verarbeitet wieder zu verkaufen, angekauft habe, diese Ankäufe daher keine Handelsgeschäfte gewesen seien und nicht gewerbmäßig stattgefunden hätten, — so, wie oben angegeben ist, motivirt hat; so hat allerdings der zweite Satz des Art. 31 des Einf.-Ges.s z. HGB. v. 24. Juni 1861 (vgl. auch Art. 35), nach seinem Wortlaute, den Art. XIV. des Einf.-Ges.s z. Konk.-Ordn. v. 8. Mai 1855 nur dahin in Geltung belassen, daß die darin bezeichneten Gutsbesitzer, nämlich Gutsbesitzer, welche ein Handelsgeschäft nur als landwirthschaftliches Nebengewerbe betreiben, in Bezug auf die Anwendung der Vorschriften der Konkurs-Ordnung nicht zu den Kaufleuten zu rechnen sind, welche Vorschriften, namentlich auch hinsichts deren, eine Zahlungseinstellung voraussetzenden Strafbestimmungen, der App.-Richter nicht zur Anwendung gebracht hat. Auch ist in den Motiven des Regierungs-Entwurfs zu diesem Einf.-Ges. v. 24. Juni 1861 zur Motivirung jener Bestimmung des zweiten Satzes des Art. 31 angegeben:

> „der Art XIV. des Einf.-Ges.s z. Konk.-Ordn., wonach Gutsbesitzer, welche ein landwirthschaftliches Nebengewerbe betreiben, zu den Fabrikbesitzern nicht zu rechnen sind, ist, wie die Entstehungsgeschichte dieses Artikels ergiebt, nur speziell auf die Nichtanwendung der die Handelsleute, Schiffsrheder und Fabrikbesitzer betreffenden Vorschriften der Konk.-Ordnung, namentlich auf die Konservation des Vorzugsrechts bei Ehefrauen solcher Gutsbesitzer berechnet. In diesem Sinne, für das Gebiet des Konkursrechts, kann es bei dem Art. XIV., mit der selbstverständlichen Maaßgabe, daß fortan „Kaufleute“ statt „Fabrikbesitzer“ zu setzen ist, verbleiben; das bisherige Recht wird dadurch in seinem bisherigen Umfange vollständig aufrecht erhalten;“

nachdem zuvor in selbiger die auf die Strafgesetzgebung Bezug habende Bestimmung desselben Einf.-Ges.s v. 24. Juni 1861 Art. 18 (wonach in Bezug auf die Anwendung der Vorschriften des StGB.s §§ 259—262, diejenigen Personen durch diese Vorschriften getroffen werden sollen, welche nach der Bestimmung des HGB.s als Kaufleute anzusehen sind) aus dem engen Zusammenhange, in welchem die nur für den Bereich des Handelsverkehrs berechneten Bestimmungen des StGB.s über Bankerutt mit dem Handelsrechte stehen, motivirt, und dabei, desgleichen zu Art. 31, auseinandergesetzt worden war, daß der Bestimmung des Art. 18, und ebenso der im ersten Satze des Art. 31 getroffenen Bestimmung, wonach auch für die Bezeichnungen in den §§ 80. 113. 114. 116. 308. 310. 319 und 432 der Konk.-Ordn. v. 8. Mai 1855 die Begriffsbestimmung des Art. 4 des HGB.s maaßgebend sein soll, der Umstand nicht störend entgegenstehe, daß nach Art. 10 des HGB.s einzelne Klassen von Kaufleuten (Höker u. s. w.), für welche auch das Handelsregister nicht bestimmt ist, und auf welche daher auch die Bestimmungen über die Veröffentlichung der in das Handelsregister zu bewirkenden Eintragungen und über die Wirkungen dieser Veröffentlichung keine Anwendung finden, — der gesetzlichen Verpflichtung Handelsbücher zu führen, sowie der Verpflichtnng in ihrem Geschäftsbetriebe jährlich eine Bilanz aufzustellen, nicht unterliegen.

Müßte aber hiernach auch angenommen werden, daß in den Landestheilen, in welchen die Konk.-Ordn. v. 8. Mai 1855 mit dem Einf.-Ges. v. 8. Mai 1855, resp. 31. Mai 1860 Geltung hat, ein Gutsbesitzer, welcher neben der Landwirthschaft ein anderes Gewerbe betreibt, Rücksichts dieses letztern zum Kaufmann (Handelsmann, Fabrikbesitzer) im Sinne der Bestimmungen des StGB.s §§ 259—262 werde, wenn dieses Nebengewerbe in gewerbmäßig betriebenen Handelsgeschäften größeren Umfanges, als solchen der Art. 10 des HGB.s voraussetzt, besteht, — so macht doch der Verkauf selbstgezogener Produkte noch keinen Handel aus. Als Kaufmann im Sinne des HGB.s und demzufolge, nach Art. 18 des Einf.-Ges.s v. 24. Juni 1861, auch im Sinne des StGB.s § 261 Nr. 2 und 3 ist nur der anzusehen, der gewerbmäßig Handelsgeschäfte betreibt. Ein Handelsgeschäft aber ist zwar der Kauf oder die anderweite Anschaffung von Waaren oder anderen beweglichen Sachen, um sie, ohne oder auch nach vorgängiger Bearbeitung oder Verarbeitung, weiter zu veräußern (HGB. Art. 271 Nr. 1), nicht aber macht schon der Verkauf selbstgezogener Naturprodukte ein solches aus; und ein Landwirth, der nur die Erzeugnisse seiner Landwirthschaft, wenn auch nach vorgängiger Bearbeitung oder Verarbeitung verkauft, oder der auch beim Betriebe der Landwirthschaft einzelne Handelsgeschäfte macht, ohne diese gewerbmäßig, — in der Absicht, aus dem Ankaufen und dem Wiederverkaufen einen fortlaufenden Erwerb zu machen, — zu betreiben, wird dadurch noch nicht zum Kaufmann. — In dieser Beziehung hat es der App.-Richter, namentlich auch bei Angabe der Gründe, durch welche er die Ablehnung der Beweisaufnahme über die Thatsachen motivirt hat, nach welchen der Angeklagte die Krautfabrikation und den Krautverkauf, sowie den dabei stattgehabten Ankauf von Rüben nur als landwirthschaftliches Nebengewerbe betrieben haben will, an einer ausreichenden Feststellung fehlen lassen. Die Angabe:

> „der Angeklagte habe zugestanden, daß er zur Krautfabrikation nicht allein die in seiner Ackerwirthschaft selbst gezogenen Rüben im Jahre von circa 1000 Centner verwendet, sondern dazu auch noch einige hundert Centner Rüben gekauft habe,"

sowie die fernere Angabe:

> „daß die angekauften Rüben, wenn auch im geringen Quantums-Verhältnisse zu den selbstgezogenen Rüben, mit diesen zu dem fabrizirten und gewerbmäßig verkauften Kraut verwendet seien und daher zum Zwecke der Krautfabrikation und zum Krautverkauf gedient hätten, und daß der Geschäftsbetrieb der Krautfabrikation und des Krautverkaufs bei dem vom Angeklagten selbst angegebenen Umschlage von 1000 Thlrn. einen solchen Umfang gehabt habe, daß auch den Angeklagten die Bestimmungen des Handelsgesetzbuches über Handelsbücher Artt. 10 und 28 ff. anzuwenden seien,"

gewährt, — bei mangelnder Feststellung eines *gewerbmäßig* betriebenen *Kaufs* von Rüben, um dieselben (ohne oder nach vorgängiger Bearbeitung oder Verarbeitung) weiter zu veräußern, — eine solche ausreichende Feststellung nicht.

Antr. des OStA.s: Vernichtung. [26. — 3.]

Arznei. — Fabrikat. — Mischung. — Elixir.

1. Sind die durch die Ministerial-Bekanntmachung v. 29. Juli 1857 in den Verzeichnissen B. und C. aufgezählten Stoffe und Präparate von Nichtapothekern zur Darstellung selbstständiger Fabrikate verwendet worden, so unterliegen diese dem Verkaufsverbote dann nicht, wenn durch die Fabrikation ein neuer Gegenstand geschaffen ist, bei welchem jene Stoffe nur als unwesentlich und nebensächlich erscheinen.

2. Dagegen unterliegen die im Verzeichnisse A. aufgezählten Präparate dem Verkaufsverbote unbedingt; das gilt namentlich von „Elixiren", vorausgesetzt, daß dieselben „Arzneistoffe", wenn auch in geringer Quantität, zu ihren Bestandtheilen haben.

StGB. § 345 Nr. 2 [n. 9a, vgl. RdOTr. 6. S. 58]; Regl. v. 16. Sept. 1836 (GS 37. S 41); Minist.-Bekanntm. v. 29. Juli 1857 (GS. S. 654).

Erk. (B. II.) v. 22. Juni 1865 c. Hartung (100. I. Cr.).

H. hatte, obgleich nicht Apotheker, sog. „Hoffmannsches Magen-Elixir" verkauft, war aber von der Anklage der Zuwiderhandlung gegen das Verbot des § 345 Nr. 2 StGB. von den Instanzgerichten freigesprochen worden; in den Gründen war zwar anerkannt, daß nach dem Gutachten des Kreisphysikus Dr. B. das „Magenelixir" ein wirkliches „Elixirium" sei, und daß es in sehr geringer Quantität Arzneistoffe (Nux vomica und Rhabarber) enthalte; das genüge aber nicht, um dem Elixir den Charakter einer „Arznei" beizulegen, vielmehr komme es darauf an, ob im Einzelfalle das Elixir nach den Stoffen, aus welchen es bereitet sei, nach der Quantität und dem Verhältnisse derselben zu einander eine Arznei darstelle; dazu würde gehören, daß die dabei verwendeten Arzneistoffe das Hauptsächliche, die übrigen mitverwendeten Stoffe aber nur als nebensächliche Zusätze zu betrachten seien, daß also die Arzneistoffe den wesentlichen und wirksamen Bestandtheil bildeten, und daß dieselben trotz ihrer Vermischung und Zusammensetzung mit andern Stoffen den ursprünglichen arzneilichen Charakter beibehalten hätten. — Auf die NB. des OStA s hat das OTr. den den Rekurs des PAnw s zurückweisenden Beschluß 2. Instanz **vernichtet** und die Sache an das AG. zurückverwiesen. Gründe:

Für den Begriff der Arzneien im Sinne des § 345 Nr. 2 des StGB.s sind der Reglements-Entwurf v. 16. Sept. 1836 (AKO. v. 17. Okt. 1836) und die nach Anleitung der Nr. 5 dieses Entwurfs von den Ministerien von Zeit zu Zeit ergänzten und abgeänderten Verzeichnisse, also dermalen die der Bekanntmachung der Ministerien v. 29. Juli 1857 beigefügten Verzeichnisse A. B. C., welche an Stelle der Verzeichnisse zu dem Reglement v. 16. Sept. 1836 getreten sind, maaßgebend. Die zuletzt bezogene Bekanntmachung verweist denn auch in Betreff der Zuwiderhandlung auf den § 345 Nr. 2 cit. Die Litt. B. und C. der Verzeichnisse begreifen nach ihrer Ueberschrift nur einfache Stoffe und chemische Präparate, also einfache Stoffe und Präparate, welche unter der Benennung, unter welcher sie aufgeführt sind, jedem Fachkenner bekannt sind. Sie kommen dabei nur, wie auch die Ueberschriften der Verzeichnisse ergeben, in ihrer ursprünglichen oder präparirten Form als **Arzneiwaaren**, als **Handelsartikel** in Betracht, deren Verkauf wesentlich nur im Interesse der Apotheker beschränkt ist. Werden daher jene Stoffe und Präparate von Nichtapothekern nur zur Darstellung selbstständiger Fabrikate verwendet, so daß sie in Quantitäten unter einem Pfunde oder unter zwei Loth darin enthalten sind, so fallen die Fabrikate darum selbst nicht nothwendig unter Litt. B. und C. des Verzeichnisses. Es bleibt vielmehr Sache der Ermittelung und Feststellung im Einzelfalle, ob die fraglichen Stoffe und Präparate in dem Fabrikate nur mit anderen Stoffen in eine äußere Verbindung gebracht worden sind, und diese Verbindung gleichsam nur eine andere Form darstellt, in welcher jene Stoffe und Präparate in den Verkehr gebracht worden, oder ob durch die Fabrikation ein neuer Gegenstand geschaffen wurde, bei welcher sie überall nur als unwesentlich und nebensächlich erscheinen. Ist also dies letztere Verhältniß im Einzelfalle vom Instanzrichter festgestellt, so können die Litt. B. und C. des Verzeichnisses gegen den Verkauf eines solchen Fabrikates gegenüber einem Nichtapotheker nicht angerufen werden, weil darin die gesetzlich bezeichneten Stoffe und Präparate in Quantitäten unter einem Pfund, resp. unter zwei Loth enthalten seien.

Bei der Litt. A. des Verzeichnisses hat man es mit einfachen Stoffen überhaupt nicht, sondern nur mit chemischen und pharmazeutischen Präparaten und Arzneiformen einer bestimmten Art zu thun. Alle Präparate und Arzneiformen, die begriffsmäßig unter eine der im Verzeichnisse aufgestellten Nomenklaturen fallen, sind dann Arzneimittel, deren Verkauf den Nichtapothekern schlechthin untersagt ist.

Insofern nun im vorliegenden Falle die Anklage wegen des Verkaufs des sogenannten Hoffmannschen Magenelixirs davon ausging, „daß der Verkauf dieses Mittels schon um deswillen strafbar sei, weil sich darin geringe Quantitäten von Nux vomica und Rhabarber, also Stoffe befinden, welche in dem Verzeichnisse Litt. B. aufgeführt sind," — so zerfällt die Beschuldigung von diesem Gesichtspunkte aus an den vom ersten Richter gegebenen, und vom Rekursrichter gebilligten thatsächlichen Motiven, wonach nicht dargethan sei, daß jene Stoffe das Essentielle und Wesentliche des Elixirs bildeten, und daß sie durch ihre Vermischung und Zusammensetzung mit andern Stoffen ihren ursprünglichen arzneilichen Charakter behalten haben. Allein es war zugleich von der Anklage behauptet, daß der Debit des Elixirs nach § 345 Nr. 2 des StGB.s für strafbar erachtet werden müsse, eben weil es ein Elixir sei, also eine Arzneiform darstelle, welche unter Litt. A. des Verzeichnisses falle, worin Elixiria, Elixire, schlechthin dem Debit der Nichtapotheker entzogen seien, und es muß der Beschwerde zugegeben werden, daß der Rekursrichter die Sache nach dieser

Richtung nicht von dem gesetzlich richtigen Standpunkte beurtheilt hat. Da nämlich das Verzeichniß Litt. A. die Elixiria oder Elixire ohne weitere Definition wirklich enthält, so konnte es sich nur fragen, ob das in Rede stehende Hoffmannsche Magenelixir begrifflich ein Elixir im Sinne des Verzeichnisses sei oder nicht. Nach der Seite hin wird sich zwar mit der Beschwerde des OStA.s nicht behaupten lassen, daß die Elixiria zu denjenigen Arzneiformen gehörten, bei welchen nach dem Verzeichniß von dem Stoffe, woraus sie beständen, ganz abzusehen sei. Denn ein Elixir ist seinem Wesen nach ein Arzneimittel, welches Arzneistoffe zu seinen Bestandtheilen hat; allein der Fall, den der angegriffene Beschluß zum Ausgangspunkte seiner Argumentation macht, der nämlich, daß in einem Präparate gar keine Arzneistoffe enthalten seien, liegt hier nicht vor. Es ist durch das Gutachten des Kreisphysikus Dr. B. vielmehr dargethan, daß zu dem fraglichen sogenannten Hoffmannschen Elixir mit andern nicht ermittelten Stoffen Nux vomica und Rhabarber zur Verwendung gekommen; ob jene Stoffe: Nux vomica und Rhabarber aber das Wesentliche und Essentielle des Präparates ausmachen, darauf kann für den Begriff des Elixirs wiederum nichts ankommen. Es bedurfte vielmehr der Feststellung, ob vorliegendes sogenanntes Hoffmannsches Elixir ein Elixir im Sinne des Verzeichnisses Litt. A. sei oder nicht. Diese Feststellung ist weder vom Polizeirichter, noch vom Rekursrichter getroffen worden. Der letztere hat sie namentlich umgangen, indem er annimmt, „daß nicht jedes Elixir ein Arzneimittel sei im Sinne des § 345 Nr. 2 des StGB.s, daß es vielmehr darauf ankomme, ob ein Elixir nach den Stoffen, woraus es bereitet sei, ihrer Quantität und dem Verhältnisse derselben zu einander, eine Arznei darstelle," und daß, wenn der Polizeirichter dies von dem in Frage stehenden Magenelixir nicht als erwiesen erachtet habe, so könne diese Annahme aus den dafür angeführten Gründen nicht als eine wesentlich bedenkliche angesehen werden. Diese Gründe beruhten aber darauf, „daß nicht festzustellen sei, daß die in sehr geringer Quantität nachgewiesenen Arzneistoffe von Nux vomica und Rhabarber das Hauptsächliche und Essentielle des Elixirs seien, und überhaupt noch durch ihre Vermischung und Zusammensetzung mit anderen Stoffen den arzneilichen Charakter behalten hätten," — während es lediglich darauf ankam, zu prüfen, ob man es hier mit einem Elixir im Sinne des Verzeichnisses Litt. A. überhaupt zu thun habe, in welcher Voraussetzung denn auch das Elixir eine Arznei im Sinne des § 345 Nr. 2 cit. dargestellt habe.

Antr des GStA.s: gleichl. [27. — 3.]

Fragstellung. — Spezialisirung.

Es unterliegt dem richterlichen Ermessen, in wie fern in die den Geschwornen vorzulegende Frage neben den Begriffsmerkmalen des betr. Verbrechens auch noch eine nähere Individualisirung nach den sachlichen Beziehungen der That aufzunehmen sei.

Ges. v. 3. Mai 1852 Art. 81 [n. 28. 30]. Vgl. RdOTr. 3. S. 296.

Erk. (Z. II.) v. 22. Juni 1865 c. Pannhoff (262. II. Cr.).

Die Angeklagte war von den Geschwornen schuldig befunden: „— ihren leiblichen Sohn W. durch Beibringung von Giftstoffen mit Vorsatz und mit Ueberlegung getödtet zu haben." Der Vertheidiger hatte vorher beantragt, in die Frage statt der Worte: „durch Beibringung von Giftstoffen" aufzunehmen: „a) durch Arsenik, b) durch Belladonna"; der GH. hatte aber diesen Antrag abgelehnt, „weil in der Frage alle wesentlichen Merkmale des Verbrechens enthalten seien (Art. 81 1 c.)." Das rügte die NB., indem dabei auf die Möglichkeit hingewiesen wurde, daß die Angeklagte ihrem Sohne verschiedene Giftstoffe beigebracht habe; es habe der Feststellung bedurft, durch welchen derselben der Tod herbeigeführt worden sei; bei der Fassung der von den Geschwornen bejahten Frage sei es möglich, daß ein Theil der Geschwornen diesen, der andere jenen Stoff als die Todesursache betrachtet habe, daß also in Wahrheit über diesen Punkt nicht der erforderliche Mehrheitsbeschluß zu Stande gekommen sei. — Die NB. ist zurückgewiesen worden. Gründe:

Bei Beurtheilung der auf die Fassung der den Geschwornen gestellten Frage bezüglichen Beschwerde ist in Betracht zu ziehen, daß die wesentlichen Merkmale des in § 175 des StGB.s vorgesehenen Verbrechens — die Tödtung, der Vorsatz und die Ueberlegung — in der Frage enthalten sind und damit der Vorschrift des Art. 81 des Ges.s v. 3. Mai 1852 genügt ist. An diesen Artikel läßt sich also die Beschwerde, die lediglich auf den die Beibringung von Giftstoffen betreffenden Zusatz Bezug hat, nicht anknüpfen. Die Thatsache, daß die Tödtung durch Beibringung von Gift erfolgt sei, schließt kein wesentliches Merkmal der strafbaren Handlung in sich. Mit ihr ist nur das angewendete Mittel der Tödtung bezeichnet, dessen Aufnahme in die Frage nicht in Folge einer gesetzlichen Nothwendigkeit, sondern lediglich zu dem Zwecke erfolgt ist, dieselbe nach den sachlichen Beziehungen der That zu individualisiren und den Umständen des konkreten Falles anzupassen. Wie weit in solcher Individualisirung zu gehen ist, unterliegt im Allgemeinen dem richterlichen Ermessen. Von der Auflösung eines Rechtsbegriffes oder einer Ersetzung desselben durch gleichbedeutende, dem Verständnisse näher liegende Ausdrücke im Sinne des Art. 82 ibid. war vorliegend nicht die Rede. Die Frage, ob ein Stoff als Gift anzusehen, gehört dem Gebiete der thatsächlichen Beurtheilung an. Ueberdies war darüber ein Zweifel nicht angeregt und bezog sich auch darauf die beantragte Veränderung der Frage nicht, ob den beigebrachten Stoffen ihrer Natur nach die tödtliche Wirkung beigemessen werden könne. Wenn aber, wie dies ersichtlich ist und in der NB. auch zugegeben wird, die beantragte Fassung der Frage lediglich darauf abzielte, die Geschwornen neben der Feststellung über die Frage der Tödtung zu einem Ausspruche darüber zu nöthigen, welche Ueberzeugung sie in Betreff der zur Herbeiführung des tödtlichen Erfolges angewandten Mittel gewonnen, so lag hierin gerade ein Grund für den Richter, auf die begehrte anderweite Fragstellung nicht einzugehen. Es ist nicht zulässig, die freie und selbstständige Beurtheilung der Geschwornen in Bezug auf die wesentlichen Elemente der Thatfrage durch eine soweit gehende Spezialisirung zu beschränken. Waren die Geschwornen darüber einig, das wesentliche Merkmal, um welches es sich hier handelte, die Tödtung, als erwiesen anzunehmen, so war diese Feststellung nicht dadurch bedingt, daß sie auch in Betreff der einzelnen thatsächlichen Momente, auf welche nach der vorliegenden konkreten Sachlage das Mittel der Tödtung zurückgeführt wurde oder zurückgeführt werden konnte, derselben Ansicht waren. Ist dies aber richtig, so war es motivirt, der Frage nicht eine solche Fassung zu geben, die eine ungeeignete Zersplitterung der Abstimmung herbeiführen, die Frage, um deren Entscheidung durch die Geschwornen es sich allein handelte, verwirren und das richtige Resultat gefährden konnte.

Antr. des GStA.s: gleichl. [29.—3.]

Urkunde. — Dienstverdingungsvertrag. — Rücktritt.

Eine Schrift, welche den einseitigen Rücktritt von einem mündlich eingegangenen Dienstverdingungsvertrage ausspricht, ist eine Urkunde.

StGB. § 247 [n. 81].

Beschl. (I) v. 22. Juni 1865 c. Vogel (54. B II. Cr.).

Die Kasinogesellschaft zu B. hatte mit B. ein mündliches Abkommen getroffen, nach welchem dieser an einem bestimmten Tage zu einem beabsichtigten Tanzfeste die Musik besorgen sollte; demnächst widerrief sie aber dieses Abkommen und übertrug die Musik dem Musikus E., welcher seinerseits (ebenfalls mündlich) hierzu den Musikus B. zu N. engagirte. An dem betr. Tage erschien indessen B. nicht, weil ihm kurz vorher ein mit der Namensunterschrift des E. versehener Brief zugegangen war, worin der Rücktritt von dem eingegangenen Engagement ausgesprochen wurde. Die Instanzrichter haben es für genügend dargethan erachtet, daß V. jenen Brief fälschlich unter Mißbrauch des Namens des E. geschrieben und von demselben zum Zweck der Täuschung Gebrauch gemacht habe; gleichwohl hat das AG. nur wegen „Betrugs" die Eröffnung der Untersuchung ausgesprochen und eine Urkundenfälschung als nicht vorliegend angesehen, „weil jene Schrift nicht zum Beweise von Rechtsverhältnissen von Erheblichkeit sei, namentlich in Beziehung auf die zwischen E. und B. getroffene Verabredung, weil darin durch das Schreiben nichts geändert worden sei, dasselbe vielmehr, insoweit es sich um die durch jene Verabredung erworbenen Rechte und Pflichten gehandelt habe, nur einen einseitig erklärten Rücktritt von einem eingegangenen Vertrage dokumentire. Auf die Beschwerde des OStA.s ist dieser Beschluß aufgehoben und die Versetzung des B. in Anklagestand wegen Urkundenfälschung ausgesprochen worden Erwogen ward:

daß ein einseitiger Rücktritt von einem, wenn auch nur mündlich eingegangenen, doch seinem Gegenstande nach auch ohne schriftliche Abfassung die Kontrahenten verbindenden Vertrage über Handlungen (ALR. I, 11 Abschn. 8; Seitenüberschr. und §§ 869ff. 877ff. 894; Thl. I. Tit. 5 §§ 165 bis 167. 408—411; Gesinde-Ordn. § 110) — namentlich von einem Dienstverdingungsvertrage, — da Verträge in der Regel ihrem ganzen Inhalte nach zu erfüllen sind, und dies insbesondere auch von Verträgen über Handlungen gilt, — § 877 I, 11 ALR. — rechtliche Folgen hat, und namentlich Verbindlichkeiten für den einseitig zurücktretenden hervorbringt, dies selbst da der Fall ist, wo bei bestimmten, zu den Verträgen über Handlungen gehörenden Verträgen (Klein Annalen 12. S. 48; Entsch. 2. S. 68, 11. S. 379) ein einseitiger Rücktritt gestattet ist, (Präj. 1708 v. 24. Jan. 1846, Samml. I, S. 80; Entsch. 15. S. 209. 214); daß daher eine Schrift, welche den einseitig erklärten Rücktritt von einem mündlich eingegangenen Dienstverdingungsvertrage, dessen schriftlicher Abfassung es nicht bedurfte, dokumentirt, für den Beweis von Verpflichtungen und überhaupt von Rechtsverhältnissen von Erheblichkeit ist.

Antr. des GStA.s: gleichl. [26.—3.]

Beweis. — Civilfrage.

Der Strafrichter ist bei seiner Entscheidung an die für das Civilverfahren geltenden Beweisvorschriften nicht gebunden.

Vdn. v. 3. Jan. 1849 § 22 [n. 73].

Erk. (Z. I.) v. 23. Juni 1865 c. Friedländer (520 I. Cr.).

Nach § 22 der Vdn. v. 3. Jan. 1849 hat der Strafrichter über die Schuld oder Nichtschuld des Angeklagten nach seiner freien, aus dem Inbegriff der Verhandlungen geschöpften Ueberzeugung zu entscheiden, ohne an bestimmte positive Regeln über die Wirkung eines Beweises gebunden zu sein; daraus folgt, daß die für das Civilverfahren ergangenen, den Beweis betreffenden Vorschriften für das Strafverfahren nicht maaßgebend sind.

Antr. des GStA.s: gleichl. [50.—2.]

Fragstellung. — Selbstverständliches Begriffsmerkmal.

Wird ein Begriffsmerkmal, welches bei der gesetzlichen Begriffsbestimmung als selbstverständlich vorausgesetzt, und deshalb nicht ausdrücklich hervorgehoben ist, bestritten, so bedarf es in dieser Beziehung einer ausdrücklichen Fragstellung an die Geschwornen. — Es kann dann aber dieses Merkmal zum Gegenstande einer Zusatzfrage gemacht werden.

Ges. v 3. Mai 1852 Art. 81 [n. 21. 22 30. 49; vgl. Art. 80 n 12; Art 84 n 8]. — Contra (in Betreff des letzteren Punktes): RdOTr. 1. S. 274

Erk. (Z. I.) v. 23. Juni 1865 c. Krüger (747 I. Cr.).

Der Wortlaut des § 259 Nr. 1 fordert zur Anwendung der Strafe des betrüglichen Bankerutts nur die Feststellung, daß der Thäter, welcher seine Zahlungen eingestellt hat, sein Vermögen ganz oder theilweise verheimlicht oder bei Seite geschafft hat. Das Gesetz nimmt also vermöge dieser Fassung an, daß eine solche That nur vorsätzlich verübt sein könne; es liegt dies in dem Ausdruck „verheimlicht oder bei Seite geschafft.“ Dieser Vorsatz schließt aber wiederum das Bewußtsein der Benachtheiligung der Gläubiger ein. Da nun der Art. 81 des Ges.s v. 3. Mai 1852 die Aufnahme der wesentlichen Merkmale der angeklagten That fordert, so ist diesem Erfordernisse durch die Stellung einer Hauptfrage nach dem Wortlaut des § 259 Nr. 1 vollkommen genügt. Gleichwohl ist es nicht unstatthaft und auf den Antrag des Angeklagten sogar geboten, auch solche Umstände, welche eben nur stillschweigend durch die nach dem Wortlaute des Gesetzes gestellte Frage festgestellt werden, zugleich zum Gegenstande einer besonderen ausdrücklichen Feststellung und demnach einer dem entsprechenden Fragstellung zu machen. In solchem Falle ist die Theilung der Hauptfrage die passendere Form, also die Stellung einer Zusatzfrage zu derselben. Dies ist hier geschehen; es ist das Bewußtsein der Benachtheiligung der Gläubiger Seitens des J. zum Gegenstand der Zusatzfrage gemacht.

Antr. des GStA.s: Zurückweisung der NB. [15.—2]

Diebstahl. — Gegenstand des Transports.

Als „Gegenstand des Transports" im Sinne des § 218 Nr. 4 des StGB.s ist eine Sache auch dann anzusehen, wenn sie sich noch nicht auf dem zur Fortschaffung bestimmten Transportmittel, sondern behufs ihrer Weiterbeförderung auf einem öffentlichen Wege ꝛc. befindet.

StGB. § 218 Nr. 4 [n. 42].

Beschl. (I.) v. 26. Juni 1865 c. Zirbel (175. B. I. Cr.).

Z. hatte, nach der Annahme der Instanzrichter, „einen mit Kaffee gefüllten Sack, welcher aus einem Schiffe entloscht, auf dem benachbarten Bohlwerke des Hafens zum Verwiegen auf der dort befindlichen Waage und zum demnächstigen Weitertransporte lagerte, aufgeschnitten und Kaffee daraus gestohlen." Gleichwohl erachtete das AG. den § 218 Nr. 4 cit. hier nicht fur zutreffend, weil der Sack zur Zeit nicht Gegenstand des Transports gewesen sei, und weil das Aufschneiden einem Abschneiden oder Ablosen eines „Transportgegenstandes" nicht gleichstehe Auf die Beschwerde des OStA s ist der betr. Beschluß des AG.s aufgehoben und die definitive Versetzung in den Anklagestand ausgesprochen worden. Gründe:

Daß das im § 218 Nr. 4 StGB. vorausgesetzte „Ablösen oder Abschneiden" der Befestigungs- und Bewahrungsmittel nicht nothwendig eine Trennung des Gegenstandes aus seiner Verbindung mit dem Transportmittel erfordert, daß es vielmehr schon genügt, wenn eine derartige Entfernung des Gegenstandes von oder aus seinem Befestigungs- resp. Verwahrungsmittel erfolgt, wie z. B. das hier stattgehabte Aufschneiden des, den Kaffee verwahrenden Sackes, hat das Kgl. OTr. öfter und namentlich noch in dem Erkenntnisse v. 25. März 1863 c. Heidenreich [RdOTr. 3. S. 367] ausgesprochen. Das in dem angefochtenen Beschlusse allegirte Urtheil v 18. Juli 1855 [c. Grapenthin, G.A. 3. S. 704] steht dem nicht entgegen, weil es sich in dem damaligen Falle um ein bloßes Aufbinden der mit Getreide gefüllten Säcke handelte. Muß aber das Voranstehende angenommen werden, dann folgt daraus unbedenklich, daß der §218 Nr. 4 cit. auch dann anwendbar ist, wenn die zum Transport gehörenden Gegenstände, alle übrigen Erfordernisse vorausgesetzt, sich noch nicht auf dem, zu ihrer Fortschaffung bestimmten Transportmittel befinden, z. B. also, wenn sie, wie in dem gegenwärtigen Falle, behufs ihrer Weiterbeförderung auf einem öffentlichen Wege 2c. stehen. Denn der innere Grund des allegirten Gesetzes — die leichtere Möglichkeit der Entwendung und deren Gefährlichkeit — trifft in dem einen wie in dem anderen Falle gleichmäßig zu, das Entscheidende dabei ist, daß die Gegenstände besonders befriedet sind und aus ihrem Verwahrungsmittel durch Abschneiden oder Ablösen entfernt werden. Damit stimmt auch die Entstehungs-Geschichte des allegirten Strafgesetzes überein, nach welcher der Art. 387 des früheren Rh. StGB.s zugleich maaßgebend gewesen ist, welcher alle Diebstähle, auf öffentlichen Wegen verübt, als gewaltsame betrachtete; vgl. G. Matt. 2. S. 479.

Antr. des GStA.s: Vernichtung des Beschl s. [20. — 3.]

Erpressung. — Verbrechen (Vergehen). — Bezeichnung.

Zum Thatbestande der Erpressung gehört die Bedrohung mit der Verübung eines als solchen erkennbar gemachten Verbrechens oder Vergehens.

StGB. § 234 [n. 13]. 235. Vgl. RdOTr. 5. S. 424.

Erk. (S. II.) v. 29. Juni 1865 c. Schiffer & Kirsch (207. II. Cr.).

Sch. und K. hatten den Pastor F. schriftlich aufgefordert, zu einer bestimmten Zeit und an einer bestimmten Stelle 50 Thlr. niederzulegen; am Schlusse des Schriftstücks hieß es: „sollten Sie sich weigern oder auch nur das Geringste auskommen lassen, so sind die Folgen für Sie schrecklich." Aus §§ 234. 235 StGB verfolgt, wurden sie in 1 Instanz freigesprochen, weil „dem Bedrohten jeder Maaßstab gefehlt habe, nach welchem er das ihm angedrohte Uebel abzumessen und seine Entschließungen zu fassen im Stande gewesen wäre; das Gesetz aber in dieser Beziehung festere Anhaltspunkte voraussetze." Der zweite Richter verurtheilte dagegen, weil aus der Schrift hervorgehe, daß F. mit einer gegen seine Person oder sein Vermögen gerichteten strafbaren Handlung bedroht werde, welche den Charakter eines Verbrechens oder — wie zu Gunsten der Beschuldigten angenommen werden möge, — mindestens eines Vergehens an sich trage; das Gesetz verlange eine genauere Bezeichnung der angedrohten That nicht; es würde gefährlich sein, eine Handlung der vorliegenden Art, welche den Empfänger des Schreibens in hohem Grade beunruhigen könne, für straflos zu erklären und dadurch eine leichte Umgehung des Strafverbots zu ermöglichen. — Auf den Kass.-Rekurs der Beschuldigten hat das OTr. dieses Erkenntniß vernichtet, und die Berufung des öff. Ministeriums gegen das freisprechende Urtheil 1 Instanz verworfen, indem es erwog:

daß der Zwang und Zwangsversuch, welcher den Thatbestand der Nöthigung oder, falls damit ein rechtswidriger Vortheil beabsichtigt ist, den der Erpressung, bildet, nach den klaren Bestimmungen der §§ 212 und 234 des StGB.s nicht durch jede Drohung begangen wird, sondern durch Bedrohung mit der Verübung eines Verbrechens oder Vergehens;

daß die §§ 212 oder 234 daher nur anwendbar sind, wenn in dem Bedrohten die Besorgniß vor einer ihm von Seiten des Drohenden bevorstehenden Thathandlung erweckt oder zu erwecken versucht wird, und wenn diese Thathandlung dem gesetzlichen Begriffe eines Verbrechens oder Vergehens entspricht, sei es, daß die Drohworte selbst den gesetzlichen Ausdruck dafür oder andere Ausdrücke enthalten, mit welchen der Richter ein in den Gesetzen vorgesehenes Verbrechen oder Vergehen angedroht findet;

daß diese Beschränkung des Thatbestandes der Nöthigung und Erpressung das Ergebniß vielfältiger Berathungen der Behörden und der Faktoren der Gesetzgebung war, welche letztere nach dem Vorschlage des vereinigten ständischen Ausschusses durch § 216 des neuesten Entwurfs zum Strafgesetzbuche und dessen allseitige Genehmigung im § 234 den Grundsatz des Rh. StGB.s (Art. 305) annahmen und den weiter gehenden § 286 des Entwurfs von 1847 in Wegfall brachten;

daß aber selbst dieser § 286 als Gegenstand der strafbaren Drohung eine den Bedrohten betreffende Handlung voraussetzte, wogegen die Vorhersagung eines von dem Willen des Drohenden unabhängigen oder die Rechtssphäre des Bedrohten nicht berührenden Ereignisses für einen ernsten oder strafbaren psychologischen Zwang nicht angesehen wurde;

daß nun zwar die Prüfung, ob in einer schriftlichen oder mündlichen Aeußerung die Bedrohung mit einer, von dem Willen des Drohenden abhängigen, gegen den Bedrohten zu richtenden Thathandlung oder nur die Hinweisung auf den möglichen Eintritt eines anderen Ereignisses, die Einschüchterung Jemandes durch eine gewisse Prophezeihung oder die Einwirkung auf sein Gefühl und seine Willensbestimmung durch die Vorhaltung eines Erfolges für den Drohenden selbst, zu finden sei, wesentlich thatsächlicher Natur ist und in so weit es bei der in dem angefochtenen Urtheile gegebenen Auslegung des Drohbriefes der Kassationskläger an den Pastor F., daß er nämlich darin mit einer Handlung der Absender bedroht worden sei, bewenden muß;

daß dagegen die fernere Frage, ob die nach der Annahme des App.-Richters durch gewisse Merkmale angedrohte Handlung auch eine strafbare und insbesondere ein **Vergehen** im Sinne des § 1 des StGB.s, oder vielmehr von dem App.-Richter für ein solches mittelst unrichtiger Anwendung des daselbst aufgestellten Rechtsbegriffs erkannt worden sei, der Beurtheilung des Kassationsrichters unterliegt;

daß der App.-Richter die angedrohte strafbare Handlung einzig und allein in den Worten: „so sind die Folgen (Ihrer Weigerung) für Sie schrecklich" erblickt hat, sich jedoch selbst nicht darüber ausspricht, für welche Handlung er die „schrecklichen Folgen" ansehe, im Gegentheile gerade zu erkennen giebt, daß er hierüber sich keine bestimmte Vorstellungen gemacht habe, indem er erwägt, die Handlung trage „mindestens den Charakter eines Vergehens" an sich, „wie zu Gunsten der Beschuldigten angenommen werden möge," und es für unerheblich hält, ob die Bezeichnung eines konkreten Vergehens oder einer Art von Vergehen in der Drohung enthalten sei;

daß diese Auslegung des § 234 nicht allein mit der Entstehungsgeschichte desselben und dem Verhältnisse des folgenden § 235 dazu unverträglich ist, sondern auch seinem Wortlaute eine überaus vage und willkührliche Deutung giebt und anstatt der Feststellung „eines Vergehens" in den Drohworten sich mit der Unterstellung einer unbestimmbaren Handlung begnügt, die als „schreckliche Folgen" der Geldverweigerung von Seiten des Pastors F. sich hätte zeigen können;

daß es demnach in dem angegriffenen Urtheile an einer thatsächlichen Grundlage für die Annahme, die Beschuldigten hätten den Pastor F. mit der Verübung einer Handlung bedroht, welche in den Gesetzen als ein Vergehen vorgesehen ist, und somit für die Anwendung des § 234 des StGB.s gänzlich fehlt, diese Anwendung also mit Unrecht erfolgt und das Urtheil zu vernichten ist;

daß die Anwendbarkeit des § 234 auch nicht durch die letzte Erwägung des App.-Richters, jene Strafbestimmung könne, wie der vorliegende Fall zeige, bei ihrer Beschränkung auf Drohungen mit einem Verbrechen oder Vergehen, in gleich gefährlichen und beunruhigenden Drohungen umgangen werden, sich ausdehnen läßt, in den Vorberathungen zu § 234 sogar die aus dessen Beschränkung entstehende Straflosigkeit anderer, selbst die ganze bürgerliche Existenz einer Person gefährdender Drohungen ausdrücklich hervorgehoben worden ist (vgl. Beseler Komm. S. 447).

Antr. des GStA.s: entgeg. [23.—3.]

Sitzung. — Störung. — Strafe. — Rechtsmittel.

Der Beschluß, durch welchen ein Gericht wegen stattgehabter Störung in der Sitzung eine Gefängnißstrafe verhängt, unterliegt keinem Rechtsmittel.

Vdn. v. 3. Jan. 1849 § 180 [n. 12]; Ges. v. 3. Mai 1852 Art. 134 [n 2].

Beschl. (I.) v. 30. Juni 1865 c. Schild (180. B. I. Cr.).

Sch. war einer Uebertretung angeklagt vor dem Polizeirichter erschienen und von diesem wegen „Störung in der öffentlichen Sitzung" zu einer Gefängnißstrafe von 3 Tagen verurtheilt worden. Gegen den betr. Beschluß ergriff er die Beschwerde an das OTr. Die GStA.-schaft erachtete diese nach Art 12 des Ges.s v. 3 Mai 1852 für unstatthaft, indem sie es dahin gestellt sein ließ, ob ein Rekurs oder eine Beschwerde an das AG. statthaft gewesen sein würde. Das OTr. hat die Beschwerde zurückgewiesen. Gründe:

Was Ihre Verurtheilung durch das Resolut des Einzelrichters in dieser Sache zu einer dreitägigen Gefängnißstrafe wegen ungebührlichen Betragens in der gerichtlichen Verhandlung betrifft, so gründet sich dieselbe auf den § 180 der Vdn. v. 3. Jan. 1849 und den Art. 134 des Ges.s v. 3. Mai 1852. Diese Vorschriften gründen sich lediglich auf die den Gerichten zustehende Disziplinargewalt über die in der öffentlichen Verhandlung vor Gericht erscheinenden Personen, zur Aufrechthaltung der Ruhe und Ordnung bei der gerichtlichen Verhandlung. Der in dieser Beziehung erlassene Beschluß des Gerichts unterliegt daher denjenigen, die Sache selbst betreffenden Rechtsmitteln nicht, welche die gedachte Vdn. und das Ges. v. 3. Mai 1852 zulassen. Es würde in dieser Beziehung einer ausdrücklichen solche Rechtsmittel zulassenden Vorschrift, wie sich dieselbe in einem anderen gleichfalls die Hauptsache nicht betreffenden Falle in dem § 72 der cit. Vdn. und im Art. 13 des cit. Ges.s befindet, bedurft haben. An einer solchen mangelt es aber für den vorliegenden Fall. Das OTr. ist also auch nicht befugt, über den hier in Rede stehenden Theil Ihrer Beschwerde zu befinden. [15.—3.]

Ehebruch. — Ehescheidung. — Vermuthung.

Eine Strafverfolgung wegen Ehebruchs ist statthaft, wenn die Ehe wegen eines „unerlaubten Umgangs" geschieden ist, welcher die dringende Vermuthung der verletzten ehelichen Treue begründete.

StGB. § 140 [n. 9]; ALR. II, 1. § 673.

Erk. (V. I.) v. 30. Juni 1865 c. Treite (578. I. Cr.).

Die Ehe der Angeklagten mit dem Handelsmanne Tr. war auf die Klage des letztern wegen einer „dringenden Vermuthung der verletzten ehelichen Treue Seitens der ersteren" getrennt worden. Demgemäß wurde sie im Strafverfahren in 1. Instanz aus § 140 StGB. verurtheilt, in 2 Instanz aber freigesprochen, weil die dringende Vermuthung der verletzten ehelichen Treue nur einem Ehebruche „gleich zu achten" sei, der § 140 aber eine Scheidung wegen wirklichen Ehebruchs voraussetze; jedenfalls müßten Thatsachen erwiesen sein, welche den Verdacht einer bestimmten Beischlafsvollziehung rechtfertigten, was hier nicht zutreffe, weil die Gründe des Ehescheidungsurtheils nur im Allgemeinen einen verdächtigen Umgang der Tr. mit einem Dritten, welcher den Verdacht der Verletzung der ehelichen Treue, nicht aber den Verdacht einer bestimmten Beischlafsvollziehung, und namentlich einer am 18. Sept. 1863 zu B stattgehabten Beischlafsvollziehung für erwiesen erachte, welche jetzt der Tr. zur Last gelegt werde. — Auf die NB. des OStA.s hat das OTr. dieses Urtheil vernichtet und die Sache an das AG. zurückverwiesen. Gründe:

Es ist zuzugeben, daß der § 140 des StGB.s zu seiner Anwendung verlangt:

1) daß die Ehe wegen **Ehebruchs** geschieden worden sein muß,
2) daß unter Ehebruch eine geschlechtliche Vermischung mit einer anderen Person, als dem Ehegatten verstanden wird.

Daß aber, wie der App.-Richter ferner behauptet, die Ehe von dem Civilrichter wegen einer **bestimmten** Beischlafsvollziehung getrennt worden sein muß, um demnächst nach § 140 cit. strafen zu können, ist ein zu weit gehendes Verlangen, das weder nach den Vorschriften des Civilrechts noch nach denen des Strafrechts zu rechtfertigen ist, da es ohne Zweifel Fälle geben kann, in denen der Ehebruch vollständig erwiesen worden, ohne daß es möglich gewesen, gerade eine **bestimmte** Beischlafsvollziehung festzustellen, weil z. B. die einzelnen Zeugen über die nähern Modalitäten der Zeit, des Orts, der übrigen Umstände, nicht übereinstimmend bekundet haben. Damit fällt aber die an diese Voraussetzung geknüpfte Folgerung des App.-Richters zusammen, nach welcher die Feststellungen des Ehescheidungs-Erkenntnisses mit der des Strafurtheils erster Instanz nicht im Zusammenhange stehen sollen.

Es frägt sich demnächst, ob eine unter Anwendung des § 673 II, 1. ALR. geschiedene Ehe als eine wegen **Ehebruchs** im obengedachten Sinne getrennte anzusehen ist. Es muß dies mit den Vorentscheidungen beider Abtheilungen des Kriminal-Senats des Kgl. OTr.s bejaht werden. Bereits das Urtheil v. 9. Mai 1860, I. 11. c. Carnett (G.A. 8. S. 560) hat des Nähern ausgeführt, daß schon nach dem gemeinrechtlichen, protestantischen Eherechte ein adulterium verum und praesumtum unterschieden und unter letzterem ein derartiges Verhalten eines Ehegatten verstanden wurde, welches die **dringende Vermuthung** eines verübten Ehebruchs entstehen läßt. Außer den dort allegirten Schriftstellern muß noch Hellfeld jurisprudentia forensis § 1265 angeführt werden, welcher ausdrücklich erklärt: „Justa igitur divortii causa est primo **adulterium**, dolo commissum, modo de eo vel vere vel ex gravi constet praesumtione." Zur Begründung dessen führt Leyser in seinen meditationes ad Pandectas Specimen 313 med. 1. (5. p. 241) an: „daß bei Ehescheidungsklagen der Ehebruch nicht durch ganz ungezweifelte Beweisthümer dargethan werden müsse, sondern auch starke Muthmaßungen und Anzeigungen hinlänglich seien, weil der Ehebruch und andere delicta carnis immer im Verborgenen begangen werden, also nicht, wie die übrigen crimina, ad oculum erwiesen werden können." Diese gemeinrechtliche Praxis hat demnächst das Ehescheidungs-Edikt v. 17. Nov. 1782 rezipirt, und sie hat sodann in dem § 673 II, 1. ALR. ihre Stelle gefunden. Nachdem im § 672 l. c. gesagt worden: „daß Sodomiterei und andere unnatürliche Laster dem Ehebruche gleichgeachtet werden," heißt es im § 673 l. c.: „Eben das gilt vom unerlaubten Umgange, wodurch eine dringende Vermuthung der verletzten ehelichen Treue begründet wird." Auch hierbei ist nach den Materialien zum ALR. das Motiv die Schwierigkeit des zu erbringenden Erweises eines stattgehabten Ehebruchs gewesen; cf. v. Rönne: Ergänzungen des ALR.s (Aufl. 2) 3. S. 153. — Hieraus ergiebt sich die eigentliche Bedeutung des cit. § 673. Im § 670 l. c. ist von dem wirklichen Ehebruch, der stattgehabten geschlechtlichen Vermischung, die vollständig erwiesen werden konnte, die Rede. Da nun aber ein solcher Nachweis in seltenen Fällen zu führen sein wird, hat der Gesetzgeber noch einen andern, selbstständigen Grund zur Ehescheidung aufgestellt, welcher schon dann vorhanden sein soll, wenn die ermittelten Umstände eine dringende Vermuthung ergeben, daß die eheliche Treue verletzt worden. Diese Umstände dürfen nicht nothwendig von der Art sein, daß sie direkt eine stattgehabte fleischliche Vermischung erkennen lassen, sie müssen nur so gestaltet sein, daß von ihnen darauf geschlossen werden kann, oder wie Tittmann in seinem Handbuch der Strafrechts-Wissenschaft sich ausdrückt, „daß man von den bewiesenen Thatsachen auf das

Dasein anderer, nicht bewiesener Thatsachen schließen muß" (cf. Bd. 3 S. 595 a. a. O.). Im Uebrigen tritt bei der Anwendung des § 673 das richterliche Ermessen ein, ob nach den ermittelten Thatsachen solche Handlungen vorliegen, welche eine vom Gesetz gemeinte dringende Vermuthung begründen. Aus alle dem folgt aber ferner, daß der § 673 l. c. keineswegs eine bloße Beweisregel im prozessualischen Sinne enthält, sondern, wie bereits erwähnt, einen speziellen Ehescheidungsgrund, der mit dem wirklichen Ehebruche des § 670 l. c. in enger Verbindung steht, und auch im § 748 l. c. als solcher bezeichnet ist. Hiergegen kann nicht mit dem App.-Richter geltend gemacht werden, daß der § 748 l. c. ja auch die im § 672 l. c. genannten „Sodomiterei und andere unnatürliche Laster dieser Art" als Ehebruch bezeichnet. Denn es ist bereits in dem oben allegirten Erkenntniß des Kgl. OTr.s v. 9. Mai 1860 mit Recht ausgeführt worden, daß die verschiedenen Parallelfälle wieder unter sich, der Natur der Sache nach, differiren, und eben deshalb auch vom Strafgesetz verschiedenartig beahndet werden. Demzufolge kann auch nicht, wie das angefochtene Erkenntniß gethan, aus dem, in den §§ 672. 673 l. c. gebrauchten Ausdrucke, daß die dort bezeichneten Handlungen nur „dem Ehebruche gleich geachtet werden," etwas Gegentheiliges gefolgert werden, da, wie so eben ausgeführt, der § 673 l. c. den Nachweis einer wirklich stattgehabten fleischlichen Vermischung gerade nicht verlangt, sondern sich damit begnügt, daß Umstände vorliegen, die darauf schließen lassen, oder sonst geeignet sind, einen dringenden Verdacht der verletzten ehelichen Treue zu begründen.

Unter diesen Umständen kommt es auf das von dem App.-Richter herangezogene Präjudiz des Ersten Senats v. 3. April 1848 gar nicht an, wozu noch kommt, daß das demselben zum Grunde liegende Erkenntniß von demselben Tage mit der obigen Ausführung übereinstimmt. Dies vorausgeschickt, konnte das früher allegirte Straferkenntniß v. 9. Mai 1860, ohne zu fehlen, bemerken,

„daß der Eherichter nicht nöthig habe, wenn auf Auflösung der Ehe wegen Ehebruchs geklagt sei, schlechterdings die Thatsache einer stattgehabten außerehelichen Vermischung zu ermitteln; daß er sich auch mit dem Beweise eines unerlaubten Umgangs mit den Merkmalen des § 673 l. c. genügen lassen könne. Befinde er einen solchen, so scheide er die Ehe nichts destoweniger wegen Ehebruchs, der nach den vorliegenden Thatsachen zu vermuthen sei. Es müsse dann auch der § 140 des StGB.s zur Anwendung kommen, welcher die Bestrafung an den schuldigen Personen gebiete, wenn wegen dieses Vergehens die Ehe geschieden worden sei, wobei dem Strafrichter ohne Zweifel noch immer die nähere Feststellung obliege und zukomme, ob wirklich, nicht bloß präsumtiv ein Ehebruch vollzogen sei."

Hiermit stimmt dann das Erkenntniß der II Abth. des Kriminal-Senats des Kgl. OTr.s v. 24. Okt. 1861 c. Rulf (RdOTr. 2. S. 20) überein.

Aus dem Vorstehenden folgt sonach, daß auf Grund eines, auf den § 673 II, 1 ALR. gestützten Ehescheidungs-Erkenntnisses eine Untersuchung in Folge des § 140 des StGB.s eingeleitet werden kann. Demnächst hat der Strafrichter selbstständig zu prüfen und festzustellen, ob ein Ehebruch im engern Sinne, d. h. eine fleischliche Vermischung einer verheiratheten Person mit einer andern als ihrem Ehegatten, stattgefunden hat, wie die oben allegirten Urtheile c. Carnett v. 9. Mai 1860 und c. Rulf v. 24. Okt. 1861 ebenfalls angenommen und ausgeführt haben.

Antr. des GStA.s: gleichl. [50.—2.]

---

1. **Nichtigkeits-Beschwerde. — Staatsanwalt. — Nicht-Schuldig.**
2. **Geschwornenspruch. — Berichtigung. — Unterschrift.**

1. Der Staatsanwalt kann die Mängel des Geschwornenspruchs im Wege der Nichtigkeits-Beschwerde rügen.

Ges. v. 3. Mai 1852 Art. 109 [n. 14]; vgl. RdOTr. 2. S. 530; 5. S. 177.

2. **Wird ein Geschwornenspruch nachträglich abgeändert, so bedürfen die Aenderungen (Zusätze) einer besondern Unterschrift des Vorstehers, wenn es zweifelhaft sein kann, ob die erste Unterschrift sich auf sie mit bezieht.**

Ebendas. Art. 96 [n. 5; vgl. RbOTr 2. S. 183. 424]

Erk. (V. II.) v. 30. Juni 1865 c. Volkmann & Spiering (536. I. Cr.).

Der StA. greift zuvörderst die formelle Gültigkeit der schließlichen von den Geschwornen erlassenen und der Entscheidung des Schw.-GH.s zum Grunde liegenden Verdikte an. Eine solche Beschwerde ist, ungeachtet der Beschränkung, welche der Art. 109 des Ges.s v. 3. Mai 1852 in Betreff der Beschwerden des StA.s in Schwurgerichtssachen enthält, aus dem Grunde zulässig, weil, wie dies in mehreren Fällen bereits ausgesprochen ist (vgl. G. A. 8. S. 253), der Art. 109 bei jener Beschränkung immer ein formgemäßes und deutliches Verdikt voraussetzt, also ein solches, welches, sei es wegen seiner äußeren Form oder im Sinne des Art. 97 wegen seines Inhalts oder seiner Fassung nicht der Verbesserung oder Ergänzung bedarf.

Die hier in Rede stehenden Verdikte finden sich auf einem besonderen dem Fragebogen angehefteten Blatte, und sie sind hier zwar von dem Vorsitzenden des GH.s und dem Gerichtsschreiber, nicht aber von dem Vorsteher der Geschwornen vollzogen. In den Fällen nun, in welchen, wie hier, die Geschwornen zur Verbesserung oder Ergänzung ihrer Verdikte zurückgesendet waren, hat zwar das OTr. alsdann, wenn diese verbessernden neuen Aussprüche der Geschwornen in solche räumliche Verbindung mit den ersten Verdikten derselben gesetzt waren, so daß die unter den letzteren befindliche Unterschrift des Vorstehers sich mit auf die späteren Hinzufügungen beziehen ließ, die Beschwerde über die unterbliebene neue Vollziehung des Vorstehers zurückgewiesen. In dem vorliegenden Falle ist es aber unstatthaft, die frühere Unterschrift des Vorstehers unter den ersten Verdikten auch auf die letzten Verdikte mitzubeziehen, diese also dadurch mit für beglaubigt zu erachten, weil hier eine vollständige räumliche Trennung von einander besteht, die letzten Verdikte sich auf einem besondern Blatte befinden. Die im Art. 96 angeordnete Vollziehung des Verdikts durch den Vorsteher der Geschwornen hat den Zweck einer besonderen formellen Beglaubigung des vorliegenden schriftlichen Ausdrucks des unter dem Vorsitz des Vorstehers nach den darüber aufgestellten Regeln von den Geschwornen berathenen Beschlusses über die Thatfrage. Das Gesetz fordert also diese besondere Beglaubigung außer der im Art. 96 gleichfalls vorgeschriebenen mündlichen Verkündigung des Verdikts durch den Vorsteher in der öffentlichen Sitzung, welche hier demgemäß auch erfolgt ist. Daraus folgt, daß diese Verkündigung allein den Mangel jener Beglaubigung nicht deckt.

Antr. des GStA.s: gleichl. [15 — 2.]

Gewerbebetrieb. — Selbstständigkeit. — Genehmigung.

Es ist nicht als der „selbstständige" unkonzessionirte Betrieb eines Gewerbes anzusehen, wenn Jemand nur als Gehülfe eines andern Konzessionirten thätig gewesen ist.

Gew.-Ordn. v. 17. Jan. 1845 §§ 177. 49 16.

Erk. (V. I.) v. 30. Juni 1865 c. Warmbrunn (561. I. Cr.).

W. war, weil er „ohne eine Konzession zu besitzen — eine Denunziation — gegen eine Geldbelohnung angefertigt und sich dadurch der unbefugten Anfertigung von Schriftstücken gegen Entgelt schuldig gemacht habe," aus § 177 der Gew.-Ordn bestraft worden. Auf die NB. desselben ist das Erkenntniß 2. Inst. vernichtet und die Sache an das AG. zurückverwiesen worden. Gründe.

Die Feststellung der Instanzrichter reicht zur Anwendung der allegirten Gesetze nicht aus, weil nicht festgestellt worden, daß Angeklagter den selbstständigen Betrieb des Gewerbes „der Abfassung schriftlicher Aufsätze für Andere" ohne die dazu erforderliche polizeiliche Genehmigung unternommen oder fortgesetzt habe. Zudem hat der App.-Richter die erstrichterliche Feststellung unter dem Einflusse eines Rechtsirrthums beibehalten; derselbe erachtet es nämlich für unwesentlich, „daß Angeklagter — wie derselbe behauptet — nur im Auftrage als Gehülfe seines zur Abfassung schriftlicher Aufsätze konzessionirten Bruders gehandelt und sich mit demselben wegen des Entgelts berechnet habe." Hiermit aber sind die §§177. 49. 16 der Allg. Gew.-Ordn. v. 17. Jan. 1845 verletzt worden. Betrieb der Angeklagte das ihm zur Last gelegte Gewerbe nicht selbstständig, d. h. nicht für eigene Rechnung und unter eigener Verantwortlichkeit (§ 16 l. c.), so fand auf ihn die das Unternehmen oder Fortsetzen eines selbstständigen Gewerbebetriebs erheischende Strafbestimmung des § 177 a. a. O. keine Anwendung.

Antr. des GStA.s: gleichl. [50. — 2.]

Betrug. — Vermögensbeschädigung. — Prozeß. — Täuschung. — Richter.

1. Die Verwicklung in einen Prozeß, und die dadurch herbeigeführte Nothwendigkeit zur Verausgabung von Kosten kann als Vermögensbeschädigung im Sinne des § 241 StGB. angesehen werden.

StGB. § 241 [n. 24. 10].

2. Die Täuschung des Richters im Civilprozesse kann den Thatbestand des Betrugs darstellen.

Ebendas. [n 65] Vgl. RdOTr. 1 S. 268. 506; 3. S. 382; 5. S. 249.

Erk. (Z. II.) v. 5. Juli 1865 c. Kayser (614. I. Cr.).

K hatte sich mit seiner geschiedenen Ehefrau auseinandergesetzt und derselben dabei drei Forderungen, welche ihm gegen den Müller S. zustanden, übereignet, demnächst aber eine dieser Forderungen an seinen Bruder cedirt, und die beiden anderen beim KG. gegen S. eingeklagt, ohne der geschehenen Uebereignung an seine frühere Ehefrau Erwähnung zu thun. Er ist deshalb in Beziehung auf die Cession an seinen Bruder wegen Betrugs, und in Beziehung auf die Einklagung der beiden andern Forderungen wegen Betrugsversuchs verurtheilt worden. Im ersteren Falle nahm das AG. eine Vermögensbeschädigung sowohl der geschiedenen Ehefrau als des Schuldners S an, der ersteren, weil sie in die Lage versetzt worden sei, gegen den „vielleicht" an den Cessionar zahlenden Schuldner einen Prozeß anstrengen zu müssen; des letzteren, weil er entweder die cedirte Forderung an den Cessionar habe zahlen, oder es auf den Prozeß habe ankommen und deshalb Kosten (an den von ihm bevollmächtigten Rechtsanwalt) habe zahlen müssen. Dieses focht die NB. des K. als rechtsirrthümlich an, und ebenso die Annahme einer Irrthumserregung in den beiden anderen Fällen, weil von einer Täuschung des Richters im Civilprozesse (arg Erk. v. 23. Febr. 1854, G. A. 3. S. 611) nicht die Rede sein könne. Zurückweisung. Gründe:

Zu Nr. 1. Zugegeben muß werden, daß die Motivirung der auf Seiten der separirten K. bereits eingetreten gewesenen Vermögensbeschädigung zu Bedenken Anlaß giebt. Es kann indeß hiervon abgesehen werden, da der App.-Richter außerdem auch eine Vermögensbeschädigung des Schuldners S. angenommen hat, eine solche in der Verwickelung des S. in einen Prozeß, wegen dessen S. zur Zahlung von Kosten verpflichtet worden sei, ohne Rechtsirrthum finden konnte, und es gesetzlich zum Thatbestande des Betruges nicht nothwendig ist, daß der vom Thäter beabsichtigte Gewinn und der verursachte Schaden in Wechselbeziehung stehen. —

Zu Nr. 2. Es bildet zwar das Vorbringen unrichtiger Thatsachen im Civilprozesse, das Geltendmachen ungerechtfertigter Ansprüche, das Verschweigen thatsächlicher Einrede, nicht immer den Thatbestand des Betruges. Denn eine Irrthumserregung im Sinne des Gesetzes wird meist nicht vorhanden sein, da theils die andere Partei vom Prozeßgegner nicht die volle Wahrheit zu erwarten pflegt, theils der Richter den Sachverhalt nicht aus den Aussagen der Parteien entnehmen, sondern die Richtigkeit der Parteiangaben nach dem Ergebniß der Beweise und meist nach positiven Beweisregeln prüfen soll. Indeß unbedingt ist die Verübung eines Betruges bei Gelegenheit eines Civilprozesses deshalb nicht ausgeschlossen (vgl. RdOTr. 1. S. 507;

3. S. 383), und in dem gegenwärtigen Falle konnte der Richter ohne rechtsgrundsätzlichen Verstoß auch die bewirkte resp. versuchte Irrthumserregung durch Unterdrücken wahrer Thatsachen in der Handlungsweise des Angeklagten finden. Abgesehen davon, daß Angeklagter dadurch die Pflichten gegen seine separirte Ehefrau als Mitkontrahentin bei der Auseinandersetzung v. &c. verletzte, gehörte nach § 413ff. I, 11 ALR. eine Ermittelung und Prüfung in der Richtung, ob etwa eine Cession der eingeklagten Forderungen Statt gefunden, weder zu den Obliegenheiten des Gerichtes noch des Schuldners S., welcher letztere vielmehr, sofern ihm die erfolgte Cession nicht bekannt gemacht wurde, den Angeklagten auch fernerhin als seinen Gläubiger betrachten durfte.

Antr. des GStA.s: gleichl. [46.—1.]

Contumacia. — Innehalten der Stunde.

Nichtigkeit tritt ein, wenn die Hauptverhandlung zu einer frühern, als der in der Vorladung bestimmten Stunde, ohne Zuziehung des Angeklagten Statt gefunden hat.

Vdn. v. 3. Jan. 1849 §§ 14 [n. 28]. 134.

Erk. (V. I.) v. 5. Juli 1865 c. Korkow (788. I. Cr.).

K. war zur Verhandlung in der App.-Instanz zu dem auf den 13. Mai Mittags 12 Uhr angesetzten Termine vorgeladen worden; sein Vertheidiger fand sich pünktlich ein, es ergab sich aber, daß die Verhandlung bereits vorher stattgefunden hatte, und daß das Urtheil bereits verkündet war. Auf die NB. desselben erfolgte Vernichtung. Gründe:

Die Beschwerde ist begründet, weil der Angeklagte nach § 134 der Vdn. v. 3. Jan. 1849 das Recht hatte, sich im Audienz-Termine zweiter Instanz durch einen von ihm gehörig bevollmächtigten Rechtsanwalt vertheidigen zu lassen, der Termin mithin nicht ohne Zuziehung dieses Vertheidigers vor der festgesetzten Stunde abgehalten werden durfte.

Antr. des GStA.s: gleichl. [28.—1.]

Presse. — Wiederabdruck. — Neue That.

Der Wiederabdruck und die abermalige Veröffentlichung eines bereits früher veröffentlichten Artikels mit dem Bewußtsein von der Strafbarkeit seines Inhalts zieht die Strafe der betr. Strafthat nach sich.

Preßges. v. 12. Mai 1851 §§ 33. 34. Vgl. RbOTr. 1. S. 520; 3. S 210 280. 425; 4. S. 371; 5. S. 168 418; Hartmann Strafgess. S. 465 n. 2, id. Preßges. S 167 n. 3

Erk. (Z. I.) v. 5. Juli 1865 c. Necz (568 I. Cr.

Wenn auch die beiden inkriminirten Artikel nicht vom Imploranten selbst verfaßt sind, so sind sie von demselben doch nach der thatsächlichen Feststellung des App.-Richters mit Kenntniß ihres Inhaltes und mit dem Bewußtsein ihres beleidigenden Charakters in die erwähnten Nummern der von ihm redigirten kautionspflichtigen Zeitung aufgenommen und von Neuem veröffentlicht worden. Dadurch ist der Implorant zwar nicht zum Verfasser derselben, wohl aber zum Urheber der mit deren wiederholten Veröffentlichung von Neuem verübten Beleidigung geworden, wie solches schon in dem früheren Urtheile des OTr.s v. 13. Jan. 1865 (RbOTr. 5. S. 418) ausgeführt worden ist.

Antr. des GStA.s: gleichl. [28.—1.]

Fragstellung. — Ausländer. — Preuße.

Durch den Geschwornenspruch ist nur der Inbegriff der Begriffsmerkmale des betr. Straffalles festzustellen, nicht aber andere thatsächliche Bedingungen der Strafanwendung, z. B. ob der Angeklagte Ausländer oder Preuße sei.

Ges v. 3. Mai 1852 Art. 81 [n 35. 36 ff.]; StGB. § 4 [n. 7. 27].

Erk. (V. I.) v. 5. Juli 1865 c. Rymkiewicz (798. I Cr.).

Es ist richtig, daß, wie der StA. in seiner Beschwerde anführt, der Beruf der Geschwornen sich nur auf die Feststellung der Strafthat selbst, also des Inbegriffs ihrer Begriffsmerkmale, nicht aber anderer thatsächlicher Bedingungen der Strafanwendung bezieht. Dem Schw.-GH. und nicht den Geschwornen gebührt also die Feststellung der Bedingungen der Verjährung mit Rücksicht auf die von den Geschwornen festgestellte Zeit der Verübung des Verbrechens, ferner der Existenz des Strafantrages, der etwanigen Strafzumessungsgründe, der Rückfälligkeit, der Strafbarkeit der vorliegenden That auch nach dem etwa konkurrirenden ausländischen Gesetze. Dasselbe muß auch im vorliegenden Falle von der Eigenschaft des Angeklagten als eines Preußen oder Ausländers gelten.

Antr. des GStA.s: gleichl. [15. — 1.]

Beschlagnahme. — Förmlichkeiten. — Bei-Seite-Schaffen.

Die Bei-Seite-Schaffung in Beschlag genommener Sachen ist strafbar, sobald die betr. Maaßregel von einer zuständigen Behörde oder von einem zuständigen Beamten ausgegangen war, sollten dabei auch nicht alle vorgeschriebenen Förmlichkeiten beobachtet worden sein.

StGB. § 272 [n. 19]. Vgl. RdOTr. 5. S. 119; 6. S. 44.

Erk. (Z. I.) v. 5. Juli 1865 c. Schulz (Mewes & Gen. 504. I. Cr.).

Sch. hatte ein Schwein, welches der Polizeidiener Z. bei dem ꝛc. M. in Beschlag genommen hatte, dieser Beschlagnahme vorsätzlich entzogen. Aus § 272 verurtheilt, rügte er im Wege der NB. Gesetzesverletzung. Zurückweisung. Gründe:

Dem App.-Richter ist es nicht entgangen, daß die zum Thatbestande des § 272 StGB. gehörende Zuständigkeit des exequirenden Beamten im vorliegenden Falle durch eine Anordnung der zur Einleitung des Zwangsverfahrens befugten Behörde bedingt war; derselbe hat auch nicht verkannt, daß diese Behörde der Magistrat war, zu dessen Geschäften nach §§ 68. 56 der Städte-Ordn. v. 30. Mai 1853 die Vertheilung und Beitreibung der städtischen Gemeinde-Abgaben gehört, und von welchem die Anweisungen an die städtischen

Kassen ausgehen müssen (Reskr. d. M. d. J. v. 14. Sept. 1835, v. Kamptz Ann. 19. S. 751). Vielmehr hat der App.-Richter, im Anschlusse an die Annahme des ersten Richters, daß der Kämmerer bei Ertheilung des Exekutions-Auftrages an den Z. als Organ des Magistrats gehandelt habe, diesen Auftrag als um so genügender erachtet, als vor Antritt der Exekution dem Polizeidiener noch Seitens des Bürgermeisters bestimmte Instruktionen hinsichts des Pfändungsakts ertheilt worden seien. Ist aber festgestellt, daß der Bürgermeister, welchem die Leitung und Beaufsichtigung des ganzen Geschäftsganges der städtischen Verwaltung obliegt, und welcher die Oberaufsicht über die gesammten städtischen Kassen führt (§ 58 Städte-Ordn.; § 20 Instr. v. 25. März 1835, v. Kamptz Ann. 19. S. 733; Instr. v. 20. Juni 1853 XIII. Nr. 2, BMBl. S. 142), die von dem Kämmerer, einem Mitgliede des Magistrats (§ 29 der Städte-Ordn.) veranlaßte Maaßregel genehmigt hat, so kann nicht in Zweifel gestellt werden, daß der Beschlagnahmeakt von der zur Einleitung des Verfahrens kompetenten Behörde angeordnet worden ist.

Der App.-Richter ist ferner nicht in einem Rechtsirrthume befangen gewesen, wenn er darauf, daß einzelne in der Vdn. v. 30. Juli 1853 vorgeschriebenen Förmlichkeiten nicht vollständig beobachtet worden, der thatsächlichen Beschlagnahme gegenüber kein Gewicht gelegt hat. Allerdings hat das Kgl. OTr. in dem, die Beschlagnahme einer Aktivforderung betreffenden Erkenntnisse v. 27. Sept. 1852 (Entsch. 23. S. 474), sowie in der Entscheidung v. 29. Mai 1859 (G. A. 7. S. 562) im Allgemeinen ausgesprochen, daß zur Anwendbarkeit des cit. § 272 eine solche Beschlagnahme erforderlich sei, „welche den gesetzlichen Vorschriften vollständig genüge.“ Es ist aber sowohl in der gedachten Entscheidung v. 29. Mai 1859, als auch in späteren Urtheilen gleichmäßig ausgeführt worden, daß es nur der Beobachtung derjenigen Förmlichkeiten bedarf, welche das Wesen der Beschlagnahme betreffen, und welche geeignet sind, denjenigen, welcher der Beschlagnahme entgegenhandelt, in bösen Glauben zu versetzen (vgl. G. A. 7. S. 717; 8. S. 707; 9. S. 715).

Insbesondere ist in dem Erk. v. 17. Juni 1864 c. Liß (I, 592) dargelegt, daß es zur Anwendbarkeit des § 272 l. c. genüge, „daß thatsächlich eine Pfändung oder Beschlagnahme Seitens der zuständigen Behörde oder des zuständigen Beamten stattgefunden hat.“ Dem entsprechend ist es im Einzelnen als unerheblich und „das Wesen der dennoch erfolgten Beschlagnahme nicht berührend“ erachtet worden, wenn Pfandobjekte, welche der Gewahrsam des Schuldners hätten entzogen werden sollen, darin verblieben sind (Erk. v. 2. Sept. 1859, G. A. 7. S. 717), oder, wenn die Aufnahme des lediglich als ein Beweismittel über die stattgefundene Pfändung und deren Bekanntmachung sich darstellenden Pfändungs-Protokolls unterblieben ist (Erk. v. 6. Juli 1860, G. A. 8. S. 707; Erk. v. 15. Mai 1861 und v. 2. März 1864, RdOTr. 1. S. 401, 4. S. 396), oder wenn die Sachen, deren Beschlagnahme angeordnet worden, nach den Gesetzen dem Angeklagten gegenüber, nicht hätten in Beschlag genommen werden dürfen (Erk. v. 1. Juni 1861, RdOTr. 1. S. 422), oder wenn der die Zuständigkeit des exequirenden Beamten bedingende und in Wirklichkeit ertheilte Auftrag zur Beschlagnahme oder Abpfändung nicht in schriftlicher Form ausgefertigt worden ist (Erk. v. 7. Juni 1864 c. Liß).

Allen diesen Entscheidungen liegt das Prinzip zum Grunde, daß es für den Strafrichter objektiv nur darauf ankommt, ob in der That eine Pfändung oder Beschlagnahme Seitens der zuständigen Behörde oder des zuständigen Beamten, wenn auch ohne vollständige Beobachtung der für das Zwangsverfahren vorgeschriebenen Formalitäten, stattgehabt hat, wie auch nach § 3 Vdn. v. 30. Juli 1853 der Civilrechtsweg zwar über die Befugniß zur Anordnung des eingeleiteten Zwangsverfahrens, nicht aber wegen vermeintlicher, nur im Wege der Beschwerde bei der vorgesetzten Behörde des betreffenden Beamten zu rügenden Mängel des Verfahrens zulässig ist, sei es, daß diese Mängel die Form der Anordnung oder die der Ausführung oder die Frage betreffen, „ob die abgepfändeten Sachen zu den pfändbaren gehören."

Von diesem Gesichtspunkte aus kann es im vorliegenden Falle nicht für wesentlich erachtet werden, a) daß der Pfändungsbefehl nicht gerade von dem Dirigenten des Magistrats vollzogen worden ist. Daß überhaupt kein schriftlicher oder ausgefertigter Pfändungsbefehl (§§ 4. 11. 14 Vdn. v. 30. Juli 1853) vorhanden gewesen, ist von den Instanzrichtern nicht festgestellt, und vom Imploranten selbst nicht behauptet worden. Auch würde eine solche Behauptung dem Inhalte des Pfändungsprotokolls widersprechen, denn danach ist vor der Beschlagnahme der Pfändungsbefehl vorgelegt worden. Hiermit erledigt sich der Vorwurf der Verletzung des § 4 a. a. O., welcher überdies die Pflicht des exequirenden Beamten, den Befehl vorzuzeigen, nur von dem diesfälligen Verlangen des Schuldners abhängig macht.

Nicht minder unerheblich ist es aus demselben Grunde, b) daß der Z. gegen die Vorschrift des § 16 a. a. O. wegen Abwesenheit des Schuldners nicht einen oder mehrere Gemeinde- oder Polizei-Beamte oder zwei unbescholtene Männer zugezogen hat.

Endlich hat eine Verletzung des § 17 a. a. O. nicht stattgefunden. Der Schuldner war nicht anwesend, ihm konnte daher alsbald die im § 17 vorgeschriebene Eröffnung nicht gemacht werden; ob die spätere Mittheilung einen bloß privaten oder einen amtlichen Charakter an sich getragen, und ob dieselbe dem Schuldner gegenüber von Wirkung gewesen, ist hier, wo es sich um die Strafbarkeit des Imploranten handelt, nicht zu erörtern. Diesem gegenüber genügte es, daß der zuständige Beamte in seiner Gegenwart die Beschlagnahme des Schweines als geschehen erklärt, und er die Gewißheit von diesem Akte erlangt hat. Daß er nicht zum Verwahrer des Schweines bestellt worden, und bei der Weigerung, das Protokoll zu unterschreiben, offenbar die Verwahrung auch nicht hat übernehmen wollen, ist ein Moment, welches ihm vielleicht gegen die Bestrafung aus § 272 StGB. schützen würde, wenn ihm nichts Weiteres zur Last fiele, als daß er die Wegschaffung des Schweines durch M. oder einen Dritten nicht gehindert hätte (Erk. [II, 279] v. 18. Sept. 1856 c. Pentz). Die eigene Handlung aber, durch welche er das Vieh der ihm speziell von dem exequirenden Beamten bei dem Akte selbst bekannt gemachten Beschlagnahme entzogen hat, wird dadurch nicht straflos, daß er die Pflicht zur Verwahrung nicht übernommen.

Antr. des GStA.s: gleichl. [50. — 1.]

Wucher (eingekleideter). — Simulation. — Antichretischer Pfandkontrakt.

1. Der eingekleidete Wucher setzt voraus, daß das Geschäft, welches zur Einkleidung benutzt ist, nicht „simulirt," sondern daß beabsichtigt sei, dasselbe zur Ausführung zu bringen.

StGB. § 263 [n. 48].

2. Ein Wuchergeschäft kann auch durch Einkleidung in einen antichretischen Pfandkontrakt versteckt werden.

StGB. § 263 [n. 57].

Erk. (Z. II.) v. 6. Juli 1865 c. Francke (116. II Cr.).

Fr hatte in mehreren Fällen von seinen Darlehnsschuldnern außer den sofort gezahlten Zinsen sich auch noch eine Wohnung vermiethen lassen, die er sodann sofort an dritte Personen für höhere Beträge untervermiethete. Hierin fand der 1. Richter eingekleideten Wucher, weil die Miethverträge nur zur Sicherung der Darlehnsforderungen und zur Verdeckung der Zinsüberhebung geschlossen seien; in 2. Instanz beantragte F. neue Beweiserhebung darüber, daß „die Miethverträge nicht simulirt, sondern ernstlich gemeint gewesen seien;" das AG. lehnte aber diesen Antrag ab, weil „aus den artikulirten Thatsachen die Ernstlichkeit der Miethverträge sich nicht schließen lasse, auch von den bereits vernommenen Zeugen mit Bestimmtheit versichert sei, daß die Miethverträge nur zur Sicherheit des verzinslichen Darlehns, also nur zum Scheine abgeschlossen seien." Die NB des F. rügte: die Gründe des AGs seien unklar und widersprechend; seien die Miethverträge nicht ernstlich gemeint und nur zum Scheine geschlossen, also simulirt gewesen, so folge daraus ihre Rechtsungültigkeit; sie könnten daher nicht den Thatbestand des versteckten Wuchers darstellen, bei welchem vorausgesetzt werde, daß das zur Einkleidung gewählte Geschäft ernstlich gemeint sei. Außerdem ward geltend gemacht: die Instanzrichter hätten es verabsäumt, die betr Geschäfte vom Gesichtspunkte eines antichretischen Pfandverhältnisses aufzufassen, bei welchem eine Ueberschreitung des sonst statthaften Zinssatzes unter gewissen Voraussetzungen (§§ 229 231 I, 20. ALR.) statthaft sei, zumal da dasselbe leicht den Charakter eines gewagten Geschäfts annehmen könne. Das OTr. hat die NB. zurückgewiesen. In den Gründen wird die der ersten Beschwerde zum Grunde liegende rechtliche Auffassung im Prinzipe gebilligt, sodann aber erwogen, daß das AG. gegen die betr Grundsätze nicht verstoßen habe, wenn auch die gewählte Ausdrucksweise nicht überall korrekt sei. Bei dieser Gelegenheit wird ausgeführt:

Bezüglich auf versteckten Wucher unterscheidet sich die Einkleidung von der Simulation darin, daß bei der letzteren das Scheingeschäft nur vor den Augen Anderer erscheinen, zwischen den Kontrahenten aber nicht rechtlich bestehen soll, indem zwischen ihnen der ernste Wille (ALR. I, 4. § 52 ff.) fehlt, bei dem eingekleideten Wucher aber zwischen dem Wucherer und dem Schuldner der ernste Wille besteht, daß der Schuldner nach dem, was die Einkleidung besagt, rechtlich soll gezwungen werden können, und sie nur beide wissen, oder wenigstens der Wucherer es weiß, daß wenn statt der Einkleidung der wahre Gehalt des Geschäfts zum Vorschein gekommen wäre, der Schuldner nicht zu dem, was darin gesetzwidrig ist, gezwungen werden könnte (vgl. Erk. v. 26. Juni 1856 [c. Rother], G. A. 4. S. 703). Wäre aber auch bei Abschließung der Miethsverträge mit den gedachten Darlehnsschuldnern die Eingehung von antichretischen Pfandverträgen beabsichtigt worden, bei welchen gegebene Darlehne als vorausbezahlter Miethszins gelten, resp. der bedungene Miethszins und die zu beziehenden Aftermiethsgelder dem Angeklagten ohne Rechnungslegung verbleiben sollten, so kann doch ein wucherliches Darlehnsgeschäft unter einem antichretischen Pfandkontrakte, wodurch dem Gläubiger ein nutzbares Pfandrecht ohne Rechnungslegung eingeräumt wird, versteckt werden; es bedarf, eben weil dieses oft geschieht, zur Gültigkeit letzterer Verträge der gerichtlichen Bestätigung (ALR. I, 20. §§ 227—229. 139. 143. 145; AGO. II, 1. § 3 Nr. 2 lit. c.; II, 3. § 14; Suarez, Amtl. Vortr. in v. K. Jahrb. Bd. 41 S. 59; Entsch. 13 S. 240), und es können dabei auch Pacht- und Miethsverträge als Deckmantel solcher wucherlicher Darlehnsgeschäfte vorkommen (vgl. Reskr. v. 4. Nov. 1840, JMBl. S. 350; Präjudiz 1218 v. 5. Nov. 1842, Samml. I. S. 112; Erkenntniß v. 3. Juni 1863, RdOTr. 3. S. 482).

Antr. des GStA.s: gleichl. [26 — 3.]

Appellation. — Anmeldungsschrift. — Unterschrift.

Die Unterschrift ist ein wesentliches Erforderniß einer Appellations-Anmeldungsschrift.

Vdn. v. 3. Jan. 1849 § 128 Vgl. Oppenhoff Strafverf. Abschn. IV S. 453 n. 15; RdOTr. 4. S. 111.

Erk. (Z. II.) v. 6. Juli 1865 c. Helmecke (224. II Cr.)

Nachdem der Angeklagte in 1. Instanz am 26. Jan. verurtheilt war, ging beim KG. am 1 Febr. eine Schrift ein, welche mit den Worten begann: „In der Untersuchungssache wider mich den Arbeiter F. W. Helmecke bin ich verurtheilt, ich konnte mich nicht beruhigen und meldete sofort im Termine die Appellation an“ 2c. Da indessen diese Schrift eine Unterschrift nicht trug, so beauftragte am 4 Febr. das KG. die Polizei-Verwaltung des Wohnorts des H. diesen über seine Autorschaft näher zu vernehmen. Diese Vernehmung konnte wegen Abwesenheit des H. nicht erfolgen, daher beschloß das KG am 6 Febr. die Schrift für genügend anzusehen. Das AG. erklärte darauf die Appellation für „nicht devolvirt.“ NB des H. Zurückweisung. Gründe:

In Erw., daß nach § 128 der Vdn. v. 3. Jan. 1849 die Appellations-Anmeldung, wenn sie nicht zu gerichtlichem Protokoll erfolgt, nur durch eine besondere Schrift geschehen kann, diese Schrift aber bloß durch die ihr beigefügte Unterschrift die Willenserklärung, appelliren zu wollen, urkundlich in Gewißheit stellt, der App.-Richter mithin, indem er das Rechtsmittel der Appellation nicht für devolvirt erachtete, weil das Schriftstück v. ꝛc., aus welchem der Implorant die schriftliche Einlegung des Rechtsmittels herleiten will, eine Unterschrift nicht trägt, und deshalb den Willen zu appelliren von Seiten des Angeklagten nicht urkundlich darlege, rechtlich nicht gefehlt, und sich der ihm zum Vorwurfe gemachten Verletzung einer wesentlichen Vorschrift des Verfahrens um so weniger schuldig gemacht hat, als seine Rechtsansicht auch mit der bisherigen Judikatur des Kgl. OTr.s übereinstimmt (vgl. RdOTr. 4. S. 111) und der Umstand, daß das Gericht erster Instanz den Schriftsatz v. ꝛc. ungeachtet der fehlenden Unterschrift, als eine vom jetzigen Imploranten herrührende Willenserklärung zu appelliren angesehen hat, nicht geeignet erscheint, der Prüfung des zweiten Richters über die vorschriftsmäßige Anmeldung des Rechtsmittels zu präjudiziren ꝛc.

Antr. des GStA.s: entgeg [27. — 3.]

Fälschung. — Zeugniß. — Anzeige.

Eine schriftliche Anzeige, welche ein Handwerksmeister vorschriftsmäßig über die erfolgte Entlassung eines Gesellen erstattet, ist kein „Zeugniß" im Sinne des § 254 StGB.s, sollte sich der Geselle auch desselben bedienen, um dadurch wieder in den Besitz seiner bei der Polizeibehörde hinterlegten Legitimationspapiere zu gelangen.

StGB. § 254 [n. 18].

Erk. (Z. II.) v. 6. Juli 1865 c. Millinghaus (352. II. Cr.).

Eine Verordnung der Regierung zu M. hatte den Handwerksmeistern zur Pflicht gemacht, die Entlassung jedes angenommenen Gesellen mündlich oder schriftlich bei der Orts-Polizeibehorde anzumelden. Der Cigarrenarbeiter M. hatte ein solches „Attest" fälschlich unter dem Namen seines Meisters E. angefertigt und dem Amtmann zu V vorgelegt, worauf dieser ihm seine Legitimationspapiere ausgehändigt hatte. Aus § 254 StGB angeklagt, ward M in beiden Instanzen freigesprochen, weil jene Bescheinigung nicht unter den Begriff der im cit. § erwähnten „Zeugnisse" falle. Die NB. des OStA.s rügte Gesetzesverletzung, weil nach der Bekundung des betr. Amtmanns die deponirten Legitimationspapiere den Gesellen auf Grund der erfolgten Abmeldung ausgehändigt würden. Zurückweisung. Gründe:

Die Strafanwendung des § 254 StGB. setzt ein auf Grund bestehender Vorschriften auszustellendes Zeugniß voraus, und es mußte daher seitens des erkennenden Richters zunächst untersucht werden, ob das inkriminirte Schriftstück ein solches Zeugniß darstelle. Mit Recht ist nun desfalls in dem angegriffenen Erkenntnisse ausgeführt worden, daß die Regierungs-Verordnung v. ꝛc. nur dem Dienstherrn als solchem unter Verweisung einer Polizeistrafe die Verpflichtung auferlege, den An- und Abzug der Handwerksgesellen schriftlich oder mündlich anzumelden — eine solche Anmeldung aber mit der Ausstellung eines Zeugnisses nichts gemein hat. Eine solche Anmeldung konnte auch nicht nachträglich den Charakter eines Zeugnisses dadurch erhalten, daß der Angeklagte sie, wie die NB. behauptet, dazu gebraucht hat, um seine Legitimationspapiere zu erhalten. Denn in dieser Beziehung fehlt es ebenwohl an jedem Nachweise einer bestehenden Vorschrift, daß jene Aushändigung von der durch den Arbeitgeber erfolgenden Abmeldung abhängig gemacht sei.

Antr. des GStA.s: gleichl. [22. — 3.]

Jagd. — Ruhenlassen. — Ermächtigung des Berechtigten.

Die Strafe der „unberechtigten Ausübung der Jagd" trifft nur denjenigen, welcher das Recht des Jagdberechtigten verletzt, nicht also denjenigen, welcher mit Erlaubniß des letzteren gehandelt hat, sollte dieser auch verpflichtet gewesen sein, die Jagd ruhen zu lassen.

StGB. § 274 [n. 1]; Jagd-Pol.-Ges. v. 7. März 1850 §§ 2. 17

Erk. (S. II.) v. 6. Juli 1865 c. Schneider & Ahrendt (158 II Cr.).

Schn. hatte mit Erlaubniß des Müllers A auf dem diesem gehörigen [nicht zur Fischerei eingerichteten] Mühlenteiche auf Fischotter gejagt; es war daher gegen ihn die Anklage aus §§ 274 275 277 des StGB.s und gleichzeitig gegen A. die Anklage aus § 17 des Jagd-Pol.-Ges.s erhoben worden, weil dieser nach § 2 l. c. zur Ausübung der Jagd auf dem Teiche nicht befugt gewesen sei. Der Pol.-Richter strafte beide aus § 17 des cit. Ges.s; auf die Appellation des PAnw.s und der Angeklagten hat dagegen das AG. gegen beide die Strafen der §§ 274. 277 StGB. verhängt, weil A. nicht befugt gewesen sei, dem Schn. die Ausübung der Jagd zu erlauben, dieser letztere sonach „ohne Berechtigung die Jagd auf einem fremden Grundstücke" ausgeübt, A. aber durch die Ertheilung der Erlaubniß den Schn. angestiftet habe. Auf die NB. der Angeklagten hat das OTr dieses Erkenntniß vernichtet und die Sache zur nähern Prüfung, ob der Thatbestand des § 17 des Jagd-Pol.-Ges.s vorliege, an das AG. zurückverwiesen. Gründe:

In dem Begriffe der eigentlichen Jagdkontravention bildet der Eingriff in die fremde Jagdberechtigung, die Beeinträchtigung der einem Dritten zustehenden ausschließlichen Okkupationsbefugniß, das wesentliche Moment, so daß denn auch in diesem Sinne Jagdkontravention und Wilddiebstahl in dem Jagdgesetze als Synonyma bezeichnet werden. Die bloße Negative, daß derjenige, welcher die Jagd ausübt, dazu keine Berechtigung besitzt, erschöpft noch nicht den Begriff der Jagdkontravention, es gehört dazu auch das positive Moment, daß zugleich auch das Recht eines Dritten beschädigt wird.

Dieser Fall liegt aber nicht vor, wenn die Jagd von demjenigen oder mit Erlaubniß desjenigen ausgeübt wird, auf dessen Grundstücken die Jagd einem Dritten nicht zusteht, der sie aber auch selbst nicht ausüben darf, sondern sie nach den Voraussetzungen der §§ 5 und 6 des Jagd-Polizei-Gesetzes ruhen zu lassen verpflichtet ist. Daß in einem solchen Falle der die Jagd auf seinen Grundstücken ausübende Eigenthümer selbst sich nicht einer nach den allgemeinen Gesetzen strafbaren Jagdkontravention, sondern lediglich einer jagdpolizeilichen Uebertretung schuldig macht, kann nach § 17 Abs. 2 l. c. nicht in Zweifel gezogen werden. Aber ebensowenig erscheint es zweifelhaft, daß auch der Dritte, der mit dem Eigenthümer oder mit dessen Genehmigung unter solchen Umständen jagt, in gleicher Weise nur an der Uebertretung der jagdpolizeilichen Vorschrift sich betheiligt, keineswegs aber eine selbstständige Jagdkontravention im eigentlichen Sinne begeht. Immerhin waltet der Gesichtspunkt ob, daß durch die Jagdausübung in das ausschließliche Jagdrecht eines Dritten nicht eingegriffen, daß dadurch nur der polizeilichen Vorschrift, vermöge welcher die Jagd bloß ruhen soll, zuwidergehandelt wird. Allerdings könnte hiergegen auf den Wortlaut des § 274 des StGB.s hingewiesen werden, der für die Jagdkontravention, welche von dem Eigenthümer auf seinem Grund und Boden verübt wird, einen anderen Ausdruck hat, wie für die auf fremden Grundstücken verübte, und nur für die erstere die Existenz des Rechts eines Dritten, für die letztere dagegen die eigene Nichtberechtigung des Kontravenienten allein betont. Allein diesem Unterschiede in der Wortfassung ist eine solche Bedeutung nicht beizumessen. Es muß daran festgehalten werden, daß nach dem wesentlichen Begriffe der Jagdkontravention, im Gegensatze zu den jagdpolizeilichen Uebertretungen, die Verletzung des fremden Okkupationsrechtes immer das entscheidende Moment ist. Dies Moment cessirt aber ganz und gar in dem Falle des § 5 des Jagd-Pol.-Ges.s, sei es, daß hier die Jagd von dem Eigenthümer selbst, sei es, daß sie von einem Dritten unter dessen Ermächtigung ausgeübt wird. Unberechtigt, d. h. ungesetzlich ist eine solche Jagdausübung allerdings, aber nur in dem Sinne, daß in ihr die Uebertretung eines polizeilichen Verbotes enthalten ist, nicht aber in dem prägnanten Sinne des § 274 cit., wo der Ausdruck: „ohne Berechtigung" für gleichbedeutend erachtet werden muß mit dem: „unter Beeinträchtigung der ausschließlichen Befugniß des Jagdberechtigten." Diesem nach erscheint es nicht gerechtfertigt, wenn der vorige Richter den Gegenstand der Beurtheilung einfach durch die Betrachtung für erledigt erachtet: a) es hat eine Ausübung der Jagd stattgefunden,

b) auf fremden Grundstücken, c) von Jemanden dem eine Berechtigung nicht zustand. Vielmehr muß gesagt werden: „obgleich eine Jagdausübung auf fremden Grundstücken stattgefunden hat, liegt dennoch eine Jagdkontravention im Sinne des § 274 cit. nicht vor, wenn durch die Jagdausübung das Jagdrecht eines Dritten nicht beeinträtigt wird, die Jagd vielmehr unter Genehmigung des Eigenthümers erfolgt, der selbst die Jagd nicht eines entgegenstehenden Rechtes eines Dritten, sondern lediglich eines entgegenstehenden polizeilichen Verbotes wegen nicht ausüben darf und der, wenn er sie selbst ausübt, nur dieses Verbot übertritt."

Antr. des GStA.s: gleichl. [29. — 3.]

Chausseegeld. — Kirchenfuhre.

Als „Kirchenfuhre" ist von der Zahlung des Chausseegeldes nur diejenige befreit, welche innerhalb der Parochie von der Wohnung des Eingepfarrten bis zur Kirche und [unmittelbar] zurückgeht. Wer nach dem Besuche der Kirche zunächst nach einem anderen Orte fährt, muß das Chausseegeld für die Hinfahrt nachträglich bei der nächsten Hebestelle entrichten.

Chauss.-Geld-Tarif v. 29 Febr. 1840 Befreiungen Nr 8. – Vgl. Fin.-Min.-Reskr. v. 2. Nov. 1828 (Rumpf, Verwaltung der Chausseen S. 115).

Erk. (B. I.) v. 7. Juli 1865 c. Busch (646. I. Cr.).

B. (zur Kirche von Kl. eingepfarrt) war mit einem Personenfuhrwerk von seinem Wohnort W. auf der Chaussee nach Kl gefahren, hatte bei der Chausseehebestelle zu Kl. die Fuhre als „Kirchenfuhre" angemeldet und demgemäß kein Chausseegeld entrichtet; nach dem Besuche der Kirche entschloß er sich, nicht direkt nach Hause sondern zunächst nach T. zu fahren, ohne demnächst das Chausseegeld für die frühere Passirung der Hebestelle zu Kl zu entrichten. Das von der Anklage der Chausseegelddefraude freisprechende Erkenntniß 2 Inst. ist auf die NB. des OStA s vom OTr. vernichtet und das verurtheilende erste Erkenntniß bestätigt worden. Gründe:

Nach § 5 der zusätzlichen Vorschriften zum Tarif zur

Erhebung des Chausseegeldes v. 29. Febr. 1840 hat jeder, der es unternimmt, sich der Entrichtung des Chausseegeldes ganz oder theilweise zu entziehen, die Defraudationsstrafe verwirkt. Ein solches Unternehmen fällt aber dem Angeklagten nach der thatsächlichen Feststellung der vorigen Richter zur Last. Denn als Kirchenfuhre im Sinne des Tarifs zur Entrichtung des Chausseegeldes v. 29. Febr. 1840 kann nur diejenige Fuhre gelten, welche innerhalb der Parochie von der Wohnung des Eingepfarrten bis zur Kirche hin und zurückgeht. Wenn daher auch der Angeklagte beim Passiren der Hebestelle vor Kl. die Fuhre als Kirchenfuhre anmelden durfte, so verlor sie doch diesen Charakter, als er nach Beendigung des Gottesdienstes beschloß, nicht unmittelbar nach Hause zurück, sondern zunächst nach T. zu fahren, und er deshalb die Chaussee auch noch von der Kirche zu Kl. bis nach T. benutzte. Er war daher auch zur Entrichtung des Chausseegeldes für diese Strecke verpflichtet, und wenn er sich nicht veranlaßt fand, zu diesem Ende nach der Hebestelle zurückzufahren, so hätte er doch das Chausseegeld wenigstens bei der nächsten Hebestelle, oder da eine solche zwischen Kl. und T. nicht existirt, bei seiner Rückkehr, als er die Kl—sche Hebestelle wieder passirte, auch für die Hinreise nachzahlen müssen. Da er solches nicht gethan, hat er sich der Entrichtung des Chausseegeldes entzogen, und daher die Defraudationsstrafe verwirkt, welche vom ersten Richter gegen ihn festgesetzt ist.

Antr. des GStA.s: gleichl. [18.—2.]

Anklagebeschluß ꝛc. — Mittheilung. — Verhafteter.

Nichtigkeit tritt ein, wenn dem verhafteten Angeklagten Anklagebeschluß und Anklageschrift nicht vorgelesen worden sind, sollte er auch in der Sitzung diesen Mangel nicht gerügt haben.

Vdn. v. 3 Jan 1849 § 49 [n. 16]; Ges. v. 3. Mai 1852 Art. 64.

Erk. (B. I.) v. 7. Juli 1865 c. Luplow (801. I. Cr.).

Dem [verhafteten] Angeklagten waren Anklagebeschluß und Anklageschrift nicht vorgelesen worden; die schwurgerichtliche Verhandlung fand ohne Widerspruch Statt; dagegen rügte L. jenen Mangel in der NB. Es erfolgte Vernichtung. Gründe:

Das Verfahren leidet an einem wesentlichen Mangel, das Vertheidigungsrecht des Angeklagten ist in einem Hauptpunkte beschränkt, und es genügt nicht, daß der Offizial-Vertheidiger des Angeklagten Abschrift jener Urkunden erhalten hat. Zwar hat der Angeklagte in der Audienz diesen Mangel nicht gerügt, allein es ist bereits in der Entscheidung v. 17. Sept. 1856 c. Halang (G.A. 4. S. 814) ausgesprochen, daß daraus bei einem verhafteten Angeklagten, welcher nicht die Gelegenheit gehabt habe, sich die Kenntniß jener Urkunden zu verschaffen und mit dem ihm vorher unbekannt gebliebenen Vertheidiger Rücksprache zu nehmen, auf einen bindenden Verzicht nicht geschlossen werden könne (vgl. auch ibid. 12. S. 280).

Antr. des GStA.s: entgeg. [15.—2.]

Schlacht- und Mahlsteuer. — Halbmeile. — Verkauf.

Die zum Zwecke des gewerblichen Verkaufs ꝛc. bewirkte Einbringung steuerpflichtiger Gegenstände in den halbmeiligen Umkreis einer steuerpflichtigen Stadt und der Transporte derselben innerhalb dieses Umkreises verpflichten noch nicht zur Zahlung der Steuer, sondern nur das Feilhalten, der gewerbsmäßige Verkauf oder die Niederlegung jener Gegenstände innerhalb der Halbmeile.

Ges. v. 2 Apr. 1852 § 1 b Nr. 1, 2. — Vgl RbOTr. 2. S. 303; 3. S. 258. 303; 5. S. 180. 505; Haitm. Strafgess. S. 71 n. 7—10.

Erk. (Z. Pl.) v. 10. Juli 1865 c. Winter (423. II.; 3. Pl. Cr).

Die Fr. W. hatte im Auftrage ihres in P. (außerhalb der Halbmeile der steuerpflichtigen Stadt N.) wohnenden Vaters des Fleischers A. W. 69½ Pfd. Fleisch nach dem innerhalb jener Halbmeile belegenen

Dorfe W—au gebracht, um dasselbe hier an verschiedene Bewohner abzuliefern, die dasselbe früher bestellt hatten; sie ward von den Steuerbeamten dabei betroffen, als sie 20 Pfd bei dem rc. J. abgeliefert hatte; das übrige Fleisch fand sich noch in ihrem Besitze Der Schlachtsteuerdefraude angeklagt, wurden die Fr. W. und ihr Vater von dem AG. nur wegen der abgelieferten 20 Pfd., nicht aber wegen des übrigen Fleisches verurtheilt, weil die hier zutreffende Nr. 1 des § 1b des Ges.s v. 2 Apr. 1852 ein „Verkaufen" voraussetze, ein solches aber in Betreff des noch nicht abgelieferten Fleisches noch nicht Statt gefunden habe, weil die Bestellung nicht individuell bestimmtes Fleisch, sondern nur solches zum Gegenstande gehabt habe, welches in genere nach Quantum und Thierart bezeichnet gewesen sei, weshalb das Geschäft weniger die Natur eines Kaufs als die eines Lieferungsgeschäfts an sich trage

Die NB. des OStAnw s und der Prov.-St.-Direktion rügte Gesetzesverletzung, weil nicht auch in Betreff der in die Halbmeile eingeführten, aber noch nicht abgelieferten 49½ Pfd. Fleisch eine Defraude angenommen sei. Es ward Gewicht darauf gelegt, daß der cit. § 1b die dort genannten Personen zur „gleichmäßigen Entrichtung der Steuer," wie die unter a gedachten, verpflichte und daraus gefolgert, daß ihnen die Steuerentrichtung unter denselben Voraussetzungen obliegen müsse, wie den Bäckern rc., d. h also, sobald sie dieselben in die Halbmeile einführten, die Worte: „welche rc. verkaufen" dienten daher nur zur näheren Bezeichnung der Klasse von Personen, auf welche diese Bestimmung sich beziehe, nicht auf die steuerpflichtige Handlung.

Der GStAnw. erachtete die NB. für nicht begründet. Er wies darauf hin, daß die im § 1 unter a aufgezählten Personen zur Entrichtung der Steuer nicht beim Einbringen der Waaren in die Halbmeile, sondern nur beim Einführen in ihren (innerhalb der Halbmeile belegenen) Wohnort verpflichtet seien; es könne also unmöglich den unter b gedachten Personen die schwerere Pflicht der Versteuerung beim Einführen in die Halbmeile auferlegt sein; dazu komme, daß nach der Nr. 2 des cit. § 1b die zum gewerbmäßigen Verkauf bestimmten Gegenstände erst dann steuerpflichtig seien, wenn sie innerhalb der Halbmeile niedergelegt würden, woraus mit Nothwendigkeit folge, daß dazu das Einführen in die Halbmeile noch nicht genüge; gerade diese Nr. 2 ergebe klar, daß sowohl in diesem als im Falle der Nr. 1 die hervorgehobene Handlung (das „Verkaufen", „Feilhalten" und „Niederlegen") die Steuerpflichtigkeit begründen, und nicht bloß die Qualität der Personenklasse andeuten solle. — Das OTr. hat die NB. zurückgewiesen. Gründe:

Zwar ist der NB. zuzugeben, daß es sich in § 1 b Nr. 1 des Ges.s v. 2. Apr. 1852 nicht bloß um eigentliche Kaufgeschäfte im streng civilrechtlichen Sinne, sondern überhaupt um Geschäfte handelt, wodurch, wie z. B. bei Lieferungsverträgen, Gegenstände, welche ihrer Beschaffenheit nach mahl- und schlachtsteuerpflichtig sind, an andere gewerblich überlassen oder abgesetzt werden. Aber ein solches Geschäft, ein solches Verkaufsgeschäft im weiteren Sinne, muß doch auch wirklich in dem halbmeiligen Umkreis einer steuerpflichtigen Stadt zur Existenz gekommen sein, um von einem Verkauf in der halben Meile reden zu können. Ist daher das Kaufgeschäft außerhalb der Halbmeile abgeschlossen und zur Perfektion gelangt, so muß doch wenigstens der gewerbliche Verkauf innerhalb der halben Meile ausgeführt, d. h. durch die Uebergabe oder Ablieferung Seitens des Verkäufers in der Halbmeile erfüllt sein, um den § 1 b Nr. 1 l. c. zur Anwendung zu bringen, weil vor dieser Uebergabe keine Thatsache existirte, worin auch nur entfernt ein gewerbsmäßiger Verkauf innerhalb des halbmeiligen Umkreises einer steuerpflichtigen Stadt gefunden werden könnte. Nur von einem solchen spricht jedoch der cit. § 1 b Nr. 1, keineswegs aber vom gewerbsmäßigen Einbringen in die Halbmeile.

Aber auch wenn das Kaufgeschäft selbst innerhalb der Halbmeile zu Stande gekommen, zur Perfektion gelangt ist, also in diesem Sinne ein Verkauf in derselben vorliegt, kann hieraus allein — auch die Gewerbsmäßigkeit des Verkaufs vorausgesetzt — noch keine Verpflichtung des Verkäufers zur Versteuerung hergeleitet werden, da letztere doch vor allen Dingen erfordert, daß die zu versteuernden Sachen in den Steuerbezirk gebracht sind. Allein auch unter dieser Voraussetzung, wenn also das Kaufgeschäft nicht nur in der Halbmeile abgeschlossen ist, sondern auch die Gegenstände schon Behufs ihrer Ablieferung an den Käufer von dem Verkäufer in den halbmeiligen Bezirk gebracht sind, erfordert der Thatbestand einer Zuwiderhandlung gegen

§ 1 b Nr. 1 l. c., daß die verkauften Gegenstände auch von dem Verkäufer an den Abnehmer im halbmeiligen Bezirk übergeben sind. In dem Erkenntniß des OTr.s v. 5. Febr. 1863 c. Johann u. Gen. [RdOTr. 3. S. 258] ist denn auch bereits ausgesprochen:

„daß, sowie bei der Einführung mahl- und schlachtsteuerpflichtiger Gegenstände in einen dieser Steuer unterliegenden Stadtbezirk derjenige der Kontravenient ist, welcher sie unversteuert einführt, — so auch die Defraudationsstrafe denjenigen treffen muß, welcher als gewerbsmäßiger Verkäufer handelnd, die bestellten oder nicht bestellten Gegenstände nicht bloß in die Halbmeile einführt, sondern auch an den Empfänger abliefert."

Daß es auf die Einführung in die Halbmeile allein bei Anwendung des cit. § 1 b Nr. 1 nicht ankommt, ergiebt sich auch schon aus dem Wortlaut des § 1 b Nr. 1, welcher vom Einführen in den halbmeiligen Umkreis nichts sagt, sondern nur vom Feilhalten, gewerbsmäßigen Verkauf und Niederlegen in der Halbmeile spricht. Zwar lautet § 1 b:

„b) Zur gleichmäßigen Entrichtung der Mahl- und Schlachtsteuer sind ohne Rücksicht auf die Lage ihres Wohnorts auch diejenigen Personen verpflichtet, welche innerhalb des halbmeiligen Umkreises eines mahl- und schlachtsteuerpflichtigen Stadtbezirks

1) Gegenstände der unter a bezeichneten Art feilhalten, oder gewerbsweise verkaufen,

2) dergleichen Gegenstände niederlegen, insofern entweder sie selbst deren Verkauf gewerbsweise betreiben, oder die niedergelegten Gegenstände zum gewerbsmäßigen Verkauf für Rechnung eines Andern bestimmt sind."

Aber der Ausdruck „gleichmäßig" kann nach dem Zusammenhange mit der vorangegangenen Bestimmung in § 1 a nur dahin verstanden werden, daß die Mahl- und Schlachtsteuer in gleicher Art, d. h. zu demselben Betrage und von denselben Gegenständen, auch in den unter b vorausgesetzten Fällen entrichtet werden soll. Daß auch dieselben Thatsachen in den Fällen der Litt. b den Thatbestand einer Defraudation bilden, wie nach Litt. a, hat das Gesetz nicht meinen können. Denn Litt. a spricht, abgesehen von dem Vermahlen und Schlachten, nur vom Einführer steuerpflichtiger Gegenstände Seitens gewisser Gewerbtreibender in ihren in der Halbmeile belegenen Wohnort, Litt. b dagegen vom Feilhalten, gewerbsmäßigen Verkauf und Niederlegen solcher Gegenstände innerhalb der Halbmeile. Vom Einführen in den halbmeiligen Umkreis als solchem ist aber auch in Litt. a gar nicht einmal die Rede.

Ebenso wenig kann bei Auslegung der Nr. 1 b c. auf diejenigen Vorschriften zurückgegangen werden, welche wegen Entrichtung der Steuer für den inneren Stadtbezirk bestehen, nach welchen allerdings die Eingangssteuer vor Jedem zu entrichten ist, der steuerpflichtige Gegenstände in den Stadtbezirk einführt. Denn der Stadtbezirk und der halbmeilige Umkreis um denselben bilden gerade einen Gegensatz zu einander und unterliegen ganz verschiedenen Bestimmungen über die Voraussetzungen einer Mahl- und Schlachtsteuer-Defraudation. Der halbmeilige Umkreis einer steuerpflichtigen Stadt im Sinne des aufgehobenen § 14 des Ges.s v. 30. Mai 1820 und des an seine Stelle getretenen § 1 des Ges.s v. 2. Apr. 1852 wird auch nicht, wie bei dem inneren Stadtbezirk, durch eine bestimmte, in den Orts-Regulativen genau vorgeschriebene Linie begrenzt, sondern die Orts-Regulative schreiben nur vor, welche Ortschaften und Etablissements zur Halbmeile gehören, indem sie dieselben speziell und namentlich bezeichnen, und dabei durchweg von dem Grundsatz ausgehen, daß alle Ortschaften und Etablissements, deren Anfangspunkt von der ihnen zunächst gelegenen bewohnten Anlage des Stadtbezirks in gerader Richtung nicht über eine halbe Meile entfernt sind, mit dem dazwischen liegenden Raum den äußeren halbmeiligen Steuerbezirk bilden, ohne daß von einer denselben begrenzenden Linie, durch deren Ueberschreiten mit steuerpflichtigen Gegenständen von außerhalb ein Einführen derselben in den halbmeiligen Umkreis der steuerpflichtigen Stadt gefunden werden könnte, irgendwie die Rede ist; vgl. beispielsweise § 2 des neuen Orts-Regulativs f. Berlin v. 4. Juni 1865.

In dem Reskript v. 26. Juni 1852 (Schimmelpfennig, Indir. Steuern 2. Ausg. S. 628 n. 158) heißt es denn auch wörtlich:

„Zur Ausführung der Vorschrift des § 1 b des Ges.s v. 2. Apr. 1852 erscheint die Festsetzung von Steuerstraßen durch den äußeren Bezirk nicht nothwendig Die bezeichneten Personen müssen sich, um die Strafe der Defraude zu vermeiden, bevor sie eine der angegebenen Handlungen vornehmen, zur Steuerstelle begeben, und die Gegenstände, welche sie mit sich führen, anmelden und versteuern, wobei sie, wie sich von selbst versteht, vom Eintritt in den (inneren) Stadtbezirk an die vorgeschriebene Steuerstraße inne zu halten haben. Dagegen liegt eine Nothwendigkeit nicht vor, den Transport der steuerpflichtigen Gegenstände durch den äußeren Stadtbezirk auf bestimmte Steuerstraßen zu beschränken, und das Abweichen von denselben mit Strafe zu bedrohen."

Desgleichen lautet § 10 des vorgedachten neuen Orts-Regulativs für Berlin v. 4. Juni 1865 in Betreff des Eingangs für Steuerpflichtige in den äußeren Stadtbezirk:

„Die von außerhalb für Steuerpflichtige des äußeren Stadtbezirks eingehenden steuerpflichtigen Gegenstände müssen, bevor sie anderswohin gelangen, unter Beobachtung der Vorschriften der §§ 5. 6. 7 8 9 und 10 zu der nächstgelegenen Steuerstelle gebracht und daselbst zur weiteren Abfertigung gestellt werden. Vor erfolgter Versteuerung dürfen diese Gegenstände weder in die Wohnungen noch in die Gewerbsräume der Empfänger aufgenommen, oder innerhalb des innern oder äußern Stadtbezirks gewerbsweise verkauft oder feilgehalten oder darin niedergelegt werden."

Wenn also Jemand zum Zweck des gewerblichen Verkaufs, des Feilhaltens oder Niederlegens im halbmeiligen Umkreis einer steuerpflichtigen Stadt steuerpflichtige Gegenstände unversteuert in diesen äußeren Steuerbezirk eingeführt hat, so machte er sich dadurch, und auch durch ihren Transport in demselben noch keiner Defraudation schuldig, sondern der Thatbestand einer solchen liegt erst dann vor, wenn er, bevor er die Versteuerung an der Steuerstelle bewirkt hat, die Gegenstände in der Halbmeile feilhält, gewerbsmäßig verkauft oder niederlegt. Um die Versteuerung vorher bewirken zu können, muß er aber gerade die Gegenstände nothwendig erst nicht allein in die Halbmeile einführen, sondern auch durch den äußeren Steuerbezirk bis zur Steuer-Expedition transportiren. [26 — 1]

Post-Kontravention. — Bewußtsein. — Dolus.

Eine Post-Kontravention liegt nicht vor, wenn die Handlung geschah ohne das Bewußtsein von den zum Thatbestande gehörenden Merkmalen.

Postges. v. 2. Juni 1852 § 32 ff. Vgl. RbOTr. 3. S. 445; Hartm. Strafgess. S 511 n. 1.

Erk. (Z. I.) v. 12. Juli 1865 c. Ehrlich (447. I. Cr.).

E hatte ein Notenstück unter Kreuzband zur Post gegeben, welches auf dem Titelblatt eine mit einem Blaustriche unterzogene Stelle enthielt. Aus §§ 35 Nr. 4 und 50 des Postges.s angeklagt (vgl. Post-Regl. v. 21. Dez 1860 § 15 VII.), ward er in beiden Instanzen freigesprochen, weil anzunehmen sei, daß er von der späteren Zufügung des Blaustriches keine Kenntniß gehabt habe. Die NB. des OStA.s ist zurückgewiesen worden. Das OTr spricht in den Gründen aus, daß objektiv eine Post-Kontravention unzweifelhaft vorliege; fährt sodann aber fort:

Der App.-Richter hat ausgesprochen, der Angeklagte sei überzeugt gewesen, daß der Blaustrich nicht erst nach dem Drucke des Notenstücks beigefügt worden und es habe ihm deshalb bei Aufgabe desselben auf die Post das erforderliche Bewußtsein gefehlt. Daß hierbei ein Rechtsirrthum untergelaufen sein sollte, ist nicht ersichtlich, und hieraus folgt, daß eine strafbare Post-Kontravention dem Angeklagten nicht zur Last fällt, gerade so, wie bereits in dem Erkenntniß c. Levy [RbOTr. 3. S. 445] entschieden worden ist, wo ebenfalls festgestellt war, daß der Angeklagte nicht bloß nicht die Absicht gehabt, das höhere Porto zu umgehen, sondern auch, daß er wissentlich und durch eine willkürliche Handlung es gar nicht veranlaßt habe, daß die Kreuzband-Aufgabe in vorschriftswidriger Weise erfolgte.

[20. — 1.]

Presse. — Zeitungsverkäufer. — Selbstverlag.

Auch derjenige, welcher eine von ihm selbst redigirte, herausgegebene und verlegte Zeitung gewerbsmäßig verkauft, bedarf dazu der Genehmigung der Regierung.

Preßges. v. 12. Mai 1851 § 1; Gew.-Ordn. v. 17. Jan. 1845 (Ges. v. 22. Juni 1861) §§ 173. 177.

Erk. (B. I.) v. 12. Juli 1865 c. Held (569. I. Cr.).

H. hatte eine von ihm selbst redigirte und verlegte Zeitung herausgegeben, ohne als „Verkäufer einer Zeitung" die Genehmigung der Regierung erwirkt zu haben, war aber in 2. Inst. von der aus § 1 des Preßges.s und §§ 173. 177 der Gew.-Ordn. v. 17. Jan. 1845 (Ges. v. 22. Juni 1861) erhobenen Anklage freigesprochen worden, weil er gleichzeitig Redakteur, Herausgeber und Selbstverleger des Blattes sei und § 1 des Preßges.s deshalb auf ihn keine Anwendung finde; „dieser § beziehe sich überhaupt nicht auf die Produktion, sondern auf die Verwerthung von durch Andere geschaffenen Geisteswerken; Verkäufer von Zeitungen sei daher nur derjenige, welcher solche Zeitungen verkaufe, die nicht von ihm selbst, sondern von Andern redigirt und herausgegeben und ihm vom Produzenten überlassen seien; der Gewerbebetrieb des Schriftstellers (Malers, Photographen), auch wenn er seine Erzeugnisse verkaufe, sei doch nicht in diesem Verkaufe, sondern nur in der Produktion zu finden, weil diese die Hauptbeschäftigung und der Verkauf nur ein Ausfluß des Eigenthumsrechts am Produkte sei; dafür spreche auch § 11 l. c., welcher den Herausgeber unter gewissen Voraussetzungen zur Bestellung einer Kaution verpflichte, im Uebrigen aber von der Verbindlichkeit, für die Herausgabe und die Absetzung der Zeitung auch noch eine Genehmigung einzuholen, befreie; jedenfalls habe endlich H. die einzelnen Nummern der Zeitung nicht verkauft, sondern geliefert, also seinen Abonnenten sich zu einer Handlung (die Zeitung zu schreiben und ihnen zuzustellen) verpflichtet." Auf die NB. des OStA.s ist dieses Erkenntniß vernichtet und das verurtheilende Erkenntniß 1. Inst. bestätigt worden. Gründe:

Der § 1 des Preßges.s verordnet ganz allgemein: „Zum Gewerbebetriebe ꝛc." Also jeder, welcher den Verkauf von Zeitungen gewerbsmäßig betreiben will, soll ohne Ausnahme zuvor die Genehmigung der Bezirks-Regierung — also in Berlin des Kgl. Polizei-Präsidiums — einholen. Das Gesetz unterscheidet hierbei in keiner Weise, und es kommt daher auch darauf nicht an, ob der gewerbsmäßige Verkauf einer Zeitung durch einen bei ihrem Erscheinen Betheiligten (den Redakteur, Verleger oder Drucker), oder durch einen Anderen betrieben ist. Der Gewerbebetrieb eines Zeitungsverkäufers erfordert vielmehr unter allen Umständen die vorgängige Genehmigung der Bezirks-Regierung. Das Kammergericht bezweifelt auch nicht, daß der Verleger einer von einem Andern herausgegebenen Zeitung durch den gewerbsmäßigen Vertrieb derselben im Sinne des § 1 cit. zu den Zeitungsverkäufern gehört. Weder der Wortlaut des Gesetzes noch irgend ein innerer Grund sprechen aber dafür, in dieser Beziehung mit dem Kammergericht zwischen dem Selbstverleger einer Zeitung und einem anderen Verleger einer solchen einen Unterschied zu machen. Der Anspruch auf Unbescholtenheit, von welcher ja die Ertheilung oder Versagung der Konzession nach § 1 cit. allein abhängig ist, muß vom Staate der Natur der Sache nach nicht minder an einen Selbstverleger, wie an einen andern gewerbsmäßigen Verkäufer von Zeitungen und Flugschriften gemacht werden.

Daß der Verfasser einer Schrift zum Verkauf und zur Herausgabe derselben im Selbstverlage keiner vorgängigen Genehmigung der Bezirks-Regierung bedarf, ist an und für sich, und im Allgemeinen dem vorigen Richter zwar zuzugeben. Aber sobald die Schrift eine Zeitung oder Flugschrift ist, und ihr Verkauf vom Verfasser gewerbsmäßig betrieben werden soll, greift auch die spezielle Vorschrift des § 1 des Preßgesetzes wegen Nothwendigkeit der vorgängigen Einholung der Konzession Platz. Wenn sich das Kammergericht zur Unterstützung seiner Rechtsansicht auch auf diejenigen Bestimmungen des Preßgesetzes bezieht, nach welchen die Herausgabe einer Zeitung nicht unbedingt kautionspflichtig sei, und daraus folgert, daß abgesehen von dieser eventuellen Kautionspflicht eine Verbindlichkeit des Redakteurs, noch eine besondere Genehmigung der Behörde für den Absatz der Zeitung einzuholen, nicht vorliege —

so ist dieser Schluß unrichtig. Die Bestimmungen des Preßgesetzes über die Kautionspflichtigkeit der Zeitungen, und über die Nothwendigkeit einer polizeilichen Konzession zum gewerbsmäßigen Verkauf derselben, sind ganz selbstständig. Nur um die letzteren handelt es sich im vorliegenden Fall.

Der vorige Richter führt zwar endlich auch noch aus, daß zwischen dem Angeklagten und seinen Abonnenten kein Kaufvertrag, sondern ein Lieferungsvertrag bestehe, daß der Angeklagte also auch aus diesem Grunde schon nicht für einen Verkäufer von Zeitungen erachtet werden könne. Die Richtigkeit der Annahme, daß es sich um einen Lieferungsvertrag hier handelt, kann jedoch dahin gestellt bleiben, weil auch bei Lieferurgsverträgen nach § 987. I, 11 ALR. nach geleisteter Lieferung alles das unter den Kontrahenten stattfinden soll, was zwischen Käufern und Verkäufern Rechtens ist. Auch der Leferungsvertrag ist seinem praktischen Resultat nach ein Kaufvertrag, und der Lieferant einer Zeitung oder Flugsarift muß daher allerdings auch im Sinne des § 1 des Preſgesetzes für einen Zeitungsverkäufer erachtet werden.

Mit diesen Grundsätzen im Einklange erkennt denn auch der Erlaß des Ministers des Innern v. 8. Febr. 1855 (BMBl. S. 28) an, daß zwar ein Schriftsteller, welcher eine Zeitschrift in Selbstverlage herausgiebt, der Konzession als Buchhändler nicht bedarf, und also die Qualifikation als Buchhändler nicht nachzuweisen habe, daß er aber einer bei der Bezirks-Regierung nachzusuchenden Konzession als Zeitungsverkäufer bedürfe, weil der § 1 des Preßgesetzes das Buchhändlergewerbe und das eines Verkäufers von Zeitungen als zwei gesonderte, von einander verschiedene Gewerbe nebeneinander aufführe. Aber auch das OTr. hat bereits in dem Erkenntniß v. 6. Juli 1863 c. Thiele (G.A. 1. S. 706), desgleichen in dem Erkenntniß v. 20. Nov. 1863 c. Thiele (ibid. 12. S. 52) gegen den Selbstverleger einer von ihm herausgegebenen Zeitung auf den Verlust der Befugniß des Gewerbebetriebes als Zeitungsverleger resp. als Zeitungsverkäufer erkannt, und damit also auch schon früher ausgesprochen, daß auch ein Selbstverleger von Zeitungen zu den im § 1 des Preßgesetzes bezeichneten Personen gehört, weil nur gegen sie nach § 54 desselben auf den Verlust der Befugniß des Gewerbebetriebes erkannt werden darf.

Antr. des GStA.s: gleichl. [18. — 1.]

Unterschlagung. — Lehrer. — Beamter.

Ein Lehrer, welcher die in dieser seiner Eigenschaft in Empfang genommenen Schulgelder zum Nachtheile der Gemeinde unterschlägt, wird von der Strafe des § 324 StGB. betroffen.

StGB. § 324 [n. 2]. Sic: Z. (I. 692) 19. Juli 1865 c. Hoffmann.

Erk. (Z. I.) v. 12. Juli 1865 c. Kempcke (666. I. Cr.).

Der bei der städtischen Schule zu B. angestellte Lehrer K. hatte die Schulgelder mit der Verpflichtung, sie an die Kämmereikasse abzuliefern, erhoben und zum Nachtheile der Eigenthümerin verbraucht. Aus § 324 StGB. bestraft, machte er im Wege der NB. geltend, daß er als Lehrer mit der Einziehung der Schulgelder nichts zu thun und daher die Erhebung nicht in amtlicher Eigenschaft bewirkt, sondern lediglich als Mandatar der Schulgeldzahler gehandelt habe Zurückweisung. Gründe.

Der § 324 des StGB.s setzt nicht gerade einen Kassenbeamten voraus, sondern bezieht sich auf jeden Beamten, dessen amtliche Eigenschaft die Veranlassung ist, aus welcher ihm Gelder überbracht werden, die er in der nämlichen Eigenschaft empfängt und unterschlägt; da im vorliegenden Falle aber gerade dies festgestellt worden ist, daß nämlich Implorant als öffentlich angestellter Lehrer, mithin in amtlicher Eigenschaft, das Schulgeld von seinen Schülerinnen eingesammelt hat: so kann über die richtige Anwendung der Gesetze im vorliegenden Falle kein Zweifel bestehen.

Antr. des GStA.s: gleichl. [17. — 1.]

---

1. Appellations-Richter. — Abweichende Feststellung. — Selbstverständliches Merkmal.
2. Diebstahl. — Gewinnsucht. — Schadensersatz.

1. Der Appellations-Richter ist befugt, ein selbstverständliches in der erstrichterlichen Feststellung nicht ausdrücklich enthaltenes Begriffsmerkmal ohne neue Beweisaufnahme festzustellen.

Ges. v. 3. Mai 1852 Art. 101 [n. 20. 15. 16] Sic: Z. (II, 72) 29. Nov. 1860 c. Dieckmann. Vgl. RbOTr. 4. S. 351.

2. Die Absicht, sich für einen erlittenen Verlust zu entschädigen, ist nicht nothwendig eine gewinnsüchtige; die Annahme einer solchen Absicht genügt daher für sich allein nicht, um die Feststellung einer Gewinnsucht zu rechtfertigen.

StGB. § 215 [n. 63].

Erk. (Z. B. II.) v. 13. Juli 1865 c. Böttcher (204. II. Cr.).

B. hatte bei einer Holzversteigerung im Walde des Fürsten Sch. 12 Holzstämme erstanden; als er dieselben abfahren wollte, fand er nur 10 dieser Stämme vor, und nahm daher zwei andere Stämme mit. Deshalb wegen Diebstahls bestraft, bestritt er in 2 Instanz seine gewinnsüchtige Absicht und stellte wiederholt unter Beweis, daß er bei der Abfuhr zwei anwesenden Zeugen erklärt habe: „ein Anderer werde die ihm fehlenden Stämme mitgenommen haben; er werde daher zwei andere Stämme mitnehmen, der Eigenthümer derselben könne sie gegen Herausgabe der seinigen wieder in Empfang nehmen." Ohne diese Reproduktion der Beweisaufnahme zu veranlassen, bestätigte das AG. das erste Erkenntniß, indem es erwog: „die betreffenden Thatsachen seien bereits vom 1. Richter geprüft und mit Recht für unerheblich erachtet worden, da B. mit dem Bewußtsein, daß ihm die beiden Stämme nicht mit verkauft gewesen, sich dieselben offenbar rechtswidrig zugeeignet, auch in gewinnsüchtiger Absicht gehandelt habe, weil er sich dadurch für die ihm abhanden gekommenen Stämme entschädigen wollte." — Die NB. des B. rügte:

1) unstatthafte Abweichung von der erstrichterlichen Feststellung, indem das AG. ohne Erneuerung der Beweisaufnahme die „gewinnsüchtige Absicht" feststelle;
2) Verletzung des § 215 StGB. durch Verkennung des Wesens der gewinnsüchtigen Absicht.

Das OTr. hat den ersten Angriff für verfehlt erachtet; dagegen mit Rücksicht auf den zweiten im Einverständnisse mit der GStA.-schaft das Erkenntniß vernichtet und die Sache an das AG. zurückverwiesen. Gründe:

Zwar hat der App.-Richter, wenigstens in seinen Urtelsgründen, als thatsächlich feststehend angenommen, daß auch der Angeklagte bei Zueignung der fraglichen beiden Stämme in gewinnsüchtiger Absicht gehandelt habe, obschon dies Moment ausdrücklich vom ersten Richter nicht festgestellt war, und der App.-Richter, welcher nach dem als verletzt bezeichneten Art. 101 des Ges.s v. 3. Mai 1852 grundsätzlich ohne neue oder wiederholte Beweisaufnahme nicht abweichen darf, weder eine neue noch reproduzirte Beweisaufnahme vorgenommen hat. Aber auch hierdurch würde eine Verletzung des eben bezeichneten Artikels nicht stattgefunden haben, da rechtlich die Wegnahme in der Absicht der rechtswidrigen Zueignung auch die gewinnsüchtige Absicht in sich begreift, und der App.-Richter, sofern diese Absicht von ihm bestritten wird, formell nicht behindert ist, diese auf Grund der als feststehend geltenden Thatsachen gleichwohl als vorhanden anzunehmen und festzustellen, wie es vorliegend vom App.-Richter geschehen ist. Dagegen muß die behauptete Verletzung des § 215 resp. 217 Nr. 3 StGB. als richtig anerkannt werden. —

Der Angeklagte, welchem, wie thatsächlich feststeht, bei der Abfuhr seines Holzes zwei von ihm angesteigerte Stämme fehlten, soll sich die beiden anderen dafür von ihm mitgenommenen Stämme offenbar rechtswidrig zugeeignet haben, weil er gewußt habe, daß diese beiden Stämme ihm nicht mitverkauft gewesen, und er soll auch in gewinnsüchtiger Absicht gehandelt haben, weil er sich dadurch für die ihm abhanden gekommenen Stämme habe entschädigen wollen. Allein das bloße Bewußtsein, daß man sich eine fremde Sache aneignet, schließt nicht nothwendig die Absicht der rechtswidrigen Zueignung im Sinne des § 215 in sich, noch weniger enthält die Wegnahme einer fremden Sache in der Absicht, sich für einen erlittenen Verlust zu entschädigen, jederzeit die gewinnsüchtige Absicht. Die Absicht der rechtswidrigen Zueignung darf sich nicht bloß auf die Form, sondern sie muß sich auch auf das Wesen der Sache erstrecken, und die gewinnsüchtige Absicht setzt wesentlich das Bestreben voraus, sich durch Aneignung der fremden Sache rechtswidig einen Vermögensvortheil zu verschaffen, und den damit verbundenen Vermögenswerth dem Eigenthümer zu entziehen. Darum begründet selbst die bewußte Wegnahme einer Sache, um sich seinem Schuldner gegenüber für eine Forderung, oder einen vermeintlichen Anspruch bezahlt zu machen, oder die Wegnahme einer Sache mit Zurücklassung ihres Preises keinen Diebstahl, und eben darum fehlt es auch an dem zum Begriff des Diebstahls erforderlichen Dolus, wenn mit der Wegnahme einer fremden Sache nur der Ersatz eines Vermögenswerths bezweckt wird, welchen der Eigenthümer der Sache bereits in einer anderen dem Wegnehmenden gehörigen Sache besitzt, und wobei überall an einen Vermögensgewinn oder eine Vermögensbeeinträchtigung nicht gedacht ist, vielmehr nur ein Verhältniß vorliegt, wie es bei Verwechslungen gleichartiger Gegenstände, welche verschiedene Eigenthümer an einem und demselben Orte liegen haben, vorzukommen pflegt, und der letzte nur mitnimmt, was ihm wirklich oder doch in seiner Vorstellung statt der eigenen Sache übrig geblieben ist.

Bei der Richtigkeit der vom App.-Richter aufgestellten allgemeinen Sätze müßte gleichwohl nothwendig auch in solchen Fällen die Absicht rechtswidriger Zueignung mit gewinnsüchtiger Absicht angenommen werden, und es ergiebt sich hieraus, daß sie in ihrer Allgemeinheit jedenfalls auf einer rechtsirrthümlichen Auffassung beruhen, wobei nicht in Abrede gestellt werden soll, daß die gewinnsüchtige Absicht mit der Absicht, durch bewußte Aneignung einer fremden Sache einen erlittenen Verlust zu ersetzen, überhaupt und rechtlich vereinbar sei. Wer um einen eigenen Verlust zu ersetzen, den er durch Diebstahl erlitten, ohne

Weiteres einen Dritten bestiehlt, kann gewiß als Dieb betrachtet werden — vgl. Z. II. 14. Juni 1860 z. Knoop. Allein der Unterschied zwischen diesem Falle und den vorhin angegebenen Fällen liegt darin, daß es sich hier bei der Wegnahme der fremden Sache nur um den Ersatz eines Vermögenswerthes handelt, den derjenige, dessen Sache weggenommen wird, bereits aus dem Vermögen des Wegnehmenden wirklich oder doch nach der Meinung des Letzteren in Händen hat, während dort ein solches Verhältniß überall nicht obwaltet. Im vorliegenden Falle war nun gerade ein solches Verhältniß von dem Angeklagten und dabei überdies behauptet, daß er die beiden Stämme nicht einmal habe behalten wollen, sondern dem sich meldenden Eigenthümer gegen Rückgabe der seinigen zu restituiren beabsichtigt habe. Wenn nun der App.-Richter statt auf diese Behauptungen einzugehen und darnach das Vorhandensein der Absicht der rechtswidrigen Zueignung resp. der gewinnsüchtigen Absicht zu beurtheilen, dieselben aus den hervorgehobenen rechtlich nicht stichhaltigen Gründen für unerheblich erklärte, so bekundet er eben durch diese Gründe, daß seine Annahme über das Dasein jener Requisite auf einer rechtsirrthümlichen Auffassung beruht, und somit die §§ 215 und 217 unrichtig angewendet sind.

Es erhebt hierbei auch nicht, daß nach der vom App.-Richter beibehaltenen thatsächlichen Feststellung des ersten Richters, die fraglichen Stämme dem Fürsten Sch. entwendet sein sollen, da es wesentlich auf die Vorstellung ankommt, welche der Angeklagte bei der Wegnahme über den Eigenthümer gehabt hat; vgl. G. A. 9. S. 418.

[27.—3.]

Amts-Unterschlagung. — Ausländischer Beamter.

Ein ausländischer Beamter, welcher zum Nachtheile der Staatskasse seines Landes in Preußen amtlich empfangene Gelder unterschlägt, wird von der Strafe der §§ 324. 325 StGB. betroffen.

Das gilt namentlich von den in Preußen angestellten Hannöverschen Eisenbahnbeamten.

StGB. §324 [dort einzutr. als n. 1a] 325 331 [n. 6a]; Staatsvertr v 27. Jan 1852 Art. 25 (G S. 1853. S. 31).

Erk. (B. II.) v. 13. Juli 1865 c. Colonius (266. II. Cr.).

C. hatte sich vor dem Schw.-GH schuldig bekannt: „— fremdes Geld, welches er in seiner amtlichen Eigenschaft als Kgl. Hannöverscher Billet-Einnehmer [bei der auf Preußischem Gebiete belegenen Station Rh. der Kgl Hannöverschen Staatseisenbahn] mit der Pflicht der Ablieferung an die Hannöversche Staatskasse empfangen hatte, zum Nachtheil des Eigenthümers (des Hannöverschen Fiskus) bei Seite geschafft und verbraucht, und in Beziehung auf diese Bei-Seite-Schaffung und zur Verdekung derselben amtliche Bücher und Register, welche zur Eintragung und Kontrolle der Einnahme bestimmt waren, unrichtig geführt zu haben." Gleichwohl hatte der Schw.-GH. nur aus § 225 StGB. bestraft, weil die §§ 324 und 325 arg. § 331 ebendaselbst nur auf Preußische Beamten Anwendung finden könnten. Auf die NB. des StA.s ist dieses Erkenntniß vernichtet und gegen C. die Strafe aus § 325 verhängt worden. Gründe:

Schon nach der auf dem Prinzipe der Territorialität beruhenden Vorschrift des § 3 des StGB.s ist das einheimische Strafgesetz auf alle im Inlande begangenen strafbaren Handlungen, welche darin vorgesehen sind, anzuwenden, ohne Unterschied von wem, und gegen wen sie begangen wurden. Müßte daher die Beamtenqualität des zwar auswärtigen, aber auf diesseitigem Staatsgebiete für seine Regierung fungirenden Angeklagten als feststehend anerkannt werden, so würde schon der cit. § 3 die Anwendung der §§ 324. 325 daselbst ohne Weiteres gegen ihn begründen.

Diese Anerkennung liegt aber in dem Staatsvertrage v. 27. Jan. 1852 schon insofern, als der Kgl. Hannöverschen Regierung dadurch, im Interesse des Betriebes der ihr gehörigen oder zur Benutzung überlassenen Bahnstrecken, die Errichtung einer durch eigens anzustellende Beamten zu führenden Verwaltung auf dem Bahnhofe zu Rheine von der diesseitigen Regierung eingeräumt worden ist. In Folge dieser Anerkennung genießen die so von der Kgl. Hannöverschen Regierung angestellten Beamten unbedenklich denselben Schutz in oder bei Ausübung ihres Dienstes, welchen das diesseitige StGB. in der Beziehung den Preußischen Beamten gewährt. Beleidigungen, die ihnen im Amte oder in Bezug auf Ausübung des Amtes widerfahren, gegen sie im Amte verübte Widersetzlichkeiten, unterliegen den Vorschriften der §§ 102 und 89 des StGB.s. Umgekehrt ist dann aber auch die Annahme nicht zurückzuweisen, daß gemeine Verbrechen oder Vergehen, welche von solchen Beamten im Amte gegen den eigenen Staat begangen werden, ebenfalls als Amtsverbrechen oder Vergehen betrachtet und nach den Vorschriften des 28. Titels des StGB.s bestraft werden müssen, sofern die begangene That ein darin vorgesehenes Amtsverbrechen oder Vergehen bildet.

Daß der Titel 28 nur auf Preußische Beamten Anwendung finde, sagt übrigens der vom Schw.-GH. bezogene § 331 ausdrücklich nicht, und man könnte höchstens annehmen, daß solches stillschweigend als mit der Natur der Sache übereinstimmend vorausgesetzt sei, da der Beamte nur dem eigenen Staate gegenüber durch besondere Amtspflichten verbunden ist, die Verletzung derselben daher nur ihn betrifft, und sich deshalb auch wohl sagen ließe, daß die Strafbestimmungen gegen Amtsverbrechen und Vergehen nur den Schutz des einheimischen Staats bezwecken, lediglich gegen die eigenen Beamten gerichtet seien. Allein dieser Auffassung gegenüber kommt jedenfalls die Bestimmung des Art. 25 des bezogenen Staatsvertrages zwischen den Kgl. Preußischen und Hannöverschen Regierungen besonders in Betracht. Wenn darnach die resp. Beamten bloß rücksichtlich der Disziplin der Anstellungsbehörde, im Uebrigen aber den Gesetzen und Behörden des Staates, in welchem sie ihren Wohnsitz haben, unterworfen sein sollen, so kann es nicht zweifelhaft sein, daß unter der „Disziplin" hier nur die Aufsicht über die regelmäßige Führung der Amtsgeschäfte und das allgemeine dienstmäßige Verhalten der Beamten, sowie das Gebiet von Pflichtwidrigkeiten verstanden ist, welches in dem einen wie in dem anderen Staate den Disziplinarbehörden angehört, und folglich alle Handlungen, welche nach dem StGB. des einen oder anderen Staates sich als gemeine Verbrechen oder Vergehen, oder als besonders vorgesehene Amtsverbrechen oder Vergehen darstellen, nach den Gesetzen des Wohnorts des Beamten bestraft werden sollen, und zwar auch von den Behörden dieses Wohnorts. Dies war auch die natürlichste, den Interessen der beiderseitigen Staaten entsprechende Lösung der Sache. Sollte eine Auslieferung des Beamten an den Anstellungsstaat wegen des an seinem Wohnorte begangenen Amtsverbrechens oder Vergehens nicht erfolgen — und dies wollte man offenbar nicht, da der Beamte ja auch den Behörden des Wohnortes unterworfen sein sollte — so mußte nothwendig auch die Kognition darüber den Gerichten des Wohnortes des Beamten, nach den darin bestehenden Gesetzen überlassen werden. Dies zeigt sich an den Konsequenzen, zu welchen das von dem Schw.-GH. adoptirte System führt. Der Artikel der Konvention bezieht sich eben so auf Preußische wie auf Hannöversche Beamten. Gesetzt also, das Verbrechen, welches dem Angeklagten zur Last fällt, sei auf einer auf Hannöverschem Gebiete befindlichen Station von einem Preußischen Beamten begangen, und es sei darauf auf die erhobene Anklage wegen Amtsverbrechens der Angeklagte, wie hier, trotz der Feststellung, daß er die von ihm unterschlagenen Gelder in amtlicher Eigenschaft empfangen und sich dabei auch der Fälschung der zur Kontrolle der Einnahmen dienenden Register schuldig gemacht habe, — nur wegen einfacher Unterschlagung verurtheilt worden, so würde die Folge die sein, daß der Beamte diesseits wegen allgemeiner Verletzung seiner Amtspflichten höchstens noch disziplinarisch verfolgt und allenfalls seines Amtes, das er durch die Strafe wegen der einfachen Unterschlagung nicht verwirkt hatte, entsetzt werden könnte. Denn über die That in ihrer einfachsten Gestalt war von der zuständigen Behörde abgeurtheilt und die aus dem Beamtenverhältniß hervorgehenden und die mit Rücksicht auf dieses Verhältniß bei der Fälschung bestimmten Qualifikationen der Thathandlung könnten zur getrennten nachträglichen Aburtheilung nicht mehr gebracht werden. Dann aber würde der Beamte wegen eines gegen den eigenen Staat verübten Amtsverbrechens nur die ordentliche Strafe des einfachen Vergehens der Unterschlagung erleiden, während er auf einheimischem Gebiete angestellt, wegen derselben Thathandlung nach §§ 324 und 325 des StGB.s mindestens mit einer Zuchthausstrafe von 3 Jahren hätte belegt werden müssen. Dies kann aber die Absicht der Konvention um so weniger gewesen sein, als das Preußische und Hannöversche StGB. in Betreff der Beamtenverbrechen und Vergehen im Wesentlichen gleiche Strafbestimmungen enthalten. Die Bestimmung des Art. 25 des mehrerwähnten Staatsvertrages hat übrigens auch nur den § 3 des StGB.s zum Ausgangspunkt, wenn dies auch nicht ausdrücklich gesagt ist.

Antr. des GStA.s: gleichl. [27. — 3.]

Holzdiebstahl. — Forst. — Holznutzung.

Der Diebstahl an Holz in Forsten ist stets als „Holzdiebstahl" zu bestrafen, sollte auch das betr. Holz nicht der Holznutzung wegen gezogen sein.

H.-D.-Ges. v. 2. Juni 1852 §§ 1. 2. 37.

Erk. (B. II.) v. 13. Juli 1865 c. Schäker (268. II Cr.).

Sch. hatte aus einem fremden Forste 15 wilde Rosenstämme in der Absicht rechtswidriger Zueignung (im wiederholten Rückfalle) weggenommen; gleichwohl hatte das AG. nur die Strafe des § 7 des H.-D.-Ges.s verhängt, weil Rosenstämme zwar Holz seien, in den Wäldern aber nicht der Holznutzung wegen gezogen würden, und deshalb nur zu den „Waldprodukten" (§ 2 l. c.) gezählt werden könnten. Auf die NB. des OStA.s erfolgte Vernichtung dieses Erkenntnisses. Gründe:

Die Annahme des App.-Richters verletzt das Ges. v. 2. Juni 1852, welches im § 1 den Holzdiebstahl im Sinne dieses Gesetzes allgemein und ohne jede Beschränkung als den Diebstahl an Holz in Forsten definirt, dagegen auf die im Appellationsurtheil hervorgehobene Holznutzung nur insoweit Bezug nimmt, als es auch den Diebstahl an Holz auf anderen Grundstücken, auf welchen dasselbe hauptsächlich der Holznutzung wegen gezogen wird, als Holzdiebstahl charakterisirt. Im vorliegenden Falle handelt es sich aber nach obiger Feststellung von einer im H—er Forstreviere bewirkten Wegnahme von Holz, und es mußte daher die Anwendung des § 1 l. c. ohne Rücksicht darauf, ob wilde Rosenstämme der Holznutzung wegen gezogen werden, eintreten.

Antr. des GStA.s: gleichl. [22 — 3.]

Beschwerde. — Suspensivwirkung.

Einfache Beschwerden haben in Untersuchungssachen keine Suspensivwirkung, vielmehr hat der Richter in dieser Beziehung ein freies Ermessen.

Ges. v. 3 Mai 1852 Art. 11 [n. 25].

Beschl. (I.) v. 15. Juli 1865 c Meinhardt (130. B I. Cr).

M. hatte sich geweigert, in einer polizeirichterlichen Untersuchungssache Zeugniß abzulegen und hatte gegen die wider ihn erlassene Strafandrohung Beschwerde an das AG. und das OTr. ergriffen; als nichtsdestoweniger von Seiten des Pol.-Richters die Strafverfügung gegen ihn erging, ergriff er abermals dagegen Beschwerde, weil nicht die Entscheidung der höberen Richter abgewartet worden sei. Das OTr. wies dieselbe zurück, indem es den obigen Grundsatz aussprach.

Antr. des GStA.s: gleichl [15.—3.]

Uebertretung. — Verletzung der Schonzeit. — Mehrere Thiere.

Die Verletzung der Schonzeit ist auch dann nach den für Uebertretungen geltenden Grundsätzen zu behandeln, wenn gleichzeitig mehrere Thiere erlegt sind und die dadurch verwirkte Gesammtstrafe das Maaß von 50 Thlrn. übersteigt.

StGB. § 1 [n. 9]; Einf.-Ges. z. StGB. Art. VIII. [n. 2]; Vdn. v. 9. Dez. 1842. Vgl. Oppenhoff Strafv. § 27 n. 7.

Erk. (Z. I.) v. 19. Juli 1865 c. Dehn & Gen. (642. I. Cr.).

D. und 3 Genossen waren von der Anklage: „— — während der Schonzeit auf Elchwild gejagt und dabei zwei Elchhirsche erlegt zu haben," durch den Polizeirichter freigesprochen worden. Das vom Pol.-Anw. ergriffene Rechtsmittel hat das AG. mit Rücksicht auf die Höhe der ev. verwirkten Strafe als Appellation behandelt und demgemäß mit Rücksicht auf die Ostpreuß. Forst-Ordn v. 3. Dez. 1775 Tit. 24 §§ 27 28 und § 1 der Vdn. v. 9. Dez 1842 jeden der Angeklagten zu einer Geldbuße von 100 Thlrn verurtheilt Die NB rügte Verletzung der Kompetenzgesetze, weil es sich hier nur um eine That (das Erlegen zweier Elchhirsche) gehandelt habe, welche eine Strafe von 100 Thlrn. nach sich ziehen solle, und sonach ein Vergehen darstellte, welches zur Zuständigkeit der Gerichtsabtheilung gehört habe, da Art 1 § 1 Nr. 4 des Ges.s v. 14. Apr. 1856 sich nur auf die im StGB. vorgesehenen Jagdvergehen beziehe. — Das OTr. hat die NB. zurückgewiesen. Gründe:

Nach Art. XIII. des Einf.-Ges s z. StGB. sind die Einzelrichter zur Untersuchung und Entscheidung in Ansehung der Uebertretungen berufen. Nach § 1 Abs. 3 des StGB.s ist eine Handlung, welche die Gesetze mit Gefängnißstrafe bis zu sechs Wochen oder mit Geldbuße bis zu 50 Thlrn. bedrohen, eine Uebertretung. Nach dem Inhalt der Anklage kam zufolge des § 18 des Jagd-Pol.-Ges.s v. 7. März 1850 lediglich der § 1 der Vdn. v. 9. Dez. 1842 als Strafgesetz in Betracht, und hiernach gilt als höchste Strafe, und zwar gerade für Elchwild, der Betrag von 50 Thlrn. für ein Stück. Demzufolge stellt sich nach dem Vorstehenden die in Rede stehende strafbare Handlung als eine Uebertretung dar, deren Natur nach den §§ 337. 338 des StGB.s auch dann nicht verändert wird, wenn, wie in dem vorliegenden Falle, mehrere Stücke Elchwild getödtet worden sind, also reale Konkurrenz obwaltet, und deshalb ein erhöhtes Strafmaaß zuzuerkennen ist. In gleicher Weise hat bereits das Kgl. OTr. in dem Erkenntniß v. 28. Sept. 1859 c. Levin entschieden, und namentlich ausgeführt, daß auch in solchen Fällen der Einzelrichter kompetent bleibe, weil er, wenn er solchergestalt über mehrere einzelne Straffälle urtheile, rechtlich mehrere Strafurtheile innerhalb seiner Kompetenz fälle (G. A. 7. S. 805). Hiernach hat in dieser Sache die KG.s-Kommission zu R. mit Recht in erster Instanz erkannt. Das gegen ihr Urtheil allein zulässige Rechtsmittel war daher nach § 165 der Vdn. v. 3. Jan. 1849 der Rekurs, und die Entscheidung hierüber gebührte nach § 168 l. c. der diesfälligen aus drei Mitgliedern bestehenden Abtheilung des Kgl. AG.s, wogegen den Angeklagten nach § 170 l. c. ein weiteres Rechtsmittel nicht zustand. In Verkennung dieser, aus den allegirten gesetzlichen Vorschriften sich ergebenden rechtlichen Lage der Sache, hat das AG. das von dem Polizeianwalt gegen das Erkenntniß erster Instanz eingelegte Rechtsmittel als Appellation zugelassen und in Folge dessen als Appellations-Richter entschieden. Dieser Rechtsirrthum berechtigte die Angeklagten nach dem Plenarbeschlusse des Kgl. OTr.s v. 9. Juli 1855 (G. A. 3. S. 821) die NB. an und für sich einzulegen, wobei indeß als Nichtigkeitsgründe ausschließlich nur diejenigen geltend gemacht werden konnten, welche die Frage betrafen, ob die Appellation oder der Rekurs statthaft gewesen war. An Stelle dessen hat die vorliegende NB. ihren Angriff lediglich gegen die wohlbegründete Kompetenz des ersten Richters gerichtet, das Verfahren in appellatorio dagegen unangefochten gelassen und somit von dem einzigen Grunde, aus welchem das gegenwärtige Rechtsmittel statthaft war, keinen Gebrauch gemacht. [20. — 3.]

Chaussee. — Fahrbahn. — Verengen.

Das Verengen der Chaussee-Fahrbahn durch Anhalten ist nur in so fern strafbar, als dadurch der freie Verkehr beschränkt wird.

Chaussee-Geld-Tarif v. 29 Febr. 1840 Zus.-Bemerkk. Nr 11.

Erk. (Z. I.) v. 19. Juli 1865 c. Grünauer (691. I. Cr.).

Gr. war von der Anklage: „— auf der — Chaussee mit 9 Wagen gehalten und dadurch die Fahrbahn verengt zu haben," deshalb freigesprochen worden, weil die Wagen „auf einer Seite und nur kurze Zeit gehalten hätten," und „weil neben den haltenden Wagen noch soviel Raum geblieben sei, daß noch füglich zwei Reihen Wagen vorbeifahren konnten; die Nr. 11 der Zus.-Bemerkungen zum Chaussee-Geld-Tarif bezweckten nur den freien Verkehr aufrecht zu erhalten, weil sonst jedes Anhalten strafbar sein würde, was geradezu unmöglich sei" — Der vom PAnw. ergriffene Rekurs ward vom AG. durch Verfügung, und die demnächst vom OStA ergriffene NB. vom OTr. zurückgewiesen. Gründe:

Die thatsächliche Feststellung rechtfertigt die Freisprechung des Angeklagten, da ihr kein ersichtlicher Rechtsirrthum zum Grunde liegt. Es ist vielmehr den vorigen Richtern dahin beizutreten, daß nicht jedes Anhalten auf der Chaussee und der Fahrbahn verboten und strafbar ist, sondern daß das Gesetz nur den Zweck hat, den ungehindert freien Verkehr auf der Fahrbahn zu sichern, daß also, wo weder eine diesen freien Verkehr beschränkende Sperrung noch Verengung der Fahrbahn stattgefunden hat, — was der thatsächlichen Beurtheilung in jedem einzelnen Falle unterliegt, — auch eine Zuwiderhandlung gegen die Nr. 11 cit. nicht angenommen werden kann.

Antr. des GStA.s: gleichl. [18. — 3.]

Vernichtung. — Zurückverweisung. — Spätere Aenderung.

Die vom Ober-Tribunal in einem vernichtenden Erkenntnisse ausgesprochene Zurückverweisung der betr. Sache an den Schwurgerichtshof wird nicht rechtskräftig; es kann daher später durch Ober-Tribunals-Beschluß eine Verweisung an die Gerichts-Abtheilung an die Stelle gesetzt werden.

Ges. v. 3. Mai 1852 Art. 116 [n 15. 20].

Beschl. (I.) v. 19. Juli 1865 c. Packbauer (Maluhn & Gen. 708 I. Cr.).

P. war wegen gewohnheitsmäßiger Hehlerei in Anklagestand versetzt und die betr. Sache, wegen ihrer Konnexität mit den Verbrechen anderer Personen, gleichzeitig mit diesen vor den Schw.-GH. verwiesen worden; das verurtheilende Erkenntniß des letztern ward demnächst wegen eines Verstoßes gegen die Grundsätze des Verfahrens vom OTr. vernichtet und die Sache vor den Schw.-GH. zurückverwiesen. Auf eine Anfrage des betr. KG.s sprach sodann aber das OTr. durch einen Beschluß die Verweisung der Sache an die Gerichts-Abtheilung aus. Im den Gründen heißt es:

Unter den in dem Berichte v. ꝛc. angeführten Umständen erscheint es allerdings angemessener, die Verhandlung des nach dem Ges. v. 22. Mai 1852 an und für sich nicht zur Kompetenz des Schwurgerichts gehörigen Verbrechens des P. nunmehr nach aufgehobener Konnexität der Gerichts-Abtheilung zu überweisen. Einer besonderen Deklaration des Urtels v. 14. Juni bedarf es zu diesem Zwecke nicht, auch steht dem Angeklagten ein Widerspruch gegen diese Maaßregel nicht zu, weil es sich nur um eine reglementarische Anordnung handelt, welche in der Form des Urtels so wenig, wie in dem Beschlusse des Anklage-Senats eine Rechtskraft erlangt.

Antr. des GStA.s: gleichl. [15.—3]

Presse. — Landtags-Bericht. — Unvollständigkeit.

Eine unvollständige Mittheilung über eine Landtags-Verhandlung kann als „Bericht" und deshalb für unbedingt straflos erachtet werden, wenn die Unvollständigkeit nur in der Erschöpfung des Raumes des betr. Blattes ihren Grund hat, und eine Vervollständigung im nächsten Blatte ernstlich beabsichtigt ist.

Preßges. v. 12 Mai 1852 § 38. Vgl oben S. 177; Hartm. Preßges. S. 227.

Beschl. (I.) v. 20. Juli 1865 (197. B. I. Cr.).

Die —Zeitung hatte eine Mittheilung über eine Landtagssitzung gebracht, dabei die Rede eines Abgeordneten wortgetreu nach den stenographischen Berichten abgedruckt, sodann aber die fernere Mittheilung abgebrochen und die spätere Nachlieferung des noch fehlenden Theils der betr. Verhandlung durch die Worte „Schluß folgt" in Aussicht gestellt. Da der Inhalt jener Rede für strafbar erachtet wurde, erfolgte eine Beschlagnahme des betr Blattes, indem davon ausgegangen wurde, daß eine unvollständige Mittheilung nicht als ein „Bericht von einer Landtagssitzung" angesehen werden könne. Die beiden Instanzgerichte theilten indessen diese Ansicht nicht und sprachen die Wiederaufhebung der Beschlagnahme aus. Beschw. des OStAnw.s, welche die GStA.schaft für begründet erachtete; sie führte aus: an und für sich könne als „Bericht" nur eine solche Darstellung eines Sachverlaufes angesehen werden, welche denselben in allen wesentlichen Punkten wahrheitsgetreu und vollständig wiedergebe; es könne dahin gestellt bleiben, ob dieses letztere Erforderniß auch dann unerläßlich sei, wenn fremde, vom Willen des Mittheilenden unabhängige Umstände dazu nöthigten, die begonnene Mittheilung abzubrechen, z. B. wenn eine angefangene Verhandlung von dem betr. Hause selbst abgebrochen und die Fortsetzung auf einen andern Tag vertagt werde, oder wenn der Druck des betr. Blattes vor Beendigung der Sitzung abgeschlossen werden müse, damit dasselbe zu der ein für alle Male vorbestimmten Zeit erscheinen könne, jedenfalls aber könne ein in das Belieben des Mittheilenden gestelltes Hinderniß, z. B. die räumliche Ausdehnung des Blattes (welche durch Hinzufügung einer Beilage leicht zu ersetzen sei) eine Abweichung von der Regel nicht rechtfertigen. — Das OTr. hat die Beschwerde zurückgewiesen. Gründe:

Es handelt sich im Resultat um die Frage, ob der in der Nummer 2c. enthaltene Bericht über die 2c. Sitzung des Abgeordnetenhauses deshalb nicht als ein wahrheitsgetreuer im Sinne des § 38 des Preßgesetzes zu erachten sei, weil derselbe nicht sofort vollständig gegeben, sondern mit der Bemerkung „Schluß folgt" abgebrochen ist. Rechtlich kann diese Frage hier nach Art. 13 des Ges.s v. 3. Mai 1852 nur im Hinblick auf die von dem App.-Richter angeführte Erwägung, daß das Gesetz in jenem § 38 die ungetheilte Mittheilung des Berichts nicht vorschreibe, also die Vertheilung in mehrere Nummern nicht verbiete, in Betracht kommen. Nun ist es zwar richtig, daß der § 38 eine solche Vorschrift nicht enthält; es wird vielmehr in jedem einzelnen Falle zu ermitteln sein, welcher Grund bei der vorgenommenen Theilung vorauszusetzen ist, und ob die Verheißung der Fortsetzung nicht nur vorgegeben war. Im vorliegenden Falle kann aber nach den Ausführungen der Instanzrichter nicht wohl ein Zweifel darüber obwalten, daß hier die Theilung lediglich durch die Erschöpfung des Raumes der Zeitung in der betr. Nr. bedingt wurde, daß aber — wie das KG. ausdrücklich feststellt — die Fortsetzung und der verheißene Schluß nur durch die Beschlagnahme verhindert worden ist. Mit Rücksicht hierauf kann es als ein Mangel nicht erachtet werden, daß nicht ausdrücklich erwogen worden ist, ob das Abbrechen in der Nr. ꝛc. gerade mit der Rede des ꝛc. F. tendenziös mit der Absicht der Verhüllung des wahren Herganges erfolgt sei; mit Rücksicht auf jene Gründe lag dazu keine Veranlassung vor; das Abbrechen hat einen andern thatsächlich erhellenden Grund gehabt. [15. — 3]

Notar. — Prozessualische Angelegenheit.

Der Rechtsanwalt, welcher eine Partei in einem Rechtsstreite vertritt, darf über eine Thatsache, welche der Klage als Einrede entgegengesetzt ist, nicht als Notar einen Akt der freiwilligen Gerichtsbarkeit aufnehmen, sollte auch die betr. Erklärung von einem Dritten bei dem Rechtsstreite nicht Betheiligten ausgehen.

Not.-Ordn. v. 11. Juli 1845 § 6.

Erk. (I. Civ.-Sen.) v. 4. Sept. 1865 c. Rechtsanwalt L. (425. D.).

Der Rechtsanwalt L. hatte auf Grund einer Prozeßvollmacht Namens des Verkäufers eines Grundstücks von dem Käufer rückständige Kaufgelder eingeklagt. Der letztere erhob den Einwand, daß auf dem Grundstück noch eine Hypothekenschuld an die Wittwe D. hafte. Darauf hat L. als Notar von der Wittwe D. eine Quittung über die Berichtigung jener Schuld aufgenommen. Deshalb disziplinarisch verfolgt, ward er vom Ehrenrathe freigesprochen, weil die aufgenommene Quittung nicht den Gegenstand des geführten Prozesses betreffe, dieselbe auch weder vom Mandanten des L. noch von der andern Prozeßpartei ausgestellt sei." Auf die Berufung des OStAnw.s ist dieses Erkenntniß vom OTr. abgeändert und L. mit einer Ermahnung belegt worden. Gründe:

Die Klage betraf die Kaufgelderschuld, die Quittung die auf dem verkauften Grundstücke haftende Hypothekpost. Dieser Gegenstand ist zwar ein von dem des Klageanspruches verschiedener, allein durch den Einwand mit in den Prozeß hineingezogen, indem darin geltend gemacht wurde, daß der Mandant des Angeklagten das Grundstück frei von der Post zu gewähren gehabt, diese Verbindlichkeit aber nicht erfüllt habe. Wäre vom derzeitigen Verklagten der Rekonventions-Antrag auf Löschungsbewirkung erhoben, so könnte die Anwendbarkeit des § 6 der Not.-Ordn. keinerlei Bedenken unterliegen. Um aber die Angelegenheit, betreffend die Befreiung des Grundstückes von jener Hypothek, zu einer unter den Parteien prozessualischen zu machen, worauf es doch nur ankommt, muß es sich gleich bleiben, ob der Gegner aus der Behaftung des Grundstücks mit der Post rekonveniendo einen Anspruch auf Löschung oder bloß exzipiendo eine Nichtverpflichtung zur Zahlung der Kaufgelder für sich hergeleitet hat. Die Aufnahme einer löschungsfähigen Quittung war aber ein nothwendiges Mittel, um die Post im Hypothekenbuche zur Löschung zu bringen. Die Wittwe D. war ferner nicht Partei in jenem Prozesse. Indeß erscheint auch dieser Umstand unerheblich, da die Bestimmung im § 6 dem Notar ganz allgemein die Aufnahme von Notariatsakten in prozessualischen Angelegenheiten, in welchen er als RAnw. eines der Betheiligten fungirt hat, nicht gestattet, und keineswegs nur für die Fälle, wenn die Handlung der freiwilligen Gerichtsbarkeit von dem eigenen Mandanten des Notars oder seinem Gegner im Prozesse vorgenommen wird. Es genügt daher, daß der Angeklagte als Mandatar des klagenden Theils den Prozeß geführt, und als Notar die notarielle Quittung aufgenommen hat, ungeachtet dieselbe eine in jenem Prozesse anhängig gewordene Angelegenheit betraf, wogegen es als gleichgültig angesehen werden muß, daß die Ausstellerin der Quittung nicht zu den Prozeßparteien gehörte. Der Vorderrichter hat in das Gesetz eine Beschränkung hineingetragen, die nach dessen Wortlaut nicht darin enthalten ist, und die auch durch die Erwägung nicht gerechtfertigt wird, daß es als eine Ausnahms-Vorschrift zu betrachten sei. Auch der Grund des Gesetzes steht dem entgegen. Als die Absicht desselben ist anzunehmen,

Amtshandlungen des Notars in allen Fällen auszuschließen, wenn er selbst oder seine nahen Angehörigen bei dem Geschäft betheiligt sind, wie § 5 l. c. verordnet, und außerdem, wenn Umstände obwalten, die seine völlige Unbefangenheit beeinträchtigen könnten. Darauf beruht die Bestimmung im § 6; wegen der nahen Beziehungen und der Pflicht einer besonderen Treue des Mandatars zum Mandanten soll der General-Mandatar in allen, der Prozeß-Mandatar in den von ihm geführten prozessualischen Angelegenheiten des Machtgebers sich in der Eigenschaft als Notar mit Aufnahme von Handlungen der freiwilligen Gerichtsbarkeit nicht befassen. Die Not.-Ordn. v. 11. Juli 1845 geht hierin weiter als das frühere Gesetz, der § 26d. III, 7 AGO. Dasselbe gestattete dem Notar in Angelegenheiten, in welchen er dem einen Theile berräthig gewesen war, bedingt die Aufnahme von Notariats-Akten, wenn der andere Theil, dem er davon ohne Rückhalt Mittheilung machen sollte, seine Zustimmung ertheilte, und schärfte ihm nur ein, dabei die Rechte beider Theile mit gleicher Sorgfalt wahrzunehmen. Diese Verschiedenheit des neueren von dem älteren Gesetze kann zu einiger Entschuldigung dienen, daß sich der Angeklagte über die Bedeutung des ersteren in einem Irrthum befunden haben mag. Allein er wird dadurch immer nicht von dem Vorwurfe frei, daß er nicht mit der gehörigen Aufmerksamkeit gehandelt habe.

Antr. des GStA.s: gleichl. [—4.]

Amts-Unterschlagung. — Interimistische Anstellung. — Dolus.

1. Die Unterschlagung amtlich empfangener Gelder rc. ist aus § 324 StGB. zu bestrafen, sollte auch die Anstellung als Beamter eine nur interimistische gewesen sein.

StGB. §§ 324. 331 [n. 2].

2. Der § 324 cit. setzt zwar als Dolus auch das Bewußtsein voraus, daß man ein Amt über-

kommen habe; der Feststellung dieses Bewußtseins bedarf es aber nur dann, wenn dasselbe bestritten worden ist.

StGB. § 324 [n 20].

Erk. (B. I.) v. 6. Sept. 1865 c. Dieckow (894. I. Cr).

Es steht nach dem Verdikt fest, daß dem Angeklagten interimistisch das Amt eines Steuer-Rezeptors und resp. das Amt eines ständigen Magistrats-Büreaugehülfen von den kompetenten Kommunal-Behörden übertragen ist, daß er diese Aemter auch verwaltet, und in diesen Stellungen die unterschlagenen Gelder in seine Gewahrsam bekommen hat. Dies genügt zur Anwendung des § 324 StGB. in Betreff der sämmtlichen vier Unterschlagungen und des § 325 rücksichtlich des durch die zweite Frage festgestellten Falles. — Wenn der vorige Richter eine Feststellung darüber vermißt, „daß sich der Angeklagte bewußt gewesen, ein Amt überkommen zu haben," so bedurfte es einer besonderen Feststellung in dieser Beziehung zur Anwendung der §§ 324 und 325 cit. nicht, obwohl in ihnen ein solches Bewußtsein allerdings unterstellt ist. Nur wenn der Angeklagte dies Bewußtsein ausdrücklich bestritten hätte, — was nicht geschehen ist, — würde eine besondere Feststellung dieses Bewußtseins durch das Verdikt der Geschwornen erforderlich gewesen sein.

Ebenso rechtlich unzutreffend ist die Ansicht des vorigen Richters, daß die Anstellung als städtischer Beamter nur auf Lebenszeit, oder bei mechanischen Diensten — wovon hier nicht die Rede sei — nur auf Kündigung erfolgen könne. Der § 56 Nr. 6 der Städte-Ordn. v. 30. Mai 1853 bestimmt zwar, „daß der Magistrat die Gemeindebeamten anzustellen und zu beaufsichtigen habe, sowie, daß die Anstellung, soweit es sich nicht um vorübergehende Dienstleistungen handele, auf Lebenszeit erfolge daß jedoch diejenigen Unterbeamten, die nur zu mechanischen Dienstleistungen bestimmt sind, auf Kündigung angenommen werden könnten." Hieraus ergiebt sich aber keinesweges, daß die Anstellung eines Gemeindebeamten unbedingt nur auf Lebenszeit oder auf Kündigung erfolgen darf; sondern gerade umgekehrt, daß, wie es auch die Natur der Sache mit sich bringt, Amtsübertragungen auch zu vorübergehenden Dienstleistungen, mithin auch interimistisch statthaft sind. Jedenfalls gehört es aber nicht zu den Voraussetzungen der §§ 324 und 325 cit., daß der Beamte lebenslänglich oder doch auf Kündigung angestellt ist.

Endlich ist es für die Anwendung der §§ 324 und 325 auch gleichgültig, daß dem Angeklagten, worauf der vorige Richter Gewicht legt, zur angegebenen Zeit, weil er nicht im Besitze der Ehrenrechte war, kein Amt hätte übertragen werden sollen. Denn wenn es trotzdem geschehen und das Amt von ihm verwaltet ist, so konnte ihn dies von den Pflichten desselben nicht entbinden.

Antr. des GStA.s: gleichl. [18.—4.]

Präklusivfrist. — Ferien.

In Strafsachen laufen die Präklusivfristen auch während der Gerichtsferien.

Vdn. v. 3. Jan. 1849 Abschn. IV. [vgl. Strafverf. S 458 n 41].

Beschl. (I.) v. 6. Sept. 1865 c. Heim (218. B I. Cr.).

In Strafsachen laufen die Präklusivfristen auch während der Gerichtsferien, da die Bestimmung der Ferienordnung v. 16. Apr. 1850 § 2 Abs. 4 sich nur auf solche Prozeßfristen bezieht, deren Festsetzung vom Richter abhängt, oder deren Verlängerung ihm gesetzlich gestattet ist. Die Fristen zur Anmeldung und Rechtfertigung der gegen Erkenntnisse in Strafsachen zulässigen NB. sind aber nach Art. 110 des Ges.s v. 3. Mai 1852 Präklusivfristen.

Antr. des GStA s: gleichl. [28.—4.]

Vertheidiger. — Stellvertreter.

Es begründet keine Nichtigkeit, wenn vor dem App.-Gerichte statt des dem [verhafteten] Ange-

klagten zugeordneten Vertheidigers ein qualifizirter Substitut aufgetreten ist.

Ges. v. 3 Mai 1852 Art. 22 [n 5]; Vdn v. 3. Jan. 1849 §134 [n. 16]. Vgl. RdOTr. 3. S. 241.

Erk. (Z. I.) v. 6. Sept. 1865 c. Kantimm (751. I. Cr.).

Die NB. des [verhafteten] Angeklagten rügte es, daß in 2. Instanz statt des ihm zugeordneten RAnw.s H. der von desem substituirte JR. M. als Vertheidiger aufgetreten und vom AG. zugelassen worden sei. Zurückweisung. Gründe

Nach Art. 22 l. c. ist die Gültigkeit der Hauptverhandlung in keinem Falle dadurch bedingt, daß die Vertheidigung des Angeklagten durch den erwählten oder zugeordneten Vertheidiger erfolgt, es liegt daher auch darin keine Nichtigkeit, wenn bei Verhinderung eines zugeordneten Rechtsanwalts sein zum Richteramt qualifizirter Stellvertreter oder Substitut zugelassen wird, wie vom OTr. bereits in mehrfachen Entscheidungen und namentlich schon in dem Erkenntniß v. 13. Sept. 1854 c. Benkner ausgesprochen und ausgeführt ist.

Antr. des GStA.s: gleichl. [18. — 4.]

Geschwornenspruch. — Abstimmung. — Versuch.

Unter den eine besondere Abstimmung erheischenden „begleitenden Umständen" sind solche thatsächliche Momente zu verstehen, welche eine in der einfachen Gestalt strafbare Handlung in der Weise qualifiziren, daß dadurch die an sich begründete Strafbarkeit erhöht, vermindert oder gänzlich beseitigt wird.

Daher bedarf es einer besondern Absimmung nicht, wenn eine Frage nur die Begriffsmerkmale einer einfachen Strafthat, z. B. des Versuchs eines Todtschlags, enthält.

Ges v. 3. Mai 1852 Art. 91 [n. 14]. Vgl. unten V. I. 8. Sept. 1865 c. Hentig.

Erk. (Z. I.) v. 6. Sept. 1865 c. Satz (890 I Cr.

S. war von den Geschwornen des Versuchs eines Todtschlags schuldig befunden worden Seine NB. rügte, daß nicht über den ihm zur Last gelegten „Versuch", über den „Anfang der Ausführung", sowie „darüber, daß der Versuch nur durch äußere ꝛc. Umstände ohne Erfolg geblieben sei", besondere Abstimmungen der Geschwornen stattgefunden hatten Zurückweisung. Gründe:

Der Art. 91 l. c. unterscheidet, hinsichts der den Geschwornen zur Beantwortung vorgelegten Frage, zwischen den Merkmalen der Hauptthat, und denen der dieselbe begleitenden Umstände. Zu der erstern gehören alle diejenigen Momente, welche nöthig sind, um überhaupt eine strafbare Handlung nach der begrenzten Richtung hin annehmen zu können, und auf diese hat der Absatz 4 des Art. 91 seinem klaren Wortlaute nach keinen Bezug. Zu den begleitenden Umständen dagegen sind diejenigen Merkmale zu rechnen, welche die erwähnte Hauptthat dergestalt qualifiziren, daß dadurch die an sich verwirkte Strafbarkeit erhöht, gemindert oder gänzlich beseitigt wird. Nur über die begleitenden Umstände in diesem Sinne muß nach dem allegirten Gesetz von den Geschwornen besonders abgestimmt und das Ergebniß in dem Ausspruche besonders erwähnt werden. —

In dem vorliegenden Falle sind in der den Geschwornen vorgelegten Frage mit den Worten des § 31 des StGB.s die gesammten Momente eines Versuchs mit dem allgemeinen Charakter der vorsätzlichen Tödtung eines Menschen enthalten, und die Geschwornen mußten demgemäß nach dieser Richtung hin eine ungetrennte Beantwortung ertheilen, und es irrt der Implorant, wenn er annimmt, daß die Frage in dieser Gestalt eigentlich drei Theile umfasse. Denn jeder von den durch die NB. speziell hervorgehobenen erfüllt an sich allein, wie bereits gedacht, noch nicht den Thatbestand des Versuchs der vorsätzlichen Tödtung eines Menschen, vielmehr bilden sie denselben nur in ihrem vollen Zusammentreffen mit einander.

Antr. des GStA.s: gleichl. [20. — 4.]

Verstümmelung. — Fragstellung. — Verlust des Gehörs.

1. Der Begriff der „Verstümmelung" im Sinne des § 193 StGB. ist nicht rein thatsächlich; wird derselbe streitig, so ist er in der den Geschwornen vorzulegenden Frage durch die genaue Angabe der thatsächlichen Umstände des Einzelfalles zu ersetzen.

StGB § 193 [n. 3]. Vgl RbOTr. 5 S. 330

2. Der gänzliche Verlust des Gehörs auf einem Ohre stellt eine „Verstümmelung" dar.

StGB. § 193 [dort einzutr. als n. 6a]. Sic: Beschl. (I 228 B.) 13. Sept. 1865 c Pasewald.

Erk. (S. I.) v. 6. Sept. 1865 c. Schmoldt (911 I. Cr.).

Schm. war unter der Anklage der schweren Körperverletzung vor den Schw.-GH. gestellt worden, weil er „— dem ꝛc B. vorsätzlich eine Körperverletzung zugefügt habe, durch welche derselbe des Gehörs auf einem Ohre beraubt worden sei." Bei der Hauptverhandlung ward darüber gestritten, ob der Verlust des Gehörs auf einem Ohre eine „Verstümmelung" sei. In Folge eines von dem Vertheidiger gegen die vorgeschlagene Fragstellung erhobenen Widerspruchs beschloß der GH. die Frage dahin zu fassen, ob Schm. schuldig sei „— — dem ꝛc. B. vorsätzlich eine Körperverletzung zugefügt zu haben, durch welche derselbe des Gehörs auf dem linken Ohre beraubt und dadurch verstümmelt worden sei." Die Geschwornen bejahten diese Frage mit dem Zusatze: „es sei nicht erwiesen, daß durch den Verlust des Gehörs auf dem linken Ohre eine Verstümmelung durch Schm. herbeigeführt sei." Außerdem bejahten dieselben eine Eventualfrage, durch welche der Thatbestand einer erheblichen Körperverletzung festgestellt ward. Demgemäß verhängte der GH. die Strafe aus § 192a, indem er ausführte, daß die Frage, ob in einem konkreten Falle eine Verstümmelung anzunehmen, rein thatsächlicher Natur und daher den Geschwornen zu unterbreiten sei. — Auf die NB. des StA.s ist dieses Erkenntniß vernichtet und Schm. wegen „schwerer Körperverletzung" aus § 193 StGB. bestraft worden. Gründe:

Die Frage, „ob in einem gegebenen Falle eine Verstümmelung im Sinne des allegirten Strafgesetzes vorliege", ist nicht rein thatsächlicher Natur, wie das angefochtene Erkenntniß angenommen hat. Nur das ist richtig, daß der

Begriff der „Verstümmelung“ auf thatsächlichen Unterlagen beruht, und daß diese letzteren von den Geschwornen zu beantworten sind. Ob aus ihnen aber der in Rede stehende Begriff hergeleitet werden kann, gehört zur rechtlichen Beurtheilung. Der Schw.-GH. hat daher in dem vorliegenden Fall rechtlich geirrt, wenn er sich der Prüfung entzogen, „ob in Gemäßheit der festgestellten Umstände eine Verstümmelung anzunehmen sei.“ Dem stand auch nicht der Umstand entgegen, daß die Geschwornen in ihrem Verdikte den hierauf bezüglichen Zusatz zu Gunsten des Angeklagten verneint hatten. Denn da es im Verlaufe der Schwurgerichts-Verhandlung streitig geworden war, ob eine Verstümmelung vorliege, so hätte nach Art. 82 des Ges.s v. 3. Mai 1852 die Aufnahme dieses Rechtsbegriffes in die Frage vermieden, und statt dessen die Spezialisirung der bezüglichen Thatumstände allein veranlaßt werden sollen. Dem entgegen enthält dieselbe Beides, was indeß nur die Folge hat, daß der ungehörig mit aufgenommene Zusatz als wegfallend resp. überflüssig zu betrachten ist. Demgemäß unterliegt das angefochtene Schwurgerichts-Erkenntniß nach Art. 107 cit. der Vernichtung. In der Sache selbst konnte auf Grund der Verdikte ad 1 und 2 der Angeklagte nach den §§ 193. 196 des StGB.s verurtheilt werden.

Denn das Plenar-Erkenntniß des Kgl. OTr.s v. 26. Sept. 1860 c. Hollenhorst, (G.A. 8. S. 673) hat des Näheren ausgeführt, daß der in dem § 193 l. c. gebrauchte Ausdruck: „Verstümmelung“ nicht in dem engern Sinne des gänzlichen Verlustes eines äußerlichen Körpertheiles aufzufassen sei, sondern daß die Beantwortung der diesfälligen Frage von der Wichtigkeit der Funktion, welche das verletzte Glied in dem ganzen körperlichen Organismus leistet, abhängig sei, daß daher der verletzte Körpertheil in dem Grade in Betracht komme, als dessen Gebrauch für die Gesundheit und Thätigkeit eines Menschen in's Gewicht falle. Demgemäß ist es nicht bedenklich, in dem vorliegenden Falle anzunehmen, daß der durch das Verdikt der Geschwornen festgestellte Verlust des Gehörs auf einem Ohre als eine Verstümmelung im Sinne des § 193 l. c. anzusehen ist, da hierdurch jedenfalls die Kraft eines erheblichen körperlichen Organs eines Menschen wesentlich vermindert, ja zum Theil gänzlich vernichtet ist.

Antr. des OStA.s: gleichl. [20.—4.]

Mäkler. — Kaufmann. — Konzession.

Ein Kaufmann, welcher gewerbsmäßig, aber ohne Annahme des amtlichen Charakters eines Handelsmäklers, die Vermittlung oder Abschließung von Handelsgeschäften für andere Personen betreibt, bedarf dazu nicht der polizeilichen Konzession oder Erlaubniß.

Gew.-Ordn. v. 17. Jan. 1845 §§ 51. 49. — D. HGB. Artt. 66. 272 Nr. 4; Einf.-Ges. v. 24 Juni 1861 Art. 9 § 2.

Erk. (Z. II.) v. 7. Sept. 1865 c. Koch & Welsch (160. II. Cr)

Die Kaufleute K. und W. hatten in mehreren Fällen „gegen usancemäßige Provision Getreidekaufgeschäfte zwischen Gutsbesitzern einer- und Kaufleuten andererseits vermittelt, ohne als Mäkler konzessionirt zu sein", und waren deshalb in 1. Instanz wegen Zuwiderhandlung gegen die §§ 51. 177 der Gew.-Ordn. bestraft, in 2. Instanz aber deshalb freigesprochen worden, weil nach Art. 9 § 2 des Einf.-Ges.s v. 24. Juni 1861 den Handelsmäklern ein ausschließliches Recht zur Vermittlung von Handelsgeschäften nicht zustehe und alle entgegenstehenden Gesetze ꝛc. aufgehoben seien, auch nach Art. 272 Nr. 4 des HGB.s eine solche Vermittlung ein Handelsgeschäft darstelle, zu dessen Betrieb K und W. als Kaufleute das Recht gehabt hätten. — Die NB. des OStA.s rügte Verletzung des § 49 der Gew.-Ordn. (Ges v 22. Juni 1861), sowie der Artt. 11. 272 Nr 4 des HGB s und des Art. 9 § 2 des Einf.-Ges.s: die Handlung der Angeklagten falle unter den Begriff der „gewerbsmäßigen Vermittlung von Geschäften für Andere", für welche § 49 der Gew.-Ordn in der Fassung des Ges s v 22. Juni 1861 eine polizeiliche Erlaubniß erheische; diese Bestimmung sei durch den Art. 9 § 2 des cit. Einf.-Ges s nicht aufgehoben; er besage nur, daß den Handelsmäklern kein ausschließliches Recht zur Vermittlung von Handelsgeschäften zustehe, nicht aber, daß auch die für jedes Vermittlungsgewerbe erforderliche polizeiliche Erlaubniß in Wegfall gerathen sei. — Das OTr hat die NB. zurückgewiesen. Gründe:

Die Angeklagten sind Kaufleute, mithin nach HGB. Art. 4 Personen, welche gewerbemäßig Handelsgeschäfte betreiben. Sie sind zur Gewerbesteuer veranlagt, müssen daher das Handelsgewerbe auch bei der Orts-Kommunal-Behörde angemeldet gehabt haben. — Ein Mehreres, namentlich eine polizeiliche Erlaubniß bedurften sie zum Betriebe dieses Gewerbes nicht. Was aber von dem Ganzen, dem Handelsgewerbe, gilt, gilt auch von einem Theile dieses Ganzen. Als Handelsgeschäfte, und daher als Theil des Handelsgewerbes eines Kaufmanns sind aber nicht nur alle einzelnen Geschäfte eines Kaufmanns, welche zum Betriebe seines Handelsgewerbes gehören, anzusehen (HGB. Art. 273 Abs. 1), sondern es sind insbesondere auch, wenn sie gewerbemäßig, jedoch ohne Beanspruchung des amtlichen Charakters der Handelsmäkler — also ohne die Vorrechte der amtlich bestellten Handelsmäkler zu prätendiren, und ohne die Pflichten der letzteren (HGB. Artt. 66. 69ff. 84 Abs. 4) zu übernehmen — betrieben werden, die der Vermittlung oder Abschließung von Handelsgeschäften für andere Personen, und zwar auch alsdann, wenn sie zwar einzeln, jedoch von einem Kaufmann im Betriebe seines gewöhnlich auf andere Geschäfte gerichteten Handelsgewerbes gemacht werden, wie dies die Bestimmung des HGB.s Art. 272 Nr. 4 und der Schlußsatz des Art. 272 ergeben. Das Rechtsverhältniß, welches aus den Berufsgeschäften des Handelsmäklers zwischen diesen und den Parteien entsteht, gehört zwar zu den Handelssachen (Einf.-Ges. v. 24. Juni 1861 Art. 2 Nr. 6, Art. 47 Nr. 3); allein Handelsgeschäfte, deren Begriff ein engerer, als der der Handelssachen ist, sind die amtlichen Geschäfte der Handelsmäkler nicht, — welche letzteren in ihrem amtlichen Berufe, bezüglich auf den ihnen zukommenden öffentlichen Glauben (HGB. Art. 77), als öffentliche Personen erscheinen, denen aber nach der zusätzlich zu Art. 84 l. c. in dem Art. 9 § 2 des Einf.-Ges.s mit Aufhebung aller Gesetze oder Verordnungen, durch welche denselben ein solches Recht beigelegt war, getroffenen Bestimmung ein ausschließliches Recht zur Vermittelung von Handelsgeschäften nicht zusteht.

Daß nun die Angeklagten bei den von denselben betriebenen Vermittelungen von Handelsgeschäften jenen amtlichen Charakter von Handelsmäklern beansprucht hätten, ist nicht festgestellt; dies hatte auch die Anklage nicht behauptet. Mit Recht hat deshalb der Rekursrichter die Folgerung, welche der erste Richter aus dem von diesem für erwiesen erachteten und zuvor angegebenen Sachverhalte gezogen und als schließliche Feststellung dahin aufgestellt hatte: „daß die Angeklagten das Gewerbe des Handelsmäklers betrieben hätten," für rechtsirrthümlich erachtet und deshalb nicht aufrecht erhalten. Es beruht ebenso auf unrichtiger Gesetzesauffassung, wenn in der Beschwerdeschrift die Begriffe von „Vermittelungs-Geschäften" mit „Mäkler-Geschäften", sowie von „Geschäftsvermittlern" mit „Mäklern" identifizirt worden sind, wie dies dadurch geschehen ist, daß jenen ersteren Bezeichnungen die letzteren in Parenthese beigefügt worden sind.

Die Bestimmung der Gew.-Ordn. v. 17. Jan. 1845 § 49, in welcher zu den Gewerbetreibenden, die zur polizeilichen Zulässigkeit ihres Gewerbebetriebes (§ 15) deshalb, weil durch ungeschickten Betrieb oder durch Unzuverlässigkeit des Gewerbetreibenden in sittlicher Hinsicht das Gemeinwohl oder die Erreichung allgemeiner polizeilicher Zwecke gefährdet werden kann (§ 26 Nr. 2), einer besonderen polizeilichen Genehmigung (Erlaubniß) bedürfen sollten, auch diejenigen gerechnet wurden, welche aus der Vermittelung von Geschäften oder Uebernahme von Aufträgen ein Gewerbe machen, — welche Bestimmung aber auch durch das Ges. v. 22. Juni 1861 in Bezug auf bestimmte Arten solcher Vermittelungs- und Auftrags-Geschäfte, namentlich der Agenten für Versicherungs-Anstalten, Abänderungen erlitten hat, — hatte keinen Bezug auf Mäkler (für kaufmännische Geschäfte): ALR. II, 8. §§ 1305. 1311; Rh. HGB. Artt. 74. 76. 78). Daß die Geschäfte dieser Mäkler nur von denjenigen Personen betrieben werden dürften, welche als solche von den verfassungsmäßig befugten Staats- oder Kommunalbehörden oder Korporationen angestellt oder konzessionirt sind, bestimmte der § 51 der Gew.-Ordn. Das Mäkler-Institut aber hat durch das HGB. und das Einf.-Ges. v. 24. Juni 1861 eine wesentliche Umbildung erlitten. Während nach den Bestimmungen des ALR.s II, 8. § 1311 und des Rh. HGB.s Art. 76 ff. die Handelsmäkler zur Vermittelung von Handelsgeschäften — im landrechtlichen Gebiete wenigstens sofern beide kontrahirende Parteien Kaufleute waren, — ausschließlich befugt und die Einmischung unberufener Personen in den ihnen vorbehaltenen Geschäftskreis mit Strafe bedroht, der Kaufmann als solcher nicht befugt war, kaufmännische Geschäfte zu vermitteln und er, falls er solche Geschäfte gewerbsweise zwischen Kaufleuten vermittelte, in die durch § 177 der Gew.-Ordn. bestimmte Strafe verfiel (vgl. Min.-Verf. v. 4. Okt. 1847, V.-MBl. S. 263; Motive z. Einf.-Ges. v. 24. Juni 1861 Art. 9 § 2), steht den Handelsmäklern ein Exklusivrecht zur Vermittelung von Handelsgeschäften nicht mehr zu. Zu den gewerblichen Befugnissen des Kaufmanns als solchen gehört, als ein Handelsgeschäft, jetzt auch die gewerbemäßig betriebene oder von ihm im Betriebe seines Handelsgewerbes gemachte Vermittelung oder Abschließung von Handelsgeschäften für andere Personen; und auch das Verfahren Hinsichts der Anstellung der Handelsmäkler ist anderweit geregelt worden (Einf.-Ges. cit. Art. 9 § 1; HGB. Art. 84).

Nach den Grundsätzen: daß das ältere Gesetz dem neueren weicht, — daß das spezielle Gesetz dem allgemeinen vorgeht, und daß mit der Aufhebung resp. mit der wesentlichen Umbildung eines Rechtsinstituts auch die einzelnen Gesetze, welche dieses Institut oder resp. seine bisherige Wesenheit voraussetzen, fallen, — haben auch die Bestimmungen, welche die Beeinträchtigungen jenes Exklusivrechts durch Einmischung unberufener Personen in den Geschäftskreis, welcher den Handelsmäklern vorbehalten war, mit Strafe bedroheten, — die Strafbestimmungen gegen Pfuschmäkler, Winkelmäkler, Bönhasen, — ihre Geltung verloren.

Allerdings sind nämlich, — wie solches in den den Art. 60 des cit. Einf.-Ges.s betreffenden Motiven und Landtags-Verhandlungen auseinandergesetzt wurde, — durch das HGB. und durch das Einf.-Ges. zu demselben im Gegensatze zu dem Privathandelsrechte, allgemeinere gewerbliche Verhältnisse regelnde, auf das öffentliche Recht Bezug habende, polizeiliche und strafrechtliche Vorschriften besonderer Gesetze nicht aufgehoben, sofern nicht hinsichtlich einzelner Punkte eine den letzteren derogirende Bestimmung darin getroffen ist. Allein dieser letzteren Art sind die das Mäkler-Institut wesentlich umbildenten und die gewerblichen Befugnisse der Kaufleute als solcher anderweit regelnden, nämlich die das Exklusivrecht der Handelsmäkler aufhebenden Bestimmungen, sowie die Bestimmungen, nach welchen zu dem Handelsgewerbe eines Kaufmanns als Handelsgeschäft auch die gewerbsmäßige und die im Betriebe des Handelsgewerbes eines Kaufmanns erfolgende Vermittelung oder Abschließung von Handelsgeschäften für andere Personen gehört, die amtlichen Geschäfte der Handelsmäkler aber keine Handelsgeschäfte sind. Es würde keinen Sinn haben, wenn der Kaufmann, der zum Betriebe seines Handelsgewerbes keine polizeiliche Erlaubniß bedarf, verpflichtet sein sollte, zuvor solche Erlaubniß nachzusuchen, um Vermittelungsgeschäfte zu betreiben, zu welchen als einem Theile seines Handelsgewerbes ihn schon in seiner Eigenschaft als Kaufmann das Gesetz ermächtigt, und wenn er durch Betreibung solcher Vermittelungsgeschäfte ohne vorgängige Nachsuchung und Ertheilung solcher Erlaubniß sich strafbar machen sollte.

Wenn am Schlusse des von „Kaufleuten" handelnden Tit. 1 des ersten Buchs des HGB.s der Art. 11 bestimmt:

„Durch die Landesgesetze, welche in gewerbepolizeilicher oder gewerbesteuerlicher Beziehung Erfordernisse zur Begründung der Eigenschaft eines Kaufmanns oder besonderer Klassen von Kauf-

Inhalt.

Seite

Die Rechtsprechung

des

Königlichen Ober-Tribunals

in

Straf-Sachen

herausgegeben

von

F. C. Oppenhoff,
Ober-Staats-Anwalt beim Königl. Ober-Tribunal.

Sechsten Bandes viertes Heft.

Berlin, 1865.
Druck und Verlag von Georg Reimer.

Inhalt.

leuten aufstellen, wird die Anwendung der Bestimmungen dieses Gesetzbuchs nicht ausgeschlossen, ebenso werden jene Gesetze durch dieses Gesetzbuch nicht berührt;"

so ist durch diese letztere Bestimmung eben nur ausgesprochen, daß durch das HGB. die Landesgesetze nicht berührt werden, — also ungeachtet der Bestimmungen des HGBs die Landesgesetze in Kraft bleiben, — welche in gewerbepolizeilicher oder gewerbesteuerlicher Beziehung Erfordernisse zur Begründung der Eigenschaft eines Kaufmanns 2c. aufstellen, und daß die Verpflichtungen, welche nach den Landesgesetzen der Kaufmann als solcher in gewerbepolizeilicher oder gewerbesteuerlicher Beziehung zu erfüllen hat, durch das HGB. nicht aufgehoben werden; keineswegs aber ist dadurch bestimmt, daß gewerbepolizeiliche Vorschriften, nach welchen ein Kaufmann als solcher nicht befugt war, Handelsgeschäfte namentlich zwischen Kaufleuten zu vermitteln, und er durch gewerbsweise Vermittelung solcher Geschäfte namentlich zwischen Kaufleuten des (unbefugten) Betriebes des Mäklergewerbes sich schuldig machte, in Kraft geblieben seien. Der Kaufmann, der jetzt Handelsgeschäfte vermittelt, — ohne dabei den amtlichen Charakter eines Handelsmäklers, als öffentlicher Person zu prätendiren, ohne die den Handelsmäklern, neben der mit einem Exklusivrechte nicht versehenen Befugniß zur Vermittelung von Handelsgeschäften, zustehenden Vorrechte (bezüglich des öffentlichen Glaubens ihrer Bücher und Schlußakten, der Feststellung der Börsencourse, der Abhaltung öffentlicher Versteigerungen u. s. w.) zu beanspruchen, — macht dadurch eben nur zu seinem Handelsgewerbe gehörende Handelsgeschäfte, nicht aber betreibt er das Gewerbe oder übt er das Amt (HGB. Art. 66) eines Handelsmäklers dadurch aus. Seine derartige gewerbliche Thätigkeit fällt daher auch nicht unter die Bestimmungen der Gew.-Ordn. §§ 56. 177, wie denn dies auch nicht etwa daraus folgt, daß, neben den Bestimmungen des cit. Einf.-Ges.s Art. 9 § 5 auf die amtlich bestellten Handelsmäkler, hinsichts der Vergehen derselben gegen ihre Berufspflichten, die Strafvorschriften des 10. Titels der Gew.-Ordn. und die Bestimmungen derselben über das Konzessions-Entziehungs-Verfahren (Ges. v. 22. Juni 1861 § 71 ff.) anwendbar geblieben sind (vgl. Motive zum cit. Einf.-Ges. Art. 9 § 5). [16.—3.]

Unkenntniß eines Begriffsmerkmals. — Unachtsamkeit.

Behauptet der Angeklagte, es sei ihm ein die Strafbarkeit der Handlung bedingender Umstand unbekannt gewesen, so muß das Gericht über diese Frage eine Entscheidung treffen; zur Rechtfertigung einer Bestrafung genügt es nicht, festzustellen, daß dem Angeklagten der betr. Umstand nur in Folge der eigenen Unachtsamkeit entgangen sein könne.

StGB. § 44 [n. 8. 9].

Erk. (B. II.) v. 7. Sept. 1865 c. Lichtenberg (283. II. Cr.).

L. der Mißhandlung eines Nachtwächters K. im Dienste angeklagt, hatte in 2. Instanz behauptet, daß er die Eigenschaft des Mißhandelten als eines Nachtwächters nicht gekannt habe. Das AG. beseitigte diesen Einwand mit der Erwägung. objektiv stehe fest, daß K. Nachtwächter sei; sei dieses dem Angeklagten entgangen, so könne das nur in seiner Unachtsamkeit seinen Grund haben; die Nachtwächter seien an äußerlichen Zeichen erkennbar gewesen, der Angeklagte könne es sich daher nur selbst zuschreiben, wenn ihm die Eigenschaft des K. als Nachtwächter entgangen sei. — Auf die NB. des L. ist dieses Erkenntniß vernichtet worden Gründe:

Die Ausführung des App.-Richters widerspricht der Vorschrift des § 44 des StGB.s, wonach, wenn die Strafbarkeit oder die erhöhete Strafbarkeit einer Handlung abhängig ist von besonderen Eigenschaften in der Person desjenigen, auf welchen sich die That bezog, die auf diese Eigenschaften gegründete Strafbarkeit oder erhöhete Strafbarkeit ausgeschlossen ist, wenn dieselben dem Thäter zur Zeit der That unbekannt waren. Der App.-Richter durfte es hiernach nicht auf sich beruhen lassen, ob dem Angeklagten die Eigenschaft des gemißhandelten Nachtwächters bekannt war, und sich nicht damit begnügen, daß, wenn solches nicht der Fall war, er dies seiner Unachtsamkeit zuzuschreiben habe. Er mußte vielmehr den Umstand zum Gegenstand einer besonderen Feststellung machen und konnte nur, wenn diese bejahend ausfiel, zur Anwendung des § 192 übergehen. Durch seine Behandlung der Sache hat er den § 44 des StGB.s verletzt und den § 192 unrichtig angewendet.

Antr. des GStA.s: gleichl. [29.—3.]

Amts-Unterschlagung. — Geschwornenspruch. — Abstimmung.

Bei der Unterschlagung von in amtlicher Eigenschaft empfangenen Sachen bilden die Beamtenqualität und die Erlangung der Gewahrsam in amtlicher Eigenschaft erschwerende Umstände, in Betreff welcher es einer besonderen Abstimmung der Geschwornen bedarf.

Ges. v. 3. Mai 1852 Art. 91 [n. 14—19]. Vgl. oben S. 280.

Erk. (V. I.) v. 8. Sept. 1865 c. Hentig (973. I. Cr.).

H. war aus den §§ 324. 325 StGB. bestraft worden, weil er nach dem Geschwornenspruche „— — dem Kgl. Postfiskus gehörige Gelder, deren Gewahrsam er in amtlicher Eigenschaft und mit der Verpflichtung erlangt hatte, sie zu verwahren und abzuliefern, zum Nachtheil des Eigenthümers verbraucht hatte." Seine NB. rügte, daß der Geschwornenspruch nicht das Ergebniß der besonderen Abstimmung über den (den Thatbestand der einfachen Unterschlagung erschwerenden) Umstand, daß er die Gewahrsam der betr. Gelder in amtlicher Eigenschaft ꝛc. erlangt habe — erkennen lasse. Es erfolgte Vernichtung. Gründe:

Die wesentliche Vorschrift des Art. 91 l. c. ist im vorliegenden Falle verletzt worden, da die Geschwornen die beiden ihnen vorgelegten Fragen nur ganz allgemein mit mehr als 7 Stimmen bejaht haben, obwohl die Fragen den die dem Angeklagten zur Last gelegten Unterschlagungen nach § 324 des StGB.s schwerer qualifizirenden begleitenden Umstand enthielten, daß der Angeklagte als Beamter gehandelt, und daß die unterschlagenen Gelder in amtlicher

Eigenschaft in seine Gewahrsam gelangt waren. Vgl. die in Oppenhoff's Strafverfahren zum Art. 91 in den Noten 14 und 15 allegirten Entscheidungen des Ober-Tribunals.

Antr. des GStA.s: gleichl. [18 — 3.]

Konkurrenz, reale. — Geldbuße. — Kumulation.

Sind mehrere in realer Konkurrenz begangene Vergehen wegen obwaltender mildernder Umstände nur mit Geldbußen zu bestrafen, so muß nothwendig die Gesammtsumme aller dieser Geldbußen verhängt werden.

StGB. § 56 [n. 27].

Erk. (S. I.) v. 8. Sept. 1865 c. Müller (678. I. Cr.)

Nach der instanzrichterlichen Feststellung hatte sich M. wiederholt durch verschiedene selbstständige Handlungen der Beleidigung öffentlicher Beamten in Beziehung auf ihren Beruf schuldig gemacht. Gleichzeitig ward aber in Beziehung auf alle Fälle das Vorhandensein mildernder Umstände festgestellt und demzufolge für alle drei Fälle nur eine Geldbuße von 10 Thlrn verhängt. Das AG. erkannte dabei an, daß zwar im Allgemeinen Abs. 2 des § 56 StGB. auf Geldbußen keine Anwendung finde, führte aber aus, daß hier, wo auf Geldbuße nur wegen des Vorhandenseins mildernder Umstände erkannt worden, das Kumulationsprinzip des Abs.s 1 a. a. O ausgeschlossen bleiben müsse, weil ohne jene mildernden Umstände unbedenklich auf das geringste Maaß der Freiheitsstrafe hätte erkannt werden können, durch die Annahme solcher Umstände aber der Angeklagte nicht in eine schlimmere Lage kommen dürfe. — Auf die NB. des OStA.s ist dieses Erkenntniß vernichtet, und M zu einer Geldbuße von 30 Thlrn. verurtheilt worden. Gründe:

Es ist die Bestimmung des § 56 StGB. verletzt, welcher die Regel aufstellt, daß gegen denjenigen, welcher durch verschiedene selbstständige Handlungen mehrere Verbrechen oder Vergehen begangen hat, auf sämmtliche dadurch begründete Strafen vereinigt zu erkennen ist, und in dem durch das Ges. v. 9. März 1853 zugefügten zweiten Absatz nur, soweit es sich um Freiheitsstrafen handelt, eine Herabsetzung der Strafe bis auf das Maaß der durch das schwerste Verbrechen oder Vergehen verwirkten Strafe gestattet, es also in Betreff der Geldstrafen, welche im § 18 a. a. O. überhaupt für gelindere Strafen als Freiheitsstrafen erachtet werden, bei der gedachten Regel beläßt. Die hierauf sich beziehende Appellations-Beschwerde des Staatsanwalts war daher begründet, und hätte der App.-Richter, welcher die thatsächliche Feststellung des ersten Richters zum Grunde legt und anerkennt, daß drei verschiedene selbstständige Vergehen vorliegen, das Strafmaaß mindestens bis auf das dreifache Strafminimum erhöhen müssen; seine Ausführung, daß der Grundsatz des § 56 in den Fällen des § 102 Abs. 3 a. a. O. ausgeschlossen sei, ist schon deshalb unbegründet, weil § 56 zu den allgemeinen Bestimmungen des StGB.s gehört; sie läßt sich aber auch darauf nicht stützen, daß § 102 Abs. 3 für den Fall, daß mildernde Umstände vorhanden sind, das Strafminimum „in allen Fällen" auf 10 Thlr. Geldbuße festsetzt, da die Fälle, auf welche sich diese Bestimmung bezieht, augenscheinlich nur die in den § 102 selbst aufgenommenen verschiedenen Fälle sind.

Antr. des GStA.s: gleichl. [47.—3.]

Rechtskraft, relative. — Restitution.

Ein im Wege der Restitution aufgehobenes Erkenntniß kommt bei der demnächstigen erneuerten Aburtheilung dem Angeklagten nur in so fern zu Statten, als derselbe nicht zu einer höhern Strafe als früher verurtheilt werden kann; dagegen ist es statthaft, die That anders als früher zu qualifiziren.

Vdn. v. 3. Jan. 1849 § 155 [n. 7. 10]; vgl. Strafverf. Abschn. IV. (S. 465) n. 68.

Erk. (Z. I) v. 8. Sept. 1865 c. Schach (Wacke & Gen. 914. I. Cr).

W. war wegen Straßenraubs und Sch. wegen Theilnahme an diesem Verbrechen bestraft, demnächst aber gegen das betr. Erkenntniß restituirt worden. Bei der erneuerten schwurgerichtlichen Verhandlung ward W. von den Geschwornen des Straßenraubs „nicht schuldig" befunden; ebenso verneinten die Geschwornen in Betreff des Sch. die in Beziehung auf die Theilnahme am Straßenraub gestellte Frage, bejahten dagegen eine jetzt zum ersten Male gestellte Hauptfrage ob Sch. den Straßenraub selbst als Thäter verübt habe. Die NB. des Sch., welche die Stellung dieser Eventualfrage als unstatthaft darzustellen suchte, ward zurückgewiesen. Gründe:

Mit Recht sind die §§ 230 und 232 Nr. 3 des StGB.s gegen den Imploranten zur Anwendung gebracht, worin es auch nichts ändert, daß Implorant in dem früheren im Wege der Restitution aufgehobenen Erkenntniß v. ꝛc. nicht gleichfalls schon als Thäter, sondern nur als Theilnehmer bestraft war, indem jene frühere Entscheidung ihm nur noch in so fern zu Statten kam, daß er jetzt nicht mehr zu einer härteren Strafe als früher verurtheilt werden konnte, was auch nicht geschehen ist.

Antr. des GStA.s: gleichl. 18. — 3.]

---

1. Voruntersuchung. — Nachträgliche Ermitteungen.
2. Urkunde. — Unterkreuzung.

1. Der Schw.-GH. kann nach der definitiven Versetzung in den Anklagestand nachträgliche Ermittelungen durch den Untersuchungsrichter anordnen. Es bedarf dann zu den letzteren der Zuziehung des Angeklagten nicht. Ebensowenig wird durch dieselben die Erneuerung des Anklagebeschlusses nothwendig.

Vdn. v. 3. Jan. 1849 §§ 1 [n. 12 ff.] 77 [n. 3]. 78 [n. 14]. Vgl. RbOTr. 1. S. 62; 6. S. 189.

2. Eine den Abschluß eines Kaufgeschäfts und die Zahlung des Kaufpreises bekundende unterkreuzte, mit der Bescheinigung eines Zeugen versehene Schrift ist eine „Urkunde".

StGB. § 247 [n. 87]. Vgl. RbOTr. 2 S. 287; 3. S. 446, 5. S. 89.

Erk. (Z. I.) v. 8. Sept. 1865 c. Sowinski (756. I. Cr.).

S. war wegen mehrerer Urkundenfälschungen vor den Schw.-GH. gestellt worden. Dieser vertagte indessen die Verhandlung und ordnete zunächst die „Ergänzung der Voruntersuchung" durch Vernehmung von 3 Sachverständigen an. Nach Erledigung dieses Beschlusses ward zur abermaligen schwurgerichtlichen Verhandlung ohne vorgängige Erneuerung des Anklaebeschlusses geschritten. Die Geschwornen erklärten den Angeklagtern schuldig „5 Schriftstücke dahin lautend:

Ich (Namen) verkaufe 2 Schock Stroh à 4 Thlr. 10 Sgr. wofür ich vom zc. S 8 Thlr. 20 Sgr erhalten habe.

(Datum.) † † †

(Namensschrift.)

p. S., Lehrer,

indem er sich zur Bescheinigung der unter allen diesen Schriftstücken befindlicher Kreuze des ohne böse Absicht handelnden Lehrers S. als Werkzeug bediente, — fälschlich angefertigt und zum Zweck der Täuschung Gebrauch gemacht zu haben;" — worauf der SH. die Strafe aus §§ 247. 250 StGB. verhängte. —

Die NB des S. rügte:

1) Verletzung der §§ 76—78 der Vdn. v. 3. Jan. 1849: nach diesen werde die Voruntersuchung durch den Anklagebeschluß beendigt; indem der Schw.-GH. die Wiedereröffnung der Voruntersuchung anordnete, habe er auch die Wiederholung des Anklagebeschlusses nothwendig gemacht; es sei mit Unrecht bloß auf Grund des ersten Anklagebeschlusses zur schwurgerichtlichen Verhandlung geschritten worden;

2) Verletzung des Strafgesetzes durch die Annahme, daß die betr. Schriftstücke Urkunden seien.

Die GStA.-schaft erachtete den zweiten Beschwerdepunkt für begründet; nur ein unterzeichnetes Schriftstück könne als „Urkunde" gelten; die Unterschrift könne zwar nach §§ 93, 94 I, 16 ALR. bei Quittungen der Analphabeten durch Kreuzzeichen zc. ersetzt werden; es sei dann aber unerläßlich (§ 95 ibid.), daß die Zeugen bei ihrer Unterschrift attestirten, daß der Zahlungsnehmer die Zeichen in ihrer Gegenwart beigefügt habe; diesem Erfordernisse sei hier nicht genügt, die zugefügten Kreuzzeichen sonach nicht beglaubigt und eben deshalb auch die Schriftstücke für den Beweis unerheblich, vielmehr hätte der Nachweis der wirklich erfolgten Zahlung nur durch Vernehmung des betr. Zeugen als solchen geführt werden können. —

Das OTr. hat die NB. zurückgewiesen. Gründe:

Die Befugniß des Schw.-GH.s, die Hauptverhandlung abzubrechen und noch durch den Untersuchungsrichter Ermittelungen an Ort und Stelle vornehmen zu lassen, kann nach der Natur und dem Zwecke des Verfahrens in Strafsachen nicht in Zweifel gezogen werden, und es läßt sich namentlich aus den als verletzt bezeichneten §§ 76—78 der Vdn. v. 3. Jan. 1849 weder die Unzulässigkeit einer solchen Anordnung noch eventuell die Nothwendigkeit herleiten, nach

Beendigung der angeordneten Ermittelungen einen neuen Beschluß über Versetzung des Angeklagten in den Anklagestand herbeizuführen. Darin aber, daß diese Ermittelungen ohne Zuziehung des Angeklagten oder seines Vertheidigers — des Antrages des Letzteren ohngeachtet — stattgefunden haben, kann eine Verletzung des im § 14 a. a. O. aufgestellten Grundsatzes deshalb nicht gefunden werden, weil die bei diesen Ermittelungen vernommenen Sachverständigen resp. Zeugen demnächst in dem erneuerten Hauptverfahren in Gegenwart des Angeklagten und seines Vertheidigers vernommen sind, und Letztere hierdurch Gelegenheiten erhielten, Alles vorzubringen, was sie zur Vertheidigung für nöthig hielten.

Auch die Beschwerde über unrichtige Anwendung eines Gesetzes und Rechtsgrundsatzes, welche sich auf die Behauptung stützt, daß die in der Frage zu 1. unter 6. bis 7. aufgeführten Schriftstücke nicht für Urkunden im Sinne des § 247 des StGB.s zu erachten seien, ist unbegründet. Der Gerichtshof hat diese Schriftstücke, welche den Verkauf einer bestimmten Quantität Stroh Seitens des Ausstellers, den verabredeten Kaufpreis und den Empfang des Kaufpreises ausdrücken, und sämmtlich den Angeklagten als Käufer oder doch Zahler des Kaufpreises nennen — mit Recht als zum Beweise von Rechtsverhältnissen von Erheblichkeit erachtet, und dies genügt zur Anwendung des § 247 des StGB.s, so daß es auf eine Erörterung darüber, ob diese Schriftstücke an sich den vollständigen Beweis eines Rechtsgeschäfts zu führen geeignet sind, nicht mehr ankommen kann. Die Behauptung des Imploranten aber, daß diesen Schriftstücken jede Beweiskraft deshalb abgehe, weil sie unter den Kreuzen, mit denen sie unterzeichnet sind, und dem beigefügten Namen des resp. Verkäufers die Worte: „per S. Lehrer" enthalten, und dies ausdrücke, daß der rc. S. selbst die Kreuze gezeichnet habe — ist durch den Spruch der Geschwornen widerlegt, welche festgestellt haben, daß der rc. S. — und zwar ohne böse Absicht, indem er dem Angeklagten als

Werkzeug diente — die vom Angeklagten gefertigten Kreuze nur bescheinigt hat. [47. — 3.]

Zuchthaussträfling. — Vormund. — Ehescheidung.

Dem Zuchthaussträfling ist nur die eigene Vermögensverwaltung entzogen, dagegen behält er in persönlichen Angelegenheiten die Dispositionsfähigkeit. Die in einem Ehescheidungsprozesse erforderlichen Zustellungen müssen daher auch an ihn persönlich erfolgen, es genügt nicht, wenn sie nur an seinen Vormund bewirkt werden.

StGB. § 11 [n. 3]. Sic: Erk. I. Civ.-Sen. 9. Mai 1864 Ruschenpöhler c. Ruschenpöhler, Strieth. Arch. 54. S. 180. Es ist aber auch Zuziehung des Vormundes zum Prozesse nothwendig: Erk. (I. Civ.-Sen. 2094) 22. Nov. 1861 Kratzenberg c Kratzenberg.

Erk. (I. Civ.-Sen.) v. 11. Sept. 1865 Gronert c. Gronert (3570. I. C.-S. v. 1864).

Die Ehefrau Gr. hatte gegen ihren wegen Raubes zu achtjähriger Zuchthausstrafe verurtheilten Ehemann auf Ehescheidung geklagt und in 2. Inst. ein obsiegliches Urtheil erwirkt. Dieses ward am 18. Febr dem Vormunde des Gr. insinuirt, während Gr. selbst erst am 15. Aug. Kenntniß davon erlangte, worauf er am 2. resp. 16. Sept. seine Unzufriedenheit mit demselben zu erkennen gab. Das OTr. erachtete die Frist zur Einlegung der Revision für gewahrt, weil die Insinuation an den Vormund allein nicht genügt habe, den Lauf derselben zu begründen. Gründe

Durch § 1 der Vdn. v. 5. Mai 1838 ist die Vorschrift des § 37 der Vdn. v. 1. Juni 1833, wonach die Erkenntniß-Ausfertigungen den Parteien selbst und nicht bloß den Mandatarien insinuirt werden sollen, auf alle Civilprozesse ausgedehnt. Nach § 4 der Vdn. v. 5. Mai 1838 soll aber die Insinuation an den Stellvertreter einer Partei genügen: „wenn der Stellvertreter die Gerechtsame einer Partei vermöge einer gesetzlichen Vorschrift wahrzunehmen hat, als fiskalische Behörde, Magistrat, Vormund, Kurator, Vorsteher u. s. w." — Zur Zeit der Emanation der Vdn. v. 5. Mai 1838 war von einer Bevormundung zur Zuchthausstrafe verurtheilter Personen während der Strafzeit, welche erst durch § 11 des StGB.s eingeführt ist, noch nicht die Rede, und der in der Vdn. v. 5. Mai 1838 gebrauchte Ausdruck „Vormund" kann daher nur in dem landrechtlichen Sinne aufgefaßt werden, demzufolge (§ 3 II, 18. ALR.) diejenigen, welchen der Staat die Sorge für seine Pflegebefohlenen in Ansehung aller ihrer Angelegenheiten aufgetragen hat, Vormünder genannt werden. In diesem Umfange werden aber den zu Zuchthausstrafe verurtheilten Personen Vormünder nicht bestellt, vielmehr durch § 11 cit. dem Vormunde eines Zuchthaussträflings die Sorge für seinen Pflegebefohlenen nicht in Ansehung aller seiner Angelegenheiten, sondern nur in Ansehung der Vermögens-Verwaltung aufgetragen, während dem Sträfling rücksichtlich seiner persönlichen Angelegenheiten die ihm zustehende Dispositionsfähigkeit nicht genommen ist. Ein solcher Sträfling kann deshalb auch nicht einem Minderjährigen ganz gleichgeachtet werden. Da es sich nun in einem Ehescheidungsprozesse hauptsächlich um persönliche Interessen und nur nebenher um Vermögensangelegenheiten handelt, so kann der Vormund eines Zuchthaussträflings auch nicht als Stellvertreter des Sträflings im Sinne des § 4 der Vdn. v. 5. Mai 1838 angesehen werden, weil er dem Sträfling nicht für dessen persönliche Angelegenheiten, sondern nur zur Verwaltung des Vermögens zum Vormunde bestellt ist.

Mag daher die Insinuation des Erkenntnisses an den Vormund allein in solchen Angelegenheiten genügen, wo es sich lediglich um das Vermögen des Zuchthaussträflings handelt, so läßt sich ein Gleiches doch nicht in einem Ehescheidungsprozesse annehmen, in welchem es sich um die Trennung der Ehe, also um höchst persönliche Rechte handelt, deren Entscheidung erst sekundär vermögensrechtliche Folgen nach sich zieht. [—4.]

Waarenbezeichnung. — Firma. — Wohnort.

1. Die Strafbarkeit falscher Waarenbezeichnungen ist nicht dadurch bedingt, daß Namen (Firma) und Wohnort durch zwei getrennte Bezeichnungen erkennbar gemacht sind.

StGB. § 269 [n. 8].

2. Ebensowenig ist dazu erforderlich, daß die mißbrauchte Firma eine solche sei, wie sie das Handelsrecht in gültiger Bezeichnung voraussetzt.

StGB. § 269 [n 5]; D HGB. Artt. 15. 16.

Erk. (Z. I.) v. 13. Sept. 1865 c. Haase (774. I. Cr.).

H. hatte die von ihm verkaufte Butter in der ihr gegebenen Form mit der Bezeichnung „Adlich Schakaulat" versehen. Hierin fanden die Instanzgerichte die fälschliche Bezeichnung mit der Firma und dem Wohnorte eines inländischen Produzenten, des Gutspächters S. in Adlich Schakauglak unter geringen nicht leicht wahrnehmbaren Abänderungen und bestraften aus § 269 StGB. -- Die NB. behauptete Verletzung dieses §, sowie der Artt 15 16 des D. HGB s: die der Butter gegebene Bezeichnung deute nur auf den Namen des von S. bewirthschafteten Gutes, also nur auf den Wohnort des Produzenten, nicht aber auf seinen Namen oder seine Firma; insbesondere könne jener Gutsname nach Artt. 15. 16 cit. nicht als „Firma" gelten; mit Unrecht nehme daher das AG an, daß jener Gutsname sowohl die Firma als den Wohnort des Produzenten bezeichne. Zurückweisung. Gründe:

Der App.-Richter geht bei Anwendung des § 269 von der gesetzlichen Voraussetzung aus, daß die fälschliche Bezeichnung der Waaren, wenn sie als strafbar zu betrachten, nach zwei Richtungen geschehen sein müsse, sowohl nach dem Namen oder der Firma des inländischen Produzenten als nach dem Wohnorte desselben oder dem Fabrikorte. Ob beiden Bedingungen in einem einzelnen Falle genügt sei, kann von thatsächlicher Beurtheilung abhängen, wie dieses in vorliegender Sache stattfindet, da über das, was unter Namen oder Firma und unter Wohn- oder Fabrikort zu verstehen sei, hier kein Bedenken obwaltet. Der § 269 schreibt nun nicht vor, daß Name und Wohnort durch zwei getrennte Bezeichnungen erkennbar gemacht werden müssen, sondern überläßt dieses den konkreten Umständen. es ist daher nur erforderlich, daß beide vollständig bezeichnet werden, und dieses geht hier aus der thatsächlichen Beurtheilung des App.-Richters hervor, indem von ihm erwogen wird,

„die vom Angeklagten gewählte Waarenbezeichnung ist aber so beschaffen, daß sie gleichzeitig den Fabrikort und die Firma des Produzenten angiebt, da sie anzeigt: das Fabrikat ist Butter des Dominii Sch." —

In der Annahme der Firma des Produzenten ist auch keine Verletzung der Artt. 15 und 16 des D. HGB.s zu finden, da der § 269 des StGB.s zu seiner Anwendung nicht erfordert, daß eine Firma, wie sie das Handelsrecht in gültiger Bezeichnung voraussetzt, fälschlich gebraucht, sondern daß nur der Name oder die Firma des inländischen Produzenten, wie sie derselbe faktisch führt, fälschlich von dem Angeklagten benutzt worden sei. Will man aber aus dem technischen Ausdruck „Firma" ein Bedenken herleiten, so genügt der Name des Produzenten, und diesen hat der App.-Richter in der Bezeichnung „Adlich S." festzustellen offenbar beabsichtigt. Ob aber der angewandte Butterstempel eine solche Firma oder Namen bezeichnet, ist eine thatsächliche Frage und kann in diesem Verfahren nicht zur Prüfung kommen.

Auch erscheint unerheblich, ob die Butter stets ad gustum verkauft werde, — der § 269 macht einen solchen Unterschied nicht für seine Anwendung und entbehrt auch diese Thatsache einer Erörterung in den vorigen Instanzen.

Antr. des GStA.s: gleichl. [13.—4.]

Schlachtsteuer. — Jüdischer Schächter.

Das bloße Schächten eines Stückes Vieh ist nicht als ein „Schlachten" im Sinne der Steuergesetze anzusehen und begründet daher keine Steuerpflichtigkeit.

Mahl- u. Schl.-St.-Ges v. 30. Mai 1820 §§ 8. 13. 17. Vgl. RDTr. 2. S. 258.

Erk. (Z. I.) v. 13. Sept. 1865 c. Schlesinger (761. I. Cr.)

Das Schächten ist kein „Schlachten" im Sinne des § 8 des Ges.s v. 30. Mai 1820, sondern nur eine dem wirklichen Ausschlachten vorangehende jüdische Ritualhandlung. Sollte dagegen ein jüdischer Schächter nicht bloß das Schächten, sondern auch das wirkliche Ausschlachten — das Ausweiden, Abziehen und Zertheilen des Thiers — ohne vorangegangene Versteuerung bewirkt haben, so würde er allerdings, wie jeder Andere, der ein unversteuertes Thier in einer steuerpflichtigen Stadt schlachtet, mag er das Schlächtergewerbe treiben oder nicht, als Defraudant zu bestrafen sein. Im vorliegenden Fall ist aber nur festgestellt, daß der Angeklagte die beiden Hammel geschächtet hat.

Antr. des GStA.s: gleichl. [18. — 4.]

Ober-Tribunal. — Prüfung. — Prozeßfragen.

In Beziehung auf prozessualische Fragen ist das Ober-Tribunal auch zur Prüfung thatsächlicher Verhältnisse berufen.

Ges. v. 3. Mai 1852 Art. 107 [n. 3. 26. 27]

Erk. (Z. I.) v. 13. Sept. 1865 c. Wessolowski & Gen. (1026. I. Cr.).

Die NB. des Angeklagten rügte es, daß der Schw.-GH. einen Belastungszeugen S. vereidet habe, ohne den erhobenen Einwand, daß sich S. nicht im Besitz der Ehrenrechte befinde, zu berücksichtigen, oder den durch Bezugnahme auf die betr. Untersuchungsakten angetretenen Beweis zu erheben. Das OTr hat darauf selbst die betr. Untersuchungsakten eingesehen, danach festgestellt, daß dem S. die Ausübung der Ehrenrechte auf Zeit untersagt worden sei, daß aber die betr. Frist zur Zeit seiner Vernehmung als Zeuge bereits verstrichen gewesen, seine Vereidung also mit Recht erfolgt sei. Demgemäß ist die NB. zurückgewiesen worden, weil hiernach die Frage, ob sich der Schw.-GH. mit Recht oder mit Unrecht der Einforderung der qu. Untersuchungsakten gegen S. entzogen habe, auf sich beruhen bleibe.

Antr. des GStA.s: gleichl. [28. — 4.]

Vereidung. — Zeuge. — Konfession.

Es begründet keine Nichtigkeit, wenn ein evangelischer Zeuge nach katholischem Ritus vereidet wird.

Vdn. v. 3. Jan. 1849 § 55 [n. 19].

Erk. (Z. I.) v. 13. Sept. 1865 c. Wrönker (721. I. Cr.).

Es ist richtig, daß der Zeuge G. in der Audienz erster Instanz angegeben hat, er sei katholischer Religion, und daß daher anzunehmen ist, derselbe habe den damals abgeleisteten Zeugeneid nach katholischem Ritus abgeleistet, während er in der Audienz zweiter Instanz angegeben hat, daß er evangelischen Glaubens sei. Er hat die Richtigkeit seiner hier abgegebenen Aussage auf den in erster Instanz geleisteten Eid versichert. Wenn aber nach diesen Vermerken auch anzunehmen wäre, daß der G., obwohl evangelischen Glaubens, den Eid nach katholischem Ritus abgeleistet habe, so ist dennoch mit der NB. nicht anzunehmen, daß die Aussage überhaupt eine unbeeidete sei. Denn bereits durch die Entscheidung v. 15. Sept. 1853 c. Lang (G. A. 1. S. 697) ist ausgesprochen: daß die Eidesformeln beider Konfessionen in ihren Haupttheilen übereinstimmen, und daß daher der von einem Evangelischen nach katholischem Ritus abgeleistete Zeugeneid vollkommen Gültigkeit habe.

Antr. des GStA.s: gleichl. [15. — 4.]

Bieten. — Abhalten. — Bedingung.

1. Das Abhalten eines Andern vom Bieten bei einer Versteigerung ist auch dann strafbar, wenn es durch die bedingungsweise erfolgte Zusicherung eines Vortheils ausgeübt wird.

StGB. § 270 [dort einzutr. als n. 8a].

2. Dagegen liegt ein wirkliches „Abhalten" nur da vor, wo der Entschluß des Andern, nicht zu

bieten, das Resultat des von dem Beschuldigten gewährten Vortheils rc. war.

Ebendas. [n. 10].

Erk. (Z. S. II.) v. 14. Sept. 1865 c. Dietzgen (250. II. Cr.).

In Erw., daß, wenn in dem angefochtenen Urtheil für erwiesen angenommen ist, daß der Beschuldigte den Ackerer W. unter dem Versprechen, ihn eventuell für seine ganze Hypothekarforderung zu befriedigen, aufgefordert hat, bei dem Verkaufe nicht zu erscheinen und W. dadurch von dem Erscheinen und Mitbieten in dem Lizitationstermine abgehalten worden ist, hierin, da die dem W. zugesicherte Befriedigung um deswillen, daß deren Eintreten an eine Bedingung geknüpft war, nicht aufhörte, einen Vortheil, durch welchen W. sich von dem Mitbieten abhalten lassen konnte, darzustellen, die Merkmale des in § 270 des StGB.s vorgesehenen Vergehens enthalten sind;

daß dagegen in Betreff des zweiten der Verurtheilung zu Grunde gelegten Falles die Feststellung des vorigen Richters den gesetzlichen Begriff des in Rede stehenden Vergehens nicht erfüllt, da die Thatsache, daß der Zeuge H., nachdem der Beschuldigte vor dem Lizitationstermine sich seine Forderung hatte cediren lassen, nicht mitgeboten hat, während er dies sonst vielleicht gethan haben würde, den inneren ursächlichen Zusammenhang zwischen dem Handeln des Beschuldigten und dem Entschlusse des H. zum Nichtbieten vermissen und nicht erkennen läßt, daß, während der Beschuldigte seinerseits von der Absicht, den H. durch den in der Uebernahme seiner Forderung für denselben liegenden Vortheil vom Bieten abzuhalten, geleitet wurde, H., um dieser Absicht entgegen zu kommen, sich den gebotenen Vortheil angeeignet hat und so der Entschluß, nicht zu bieten, das Resultat des gewährten Vortheiles gewesen ist;

daß somit der App.-Richter dadurch, daß er auch diesen Fall in der festgestellten Art unter das Strafgesetz subsummirt und auf denselben die Verurtheilung ausgedehnt hat, den § 270 des StGB.s unrichtig angewendet hat, daher die Sache zur näheren Prüfung und Feststellung nach dieser Richtung hin in die Instanz zurückzuverweisen ist.

A. d. G. Vernichtung des angefochtenen Erkenntnisses zc.

Antr. des GStA.s: zu 1. gleichl [D.—3.]

Anschuldigung, falsche. — Besseres Wissen.

Eine falsche Anschuldigung kann wider besseres Wissen gemacht sein, auch wenn die Kenntniß von dem Sachverhalt nicht auf eigner Wahrnehmung, sondern auf den Mittheilungen Anderer beruhte. StGB. § 133 [n. 7].

Erk. (Z. I.) v. 14. Sept. 1865 c. Möwes, Franke & Gen. (177 II. Cr.).

M. wegen einer wider besseres Wissen gemachten falschen Anschuldigung bestraft, stützte seine NB. auf die Ausführung: mit Unrecht sei gegen ihn ein besseres Wissen angenommen worden, da ein Wissen nur aus eignen Sinneswahrnehmungen, nicht aber aus Mittheilungen Anderer, aus diesen vielmehr nur ein Glauben hervorgehen konne. Zurückweisung. Gründe:

Wider besseres Wissen wird eine Anzeige, wie sie im § 133 StGB. vorausgesetzt wird, gemacht, wenn sie mit dem Bewußtsein, daß der Sachverhalt ein anderer als der angezeigte sei, geschieht, worauf auch dieses Bewußtsein beruhen, welches auch die Quelle oder der Grund desselben sein möge. Ob ein solches Bewußtsein vorhanden war, fällt, — wie in Bezug auf jeden anderen Beweis, — der Beurtheilung und Feststellung der Instanzrichter anheim. Sie haben darüber ihre Ueberzeugung aus dem Inbegriffe der vor ihnen erfolgten Verhandlungen zu entnehmen; vgl. Beschl. v. 7. Apr. 1864 (RdOTr. 4. S. 444).

In solcher Weise aber ist hier die betreffende Feststellung erfolgt.

Antr. des GStA.s: gleichl [26.—2]

Vertreter. — Rechtsanwalt. — Vollmacht.

Es begründet keine Nichtigkeit, wenn in der Sitzung ein ohne Vollmacht als Vertreter des Angeklagten auftretender, sich zur Nachbringung

der Vollmacht erbietender Rechtsanwalt vom Gerichte nicht zugelassen wird. Das Gegentheil tritt aber ein, wenn der Rechtsanwalt bereits in einem früheren Termine dem erschienenen Angeklagten zur Seite gestanden hatte, und er durch ein Schreiben des Angeklagten darthut, daß dieser ihn früher zur Vertretung aufgefordert habe.

Ges. v. 3. Mai 1852 Art. 20 [n. 16. 17]; Vdn. v. 3. Jan. 1849 § 134.
Sic: V. (II, 238) 5 Okt. 1865 c. Raphaeli.

Erk. (V. II.) v. 14. Sept. 1865 c. Rasch (164. II. Cr.).

Die Angeklagte R. war bei der ersten Verhandlung vor dem AG. unter dem Beistande des RAnw s JR. F. erschienen. Nachdem diese Verhandlung vertagt worden war, stellte der JR. F. „im Auftrage" der R. neue Beweisanträge und ward vom AG. dahin beschieden, daß darüber in der neu angesetzten Sitzung v. 2. Febr. befunden werden solle. In dieser Sitzung erschien die Angeklagte nicht, wohl aber der JR. F., welcher zu seiner Legitimation unter dem Erbieten der Nachbringung einer Vollmacht ein Schreiben der R. vorlegte, in welchem diese ihn ersuchte, ihr im ersten Termine (9. Jan.) vor dem AG. juristischen Beistand zu leisten. Das AG. lehnte indessen den Antrag des F.: ihn als Vertreter zuzulassen aus dem Grunde ab, weil er keine Vollmacht zur Vertretung der R. in der Sitzung v. 2. Febr. vorlege, und dieser Mangel weder durch sein Auftreten in dem ersten Termine, noch durch das erwähnte Schreiben ersetzt werden könne. Aus demselben Grunde hielt sodann das AG. dafür, daß auf die inzwischen von F. schriftlich gestellten Beweisanträge nicht zu rücksichtigen sei. — Auf die NB. der R ist das betr. Erkenntniß des AG.s vernichtet und die Sache an das AG. zurückverwiesen worden. Gründe:

Nach dem Schlußsatze des § 134 der Vdn. v. 3. Jan. 1849 steht dem nicht verhafteten Angeklagten frei, sich in dem Termine vor dem AG. durch einen mit Vollmacht zu versehenden Vertheidiger vertreten zu lassen, wie dies im vorliegenden Falle auch der Angeklagten in der Vorladung zum Termine eröffnet worden war. Welche Folge es habe, wenn in diesem Termine der Angeklagte nicht persönlich, sondern, — wie das Ges. v. 3. Mai 1852 z. B. im Art. 127 sich ausdrückt, — durch einen (an sich zulässigen) Vertreter erscheint, dieser Vertreter aber noch nicht durch schriftliche

Vollmacht legitimirt ist, solche jedoch nachzubringen verspricht, hat das Gesetz nicht besonders bestimmt, — was für die Civilprozedur allerdings geschehen ist. — Auch in einem Strafverfahren hat aber allerdings ein Angeklagter, der auf die von ihm eingewandte Appellation die in der Vorladung zu dem Audienztermine geschehene Bedeutung, daß, wenn er in diesem Termine sich durch einen Vertheidiger vertreten lassen wolle, der letztere mit Vollmacht zu versehen sei, unbeachtet und unbefolgt läßt, im Allgemeinen keinen Grund, sich über unzulässige Abschneidung oder wesentliche Beschränkung der Vertheidigung zu beschweren; er hat vielmehr es sich selbst beizumessen, wenn ein vor dem App.-Richter und zum Zwecke rechtlicher Ausführungen erscheinender, mit Vollmacht nicht versehener, zur Nachbringung einer solchen sich jedoch bereit erklärender Rechtsanwalt nicht als Vertheidiger des ausgebliebenen Angeklagten zugelassen wird. Zu den gesetzlich zulässigen Vertretern eines Angeklagten (Art. 20 des cit. Ges.s) gehören indeß insbesondere auch Personen, welche nicht bloß die Vermuthung einer Vollmacht für sich haben, sondern die auch zu dem Gerichte und einem sie zur Uebernahme solcher Vertretungen verpflichtenden derartigen Verhältnisse stehen, daß ihre amtliche Eigenschaft da, wo sie als Vertreter sich geriren, Gewähr für die Wahrheit ihrer Behauptung eines erhaltenen Auftrages und dem Gerichte die Mittel giebt, sie zur nachträglichen Führung der Legitimation anzuhalten; (Vdn. v. 30. Apr. 1847 § 3, Ges. v. 21. Juli 1852 § 68; vgl. Erk. v. 27. Okt. 1858, JMBl. 59. S. 124.)

Ein solcher Vertheidiger hatte hier der Angeklagten in dem ersten Audienztermine 2. Instanz in der Person des JR. F. zur Seite gestanden, sie hatte dadurch anerkannt, daß sie diesen mit ihrer Vertheidigung beauftragt habe, dieser wies sodann auch, nachdem auf die von ihm schriftlich gestellten Beweisanträge in dem anderweiten Audienztermine Beschluß zu fassen ausdrücklich vorbehalten, und dies, ohne seine Legitimation als Vertreter der Angeklagten in Frage zu stellen, ihm bekannt gemacht war, durch das in diesem Audienztermine eingereichte Schreiben einen von der Angeklagten erhaltenen Auftrag, ihr in diesem Termine juristischen Beistand zu leisten, nach. Er legitimirte sich auch dadurch als Vertreter der Angeklagten jedenfalls insoweit, daß er als solcher unter Vorbehalt nachzubringender förmlicher vollständiger Vollmacht, zu deren Nachbringung er sich bereit erklärte, und wozu er als ein RAnw. auch angehalten werden konnte, zuzulassen war, was nicht etwa ausschließlich Gegenstand einer instanzrichterlichen Feststellung war, sondern der Prüfung und Berücksichtigung des Nichtigkeitsrichters unterliegt, weil dabei es sich um eine Vorschrift des Verfahrens handelt und auf Prüfung einer prozessualischen Handlung, — der Legalität des Verfahrens, — es ankommt (Oppenhoff Strafverf. § 134 n. 19; Art. 107 n. 3, 108 n. 59).

Bei solcher Sachlage durfte die Prüfung der schriftlich, in der Eingabe v. 22. Jan. c., von einem Rechtsanwalte gestellten Anträge und die Beschlußfassung auf selbige nicht bloß aus dem formellen Grunde, daß es zur Zeit an einer diesen RAnw. legitimirenden Vollmacht fehle, abgelehnt werden (vgl. Oppenhoff l. c. § 14 n. 57, Art. 20 n. 16). Vielmehr liegt darin, daß diese Prüfung und Beschlußfassung, nachdem solche nicht sofort erfolgt war (wie der Ministerial-Verfügung v. 27. Juni 1855 Nr. 1, JMBl. S. 199, entsprochen haben würde), auch in dem Audienztermine, für welchen sie ausdrücklich vorbehalten war, unterblieben ist, wiewohl Seitens der Angeklagten in diesem Termine dadurch, daß für selbige der RAnw., der jene schriftlichen Anträge und zwar, wie dabei angegeben war, im Auftrage der Angeklagten gestellt hatte, erschien und ein ihn legitimirendes Schreiben mit dem Erbieten, Vollmacht nachzubringen, einreichte, zu erkennen gegeben war, daß auf jene Anträge nicht verzichtet werde, unterblieb, eine unzulässige Beschränkung der Vertheidigung. [26. — 2.]

Heilung. — Unternehmen. — Verkauf eines Heilmittels.

Der bloße Verkauf eines als Heilmittel angepriesenen Stoffes ist noch nicht als das Unternehmen der Heilung einer Krankheit anzusehen; vielmehr wird zu einem solchen erfordert, daß bei einer bestimmten Person in Beziehung auf eine vorhandene oder vorausgesetzte Krankheit Heilmittel zur Beseitigung derselben angerathen oder angewendet sind.

StGB. § 199 [n 16].

Beschl. (II.) v. 14. Sept. 1865 c. Schneider (68. B. II. Cr.).

Mag auch der vom App.-Gericht als Waare bezeichnete Daubitz'sche Kräuterliqueur, wie die Anklage behauptet, ein Heilmittel gegen Unregelmäßigkeiten und Krankheiten der Verdauung, und als solches angepriesen sein, so kann doch der Verkauf eines solchen Heilmittels für sich allein die Unternehmung der Heilung einer inneren Krankheit im Sinne des § 199 StGB. nicht darstellen. Denn zu einer solchen Unternehmung ist erforderlich, daß bei einer bestimmten Person in Beziehung auf eine vorhandene oder vorausgesetzte innere Krankheit Heilmittel zur Beseitigung derselben angerathen oder angewendet werden. Eine derartige Thätigkeit legt aber die Anklage dem Angeschuldigten nicht zur Last. Nur dann, wenn der Angeschuldigte beschuldigt worden wäre, Daubitz'schen Kräuterliqueur bestimmten Personen als Heilmittel gegen bestimmte bei denselben vorhandene oder vorausgesetzte Krankheiten verkauft zu haben, würde haben in Frage kommen können, ob der Thatbestand des § 199 cit. gegen den Angeschuldigten vorliege.

Antr. des GStA s: gleichl. [27.—2.]

Felddiebstahl. — Erschwerende Umstände.

Die Entwendung von Bäumen und Sträuchern aus einem Garten ist trotz des begleitenden Umstandes des Einbruchs rc. nur als Feldpolizei-Uebertretung zu bestrafen.

StGB. § 215 [n. 68]; FPO. v. 1. Nov. 1847 §§ 42 Nr. 3. 45.

Erk. (V. II.) v. 14. Sept. 1865 c. Stielhoff (321. II Cr)
spricht den obigen Satz ohne weitere Begründung aus
Antr. des GStA.s: gleichl. [29. — 2.]

Urkunde. — Unterdrücken.

Als das „Unterdrücken" einer Urkunde ist jede mit der letzteren vorgenommene Handlung anzusehen, durch welche einem Andern die Ausübung der ihm zustehenden Rechte auf Grund der sie betreffenden Urkunde benommen wird.

StGB § 243 Nr. 8 [n. 48]. Vgl. RbOTr. 1. S. 350.

Erk. (Z. II) v. 14. Sept. 1865 c. Voigt (144. II. Cr.).

Der § 243 Nr. 8 des StGB.s macht die Strafbarkeit des Unterdrückens einer Urkunde nicht von der Ermittelung und Angabe der speziellen Thathandlung abhängig, wodurch die Unterdrückung bewirkt worden. Es genügt vielmehr dazu, daß der Angeklagte, wie dies der App.-Richter richtig erwogen hat, mit der Urkunde etwas vornimmt, oder vornehmen läßt, wodurch dem Andern die Ausübung der ihm zustehenden Rechte auf Grund der sie betreffenden Urkunde benommen wird, was, wie der App.-Richter in thatsächlicher Feststellung zusetzt, im vorliegenden Falle zutrifft, da die Angeklagte das dem F. zugehörige Exemplar von diesem übergeben erhalten, aber nicht allein nicht zurückgegeben, sondern anfänglich sogar den Abschluß eines Kontrakts überhaupt, und später den Umstand, daß der Kontrakt ihr zur Verwahrung übergeben, geleugnet hat, daß deshalb der F. einen noch jetzt dauernden Prozeß auf Einräumung der gemietheten Lokalitäten gegen sie hat anstellen müssen, und demgemäß auch noch jetzt nicht im Besitze desselben ist.

Antr. des GStA.s: gleichl. [26. — 2.]

Stempel. — Notarial-Akt. — Beikassirung. — Ausfertigung.

1. Der Notar, welcher zu einem von ihm aufgenommenen Akte den Stempel beikassirt, muß

dabei den Zeitpunkt dieser Beikassirung bescheinigen.

Stemp.-Ges. v. 7. März 1822 § 12 Abs. 4.

2. Der Notar, welcher einen von ihm aufgenommenen Akt vor der Nachbringung des erforderlichen Stempels ausfertigt, unterliegt der Stempelstrafe, sollte auch zur Zeit die 14tägige Beikassirungsfrist noch nicht verstrichen sein.

Ebendas. §§ 22. 12; AKO. v. 19. Juni 1834 (GS. S. 81).

Beschl. (I.) v. 15. Sept. 1865 c. Ahlemann (211. B I. Cr)

Der Notar A. ward beschuldigt, den amtlichen Vermerk über die erfolgte Beikassirung des Stempels zu einem von ihm aufgenommenen Akte mit einem unrichtigen Datum versehen zu haben, um dadurch die Verspätung der Beikassirung zu verdecken. Das AG. lehnte indessen die beantragte Versetzung in den Anklagestand aus §§ 323. 247 StGB deshalb ab, weil es nach § 12 des Stemp.-Ges.s und der AKO. v. 19. Juni 1834 einer Bescheinigung über den Tag der Verwendung des Stempels zu dem von einem Notar aufgenommenen Vertrage überhaupt nicht bedurft habe, der betr Vermerk daher für Rechte ꝛc. nicht erheblich und somit keine „Urkunde" sei. — Auf die Beschwerde des OStA.s ist dieser Beschluß vom OTr. aufgehoben und die Sache zur näheren thatsächlichen Prüfung an das AG. zurückverwiesen worden. Gründe:

Der Beschluß des AG.s beruht auf einer unrichtigen Auslegung des § 12 des Stemp.-Ges.s. Derselbe schreibt zwar im Abs. 4 vor, daß bei Verhandlungen, wozu Gerichts- oder andere öffentliche Behörden oder Beamte den Stempel beizubringen von Amtswegen verpflichtet sind, es keiner Bescheinigung des Zeitpunkts, worin dies geschehen ist, bedarf. Dies bezieht sich aber, wie sich aus dem Zusammenhange mit Abs. 3 des § 12 ergiebt, nur auf die hier vorgeschriebene Bescheinigung der Behörde oder des Stempelvertheilers, wo das Stempelpapier gelöst ist. Nur diese Bescheinigung, dieser Kassationsvermerk der Steuerbehörde, resp. des Stempelvertheilers ist nicht erforderlich, vielmehr soll den Gerichten oder anderen öffentlichen Behörden und Beamten, also auch den Notarien überlassen bleiben, selbst ersichtlich zu machen, daß die nachträgliche Beibringung des erforderlichen Stempels binnen 14 Tagen stattgefunden hat — vgl. Erk. v. 7. Juli 1864 (RdOTr. 5. S. 61). — Hiermit im Einklange ist denn auch in dem vom Anklage-Senat selbst in Bezug genommenen Reskripte des Finanz-Ministers v. 28. Mai 1842 ausdrücklich ausgesprochen, daß Notare eine solche Bescheinigung von der Steuerstelle nicht fordern können, woraus folgt, daß ihnen selbst der Kassationsvermerk vermöge ihres Amtes obliegt. Denn wollte man annehmen, daß es bei amtlichen Verhandlungen einer Bescheinigung der nachträglichen Verwendung des Stempels binnen der 14tägigen Frist überhaupt gar nicht bedürfe, so würde die ganze Vorschrift des § 12 des Stemp.-Ges.s wegen Innehaltung der gedachten Frist bei Vermeidung der Stempelstrafe, wenigstens in Beziehung auf amtliche Verhandlungen illusorisch sein; — vgl. auch die Anweisung des Just.-Ministers an die Notarien v. 16. Juni 1824 (Kamptz Jahrbb. 23. S. 206), desgl. das Erkenntniß v. 4. Juli 1861 c. Marggraf (G. A. 9. S. 696).

Uebrigens wird bei der ferneren Behandlung der Sache zu berücksichtigen sein, daß der Notar A. den von ihm aufgenommenen Vertrag v. 2c. schon vor Ablauf der 14tägigen Frist zur Nachbringung des erforderlichen Stempels ausgefertigt hat, obwohl er dazu nicht den tarifmäßigen Stempel, sondern nur einen Stempel von 2 Thlrn. verwandt hatte, und daß hierdurch allein schon die Stempelstrafe von ihm nach § 22 des cit. Ges.s in Verbindung mit der AKO. v. 19. Juni 1834 und dem Cirk.-Reskr. des J.-Ministers v. 5. Nov. 1846 (JMBl. S. 191) verwirkt war, ohne daß überhaupt noch von einem Nachbringen des Stempels binnen 14 Tagen nach Aufnahme des Vertrages die Rede sein konnte.

Antr. des GStA.s: Aufhebung des Beschlusses. [18.—4.]

Ehemann. — Assistenz der beschuldigten Ehefrau.

Der Ehemann kann nicht verlangen, in der gegen seine Ehefrau geführten Voruntersuchung den Vernehmungen derselben beizuwohnen.

Vdn. v. 3. Jan. 1849 §§ 43—46. 14 [n. 31].

Erk. (Z. I.) v. 15. Sept. 1865 c. Harder (814 I. Cr.).

Gegen die Eheleute H. war die Voruntersuchung wegen Betrugs eingeleitet worden; in einem zur Vernehmung der Ehefrau vor dem Untersuchungsrichter angesetzten Termine erschien der Ehemann H. ebenfalls und leistete der Aufforderung des Richters sich zu entfernen keine Folge. Deshalb aus § 346 Nr. 1 StGB. bestraft, ergriff er die NB. und machte geltend: er habe nach § 188 II, 1 ALR. das Recht und die Pflicht gehabt, seine Frau zu vertheidigen. Zurückweisung. Gründe:

Die Bezugnahme auf § 188 II, 1. ALR. ist verfehlt, da die dort ausgesprochene Befugniß und Pflicht des Mannes: die Person, die Ehre und das Vermögen seiner Frau in und außer Gerichten zu vertheidigen, die Befugniß desselben nicht in sich schließt, die nach § 262 der Krim.-Ordn. v. 1805, §§ 43 — 46 der Vdn. v. 3. Jan. 1849 und Art. 23 des Ges.s v. 3. Mai 1852 erforderliche persönliche Vernehmung seiner eines Verbrechens oder mit Gefängnißstrafe bedrohten Vergehens beschuldigten Frau im Untersuchungs-Verfahren zu hindern oder durch seine Gegenwart zu beeinflussen, vielmehr der Untersuchungsrichter, gemäß jenen Vorschriften, zur Erreichung des Zweckes der Voruntersuchung (§ 44 der cit. Vdn.) unstreitig berechtigt war, den Angeklagten während des Verhörs seiner Frau aus dem Zimmer zu entfernen und hierzu in dem Umstande, daß er der Vermögens-Beschädigung mit seiner Frau angeschuldigt war, noch einen besonderen Grund hatte.

Antr. des GStA.s: gleichl. [23. — 2.]

Beweisantrag. — Verspätung. — Prüfung.

Nichtigkeit tritt ein, wenn der App.-Richter einen verspäteten Beweisantrag ungeprüft läßt.

Ges. v. 3. Mai 1852 Art. 104 [n. 5. 6]. Vgl. RbOTr. 4. S. 324; 5. S. 8.

Erk. (V. I.) v. 15. Sept. 1865 c. Kendzior (Kruse & Gen. 722. I. Cr.).

Der OStA erachtete nach dem Abschlusse der Beweiserhebung die Sache noch nicht für erschöpft und trug deshalb darauf an, die Beweisaufnahme [in näher angegebener Weise] fortzusetzen.

Ueber diesen Antrag hat sich der App.-Richter nicht ausgesprochen. Ein solcher Ausspruch war aber nöthig, da selbst, wenn der App.-Richter die Beweisanträge des OStAnw.s in Gemäßheit des § 130 der Vdn. v. 3. Jan. 1849 als verspätet erachtete, er sich doch darüber äußern mußte, ob Gründe vorlägen, dieselben nach Art. 104 des Ges.s v. 3. Mai 1852 ausnahmsweise zuzulassen.

Antr. des GStA.s: gleichl. [28 — 2.]

Beleidigung. — Dolus.

Die Strafbarkeit einer Beleidigung ist durch die Feststellung der beleidigenden Absicht bedingt, wenn diese bestritten wird.

StGB. Thl. II Tit 13 [S. 253 n. 24]. § 75 n 3. Vgl. RdOTr. 5. S. 336.

Erk. (Z. I.) v. 15. Sept. 1865 c. Kuhse (782. I. Cr.).

K. war von der Anklage der Beleidigung des Kronprinzen u. A. deshalb freigesprochen worden, weil „nicht die Ueberzeugung zu erlangen gewesen sei, daß demselben die von ihm bestrittene Absicht zu beleidigen beigewohnt habe." Die NB. des OStA.s rügte Gesetzesverletzung, weil dem K. „das Bewußtsein von der Ehrverletzung des Kronprinzen nicht habe fehlen konnen." Zurückweisung Gründe:

Die NB. des OStA.s ist unbegründet. Wie die in Goltd.-Matt. 2. S. 87 dargestellte Entstehungsgeschichte der §§ 76 und 77 StGB. ergiebt, hat man die strafrechtlichen Grundsätze in Bezug auf die Verletzung der Ehrfurcht gegen die Person des Königs nicht auch auf die Beleidigung der in den §§ 76. 77 genannten Mitglieder des Kgl. Hauses übertragen wollen. Dies findet insbesondere auch in Bezug auf den Dolus bei diesem Vergehen statt. Dies hat das OTr. bereits in der Entscheidung v. 8. Febr. 1858 c. v. Plotho (G. A. 9. S. 265) ausgesprochen. Damit findet somit auch der bei den Ehrverletzungen überhaupt geltende

Grundsatz, daß die Absicht zu beleidigen dann, wenn dieselbe ausdrücklich bestritten worden, festzustellen sei, Anwendung. Der App.-Richter hat hier aber die von dem Angeklagten bestrittene Absicht zu beleidigen verneint, oder doch nicht für festgestellt erachtet, und daran scheitert der Angriff der NB.

Antr. des GStA.s: entg. [18.—2.]

Urkunde. — Wechsel (unvollständiger). — Causa debendi.

Ein auf eigne Ordre gestellter trockener Wechsel ist auch ohne Giro eine „Urkunde".

StGB. § 247 [n. 81. 91a. 96]. Vgl. RbOTr. 5. S. 473; 6. S. 80.

Erk. (Z. I.) v. 15. Sept. 1865 c. Töppe (833 I. Cr.).

T. war der Fälschung eines auf eigne Ordre gestellten trockenen, eines Giro ermangelnden Wechsels schuldig befunden und deshalb aus §§ 247. 250 bestraft worden. Seine NB. behauptete Gesetzesverletzung, weil das betr. Schriftstück, obgleich es in Ermanglung der Angabe eines Remittenten resp. der Causa debendi weder als Wechsel noch als Schuldschein Gültigkeit habe, und gar kein Beweismoment für irgend ein bestimmtes Rechtsgeschäft liefere, für eine „Urkunde" erachtet worden sei. Zurückweisung. Gründe:

Unzweifelhaft könnte der Beweis über die Modalitäten eines Darlehnsvertrages, der an sich keines schriftlichen Beweises bedurfte, — § 727 I, 11. ALR. — so daß also auch durch andere Beweismittel die Person des Gläubigers festzustellen war, — durch das in Rede stehende Schriftstück ergänzt und bekräftigt werden, der Civilrichter konnte und mußte nach den Vorschriften §§ 8—20 und 31 I, 13. AGO. mit § 732 I, 11. ALR. auf die Klage des Produzenten dieses Dokumentes, der sich zugleich durch Zeugen als Darleiher der Valuta, deren Baarzahlung durch die Unterschrift des Angeklagten bescheinigt und deren Rückzahlung durch die Unterschriften zweier Bürgen sichergestellt werden sollte, zu legitimiren vermochte, die Schrift mit in Betracht ziehen, und umgekehrt waren die Mängel des Inhaltes der letzteren einer Ergänzung nach § 731 I, 11. ALR. und § 130 I, 5. daselbst fähig. Dies genügt aber vollkommen zur

Rechtfertigung des angefochtenen Erkenntnisses, insbesondere zur Anerkennung des Schriftstückes als einer Urkunde im Sinne des § 247 des StGB.s.

Antr. des GStA.s: Zurückweisung der NB. [23. — 2.]

Leumunds-Attest. — Vorlesung.

Leumunds-Atteste einzelner Beamten können in der Sitzung nur unter Beobachtung der für die Vorlesung von Schriftstücken im Allgemeinen gegebenen Vorschriften vorgelesen werden.

Vdn. v. 3 Jan 1849 §§ 14. 22 [n. 13]; Ges v. 3. Mai 1852 Art. 25 [n. 10]. Sic: B. (I, 964) 6. Sept. 1865 c. Ruskowski. Vgl RdOTr. 1. S. 87; 2. S. 174; 4. S. 548 551.

Erk. (V. Pl.) v. 18. Sept. 1865 c. Küper (246. II. Cr.).

Es ist mit der Vorschrift des Art. 25 des Ges.s v. 3. Mai 1852 nicht in Einklang zu bringen, wenn der Vorsitzende des Schw.-GH.s das in der NB. bezeichnete Attest ohne vorgängigen motivirten Beschluß des Gerichtes verlesen hat. Dasselbe enthielt die persönliche Wissenschaft eines einzelnen Beamten über den Ruf des Angeklagten K., also über eine Thatsache, die für den Zweck des Strafverfahrens erheblich war. Daß der Beamte in Sachen seiner amtlichen Wirksamkeit an sich urkundlichen Glauben hat, schließt die Anwendung des Art. 25 nicht aus; vgl. Krim.-Ordn. § 335 Nr. 2. Der Art. 25 huldigt dem nach § 14 der Vdn. v. 3. Jan. 1849 bei Nichtigkeitsstrafe zu befolgenden Prinzipe der Mündlichkeit im weitesten Umfange; er begnügt sich in Betreff der Thatsachen, die für die Entscheidung von Erheblichkeit sind, nicht mit amtlicher Auskunfts-Ertheilung, statuirt vielmehr für das Strafverfahren die mündliche Vernehmung der Personen, welche über die betreffenden Thatsachen Auskunft zu geben im Stande sind, als die gesetzliche Regel, ohne zwischen Thatsachen, deren Kenntniß in den gewöhnlichen Lebensverhältnissen oder auf den Gebieten amtlicher oder technischer Wirksamkeit erlangt ist, zu unterscheiden. Hiernach war die Anwendung des Grundsatzes des Art. 25 cit. im vorliegenden Falle nicht ausgeschlossen, und es mußte daher, wenn das Gericht sich der Befugniß, das betreffende Schriftstück zur Aufklärung der Sache verlesen zu lassen, bedienen wollte, die hierfür vorgeschriebene Form (vorherige Anordnung durch einen motivirten Beschluß) beobachtet werden. Die Nichtbeobachtung dieser Form begründet aber nach § 14 cit. die Nichtigkeit des Verfahrens und die Zurückweisung der Sache an das Schwurgericht.

Antr. des GStA.s: gleichl. [20.—11.]

Voruntersuchung. — Dollmetscher. — Verlesung. — Vereidung.

In der Voruntersuchung sind bei der Vernehmung eines der deutschen Sprache nicht Mächtigen die in den §§ 59ff. der Krim.-Ordn. vorgeschriebenen Förmlichkeiten zu beobachten; im Hauptverfahren ist die Benutzung eines solchen Vernehmungsprotokolls als eines Beweismittels nur dann statthaft, wenn jenen Vorschriften genügt ist. Dagegen kann im Hauptverfahren gültiger Weise die Verweisung eines solchen Zeugen auf den in der Voruntersuchung geleisteten Eid auch dann erfolgen, wenn diese Eidesleistung nicht unter Zuziehung zweier Dollmetscher erfolgt und ein Nebenprotokoll bei derselben nicht aufgenommen worden ist.

Ges. v 3. Mai 1852 Art. 27 [n 1. 3]; Vdn v. 3. Jan. 1849 § 43 [n. 5]. § 55 [n. 39]; Krim.-Ordn. § 59ff. Vgl. RdOTr. 1. S. 118.

Erk. (Z. I.) v. 20. Sept. 1865 c. Friedländer (1006. I. Cr).

Nach Inhalt der Protokolle über die Vernehmung des Zeugen F. in der Voruntersuchung, sowie nach Inhalt des Audienzprotokolls muß zwar als erwiesen angenommen werden, daß der gedachte Zeuge der deutschen Sprache nicht in dem Grade mächtig ist, um in dieser Sprache allein gerichtlich vernommen werden zu können, daß also bei seiner Vernehmung in der polnischen Sprache die gesetzlichen Vorschriften der §§ 59ff. der Krim.-Ordn. zu beobachten waren. Nach den Vorentscheidungen des O.Tr.s sind nämlich bei dem gerichtlichen Vernehmungen in der Voruntersuchung diese Vorschriften zu beobachten, während für die Hauptverhandlung nur die Beobachtung der im Art. 27 des Ges.s v. 3. Mai 1852 vorgeschriebenen Form erforderlich ist. Handelt es sich also in der Hauptverhandlung nicht allein um eine vollständige Vernehmung eines der deutschen Sprache nicht mächtigen Zeugen, sondern um die Benutzung seiner Aussage aus der Voruntersuchung in dieser Hauptverhandlung, sei es durch Verlesung oder auf eine andere selbstständige Weise, als Beweismittel, so ist es erforderlich, daß solche Aussage unter Beobachtnng jener Förmlichkeiten der Krim.-Ordn. aufgenommen worden sei. An einer solchen Beobachtung fehlt es nun zwar hier bei der Zeugenvernehmung des F. in der Voruntersuchung, indem — abgesehen von der Zuziehung eines zweiten Dollmetschers — jedenfalls das vorgeschriebene Nebenprotokoll nicht aufgenommen worden ist. Allein diese Zeugenvernehmung ist auch in der That nicht in dem obengedachten Sinne als Beweismittel in der Hauptverhandlung benutzt worden.

Nach Ausweis des Audienzprotokolles ist nämlich der F. hier selbstständig und vollständig vernommen, und nur auf den von ihm in der Voruntersuchung in jener Verhandlung geleisteten Zeugeneid verwiesen, indem er die Richtigkeit seiner jetzigen Aussage auf diesen Eid versichert hat. Hierin besteht also allein die Benutzung jener Voruntersuchungs-Verhandlung. Nach den Vorschriften der Krim.-Ordn. §§ 330ff. 341 ist der Akt der eigentlichen Zeugenvernehmung und der Niederschreibung der Zeugenaussage insofern von dem Akte der Eidesleistung zu trennen, als nur jener erstere durch die Unterschrift des Zeugen zu beglaubigen ist, und nur für diesen Akt allein kann selbstverständlich die Erfüllung derjenigen Formen als nothwendig gedacht werden, welche für die Vernehmung von der deutschen Sprache nicht mächtigen Personen vorgeschrieben sind. Es folgt dies aus dem Begriffe des Zeugnisses, welches eben nur in der Bekundung vor dem Richter besteht. Getrennt davon ist die Beglaubigung dieses Zeugnisses durch den Eid; sie ist ein besonderer Akt, welchen der Richter mit dem Zeugen vorzunehmen, und dessen Vornahme er durch eine amtliche Registratur unter dem Zeugenvernehmungs-Protokolle zu beglaubigen hat, wobei es, wie bei jeder amtlichen Bescheinigung, einer Mitunterschrift des Zeugen nicht bedarf. Für diese amtliche Registratur allein, welche keine Verhandlung mit dem Zeugen, also auch keine Erklärung desselben enthält, bedarf es sonach auch der Form jenes Nebenprotokolles nicht. Es genügte also hier, daß sich unter dem Protokolle der von dem besetzten Gerichte allein vollzogene Vermerk befindet; „der F. habe den Zeugeneid in polnischer Sprache abgeleistet", um dadurch die Thatsache, daß dieser Eid in der gesetzlichen Form von dem Zeugen wirklich geleistet sei, für vollständig nachgewiesen zu erachten. Daraus folgt sodann weiter, daß es für die Vernehmung in der Hauptverhandlung genügte, den Zeugen auf diesen geleisteten Eid zu verweisen. Es ist hier nicht auf die Zeugenaussage, sondern auf den vollkommen beglaubigten richterlichen Akt der Eidesabnahme rekurrirt.

[15. — 4.]

Hazardspiel. — Wirth. — Konzession.

Ein Wirth, welcher in seinem Lokale Hazardspiel gestattet, verwirkt die Strafe des § 267 StGB. auch dann, wenn ihm die zum Wirthschaftsbetriebe erforderliche Konzession fehlt.

StGB. § 267 [n. 1].

Erk. (S. I.) v. 20. Sept. 1865 c. Teichmann (884. I Cr.).

Die Angeklagte war aus § 267 StGB. bestraft worden, weil sie „— in ihrer beim Betriebe des Gast- und Schankgewerbes gewerbsmäßig geoffneten und somit einen öffentlichen Versammlungsort darstellenden Wohnung Hazardspiele gestattet habe, welche aus Gewinnsucht gespielt wurden." Der OStA. ergriff gegen dieses Erkenntniß die NB., weil § 267 sich nicht auf die Besitzer von Privatwohnungen beziehe, sondern nur die Inhaber solcher Lokale treffe, welche als öffentliche obrigkeitlich anerkannt und hinsichtlich deren der Inhaber mit der erforderlichen Konzession versehen sei. Zurückweisung. Gründe:

Die NB. ist unbegründet, da die thatsächliche Feststellung [s. o.] die Anwendung des § 267 cit. gegen die Angeklagte rechtfertigt. Daß die Angeklagte als Gastwirthin nicht konzessionirt gewesen ist, ändert hierin nichts. Denn der § 267 l. c. bezieht sich auf jeden Inhaber eines öffentlichen Versammlungsorts ohne Unterschied, ob er ein Gewerbe betreibt, welches einer Konzession bedarf oder nicht, und ob er im ersteren Falle die Konzession zu demselben erhalten hat, oder nicht; (Erk. v. 3. Okt. 1862 c. Sahm, RdOTr. 3. S. 44.)

Der App.-Richter bemerkt auch vollkommen zutreffend, daß die Angeklagte doch um deshalb nicht straflos bleiben könne, weil sie sich zur Zuwiderhandlung gegen § 267 des StGB.s erst durch die Verübung einer zweiten Gesetzesübertretung, nämlich durch den unkonzessionirten Betrieb der Gast- und Schankwirthschaft, in den Stand gesetzt habe.

Antr. des GStA s: gleichl. [18.—4.]

Widersetzlichkeit. — Forstbeamter. — Forstvergehen.

Im Falle der Widersetzlichkeit gegen einen Forstbeamten ꝛc. ist die Anwendbarkeit des Ges.s v. 31. März 1837 nicht dadurch bedingt, daß der Beamte ꝛc. bei einem Forst- oder Jagdvergehen eingeschritten sei.

Ges. v. 31. März 1837 § 1. Vgl. Hartm. Strafgess. S. 166 n 9.

Erk. (V. I.) v. 20. Sept. 1865 c. Treptow (608. I. Cr.).

Der Oberforster Spr hatte dem Publikum die Benutzung eines im Kgl. Forste zum Zweck der Forstnutzung angelegten Weges untersagt, und dieses durch aufgestellte Warnungstafeln bekannt gemacht. Demnächst ward Tr. mit einem beladenen Fuhrwerke auf jenem Wege von Spr. betroffen und angehalten, setzte aber der versuchten Pfändung gewaltsamen Widerstand entgegen. Deshalb verfolgt, ward er vom AG.

freigesprochen, weil Spr. hier nicht als Exekutivbeamter, sondern lediglich als Vertreter des Forstfiskus gehandelt habe, § 89 des StGB.s also unanwendbar sei, ebensowenig aber auch das Ges v. 31. März 1837 zutreffe, da dieses (nach seinem Rubrum) ein Einschreiten wegen Forst- oder Jagdfrevels voraussetze, welches hier nicht vorliege. Auf die NB. des OStA.s ist dieses Erkenntniß vernichtet und die vom 1. Richter ausgesprochene Verurtheilung bestätigt worden. Gründe:

Das angefochtene Erkenntniß hat übersehen, daß der gedachte Weg, wenngleich nicht ein öffentlicher im eigentlichen Sinne, so doch ein in der Königl. Forst befindlicher und zum Zwecke der Forstnutzung angelegter ist, der durch die angebrachte Warnungstafel der allgemeinen Benutzung durch das Publikum von dem kompetenten Königl. Forstbeamten entzogen worden.

Es bestimmt aber der § 1 des allegirten Ges.s v. 31. März 1837:

> Jede gegen einen Unserer Forst- und Jagdbeamten, einen Waldeigenthümer, Forst- und Jagdberechtigten oder die von diesen bestellten Aufseher, in Ausübung ihres Amtes oder ihres Rechtes, namentlich auch bei Pfändungen, ohne Gewalt an der Person verübte thätliche Widersetzlichkeit soll, außer der durch den Eingriff in das Eigenthum oder die Uebertretung der Forstpolizei-Gesetze, verwirkten Strafe, mit Gefängnißstrafe von acht Tagen bis zu drei Monaten belegt werden.

Hiernach ist es nicht zweifelhaft, und das Kgl. OTr. hat dies öfter und namentlich in dem Erkenntnisse v. 23. Nov. 1860 c. Heiduck (Hartm. Strafgess. S. 166 n. 9) ausgesprochen, daß einem Kgl. Forstbeamten das Recht und die Pflicht beiwohnt, den Schutz über die, im seinem Forstreviere befindlichen Wege auszuüben, gleichviel, ob dieselben von ihm oder von seiner vorgesetzten Behörde angelegt und dem Verkehre des Publikums entzogen worden sind. Er befindet sich also unbedenklich in Ausübung seines Amtes, wenn er diese Obsorge wahrnimmt, wie denn auch der App.-Richter anerkennt, daß der Oberförster Spr. an sich zur Pfändung des Angeklagten berechtigt war. Der § 1 l. c. spricht sich ausdrücklich und unzweideutig darüber aus wenn in ihm auf Uebertretungen bezüglich der Forstpolizei-Gesetze hingewiesen wird. Lag aber eine Amtshandlung des gedachten Forstbeamten vor, so mußte auch jede ihm dabei widerfahrene Widersetzlichkeit nach § 1 l. c. geahndet werden.

Antr. des OStA.s: gleichl. [20 — 4.]

Gewerbesteuer. — Bäcker (Schlächter).

Wenn auch die Höhe der von Bäckern ꝛc. zu zahlenden Gewerbesteuer sich nach den für die Fertigung von Waaren auf den Kauf geltenden Grundsätzen richtet, so ist doch die Steuerpflichtigkeit im Allgemeinen nicht dadurch bedingt, daß sich das Backen als ein Fertigen von Waaren auf den Kauf darstelle.

Gew.-St.-Ges. v. 30. Mai 1820 § 10e.

Erk. (V. I.) v. 20. Sept. 1865 c. Wurl (898. I. Cr.).

Die W war der Gewerbesteuer-Kontravention angeklagt und in 1. Inst. verurtheilt, vom AG. aber freigesprochen worden. Dasselbe sah es zwar als erwiesen an: „daß die W. für den Arbeiter E. etwa 20 Mal Brode gefertigt und in ihrem Backofen gegen Bezahlung gebacken habe"; gleichwohl hielt es dafür, daß hierin nicht der Betrieb „des Bäckergewerbes" zu finden sei, weil die Angeklagte jene Handlungen nur auf Bestellung vorgenommen und nicht Waaren auf den Kauf gefertigt habe, nach § 10e des Gew.-St.-Ges.s aber das Backen nur insofern als ein Gewerbe anzusehen sei, als es dem letzteren Kriterium entspreche. — Auf die NB. des OStA.s ist dieses Erkenntniß **vernichtet** und die Sache an das AG. zurückverwiesen worden „zur anderweitigen Prüfung und Feststellung des Sachverhältnisses von den in der gegenwärtigen Entscheidung angegebenen rechtlichen Gesichtspunkten aus."

Gründe:

Zunächst gehört das Bäckergewerbe allerdings zu den Handwerken; denn nicht bloß, daß Bäcker und Schlächter schon in gemeinen Leben zu den Handwerkern gezählt werden, so bezeichnet sie auch das Gesetz ausdrücklich als solche im § 23 der Vdn. v. 9. Febr. 1849, wo sie unter denjenigen Handwerkern aufgeführt werden, denen der Beginn des selbstständigen Gewerbebetriebes nur dann gestattet sein soll, wenn sie entweder in eine Innung nach vorgängigem

Nachweis der Befähigung zum Betriebe ihres Gewerbes aufgenommen sind, oder diese Befähigung vor einer Prüfungs-Kommission ihres Handwerkes besonders nachgewiesen haben. Sodann enthält auch das Gewerbesteuer-Ges. v. 30. Mai 1820 überhaupt keine Definition, weder eines Gewerbebetriebes im Allgemeinen, noch eines Handwerkes, geschweige denn der einzelnen steuerpflichtigen Gewerbe und namentlich des Bäckergewerbes. Es kann daher über den Begriff des Bäckergewerbes nur der Sprachgebrauch des gemeinen Lebens entscheiden, nach welchem ein Jeder Bäcker heißt, welcher nicht zum eigenen Bedarf, sondern für Andere, sei es mit oder ohne vorangegangene Bestellung, gewerbsmäßig, d. h. für Bezahlung, Mehl verbackt.

Der § 1 des Gew.-St.-Ges.s v. 30. Mai 1820 lautet nun:

„Die Gewerbesteuer soll im ganzen Staate gleichförmig nach dem Inhalt des gegenwärtigen Gesetzes erhoben werden.“

Sodann § 2:

„Gewerbesteuerpflichtig sind fortan nur.
der Handel,
die Gastwirthschaft,
das Verfertigen von Waaren auf den Kauf,
der Betrieb von Handwerken mit mehreren Gehülfen,
der Betrieb von Mühlenwerken,
das Gewerbe der Schiffer, der Fracht- und Lohnfuhrleute, der Pferdeverleiher und diejenigen Gewerbe, welche von umherziehenden Personen betrieben werden.“

Hiernach würde an und für sich das Bäckergewerbe, da es ein Handwerk ist, nur dann steuerpflichtig sein, wenn es mit mehreren Gehülfen betrieben wird, dann aber der Handwerkssteuer nach Beilage B. litt. H. des Gewerbesteuer-Gesetzes unterliegen. Dem tritt nun aber der § 10 litt. e. entgegen, welcher lautet:

„Der Betrieb des Bäcker- und Schlächtergewerbes gehört nicht hierher, sondern ist als Fertigung von Waaren auf den Kauf zu versteuern.“

Es werden also die Bäcker und Schlächter von den Handwerkern, zu welchen sie eigentlich gehören, in Beziehung auf den zu entrichtenden Steuersatz ausgeschieden. Sie sollen nicht die Gewerbesteuer als Handwerker und ebensowenig, wie man nach dem Wortlaut des § 2 vielleicht annehmen könnte, die Steuer vom Handel oder von der Gastwirthschaft, sondern als Verfertiger von Waaren auf den Kauf zahlen. Die Vorschrift, daß ein Handwerk nur, wenn es mit mehreren Gehülfen betrieben wird, steuerpflichtig ist, findet auf das Verfertigen von Waaren auf den Kauf und deshalb auch auf Bäcker und Schlächter keine Anwendung. Sie zahlen auch nicht die Handwerkersteuer, sondern die Bäcker und Schlächter einer Stadt bilden, und zwar jedes dieser Gewerbe für sich, nach § 23 des Gew.-St.-Ges.s eine Gesellschaft, welcher die Vertheilung der Steuer unter sich nach Maaßgabe der Beilage B. sub D. resp. E. obliegt. Dagegen berührt der § 10 litt. e. l. c. den Begriff des Bäckergewerbes in keiner Weise, sondern schreibt nur die Höhe der vom Bäckergewerbe zu entrichtenden Steuer vor. Es beruht daher auf einem Rechtsirrthum, wenn der vorige Richter das Backen nur insofern für ein Gewerbe erachtet, als es sich als ein Fertigen von Waaren auf den Kauf darstellt.

Antr. des GStA.s: gleichl [18.—4.]

Schamhaftigkeit (Verletzung). — Anwesende Personen.

Die Strafbarkeit einer Verletzung der Schamhaftigkeit ist nicht dadurch bedingt, daß sie in Anwesenheit von Personen verschiedenen Geschlechts oder von Unerwachsenen stattgefunden habe.

StGB. § 150 [n. 9].

Erk. (Z. 1) v. 20. Sept. 1865 c. Wuschko (793. I. Cr.) spricht in seinen Gründen den obigen Grundsatz aus.

Antr. des GStA.s: gleichl. [20—4.]

Appellation. — Anmeldung vor dem Erkenntnisse.

Eine Appellation kann wirksam erst nach Verkündung des anzufechtenden Erkenntnisses angemeldet werden.

Vdn. v. 3. Jan. 1849 Abschn. IV. [vgl. Strafverf. S. 459 a 42. 47]. § 127; Ges. v. 3. Mai 1852 Art. 110.

Beschl. (II.) v. 21. Sept. 1865 c. Monecke (73. B II. Cr.).

Ihrer schon vor Erlaß des Erkenntnisses abgegebenen Erklärung, für den Fall einer Verurtheilung gegen das zu erwartende Erkenntniß von vornherein Appellation einlegen zu wollen, ist von den Instanzrichtern mit Recht eine Berücksichtigung nicht gewährt worden; da die Appellation ein Rechtsmittel ist, welches in einer bestimmten Frist nach Erlaß des mittelst derselben anzufechtenden Urtheils einzulegen und welches dazu gegeben ist, eine Abhülfe für die durch das Urtheil zugefügten Beschwerden herbeizuführen, woraus von selbst folgt, daß einer eventuellen Anfechtung eines noch nicht ergangenen Urtheiles eine rechtliche Wirkung in keiner Weise beigemessen werden kann.

Antr. des GStA.s: gleichl. [29. — 4.]

---

1. Schwurgerichtshof. — Anklageschrift. — Verlesung. Zeitpunkt.
2. Zeugenvernehmung. — Abwesenheit des Angeklagten. — Wiederholung.

1. Nichtigkeit tritt ein, wenn die Anklageschrift vor und nicht nach der Vereidung der Geschwornen verlesen worden ist.

Ges. v. 3. Mai 1852 Art. 73 [n. 3]. 74.

2. Ist ein Angeklagter zeitweise aus der Sitzung entfernt und in seiner Abwesenheit ein Zeuge vernommen worden, so muß demnächst dieser Zeuge in seiner Gegenwart bei Nichtigkeitsstrafe nochmals vernommen werden; eine andere

Art der Mittheilung des vom Zeugen Ausgesagten genügt nicht.

Ges v. 3. Mai 1852 Art. 28 [n 6].

Erk. (B. II.) v. 21. Sept. 1865 c. du Moulin (325. II. Cr.).

Anlangend den ersten Beschwerdepunkt, so ist durch das Audienzprotokoll konstatirt, daß die Verlesung der Anklageschrift vor der Vereidung der Geschwornen stattgefunden hat. Nun schreibt aber das Gesetz die umgekehrte Reihenfolge vor, nämlich (Art. 73 cit.) daß der Vorsitzende die Geschwornen vor dem Beginne der Verhandlungen vereiden, und (Art. 74 ibid.) daß die Verhandlung der Sache mit der Verlesung der Anklageschrift beginnen soll. Diese Reihenfolge beruht auf dem entscheidenden Grunde, daß die Geschwornen durch die Vereidung erst zur Ausübung ihres Richteramtes befähigt und verpflichtet werden, daß durch den Akt der Vereidung das Gericht, vor welchem demnächst die Verhandlung stattfindet, konstituirt wird. Es folgt hieraus, daß jeder einen Bestandtheil der eigentlichen Verhandlung bildende Prozeduralt, welcher der Vereidung vorhergegangen ist, nichtig und als nicht geschehen anzusehen ist.

Es liegt also im gegenwärtigen Falle die Sache so, daß eine gültige Verlesung der Anklageschrift überall nicht erfolgt ist. Es ist aber diese Vorlesung nicht ausschließlich im Interesse des Angeklagten vorgeschrieben, da dem Zwecke, demselben Kenntniß von dem Gegenstande der Anklage zu geben, schon durch die in § 79 der Vdn. v. 3. Jan. 1849 angeordnete Mittheilung einer Abschrift genügt ist. Dieselbe ist vielmehr für einen wesentlichen Bestandtheil des kontradiktorischen öffentlichen und mündlichen Verfahrens zu erachten. Ihr Unterlassen begründet eine Nichtigkeit, die durch eine Zustimmung oder Verzichtleistung des Angeklagten nicht gedeckt werden kann.

Wenn, soviel demnächst den zweiten Beschwerdepunkt betrifft, das Audienzprotokoll sagt: „daß die Aussage der Zeugin M. nach dem Wiedereintritte des Angeklagten publizirt worden sei", so ist damit ersichtlich der für solche

Fälle in dem Art. 28 cit. gegebenen Vorschrift nicht genügt. Nach derselben reicht es nicht aus, daß beim Wiedereintritt des Angeklagten mitgetheilt wird, was in seiner Abwesenheit vorgefallen. Es soll vielmehr das inzwischen Geschehene wiederholt, der in Abwesenheit des Angeklagten vernommene Zeuge in seiner Gegenwart noch einmal vernommen werden. Der Ausdruck des Protokolles stellt nicht fest, daß das, was das Gesetz will, geschehen ist; er sagt vielmehr etwas ganz Anderes. Es muß aber nach Art. 78 des Ges.s v. 3. Mai 1852, daß den gesetzlichen Vorschriften Genüge geleistet ist, durch das Protokoll erwiesen werden.

Die Vorschriften des Art. 28, welche die Bedingungen, unter denen ausnahmsweise von den Grundprinzipien des öffentlichen und mündlichen Verfahrens abgewichen werden kann, aufstellen, enthalten unzweifelhaft einen wesentlichen Grundsatz des Verfahrens, dessen Nichtbeobachtung nach Art. 108 des mehrbezogenen Gesetzes die Nichtigkeit des Verfahrens nach sich ziehen muß.

Antr. des GStA.s: gleichl. 29. — 2.]

Betrug. — Thatsache. — Absicht.

Die erregte Erwartung künftiger Leistungen und die Absicht, eine übernommene Verpflichtung nicht zu erfüllen, sind nicht solche Thatsachen, durch deren Vorbringung oder Unterdrückung ein Betrug begangen werden kann.

StGB. § 241 [n. 45].

Erk. (V. I.) v. 22. Sept. 1865 c. Vollring (1027. I. Cr.).

Der § 241 StGB. erfordert zu seiner Anwendung unter andern die Erregung eines Irrthums durch Vorbringen falscher oder durch Entstellen oder Unterdrücken wahrer Thatsachen. Der Begriff einer Thatsache ist hier, wie die Entstehungsgeschichte des § 241 nachweist, (Gold. Matt. 2. S. 538. 542), von wesentlicher Bedeutung, und es kann hierunter nur ein in die Wirklichkeit bereits getretenes Ereigniß, etwas Vergangenes oder Bestehendes, nicht aber etwas Zukünftiges verstanden werden, durch welches die Täuschung des Beschädigten bewirkt worden ist. In der bloßen Erwartung künftiger Leistungen, wenn sie auch mit der Absicht, solche nicht erfüllen zu wollen, versprochen worden, besteht die Täuschung nicht, welche der § 241 unterstellt. Die bestimmte Absicht, nicht erfüllen zu wollen, auf welche der App.-Richter Gewicht legt, ist im Sinne des § 241 keine Thatsache, da der Wille, künftig zu handeln oder zu unterlassen, veränderlich ist und nicht feststehen würde, in welchem Zeitpunkt die Täuschung oder der Irrthum eingetreten sei. In gleicher Auffassung hat das OTr. bereits mehrmals entschieden; vgl. Erk v. 15. Sept. 1852 und v. 30. Juni 1852 (G. A. 1. S. 579), v. 24. Nov. 1853 (Entsch 26. S. 420), v. 22. Mai 1857 (G. A. 5. S. 567). In sämmtlichen Fällen der wegen Betrugs erhobenen Anklage fehlt es daher an der gesetzlichen Voraussetzung eines durch Entstellen oder Unterdrücken wahrer Thatsachen erregten Irrthums des Beschädigten, und mußte wegen Verletzung der §§ 241. 242 cit. das angegriffene Urtheil in Bezug auf die Anklage wegen Betrugs und das Gesammtstrafmaaß vernichtet werden.

Antr. des GStA.s: gleichl [13.—4.]

Diebstahl. — Transport. — Abschneiden 2c.

Es ist kein schwerer Diebstahl, wenn auf einem öffentlichen Wege 2c. von einem Gegenstande des Transports ein Stück abgeschnitten und gestohlen worden ist.

StGB § 218 Nr. 4 [dort einzutr. als n. 47 a]

Beschl. (I.) v. 22. Sept. 1865 c. **Witulski** (225. B. I. Cr.).

W. hatte von einer Karre, auf welcher C. Netze und Seile transportirte, ein Stück einer Leine abgeschnitten und gestohlen; die mit der Sache befaßte Gerichtsabtheilung hielt den § 218 Nr. 4 cit. für anwendbar und erklärte sich für inkompetent. Das AG war anderer Meinung und sprach die Wiedereröffnung der Untersuchung aus. Dieser letzten Ansicht hat sich das OTr. angeschlossen, indem es erwog:

daß die von dem Wagen des C. entwendete Leine mit dem Netze, zu welchem es gehörte, nicht unmittelbar zusammengehangen, an demselben nicht befestiget gewesen, daher auch von demselben nicht abgeschnitten worden ist; daß demnach ein Ablösen oder Abschneiden von Gegenstänten des Transports im Sinne des § 218 Nr. 4 nicht stattgefunden hat; das von dem C. bekundete Abschneiden eines Theils der auf dem Wagen liegenden Leine von dem anderen auf dem Wagen zurückgebliebenen Theile derselben aber nicht als ein solches Ablösen oder Abschneiden erachtet werden kann.

Antr. des GStA.s: gleichl. [5.—3.]

Mahl- rc. Steuer. — Innerer Steuerbezirk. — Zeit.

Derjenige, welcher unter Innehaltung der zum Steueramte führenden Steuerstraße einen der Mahl- rc. Steuer unterliegenden Gegenstand in den innern Stadtbezirk einer steuerpflichtigen Stadt unversteuert einbringt, unterliegt nicht schon deshalb der Defraudationsstrafe, weil dieses Einbringen außer der im Orts-Regulativ bestimmten Abfertigungszeit stattfand.

Mahl- rc. St.-Ges v. 30. Mai 1820 §§ 15 a. 17; Steuer-Ordn. v. 8. Febr. 1819 § 56. Vgl. RdOTr. 5. S. 219.

Erk. (Z.-Pl.) v. 25. Sept. 1865 c. Schiffelchen (465. II; 9 Pl. Cr.).

Der schon wiederholt wegen Steuerdefraude bestrafte Sch. hatte Abends um 7½ Uhr eine bedeutende Quantität Weizenmehl in den innern Stadtbezirk der steuerpflichtigen Stadt A. unter Innehaltung der zum Steueramte führenden Steuerstraße eingebracht, und unterwegs vor einem an jener Straße liegenden Wirthshause angehalten; hier ward er von den Steuerbeamten betroffen. Mit Rücksicht auf die Bestimmungen des Ortsregulativs, welches den Schluß der täglichen Abfertigungszeit für das betr. Steueramt auf 7 Uhr Abends bestimmte und jeden Aufenthalt auf der Steuerstraße untersagte, wegen Steuerdefraude verfolgt, ward er in 1. Instanz verurtheilt, indem ausdrücklich als erwiesen angenommen wurde, daß er das Mehl einzuschwärzen beabsichtigt habe. Auf seine Berufung verhängte aber die App.-Kammer nur, wegen Zuwiderhandlung gegen das Ortsregulativ (durch zu spätes Einbringen und Anhalten auf der Straße), eine Ordnungsstrafe. Erwogen ward: eine Defraude sei nur da anzunehmen, wo entweder die Handlung ihrer Natur nach eine wirkliche Umgehung der Gefälle enthaltte, oder aber das Gesetz ausdrücklich an gewisse Vorkommnisse die Vermuthung der vollbrachten Defraude knüpfe; hier sei eine solche Vermuthung nicht gesetzlich aufgestellt; die Absicht zu defraudiren könne dagegen für sich allein den Thatbestand einer Defraude nicht herstellen. —

Den vom Ober-Prokurator ergriffenen Kassationsrekurs erachtete der GStA. für begründet. Er führte aus: „unzweifelhaft könne das Ortsregulativ (wie dieses selbst ausdrücklich anerkenne) nicht den gesetzlich bestimmten Begriff der Steuerdefraude abändern oder ausdehnen; die hier fraglichen Vorschriften schlössen sich aber unmittelbar an § 15a des Ges.s v. 30. Mai 1820 an, nach welchem steuerpflichtige Gegenstände sofort bei der Ankunft in der Stadt (d. h. arg. § 13a ibid im innern Stadtbezirke) beim Steueramte anzumelden seien; diese Anmeldung könne nach der Natur der Sache nur in den dafür nach § 56 der Steuer-Ordn (vgl. Ges. v. 30. Mai 1820 § 17) von der Verwaltung zu bestimmenden Dienststunden erfolgen; wenn sich daher Jemand durch ein verspätetes Einbringen in die Unmöglichkeit der sofortigen Anmeldung versetze, so liege darin mit Nothwendigkeit eine Zuwiderhandlung nicht bloß gegen das Ortsregulativ, sondern auch gegen den cit. § 15a des Ges.s v. 1820, da eine durch die eigne freigewählte Handlungsweise herbeigeführte Unmöglichkeit, der gesetzlich begründeten Anmeldungspflicht zu genügen, die Strafverhängung nicht ausschließen könne; die entgegengesetzte Annahme würde dahin führen, daß die während der Dienststunden (d. h. also zur Zeit, wo die Kontrolle leicht sei) erfolgende Nichtanmeldung die volle Strafe nach sich ziehe, während nur eine Ordnungsstrafe da Platz greife, wo die Unterlassung zu einer Zeit erfolge, wo die Kontrolle am meisten erschwert sei. —

Das OTr. hat den Kass.-Rekurs verworfen, indem es erwog:

daß es sich bei dem Vergehen der Mahlsteuer-Defraudation in den meisten Fällen um ein rein formales Delikt handelt, dessen Thatbestand nur aus dem Gesetz, also namentlich dem Gesetz über die Schlacht- und Mahlsteuer vom 30. Mai 1820 entnommen werden kann;

daß insbesondere dieser Thatbestand durch die zur Ausführung des Gesetzes gegebenen Ortsregulative nicht verändert, durch eine einfache Zuwiderhandlung gegen dieselben vielmehr nur eine Ordnungsstrafe begründet werden kann: AKO. v. 22. Dez. 1843;

In Erw., daß nun, soviel die Vorschriften des Mahlsteuergesetzes betrifft, nachdem im § 13a bestimmt ist, daß der Schlacht- und Mahlsteuer jeder, der innerhalb des Bezirks der steuerpflichtigen Stadtgemeinde, oder überhaupt im Umfange der Stadt sich aufhält, die Steuer zu tragen verpflichtet sei, der § 15 sub a daselbst verordnet, daß Gegenstände, welche der Steuer unterliegen, und in eine steuerpflichtige Stadt eingebracht werden, gleich bei der Ankunft dem Steueramte angemeldet und versteuert werden müssen;

daß sodann der § 15 sub d die Bestimmung enthält, daß eine Unterlassung der Anzeige bei der Ankunft der Waaren in der Stadt, oder eine Abweichung von dem durch die Steuerbehörde vorgeschriebenen Wege, welchem der Steuerpflichtige bis zum Steueramte folgen muß, als eine Defraudation angesehen und geahndet werden soll;

daß also das Steuervergehen erst durch die Unterlassung der gebotenen Anzeige der Waare, oder durch eine Abweichung von dem vorgeschriebenen Wege zum Steueramte konsumirt wird, so zwar, daß an diese Kommissiv- oder Omissivhandlungen, und ohne Rücksicht auf Dolus und Kulpa des Angeklagten, das Dasein der Defraudation geknüpft ist;

daß in dem § 15a und d zwar dem Steuerpflichtigen die Anzeige und Anmeldung gleich bei der Ankunft in der Stadt, aber doch auch erst hier, und bei dem Steueramte zur Pflicht gemacht ist;

daß mithin der Beschuldigte dem Mahlsteuer-Ges. v. 30. Mai 1820 bei seiner Betretung im steuerpflichtigen Stadtbezirk noch nicht zuwider gehandelt hatte, da er sich mit der Waare auf der vorgeschriebenen Steuerstraße in der Richtung nach der Stadt und dem Anmeldeamte am Eingang derselben befunden hat, und von der Straße nicht abgewichen war;

In Erw., daß zwar zur Stütze des Kassations-Rekurses zuvörderst die Bestimmung des § 5 des Ortsregulativs, welche vorschreibt, daß von den Eingangspunkten des Stadtbezirks bis zu den Abfertigungsstellen jedesmal die vorgeschriebene und unmittelbar zur Bestimmung führende Steuerstraße ohne Veränderung und Aufenthalt der Ladung eingehalten werden müsse; —

mit der Behauptung angerufen wird, daß sich diese Bestimmung dem § 15a und d und 13a des Mahlsteuer-Gesetzes in dem Sinne unmittelbar anschließe, daß sie nur eine genaue Anordnung dessen enthalte, was schon im § 15 mit den Worten „gleich bei der Ankunft angemeldet ꝛc.“ vorgesehen sei, eine Zuwiderhandlung gegen das Regulativ also zugleich eine Zuwiderhandlung gegen den § 15 des Steuergesetzes begründe, und mithin derjenige, welcher der Vorschrift des § 5 des Regulativs zuwider im innern Steuerbezirke auf dem Wege zur Abfertigungsstelle anhalte, einem solchen gleich zu achten sei, der es unterlassen habe, sofort bei Ankunft in der steuerpflichtigen Stadt Anzeige zu machen;

daß jedoch das Steuergesetz nicht ein bloßes Anhalten mit der Waare im Steuerbezirk, sondern nur die unterlassene sofortige Anzeige derselben bei der Ankunft in der Stadt mit der Defraudationsstrafe bedroht, ein solches Anhalten im Gesetz mit der unterlassenen sofortigen Anzeige nirgends gleichgestellt ist, und durch die Bestimmung des Ortsregulativs der gesetzliche Thatbestand der Defraudation jedenfalls nicht erweitert werden könnte;

daß sonach die aufgestellte Behauptung zur Begründung des Rekurses nicht geeignet ist;

daß ein Gleiches auch rücksichtlich der ferneren Ausführung der Rechtfertigungsschrift der Kgl. Prov.-Steuer-Direktion der Fall ist, wonach hier eine konsumirte Mahlsteuer-Defraudation um deswillen vorliegen soll, weil nach der thatsächlichen Feststellung des angegriffenen Urtheils der Beschuldigte im Monat September Abends nach 7 Uhr die steuerpflichtige Waare in den innern Steuerbezirk der Stadt A. eingebracht habe, nach § 6 lit b des citirten Ortsregulativs aber die Abfertigungsstunde für die Erledigung der steuerpflichtigen Gegenstände damals um 7 Uhr bereits abgelaufen gewesen sei;

daß nämlich mit Grund sich nicht behaupten läßt, daß derjenige, welcher steuerpflichtige Gegenstände, wie hier, in den innern Steuerbezirk einer Stadt einführe, zu einer Zeit, wo er sich in der von ihm selbst herbeigeführten Unmöglichkeit befinde, die steuerpflichtigen Gegenstände gleich bei der Ankunft in der Stadt der Vorschrift des § 15 des Mahlsteuer-Gesetzes gemäß anzumelden und zu versteuern, hierdurch aber diesem § zuwidergehandelt habe, und namentlich dem Steueramte gegenüber demjenigen ganz gleich stehe, welcher die Anmeldung und Versteuerung, obwohl er dazu im Stande gewesen, unterlassen habe;

daß das Steuergesetz insbesondere jenen Fall nicht vorgesehen hat, und mithin die formale Natur der Mahlsteuer-Defraudation schon einer Gleichstellung mit den der unterlassenen sofortigen Anmeldung um so mehr entgegensteht, als damit an sich auch eine Umgehung der Steuergefälle nicht schon verbunden ist;

daß überdies aber auch eine solche Gleichstellung zurückgewiesen werden muß, weil sonst konsequent das in guter Absicht erfolgte, aber verfrühte Einbringen der steuerpflichtigen Waare in den innern Stadtbezirk, oder das verspätete Einbringen aus einem bloßen Irrthum in der Zeit, also Fälle mit der Defraudationsstrafe belegt werden müßten, welche ihrer Natur nach nur eine Ordnungsstrafe höchstens begründen könnten, und bei welchen mit Rücksicht auf den formalen Charakter des Delikts der gute Glaube vergeblich angerufen werden würde.

Antr. des GStA.s: entg. [27. — 1.]

Bankerutt. — Zahlungseinstellung. — Konkurs.

Die zum Thatbestande des Bankerutts gehörende „Zahlungseinstellung" ist von der Eröffnung des Konkurses unabhängig.

StGB. § 259 [n. 26]

Erk. (Z. I.) v. 27. Sept. 1865 c. Bernstein (858. I. Cr).

Wenn der Implorant ausführt, daß von einer Zahlungseinstellung bei ihm nicht die Rede sein könne, weil er sich mit seinen Gläubigern freiwillig geeinigt und dieselben sich nach Abtretung seines Aktivvermögens mit dem, was nach Verhältniß ihrer Forderungen auf sie treffe, zum Voraus für zufrieden gestellt erklärt, auf den Ueberrest aber verzichtet hätten, so ist diese Ausführung verfehlt. Denn, wie schon mehrfach vom Ober-Tribunal ausgeführt worden (vgl. JMBl. 53. S. 218; G. A. 1. S. 253; 4. S. 799), ist die Zahlungseinstellung, welche nach den §§ 259. 261 des StGB.s zum Thatbestande des strafbaren Bankerutts gehört, unabhängig von der Eröffnung des Konkurses und bedarf daher einer besonderen Feststellung durch den Strafrichter (G. A. 10. S. 144; RdOTr. 2 S. 68).

Antr. des GStA s: gleich! [28. — 4.]

Betrug. — Vermögensbeschädigung. — Vertragsabschluß. — Gewagtes Geschäft.

Ist Jemand durch Täuschung zum Abschlusse eines gewagten Geschäfts veranlaßt worden, so ist es als eine Vermögensbeschädigung im Sinne des § 241 StGB. anzusehen, wenn die Wahrscheinlichkeit eines zu ziehenden Gewinnes in Wirklichkeit geringer ist, als nach den gemachten Vorspiegelungen anzunehmen war.

StGB. § 241 [n. 12].

Erk. (Z. I.) v. 27. Sept. 1865 c. Ehrmann (736 I Cr.).

E. hatte den rc. L. zum Ankaufe einer Lebensversicherungspolice des x. W. dadurch verleitet, daß er ihn wahrheitswidrig glauben machte, W. ei krank und bettlägerig rc. Wegen Betrugs bestraft, rügte er Verletzung des § 241 StGB., weil mit Unrecht angenommen worden sei, daß L. durch den Abschluß des gewagten Geschäfts eine Vermögensbeschädigung erlitten habe. Zurückweisung Gründe:

Allerdings würde der App.-Richter zuweit gehen, wenn seine Ausführung dahin zu verstehen wäre, daß jede durch Betrug veranlaßte Eingehung eines Vertrages und die in Folge dessen bewirkte Zahlung oder Leistung an und für sich schon eine Vermögensbeschädigung enthalte. Denn es handelt sich darum, ob die Gegenleistung aus diesem Vertrage jener Zahlung oder Leistung entspricht, oder ob dies nicht der Fall ist, und ob in diesem letzteren Falle die Differenz, welche die Beschädigung enthält, durch den Betrug herbeigeführt ist. Handelt es sich um ein gewagtes Geschäft, wie hier, so läßt sich dies allerdings erst nach dem Eintritt des Ereignisses, von welchem das Geschäft abhängig gemacht ist, beurtheilen. Allein im vorliegenden Falle war die größere oder geringere Gewißheit oder doch Wahrscheinlichkeit des Gewinnes von der persönlichen Eigenschaft der versicherten Person, des W., abhängig.

Darnach richtete sich der Preis, welchen der L. für die Police zahlte. Er zahlte aber, und dies muß man eben in der Feststellung der Richter finden, die Höhe von 132 Thlrn. nur deshalb, weil ihm vorgespiegelt war, der versicherte W. sei krank und liege im Bette u. s. w.; er würde also, wenn ohne diese Vorspiegelung das Geschäft dennoch zu Stande gekommen wäre, nur einen geringeren Preis gezahlt haben, und sein gehoffter Gewinn, vorausgesetzt, daß ein solcher überhaupt eintritt, ist also unter allen Umständen ein geringerer, als er ohne die Vorspiegelung gewesen wäre. Also auch bei dem Vorhandensein eines gewagten Geschäftes liegt die Sache so, daß der L. über die Eigenschaft des Objektes getäuscht, demselben einen höheren Werth beigelegt hat, als dasselbe in Wirklichkeit zur Zeit des Vertragsabschlusses hatte, und daß er bei der Stipulation des Kaufpreises diesen höheren, in Wirklichkeit aber damals nicht vorhanden gewesenen Werth bezahlt hat.

Antr. des OStA.s: gleichl [15.—4.]

Widersetzlichkeit. — Förster. — Pfändung.

Ein Förster genießt auch außerhalb des Forstes des Schutzes des Ges.s v. 31. März 1837, so lange seine Thätigkeit mit einer im Forste vorgenom-

meinen dienstlichen Handlung im unmittelbaren Zusammenhange steht.

Ges.. v. 31. März 1837 § 1 ff Vgl StGB § 89 n. 63; RdOTr. 2. S 513, 3 S 286 498.

Erk. (Z. 1.) v. 27. Sept. 1865 c. Gwisdala (586. I. Cr.).

Der Förster W hatte den Gw. im Kgl Forste bei einem Holzdiebsstahl betroffen und ihm die Axt abgepfändet; als er darauf die Axt in Sicherheit bringen wollte, und (außerhalb des Forstes) bis zum Eingange des Dorfes L. gekommen war, widersetzte sich ihm Gw. mittelst Anwendung von Gewalt gegen seine Person. Deshalb aus §§ 1 und 3 des Ges.s v 31. März 1837 bestraft, hat Gw die NB. ergriffen und gerügt: 1) daß der (den obigen Sachverhalt feststellende) Geschwornenspruch nicht erkennen lasse, resp. nicht feststelle, daß sich W. zur Zeit des Widerstandes in Ausübung seines Amtes befunden habe; 2) Verletzung des cit Ges s: die amtliche Thätigkeit des W sei mit der Pfändung beendigt gewesen, eine Verfolgung behufs der Pfändung habe nicht stattgefunden; der später außerhalb des Forstes geleistete Widerstand stelle sonach eine neue, von dem früheren Vorfalle unabhängige Handlung dar. Zurückweisung. Gründe:

Der Angriff zu 1. erledigt sich dadurch, daß der Wahrspruch alle thatsächlichen Momente enthält, aus denen unzweifelhaft die Rechtsfolgerung gezogen werden konnte, daß der Förster W. zur Zeit des Angriffs in Erfüllung seines Amtes begriffen war, weil es zu den amtlichen Funktionen eines Försters gehört, die einem Holzfrevler gepfändeten Werkzeuge in Sicherheit zu bringen. Ebenso hinfällig ist der Vorwurf zu 2.: das Verdikt der Geschwornen umfaßt an sich die wesentlichen Merkmale der zur Anwendung gebrachten §§ 1. 3 des Ges.s v. 31. März 1837. Im Anschluß hieran hat der Schw.-GH., ohne dabei rechtlich zu irren, angenommen, daß die von dem Förster W. in der Forst ausgeführte Pfändung der Axt des Angeklagten, und der außerhalb derselben stattgehabte Angriff des letzteren gegen den W., um denselben an der Sicherstellung der gepfändeten Axt zu hindern, als mit einander in einem unmittelbaren Zusammenhange stehend zu betrachten sei, — indem erwogen worden ist, „daß es in der Pflicht des Försters W. gelegen, das zur Verübung des

Diebstahls von dem Angeklagten gebrauchte Werkzeug in Beschlag zu nehmen und sicher zu stellen, daß diese seine Thätigkeit auch außerhalb der Forst im Bereiche seines Amtes gelegen, und als Fortsetzung der in der Forst begonnenen Ausübung desselben anzusehen sei."

Antr. des GStA.s: Zurückweisung der NB. [20.—4.]

Verlesung. — Zeugen-Aussage. — Verlesung.

Die Verlesung der in der Voruntersuchung zu Protokoll genommenen Zeugenaussagen ist nur dann statthaft, wenn der Zeuge inzwischen verstorben ist; sonstige Hindernisse der persönlichen Vernehmung des Zeugen in der Sitzung können nur seine kommissarische Vernehmung unter Zuziehung des Angeklagten rechtfertigen [unbeschadet der Vorschrift des Art. 25 des Ges.s v. 3. Mai 1852].

Vdn. v. 3. Jan. 1849 § 21 [n. 17] Vgl. RdOTr. 2. S. 334. 452. 453; 4. S. 214; 5. S. 203.

Erk. (V. I.) v. 27. Sept. 1865 c. Schönfeld (768. I. Cr.).

Der § 21 l. c. gestattet in seinem Schlußsatze die Verlesung der schon vorher, also in der Voruntersuchung abgelegten Zeugen-Aussagen nur für den Fall, wo der Zeuge inzwischen verstorben ist, während, wenn die Vernehmung des Zeugen in der Audienz wegen anderer unabwendbarer Hindernisse nicht geschehen kann, diese anderweitig kommissarisch unter Zuziehung des Angeklagten bewirkt werden muß. Der App.-Richter hätte daher diesem vom OStA. gerügten Mangel des Verfahrens in 1. Instanz in Gemäßheit des Art. 102 des Ges.s v. 3. Mai 1852 entweder selbst durch anderweitige Vernehmung des Zeugen L. abhelfen, oder die Sache unter Aufhebung des ersten Erkenntnisses in die erste Instanz zurückweisen müssen. Da dies nicht geschehen ist, unterliegt das angefochtene Erkenntniß der Vernichtung.

Antr. des GStA.s: gleichl. [118.—4.]

Diebstahl. — Ladendiener. — Absicht des Erwerbs.

Der Ladendiener, welcher die im Laden für seinen Prinzipal vereinnahmten Verkaufsgelder sich aneignet, begeht einen Diebstahl, sollte er auch sofort bei der Empfangnahme des Geldes beabsichtigt haben, dasselbe für sich zu behalten, sobald nur der Zahlende die Absicht hatte, Eigenthum und Besitz auf den Prinzipal zu übertragen.

StGB. § 215 [n. 35].

Erk. (Z. II.) v. 28. Sept. 1865 c. Kindler (236. II. Cr.).

Die K. hatte sich ein Geldstück angeeignet, welches sie im Laden des Kaufmanns K—z. als Ladendienerin für verkaufte Waaren eingenommen hatte. Das AG bestrafte wegen Diebstahls, obgleich es von der Annahme ausging, die K. habe sofort bei der Empfangnahme des Geldstücks beabsichtigt, dasselbe für sich zu behalten. Hierin fand die NB. eine Verkennung der landrechtlichen Begriffe: „Gewahrsam, Besitz und Eigenthum" und eine Verletzung der §§ 1—3. 6. 7. 43. 48. 50. 51. 58. 59. I, 7; §§ 1. 9. I, 8 und § 3. I, 9 ALR., weil nach diesen Gesetzesstellen das so vereinnahmte Geld nicht in den Besitz und demgemäß auch nicht in das Eigenthum des K—z. habe übergehen können; außerdem verletze das AG die §§ 1. 76 77. 221. I, 11 ALR. durch die Annahme, daß der Kaufpreis von Waaren sofort an Stelle der Waaren in den Besitz und das Eigenthum des Kaufmanns übergehe. — Zurückweisung. Gründe:

Der App.-Richter hat nicht, wie die Beschwerdeschrift unterstellt, und als eine Fiktion bezeichnet, einen Rechtssatz allgemein dahin ausgesprochen: „der Kaufpreis für Waaren gehe sofort an Stelle der Waaren in den Besitz und das Eigenthum des Kaufmanns über", sondern er hat nur in Bezug auf die in einem Kaufladen erkauften und dort sofort bezahlten Waaren angegeben, „daß das gegen Empfang der Waare hingegebene Geld sofort an Stelle der Waare in den Besitz und das Eigenthum des Kaufmanns übergegangen sei, ohne daß es hierzu erst noch eines Hineinthuns in die Ladenkasse bedurft hätte." Diese Annahme ist nicht rechtsirrthümlich, und überhaupt enthalten die Argumentationen des App.-Richters nicht eine Verletzung einer der

Gesetzesstellen, welche die NB. in großer Zahl ohne nähere Ausführung allegirt hat, oder sonst eines Gesetzes oder Rechtsgrundsatzes.

Nach Artt. 50 und 58 des D. HGB.s (vgl. ALR. II, 8. § 547) gilt derjenige, der in einem Laden .... angestellt ist, für ermächtigt, daselbst Verkäufe und Empfangnahmen vorzunehmen, welche in einem derartigen Laden .... gewöhnlich geschehen. Er ist daher bezüglich auf Traditionen und insbesondere Geldzahlungen, die in dem Laden für dort gekaufte Waaren erfolgen, Stellvertreter des Ladeninhabers (des Prinzipals). Nach den über den Erwerb des Besitzes durch Stellvertreter geltenden, und zwar sowohl nach dem römischen Rechte, als nach dem ALR. — vgl. I, 7. § 3. („— durch Andere") 21. 22. 34. („— durch die Handlungen eines Andern") 51. („— durch Andere") 111 — geltenden Grundsätzen wird aber bei einer Tradition dem Repräsentirten durch einen Stellvertreter, welcher dabei die Apprehension vornimmt, Besitz und Eigenthum auch dann erworben, wenn zwar dabei der Stellvertreter die Absicht hatte, für sich zu apprehendiren und zu erwerben, der mit dem Stellvertretungs-Verhältnisse bekannte Tradent aber die Absicht hatte, dem Repräsentirten den Besitz und das Eigenthum zu übertragen. — Vgl. v. Savigny Besitz § 26 (6. Aufl. S. 353); Koch, Besitz, S. 176; Puchta im Rechts-Lexikon 2. S. 60 Note 69; Geßler in G. A. 10. S. 598; Plen.-Erk. v. 2. Okt. 1848, Entsch. 17. S. 21.

Dies letztere tritt bei Zahlungen ein, für welche die in einem Kaufmanns-Laden erkauften Waaren sofort an den dieselben verabfolgenden Ladendiener geleistet werden. Dieser, der, selbst bei augenblicklicher Abwesenheit des Prinzipals, noch nicht die Gewahrsam der in dem Laden befindlichen Waaren hat, nimmt die im Laden gezahlten Geldstücke nach dem Willen des Zahlenden, der, wenn er auch zunächst jenen zum Inhaber der Geldstücke machen, ihm die Gewahrsam derselben einräumen sollte, doch Besitz und Eigenthum dem Prinzipale zu übertragen beabsichtigt, nur als Stellvertreter seines Prinzipals in Empfang. Dadurch erlangt der letztere Besitz und Eigenthum derselben, und ihm werden sie auch dann weggenommen, wenn der Ladendiener schon bei der Empfangnahme selbige für sich und an sich zu behalten beabsichtigt und diese Absicht ausführt.

Antr. des GStA.s: gleichl. [26. — 2.]

Diebstahl. — Gewahrsam. — Gas.

Die Annahme, das Leuchtgas befinde sich so lange in der Gewahrsam der Gasanstalt, bis es die Gasuhr passirt habe, ist nicht rechtsirrthümlich.

StGB. § 215 [n 36].

Erk. (Z. II.) v. 28. Sept. 1865 c. Lehmann (310. II. Cr.).

In Erw., daß in dem angegriffenen Erkenntnisse der Thatbestand des § 215 StGB. festgestellt, auch in der demselben zu Grunde gelegten Erwägung, daß das Gas sich so lange in der Gewahrsam der Gasanstalt befinde, bis es die Gasuhr, die Kontrolle, passirt habe, ein Rechtsirrthum nicht zu erkennen ist, hiernach aber auch angenommen werden konnte, daß der Angeklagte durch Herausnahme der Gasuhr das Gas der Gewahrsam der Gasanstalt entzogen habe; rc.

A. d. Gr.: Zurückweisung der NB.
Antr. des GStA.s: gleichl. [22. — 2.]

Sitzungsprotokoll. — Unterschrift.

Die Unterschrift des Sitzungsprotokolls durch den Vorsitzenden und den Gerichtsschreiber ist an keine Frist gebunden. Der Angeklagte, welcher den Mangel der Unterschrift unter dem Sitzungsprotokoll erster Instanz nicht vor dem App.-Gerichte gerügt hat, kann denselben nicht im Wege der Nichtigkeitsbeschwerde geltend machen, wenn dem Ober-Tribunal das unterzeichnete Protokoll vorliegt.

Vdn. v. 3. Jan. 1849 §§ 37 [n. 11]. 83 [n. 15]; Ges. v. 3. Mai 1852 Art. 78 [n. 51].

Erk. (Z. II.) v. 28. Sept. 1865 c. Lenz (300. II. Cr).

L. war in erster Instanz von der Gerichts-Abtheilung verurtheilt, und das Erkenntniß auf seine Appellation bestätigt worden, ohne daß es in diesem Verfahren zur Sprache gekommen wäre, daß das den Akten beiliegende Protokoll über die Verhandlung 1. Instanz von dem Vorsitzenden der Abtheilung nicht unterzeichnet war. Dagegen rügte das AG. diese Versäumniß bei der Rücksendung der Akten an das KrG., worauf die gedachte Unterschrift nachträglich beigefügt wurde. Nunmehr machte der Angeklagte die frühere Versäumniß im Wege der NB. geltend. — Die GStAnw.-schaft erachtete diesen Angriff für begründet, indem sie ausführte, daß das AG, dem das Protokoll 1. Instanz ununterschrieben vorgelegen, dem es also an jedem Nachweise eines regelrechten Verfahrens in 1 Instanz gefehlt habe, dieses habe vernichten und zu dem Ende die Sache an das KrG habe zurückverweisen müssen; diesem Mangel der Entscheidung 2. Instanz könne nicht durch die nachträglich dem Protokolle über die erstrichterliche Verhandlung beigefügte Unterschrift abgeholfen werden. — Das OTr. hat die NB. zurückgewiesen. Gründe:

Da der Krim.-Senat des AG.s zu M. bei Zusendung des Erkenntnisses 2. Instanz an das Kgl. KrG. zu S. die Rüge ausspricht, „daß die Akten, ohne daß das Audienz-Protokoll v. ꝛc. von dem Herrn Vorsitzenden vollzogen worden, eingesandt sind," und das KrG. veranlaßt, „diesen Mangel zu verbessern", so muß die thatsächliche Richtigkeit der der Beschwerde zu Grunde gelegten Behauptung allerdings für konstatirt erachtet werden. Der Beschuldigte würde daher in Gemäßheit des § 37 der Vdn. v. 3. Jan. 1849 (Art. 78 des Ges. v. 3. Mai 1852) das Recht gehabt haben, den bezeichneten Mangel, der Inhalts der Verfügung des AG.s nicht bloß bei Einsendung der Akten an dasselbe durch das KrG., sondern auch noch während der Verhandlung vor dem AG. vorlag, und der erst nach der Zurücksendung der Akten durch das AG. an das KrG. gehoben worden ist, auch seinerseits bei dem Appellations-Verfahren zu rügen und Einwendungen gegen die Legalität des Verfahrens selbst in der ersten Instanz zu erheben, welchem diejenige Beurkundung über den Gang der Verhandlung vor dem erkennenden ersten Richter fehlte, die der

Gesetzgeber dazu für erforderlich erachtet und in den oben angeführten Bestimmungen ausdrücklich vorgeschrieben hat. Allein eine solche Rüge vor Beseitigung des Mangels ist von dem Beschuldigten gar nicht erfolgt, namentlich ist er bei der Verhandlung in zweiter Instanz nicht erhoben worden, und auch noch jetzt wird von dem Beschuldigten die Behauptung nicht aufgestellt, daß durch Mängel bei dem Verfahren erster Instanz selbst oder eine etwa unrichtige Aufzeichnung des thatsächlichen Vorganges bei der Verhandlung in erster Instanz in dem von dem Gerichtsvorsitzenden früher nicht mitunterschriebenen Audienz-Protokoll, seine materiellen Interessen irgendwie verletzt worden seien. Er verlangt vielmehr die Vernichtung des Erkenntnisses 2. Instanz aus keinem anderen, als dem rein formellen Grunde, daß das jetzt in rechtsgültiger Form vorliegende Audienz-Protokol 1. Instanz in dem bezeichneten früheren Augenblick der Vorschrift des Gesetzes, wegen damaligen Mangels der Mitunterschrift des Gerichts-Vorsitzenden, nicht genügt habe. Diesem Verlangen war nicht stattzugeben. Denn die Unterschrift des Vorsitzenden unter dem Sitzungs-Protokolle ist an sich vom Gesetze an eine bestimmte Frist nicht gebunden, es ist mithin, wenn sie bei der Aufnahme unterblieb, nicht unzulässig, sie später beizufügen und dadurch dem Protokolle legale Existenz und Beweiskraft zu geben. Erst wenn in höherer Instanz Nichtbeobachtung vorgeschriebener Förmlichkeiten des Verfahrens behauptet ist, deren Beobachtung durch ein regelrechtes Protokoll bewiesen sein muß, oder wenn materiell unrichtige Aufzeichnungen in dem vorliegenden nicht vollzogenen Protokolle behauptet sind, erscheint es unzulässig, nachträglich ein Beweismittel für die Beobachtung jener vorgeschriebenen Förmlichkeit oder für die Aufzeichnung das Materielle zu schaffen. Es war mithin auch im vorliegenden Falle nicht unzulässig, wenn der App.-Richter, — was freilich beim Eingang und nicht erst beim Abgang der Akten hätte geschehen sollen — die Vollziehung des der Unterschrift des Vorsitzenden entbehrenden

Sitzungs-Protokolles 1. Instanz anordnete, gegen dessen materiellen Inhalt ebensowenig als bezüglich der dadurch zu konstatirenden Beobachtung der Form des Verfahrens 1. Instanz irgend ein Einwand gemacht war. Das unter solchen Umständen regularisirte Protokoll kann eben deshalb auch nicht eine Anfechtung des Verfahrens 2. Instanz durch die NB. begründen. [11.—2.]

Bankerutt. — Zahlungseinstellung. — Handelsschuld. — Zeitpunkt.

1. **Der Begriff der Zahlungseinstellung eines Kaufmanns ist nicht auf das Maaß seiner Handelsschulden zu beschränken.**

StGB. §§ 259 [n. 29]. 261.

2. **Ein gewesener Kaufmann kann sich des Bankerutts schuldig machen, wenn die Zahlungseinstellung binnen Jahresfrist seit Aufgabe des Handelsgeschäfts eingetreten ist.**

StGB. §§ 259 [n. 28 21]. 261; Konk.-Ordn. v. 8. Mai 1855 § 114 Nr. 1.

Erk. (Z. II.) v. 28. Sept. 1865 c. Pöttgen (217. II. Cr.).

P. war, weil er „als Kaufmann und Fabrikbesitzer im J. 1858 seine Zahlungen eingestellt, und als solcher die nach der Beschaffenheit seines Geschäfts nothwendig zu führenden Handelsbücher so unordentlich geführt hatte, daß dieselben keine Uebersicht seines Vermögenszustandes gewährten," aus § 261 Nr. 2 bestraft worden. Seine NB. rügte u. A.:

1) . . . .

2) der App.-Richter habe aus der Unbeibringlichkeit der Forderung des ꝛc. D. mit Unrecht die Zahlungseinstellung gefolgert: jene Forderung habe keine Handelsschuld dargestellt; der App.-Richter stütze sich für das Gegentheil auf die im Art. 274 des HGB.s aufgestellte Vermuthung, übersehe aber, daß dieser § auf die Schuldverhältnisse aus der Zeit vor Einführung des HGB.s keine Anwendung finde;

3) der App.-Richter wende den § 114 Nr. 1 der Konk.-Ordn. unrichtig an, wenn er daraus folgere, daß ein gewesener Kaufmann, welcher binnen Jahresfrist seit Aufgabe seines Handelsgeschäftes seine Zahlungen einstelle, sich des Bankerutts schuldig machen könne; dadurch habe er die Begriffe: „Zahlungseinstellung" und „Konkurseröffnung" mit einander verwechselt. — Das OTr. hat die NB. zurückgewiesen. Gründe:

Zu Nr. 2. Der App.-Richter hat allerdings den Art. 274 des HGB.s unpassend mitherangezogen; — es war aber für die Frage, um welche es sich handelte, die Angabe des Angeklagten, „daß die betr. Schuld keine Handelsschuld gewesen sei," überhaupt unerheblich, da der Begriff der Zahlungseinstellung eines Handelsmannes 2c. keinesweges auf Handelsschulden zu beschränken ist; vgl. Koch, Komm. z. Konk.-Ordn. § 113 n. 3.

Zu Nr. 3. Allerdings ist der App.-Richter mit dem ersten Richter, bei der Erörterung: ob und zu welcher Zeit Seitens des Angeklagten Zahlungseinstellung (welche überhaupt nur bezüglich auf Handelsleute 2c. rechtliche Bedeutung hat: Konk.-Ordn. § 332) stattgefunden habe, in Bezug auf die Strafbestimmung des § 261 Nr. 2 StGB. von der Ansicht ausgegangen, daß in Folge der Bestimmung der Konk.-Ordn. § 114 Nr. 1, wonach der kaufmännische Konkurs auch in dem Falle stattfindet, wenn ein Handelsmann 2c. sein Geschäft aufgegeben hat und von ihm noch während des Geschäftsbetriebes oder innerhalb eines Jahres seit der Aufgabe des Geschäfts die Zahlungen eingestellt worden sind, auch Untersuchung und Bestrafung wegen Bankerutts (vgl. Konk.-Ordn. §§ 189. 202. 205. 316 Abs. 2) noch eintreten könne, wenn zwar schon vor der Zahlungseinstellung der Handelsmann sein Geschäft aufgegeben hatte (vgl. auch § 116 l. c.), jedoch seit der Aufgabe des Geschäfts bis zur Zahlungseinstellung noch nicht ein Jahr verstrichen war; und der App.-Richter hat dabei die Annahme des ersten Richters, daß der Angeklagte seinen Fabrikbetrieb frühestens im Juni 1858 gänzlich eingestellt habe, für völlig begründet, auch durch neue Thatsachen oder Beweismittel überhaupt nicht angegriffen erklärt, und ausgesprochen, es könne, bei vorausgesetzter Richtigkeit dieser Annahme, nach § 114 Nr. 1 der Konk.-Ordn. ein Zweifel darüber nicht aufkommen, daß der Angeklagte als Kaufmann und Fabrikbesitzer seine Zahlungen eingestellt habe, da alsdann sogar die den Zustand seiner Zahlungsunfähigkeit unzweifelhaft konstatirende Konkurseröffnung noch innerhalb eines Jahres seit der Aufgabe seines Geschäftes erfolgt sei. Es sind jedoch die hiergegen in der Beschwerdeschrift gemachten Ausstellungen nicht begründet. Wenn nämlich auch, was die erstgedachte, dem § 114 Nr. 1 l. c. entnommene Ansicht der Instanzrichter betrifft, gegen diese sich insofern Bedenken ergeben könnten, als bei der nach Publikation des StGB.s stattgehabten Emanation der Konk.-Ordn., in Rücksicht auf die erwähnte positive Bestimmung des § 114 Nr. 1 der letzteren, für das Strafrecht und namentlich für die Strafen des Bankerutts eine legislative Bestimmung nicht, und insbesondere nicht dahin ergangen ist, daß die Strafbestimmungen über Bankerutt auch auf die Handelsleute ꝛc. Anwendung fänden, welche zur Zeit ihrer Zahlungseinstellung ihr Geschäft schon aufgegeben hatten, also bei der Zahlungseinstellung (und demnächstigen Konkurseröffnung) effektiv nicht mehr Handelsleute ꝛc. waren, sobald nur die Zahlungseinstellung noch innerhalb eines Jahres seit der Aufgabe des Geschäfts stattgefunden hat, und als eine solche legislative Bestimmung selbst demnächst in dem Einf.-Ges. z. HGB. v. 24. Juni 1861 nicht getroffen ist, wiewohl in diesem (Artt. 18. 31. 35. 41. 52) auch das Strafrecht berührende, dieses ergänzende, resp. abändernde oder erläuternde Bestimmungen nöthig gefunden wurden; so kann doch, — mit Rücksicht darauf, daß die Vorschrift des § 114 Nr. 1 cit. den Zweck hat, zu verhindern, daß Schuldner, welche die Nothwendigkeit der Einstellung ihrer Zahlungen voraussehen, der Zahlungseinstellung durch die Aufgebung des Geschäftes zuvorkommen, um sich so den für den kaufmännischen Konkurs und dessen Folgen geltenden strengeren Vorschriften zu entziehen, die einjährige Frist aber als der Zeitraum angesehen worden ist, in welchem in der Regel die Abwickelung der Angelegenheiten des aufgegebenen Geschäfts erfolgen und die Zahlungsunfähigkeit zum Vorscheine kommen wird (Motive z. Konk.-Ordn. S. 90), mit Rücksicht darauf, daß die Strafen des Bankerutts in Wechselbeziehung zu den Begünstigungen des Kredits bei den Gewerben stehen, welche regelmäßig einen ausgedehnten öffentlichen Kredit fordern und bedingen (Motive des StGB.s zu § 235 des Entw. v. 1850. S. 66), und mit Rücksicht auf den engen Zusammenhang, in welchem die Bestimmungen des StGB.s über Bankerutt mit dem Handelsrechte und mit den Vorschriften über den kaufmännischen Konkurs stehen (vgl. Motive zu Artt. 18 und 31 des cit. Einf.-Ges.s v. 24. Juni 1861) jene Ansicht nicht für rechtsirrthümlich erachtet werden.

Die behaupteten Begriffsverwechselungen hat sich der App.-Richter nicht zu Schulden kommen lassen. Die Supposition der Beschwerdeschrift, der App.-Richter habe angenommen: daß in dem Falle des § 114 Nr. 1 cit. ein Jahr seit Aufgabe des Geschäfts und der Zahlungseinstellung der kaufmännische Konkurs noch eröffnet werden müsse, — ist unrichtig. Bei Prüfung der Frage: ob und zu welcher Zeit Zahlungseinstellung stattgefunden habe, ist der Strafrichter allerdings an die darüber erfolgte Feststellung des Konkursrichters nicht gebunden, aber berücksichtigen als einen der Umstände, welche dafür Indizien gewähren, kann er den Umstand immer, daß und wann der kaufmännische Konkurs wirklich eröffnet worden ist, für welche Eröffnung des kaufmännischen Konkurses die Zahlungseinstellung Bedingung ist, und die dem Gemeinschuldner selbst die rechtliche Möglichkeit, Zahlungen zu leisten, entzieht.

Antr. des GStA.s: gleichl. [26. — 2.]

Unterschlagung. — Oeffentliche Gelder.

Die zu den Kassen einer Privat-Eisenbahn-Gesellschaft fließenden Gelder sind keine öffentlichen Gelder im Sinne des Staats-Vertrages v. 16. Juni 1853.

Staats-Vertr. v. 16. Juni 1853 Art. 1 (GS. S. 647).

Beschl. (II.) v. 28. Sept. 1865 c. Schütte (85. B. II. Cr.).

Der Güter-Expedient der Köln-Mindener Eisenbahn-Gesellschaft Sch.

hatte sich der gegen ihn wegen Unterschlagung einer bedeutender Geldsumme aus der ihm anvertrauten Gesellschaftskasse eröffneten Untersuchung durch die Flucht nach Nordamerika entzogen. Beide Instanzgerichte lehnten es indessen ab, den Antrag auf Auslieferung desselben zu stellen, weil die Kassengelder einer Privat-Eisenbahn-Gesellschaft keine öffentlichen Gelder (public moneys) seien, wie im Staats-Vertrage v. 16. Juni 1853 Art. 1 vorausgesetzt sei. Beschwerde des OStA.s. Zurückweisung. Gründe:

Die Kassen der nicht unter Verwaltung des Staates stehenden Privat-Eisenbahn-Gesellschaften sind nicht öffentliche Kassen, und die zu den Kassen dieser Gesellschaften fließenden und in denselben befindlichen Gelder sind nicht öffentliche Gelder. Sie werden dazu weder dadurch, daß auch Privat-Eisenbahnen dem Staate, bezüglich auf die Postverwaltung, dienstbar sind (§ 36 Nr. 2 des Ges.s v. 3. Nov. 1838), noch dadurch, daß dem Staate bei der Ertheilung der Konzession eventuelle Rechte vorbehalten worden sind (cf. Krim.-Präjud. Nr. 54, Entsch. 26. S. 463), oder daß der Staat eine Zinsgarantie übernommen hat, oder durch Uebernahme oder Erwerb eines Theils der Aktien bei dem Unternehmen als Aktionair interessirt. Der Staat (Fiskus) wird dadurch nicht Miteigenthümer der zu dem Kassen der Gesellschaft als juristischer Person gehörenden und in denselben befindlichen Gelder. Die Annahme des AG.s in dem Beschlusse v. 2c., welcher auf die Artt. 216 und 217 des D. HGB.s (vgl. Ges. v. 15. Febr. 1864 §§ 1. 2), Landtags-Verhh. das HGB. betr. S. 379; v. Savigny System 2. S. 284. 285 Note c. S. 342) Bezug nimmt, daß hier eine Unterschlagung öffentlicher Gelder im Sinne des Staats-Vertrages v. 16. Juni 1853 Art. 1 nicht vorliege, erscheint daher nicht rechtsirrthümlich.

Antr. des GStA.s: gleichl. [26 – 2.]

Beamter. — Gemeinde-Feldhüter. — Anstellung.

Die Beamtenqualität eines Gemeinde-Feldhüters ist durch die Beobachtung der für seine Anstellung in den §§ 50—52 der Feld-Pol.-Ordn. vorgeschriebenen Förmlichkeiten bedingt.

FPO. v. 1. Nov. 1847 §§ 50—52; StGB. §§ 102 [n. 33]. 331 [n. 2]. Vgl. oben S. 277.

Erk. (B. II.) v. 28. Sept. 1865 c. Storbeck (288. II Cr.)

St. war aus § 311 StGB. bestraft worden, weil er den Gemeinde-Feldhüter Sch., „also einen Beamten" zu bestechen versucht habe. Er hatte in 2. Instanz geltend gemacht, Sch. sei nicht in formgerechter Weise als Gemeinde-Feldhüter angestellt und daher nicht als Beamter anzusehen; das AG. beseitigte indessen diesen Einwand, weil erwiesen sei, daß Sch. „von vier dazu berufenen Ackermeistern als Feldhüter für die sämmtlichen Ländereien der Feldmark gewählt und als solcher von dem Magistrat zu N. angestellt worden sei, auch seine Remuneration aus städtischen Kassen beziehe." Die NB. des St., welche hierin eine Verletzung der §§ 50. 51 der FPO fand, ward von der GStAnw.-schaft für unbegründet erachtet: es stehe fest, daß dem Sch. die betr. Amtsgeschäfte durch den dazu berechtigten Magistrat zu N. übertragen worden seien; das genüge nach der festen Praxis des OTr.s (vgl. Oppenhoff z StGB. § 331 n. 2; RdOTr. 6. S. 277), um denselben als Beamten zu betrachten, ohne daß es darauf ankomme, ob der Magistrat dabei überall regelrecht verfahren sei; im Uebrigen mache § 51 der FPO. nicht die Erlangung der Qualität als Feldhüter im Allgemeinen, sondern nur die volle Glaubwürdigkeit der Bekundungen eines solchen von der Beobachtung der dort aufgezählten Förmlichkeiten abhängig. — Das OTr. hat das Erkenntniß des AG.s vernichtet und die Sache an das gedachte Gericht zurückverwiesen. Gründe:

Die Norm für die Beurtheilung der Beamteneigenschaft eines Feldhüters ist in den §§ 50—52 der FPO. v. 1. Nov. 1847 gegeben. Danach ist:

1) wenn die Bestellung eines solchen für den Gemeindebezirk oder einzelne Theile desselben erfolgen soll, nothwendig a) daß die Gemeinde selbst darüber beschließe, also b) auch die Anstellung durch die Gemeinde-Behörde erfolge: § 50, c) daß der Landrath den Feldhüter prüfe und bestätige, und d) derselbe gerichtlich vereidet werde, auch keinen Denunzianten-Antheil oder Pfandgelder beziehe: § 51.

2) Soll die Bestellung aber von einzelnen Gutsbesitzern geschehen, so ist erforderlich, daß sie zu keinem Ge-

meinde-Verbande gehören (indem sonst Nr. 1 maaßgebend ist), und daß die Erfordernisse litt. c und d vorstehender Nr. 1 vorhanden sind: § 52.

Von der letzteren Kategorie von Feldhütern handelt es sich hier nicht, da Sch. für die ganze Feldmark von N. angenommen sein soll. Um ihn als Beamten betrachten zu können, mußten daher die Erfordernisse der Nr. 1 festgestellt sein. Daß die Gemeinde N. seine Anstellung beschlossen, er solche durch die Gemeindebehörde erhalten, ist nach der Fassung der Gründe des angefochtenen Urtheils nicht festgestellt. Ob der Landrath ihn geprüft und bestätigt, ist nicht einmal untersucht oder erörtert, wie das nach den angeführten Gesetzesstellen unerläßlich war. Die am ꝛc. vernommenen dortigen Ackermeister hatten also jedenfalls keine Befugniß einer von ihnen zur Wahrnehmung ihrer und ihrer Mitgenossen Interessen berufenen Person das Amt eines Feldhüters zu verleihen; sie bildeten weder für sich noch als wirkliche oder präsumtive Vertreter anderer dortigen Ländereibesitzer eine Behörde. Die lediglich durch sie zum Dienste eines Feldhüters berufene Person konnte auch dadurch allein, daß sie ihre Remuneration aus städtischen Kassen bezieht, nicht zum städtischen Beamten werden, da dieser thatsächliche Umstand an und für sich auf die Qualität des Sch., als eines städtischen Beamten, keinen zulässigen Schluß gestattete, vielmehr in hiervon ganz unabhängigen Umständen ihre ausreichende anderweitige Erklärung finden konnte.

Der App.-Richter hat daher, indem er die zur Beurtheilung der Beamten-Qualität des ꝛc. Sch. gesetzlich erforderlichen Voraussetzungen unerörtert ließ und dennoch diese Qualität ihm beigelegt, und auf den thatsächlich angenommenen Bestechungsversuch des Beschuldigten die Strafbestimmung wider Beamtenbestechung (§ 311 StGB.) in Anwendung gebracht, die angeführten §§ der FPO. und des StGB.s verletzt. [11. — 2.]

Chaussee. — Hebestelle. — Umfahren.

Ein Umfahren einer Chausseehebestelle ist anzunehmen, sobald sowohl vor als hinter derselben die Chaussee berührt und benutzt ist, sollte sich diese Benutzung auch auf ein Querdurchschneiden derselben beschränkt haben.

Chauss.-Geld-Tarif v. 29. Febr. 1840 Zuss.-Bemerkk Nr. 5.

Erk. (S. I.) v. 29. Sept. 1865 c. v. Köller (926. I. Cr.).

Der Thatbestand des Umfahrens einer Chausseegeld-Hebestelle im Sinne des Chaussee-Tarifs v. 29. Febr. 1840 Nr. 5 der zusätzlichen Vorschriften erfordert nicht, daß die Chaussee sowohl vor als hinter der Hebestelle gerade ihrer Länge nach befahren ist; es genügt vielmehr, daß der Angeklagte jedesmal sowohl vor als hinter der Hebestelle die Chaussee passirt, sie berührt und benutzt hat. Auch das Querdurchschneiden einer Chaussee muß für ein Benutzen derselben erachtet werden.

Antr. des GStA.s: gleichl. [18.—4.]

Spezialgesetz (älteres). — Zuchthaus.

Ist in einem durch das StGB. nicht aufgehobenen älteren Spezialgesetz Zuchthaus-, Arbeits- oder Festungsstrafe in einer bis unter das Maaß von fünf Jahren hinabgehenden Dauer angedroht, so kann der Instanzrichter dieses Strafmaaß als Gefängnißstrafe verhängen.

Einf.-Ges. z. StGB. Art. IX. [n. 6].

Erk. (S. I.) v. 4. Okt. 1865 c. Barainski (1076. I. Cr.).

B. war von den Geschwornen der gewaltsamen Widersetzlichkeit gegen einen Förster verbunden mit einer körperlichen Beschädigung desselben schuldig befunden worden. Der Schw.-GH verurtheilte ihn demgemäß zu einer Zuchthausstrafe von 2 Jahren, indem er ausführte: die Umstände rechtfertigten die Verhängung des geringsten Strafmaaßes, dieses bestehe aber mit Rücksicht auf Art. IX. des Einf.-Ges.s z. StGB. in 2jährigem Zuchthaus, weil das zutreffende ältere Gesetz (Ges. v. 31 März 1837 § 4) 2- bis 20jährige Arbeits-, Zuchthaus- oder Festungsstrafe androhe. Auf die NB. des B. hat das OTr. dieses Erkenntniß vernichtet und die Strafe auf 2jähriges Gefängniß ermäßigt, weil sich:

weder aus der Wortfassung der Artt. VIII. und IX. des Einf.-Ges.s z. StGB. noch aus der Entstehungsgeschichte dieses Gesetzes für den Richter ein Hinderniß herleiten läßt, in den Fällen, wo es auf Grund des erwähnten Strafgesetzes eine Freiheitsstrafe von einer 5 Jahre nicht übersteigenden Dauer angemessen erachtet, zwischen Zuchthaus- und Gefängnißstrafe zu wählen.

Antr. des GStA.s: gleichl. [D. — 4.]

---

1. **Religionsverspottung. — Wiederholung.**
2. **Oeffentlichkeit. — Anwesenheit Mehrerer.**

1. Die vorsätzliche öffentliche Wiedererzählung einer eine christliche Kirche verspottenden Aeußerung ohne rechtfertigenden Grund, stellt eine Wiederholung des frühern Vergehens dar.

StGB. § 135 [dort einzutr. als n. 14a]. Vgl. StGB. S. 253 n 20; RbOTr. 1. S. 250; 5. S. 419.

2. Die „Oeffentlichkeit“ einer an einem öffentlichen Orte in Gegenwart mehrerer Personen gemachten Aeußerung ist nicht dadurch bedingt, daß sie von diesen Personen vernommen worden ist; es genügt, wenn sie von denselben gehört werden konnte.

StGB. §§ 135. 152 [n. 4].

Erk. (S. I.) v. 4. Okt. 1865 c. Hahn (701. I. Cr.).

H. der öffentlichen Verspottung einer christlichen Kirche angeklagt, wandte ein. § 135 StGB. passe hier nicht, weil er, früher wegen desselben Vergehens bestraft, jetzt den fraglichen Vorfall auf Befragen an einem öffentlichen Orte erzählt und dabei die betr. Aeußerung wiederholt habe. Seine gegen das ihn abermals verurtheilende Erkenntniß gerichtete NB. ward zurückgewiesen. Gründe:

An dem Thatbestande der öffentlichen Religionsverspottung im Sinne des § 135 ist kein Mangel zu befinden; ebensowenig ein Rechtsirrthum in der ersichtlichen Feststellung desselben. Denn ein solcher liegt keinenfalls darin, daß der App.-Richter angenommen hat: „selbst schon die Wiedererzählung des früheren Vorfalles einer Religionsverspottung sei in einem öffentlichen Lokale in Gegenwart anderer Personen ohne rechtfertigenden Grund vorsätzlich gethan, als eine Wiederholung des früheren Vergehens anzusehen."

Auch entspricht dasjenige, womit der App.-Richter die Annahme einer öffentlichen Verspottung begründet, der bisherigen Judikatur des OTr.s, wonach es für öffentliche Aeußerungen nicht darauf ankommt, daß mehrere Personen dieselbe gehört haben, wenn sie nur zugegen waren und vernehmen konnten, was nach dem in den Entscheidungsgründen des App.-Richters angegebenen Sachverhalt nicht ausgeschlossen war.

Antr. des GStA.s: gleichl. [17.—4.]

Zeuge. — Verweisung auf einen früher geleisteten Eid.

Die Verweisung eines Zeugen auf den in derselben Sache früher geleisteten Eid vertritt auch dann gültig die neue Eidesleistung, wenn die frühere Vereidung nicht in der Voruntersuchung, sondern in einem andern, denselben Gegenstand betreffenden Vorverfahren stattgefunden hatte.

Vdn. v. 3. Jan. 1849 § 55 [dort einzutr. als n. 39 b]. Vgl. RbOTr. 1. S. 377. 541.

Erk. (Z. I.) v. 4. Okt. 1865 c. Ibel & Röder (1029. I. Cr).

Die NB. der (wegen falscher Anschuldigung verurtheilten) Angeklagten rügte es, daß der im Hauptverfahren vernommene Zeuge Schm. seine Aussage nicht beeidigt, sondern die Wahrheit derselben nur auf einen bei einer frühern Vernehmung geleisteten Eid versichert habe; diese Vernehmung habe aber nicht in der (erst später eingeleiteten) Voruntersuchung, ja nicht einmal in einem die Angeklagten betreffenden Skrutinialverfahren, sondern in einem andern gegen einen andern Denuntiaten R—l wegen eines andern Vergehens (Majestätsbeleidigung) eingeleiteten Verfahren stattgefunden; der § 55 gestatte aber nur die Verweisung auf den in der Voruntersuchung geleisteten Eid; er setze also ein Verfahren voraus, welches gegen die persönlich bezeichneten jetzigen Angeklagten gerichtet sei, und in welchem ebendeshalb die vernommenen Zeugen sich auch über ihr Verhältniß zu den Angeklagten aussprechen und auch ihre desfallsigen Angaben durch den Eid bekräftigen müßten; es leuchte sonach ein, daß ein solcher Eid wesentlich anderer Natur sei, als der in irgend einem anderen Vorverfahren geleistete. — Das OTr. hat die NB. zurückgewiesen. Gründe:

Allerdings spricht der § 55 der Vdn. v. 3. Jan. 1849 nur von der Verweisung der in der Hauptverhandlung vernommenen Zeugen auf den bereits bei ihrer Vernehmung in der Voruntersuchung geleisteten Zeugeneid. Hiermit im Zusammenhange steht aber der § 45, welcher überhaupt gebietet, die Zeugen schon in der Voruntersuchung zu vereidigen. Damit sollte die bisherige Vorschrift der Vdn. v. 17. Juli 1846 § 46, welche die Vereidigung der Zeugen lediglich dem Ermessen des Untersuchungsrichters überließ, abgeändert, also überhaupt nur bestimmt werden, daß die vor der Hauptverhandlung in dem Vorverfahren vernommenen Zeugen sofort zu vereidigen seien. Man hat dabei den gewöhnlichen Fall, nämlich die Existenz einer Voruntersuchung, im Auge gehabt, und es hat augenscheinlich nicht in der Absicht des Gesetzes gelegen, das bloße Skrutinial-Verfahren, also den Fall auszuschließen, wenn eine Voruntersuchung gar nicht eröffnet und die Vereidigung in dem allein stattgefundenen Skrutinial-Verfahren, oder wenn sie in diesem der Voruntersuchung bereits vorangegangenen Verfahren erfolgt ist.

Das Gesetz will einmal eine Häufung von Eiden vermeiden, und es will ferner durch ein bereits eidlich erhärtetes Zeugniß eine sichere Grundlage für die einzuleitende oder für die fortzuführende Untersuchung haben. Der Sinn ist also, daß in der vorliegenden Sache über den jetzt in Rede stehenden Gegenstand bereits ein eidliches Zeugniß abgelegt sei. Dies ist aber hier der Fall gewesen. Unbedenklich kann man nämlich die Vernehmung des Schm. v. ꝛc. über den Inhalt der Denunziation des Angeklagten R. im Hinblick auf die Entwickelung, welche die Angelegenheit gerade durch dieses Zeugniß erhielt, als in dieser Sache, in dieser Untersuchung erfolgt betrachten, und der Inhalt des ganzen Zeugnisses ist Gegenstand dieser Untersuchung geworden, so daß der Zeuge ihn in der Hauptverhandlung, wie registrirt, einfach wiederholen konnte. Es war daher vollkommen zulässig, ja geboten, ihn auf den über diesen Inhalt seines Zeugnisses geleisteten Eid zu verweisen. Bei seiner Vernehmung in der Hauptverhandlung ist er nochmals ad generalia vernommen, so daß auch der in der Beschwerde erhobene, aus der Generalvernehmung am ꝛc. hergenommene Einwand wegfällt.

Endlich ist auch die aus der Person des Beschuldigten erhobene Erinnerung unrichtig. Das OTr. hat bereits mehrfach ausgesprochen, daß es zum Wesen der Voruntersuchung keineswegs gehöre, daß dieselbe nur gegen eine bestimmt und individuell bezeichnete Person eröffnet werde. In dieser Hinsicht findet also ein Unterschied mit dem Skrutinialverfahren nicht statt.

Antr. des GStA.s: Zurückweisung der NB. [15.—4.]

---

1. Steuervergehen. — Fiskalbehörde. — Vorladung.
2. 3. Schlacht- ꝛc. Steuer. — Halbmeile. — Verkauf. — Bestellung.

1. Wenn die Fiskalbehörde sich einer Anklage wegen Steuervergehens angeschlossen hat, ohne einen Vertreter zu bestellen, so ist ihr selbst der angesetzte Audienztermin bekannt zu machen.

Ges. v. 3. Mai 1852 Artt. 140 [n. 2]. 143 [n. 2] 145. Vgl. RdOTr. 2. S. 502.

2. Steuerpflichtigkeit tritt ein, wenn von außen eingeführtes, gewerbsmäßig verkauftes Fleisch ꝛc. innerhalb der Halbmeile vom Verkäufer dem Abnehmer übergeben wird, sollte auch der Vertragsabschluß oder eine vorhergegangene Bestellung an einem andern Orte erfolgt sein.

Ges. v 2. Apr. 1852 § 1b Nr. 1. Vgl. RdOTr. 2. S. 303; 3 S. 258. 304; 6. S. 250.

3. In einem solchen Falle ist derjenige, welcher das Fleisch des gewerbsmäßigen Verkaufs wegen in die Halbmeile einführt und vor der Versteuerung an den Abnehmer abliefert, selbt dann als Kontravenient anzusehen, wenn er diese Handlung für einen Andern vornimmt.

Ebendas.

Erk. (V. I.) v. 4. Okt. 1865 c. Jung & A Hohaus (374. I Cr.).

Zunächst rügt der Prov.-St.-Direktor mit Recht, daß die Steuerbehörde, obwohl sie sich der Anklage angeschlossen hatte, zum Audienztermine zweiter Instanz nicht vorgeladen ist; denn Art. 145 des Ges.s v. 3. Mai 1852 lautet: „Nachdem ꝛc." Der Art. 140 l. c., welcher sich auf den Fall bezieht, wenn die Anklage von der Steuerbehörde selbst erhoben ist schreibt aber ausdrücklich vor, daß in einem solchen Falle der Vertreter der Steuerbehörde zur Hauptverhandlung vorzuladen ist. Hat nun die Steuerbehörde, wie im vorliegenden Falle, noch keinen Vertreter bestellt, so liegt es in der Natur der Sache, daß ihr der Audienztermin bekannt gemacht werden muß, um von der ihr im Art. 140 l. c. ertheilten Befugniß, sich in demselben durch einen Beamten ihres Ressorts oder einen Rechtsanwalt vertreten zu lassen, Gebrauch machen zu können. Hiernach hat der App.-Richter den wesentlichen Grundsatz des Verfahrens verletzt, nach welchem die Parteien zur Hauptverhandlung vorgeladen werden müssen.

Aber auch die Beschwerde über unrichtige Anwendung des Gesetzes ist begründet. Denn zuvörderst ist es unrichtig, wenn der App.-Richter annimmt, daß bloß, weil das im halbmeiligen Steuerbezirk von Fr. eingeführte Fleisch von denjenigen Personen, für welche es bestimmt war, vorher bestellt gewesen sei, kein gewerblicher Verkauf im halbmeiligen Bezirk vorliegen könne. Das OTr. hat wiederholt ausgesprochen und näher ausgeführt, daß sowohl, wenn das Kaufgeschäft im halbmeiligen Steuerbezirk abgeschlossen, als auch wenn dies anderswo geschehen ist, sobald nur die

Uebergabe Seitens des Verkäufers an den Abnehmer im halbmeiligen Bezirk stattgefunden hat, die Gewerbsmäßigkeit der Handlung vorausgesetzt, ein Verkauf im Sinne des § 1 b Nr. 1 des Ges.s v. 2. Apr. 1852 vorliegt, daß es also hierbei auf eine vorgängige Bestellung gar nicht ankommt; vgl. RdOTr. 2. S. 303; 3. S. 258. 304; 6. S. 250.

Sodann ist es ferner unrichtig, wenn der App.-Richter annimmt, daß, sollte auch im vorliegenden Falle eine Schlachtsteuerdefraudation vorliegen, diese doch nur von dem Schlächtermeister H., nicht aber von den Angeklagten begangen sein könne, weil sie im Auftrage des erstern gehandelt hätten, — sich also schlimmstenfalls nur der Theilnahme an dem Vergehen des rc. H. schuldig gemacht haben könnten. Allerdings hätte auch der rc. H. als Verkäufer des Fleisches im halbmeiligen Steuerbezirk von Fr. verfolgt werden können, aber nichtsdestoweniger konnten auch die beiden Angeklagten von der Steuerbehörde als Defraudanten in Anspruch genommen werden. Denn wie bei der Einführung steuerpflichtiger Gegenstände in einen steuerpflichtigen innern Stadtbezirk derjenige der Kontravenient ist, welcher, sei es für sich oder für einen Andern, unversteuert einführt, so muß auch die Defraudationsstrafe denjenigen treffen, welcher im halbmeiligen äußern Steuerbezirk gewerbsweise Gegenstände unversteuert für sich oder für einen Andern verkauft, was nach der obigen Ausführung auch dann anzunehmen ist, wenn er die bestellten oder nicht bestellten steuerpflichtigen Gegenstände des gewerbsmäßigen Verkaufs wegen nicht nur in die Halbmeile einführt, sondern auch vor der Versteuerung an den Käufer abliefert.

Antr. des GStA.s: gleichl. [18.—4.]

Diebstahl. — Umschlossener Raum. — Thüre.

Ein Raum ist nicht umschlossen, wenn die Zugangsthüre unverschlossen und nur von Innen durch einige vorgelegte und leicht zu entfernende Steine verwahrt ist.

StGB. § 221 [n. 14].

Beschl. (I.) v. 4. Okt. 1865 c. Kaminski (245. B. I. Cr.).

In Erw., daß der Raum, in welchem die Entwendung, wenngleich durch Einsteigen stattgefunden, nicht als ein umschlossener im Sinne des § 221 des StGB.s anzusehen ist, weil er zur Zeit der That, wenn nicht noch durch andere, so jedenfalls durch eine nicht verschlossene, nur durch einen oder mehrere von Innen vorgelegte und leicht zu entfernende Steine verwahrte Thür zugänglich war, weshalb gegen den Angeschuldigten nicht der § 218 Nr. 2, sondern nur der § 216 zur Anwendung kommt.

A d. Gr.: Eröffnung der Untersuchung wegen einfachen Diebstahls.
Antr. des GStA.s: gleichl. [28.—4.]

---

1. **Geschworne. — Brüder.**
2. **Sachverständiger. — Zeugenvernehmung. — Anwesenheit.**
3. **Konnexität. — Reihenfolge.**
4. **Geschwornenspruch. — Vorsitzender rc. — Unterschrift.**

1. Der Angeklagte hat kein Recht, der Mitwirkung zweier nahen Verwandten als Geschworne in demselben Schwurgerichte zu widersprechen, und kann dieselbe ebensowenig im Wege der Nichtigkeitsbeschwerde rügen.

Vdn. v. 3. Jan. 1849 § 95 [n. 19]. Vgl. RdOTr. 5. S. 442.

2. Es ist statthaft, daß die in der Sitzung zu vernehmenden Sachverständigen bei der vorhergehenden Vernehmung der Zeugen anwesend sind.

Ebendas. § 22 [n. 48]; Krim.-Ordn. § 318; vgl. RdOTr. 5. S. 90.

3. Im Falle der Verhandlung über mehrere konnexe Anklagen unterliegt die Anordnung und

Reihenfolge derselben dem Ermessen des Vorsitzenden und des Gerichtshofs.

Ges. v. 3. Mai 1852 Art. 76 [n 2]. Sic: Z. (I, 908) 20. Sept. 1861 c Schrock.

4. Es ist nicht unstatthaft, die Unterschrift des Vorsitzenden und des Gerichtsschreibers unter dem Geschwornenspruche mit der Unterschrift unter der Entscheidung zu verbinden, welche der Gerichtshof über einen von den Geschwornen nur mit 7 Stimmen festgestellten Punkt erlassen hat, insofern es erkennbar gemacht wird, daß nach der Absicht der genannten Personen sich die Unterschrift auf beides beziehen soll.

Ebendas. Art. 96 [n. 14].

Erk. (Z. I.) v. 4. Okt. 1865 c. Kandzia & Torgasch (1013. I. Cr.).

Die Angeklagten rügen zuvörderst gemeinschaftlich die Funktion der Brüder M. als Geschworne. Zwar sind die von dem Schwurgerichtshofe aufgestellten Gründe, durch welche derselbe den Widerspruch des Vertheidigers gegen deren Zulassung zurückgewiesen hat, unhaltbar, weil hier das Ablehnungsrecht der beiden Angeklagten bereits erschöpft war, als die Namen jener beiden Geschwornen gezogen wurden, sowie denn auch das Schweigen der Vdn. v. 1849 und des Ges.s v. 1852 über die Ausübung eines besondern Perhorrescenz-Rechtes außer demjenigen der Ablehnung nichts entscheidet, weil der § 95 der cit. Vdn. offenbar zur Folge hat, daß der dort aufgestellte, aus der Qualität des Geschwornen hergenommene Richtigkeitsgrund nothwendig auch im Laufe der Verhandlung selbst geltend gemacht werden darf. Dagegen ist der auch in andern Entscheidungen des OTr.s (z. B. v. 12. Dez. 1860 und v. 25. Mai 1864 G.A. 9. S. 118; 12. S. 493; RdOTr. 5. S. 442) aufgestellte Grund durchgreifend, daß unsere Gesetzgebung zwar Verwaltungsvorschriften über die Besetzung der Richterkollegien hat, in denen angeordnet ist, daß die Besetzung durch nahe verwandte Richter vermieden werden soll (z. B.

neuerlich in dem § 52 des Disz.-Ges.s v. 7. Mai 1851), daß indeß nirgends den Parteien ein besonderes Widerspruchsrecht gegen die Besetzung, also auch kein Angriff in Beziehung auf die entschiedene Sache daraus beigelegt ist, wie dies letztere in Hinsicht auf die Verwandtschaft des Richters mit einer der Parteien im § 5 Nr. 5 der Vdn. v. 14. Dez. 1833 geschehen ist. Was aber von den Richtern gilt, das muß nach § 95 der Vdn. v. 1849 auch von den Geschwornen gelten.

Der Vertheidiger hatte beantragt, dem als Schreibverständigen zugezogenen rc. S. die Entfernung aus der Sitzung gleich den Zeugen aufzugeben. Der GH. hat aber beschlossen, daß die Anwesenheit dieses Sachverständigen bei der Verhandlung erforderlich sei. Dazu war aber der GH. um so mehr befugt, als die Vorschriften über die abgesonderte Vernehmung und das Abtreten der Zeugen auf die Sachverständigen überhaupt nicht Anwendung finden.

Endlich ist es lediglich dem Ermessen des Vorsitzenden und des GH.s überlassen, in welcher Art er die Verhandlung einer Sache, welche verschiedene Anklagepunkte umfaßt, anordnen will. Im vorliegenden Fall hat er, was das Verhör und die Beweisaufnahme betrifft, jeden Anklagepunkt besonders verhandelt, am Schlusse aber das Plaidoyer und die Verhandlung über die Fragestellung zusammen über alle veranlaßt. Ein Angriff gegen diese Ordnung der Verhandlung findet in der Nichtigkeitsinstanz nicht statt.

Schließlich ist es zwar richtig, daß der Art. 96 des Ges.s v. 3. Mai 1852 die Vollziehung der von dem Vorsteher der Geschwornen verkündeten Verdikte durch den Vorsitzenden des GH.s und dem Gerichtsschreiber fordert. Allein es steht offenbar nichts entgegen, daß diese Unterschriften unter den Verdikten mit denjenigen derselben Gerichtspersonen unter einem in Gemäßheit des Art. 98 ibid. gefaßten am Schlusse der Verdikte registrirten Beschlusse des GH.s verbunden werden können, also so, daß sich diese letzteren Unterschriften unter dem Beschlusse zugleich auf die unmittelbar voranstehenden Verdikte beziehen sollen, sobald nur erhellt, daß dies die Absicht der Vollziehenden gewesen ist. Dies ist aber hier der Fall, weil sich in dem Protokolle der Vermerk findet, daß der Vorsitzende und der Gerichtsschreiber die Verdikte der Geschwornen vollzogen hätten.

Antr. des GStA.s: gleichl [15. — 4.]

Beamter. — Körperliche Untersuchung.

Die Statthaftigkeit der körperlichen Visitation einer der Verübung eines Vergehens ꝛc. verdächtigen Person ist nicht an das Vorhandensein der Bedingungen einer Haussuchung geknüpft.

Ges. v. 12. Febr. 1850 § 11.

Erk. (V. II.) v. 5. Okt. 1865 c. Dürsch & Dau (297. II. Cr.).

Die beiden Beschuldigten waren in 1. Instanz wegen wörtlicher Beleidigung des Privatförsters H. im Amte verurtheilt, in 2. Instanz aber freigesprochen worden Auch die App.-Kammer nahm an, daß H. Hülfsbeamter der gerichtlichen Polizei sei, daß er die Beschuldigten in dem seiner Obhut anvertrauten Walde angetroffen habe, und bei dieser Gelegenheit von ihnen durch Worte beleidigt worden sei; sie erachtete aber die betr Thätigkeit des H. nicht für eine amtliche, weil er die Beschuldigten nicht bei einem Wald- oder Jagdfrevel betroffen habe, und zur Vornahme der denselben angedrohten körperlichen Visitation nicht berechtigt gewesen sei; eine solche könne arg. Ges. v. 12. Febr. 1850 § 11 von Privatförstern nicht selbstständig und ohne richterlichen Befehl sowie ohne Zuziehung eines höhern Polizeibeamten vorgenommen werden. — Auf den Kass.-Rekurs des Ob.-Prokurators ist dieses Erkenntniß vernichtet und die Sache an eine andere App.-Kammer verwiesen worden. Erwogen ward:

daß die körperliche Visitation einer der Verübung oder des Versuchs eines Vergehens verdächtigen Person mit der in den Gesetzen, namentlich im § 11 des Ges.s v. 12. Febr. 1850 normirten Haussuchung nichts gemein hat, wie sich dies auch aus einer Vergleichung der betreffenden Bestimmungen der Zollgesetze (§§ 15 122. 126. 128 der Zoll-Ordn. v. 26. Mai 1818, §§ 37—40 der Zoll-Ordn. v. 23. Jan. 1838) ergiebt;

daß überdies die Beleidigung eines Beamten im Amte auch dann als solche strafbar bleibt, wenn derselbe nicht den gesetzlichen Vorschriften gemäß gehandelt haben sollte, da er in Folge einer Zuwiderhandlung gegen dieselben nicht aufhört, Beamter zu sein;

daß sonach das angegriffene Urtheil, indem es annahm, daß die für erwiesen zu erachtenden beleidigenden Aeußerungen gegen den Privatförster H. darum nicht als einem, in Ausübung seines Amtes begriffenen Beamten zugefügt zu betrachten seien, weil die von demselben angedrohte Visitation nicht zu den Amtsfunktionen gehörte, welche der H. selbstständig vorzunehmen befugt gewesen, der Kassation um so mehr unterliegt, als in jenem Urtheile zugleich die unbedingte Freisprechung erfolgte, obgleich eine einfache Beleidigung als vorliegend angenommen worden ist.

Antr. des GStA.s: gleichl. [22.—2.]

Diebstahl. — Urkunde. — Eigenthum.

Wenn Jemand den von einem Andern auf seinem Papier angefertigten Entwurf einer Urkunde durch Beifügung seiner Unterschrift [im Einverständnisse mit jenem] vollzieht, so wird er dadurch Eigenthümer derselben. Die Wegnahme der so entstandenen Urkunde durch den frühern Eigenthümer des Papiers kann daher einen Diebstahl darstellen.

StGB. § 215 [n. 3].

Erk. (Z. II.) v. 5. Okt. 1865 c. Hölken (309. II Cr.).

H. erschien, angeblich um seine Schuld zu berichtigen, bei seinem Gläubiger N., und legte demselben einen von ihm angefertigten Quittungsentwurf zur Unterschrift vor; kaum hatte aber N. diese Unterschrift zugefügt, so entriß ihm H. dieselbe und entfernte sich. Hierin fanden die Instanzrichter den Thatbestand des Diebstahls, weil „das Schriftstück durch die von N. mittelst Beifügung seiner Unterschrift daran vorgenommene Veränderung zu einer Urkunde gemacht, und diese rechtlich Eigenthum des Unterschreibenden bis dahin geblieben sei, bis derselbe sich ihrer freiwillig entäußert haben würde: arg. § 304. I, 9

ALR." Die NB. des H. rügte Gesetzesverletzung, weil das Papier, auf welches er den dem N vorgelegten Quittungsentwurf geschrieben, sein Eigenthum gewesen sei, und er dieses Eigenthum nicht durch die Unterzeichnung durch N. habe verlieren können; der cit. § 304 passe nicht, weil die Unterschrift eines Schriftstücks keine „Verarbeitung eines fremden Stoffes" darstelle, und das Strafrecht jede analoge Gesetzesanwendung ausschließe. Zurückweisung. Gründe:

Das von dem Angeklagten im Konzept dem N. vorgelegte Schriftstück wurde durch die Vollziehung Seitens des letzteren eine Urkunde, die der Absicht der Parteien nach dem Angeklagten nur gegen die von ihm geleistete Zahlung ausgehändigt werden sollte, so lange diese Zahlung aber nicht erfolgt war, Eigenthum des Ausstellers N. und für den Angeklagten eine fremde Sache blieb. Dies folgt aus der Natur des bestehenden Rechtsverhältnisses, auch abgesehen von der durch den App.-Richter als Analogie angezogenen Bestimmung des § 304. I, 9 ALR. über die Spezifikation fremder Materie durch Verarbeitung.

Daß der Angeklagte die Quittung nicht in der Absicht, sie zu zerstören oder zu unterdrücken, vielmehr in der Absicht rechtswidriger Zueignung weggenommen hat, hat der vorige Richter thatsächlich festgestellt. Ein Angriff hierauf ist in diesem Verfahren nicht zulässig.

Antr. des GStA.s: gleichl. [29 — 2.]

Mißhandlung. — Züchtigung. — Nichterfüllung einer Verpflichtung.

1. Eine von einem dazu Berechtigten ausgegangene Züchtigung ist nur dann als Mißhandlung zu bestrafen, wenn sie das durch den Zweck einer Züchtigung begrenzte Maaß überschreitet, oder wenn sie nicht zum Zweck der Ausübung des Züchtigungsrechts, sondern in der Absicht zu mißhandeln bewirkt wird.

StGB. Thl. II. Tit. 16 [S. 287 n. 4].

2. Eine Mißhandlung kann auch in einer pflichtwidrigen Verwahrlosung gefunden werden,

welche eine nachtheilige Wirkung auf den Körperzustand des Betreffenden ausübt.

StGB. § 187 [n. 7 8. 9a]

Erk. (B. Z. II.) v. 5. Okt. 1865 c. Lehmann & Gen. (280. II. Cr.).

Die Annahme, daß Handlungen, welche einem anderem Menschen eine Störung seines körperlichen Wohlbefindens zufügen, Mißhandlungen, und als solche in dem Falle des Vorsatzes nach § 187 des StGB.s strafbar seien, kann auf berechtigte Züchtigungshandlungen nicht angewendet werden. Diese nehmen die Eigenschaft einer vorsätzlichen Mißhandlung nur an, wenn sie in der Absicht zu mißhandeln, nicht zu dem Zweck der Ausübung des Zuchtrechts vorgenommen worden, oder wenn der Berechtigte Mittel und eine Art der Ausführung wählt, welche das durch den Zweck der Züchtigung begrenzte Maaß derselben überschreiten. In dem vorliegenden Falle hat der Angeklagte L. bestritten, etwas anderes als die Züchtigung der seiner Gewalt unterworfenen Tochter A. L. beabsichtigt zu haben. Er hat den Beweis erboten, daß die dem Kinde versetzten Ruthenschläge nur zufällig dessen Kopf getroffen hätten. Der App.-Richter hat nicht aus dem Verfahren bei der Züchtigung, insbesondere aus dem Schlagen mit der Ruthe nach einem in die Flucht getriebenen geschreckten Kinde die Annahme hergeleitet, daß bei der Züchtigung das richtige Maaß überschritten worden sei, sondern zu der Anwendung des § 187 für genügend erachtet, daß dem Kinde vorsätzlich ein körperliches Mißbehagen zugefügt worden sei. Dies verletzt durch unrichtige Anwendung die angeführte Gesetzstelle, deren thatsächliche Voraussetzungen nicht genügend festgestellt sind. Aus diesem Grunde hat hinsichtlich des Angeklagten L. die Vernichtung und Zurückweisung in die Instanz ausgesprochen werden müssen.

Für die Ehefrau L. wird mit Unrecht Verletzung der angeführten Gesetzesstelle aus dem Grunde behauptet, weil die Verwahrlosung des Kindes in Kost und Bekleidung als bloße Unterlassung nicht unter den Begriff der Mißhandlung falle. Der § 187 bedroht nicht bloß Stöße und Schläge, sondern auch jede andere Art der Mißhandlung mit Strafe. Dahin muß auch die Beschädigung gerechnet werden, welche in der Nichterfüllung einer positiven gesetzlichen Verpflichtung ihren Grund hat, wie hier in der Nichterfüllung der elterlichen Pflicht, welche aus den §§ 90 und 91 ALR. II, 2 hervorgeht.

Antr. des GStA.s: gleichl. [11.—2.]

Appellations-Anmeldung. — Unterschrift. — Analphabet.

Die von einem Analphabeten unterkreuzte Appellations-Anmeldung bedarf nicht nothwendig der Beglaubigung durch einen Rechtsanwalt; es genügt die Beglaubigung durch jeden dritten selbstständigen Mann.

Vdn. v. 3. Jan. 1849 Abschn. IV. [S. 453 n. 15], ALR. I, 5. §§ 172. 177; I, 13 § 111; I, 16. §§ 93. 94; II, 18. §§ 5 51 Nr. 5. 53. Sic: Z. (I, 697) 29 Sept. 1865 c. Marschalk; Z (II, 168) 6. Juni 1861 c. Riefenstahl, G A. 9. S. 555; RdOTr. 4. S. 111; 6. S. 243, und unten V. (I, 917) 3. Nov. 1865 c. Tarnowski.

Erk. (V. II.) v. 5. Okt. 1865 c. Meseberg (Philippi & Gen. 237. II. Cr.).

In Erw., daß in dem angefochtenen Erkenntnisse der App.-Richter angenommen hat, durch die zeitig eingegangene Appell.-Anmeldungsschrift v. 21. Jan. d. J.s, welche mit drei Kreuzen unterzeichnet ist, neben welchen sich der Vermerk „H. Zeichen der Meseberg testa Tübner" befindet, hinsichts welchen Vermerks jetzt durch die von dem Gerichts-Sekretair Tübner ertheilte amtliche Auskunft konstatirt ist, daß dadurch jene Kreuze als Handzeichen der Person, welche ihm jene Schrift, unter der Angabe, daß sie die Angeklagte M. sei und diese Schrift ihre Willensmeinung enthalte, in dem amtlichen Lokale am 2c. einreichte, von ihm attestirt worden seien, — habe eine gehörige Anmeldung der Appellation nicht stattgefunden, und es sei die Appellation für nicht devolvirt zu erachten, weil „die Appellations-Anmeldung nicht unterschrieben, sondern nur unterkreuzt sei und kein Rechtsanwalt die Unterkreuzung beglaubigt habe, das eine oder andere aber nothwendig sei zur Konstatirung der Gewißheit des Willens des Appellanten;"

daß aber die dieser Annahme zu Grunde liegende Voraussetzung, daß die Handzeichen, mit welchen ein Analphabet, der also nicht selbst unterschreiben kann, eine Appellations-Anmeldungsschrift unterzeichnet hat, wenn dadurch der Wille desselben, die Appellation einzulegen, konstatirt werden solle, nothwendig von einem Rechtsanwalte beglaubigt sein müßten, — also nur ein Rechtsanwalt, bezüglich auf eine Schrift, welche eine Willenserklärung enthält und daher (vgl. Erk. v. 15. Okt. 1863, RdOTr. 4. S. 111) einer Unterschrift des Erklärenden oder doch der Unterzeichnung mit Zeichen, welche bei Analphabeten statt einer Unterschrift dienen, bedarf, für welche aber nicht (wie bei schriftlichen Verträgen der Analphabeten [ALR. I, 5. §§ 172. 177; I, 13. § 111]) eine besondere Form vorgeschrieben ist, Schreibbeistand des Analphabeten sein könne, — rechtsirrthümlich und namentlich den Vorschriften des ALR.s II, 18. § 51 Nr. 5, § 53 (vgl. I, 16. § 94) zuwider ist, nach welchen Vorschriften zu den Personen, welche gewisse Angelegenheiten nur mit Zuziehung eines Beistandes (§ 5. II, 18) vornehmen können, auch Personen, welche gar nicht oder nicht Geschriebenes lesen, oder nicht selbst schreiben können, gehören, zu einem Beistande für diese letzteren Personen aber, weil die Gesetze nicht ausdrücklich dazu einen Rechtskundigen erfordern, jede Mannsperson, die ihren Sachen selbst vorzustehen, fähig und berechtigt ist, gewählt werden kann, wie denn auch das von dem App.-Richter für seine Voraussetzung citirte Erkenntniß des vormaligen V. Senats des OTr.s v. 19. Juni 1850 (Grunds. Nr. 158, Oppenh. Strafverf. S. 453 n. 15) eine solche Ansicht, wie sie der App.-Richter adoptirt hat, nicht, sondern nur ausgesprochen hat: daß durch die von einem des Schreibens unkundigen Angeklagten unterkreuzte, aber durch einen Rechtsanwalt attestirte, innerhalb der Frist angebrachte Appellations-Anmeldung das Rechtsmittel der Appellation gewahrt werde, also wohl die durch einen Rechtsanwalt geschehene Beglaubigung für genügend, keinesweges aber angenommen hat, daß als Schreibbeistand eines die Appellation schriftlich anmeldenden Analphabeten nur ein Rechtsanwalt die Handzeichen dergestalt, daß sie die Stelle der Unterschrift vertreten, beglaubigen könne (vgl. auch Präj. 2165, Samml. 2. S. 154, Entsch. 19. S. 455; Erk v. 13. Juni 1854, Strieth. Arch. 13. S. 162);

daß aber auch, wäre wirklich die Form, in welcher die Appellations-Anmeldung der Angeklagten erfolgte, eine ungenügende gewesen, nach den jetzt durch die amtliche Auskunft des Gerichts-Sekretairs T. konstatirten Umständen, welche auch noch in der Nichtigkeits-Beschwerde Berücksichtigung finden müssen, nur die unterlassene Protokollirung der Erklärung, welche die Angeklagte über ihre Absicht, appelliren zu wollen, gegen einen zur protokollarischen Aufnahme solcher Erklärungen bestimmten Gerichtsbeamten in dem amtlichen Lokale zeitig abgab, die Versäumung der Anmeldungsfrist (§§ 126. 128 der Vdn. v. 3. Jan. 1849) herbeigeführt haben würde, und deshalb diese Versäumung der schreibensunkundigen Angeklagten nicht zugerechnet werden könnte (Oppenh. Strafverf. S. 457 Nr. 36—39).

A d. G.: Vernichtung des angefochtenen Erkenntnisses und Zurückverweisung der Sache an das AG. zur anderweiten Verhandlung
Antr. des GStA.s: gleichl. [26.—2.]

Zeuge. — Mitangeklagter. — Konnexität.

Ein Mit-Angeklagter ist nicht als Zeuge zu vernehmen, sollte er auch nicht wegen derselben, sondern nur wegen einer konnexen Strafthat verfolgt werden.

Vdn. v. 3. Jan. 1849 § 22 [n. 24. 22]. Vgl. RdOTr. 3. S 72.

Erk. (Z. I.) v. 6. Okt. 1865 c. Daumann & Gen. (853. I Cr.).

Die Vertheidigung ist nicht unzulässiger Weise dadurch

beschränkt worden, daß der App.-Richter den Angeklagten G. nicht als Zeugen über den Fall bei M. vernommen hat. Diese Verfügung rechtfertigt sich durch die §§ 333 und 357 Nr. 7 der Krim.-Ordn. und es macht keinen Unterschied, daß der Angeklagte G. gerade bei diesem Theil der Anklage nicht mitbeschuldigt war, da es unzulässig ist, in dem nämlichen Verfahren dieselbe Person als Angeklagter und als Zeuge auftreten zu lassen. [13. -- 4.]

Hausiren. — Markt. — Viehhandel.

1. Ein den Begriff des Hausirhandels ausschließender Verkauf „auf dem Markte" ist nur da anzunehmen, wo durch die zuständige Behörde das Abhalten eines Marktes festgestellt war.

Haus.-Regul. v 26. Apr. 1824 § 2; Gew.-Ordn. v. 17. Jan. 1845 § 75.

2. Die im ersten Satze des § 2 des cit. Regulativs enthaltene Begriffsbestimmung des Hausirhandels paßt auch auf den Viehhandel; der Schlußsatz dieses § will diese Begriffsbestimmung nicht abändern, sondern ausdehnen.

Haus.-Regul. cit. § 2. Sic: Z. (II, 32) 2. Febr. 1854 c. Schmeink.

Erk. (Z. I.) v. 6. Okt. 1865 c. Latussek & Gen. (929 I. Cr.).

Die Angeklagten waren aus §§ 2 und 26 des cit Haus.-Regulativs bestraft worden, weil sie „— zu wiederholten Malen Schwarzvieh von ihrem Wohnorte B. nach Br. des beabsichtigten gewerbsmäßigen Verkaufs wegen gebracht hatten, ohne im Besitze des vorschriftsmäßigen Gewerbescheins zu sein," und weil sie „dieses Schwarzvieh ohne Bestellung in Br. und außer der Marktzeit verkauft hatten" In 2. Instanz hatten sie den Beweis angetreten: „daß täglich ꝛc. im Viehkruge zu Br. Viehmärkte abgehalten werden;" das AG. hatte indessen die Erhebung dieses Beweises abgelehnt, weil „Märkte im Sinne des Gesetzes nur die von den Behörden für jedes Jahr voraus bestimmten und im Kalender bezeichneten Tage seien, an denen Vieh an bestimmten Orten zum Zweck des Verkaufes innerhalb einer bestimmten Zeit zusammengebracht werden dürfe." — Das bestätigende Erkenntniß 2. Instanz griffen die Angeklagten mit der NB. an. Sie rügten 1) die erwähnte Erwägung als rechtsirrthümlich; sodann hielten sie 2) den § 2 des cit. Regulativs für verletzt, weil nicht der Thatbestand des für den Viehhandel allein maaßgebenden Schlußsatzes dieses § festgestellt sei. Zurückweisung. Gründe:

Zu Nr. 1. Die Ausführung des App.-Richters ist rechtlich vollkommen zutreffend, und er hat daher den obenerwähnten Beweis aus richtigen rechtlichen Erwägungen abgelehnt. Nach § 75 der Gewerbe-Ordn. v. 17. Jan. 1845 gehört es zum Ressort der Ministerien, die Zahl, Zeit und Dauer der Märkte, sowohl der Jahr- als Wochenmärkte, festzusetzen, und nach § 78 l. c. ist überdies größeres Vieh ausdrücklich von den Gegenständen des Wochenmarkt-Verkehrs ausgeschlossen.

Zu Nr. 2. Die allgemeine Bestimmung im § 2 l. c.

„Wer Waaren ohne Bestellung an einen oder mehrere andere Orte außer seinem Wohnort bringt oder versendet, um solche daselbst außer den Märkten zu Zeiten (nicht fortdauernd) selbst zu verkaufen, oder durch Andere für seine Rechnung verkaufen oder öffentlich versteigern zu lassen, bedarf dazu eines Gewerbescheins,"

bezieht sich auch auf den Viehhandel, und wenn es sodann im § 2 l. c. weiter heißt:

„Dasselbe findet bei Pferde- und Viehhändlern statt, welche die Thiere an einen oder mehrere Orte hinbringen, und zuweilen öffentlich versteigern lassen, oder welche sich beim Durchführen derselben an einzelnen Orten des Verkaufs wegen aufhalten,"

so liegt hierin keine Beschränkung, sondern eine Ausdehnung der allgemeinen Bestimmung des § 2 in Betreff des Viehhandels, indem die im Schlußsatz gedachten Fälle ohne eine solche Ausdehnung nicht immer unter den Begriff des Gewerbebetriebes im Umherziehen fallen würden; vgl. Erk. des OTr.s v. 16. Juni 1853 c. Neuburger und Erk. v. 8. Juni 1854 c. Spanier.

Antr. des GStA.s: gleich. [18. — 4.]

Chausseegeld. — Fuhrwerksführer. — Defraude.

1. Als Führer einer chausseegeldpflichtigen Fuhre ist nicht nothwendig derjenige anzusehen,

welcher die Pferde leitet; der Instanzrichter macht sich keines Rechtsirrthums schuldig, wenn er nach den obwaltenden Umständen den mitfahrenden Dienstherrn oder Vorgesetzten des die Pferde leitenden Knechts als den zur Entrichtung des Chausseegeldes verpflichteten Führer betrachtet.

Chauss.-Geld-Tarif v. 29. Febr. 1840 Zuss.-Bemerk. Nr. 2 5.

2. Derjenige, welcher gleichzeitig mit mehreren Fuhrwerken eine Hebestelle umfährt, begeht mit jedem derselben eine selbstständige Defraude und verwirkt durch jede Defraude die volle Strafe. Ebendas. Nr. 5.

Erk. (Z. B. I.) v. 6. Okt. 1865 c. M. Polenz & Gen. (629. I. Cr.).

Der Hofmeister M. P. hatte an 4 Tagen jedesmal mit 5, je durch einen Knecht gefahrenen Schlitten die Chaussee-Hebestelle Sp. umfahren, und war von den Instanzgerichten wegen vier Defrauden zu einer Gesammt-Geldbuße von vier Thalern verurtheilt, die mitangeklagten Knechte aber freigesprochen worden. Dabei waren die Gerichte von der Annahme ausgegangen, daß M. P. absichtlich die Hebestelle umfahren habe, um sich der Entrichtung des Chausseegeldes zu entziehen, daß aber eine solche dolose Absicht bei den die Schlitten führenden Knechten J. Polenz und Czaja nicht obgewaltet habe, da sie unter Leitung und Direktion des ihnen vorgesetzten Hofmeisters nur mechanisch als dessen Organe — also als willenlose Werkzeuge — gehandelt hätten. Sodann ward ausgeführt, jede Gesammthandlung stelle nur eine einzige Defraude dar, es sei daher durch das jedesmalige Umfahren mit je fünf Schlitten im Ganzen nur eine Strafe von einem Thaler verwirkt — NB. des OStAnw.s, welcher auszuführen suchte, daß jeder der Knechte als Führer des von ihm gefahrenen Schlittens steuerpflichtig und demgemäß straffällig gewesen sei, daß aber eventuell M. P. mit jedem Schlitten eine selbstständige Defraude, im Ganzen also 20 Defrauden begangen habe. In Betreff des erstern Punktes ist die NB (gegen die Knechte) zurückgewiesen, in Betreff des M. P. aber das Erkenntniß des AG.s vernichtet und der Angeklagte zu einer Geldbuße von 20 Thlrn. verurtheilt worden. Gründe:

Ein der die Freisprechung der Knechte rechtfertigenden thatsächlichen Feststellung zum Grunde liegender Rechtsirrthum ist nirgends ersichtlich. Daß der Führer eines Fuhrwerks zur Entrichtung des Chausseegeldes verpflichtet ist, muß der NB. zwar zugegeben werden, aber als Führer des Fuhrwerks ist nicht mit Nothwendigkeit gerade derjenige anzusehen, der die Pferde leitet. Im vorliegenden Falle konnte daher der App.-Richter, ohne rechtlich zu fehlen, annehmen, daß der Hofmeister M. P. der Führer der sämmtlichen 5 Schlitten gewesen ist, wenn dieselben auch jeder durch einen besondern Knecht gefahren sind.

Dagegen muß die NB., soweit sie den Mitangeklagten M. P. betrifft, für begründet erachtet werden.

Denn das Chausseegeld muß von jedem einzelnen Fuhrwerk entrichtet werden, und wird nach der Beschaffenheit des Fuhrwerks, je nachdem es zur Fortschaffung von Personen oder von Lasten bestimmt ist, im letztern Fall, je nachdem es beladen oder unbeladen war, so wie endlich nach der Zahl der Zugthiere berechnet. Durch jedes einzelne Fuhrwerk, mit welchem eine Hebestelle umfahren wird, sowie überhaupt durch jedes einzelne Unternehmen sich der Entrichtung des Chausseegeldes zu entziehen, wird aber eine selbstständige Defraudation verübt und die volle gesetzliche Strafe verwirkt: Erk. v. 20. Sept. 1855, JMBl. S. 383.

Im vorliegenden Falle ist die Hebestelle von dem Angeklagten M. P. an vier verschiedenen Tagen jedesmal mit fünf Schlitten umfahren. Ihm fallen daher auch 20 selbstständige Defraudationen zur Last, welche jede nach Nr. 5 der zusätzlichen Vorschriften zum Chausseegeld-Tarif mit einer Geldbuße von einem Thaler zu ahnden ist, da der vierfache Betrag des umgangenen Chausseegeldes weniger als einen Thaler beträgt.

Antr. des GStA.s: ad 1. entg., ad 2. gleichl. [18.—4.]

Strafantrag. — Verbrechen. — Zurücknahme. — Eröffnung der Untersuchung.

Die Zurücknahme eines gestellten Strafantrags ist bis zu dem die Untersuchung nach Anleitung der Vdn. v. 3. Jan. 1849 §§ 11. 39. 48

eröffnenden Gerichtsbeschlusse und bei Verbrechen bis zu dem die definitive Versetzung in den Anklagestand aussprechenden Beschlusse statthaft.

StGB. § 53 [n. 1]; Vdn v. 3. Jan. 1849 §§ 11. 39. 47.

Erk. (Z. I.) v. 6. Okt. 1865 c. Schultz (797. I. Cr.).

Sch. war von den Geschwornen eines schweren (im dritten Rückfalle) zum Nachtheil seines Bruders G. Sch verübten Diebstahls schuldig befunden, vom GH. aber freigesprochen worden, weil G. Sch. den ursprünglich gestellten Strafantrag vor der definitiven Versetzung in den Anklagestand zurückgenommen hatte. Hierin fand die NB. des StA.s eine Verletzung des § 53 StGB.s: unter der hier erwähnten „Eröffnung der gerichtlichen Untersuchung" sei nicht der in den §§ 11. 39. 47 der Vdn. v. 3. Jan. 1849 vorgeschriebene Gerichtsbeschluß zu verstehen, durch welchen (in Uebertretungs- und Vergehenssachen) „die Untersuchung eröffnet werde", da das Rheinische Verfahren einen solchen Beschluß nicht kenne *), das StGB. aber für das ganze Staatsgebiet gleichmäßig anzuwenden sei; ebendeshalb müsse es hier zur „Eröffnung der gerichtlichen Untersuchung" genügen, wenn die StA.-schaft gegen eine bestimmte Person die Beschuldigung eines bestimmten Vergehens erhoben habe, und das so mit der Sache befaßte Gericht auf den damit verbundenen Antrag eingegangen sei. — Zurückweisung. Gründe:

In der polizeilichen Verhandlung v. rc. ist allerdings ein Strafantrag des G. Sch. gegen den Angeklagten enthalten, denn der erstere erklärte, daß der Verdacht wegen des Diebstahls sich zunächst auf seinen Bruder W. Sch. gelenkt habe, und daß auch andere Personen sich verdächtig gemacht hätten, er beantrage, die Bestrafung der Diebe zu veranlassen. Dieser Antrag ist aber zufolge Protokolls v. 29. Dez. v. J.s zurückgenommen, und zwar rechtzeitig nach Vorschrift des § 53 des StGB.s. Als den Zeitpunkt, bis zu welchem die Zurücknahme zulässig ist, bezeichnet dieser §

*) Diese Annahme ist nicht genau; auch nach Rheinischem Verfahren kann in Vergehenssachen eine Verweisung des Beschuldigten vor das Zuchtpolizeigericht durch Rathskammerbeschluß erfolgen, welcher ganz dem oben erwähnten Eröffnungsbeschlusse entspricht. Richtig ist nur, daß ein solcher Verweisungsbeschluß in Vergehenssachen nicht unumgänglich nothwendig ist, und daß er in Uebertretungssachen in der Regel nicht ergeht

die Eröffnung der gerichtlichen Untersuchung. Wann die Untersuchung als eröffnet zu betrachten, bestimmt deutlich der § 11 der Vdn. v. 3. Jan. 1849, und der § 39 bestimmt weiter, was zur förmlichen Eröffnung der Untersuchung gegen eine bestimmte Person erforderlich ist, nämlich eine vom Staatsanwalt abzufassende Anklageschrift und ein auf Grund derselben die Eröffnung der Untersuchung anordnender Beschluß der Gerichts-Abtheilung. Die Vdn. v. 1849 schreibt demnach genau vor, wann die Eröffnung der Untersuchung stattfindet, und es ist unbedenklich anzunehmen, daß das StGB. unter dieser Eröffnung das nämliche verstanden hat, wie die Vdn. v. 1849. Der Komm.-Ber. der I. Kamm. zu dem StGB. spricht sich S. 9 hiermit übereinstimmend aus, indem bemerkt wird:

> „Man war dabei einverstanden, daß der im § 53 enthaltene Ausdruck „Eröffnung der gerichtlichen Untersuchung" den Moment, bis zu welchem die Zurücknahme des Antrages erfolgen könne, mit Rücksicht auf § 39 der Vdn. v. 3. Jan. 1849 genau und richtig bezeichne, so daß eine solche Zurücknahme nur während der Informations-Verhandlungen des StA.s, nicht aber, nachdem das Gericht bereits hierüber beschlossen, erfolgen könne.

Das einzige Argument, welches die NB. geltend macht, ist aus dem rheinischen Strafverfahren entnommen, weil dasselbe die Vorschrift des § 11 und 39 der Vdn. v. 1849 nicht kenne, dennoch aber der § 53 des StGB.s für die Rheinprovinz gleiche Gesetzeskraft habe. Dieser Grund kann jedoch nicht genügen, die Uebereinstimmung, welche sich in dem § 53 mit den §§ 11 und 39 der Vdn. findet, zu beseitigen und statt des in der letztern genau fixirten Zeitpunkts einen andern Abschnitt des Verfahrens aufzusuchen.

Die bisherige Ausführung bezieht sich nur auf die zur Kompetenz der Gerichts-Abtheilungen gehörigen Strafsachen, es unterliegt aber keinem Bedenken, daß bei Verbrechen der definitiven Versetzung in den Anklagestand die Wirkungen nach der hier fraglichen Richtung zuzuschreiben sind, welche der gerichtliche Beschluß über die Eröffnung der Untersuchung zur Folge hat. Die vorläufige Versetzung hat der nach § 78 der Vdn. keine andere Wirkung, als daß die Verhandlungen bei dem Appellations-Gerichte eingereicht werden.

Antr. des GStA.s: gleichl. 13.—4.]

Verleumdung. — Vertheidigung ꝛc. — Prüfung.

Bei einer Anklage wegen Verleumdung muß der Instanzrichter den Einwand, die Aeußerung sei zur Ausführung ꝛc. einer Gerechtsame gemacht worden, selbst dann prüfen, wenn der Angeklagte zunächst bestritten hat, jene Aeußerung überhaupt gemacht zu haben.

StGB. § 154 [n. 5].

Erk. (B. I.) v. 6. Okt. 1865 c. Smettons (559. I. Cr.).

Die Sm. war in 1. Instanz trotz ihres Leugnens der Verleumdung des Lehrers O. in Beziehung auf seinen Beruf schuldig befunden worden; sie appellirte und suchte auszuführen, daß der Beweis nicht erbracht sei; eventuell machte sie geltend: wenn sie die betr. Aeußerung den Zeugen P. und K. gegenüber gemacht haben sollte, so hätten diese, als angesessene Wirthe, beim ordnungsmäßigen Verhalten des Dorflehrers ein wesentliches Interesse gehabt, und würde sie dann nur eine Denunziation zur Vertheidigung der Gerechtsame der Dorfeingesessenen gemacht haben. Das AG. fand die erstrichterliche Feststellung unbedenklich und beseitigte den letztern Einwand lediglich mit der Erwägung: daß die Angeklagte ja selbst bestritten habe, die gerügte Aeußerung gemacht zu haben. — Auf ihre NB. ist das betr. Erkenntniß vernichtet worden. Gründe:

Wenn der App.-Richter die [erwähnte] Behauptung der Implorantin unmittelbar vorher als unrichtig beseitigte, so konnte er nicht gleichzeitig die Einrede aus § 154 StGB. damit entkräften, daß jener Umstand von der Angeklagten selbst geltend gemacht worden sei. Stand für ihn das Gegentheil fest, dann mußte er dasselbe auch für die Beurtheilung des Einwandes zum Grunde legen und von diesem Gesichtspunkte aus seine Prüfung eintreten lassen, namentlich nach der Richtung hin, ob die Angeklagte subjektiv der

Ueberzzeugung gewesen, die Gerechtsame der Dorfeingesessenen wahrzzunehmen.

Antr. des GStA.s: gleichl. [20. — 4.]

Medizinalpfuscherei. — Arzt. — Theilnahme.

Ein approbirter Arzt macht sich strafbar, wenn er alls Gehülfe an der Medizinalpfuscherei eines Nichtt-Arztes Theil nimmt.

StGB. §§ 199 [dort einzutr. als n. 25a]. 34.

Erk. (Z. I.) v. 6. Okt. 1865 c. St. (830. I. Cr.).

Der Arzt St wegen Theilnahme an der Medizinalpfuscherei eines Nicht-Arztes H. bestraft, rügte im Wege der NB. Gesetzesverletzung, weil er als approbirter Arzt nicht wegen Medizinalpfuscherei bestraft werden könne. Zurückweisung. Gründe:

Richtig ist es allerdings, daß, sobald man die Thätigkeit des Angeklagten selbstständig, also ohne Verbindung mit derjenigen des H. betrachtet, seine Stellung als approbirter Arzt ins Gewicht fallen müßte, indem er nur innerhalb seiner ihm durch diese Stellung zustehenden Berechtigung handelte. Allein diese Berechtigung hört auf, oder verwandelt sich in einen strafbaren Reat, wenn sie, wie thatsächlich angenommen, benutzt wird, um eine strafbare Handlung, die Medizinalpfuscherei, durch ihre Autorität zu unterstützen.

Antr. des GStA.s: gleichl. [15 — 4.]

Hausirhandel. — Umherziehen. — Gewerbe-Ordnung.

1. Ein Gewerbebetrieb im Umherziehen ist auch da anzunehmen, wo Jemand wiederholt Waaren zum Verkauf an einen und denselben andern Ort gebracht hat.

Hauf.-Regul. v. 28. Apr. 1824 § 2. Vgl. oben S. 110.

2. Der § 2 des cit. Hausir-Regulativs ist durch die Gew.-Ordn. v. 17. Jan. 1845 nicht abgeändert worden.

Gew.-Ordn. v. 17. Jan. 1845 §§ 14. 22. 23.

Erk. (Z. I.) v. 6. Okt. 1865 c. Völkel (907. I. Cr.).

Ein Rechtsirrthum liegt der thatsächlichen Feststellung nicht zum Grunde, da der Angeklagte von seinem Wohnorte N. in den Jahren 1863 und 1864, ohne im Besitz eines Hausir-Gewerbescheins zu sein, zu verschiedenen Malen nach K. gereist und daselbst seine Gold- und Silberwaaren zum Verkauf ausgelegt, auch seine Anwesenheit durch die öffentlichen Blätter bekannt gemacht hat. Ein Umherziehen ist nicht bloß dann anzunehmen, wie die NB. behauptet, wenn ein Reisen oder Ziehen von einem Ort zu *verschiedenen* andern Orten, von einer Lokalität zur anderen stattfindet, sondern der Thatbestand des Hausirens liegt nach § 2 des Hausir-Regulativs schon dann vor, wenn Jemand, der keinen Hausir-Gewerbeschein besitzt, Waaren ohne Bestellung auch nur an *einen* anderen Ort von seinem Wohnort bringt oder versendet, um solche daselbst, außer den Märkten, selbst zu verkaufen oder durch andere für seine Rechnung verkaufen zu lassen.

Ebenso unrichtig ist die Behauptung des Angeklagten, daß der § 2 des Hausir-Regulativs durch die spätere Gew.-Ordn. v. 17. Jan. 1845, namentlich durch die §§ 22 und 23 der letzteren abgeändert sei. Denn § 14 der Gew.-Ordn. verordnet ausdrücklich, daß für den Gewerbebetrieb im Umherziehen die bisherigen Vorschriften maaßgebend bleiben, soweit nicht die Bestimmungen der §§ 1—4 und des § 60 eine Aenderung begründen, wovon hier nicht die Rede ist.

Antr. des GStA.s: gleichl. [18.—4.]

Hochverrath. — Unmittelbare Ausführung. — Vorbereitung.

1. *Im § 62 des StGB.s bezieht sich das Wort „unmittelbar" nicht auf die Zeit der Ausführung, sondern auf die Mittel zu derselben.*

StGB. § 62 [n. 2]; vgl. RbOTr. 4. S. 5.

2. *Eine ein hochverrätherisches Unterneh-*

men vorbereitende Handlung muß, um strafbar zu sein, sich auf ein bestimmtes Unternehmen der gedachten Art beziehen; dagegen wird nicht erfordert, daß die Ausführung desselben hinsichtlich ihrer Modalitäten nach Zeit, Ort oder Mitteln bereits beschlossen sei.

StGB. § 66 [n. 1. 3]; vgl. RdOTr. 2. S. 140.

Erk. (Pl.) v. 9. Okt. 1865 c. v. Niegolewski & Gen. (Gr. Dzialynski & Gen. 765. I. Cr.).

N. und Genossen waren vom Staats-GH. aus § 66 StGB. bestraft worden, weil sie überführt seien: „— vorbereitende Handlungen verübt zu haben, durch welche das hochverrätherische Unternehmen: jetzt zum Königreiche Preußen gehörige Landestheile vom Gebiete des Preußischen Staates loszureißen, — herbeigeführt werden sollte." In den Gründen wurde näher ausgeführt, daß die Angeklagten zu dem in den Jahren 1863 und 1864 im Königreiche Polen ausgebrochenen Aufstande in verschiedener Weise mitgewirkt, resp. ihm Beihülfe geleistet hätten; das Ziel dieses Aufstandes sei die Wiederherstellung des alten Polenreiches in den Grenzen vom J. 1771 mit gewaltsamer Losreißung der Provinzen Posen und Westpreußen vom Preußischen Staate gewesen; die Angeklagten hätten ihre Beihülfe geleistet mit dem Bewußtsein der Tragweite derselben und mit der Absicht jenes Ziel zu erreichen; ihre Handlungsweise sei daher als eine solche aufzufassen, welcher eine hochverrätherische Tendenz gegen Preußen zum Grunde liege; zwar möge für sie die Zeit der Erreichung des Endziels, namentlich die Losreißung der preußisch-polnischen Landestheile in der Ferne gelegen haben; auch sei es richtig, daß das den Aufstand leitende Komité in Warschau den Aufstand in den preußischen und österreichischen Landestheilen untersagt gehabt habe; die Unterstützung des Aufstandes durch die preußischen Angehörigen habe aber dennoch nicht den ausschließlichen Zweck gehabt, das Königreich Polen von der russischen Herrschaft zu befreien, sei vielmehr, wie gesagt, dahin gegangen, ganz Polen, wie es vor der ersten Theilung bestanden, wiederherzustellen, und nur um nicht die drei Theilungsmächte auf einmal zur Bekämpfung des Aufstandes zu veranlassen, sei dieser zunächst gegen Rußland gerichtet, hierdurch aber zugleich ein künftiger Aufstand gegen die beiden andern Staaten vorbereitet worden. Der StGH. hatte sodann erwogen: die Handlung der Angeklagten falle nicht unter die §§ 61 und 62 StGB., und ebensowenig unter die §§ 63—65, weil durch dieselbe das verbrecherische Vorhaben (gegen Preußen) noch nicht unmittelbar zur Ausführung gebracht werden sollte; der ausgebrochene Kampf sei zunächst nur gegen Rußland gerichtet gewesen und habe, wenn erfolgreich, nur zur Befreiung der russischen Polen, nicht aber zur Herstellung von ganz Polen führen können, weil es hierzu auch eines Angriffs gegen Preußen und Oesterreich bedurft hätte, der nicht eingetreten sei; der Kampf gegen Rußland lasse sich nicht als gegen die beiden andern Staaten zugleich mit gerichtet ansehen, da sich die drei Theilungsmächte ihren Besitz nicht gegenseitig garantirt hätten, also keine Solidarität unter ihnen obwalte; somit seien die zur Verwirklichung des Zweckes aufgewendeten Mittel nicht direkt gegen Preußen gerichtet gewesen, es lasse sich daher nicht aufstellen, daß durch die Handlungen das verbrecherische Vorhaben gegen Preußen unmittelbar zur Ausführung habe gebracht werden sollen; — dagegen stelle die Thätigkeit der Angeklagten sich als eine „ein hochverrätherisches Unternehmen vorbereitende Handlung" dar, und rechtfertige die Anwendung des § 66; zwar setze auch dieser § die Vorbereitung eines bestimmten Unternehmens, wie es in den §§ 61. 62 definirt sei, voraus; es sei aber keineswegs erforderlich, daß bereits alle Modalitäten desselben in Beziehung auf Zeit und Ort der Ausführung, sowie auf die zur Mitwirkung bestimmten Kräfte und anzuwendenden Mittel feststänben, da eine Vorbereitung eben erst in der Gewinnung der Mittel und der Gelegenheit der Ausführung bestehe; eine solche vorbereitende Handlung werde auch dadurch nicht ausgeschlossen, daß die Verabredung noch nicht zur Beschließung der unmittelbaren Ausführung der Absicht gelangt sei, und ebensowenig dadurch, daß die Absicht nicht unter allen Umständen, sondern nur bei einer mit Zuversicht erwarteten passenden Gelegenheit ins Werk gesetzt werden sollte; die vorbereitende Handlung müsse nur den gewaltthätigen Charakter des Verbrechens in der Absicht des Handelnden bereits erkennen lassen, dazu genüge aber auch schon der deutliche Anreiz zu Handlungen einer auf ein bestimmtes Ziel gerichteten hochverrätherischen Absicht. Sodann ward festgestellt, daß alle diese wesentlichen Merkmale des Thatbestandes des § 66 hier vorlägen.

Die NB. der fünf Angeklagten v. N. und Gen. rügte Gesetzesverletzung und suchte dieses näher zu begründen; insbesondere ward für den rc. v Lutomski geltend gemacht: „eine vorbereitende Handlung setze wesentlich voraus, daß sich in derselben der fixirte entschlossene Wille eines gegen Preußen beabsichtigten Hochverraths dokumentire; es genüge sonach nicht, wenn aus dem Charakter der Handlung nur die Möglichkeit erhelle, dieselbe werde in ihrem Fortschritte und in ihren Wirkungen zu einem Hochverrathe in Preußen führen (G. A. 2. S. 12); es fehle im vorliegenden Falle an allen Momenten dafür, daß der Wille eines Angriffs gegen das preußische Gebiet irgendwie verwirklicht worden sei, ohne dieses könne aber ebensowenig hier die Vorbereitung eines Hochverraths angenommen werden, als solches bei den bekannten Bestrebungen zur Herstellung eines einheitlichen Deutschlands statthaft sein würde.

Das OTr. hat die NB. aller Angeklagten zurückgewiesen. Gründe:

Alle Betrachtungen des Vorderrichters lassen einen Rechtsirrthum nicht erkennen, namentlich ist es richtig, wenn darauf kein Gewicht gelegt wird, daß die Zeit der beabsichtigten Erreichung des Endzieles in größerer Ferne gelegen haben mag. Denn das Kgl. OTr. hat bereits gleichfalls in dem Plenar-Erkenntnisse v. 13. Juli 1863 c. Dyament (RdOTr. 4. S. 5) des Nähern, und namentlich aus der Entstehungs-Geschichte des § 62 des StGB.s ausgeführt, daß der dort gebrauchte Ausdruck „unmittelbar" nicht auf die Zeit der Ausführung, sondern auf die Mittel zu derselben sich beziehe. Um so weniger kann es daher bedenklich sein, bei Anwendung des § 66 l. c., der ausdrücklich nur von „vorbereitenden" Handlungen spricht, auf den Zeitpunkt der Ausführung der hochverrätherischen Handlung eine bestimmende Rücksicht nicht zu nehmen.

Die angefochtenen Erkenntnisse stellen demnächst unter Darlegung der nähern Umstände speziell fest, daß die in Rede stehenden, vorbereitenden hochverrätherischen Handlungen, nicht etwa bloß die Möglichkeit für denkbar erblicken gelassen, daß ihre weitere Entwickelung in ihren Wirkungen zu Gewalt führen konnte, sondern sie drücken bestimmt aus, „daß die Absicht darauf gerichtet gewesen, die Wiederherstellung des ganzen ehemaligen Polenreichs in den Grenzen vom Jahre 1771 herbeizuführen und insbesondere auf gewaltsame Losreißung der früher polnischen Landestheile vom preußischen Staatsgebiet." Somit sind alle rechtlichen Momente zur Erfüllung des Thatbestandes des § 66 l. c. und, soweit erforderlich, die des damit in Verbindung stehenden § 61 l. c. als vorhanden anzusehen, da die Frage ob die von dem Vorderrichter hervorgehobenen Thatumstände geeignet waren, zur Annahme einer vorbereitenden Handlung im Sinne des § 66 l. c. zu führen, thatsächlicher Natur ist, die der Prüfung in dieser Instanz nicht unterliegt. In gleicher Weise hat bereits das Kgl. OTr. in dem Erkenntnisse v. 7. Febr. 1855 (G. A. 3. S. 237) entschieden. Schließlich ist hierbei noch zu bemerken, daß die angegriffenen Urtheile die Nichtanwendbarkeit der §§ 63 bis 65 l. c. eingehend dargethan haben. Sie schließen den § 63 aus, weil dieser eine förmliche Verabredung, ein Komplott und somit einen definitiven Beschluß, das Unternehmen auszuführen, voraussetze, was thatsächlich nicht zutreffe; der § 65 l. c. verlange, gleichwie die §§ 61. 62 l. c. ein bestimmtes hochverrätherisches Unternehmen, dessen unmittelbares Objekt der preußische Staat sei, und eine solche Handlung liege nicht vor; die Bedingungen des § 65 l. c. endlich seien ebenfalls nicht nachzuweisen gewesen, weil eine öffentliche Aufforderung zur Ausführung einer Handlung im Sinne des § 62 l. c. nicht stattgefunden habe. In allen diesen Ausführungen ist ein Rechtsirrthum nicht zu finden, sie fallen auch für die gegenwärtige Instanz weniger ins Gewicht, weil nur die Angeklagten das Rechtsmittel eingelegt haben, auf eine höhere Strafe also ohnedem nicht erkannt werden dürfte, die Qualifikation der Strafthat aber immerhin unter das Verbrechen des Hochverraths subsumirt ist. Ebenso richtig ist es, wenn der Kgl. St.-GH. für gleichgültig erachtet hat, ob die That von einem Inländer oder einem Ausländer, und ob sie im Auslande begangen worden. Der § 4 spricht dies in den Nrn. 1 und 2 mit klaren Worten aus, und bedarf es in dieser Beziehung keiner nähern Ausführung. Daß endlich das gegen den preußischen Staat verübte hochverrätherische Verbrechen durch die von der Kaiserlich russischen Regierung ihrerseits erlassenen Amnestien nicht berührt wird, ist selbstverständlich und mit Recht angenommen worden. —

Was sodann die speziell geltend gemachten Rechtsausführungen des Angeklagten v. Lutomski anlangt, so hat der Vorderrichter nicht verkannt, daß der § 66 des StGB.s die Vorbereitung eines bestimmten hochverrätherischen Unternehmens, wie es in den §§ 61. 62 l. c. definirt ist, voraussetzt. Diesen Grundsatz hat auch bereits das Kgl. OTr. in dem Plenar-Erkenntnisse v. 9. Dez. 1861 c. Lewandowski (RdOTr. 2. S. 141) ausgesprochen, der Vorderrichter aber gerade in dieser Beziehung ausdrücklich festgestellt: daß die gewaltsame Losreißung der Provinzen Westpreußen und Posen von den Angeklagten resp. dem Imploranten v. L. beabsichtigt worden sei. —

Ebenso hat, wie bereits bemerkt, das angefochtene Urtheil nicht außer Acht gelassen, daß die inkriminirten Handlungen nicht bloß die Möglichkeit erhellen lassen dürfen, daß sie in ihrem Fortschreiten und Endresultate zu einer gewaltsamen Losreißung eines Theils des Staatsgebietes führen können. Denn es ist gerade mit Bezug hierauf festgestellt worden, daß eine gewaltsame Losreißung der oft erwähnten Landestheile vom preußischen Staatsgebiet als gewolltes und bestimmtes Endziel beabsichtigt und thatsächlich verfolgt worden ist. Etwas Mehres verlangt aber der § 66 l. c. zu seiner Anwendung nicht, und damit stimmt auch die von dem Imploranten in Bezug genommene Entscheidung des Kgl. OTr.s v. 28. Nov. 1853 c. Tietz (G. A. 2. S. 256) überein, woselbst auch ausgeführt ist, „daß der § 66 l. c. nicht erfordere, daß die Ausführung des hochverrätherischen Unternehmens in Hinsicht auf ihre Modalitäten an Zeit, Ort oder Mittel beschlossen seien, weil eine Vorbereitung eben erst in der Gewinnung der Mittel und in der Gelegenheit der Ausführung bestehe."

Antr. des GStA.s: gleichl. [20. — 1.]

Appellation. — Staatsanwalt. — Zurücknahme.

Der Staatsanwalt kann eine von ihm angemeldete Appellation, welche dem Angeklagten noch nicht zur Beantwortung mitgetheilt worden ist, zurücknehmen.

Vdn. v. 3. Jan. 1849 § 1 [n. 76. 79]. 47. 46. Abschn. IV. [n. 6. 56. 56a]. Vgl. RdOTr. 4. S. 525.

Erk. (3. Pl.) v. 9. Okt. 1865 c. Wuschack (550. I.; 8 Pl. Cr.).

Gegen das theils freisprechende, theils verurtheilende Erkenntniß 1. Instanz hatte sowohl der StA. als die Angeklagte appellirt; nur die letztere rechtfertigte das Rechtsmittel, dagegen erklärte der StA. noch ehe seine Appellation der Angeklagten mitgetheilt war, daß er dieselbe zurücknehme. Nachdem die Akten an das AG. gelangt waren, sprach sich der OStA. dahin aus, daß er die Zurücknahme des StA.s für unstatthaft halte; auf seinen Antrag ordnete daher das AG zunächst die Mittheilung der Appellation des StA s an die Angeklagte an. In dem darauf folgenden Hauptverfahren vor dem AG. beantragte der OStA. Verschärfung der in 1. Instanz verhängten Strafe. Das AG. erachtete aber den StA. zur Zurücknahme des von ihm angemeldeten Rechtsmittels für befugt, und erklärte demgemäß die Appellation desselben für „erledigt". NB. des OStA.s, welcher unter Hinverweisung auf 3. Pl. 23. Mai 1864 c Fernkorn (RdOTr. 4. S. 525) auszuführen suchte, daß die StA.-schaft zur Zurücknahme der Appellation nicht befugt, das AG. also gehalten gewesen sei, eine materielle Prüfung der Sache eintreten zu lassen, dasselbe sei mit der Sache durch die Appellations-Anmeldung des StA.s befaßt gewesen, sie habe ihm daher durch einen einseitigen Akt des letzteren nicht wieder entzogen werden können.

Der GStAnw. beantragte Zurückweisung der NB. und führte zur Begründung Folgendes aus:

Der OStAnw. bezieht sich auf das in der Sache c. Fernkorn (RdOTr. 4. S. 525) angenommene Präjudiz, welches lautet:

> „die Staatsanwaltschaft ist nicht befugt, eine von ihr eingelegte Appellation zurückzunehmen, und dadurch der Entscheidung des Appellationsrichters zu entziehen."

Bei Verhandlung jener Sache hatte ich zwar bemerklich gemacht, daß die Entscheidung auf die derzeit vorliegende Frage zu beschränken sei, „ob die StA.-schaft die Befugniß habe, eine von ihr eingelegte Berufung zurückzunehmen, nachdem über dieselbe vor dem AG. eine mündliche Verhandlung stattgefunden habe." Allein ich habe mich damals eventuell dahin ausgesprochen, daß die einmal angemeldete Berufung von der StA.-schaft überhaupt nicht zurückgenommen werden könne. Die hiergegen sprechenden praktischen Bedenken verkannte ich nicht, allein es schien mir, daß das bestehende Recht keinen Anhaltspunkt gebe für eine Unterscheidung zwischen Fällen, wo die Zurücknahme zulässig, und wo sie nicht mehr zulässig sei. Bei einer nochmaligen Erwägung bin ich jedoch zu dem Ergebniß gelangt, daß allerdings unterschieden werden muß.

Da das Gesetz präsumtiv das praktisch Zweckmäßige gewollt hat, so erregen praktische Mißstände, welche aus einer Gesetzesauslegung hervorgehen, mit Recht ernstliche Zweifel an der Richtigkeit dieser Auslegung; es versteht sich dabei von selbst, daß auch die größten praktischen Mißstände den Richter nicht berechtigen würden, sich über das Gesetz hinwegzusetzen. Es würde nun aber die unbedingte Unzulässigkeit der Zurücknahme einer von der StA.-schaft eingelegten Appellation große Mißstände in ihrem Gefolge haben. Die 10tägige Appellationsfrist läuft für die StA.-schaft vom Tage der Verkündigung des Urtheils an. In dieser Zeit und vor Ablauf der 10 Tage liegen nun aber die Gründe der Entscheidung in der von dem Gerichte festgestellten Fassung dem StA. nicht nothwendig vor. So lange sie ihm aber nicht zugänglich sind, kann ihre möglicherweise überzeugende Kraft auf den StA. nicht wirken. Ebensowenig kann derselbe mit Sicherheit beurtheilen, gegen welche thatsächliche Annahmen er seine Angriffe zu richten haben werde, welche neue Beweise erheblich, und ob solche zu beschaffen seien. Diese Mißstände vermehren sich, wenn andere Behörden, z. B. Steuerbehörden, betheiligt sind, mit welchen eine nicht selten zeitraubende Kommunikation erforderlich wird. Was von der Zurücknahme der Appellation gilt, muß auch von der Zurücknahme der NB gelten. Ob aber dieses Rechtsmittel einzulegen sei, darüber ist eine verständige Entschließung in vielen Fällen geradezu nicht eher möglich, als nach Einsicht der Urtheilsgründe. Die Anmeldung des Rechtsmittels muß nun aber bei Verlust desselben in der 10tägigen Frist erfolgen. Ist daher die Zurücknahme unbedingt ausgeschlossen, so muß zur Belästigung des Angeklagten und der höheren Gerichte über Rechtsmittel entschieden werden, von welchen ein Erfolg nicht erwartet werden kann, weil sie eben nur vorsorglich eingelegt, und die Voraussetzungen, unter denen sie angemeldet worden, nicht eingetreten sind. Diese Mißstände würden hingenommen werden müssen, wenn wesentliche Grundsätze des Verfahrens sich der Zurücknahme eines von der StA.-schaft eingelegten Rechtsmittels unbedingt widersetzten. Dies ist nun aber in solcher Allgemeinheit nicht der Fall. Ebensowenig ist aber, wie das AG. annimmt, die Zurücknahme des Rechtsmittels in jeder Lage der Sache zulässig.

Diese Ansicht des AG.s steht im Widerspruch mit dem Berufe der StA.-schaft und mit der Stellung und der Würde der Gerichte.

Freilich wird — abgesehen von Ausnahmebestimmungen (vgl. Art. 11 des im Gebiete des Rheinischen Rechtsverfahrens geltenden Ges.s v. 20. Apr. 1810) — darüber, ob eine Strafklage zu erheben, ein Rechtsmittel einzulegen sei, innerhalb der Hierarchie der StA.-schaft endgültig befunden. Allein die Befugniß, ein Verfahren hervorzurufen, oder durch ihr Nichteinschreiten zu bewirken, daß ein Verfahren unterbleibt, ist der StA.-schaft nicht als ein Parteirecht beigelegt worden, aus welchem hergeleitet werden könnte, daß sie nun auch berechtigt sei, das im Laufe befindliche Verfahren jederzeit zu hemmen. Das Recht der Initiative, auch für die höheren Instanzen, ist der Staatsanwaltschaft im Dienste der Gerechtigkeit beigelegt worden. In dem gleichen Dienste haben aber die Gerichte mit dem Augenblicke, wo sie befaßt sind, die ihnen durch das Gesetz zugewiesene Thätigkeit zu erfülle, nämlich Recht zu sprechen. Die einmal in Bewegung gesetzte Thägkeit der Gerichte wieder zum Stillstand zu bringen, diese an der Erfüllung ihres Berufes, das Urtheil zu sprechen, zu verhindern, das hat das Gesetz der StA.-schaft weder die Befugniß beigelegt, noch hätte derselben diese Befugniß beigelegt werden können, ohne die Gerichte in eine durchaus unwürdige Stellung zu versetzen. Daß ein solches Recht der StA.-schaft nicht zustehen soll, geht am deutlichsten aus den Bestimmungen der Vdn. v. 3. Jan. 1849 § 47 und des Ges. v. 3. Mai 1852 Art. 63 hervor. Dieselben sind nicht als Besonderheiten für die erste Instanz, sondern als Ausflüsse eines Grundsatzes über den Beruf und die gegenseitige Stellung der StA.-schaft und der Gerichte zu betrachten, welcher auf die höhern Instanzen nicht minder anwendbar ist. Diese Gründe beseitigen zugleich die Ansicht, daß die StAschaft ihre Appellation dann zurücknehmen könne, wenn der Angeklagte seinerseits ebenfalls die Berufung eingelegt habe. Denn diese Ansicht beruht auf der Unterstellung, die Zurücknahme der Appellation der StA.-schaft sei nur deshalb unzulässig, weil und insofern diese Zurücknahme zum Nachtheil des Angeklagten gereichen könne, während doch der Grund darin liegt, daß, nachdem die StA.-schaft von ihrer Befugniß, die Gerichte anzurufen, Gebrauch gemacht hat, diese in ihren Beruf, Recht zu sprechen, unbedingt und ohne Unterscheidung, ob ihr Urtheil dem Angeklagten günstiger oder nachtheiliger ist, eintreten, und in der Ausübung dieses Berufes von einer bestimmenden Einwirkung der StA.-schaft völlig unabhängig sind. Schwieriger und zweifelhafter ist die Frage:

in welchem Zeitpunkte anzunehmen ist, daß das AG. in seinen Beruf, über die Appellation zu erkennen, eintrete.

Es ist jedoch diese Frage hier nicht in solcher Allgemeinheit zu beantworten. Das Kgl. OTr. hat nicht abstrakte Rechtsfragen in demjenigen Umfange zu lösen, in welcher sie das angegriffene Urtheil oder die Beschwerdeschrift der StA.-schaft aufstellt. Der Beruf des obersten Gerichtshofes beschränkt sich darauf, zu entscheiden, ob unter Zugrundelegung der konkreten Thatsachen des gegebenen Falles das Dezisum eine Verletzung des formellen oder des materiellen Rechtes enthalte. Die Frage ist demnach meines Erachtens so zu stellen:

Ist die von dem StA. angemeldete Appellation für erledigt zu erachten, wenn der StA. dieselbe zurückgenommen hat, bevor seine Appellations-Anmeldung dem Angeklagten mitgetheilt worden war?

Zur Entscheidung des vorliegenden Falles genügt die Beantwortung dieser Frage, und deshalb ist sie die allein zu beantwortende. Wird sie bejaht, so hat dies nicht die Bedeutung, daß die Zurücknahme wirkungslos sei, wenn sie erfolge, nachdem die Mittheilung der Anmeldung, resp. der Appellationsschrift an den Angeklagten geschehen sei. Es bleiben vielmehr offene, vorkommenden Falles zu erledigende Fragen, ob auch nach dieser Mittheilung die Appellation noch zurückgenommen werden kann, etwa bis dahin, daß die Akten an das AG. abgesendet, daß sie be diesem eingegangen sind, daß das AG. irgend einen Akt seiner Gerichtsbarkeit ausgeübt, etwa den Verhandlungstermin angesetzt, oder bis die mündliche Verhandlung begonnen hat.

Die gestellte Frage muß aber m. E. bejaht, es muß die Appellation für erledigt erachtet werden. Denn es liegt ein zwingender Rechtsgrund nicht vor, wegen dessen der Erklärung der StA.-schaft, sie melde die Appellation an, sofort die Unwiderruflichkeit beigelegt werden müßte. Insbesondre kann ein solcher Rechtsgrund nicht darin gefunden werden, daß das eingelegte Rechtsmittel auch zu Gunsten des Angeklagten wirkt. Denn diese Wirkung ist nur eine Folge des Grundsatzes, daß das Rechtsmittel der StA.-schaft gesetzlich als im öffentlichen Interesse, insbesondere in dem der Gerechtigkeit, eingelegt erachtet wird. Wenn dieser eigentliche Zweck des Rechtsmittels der Zurücknahme nicht überhaupt entgegensteht, so kann dieselbe nicht durch die Rücksicht auf den Angeklagten unzulässig werden, denn sein einseitiges Interesse an einer Freisprechung oder gelinderen Bestrafung kann er durch eigene Einlegung des Rechtsmittels vollkommen wahren. Sein Interesse kann nicht durch Zurücknahme eines Rechtsmittels für verletzt angesehen werden, welches rechtlich ebenso sehr zu seinem Nachtheil, als zu seinem Vortheil gereichen kann. Dem eigentlichen Zwecke des Rechtsmittels, ein gerechtes Urteil, sei es nun ein milderes oder ein strengeres, herbeizuführen, kann es aber nicht entgegenstehen, daß die StA.-schaft, welche mit Rücksicht auf die kurze Frist genöthigt war, vorsorglich ein Rechtsmittel anzumelden, sich durch die ihr erst später zugänglich gewordenen überzeugenden Gründe des Urtheils, durch die erst in Erfahrung gebrachte Unmöglichkeit, fernere Beweise zu beschaffen, und dergleichen zur Zurücknahme des Rechtsmittels bestimmen lasse. Es tritt hinzu, daß nur bei der Möglichkeit der Zurücknahme die höhere Justizverwaltung in der Lage ist, die Behelligung der höheren Gerichte mit der Entscheidung über Rechtsmittel zu verhindern, welche keinen Erfolg versprechen, oder deren Zweck auf anderem Wege besser erreicht wird. Von diesem Standpunkt aus sind auch die JMin.-Reskripte v. 31 Jan. 1834 und 9. Febr. 184 (Rh. Samml. 4. S. 15, 11. S. 8) ergangen, welche die Zulässigkeit der Zurücknahme voraussetzen.

Als unwiderruflich kann die Einlegung eines Rechtsmittels von Seiten der StA.-schaft nur dann angesehen werden, wenn dasselbe bereits die Wirkung gehabt hat, daß das höhere Gericht in seinen Beruf, Recht zu sprechen, eingetreten ist. Daß dieser Zeitpunkt noch nicht gekommen ist, wenn nichts weiter als die dem Angeklagten noch nicht mitgetheilte Anmeldung vorliegt, dürfte einem erheblichen Zweifel nicht unterliegen. In diesem Zeitpunkte kann ja die Appellation wegen nicht rechtzeitiger Anmeldung noch von dem Gerichte erster Instanz zurückgewiesen werden (Vdn. v. 3. Jan. 1849 § 131).

Wann aber der entscheidende Moment eintritt, ist eine Frage, deren abstrakte Lösung, wie bemerkt, nicht Sache des Kgl. Gerichtshofes ist. Wenn ich mich nicht irre, so liegt dem Verweisungsbeschlusse die Auffassung zum Grunde, die Zurücknahme sei zulässig bis zur Absendung der Akten von Seiten des Gerichts erster Instanz an das AG. zur Entscheidung in appellatorio. Hiergegen erheben sich m. E. verschiedene Bedenken. Das erste besteht darin, daß die Worte: „bis zur Absendung" darauf hinzudeuten scheinen: nach der Absendung sei die Zurücknahme wirkungslos, daß sie daher mehr entscheiden, als mit Rücksicht auf den gegebenen Fall nöthig, also auch mehr als zulässig ist. Sodann ist von der Absendung der Akten von Seiten des Gerichts erster Instanz die Rede. Dies stimmt mit dem Geschäftsgang insofern nicht genau überein, als in Einklang mit der JMin.-Verfügung v. 13. Nov. 1849 § 23 (JMBl. S 466) von vielen Gerichten die Akten nicht an das AG. eingesandt, sondern der StA.-schaft übergeben werden, welche sodann die Akten dem AG. vorlegt. Dieses Verfahren ist auch im vorliegenden Falle beobachtet worden. Es würde also jedenfalls genauer im Ausdrucke sein, wenn die Worte: „von Seiten des Gerichts erster Instanz" weggelassen würden. Allein größer dürfte das sachliche Bedenken sein, ob denn die Absendung der Akten — eine bloße Aeußerlichkeit — entscheidend sein konne Eher käme es auf den Eingang der Akten bei dem AG. an. Allein auch dies ist eine bloße Aeußerlichkeit, überdies erhöbe sich alsdann wieder die Frage, ob, wenn die Akten dem OStA übersandt sind, nicht die Vorlegung der Akten Seitens desselben an das AG. entscheidend wäre.

Müßte, oder vielmehr dürfte, das für die Zulässigkeit der Zurücknahme maaßgebende Moment hier bezeichnet werden, so würde mit Rücksicht auf das von mir Vorgetragene die Zurücknahme nicht mehr stattfinden, nachdem das AG. in der Sache einen Akt seiner Gerichtsbarkeit ausgeübt hätte. Allein ich wiederhole, daß nur der vorliegende Fall zu erledigen ist, und in diesem war der entscheidende Zeitpunkt, nach welchem die StA.-schaft die Appellation nicht mehr zurücknehmen darf, noch nicht eingetreten, als die Zurücknahme erfolgte.

Die Rechtsprechung

des

Königlichen Ober-Tribunals

in

Straf-Sachen

herausgegeben

von

F. C. Oppenhoff,
Ober-Staats-Anwalt beim Königl. Ober-Tribunal.

Sechsten Bandes fünftes Heft.

Berlin, 1866.

Druck und Verlag von Georg Reimer.

Das OTr. hat die NB. zurückgewiesen. Gründe:

Das AG. hat in einer ausführlichen Erörterung die Frage, ob der StA. befugt sei, die einmal eingelegte Appellation wieder zurückzunehmen, prinzipiell bejaht, und dasselbe gründet hierauf allein seine Entscheidung, daß die Appellation der StA.-schaft durch die Zurücknahme für erledigt zu erachten sei. Dieser Entscheidung kann, soweit sie, wie erwähnt, die angeregte Frage prinzipiell bejaht, nicht beigetreten werden. Das OTr. hat durch die Plenar-Entscheidung des Senats für Strafsachen v. 23. Mai 1864 [s. o.] den Grundsatz festgestellt: „daß die StA.-schaft nicht befugt sei, eine von ihr eingelegte Appellation zurückzunehmen, und dieselbe dadurch der Entscheidung des App.-Richters zu entziehen." Die vorliegende, den entgegengesetzten Grundsatz vertheidigende Erörterung des AG.s hat keine Veranlassung geben können, von jener Entscheidung wieder abzugehen, und es bedarf daher hier eines näheren Eingehens auf die Gründe, welche das AG. geltend gemacht hat, nicht.

Dennoch aber ist seine Entscheidung in der Hauptsache begründet. Das oben gedachte Präjudiz des OTr.s hat, wie die Gründe des Erkenntnisses ergeben, nur in seiner Allgemeinheit den Grundsatz feststellen wollen: „daß die StA.-schaft eine von ihr eingelegte Appellation nicht zurückzunehmen befugt sei," und es hat denselben in spezieller Berücksichtigung des damals vorliegenden Falles ausgesprochen. Die Frage aber: „wann die Appellation mit der Wirkung, daß sie der Entscheidung des App.-Richters nicht wieder entzogen werden könne, für eingelegt zu erachten ist," — ist als eine der Besonderheit jedes einzelnen Falles unterliegende dadurch nicht entschieden worden.

Die in der Vdn. v. 3. Jan. 1849 und in dem Ges. v. 3. Mai 1852 zugelassenen Rechtsmittel in Strafsachen erfordern besondere Formen und eine Instruktion durch den Richter erster Instanz, um sie rechtshängig und für die Entscheidung des höheren Richters geeignet zu machen, diesen also damit zu befassen. Ohne das Vorhandensein solcher Voraussetzungen läßt sich nicht unter allen Umständen annehmen, daß der höhere Richter mit dem Rechtsmittel befaßt sei. Sieht man nun von den äußeren Formen und von den Fristen ab, welche an sich allein ein Hinderniß der Existenz eines eingelegten Rechtsmittels sind, so hat die bloß angemeldete Appellation allerdings schon materiell die Wirkung, daß der App.-Richter verpflichtet ist, sich der Entscheidung über die Sache nach allen Richtungen hin zu unterziehen, so weit ihm nicht in der Entscheidung erster Instanz darin eine Grenze gezogen ist. Allein diese materielle Wirkung ist nur ein Attribut seiner Stellung als erkennender Richter, und diese seine Stellung tritt formell nicht unmittelbar mit jener formgemäßen und rechtzeitigen Anmeldung der Appellation von selbst ein. Der Appellant hat die Befugniß zu einer besonderen Rechtfertigung seiner Appellation; der Gegner muß zur Beantwortung aufgefordert und zugelassen, das Rechtsmittel also von dem Richter erster Instanz instruirt werden, und er muß schließlich die ihm obliegende Prüfung eintreten lassen, ob alle diese Erfordernisse erfüllt sind, bevor er die Sache als spruchreif dem App.-Richter zur Entscheidung überreicht. Wann nun innerhalb aller dieser Stadien der Instruktion die Befassung des App.-Richters mit der Sache in dem obigen Sinne anzunehmen, ist, wie erwähnt, Gegenstand der Prüfung in jedem einzelnen Falle. In dem hier vorliegenden ist sie zu verneinen. Denn dem App.-Richter hat zwar eine vollständig instruirte Appellation vorgelegen; diese Instruktion ist indeß erst Folge des Widerspruchs des OStA.s gegen die Zurücknahme des StA.s und der, diesem Widerspruch allein nachgebenden Verfügung des App.-Richters gewesen, die Thatsache dagegen, daß der StA. noch vor der Instruktion seine Anmeldung wieder zurückgenommen hatte, wird dadurch nicht alterirt; sie bleibt also, wenn sie wirksam ist, in dieser Wirkung bestehen. Nach dem Obengesagten muß ihr aber die letztere beigelegt werden. In dem der Entscheidung c. Fernkorn zum Grunde liegenden Falle war die instruirte Appellation insoweit bereits der Entscheidung des App.-Richters unterbreitet, daß derselbe ein Beweisresolut in der Sache erlassen und nun erst der OStA. die Appellation zurückgenommen hatte. Hier konnte es keinem Zweifel unterliegen, daß die soweit gediehene Sache der Entscheidung des App.-Richters nicht wieder entzogen werden konnte. Die bloß angemeldete und dem Angeklagten noch nicht zur Beantwortung mitgetheilte Appellation in der vorliegenden Sache konnte jedenfalls diese Wirkung nicht haben. [15.—1.]

Presse. — Zeitungsherausgeber. — Berichtigung.

Der Herausgeber einer Zeitung ist nur zur Aufnahme der die Berichtigung von Thatsachen enthaltenden Entgegnungen verpfichtet; er kann daher seine Verantwortlichkeit wegen eines ehrenkränkenden Urtheils nicht durch die Hinverweisung auf jene Pflicht ablehnen.

Preßges. v. 12. Mai 1851 § 26. Sic: B. KH. 28. Sept. 1852 c. Brüggemann (Rh. Arch. 47. 2. A. S. 124). Contra: Schwarck Preßges. S. 112 Nr. 3. Vgl. Hartm. Preßges. S. 133 n. 5.

Erk. (Z. II.) v. 11. Okt. 1865 c. v. Hasenkamp (Falkson & Gen. 883. I. Cr.).

Es kann als eine rechtsirrthümliche Auffassung des § 26 des Preßges.s nicht bezeichnet werden, wenn der App.-Richter ausführt, daß der Dr. v. H. zwar verpflichtet gewesen wäre, „thatsächliche Entgegnungen" in das von ihm redigirte Blatt aufzunehmen, hierunter aber Urtheile nicht begriffen gewesen seien, und wenn er in der hervorgehobenen Aeußerung ꝛc. ein solches Urtheil findet.

Antr. des GStA.s: gleichl. [28.—4.]

Schulpflichtigkeit. — Schlesien.

In Schlesien dauert die Schulpflichtigkeit der Kinder jedenfalls bis zum zurückgelegten 14ten

Lebensjahr; im Uebrigen entscheidet das Ermessen des Seelsorgers.

ALR. II, 12. § 46; Schles. Schul-Regl. v 3. Nov. 1765 § 25; Schles. Schul-Regl v 18 Mai 1801 § 25; AKO. v. 14. Mai 1825; Schles. Ob.-Präs.-Vdn. v. 29. Juli 1832.

Erk. (V. I.) v. 11. Okt. 1865 c. Kirchner (653. I. Cr.).

Für die Provinz Schlesien erging unter dem 3. Nov. 1765 das General-Land- und Schul-Reglement für die Römisch-Katholischen in Städten und Dörfern, welches im § 25 das schulpflichtige Alter bis zum vollendeten 13ten Lebensjahre festsetzte. Ob und inwieweit dieses Reglement durch die Einführung des ALR.s modifizirt oder gänzlich aufgehoben worden, kann hier dahin gestellt bleiben, weil am 18. Mai 1801 ein Schul-Reglement für die niedern katholischen Schulen in den Städten und auf dem platten Lande von Schlesien rc. erlassen wurde, welches den § 25 des cit. Schul-Reglements v. 1765 ausdrücklich im § 39 wieder aufnahm und fernerweitig sub a bestimmte, „daß Eltern oder Vormünder, welche die ihnen untergebenen Kinder eine Woche lang ohne Noth aus der Schule zurückhalten, mit einer Strafe von 4 gGr. zur Schulkasse zu belegen sind." Demgemäß war jedenfalls die Vorschrift des § 46 II, 12. ALR. beseitigt worden, bis die AKO. v. 14. Mai 1825 erging, welche im Eingange wörtlich lautet:

> Damit im ganzen Umfange der Monarchie die Schulzucht mit Erfolg gehandhabt und nirgend der Schulbesuch vernachlässigt werde, setze ich auf den Antrag des Staats-Ministerii, auch für diejenigen Landestheile, in welchen das Allgemeine Landrecht nicht eingeführt ist, in Uebereinstimmung mit den Vorschriften desselben, hierdurch fest, rc.

Bei dieser klaren und bestimmten Fassung kann es nicht dem mindesten Bedenken unterliegen, daß die cit. AKO. für sämmtliche Provinzen der Monarchie gesetzliche Gültigkeit hat und entgegenstehende Provinzial-Gesetze insoweit aufhebt, als letztere abweichende Bestimmungen enthalten. Sodann heißt es daselbst sub

1. Eltern oder deren gesetzliche Vertreter, welche nicht nachweisen können, daß sie für den nöthigen Unterricht der Kinder in ihrem Hause sorgen, sollen erforderlichen Falles durch Zwangsmittel und Strafen angehalten werden, jedes Kind nach dem zurückgelegten fünften Jahre zur Schule zu schicken;
2. der regelmäßige Besuch der Lehrstunden in der Schule muß so lange fortgesetzt werden, bis das Kind nach dem Befunde seines Seelsorgers, die einem jeden vernünftigen Menschen seines Standes nothwendigen Kenntnisse erworben hat.

Die zuletzt gedachte Nr. 2 enthält nun beinahe wörtlich die Vorschrift des § 46 II, 12. ALR. und beseitigt somit unzweifelhaft denjenigen Theil des § 39 des Schul-Reglements v. 18. Mai 1801, welcher den § 25 des General-Land- und Schul-Reglements v. 3. Nov. 1765 zur Geltung brachte, wonach ohne Unterschied der Schulbesuch mit dem 13. Lebensjahre seine Endschaft erreichen sollte. Es irrt daher der Rekursrichter rechtlich, wenn er das Gegentheil annimmt. Auch dem Erwägungsgrunde desselben ist nicht beizupflichten, daß die Nr. 2 l. c. sich darüber nicht ausspreche, bis zu welchem Lebensalter ein Kind die Schule besuchen müsse. Denn wenn es gleich richtig ist, daß die AKO. v. 14. Mai 1825 kein bestimmtes Jahr für die Schulpflicht der Kinder festsetzt, so ordnet sie doch ein anderes Merkmal an, das in dieser Beziehung maaßgebend sein soll, nämlich das pflichtmäßige Ermessen des jedesmaligen Seelsorgers. Dazu kommt aber in dem vorliegenden Falle noch, daß für Schlesien die Verordnung des Ober-Präsidenten v. 29. Juli 1832 und zwar im § 1 mit Rücksicht auf die §§ 43. 46 II, 12. ALR. bestimmt hat, daß der Schulbesuch der Kinder bis zu deren zurückgelegtem 14ten Lebensjahre nothwendig stattfinden muß und diese lediglich mit Rücksicht auf die bestehenden anderweitigen Gesetze erlassene reglementarische Anordnung, kann nach § 3 Nr. 5 der Vdn. v. 30. Apr. 1815 wegen verbesserter Einrichtung der Provinzial-Behörden resp. dem § 1 der Instr. f. d. Ober-Präsidenten v. 31. Dez. 1825 als eine rechtsbeständige nicht bezweifelt werden. [20. — 4.]

Staats-Anwalt. — Voruntersuchung. — Beschwerde.

1. Auch wenn eine Untersuchungssache an den Anklage-Senat behufs der definitiven Versetzung in den Anklagestand gelangt ist, kann die Staatsanwaltschaft einen Antrag, welcher dahin abzielt, das Verfahren gegen die Beschuldigten auf neue selbstständige Strafthaten auszudehnen, nicht an den Anklage-Senat, sondern nur an das Gericht erster Instanz richten.

Vdn. v. 3. Jan. 1849 § 78 [dort einzutr. als n. 27 a].

2. Stellt dagegen im gedachten Falle der Ober-Staats-Anwalt beim Anklage-Senat den Antrag, die den Gegenstand der Beschuldigung bildende That von einem andern Gesichtspunkte aufzufassen und zu diesem Ende die Voruntersuchung zu vervollständigen, — so unterliegt der diesen Antrag ablehnende Senats-Beschluß nicht der Beschwerde an das Ober-Tribunal, wenn es der Staatsanwaltschaft möglich bleibt, jenen Gesichtspunkt im spätern Verlaufe des Verfahrens noch zur Geltung zu bringen.

Ebendas. [n. 21].

Beschl. (I.) v. 11. Okt. 1865 c. Voigt & Zillmann (242. B. I. Cr.).

Gegen die Maurermeister V. und Z. war die Beschuldigung erhoben worden, daß V. auf Anstiften des zum Halten von Lehrlingen nicht befugten Z 3 bei diesem ausgebildete Lehrlinge, unter der unwahren Erklärung, daß sie bei ihm (V.) gelernt hätten, der Prüfungs-Kommission der Bauhandwerker zu Dr. vorgestellt und dadurch nicht nur die Prüfung dieser Lehrlinge veranlaßt, sondern es auch bewirkt habe, daß in den von einem Magistrats-Kommissar aufgenommenen Verhandlungen die für die Zulassung jener Lehrlinge zur Gesellenprüfung und für die demnächstige Ausstellung der Gesellenzeugnisse erhebliche aber unrichtige Thatsache bescheinigt wurde, daß jene Personen 3 Jahre bei V. in der Lehre gewesen seien. Demgemäß erfolgte die vorläufige Versetzung in den Anklagestand gegen V. und Z. wegen intellektueller Urkundenfälschung. Beim AG. ging dagegen der OStA. davon aus, daß nicht sowohl die Gesellenzeugnisse als vielmehr das von dem Obermeister der

Bauhandwerker-Innung zu Dr. geführte Verzeichniß der zu Gesellen erklärten Lehrlinge, sowie die Prüfungs-Protokolle als öffentliche Urkunden anzusehen seien, und richtete deshalb an das AG. zunächst den Antrag: „in Beziehung auf jenes Register die Voruntersuchung eröffnen und führen zu lassen." Das AG. lehnte indessen diesen Antrag ab, weil es die qu. Register als öffentliche Urkunden nicht ansah, und verordnete nur zur Vorbereitung des definitiven Anklagebeschlusses die nochmalige Vernehmung der drei Lehrlinge. — Der OStA. ergriff gegen diesen die Ausdehnung der Voruntersuchung ablehnenden Beschluß die Beschwerde, indem er näher auszuführen suchte, daß jene Register allerdings als öffentliche Urkunden anzusehen seien.

Die GStAnw.-schaft hielt zunächst dafür: daß, wenn der OStA. durch seinen bei dem AG. gestellten Antrag nur die dem Beschuldigten früher zur Last gelegte That von einem anderen Gesichtspunkte aufgefaßt und nach dieser Richtung hin eine Vervollständigung der Voruntersuchung bezweckt habe, — seine Beschwerde zur Zeit unstatthaft sei, weil in dieser Beziehung der angefochtene Beschluß nicht in Rechtskraft übergehen könne; denn der Anklage-Senat sei durch denselben nicht behindert, bei der vorbehaltenen ferneren Beschlußnahme noch immer auf jenen neuen Gesichtspunkt einzugehen, und auch nach dieser Richtung hin die Versetzung in den Anklagestand zu beschließen; ebendeshalb könne aber auch der OStA. seiner Zeit vor dem AG. seinen Antrag wiederholen, und er würde nur dann ein Recht zur Beschwerde erlangen, wenn der Anklage-Senat demnächst, unter abermaliger Ablehnung des gestellten Antrags, die Beschuldigten insoweit außer Verfolgung setzen möchte, weil ein solcher (auf Rechtsgründen beruhender) Beschluß die Rechtskraft beschreiten und die Stellung einer jenen Gesichtspunkt auffassenden besondern Frage im Hauptverfahren ausschließen könnte. Sodann aber sprach die GStAnw.-schaft ihre Ansicht dahin aus, daß der OStA. nicht sowohl die früher zum Gegenstande der Beschuldigung gemachte That von einem andern Gesichtspunkte aufgefaßt, als vielmehr dem Beschuldigten eine neue selbstständige That zur Last gelegt habe; sei dieses richtig, so habe er den betr. Antrag auf Einleitung der Voruntersuchung mit Unrecht an das mit einer ganz anderen Beschuldigung befaßte AG. gerichtet, er habe denselben beim Gericht 1. Instanz stellen müssen; mit Unrecht habe sich das AG. auf eine materielle Prüfung dieser Beschuldigung eingelassen, sein desfallsiger Beschluß (welcher eventuell der Anbringung des Antrags beim Kr.-G. entgegenstehen würde) sei aufzuheben, und der OStA. mit seinem Antrage an das Kr.-G. zu verweisen.

Das OTr. hat hierauf den OStA. dahin beschieden: „daß der Beschluß des AG.s einer Aufhebung nicht unterliege, wenn gleich der dafür angegebene materielle Grund nach Lage der Sache noch nicht Platz greifen könne und die Entscheidung darüber noch nicht an der Zeit sei." Die Gründe dieses Bescheides lauten:

Insofern Ihr Antrag die Eröffnung der Voruntersuchung über eine neue selbstständige Thathandlung zum Gegenstande hatte, worauf sich die Anträge der Staatsanwaltschaft v. ꝛc. nicht erstreckten, war Ihr Antrag an das Gericht erster Instanz zu richten, damit dasselbe zunächst darüber befinde, bevor das AG. damit befaßt werden konnte. Bezweckten Sie aber mit Ihrem Antrage vom 8. Sept. nur eine Ergänzung der Untersuchung über die bereits von der StA.-schaft dem V. ꝛc. angeschuldigte Thathandlung, so mußte derselbe auf den Verlauf des Verfahrens ohne Einfluß bleiben, da es Ihnen unbenommen ist, in der Hauptverhandlung die bereits unter Anklage stehende Thathandlung nach allen Seiten hin zur Erledigung zu bringen, woran Sie auch die Ablehnung einer Ausdehnung der Voruntersuchung von Seiten des Anklage-Senates nicht hindern kann. Es muß Ihnen demnach die Erwägung überlassen bleiben, ob Sie die intellektuelle Fälschung der fraglichen Register zunächst am KrG. anhängig machen und event. eine Verbindung mit der von demselben bereits beschlossenen Untersuchung herbeiführen und den abzuwartenden Beschluß des Anklage-Senates über die Versetzung der Beschuldigten in den Anklagestand anfechten wollen.

[23.—4.]

Stempel. — Kaufmännischer Verkehr.

Ein Kauf ꝛc. ist im „kaufmännischen Verkehr" geschlossen, sobald der Ankauf zum Zwecke des Wiederverkaufs erfolgt, ohne Unterschied ob der Gegenstand in unveränderter Gestalt oder nach geschehener Verarbeitung wiederverkauft werden soll. Auch im letzteren Falle unterliegt der Kaufakt nur einem Stempel von 15 Sgr..

AKO. v. 30. Apr. 1847. Vgl. RbOTr. 1. S. 558; Hartm. Strafgess. S. 106 n. 36.

Erk. (Z. I.) v. 11. Okt. 1865 c. v. Zawadzki & Kaufmann (643. I Cr.).

v. Z. hatte mit dem Käsefabrikanten K. einen schriftlichen Vertrag abgeschlossen, nach welchem er sich verpflichtete, diesem gewisse Quantitäten Milch zur Käsebereitung zu liefern. Da zu diesem Vertrage kein Stempel verwendet war, so wurde jeder von ihnen von den Instanzgerichten zu einer Stempelstrafe von 2 Thlrn. verurtheilt. NB. des Prov.-St.-Direktors, welcher auszuführen suchte: mit Unrecht sei der Vertrag als ein „Lieferungsvertrag im kaufmännischen Verkehr" und nach Anleitung der AKO v. 30. Apr. 1847 ein Stempelsatz von 15 Sgr. as maaßgebend angesehen worden; ein „kaufmännischer Verkehr" liege nur da vor, wo die betr. Gegenstände als Kaufmannswaaren in Betracht kämen, so daß sie zum Zwecke des Wiederverkaufs, nicht zur Produktion anderer Sachen, welche erst Objekte des Handelsverkehrs biden sollten, bestimmt sein müßten — Zurückweisung. Gründe:

Das OTr. hat bereits wiederholt ausgesprochen und näher ausgeführt, daß die AKO. v. 30. Apr. 1847 nicht zwischen Handeltreibenden und anderen Personen unterscheidet, sondern nur voraussetzt, daß das Kauf- oder Lieferungsgeschäft über bewegliche Gegenstände Seitens des Käufers zu Handelszwecken, namentlich zum Zweck des Wiederverkaufs genacht ist: Erk. (I, 235) 26. Febr. 1858 c. Vallentin; Erk. (I, 621) 25. Juni 1858 c. Wagenhoff; Erk. I. Civ.-Sen. (1481) 28. Juni 1849 Fiskus c. Hillinghaus; Erk. I. Civ.-Sen. 20. Jan. 1865 Fiskus c. Werner; Erk. I. Civ.-Sen. (316) 20. Jan. 1865 Fiskus c. Moses.

Im vorliegenden Falle steht nun zwar fest, daß die Milch, welche v. Z. dem Kaufmann K. zu liefern hat, nicht unmittelbar zum Wiederverkauf, sondern zunächst zur Käsebereitung bestimmt ist, daß K. jedoch einen Handel mit den von ihm produzirten Käsen treibt. Die cit. AKO. erfordert aber zu ihrer Anwendung keineswegs, daß der Wiederverkauf der Gegenstände des Geschäfts nothwendig in ganz unveränderten Zustande, und ganz in derselben Beschaffenheit erfolgt; wie zum Beispiel auch ein Handel, bei welchem Holz auf dem Stamme gekauft ist, das also erst gefällt und zum Wiederverkauf vorbereitet werden muß, für einen im kaufmännischen Verkehr abgeschlossenen Vertrag erachtet werden kann: Erk. (I. 747) 26. Sept. 1856 c. Schönemann, G. A. 4. S. 823; Erk. (I. 637) 2. Okt 1861 c. Karstedt, G. A. 10. S. 46; RdOTr. 1. S. 558.

Antr. des GStA.s: gleichl. [B. — 4.]

Grenzverrückung. — Richtige Stelle.

Der Instanzrichter kann ein „Fälschlich-Setzen" eines Grenzsteins ꝛc. auch dann annehmen, wenn nicht genau ermittelt worden ist, wo der Stein vorher gestanden hat.

StGB. § 243 Nr. 7 [dort einzutr. als n. 34a].

Erk. (Z. II.) v. 12. Okt. 1865 c. Gräbner (313. II. Cr.).

Gr. war wegen des „Fälschlich-Setzens eines Grenzpfahls" aus § 243 Nr. 7 bestraft worden, indem es für erwiesen erachtet wurde, daß er den betr. Pfahl von seiner früheren Stelle an eine andere, wo er früher nie gestanden, versetzt und dadurch eine Veränderung der Grenzbezeichnung zum Nachtheile des Nachbars bewirkt habe; das genüge zum Thatbestande des cit. §, wenn gleich es nach der Beweiserhebung ungewiß geblieben sei, an welcher speziellen Stelle der Pfahl früher gestanden habe. Die NB. des Gr. rügte Gesetzesverletzung, weil es für den Begriff des Vergehens wesentlich sei, daß das Grenzmerkmal von der richtigen Stelle weggenommen sei. Zurückweisung.

Gründe:

Es muß anerkannt werden, daß der Thatbestand des hier in Rede stehenden Vergehens im Gegensatze zu dem früheren Rechte (ALR. II, 20. § 1403), welches denselben auf die Verrückung der vorhandenen Grenzsteine oder Merkmale (termini motio im engeren Sinne) beschränkte, durch das StGB., welches neben dem Wegnehmen und Verrücken auch das fälschliche Setzen von Grenzsteinen u. s. w. in die Definition aufgenommen hat, wesentlich erweitert, und auf Grenzfälschung überhaupt durch eigenmächtiges in betrügerischer Absicht erfolgtes Setzen oder Errichten falscher Grenzzeichen ausgedehnt worden ist. Dies vorausgesetzt, hat der App.-Richter durch die von ihm festgestellte Thatsache, daß der Angeklagte zum Nachtheil seines Nachbars den Grenzpfahl an eine unrichtige Stelle gesetzt hat, den Begriff des Vergehens des § 243 Nr. 7 für erfüllt ansehen können, wenn es auch ungewiß geblieben ist, von wo der Angeklagte den Pfahl weggenommen hat, oder ob er da, wo er ihn weggenommen, von Alters her gestanden hat.

Antr. des GStA.s: gleichl. [29. — 2.]

Zeugnißzwang. — Beamter. — Dienstvergehen.

Ein Beamter kann nicht zur Ablegung eines Zeugnisses in Betreff eines ihm angeblich zur Last fallenden „Dienstvergehens" genöthigt werden. Vdn. v. 3. Jan. 1849 § 18 [n. 3].

Erk. (Z. I.) v. 13. Okt. 1865 c. v. Hasenkamp (965. I. Cr.).

v. H., der „Verleumdung der StA.-schaft zu B. in Beziehung auf ihren Beruf" angeklagt, trat in 2. Instanz den Beweis der Wahrheit der behaupteten Thatsachen durch Berufung auf das Zeugniß der betr. Beamten der StA.-schaft selbst an. Das erachtete das AG. für unstatthaft, weil dadurch jene Beamten genöthigt werden sollten, ein Zeugniß darüber abzulegen, ob sie sich einer pflichtwidrigen und strafbaren Handlung schuldig gemacht hätten. — NB. des v. H. Zurückweisung. Gründe:

Wenn es feststeht, daß der dem betr. Beamten der StA.-schaft zu B. gemachte Vorwurf geeignet sei, denselben in der öffentlichen Meinung dem Hasse oder der Verachtung auszusetzen, so kann ein Zeugniß über dessen Richtigkeit von ihm nicht gefordert werden, weil er dadurch gegen die Vorschrift des Gesetzes (§ 18 der Vdn. v. 3. Jan. 1849) genöthigt werden könnte, wider seinen Willen ein Bekenntniß einer, wenn auch nur disziplinarisch strafbaren Handlung gegen sich selbst abzulegen; vgl. G.A. 2. S. 415; 4. S. 37).

Antr. des GStA.s: gleichl. [28. — 4.]

Presse. — Drucker. — Verbreitung.

Eine Druckschrift ist im Sinne des § 8 des Preßges.s „verbreitet", sobald sie Andern, na-

mentlich dem Publikum zugänglich gemacht ist, sollte auch ein Ueberlassen an Andere noch nicht stattgefunden haben. In einem solchen Falle ist daher die Strafe des § 41 l. c. verwirkt, wenn auf der Druckschrift Namen und Wohnort des Druckers nicht genannt sind.

Preßges. v. 12. Mai 1851 §§ 7. 8. 41.

Erk. (B. I.) v. 18. Okt. 1865 c. Fritzmann (877. I Cr.).

Im Schaufenster und auf dem Ladentische des Kaufmanns F. waren Druckschriften vorgefunden worden, auf welchen der Name des Druckers nicht angegeben war. Deshalb in 1. Instanz aus § 41 des Preßges.s verurtheilt, ward er in 2. Instanz freigesprochen, weil hier ein „Verbreiten" jener Schriften durch F. im Sinne der §§ 8. 41 l. c. nicht nachgewiesen sei; ein solches setze (arg. § 43 l. c.) ein Mittheilen an Mehrere oder nach allen Richtungen hin voraus; insbesondere sei nicht aus § 33 zu folgern, daß eine Schrift „verbreitet" sei, sobald sie dem Publikum zugänglich gemacht werde, denn der dort gebrauchte Ausdruck „veröffentlichen" sei nicht gleichbedeutend mit „verbreiten"; jedenfalls könne das bloße „Ausstellen" nicht als ein solches „Verbreiten" angesehen werden. — Auf die NB. des OStA.s ist dieses Erkenntniß vernichtet und der Rekurs des F. gegen das erstinstanzrichterliche Urtheil zurückgewiesen worden. Gründe:

Nach § 7 des Preßges.s soll auf jeder Druckschrift der Name und der Wohnort des Druckers genannt sein, und § 8 verordnet:

> Druckschriften, welche den vorstehenden Vorschriften nicht entsprechen, dürfen von Niemand verbreitet werden.

Weder im cit. § 8 noch sonst im Preßgesetz ist definirt, was das Gesetz unter „Verbreiten" versteht. Auch das StGB. enthält keine solche Definition. Es muß also in den verschiedenen Stellen, wo sich das Preßgesetz des Ausdrucks „Verbreiten" bedient (§§ 8. 33. 43. 53), der jedesmalige Sinn desselben aus dem Zusammenhange und aus dem Zwecke des betreffenden § des Gesetzes entnommen werden. Es beruht aber auf einem Rechtsirrthum, wenn es im zweiten Erkenntniß zunächst heißt:

„Unter Verbreiten läßt sich nur diejenige Thätigkeit verstehen, die dahin geht, die Druckschrift Mehreren, oder nach allen Richtungen hin mitzutheilen."

Eine solche Beschränkung spricht das Gesetz im § 8 l. c. nicht aus, dessen Zweck dahin geht, ganz allgemein zu verhindern, daß Druckschriften verbreitet, d. h. hier Andern, namentlich dem Publikum zugänglich gemacht werden, bei welchen nicht durch Angabe des Druckers und seines Wohnorts auf der Druckschrift selbst der Behörde die Möglichkeit gewährt ist, sofort die verantwortliche Person zu erkennen, an welche sie sich bei etwa strafbarem Inhalte der Druckschrift halten kann. Das „Verbreiten" ist ein weiterer Begriff, als das „Veröffentlichen, Verkaufen, Versenden, Vertheilen, Ausstellen und Anschlagen"; es beruht daher auf einem ferneren Rechtsirrthum des zweiten Richters, daß er das Verbreiten im Sinne des § 8 l. c. nur wie im § 43 dem Verkaufen gleichstellt und erklärt, daß in einem bloßen Ausstellen von Druckschriften, welche gegen § 7 verstoßen, unter allen Umständen keine Verbreitung derselben gefunden werden könne.

Antr. des GStA.s: gleichl. [18 — 4.]

Oeffentlichkeit. — Ausschließung. — Protokoll.

Nichtigkeit tritt ein, wenn die Hauptverhandlung nicht öffentlich gewesen oder nicht durch ein vom [Vorsitzenden und] Gerichtsschreiber unterzeichnetes Protokoll dargethan ist, daß die Oeffentlichkeit nach Anhörung des Angeklagten durch einen öffentlich verkündeten Beschluß ausgeschlossen worden war.

Ges v. 3. Mai 1852 Art 19 [n. 4. 6. 7].

Erk. (B. II) v. 19. Okt. 1865 c. Eiers (303. II. Cr.).

De schwurgerichtliche Hauptverhandlung hatte nach dem Sitzungs-Protokolle in nicht-öffentlicher Sitzung stattgefunden; über die Ausschließung der Oeffentlichkeit enthielt dieses Protokoll nichts; dagegen besagte ein von demselben Tage datirtes, aber nur vom Vorsitzenden, nicht auch vom Gerichtsschreiber unterzeichnetes Separatprotokoll, daß ein derartiger Beschluß vom GH. auf den Antrag des StA.s gefaßt und verkündet worden sei; ob dabei der Angeklagte anwesend gewesen und gehört worden, und ob die Verkündung in öffentlicher Sitzung stattgefunden habe, war nicht zu ersehen. Auf die NB. des Angeklagten erfolgte Vernichtung. Gründe:

Nach Ausweis des Audienz-Protokolles v. ꝛc. ist die Untersuchungssache wider E. nicht in der öffentlichen Sitzung des Schwurgerichts verhandelt worden, da das Wort „öffentlich" sich in demselben durchstrichen findet. Das Audienz-Protokoll thut auch keine Erwähnung von einem durch den Schw.-GH. erlassenen und öffentlich verkündeten Beschlusse, wodurch die Oeffentlichkeit der Verhandlung ausgeschlossen worden wäre. Nach § 14 der Vdn. v. 3. Jan. 1849 muß aber der Fällung des Urtheils bei Strafe der Nichtigkeit ein mündliches öffentliches Verfahren vor dem erkennenden Gerichte vorhergehen, und nach Artt. 18 und 19 des Ges.s v. 3. Mai 1852 kann letzteres diese Oeffentlichkeit, wenn sie der Ordnung oder den guten Sitten Gefahr drohet, zwar ausschließen, allein der desfallsige Beschluß muß, nachdem die Staatsanwaltschaft und der Angeklagte in nicht öffentlicher Sitzung gehört worden sind, öffentlich verkündet werden. Da nun nach Art. 78 des cit. Ges.s die Beobachtung der vorgeschriebenen Förmlichkeiten nicht anders als durch das Protokoll bewiesen werden kann, die hier in Rede stehende aber bei Strafe der Nichtigkeit vorgeschrieben ist (§ 14 l. c.), so unterliegt das ganze Verfahren der Vernichtung. Nach Ausweis der Akten ist zwar nach einem besonderen Protokolle bei Eröffnung der Sitzung auf Antrag des StA.s durch den GH. beschlossen und verkündet worden, daß die Oeffentlichkeit aus Rücksichten der Sittlichkeit auszuschließen sei, allein dies Protokoll besagt nicht, daß der Angeklagte nach Vorschrift des Art. 19 l. c. bei jener Verhandlung gehört und der Beschluß öffentlich verkündet worden sei, und es trägt nicht die Unterschrift des in margine als gegenwärtig bezeichneten Gerichtsschreibers, entbehrt also der Beweiskraft.

Antr. des GStA.s: gleichl. [22. — 3.]

Kaufmann. — Buchführung. — Handelsgesetzbuch.

Derjenige, welcher nach den Bestimmungen des D. HGB.s als Kaufmann anzusehen ist, hat die erforderlichen Bücher auch dann zu führen, wenn er schon vor der Einführung jenes GB.s seinen Geschäftsbetrieb begonnen hatte und nach den damals geltenden Vorschriften nicht Kaufmann war.

StGB. §§ 259. 261 Nr. 2 [13b.]. Vgl. oben S. 153.

Erk. (Z. II.) v. 19. Okt. 1865 c. Fick (317. II. Cr.).

F, wegen einfachen Bankerutts aus § 261 Nr. 2 StGB. bestraft, rügte im Wege der NB., daß er als Kaufmann angesehen und zur Buchführung nach Maaßgabe des HGB.s für verpflichtet erachtet worden sei, obgleich er schon vor Einführung dieses GB s seinen Geschäftsbetrieb begonnen habe, und nach den damals geltenden Vorschriften nicht Kaufmann (Handelsmann, Fabrikbesitzer) gewesen sei. Zurückweisung. Gründe:

Daß ein Kaufmann nach der Definition des D. HGB.s von den durch das Gesetzbuch für den kaufmännischen Geschäftsbetrieb gegebenen Vorschriften um deswillen nicht ausgenommen ist, weil er sein kaufmännisches Geschäft nicht erst seit der Einführung des Handelsgesetzbuches begonnen, dasselbe vielmehr schon früher bestanden hat, und daß demnach die vorigen Richter dadurch, daß sie jene Vorschriften für den Angeklagten für bindend erachtet, denselben eine rückwirkende Kraft nicht beigelegt haben, kann einem gegründeten Bedenken nicht unterliegen. Der Angeklagte hatte, weil und inwiefern er Kaufmann war, seine Geschäftsführung nach den Vorschriften des HGB.s von dem Momente an, wo diese gültig wurden, einzurichten.

Antr. des GStA.s: gleichl. [26. — 3.]

Gewerbs-Unzucht. — Polizeiliche Anordnung.

Die Gewerbs-Unzucht ist strafbar, insoweit sie nicht ausnahmsweise durch polizeiliche Anordnung gestattet worden ist.

StGB. § 146 [n. 1].

Erk. (Z. II.) v. 19. Okt. 1865 c. Gehlsdorf (294. II. Cr).

Die Gesetzgebung zur Zeit der Abfassung und Einführung des StGB.s behandelte die gewerbsmäßige Unzucht überall als unstatthaft und strafbar, wo sie nicht ausnahmsweise — AKO. v. 25. Jan. 1829 — in Bordellen gestattet wurde. Der § 146 hat nur die frühere Ausnahme aufrecht erhalten, nicht die polizeiliche Regel der Unzulässigkeit beseitigen wollen. Wo also der Fall der ausnahmsweisen Duldung überhaupt nicht besteht, da kann in der Anwendung der Regel eine unrichtige Anwendung des Gesetzes nicht gefunden werden.

Antr. des GStA.s: gleichl. [12.—3.]

Disciplinarverfahren. — Berufungsinstanz. — Beweis.

Die Vorschrift des Art. 101 des Ges.s v. 3. Mai 1852, nach welcher der App.-Richter nur auf Grund einer in zweiter Instanz stattgehabten Beweisaufnahme von der erstrichterlichen Feststellung abweichen darf, findet im Disciplinarverfahren keine Anwendung.

Ges. v. 7. Mai 1851 §§ 41. 33. — Ges. v. 21. Juli 1852 § 74.

Erk. (I. Civ.-Sen.) v. 20. Okt. 1865 c. Rechtsanwalt B. (403. I. D.).

Der disciplinarisch verfolgte, vom Ehrenrathe der Rechtsanwalte aber freigesprochene Angeschuldigte setzte der Berufung des OStAnw.s entgegen, daß der erste Richter die Anschuldigungen nicht für erwiesen erachtet habe, und daß das Kgl. Ob.-Tribunal nach Art. 101 des Ges.s v. 3. Mai 1852 von dieser Feststellung nicht abweichen dürfe, weil die Berufung nichts Neues vorgebracht habe. Dieser Einwand ist beseitigt und B. mit einer Disciplinarstrafe belegt worden. Die betr. Gründe lauten:

Die Beschränkung in den angezogenen Vorschriften leidet auf das Disciplinarverfahren überhaupt keine Anwendung. Eine derartige Bestimmung findet sich in den Disc.-Gess. v. 7. Mai 1851 und 21. Juli 1852 nicht. Letzteres verordnet im § 74 in Betreff der Berufung gegen Erkenntnisse des Ehrenraths an das OTr., daß für das Verfahren die Vorschriften §§ 37—43 des Ges.s v. 7. Mai 1851 zur Anwendung kommen sollen. In ihnen verweiset der § 41 auf die vorangehenden §§ 30—35 als maaßgebend für die zweite Instanz. Hier ist aber im § 33 der Grundsatz aufgestellt, daß bei den Entscheidungen das Disciplinargericht, ohne an positive Beweisregeln gebunden zu sein, nach seiner freien, aus dem ganzen Inbegriffe der Verhandlungen und Beweise geschöpften Ueberzeugung zu beurtheilen hat, inwiefern die Anschuldigung für begründet zu achten sei. Dieser Grundsatz gilt daher ohne Beschränkung auch für den zweiten Disciplinar-Richter. Der vom Angeklagten noch angezogene § 43 des Ges.s v. 7. Mai 1851 paßt auf die vorliegende Frage nicht. Er verordnet über das Rechtsmittel der Restitution gegen rechtskräftige Entscheidungen in Disciplinarsachen, und will rücksichtlich der Zulässigkeit dieses Rechtsmittels und des Verfahrens, soweit jenes Gesetz nicht etwas Anderes festsetze, die Vorschriften des gemeinen Strafprozesses angewandt wissen. [—2.]

Zeuge. — Ausbleiben. — Strafverfügung. — Beschwerde.

Die gegen einen ohne Entschuldigung ausgebliebenen Zeugen ergangenen Straffestsetzungen können nicht durch Beschwerde beim Ober-Tribunal angefochten werden.

Vdn. v. 3. Jan. 1849 § 20 [n. 22].

Beschl. (I.) v. 20. Okt. 1865 c. Erklies (241. B. I. Cr.).

In der Untersuchungssache gegen E. war der Gutsbesitzer P. als Zeuge vor das KG. zu W. geladen und, da er ohne Entschuldigung ausblieb, gegen ihn eine Geldbuße festgesetzt worden; seine dagegen ergriffene Beschwerde ward vom AG. zurückgewiesen. Auch gegen diese Verfügung richtete er eine Beschwerde an das OTr., ward aber dahin beschieden:

daß in dem vorliegenden Falle, wo Sie in dem Termine zur mündlichen Verhandlung, zu welchem Sie als Zeuge geladen waren, ausgeblieben sind, ohne Ihr Ausbleiben im Voraus zu entschuldigen, und deshalb das genannte Gericht 1. Instanz, vermöge der ihm zustehenden Befugniß, die zur mündlichen Verhandlung geladenen Zeugen zu ihrer Schuldigkeit anzuhalten, auf Grund des § 20 der Vdn. v. 3. Jan. 1849 eine Strafe gegen Sie festgesetzt hat — die Beschwerde an das Kgl. OTr. gesetzlich nicht stattfindet.

Antr. des GStA.s: entg. [30. — 4.]

Diebstahl. — Geschlagenes Holz. — Wald.

Der Diebstahl von geschlagenem Holze aus einem Walde ist aus § 217 Nr. 3 StGB. zu bestrafen, sollte das Holz auch nicht in dem betr., sondern in einem andern Walde gewachsen sein, und nicht dem Waldeigenthümer, sondern einem Dritten gehören.

StGB. § 217 Nr. 3 [n. 36. 37. 23].

Erk. (Z. I.) v. 25. Okt. 1865 c. Fallenski (1008. I Cr.).

Das Kgl. OTr. hat bereits in dem Erkenntnisse v. 23. Nov. 1860 c. Koschke (RdOTr. 1. S. 43) des Nähern ausgeführt, daß der § 217 Nr. 3 StGB. auch dann anwendbar sei, wenn der Wald, in dem sich das gestohlene geschlagene Holz befunden, nicht derjenige ist, in welchem das Holz ursprünglich geschlagen war, weil der cit. § 217 Nr. 3 gleichwie der § 1144. II, 20 des ALR.s lediglich den besonderen Schutz von Sachen, welche nicht unter genauer Aufsicht gehalten werden können, im Auge habe.

Unter diesen Umständen kommt es auch nicht darauf an, ob das in Rede stehende Holz noch dem ursprünglichen Waldeigenthümer oder einem Dritten gehört, und ob dieser letztere es in einen fremden Wald gebracht hat. Das allein Entscheidende in derartigen Fällen ist: daß geschlagenes Holz den Gegenstand des Diebstahls bildet, und daß dieses sich in einem Walde befindet.

Antr. des GStA.s: gleichl. [20. — 4.]

Ehebruch. — Strafverfolgung. — Ehescheidung.

Die Strafverfolgung wegen eines Ehebruchs ist nur dann statthaft, wenn wegen dieses nämlichen Ehebruchs die Ehescheidung erfolgt ist; es genügt nicht, wenn das wegen eines andern Ehebruchs scheidende Urtheil auch jenen Fall festgestellt, gleichwohl aber auf ihn die Ehescheidung nicht gestützt hat.

StGB. § 140 [n. 8].

Beschl. (I.) v. 25. Okt. 1865 c. Schneider & Gen. (231. B. I. Cr.).

Die Ehefrau Schn. hatte gegen ihren Ehemann auf Ehescheidung wegen Ehebruchs geklagt, und ein obsiegliches Urtheil erwirkt. Das Gericht hatte als erwiesen angenommen, daß Schn. in den Jahren 1859 ff. mit der E., der H. und der N. Ehebruch getrieben habe, gleichwohl aber die Scheidung nur auf die beiden letzteren Fälle, nicht aber auch auf den Ehebruch mit der E. gestützt, weil es nicht feststehe, ob nicht die Ehefrau Schn. länger als ein Jahr vor Anstellung der Scheidungsklage von diesem Falle Kenntniß gehabt habe, und ob nicht ebendeshalb eine Verzeihung derselben anzunehmen sei. Die nähere Erörterung dieser Frage hatte das Gericht für überflüssig erachtet, weil die beiden andern Fälle zur Ehescheidung genügten. Demnächst erhob der StA. gegen Schn., die E., die H. und die N. wegen aller 3 Fälle Anklage aus § 140 StGB.s Die Instanzgerichte sprachen aber die Eröffnung der Untersuchung nur wegen der beiden letzteren Fälle, nicht auch wegen des Ehebruchs mit der E. und demgemäß auch nicht gegen die letztere aus, weil wegen dieses Falles die Scheidung nicht erfolgt sei. — Beschwerde des OStA.s, welcher auszuführen suchte: § 140, welcher die Verfolgung des Ehebruchs von der Bedingung abhängig macht, daß „die Ehe wegen dieses Vergehens geschieden" sei, verlange nur, daß die Scheidung überhaupt wegen Ehebruchs erfolgt sei; die Worte „dieses Vergehens" bezögen sich auf den abstrakten Vergehensbegriff, nicht auf die konkrete That. — Die GStAnw.-schaft beantragte Zurückweisung der Beschwerde. Sie führte aus: das ALR. (II, 20 §§ 1061—1064) habe nur den die Ehe brechenden Ehegatten, nicht den Mitschuldigen desselben, mit Strafe bedroht; § 140 habe dagegen auch auf den letzteren die Strafandrohung ausgedehnt, im Uebrigen aber in Betreff beider an der Bedingung festgehalten, daß die Ehe wegen dieses Ehebruchs geschieden worden sei; es sei also klar, daß wenigstens der Mitschuldige eines Ehebruchs nicht verfolgt werden könne, wenn nicht eben wegen dieses Ehebruchs die Scheidung ausgesprochen werde; für den schuldigen Ehegatten könne aber die betr. Gesetzesvorschrift nicht anders ausgelegt werden, als für seinen Mittschuldigen; diese Auffassung finde ihre Bestätigung in der Entstehungsgeschichte des § 140: § 168 des Entwurfs von 1847 habe (nach dem Vorbilde des Rh. BGB.s Art. 298) die Bestrafung des schuldigen Ehegatten dem Eherichter überweisen wollen, und die Verhängung der Strafe durch das die Ehe scheidende Urtheil angeordnet, während § 170 in Betreff des Mitschuldigen und der Gehülfen die Zuständigkeit des Kriminalrichters anerkannte; es sei klar, daß in dieser Weise nur der zur Scheidung führende Ehebruch habe bestraft werden können, hierbei sei der Entwurf v. 1850 (§ 129) stehen geblieben, indem er nur die Kompetenz des Eherichters zur Strafverhängung beseitigte; die Motive (S. 41) erkännten ausdrücklich an: „daß der nicht zur Scheidung Anlaß gebende Ehebruch ungerügt bleibe"; ähnlich sprächen sich der Komm.-Bericht der II. Kammer (S 88. 90 a. E) und der der I. Kammer (S 20) aus; endlich würden auch nur durch diese Auffassung die Unzuträglichkeiten vermieden, welche nothwendig herbeigeführt würden, wenn der Strafrichter alle einzelnen behaupteten Ehebruchsfälle selbstständig zu erörtern hätte, und dabei vielleicht auch solche Fälle für bewiesen erachtete, welche der Eherichter als unbewiesen oder verziehen in dem Scheidungsverfahren ausgeschieden habe.

Das OTr. hat die Beschwerde zurückgewiesen. Gründe:

Die Vorbedingung einer jeden, wegen Ehebruchs in Gemäßheit des § 140 des StGB.s zu erhebenden Anklage ist allemal ein vorausgegangenes, rechtskräftig gewordenes, diesfälliges Ehescheidungs-Erkenntniß. Dies ergiebt der Wortlaut der allegirten Gesetzstelle ganz unzweifelhaft, wenn es in derem Eingange heißt: „der Ehebruch wird, wenn wegen dieses Vergehens die Ehe geschieden ist, an dem schuldigen Ehegatten, so wie dessen Mitschuldigen — bestraft." Dabei unterscheidet das Gesetz nicht zwischen dem schuldigen Ehegatten und den Mitschuldigen, deren es einen oder mehrere geben kann, stellt dieselben vielmehr in dieser Beziehung auf ganz gleiche Linie. Daraus folgt aber unbedenklich, daß unter den gedachten „Mitschuldigen" nur diejenigen Personen gemeint sein können, von denen der Eherichter angenommen, daß sie mit dem schuldigen Ehegatten Ehebruch getrieben, und dieserhalb die Ehe getrennt hat. Beide Erfordernisse müssen zusammentreffen, weil sie in dem

Wechselverhältniß wie Ursache und Wirkung zu einander stehen, und lediglich in dieser Verbindung die Vorbedingung zu einer Anklage wegen Ehebruchs bilden können, indem das Ehescheidungs-Erkenntniß nach dem ausgesprochenen Willen des Gesetzgebers der alleinige diesfällige Maaßstab sein soll. [20. — 4.]

Zeugniß, falsches. — Verleitung. — Voruntersuchung. — Rheinisches Verfahren.

Ein falsches Zeugniß, welches im Laufe einer nach Rheinischem Verfahren geführten Voruntersuchung nach geleistetem Eide abgelegt wird, und folgerichtig auch die Verleitung (der Verleitungsversuch) zu einem solchen sind straflos.

StGB. §§ 126 [n. 7]. 131. Sic (gleichlautend): Z Pl. eod. c. Lüning u Gen. Vgl. RbOTr. 5. S. 73.

Erk. (V. Pl.) v. 26. Okt. 1865 c. Beitzel (194. II.; 12. Pl. Cr.).

B. war vor den (Rh) Schw.-GH gestellt worden, weil er in einer gegen ihn wegen Vergehens geführten Untersuchung zwei Zeugen, ehe sie vor dem die Voruntersuchung führenden Untersuchungsrichter vernommen wurden, zur Ablegung eines falschen Zeugnisses zu verleiten versucht habe In dem Anklageurtheil war die ihm zur Last gelegte That dahin formulirt worden, daß er: „— in einer wider ihn eingeleiteten strafrechtlichen Untersuchung den P. M. und den P. D. M. wissentlich zur wissentlichen Angabe der Unwahrheit nach geleistetem Zeugeneide zu verleiten versucht habe." Die Geschwornen bejahten die gleichlautende Frage, worauf der Schw.-GH. die Strafe aus § 130 StGB. verhängte, indem er erwog: „daß die Verleitung zur Abgabe eines falschen Zeugnisses nach abgeleistetem Zeugeneide auch den eventuell in der öffentlichen Sitzung zu leistenden Zeugeneid in sich schließe, übrigens aber auch der in der Voruntersuchung vor dem Untersuchungsrichter abgeleistete Zeugeneid als ein Zeugeneid im Sinne des cit. § 130 erachtet werden müsse." — Gegen dieses Urtheil hat B. unter Bezugnahme auf V. II. 14. Juli 1864 c. Franz (RbOTr 5. S. 73) den Kassations-Rekurs ergriffen

Der GStAnw sprach sich vor den vereinigten Abtheilungen des Senats für Strafsachen für die Verwerfung dieses Rekurses aus, und begründete seinen Antrag folgendermaaßen:

Es ist als richtig anzuerkennen, daß, wenn gesetzlich der vor dem Unters.-Richter geleistete Eid **kein Eid**, oder wenn die dort abgelegte Zeugenaussage kein Zeugniß, oder wenn aus einem anderen Grunde die That, zu welcher verleitet werden sollte, überhaupt nicht strafbar wäre, auch die Verleitung zu derselben nicht strafbar sein würde. Es ist ferner zuzugeben, daß wenn, wie bei andern Verbrechen, auch bei dem des falschen Zeugnisses, die Verleitung nur als Anstiftung unter Strafe gestellt wäre, der Verleiter nicht würde gestraft werden können, wenn der Hauptthäter das falsche Zeugniß nicht vollendet hätte. Nun stellt aber der § 130 des StGB.s den Versuch der Verleitung zum falschen Zeugnisse als solchen unter Strafe. Dieses Gesetz kommt zur Anwendung, wenn der Versuch ganz erfolglos geblieben ist, wenn der Zeuge mit einem falschen Zeugnisse noch gar nicht begonnen hat. Die Strafbarkeit des Verleitungsversuchs kann daher noch weniger dadurch bedingt sein, daß das falsche Zeugniß vollendet worden sei. Wenn daher derjenige, welcher vor dem Unters.-Richter eine wissentlich falsche Aussage mit einem Eide bekräftigt hat, lediglich deshalb nicht bestraft werden kann, weil der Zeuge bei seiner Vernehmung in der Hauptverhandlung noch die Wahrheit sagen konnte, mit andern Worten, weil seine Aussage noch nicht als ein vollendetes falsches Zeugniß anzusehen ist, so kann dies gegen die Strafe des Verleitungsversuchs nicht schützen.

Meines Erachtens steht nun die Sache so: Auch der vor dem Unters.-Richter geleistete Eid ist ein Eid, die Zeugenaussage vor demselben ist ein Zeugniß im Sinne des § 126 des StGB s. Das falsche Zeugniß vor dem Unters.-Richter ist strafbar, wenn es, abgesehen von dem Falle des Versuchs, sich als ein vollendetes Zeugniß darstellt. Es ist aber namentlich dann nicht vollendet, wenn die Sache zur Hauptverhandlung gelangt und in derselben der Zeuge vernommen wird. In diesem Falle tritt die Vollendung erst mit dem Schlusse der Hauptverhandlung ein. Diese Sätze sind die Konsequenzen eines Strafverfahrens mit mündlicher Hauptverhandlung und schriftlicher Voruntersuchung. Da ein solches Verfahren in wesentlicher Uebereinstimmung für alle Landestheile besteht, so gelten sie auch gleichmäßig für die ganze Monarchie. Wenn dies als richtig nachgewiesen werden kann, so entspricht das Ergebniß sicherlich dem Gedanken, in welchem Ein Strafgesetzbuch für die ganze Monarchie verkündigt worden ist.

Was nun zuvörderst die Frage betrifft, ob auch vor dem Unters.-Richter ein Zeugniß abgelegt, ein Eid geleistet werde, so bezeichnet die Rh. StPO. die Deposition desjenigen, welcher über seine Wissenschaft von den auf die Strafthat eines Andern bezüglichen Thatsachen vor dem Unters.-Richter vernommen wird, überall als ein Zeugniß (Rh. StPO. Artt. 71—86), und in der Rechtsprechung so wenig als in der Doktrin wird diese seine Eigenschaft in Zweifel gezogen. Nicht minder geschieht die Bekräftigung durch einen wirklichen Eid. Der Art. 75 der StPO. sagt:

„Die Zeugen leisten den Eid, die ganze Wahrheit, nichts als die Wahrheit zu sagen."

Dieser Eid, welcher im Gegensatz zu demjenigen, der eine Anrufung Gottes ausdrücklich enthält, als bürgerlicher Eid bezeichnet zu werden pflegt, ist in keiner Weise ein geringerer, als derjenige, welcher nach Art. 317 der StPO. in der Hauptverhandlung dahin geleistet wird:

„ohne Haß und ohne Furcht zu reden, die ganze Wahrheit und nichts als die Wahrheit zu sagen."

Würde nun ein solcher Eid mit Recht ein nicht religiöser genannt, so würde er darum doch immer diejenige Art zur Bekräftigung der Wahrheit der Aussage sein, welche nach Rheinischen Gesetzen einen Eid darstellt. An diesem rechtlichen Zustande ist durch kein Gesetz etwas geändert worden. Zwar ist durch einen Erlaß der Immediat-Justiz-Kommission v. 22. Dez. 1817 (Rh. Samml. 1. S. 480) vorgeschrieben: daß die Eide wieder in feierlicher religiöser Form geleistet werden sollen, und durch einen ferneren Erlaß v. 15 März 1818 (ibid. 1. S. 496) ist deklaratorisch bestimmt, daß jene Vorschrift auf die Zeugeneide vor dem Unters.-Richter keine Anwendung finden solle. Allein die Imm.-Justt.-Kommission konnte die Gesetze nicht ändern, und wollte es auch nicht, da nach den Schlußworten der Verfügung v. 22. Dez. 1817 den bestehenden gesetzlichen Vorschriften durch die erlassenen Bestimmungen überhaupt nicht derogirt werden sollte. Es hörte daher der nach der Vorschrift des Art 75 der StPO. geleistete Eid nicht auf, ein wahrer Eid zu sein, und der in der Hauptverhandlung ohne Beobachtung der feierlichen religiösen Form geleistete Eid war und blieb der gesetzliche Eid, dessen Ableistung für die Gültigkeit des Verfahrens vollkommen ausreicht; vgl. Urt. KH. v. 1. Dez. 1838 (Rh. Arch. 28. 2. A. S. 23). Wenn dennoch unter dem Eide, dessen Verletzung durch falsches Zeugniß der § 126 mit Strafe bedroht, nur der in feierlich religiöser Form geleistete Eid verstanden werden könnte, so würde die Konsequenz nicht abzuweisen sein, daß im Gebiete des Rh. Rechtsverfahrens auch das falsche Zeugniß in der Hauptverhandlung, wenn es bloß mit dem sog. bürgerlichen Eide bekräftigt wäre, nicht strafbar sein würde, obgleich das Verfahren, in welchem derselbe geleistet worden, volle gesetzliche Gültigkeit hätte. — Die Stärke dieses Arguments ist wohl nicht zu verkennen. Hätte das Gesetz die feierlich religiöse Form der Eidesleistung zur Bedingung der gesetzlichen Existenz des Eides machen wollen, so hätten die Rheinischen Prozeßgesetze, welche das Gegentheil bestimmen, abgeändert werden müssen, und zwar nicht bloß die StPO., sondern auch die Civilprozeß-Ordn ; vgl. StPO. Artt. 75. 155. 189. 317;

CPO Artt. 35 262 Dazu war das StGB. offenbar nicht der Ort, auch liegt keine Andeutung dafür vor, daß dies beabsichtigt worden sei. So lange aber eine Abänderung nicht erfolgt war, blieben für die Bestimmung des Begriffs des Eides die am Orte seiner Ableistung geltenden Gesetze maaßgebend.

Im Uebrigen ist es auch unrichtig, wenn der in den Rheinischen Prozeßgesetzen vorgeschriebene Eid ein bürgerlicher Eid in dem Sinne genannt wird, daß er nicht ein religiöser sei. Das Religiöse liegt im Wesen des Eides selbst, es giebt keinen Eid ohne Beziehung auf die Religion, seine Existenz ist aber nicht bedingt durch die ausdrückliche Anrufung Gottes Schon Cicero sagt: est enim jusjurandum affirmatio religiosa; quod autem affirmate, quasi Deo teste, promiseris, id tenendum est. Bei Ulpian heißt es in l. 33 D. de jurejur.: Qui per salutem suam jurat, licet per Deum jurare videtur (respectu enim divini numinis ita jurat) —. Welche Bedeutung das Wort Eid (serment) im französischen Rechte habe, darüber geben die französischen Schriftsteller und Gerichtshöfe die sicherste Auskunft.. Merlin sagt im Répertoire v. serment: Ce terme désigne tantôt une promesse, dont on garantie la sincérité par l'invocation du nom de Dieu, tantôt l'affirmation d'un fait sur la vérité duquel on prend la divinité à témoin. In einem Urtheile des Pariser Kassationshofes v. 27. Aug. 1824 (Sir. 25. 1. 30) heißt es: que par cela seul que Conrad (der damalige Angeklagte) a pris la Divinité à témoin de ses paroles et de sa déposition, il ne pouvait être dispensé, par aucune considération personelle, de remplir le devoir sacré que le serment lui imposait; ferner in einem Urtheile v. 3 März 1846 (Sir. 46. 1. 207): attendu que le serment décisoire déféré ou référé aux termes de l'art. 1357 Code civil, à un caractère essentiellement réligieux, puisque celui, qui le prête, prend Dieu à témoin de la sincérité de son affirmation; que la véritable garantie contre le parjure réside dans la conscience de l'homme et non dans les solennités accessoires, qui n'ajoutent aucune force réelle à l'acte solennel du serment; attendu que le serment consiste uniquement dans les mots: „Je jure“, qu'on est tenu de prononcer en levant la main, que cette forme est consacrée par un usage constamment suivi en France etc.; endlich in einem Urtheile v. 18 Nov. 1847 (Sir. 48. 1. 175): que la formule de ce serment (celui de l'art. 317) qui consiste à parler sans haine et sans crainte, de dire toute la vérité, et rien que la vérité, et qui s'identifie avec celui de l'art. 312, est faite en présence de la Divinité etc. Der Eid des Art. 312, mit welchem der des Art. 317 für identisch erklärt wird, ist derjenige, welcher von den Geschwornen auf die Anrede des Assisen-Präsidenten geleistet wird, die mit den Worten beginnt: Sie schwören und geloben vor Gott und vor den Menschen u. s. w.

Aus dem Gesagten geht m. E. hervor, daß der nach Art. 75 der StPO. vor dem Unters.-Richter geleistete Eid, selbst wenn er ein nicht-religiöser wäre, unter die Bestimmung des § 126 des StGB.s fallen würde; daß er aber auch in der That ein religiöser Eid ist, weil das Religiöse im Wesen des Eides liegt und nicht bedingt ist durch die ausdrückliche Anrufung Gottes

Es mag übrigens nicht unerwähnt bleiben, daß auch die wissentlich falsche Versicherung an Eidesstatt, welche doch eine ausdrückliche Anrufung Gottes sicherlich nicht enthält, unter Strafe gestellt ist (StGB. §§ 129. 130), ferner, daß insbesondere auch in der Betheuerungsformel der Mennoniten, welche dem Eide gleichgeachtet wird (§ 128), der Name Gottes nicht vorkommt.

Freilich ist in dem Kommissions-Bericht der II. Kammer zu § 114 des Entwurfs (gegenwärtig § 126 des StGB.s) die Meinung ausgesprochen, daß die Frage über die Strafbarkeit eines vor dem Unters.-Richter abgelegten falschen Zeugnisses nicht im StGB. zu entscheiden sei, weil sie sich eigentlich auf die Frage reduzire, ob der Zeuge in der Voruntersuchung seine Aussage unter einem religiösen Eide abgeben solle oder nicht. Allein die Ansicht der Kommission eines der drei Faktoren der Gesetzgebung kommt, wenn sie nicht einen entsprechenden Ausdruck im Gesetze selbst gefunden hat, überhaupt nicht in Betracht, am wenigsten aber dann, wenn sie sich als eine irrige erweist.

Es ist nun aber von mir ferner aufgestellt worden, es ergebe sich als die Konsequenz eines Strafverfahrens mit mündlicher Hauptverhandlung und schriftlicher Voruntersuchung, daß das falsche Zeugniß vor dem Unters.-Richter strafbar sein müsse, insofern es sich, abgesehen von dem Falle des Versuchs, als ein vollendetes Zeugniß darstelle; dasselbe sei aber insbesondere dann nicht vollendet, wenn die Sache zur Hauptverhandlung gelange und in derselben der Zeuge vernommen werde; alsdann trete die Vollendung des Zeugnisses erst mit dem Schlusse der Hauptverhandlung ein. Die Straflosigkeit des Zeugen, welcher seine vor dem Unters.-Richter abgegebene wissentlich falsche Aussage in der Hauptverhandlung widerruft und die Wahrheit sagt, ist im Gebiete des Rheinischen Rechtsverfahrens niemals in Zweifel gezogen worden; sie mußte schon wegen der Fassung der Art. 361 ff des Code pénal angenommen werden Sie geht aber auch aus den Grundsätzen des mündlichen Strafverfahrens hervor, und kann aus diesem Grunde auch für die andern Landestheile der Monarchie nicht bezweifelt werden. Denn der Schwerpunkt des Verfahrens liegt in der mündlichen Hauptverhandlung. Soll derselbe nicht verrückt, und mehr oder minder in die schriftliche

Voruntersuchung verlegt werden, so können, wenn eine Hauptverhandlung eintritt, in Beziehung auf alle in dieser vorkommende Handlungen die entsprechenden Handlungen der Voruntersuchung nur als vorbereitende angesehen werden, welchen eine selbstständige Bedeutung nicht beiwohnt. Der Zeuge, welcher in der Voruntersuchung und demnächst in der Hauptverhandlung vernommen wird, legt nicht zwei Zeugnisse ab, sondern eins. Dieses eine Zeugniß ist kein falsches, wenn der Zeuge noch im Laufe der Hauptverhandlung die Wahrheit sagt; denn erst mit dem Schlusse derselben ist das Zeugniß vollendet. Nähme man das Gegentheil an, so würde der Einfluß für die Ermittelung der Wahrheit, welchen die mündliche Verhandlung auf die dabei betheiligten Personen ausüben soll, in Beziehung auf die wichtigsten dieser Personen, die Zeugen, gelähmt sein. Der zur Angabe der Wahrheit ermahnte Zeuge würde nicht ohne Grund fragen können, wie von ihm die Aenderung einer vor dem Unters.-Richter gemachten Aussage erwartet werden dürfe, wenn diese Aenderung das Bekenntniß eines strafbaren Meineides in sich schließe. Selbst in solchen Fällen, wo die Aenderung der Aussage dieses Bekenntniß nicht nothwendig enthielte, wo die Abweichung durch einen Irrthum erklärt werden könnte, wird schon der dem Zeugen aufstoßende Zweifel, ob die Richter ihm den Irrthum glauben würden, geeignet sein, ihn von der Aussage der vollen Wahrheit abzuhalten. Die Annahme, daß das in der Voruntersuchung und das in der Hauptverhandlung abgelegte Zeugniß ein einziges Ganze bilde, und daß dasselbe erst durch den Schluß der Hauptverhandlung vollendet werde, stellt sich demnach als eine aus dem System des mündlichen Verfahrens hervorgehende Nothwendigkeit dar, und gilt deshalb, wie bemerkt, in gleicher Weise wie für das Gebiet des Rheinischen Rechtes, auch für das der altländischen Strafprozeßgesetze. Die letzteren enthalten nichts, was zu der Annahme nöthigte, daß die Aussagen eines Zeugen, welcher in der Voruntersuchung und demnächst in der Hauptverhandlung vernommen worden, als zwei „verschiedene Zeugnisse" anzusehen seien, vielmehr deutet schon der Ausdruck: Voruntersuchung darauf hin, daß, wenn eine Hauptverhandlung stattfindet, dieser gegenüber die Handlungen der Voruntersuchung nur vorbereitende sind. Ferner sagt der Art. 78 des Ges.s v. 3 Mai 1852, daß, falls die Zeugen bereits in der Voruntersuchung vernommen worden, in dem Sitzungsprotokolle nur zu vermerken sei, ob und inwiefern ihre Erklärungen etwa von den früheren Aussagen in erheblichen Punkten abweichen. Auch dieser Vorschrift liegt der Gedanke zum Grunde, daß es sich nur von einem Zeugnisse handele, und daß nicht das in der Voruntersuchung abgegebene ein besonderes und selbstständiges Zeugniß darstelle. Da der § 126 des StGB.s, indem er die Verletzung des Eides durch ein wissentlich falsches Zeugniß unter Strafe stellt, darüber, wann das Zeugniß als vollendet anzusehen sei, keine Vorschrift enthält, so steht seine Fassung der Annahme in keiner Weise entgegen, daß der Zeuge, welcher in der Voruntersuchung wissentlich falsch ausgesagt, in der Hauptverhandlung aber die Wahrheit bekundet hat, nicht bestraft werden kann.

Nach der Rheinischen Gesetzgebung, Rechtsprechung und Doktrin, war nun aber das falsche Zeugniß vor dem Unters.-Richter nicht bloß in diesem Falle, sondern überhaupt nicht strafbar, also auch dann nicht, wenn die Sache nicht zur Hauptverhandlung gelangte oder der Zeuge in derselben nicht vernommen wurde. Der eigentliche Grund hierfür beruht nun aber auf der Fassung des materiellen Strafgesetzes; er ist daher mit dessen Abschaffung zerfallen. Die Gründe, welche Rechtsprechung und Doktrin noch sonst angeführt und aus dem Strafverfahren entnommen hat, treffen nur den mehrerwähnten Fall, wo der Zeuge auch in der Hauptverhandlung vernommen wird, nicht aber die Fälle, wo der Beschuldigte außer Verfolgung gesetzt wird, oder wo eine Vernehmung des Zeugen in der Hauptverhandlung nicht erfolgt.

Was zuvörderst die Gesetzgebung betrifft, so bedrohte der Code pénal v. 1791 Thl. II. Tit 2. Sekt. 2. Art. 48 mit Strafe quiconque sera convaincu du crime de faux témoignage dans un procès criminel Ein solcher lag, wie die Urtheile des Pariser Kassationshofes v. 19. mess. VIII. und v. 3. therm. XI. (Sir. 1. 1. 302; 3. 2. 428) und mehrere andere erwägen, nicht vor, so lange die Sache bei dem Unters.-Richter schwebte. Entscheidend war also die Bedeutung des in dem Strafgesetze gebrauchten Ausdrucks procès criminel, welche enger war, als die des Wortes Strafsache im § 126 des StGB.s. — Der Code pénal von 1810 bestimmte im Art. 361: Quiconque sera coupable de faux témoignage en matière criminelle, soit contre l'accusé, soit en sa faveur, sera puni de la peine de travaux forcés à temps. Diese Fassung schließt das falsche Zeugniß vor dem Unters.-Richter offenbar nicht ein. Denn ein accusé existirt gesetzlich nicht, bevor auf Grund der geschlossenen Voruntersuchung ein Anklageurtheil ergangen ist. Diese Beschränkung war auch beabsichtigt, wie sich aus dem von Monseignat am 14. Febr. 1810 an den gesetzgebenden Körper erstatteten Berichte ergiebt; vgl. Locré législation etc. éd. de Bruxelles Tom. 15. p. 460. Ob der dafür angeführte rechtshistorische Grund ein zutreffender war oder nicht, ist für die Kraft des Gesetzes ohne Bedeutung, dessen Worte, wie bemerkt, darüber keinen Zweifel lassen, daß das falsche Zeugniß vor dem Unters.-Richter nicht unter Strafe gestellt ist.

So sind es denn auch die Worte des Code pénal, auf welche

die Rechtsprechung die Entscheidung stützt: Urtheile des P. KH.s v. 18. Febr. 1813 (Sir. 13. 1. 253); v 26. Apr. 1816 (Bull crim. 21. p. 54); v 14. Febr. 1826 (Sir 27. 1. 297)

Das zweite dieser Urtheile, welches am ausführlichsten motivirt ist, lautet in der betr Stelle:

> Nach Einsicht der Artt. 361. 362. 363. 365 des Code pénal. — J. Erw., daß aus der Kombinirung der citirten Artikel und namentlich aus der Zusammenstellung der beiden Verfügungen des Art 361 mit dem Art. 365 sich ergiebt, daß eine falsche Deposition das Verbrechen des falschen Zeugnisses nur dann darstellen kann, wenn sie in der Hauptverhandlung abgelegt ist, auf deren Grund über die betr. Strafthat definitiv abgeurtheilt wird.

Sodann wird fortgefahren:

> i. E., daß das Gesetz es weislich so angeordnet hat, damit die Zeugen, welche in der Voruntersuchung, wo ihre Aussagen nur zu vorläufiger Nachricht — renseignemens — dienen, sich etwa von der Wahrheit entfernt haben, nicht durch die Furcht, als falsche Zeugen verfolgt zu werden, dazu gebracht werden möchten, in der Lüge zu verharren.

Dieser Grund wird denn auch neben dem aus den Worten des Gesetzes entnommenen in der Doktrin geltend gemacht: Merlin, répert v. faux témoignage; Carnot, code pénal ad art 361; Chauveau et Helie code pénal, Tome 3. Chap. 56 Allerdings ist es auffallend, daß man sich mit diesem Grunde begnügte, und nicht wenigstens als Bedenken hervorhob, ob derselbe für die Fälle passe, wo die Sache zur Hauptverhandlung gar nicht gelange. Die Erklärung hierfür ist wohl darin zu finden, daß dieser Grund nicht als Fundament für die Straflosigkeit des falschen Zeugnisses vor dem Unters.-Richter gebraucht wurde, da die Nichtstrafbarkeit aus dem hinreichend klaren Strafgesetze hervorging, sondern, daß er nur nebenbei zur Rechtfertigung dieses Gesetzes angeführt wurde. Das Strafgesetz, welches er rechtfertigen sollte, ist nun aber außer Kraft gesetzt. Der an dessen Stelle getretene § 126 schließt durch seine Fassung das falsche Zeugniß vor dem Unters.-Richter nicht unbedingt aus. Daß eine Strafe nicht eintreten kann, wenn der Zeuge auch in der Hauptverhandlung vernommen wird und die Wahrheit sagt, habe ich auszuführen versucht, aus Gründen, welche im Strafverfahren liegen.

Es fragt sich, ob solche aus dem Verfahren hervorgehende Gründe die Straflosigkeit des falschen Zeugnisses vor dem Unters.-Richter in allen Fällen rechtfertigen. Die Grundsätze des Altländischen und des Rheinischen Verfahrens stimmen, insoweit sie auf diese Frage von Einfluß sind, dergestalt überein, daß dieselbe für alle Landestheile zu bejahen oder für alle zu verneinen ist. Sie muß aber verneint werden. Die Amtswirksamkeit des Unters.-Richters besteht darin, zu der Ermittelung, ob eine Strafthat begangen, und wer der Thäter sei, insoweit hierzu gerichtliche Handlungen erforderlich sind, mitzuwirken, und die Beweise für den objektiven Thatbestand und für die Thäterschaft zu sammeln. Auf Grund dieser Untersuchung wird darüber befunden, ob das Verfahren einzustellen, oder ob die Sache zur mündlichen Hauptverhandlung zu verweisen sei. Nur dann, wenn diese Verweisung geschieht, erscheinen die Verhandlungen vor dem Unters.-Richter, namentlich die Zeugenvernehmungen, als vorbereitende. Erfolgt dagegen auf Grund dieser Verhandlungen eine Einstellung des Verfahrens, so haben dieselben eine definitive Wirkung, wenigstens bis dahin, daß etwa auf Grund neuer Anzeigen das Verfahren wieder aufgenommen wird. Wegen dieser definitiven Wirkung der sog. Voruntersuchung — denn strenge genommen ist diese Bezeichnung nicht passend, wenn keine Haupt-Untersuchung folgt — mußte das Gesetz die Verhandlungen derselben mit derjenigen Garantie umgeben, welche in dem von den Zeugen zu leistenden Eide liegt; es mußte die Vereidung der Zeugen, welche das Ges. v. 17. Juli 1846 § 46 dem Ermessen des Unters.-Richters überlassen hatte, durch den § 45 der Vdn. v. 3 Jan. 1849 in gebietender Weise angeordnet werden; es mußte für das Gebiet des Rheinischen Rechtsverfahrens von der Aenderung abgesehen werden, welche durch den Art. XVII. des Entwurfs des Einf.-Ges.s z. StGB. dahin hatte getroffen werden sollen, daß die Zeugen bei ihrer Vernehmung vor dem Unters.-Richter statt des nach Art. 75 zu leistenden Eides nur zu geloben hätten, die ganze Wahrheit und nichts als die Wahrheit zu sagen. Mußte der Eid beibehalten werden, und ist er beibehalten worden, so liegt kein Grund vor, die Verletzung dieses Eides durch ein falsches Zeugniß als nicht unter das Strafgesetz fallend zu betrachten. Es wäre in der That nicht zu begreifen, wie das StGB. dazu hätte kommen können, dasjenige falsche Zeugniß mit Strafe zu bedrohen, welches in einer zur definitiven Entscheidung über die Schuld des Angeklagten bestimmten Verhandlung abgelegt wird, dagegen dasjenige straflos zu lassen, welches den Eintritt einer solchen Verhandlung von vorn herein unmöglich macht. — Der Zwang zur Ablegung eines Zeugnisses, namentlich zum Zwecke der Ermittelung des Thäters, hätte seine praktische Bedeutung verloren, wenn der Zeuge bei seiner Vernehmlassung mit seiner Wissenschaft ungestraft zurückhalten könnte. Für die älteren Provinzen des Staates wird auch die unbedingte Straflosigkeit des vor dem Unters.-Richter abgelegten falschen Zeugnisses nicht behauptet. Worin kann nun der Grund liegen, aus welchem für das

Gebiet des Rheinischen Verfahrens etwas Anderes Rechtens sein soll? Wie ich ausgeführt zu haben glaube, passen die für die Straflosigkeit aus dem Wesen des mündlichen Strafverfahrens entnommenen Gründe ausschließlich auf den Fall, wo der Zeuge auch in der Hauptverhandlung abgehört wird; für diesen Fall sind sie auch als durchgreifend von mir anerkannt; für alle übrigen Fälle passen sie entschieden nicht.

Der Code pénal mit seiner das falsche Zeugniß vor dem Unters.-Richter nicht einbegreifenden Fassung ist aufgehoben. Es läßt sich aber auch nachweisen, daß der Grund der in dem Code pénal enthaltenen Beschränkung auf einer irrthümlichen Anwendung von Vorschriften des älteren französischen Strafprozesses auf das neuere Strafverfahren beruhte.

Die Ordonnance criminelle v. 1670 bestimmte nämlich im Tit. 15 Art. 1:

> Si l'accusation mérite d'être instruite, le juge ordonnera, que les témoins, ouis ès informations, et autres qui pourront être ouis de nouveau, seront récolés en leurs dépositions, et si besoin est, confrontés à l'accusé.

Das récolement war die Verhandlung, in welcher den Zeugen ihre Aussagen nochmals vorgelesen wurden, mit der Befragung, ob sie noch etwas zu ändern oder zuzusetzen hätten: Ordonnance criminelle Tit. 15. Art. 5; Merlin, répert. v. récolement des témoins.

Sodann heißt es in der Ordonnanz a. a. O. Art 11:

> Les témoins, qui depuis le récolement, retracteront leurs dépositions ou les changeront dans les circonstances essentielles, seront poursuivis et punis comme faux témoins.

Mit Rücksicht hierauf wird in dem erwähnten Berichte von Monseignat gesagt:

> „Nach der Ordonnanz von 1670 konnte in Kriminalsachen der Zeuge bei dem récolement seine Aussage abändern und verbessern; nur wenn er bei der Konfrontation mit dem Angeklagten in der Lüge verharrte, konnte dies eine Anklage gegen ihn begründen. In unserem neuern Strafverfahren besteht die Förmlichkeit des récolement nicht mehr. An die Stelle der Konfrontation tritt die öffentliche Verhandlung. Für die Geschwornen gilt nur die mündliche Aussage der Zeugen; sie allein kann daher auch der Falschheit bezüchtigt werden, und die Strafklage wegen falschen Zeugnisses eröffnen."

Hier ist aber gerade das wesentliche Moment übersehen, welches die Verschiedenheit zwischen den beiden Arten des Verfahrens begründet. Die Ordonnanz von 1670 enthält keine Vorschrift, welche den Richter verhinderte, nach seinem Ermessen zum récolement zu schreiten und dadurch den Zeitpunkt herbeizuführen, in welchem die Zeugen bei Strafe des falschen Zeugnisses die Wahrheit sagen mußten. In dem gegenwärtigen Strafverfahren hängt es von der Stärke der Anzeigen ab, ob eine Hauptverhandlung eintreten darf, die Zeugen können durch ihr falsches Zeugniß die Unmöglichkeit herbeiführen, daß die Sache zur Hauptverhandlung gelangt. Könnten sie gleichwohl nur wegen des in der Hauptverhandlung abgelegten falschen Zeugnisses verfolgt werden, so stände es in der Macht der Zeugen, durch ihr falsches Zeugniß ihre Verfolgung wegen eben dieses falschen Zeugnisses unmöglich zu machen, und dies wäre doch in der That mehr als irrationell.

Gegen die von mir vertheidigte Ansicht, daß das falsche Zeugniß vor dem Unters.-Richter im Allgemeinen strafbar sei, daß jedoch das falsche Zeugniß als ein nicht vollendetes erscheine und deshalb eine Strafe nicht eintrete, wenn die Sache zur Hauptverhandlung gelange, in derselben der Zeuge vernommen werde, und die Wahrheit sage, könnte das Bedenken erhoben werden, es sei rechtlich nicht möglich, daß die Strafbarkeit einer That von einem Zufalle abhänge; für den Zeugen sei es aber ein Zufall, ob eine Hauptverhandlung stattfinde, und ob er in derselben vernommen werde. Allein dieses Bedenken ist nicht begründet. Das falsche Zeugniß vor dem Unters.-Richter ist an sich strafbar, jedoch nach allgemeinen Grundsätzen nur, wenn es ein vollendetes ist. Die Vollendung ist vorhanden, wenn der Zeuge in der Hauptverhandlung nicht vernommen wird. Wird er dagegen abgehört, so muß das Zeugniß im Interesse der Wahrheitsermittelung als nicht vollendet angesehen werden, und diese aus dem mündlichen Verfahren hervorgehende Nothwendigkeit kommt dem Zeugen zu statten, indem sie, nicht ein Zufall, ihm die Möglichkeit eröffnet, sein Unrecht noch unschädlich zu machen. Die Sache steht im Wesentlichen nicht anders, als wenn der Zeuge in der Voruntersuchung mehrmals und in verschiedenen Terminen vernommen wird, und er erst im letzten die Wahrheit sagt; oder wenn in einer länger dauernden Hauptverhandlung ein Zeuge in der ersten Sitzung wissentlich falsch bekundet, und in einer vielleicht Tage oder Wochen späteren Sitzung seine Aussage widerruft, und die Wahrheit sagt. In Fällen der letzteren Art hat auch der Kassationshof zu Paris erkannt, die verschiedenen Theile einer Deposition bildeten ein untheilbares Ganze, welches nicht eher als vollendet angesehen und mit der gesetzlichen Qualifikation eines Zeugnisses belegt werden könne, als nachdem die Verhandlungen definitiv geschlossen seien; denn der Zeuge, welcher eine wissentlich falsche Aussage zurückgenommen habe, bevor durch dieselbe der bürgerlichen Gesellschaft oder dem Angeklagten ein nicht wieder gut zu machender Nachtheil zugefügt sei, habe die möglichen schlimmen Folgen seiner Aussage zurückgehalten; es sei aber so schwer als gefährlich, zu untersuchen, ob jene Zurücknahme durch die Furcht vor den gesetzlichen Strafen des falschen Zeugnisses eingegeben, oder ob der Zeuge durch Gewissensbisse dazu gebracht sei u. s. w.; vgl. Sir. 33. 1. 862; 39. 1. 325.

Endlich ist auch daraus ein Bedenken nicht zu entnehmen, daß das Gesetz, indem es die Verletzung des Eides durch ein falsches Zeugniß unter Strafe stellt, die Heiligkeit des Eides besonders betont Denn es wird gleichwohl, und vom Standpunkte des weltlichen Gesetzgebers gewiß mit Recht, nicht die Verletzung des Eides als solche mit Strafe bedroht, sondern nur diejenige Verletzung desselben, welche durch ein falsches Zeugniß geschieht. So äußerte sich denn auch im vereinigten ständischen Ausschusse der Regierungs-Kommissar dahin. Nicht sowohl die Verletzung des religiösen Gefühls soll bestraft werden, als vielmehr die Verletzung des Rechtes des Staats auf Wahrheit; vgl. Bleich, Verhh. des vereinigten ständischen Ausschusses, Bd. 3. S. 353. Liegt demnach der eigentliche Schwerpunkt in dem falschen Zeugnisse, so entspricht es sicherlich dem Grunde und Zwecke des Gesetzes, daß, so lange es für die richtige Entscheidung der Sache, in welcher der Zeuge vernommen wird, noch nicht zu spät ist, der Zeuge noch straflos die Wahrheit sagen kann, und daß er nicht durch die Furcht vor der Strafe des falschen Zeugnisses von der Zurücknahme einer früheren falschen Aussage zurückgeschreckt und so durch das Strafgesetz die Ermittelung der Wahrheit nicht gefördert, sondern gefährdet werde. Bei dieser Auslegung des § 126 geschieht auf der einen Seite den Anforderungen des mündlichen Verfahrens Genüge, auf der anderen tritt für diejenigen Fälle, wo den Interessen des mündlichen Verfahrens eine Gefahr nicht erwachsen kann, nicht eine Straflosigkeit ein, durch welche die Kraft der Strafjustiz in der bedenklichsten Weise gelähmt wird.

Sollte aber die von mir gemachte Unterscheidung nicht gerechtfertigt, und das falsche Zeugniß in der Voruntersuchung unter der Herrschaft der altländischen Strafprozeßgesetze unbedingt strafbar sein, so würde es an einem Rechtsgrunde fehlen, aus welchem für das Gebiet des Rheinischen Rechtsverfahrens etwas Anderes angenommen werden könnte Das Gesetz würde alsdann m. E. ein den Anforderungen der Mündlichkeit nicht entsprechendes, nicht in allen Beziehungen weises es würde aber darum nicht minder Gesetz, und zwar für die ganze Monarchie sein. Bei der einen wie bei der anderen Auslegung dürfte auf den Versuch der Verleitung zu einem falschen Zeugnisse, auch wenn dasselbe vor einem Unters.-Richter abgelegt werden sollte, der § 130 des StGB.s nicht für unanwendbar erklärt werden. Denn die That, zu welcher verleitet werden sollte, wäre an sich strafbar; der Grund aber, aus welchem nach der einen Auslegung der Zeuge selbst unter Umständen der Strafe nicht verfiele — die Nichtvollendung des Zeugnisses — wäre eine solche, welche den Verleitungsversuch nicht straflos machen könnte. —

Sollte der oberste Gerichtshof die Verletzung des Eides durch ein vor einem Rheinischen Unters.-Richter abgeleistetes falsches Zeugniß für eine straflose Handlung und deshalb auch den Versuch der Verleitung zu einem solchen Zeugnisse nicht für strafbar erachten, so würde es Sache der Anklage sein, zu behaupten und zu beweisen, daß der Angeklagte versucht habe, zu einem in der Hauptverhandlung abzulegenden falschen Zeugnisse zu verleiten. Diese Thatsache müßte als eine Bedingung der Strafbarkeit, als ein Theil des Fundaments der Strafklage von den Geschwornen festgestellt werden; es wäre nicht Sache des Angeklagten, seinerseits die Stellung einer Frage zu verlangen. Daß alsdann aber der Versuch der Verleitung zum falschen Zeugnisse gerade in den schwersten Straffällen, in welchen eine Voruntersuchung nothwendig ist, regelmäßig straflos bleiben würde, liegt auf der Hand. Der Verleitungsversuch wird der Natur der Sache nach gewöhnlich vor der Vernehmung des Zeugen vor dem Unters.-Richter erfolgen. Verleiter und Zeuge werden nicht darüber im Zweifel sein, daß das falsche Zeugniß so lange fortgesetzt werden solle, bis es seine Wirkung gethan habe, also bis zum Schlusse der Hauptverhandlung. Aber ausdrücklich wird hiervon nicht die Rede sein, und die Geschwornen werden Bedenken tragen, diese Thatsache positiv festzustellen. Im vorliegenden Falle ist nicht festgestellt, daß der Verleitungsversuch ein in der Hauptverhandlung abzulegendes Zeugniß betraf, ebensowenig aber, daß es sich lediglich um ein Zeugniß vor dem Unters.-Richter handelte. Die Anklage behauptete eben so sehr das eine wie das andere. Wenn dies richtig ist, so würde eventuell das Urtheil und das Verfahren zu kassiren, und wegen Nichterledigung der Anklage eine Zurückverweisung auszusprechen sein. Der Ausspruch der Geschwornen enthält eine Beschränkung in keiner Weise; er würde gerade eben so lauten können, wenn es sich unzweifelhaft nur von einem in der Hauptverhandlung abzulegenden Zeugnisse gehandelt hätte. Nun sagt zwar der Assisenhof in seinem Urtheile: „auch der in der Voruntersuchung vor dem Unters.-Richter abzuleistende Zeugeneid müsse für einen Zeugeneid im Sinne des § 130 erachtet werden, abgesehen davon, daß die Verleitung zur Abgabe eines falschen Zeugnisses nach abgeleistetem Zeugeneide auch den eventuell in der Sitzung zu leistenden Eid in sich schließe.“ Allein zu dieser Feststellung war der Assisenhof nicht befugt; er durfte diese Thatsache, auf welche er die Verurtheilung stützt, nicht anderswoher, als aus dem Ausspruche der Geschwornen entnehmen.

Das Anklageurtheil lautet ganz ebenso allgemein, wie die Frage an die Geschwornen. — Im Anklageakte war angeführt, daß die Zeugen, deren Verleitung B. versucht hatte, in der öffentlichen Sitzung des ZPG.s vernommen seien und die Wahrheit gesagt hätten. Eine Beschränkung der Anklage dahin, daß der Angeklagte nur zu einem falschen Zeugnisse vor dem Unters.-Richter habe verleiten wollen, ergiebt sich in keiner Weise. Sie umfaßt daher zugleich die Beschuldigung eines Verleitungsversuchs zu einem in der Hauptverhandlung abzulegenden falschen Zeugnisse. Wäre daher die That wirklich nur in dieser Auffassung strafbar, so hätte hierauf die Frage an die Geschwornen gerichtet werden müssen. Da das nicht geschehen ist, so würde die Anklage nicht erschöpft sein. Auf diesen Kassationsgrund kommt es, wie sich von selbst versteht, nicht an, wenn auch der Versuch der Verleitung zum falschen Zeugnisse vor dem Unters.-Richter strafbar ist.

Das OTr. hat das angefochtene Urtheil vernichtet und auf Freisprechung des B. erkannt, indem es erwog:

daß es zuvörderst einem gegründeten Bedenken nicht unterliegt, daß der § 130 Abs. 1 des StGB.s unter Strafe gestellte Versuch der Verleitung zu einem falschen Zeugnisse bei dem zu Verleitenden die rechtliche Möglichkeit eines gesetzlich strafbaren Meineides durch Ablegung des falschen Zeugnisses, nach Ableistung des Eides, unterstellt, und daher auch der Verleitungsversuch im Sinne jenes § nicht strafbar sein kann, wo gesetzlich diese Möglichkeit nicht vorhanden ist;

daß diese Möglichkeit bei Zeugenaussagen in der Voruntersuchung im Gebiete des Rheinischen Rechts nicht vorhanden wäre, wenn es als richtig anerkannt werden müßte, daß derjenige, welcher in diesem Gebiete in der Voruntersuchung und nach Ableistung des im Art. 75 der Rh. StPO. vorgeschriebenen Eides, wissentlich die Unwahrheit angiebt, der Strafvorschrift des § 126 des StGB.s nicht unterläge, diese Handlung vielmehr als straflos betrachtet werden müßte;

daß bei der Richtigkeit dieser Annahme eine thatsächliche Feststellung, welche es auch nur zweifelhaft ließe, ob der bejahte Verleitungsversuch nur das vor dem Instruktionsrichter abzulegende Zeugniß, oder das demnächst etwa auch vor dem erkennenden Richter abzugebende Zeugniß zum Gegenstand gehabt habe, zur Anwendung des § 130 des StGB.s Abs. 1 überall nicht genügen würde, eben weil möglicherweise die Bejahung nur eine straflose Handlung zur Grundlage hätte, mithin jedenfalls eine sichere Basis zur Anwendung des Strafgesetzes nicht gegeben wäre;

In Erw., daß die thatsächliche Feststellung, auf welche der Assisenhof im gegenwärtigen Falle seine Entscheidung gestützt hat, wie später noch dargelegt werden soll, in der Hinsicht keine Gewißheit giebt, und daher die Rechtsfrage über die Strafbarkeit oder Straflosigkeit des im Gebiete des Rheinischen Rechts abgelegten, nach Vorschrift des Art. 75 der Rh. StPO. eidlich bekräftigten falschen Zeugnisses, für die Entscheidung des Kassations-Rekurses überall präjudiziell ist;

In Erw., daß der § 126 StGB., indem er das wissentlich falsche Zeugniß durch Verletzung eines vorher geleisteten Eides in einer Strafsache verpönt, vor Allem jedenfalls die Ablegung eines Zeugnisses in einer Strafsache voraussetzt;

daß unter einem Zeugnisse im Sinne des Gesetzes, wenn man seine Unterscheidungen mit der Schwere der Strafen berücksichtigt, nur ein eigentliches Beweiszeugniß verstanden werden kann;

daß die Frage, ob ein wirkliches Beweiszeugniß vorliege, aus dem materiellen Rechte nicht zu beantworten, auch im § 126 cit. nicht beantwortet ist;

daß dieselbe vielmehr dem formellen Rechte angehört, und daher nach Maaßgabe verschiedener Prozeßordnungen einer verschiedenen Lösung unterliegen kann;

daß im Gebiete des altländischen formellen Rechts das in der Voruntersuchung vor dem Instruktionsrichter unter Eid abgelegte Zeugniß allerdings schon als ein Beweiszeugniß aufzufassen ist;

daß es sich hier nämlich nicht nur, unter bestimmten Voraussetzungen und nach den Vorschriften der Krim.-Ordn.

mit religiösem Eide bekräftigt (§§ 21 seq. der Vdn. v. 3. Jan. 1849), als formell gültiges Beweiszeugniß darstellt, sondern auch als ein solches dadurch behandelt wird, daß bei Wiedervernehmung des Zeugen in der Hauptverhandlung seine wiederholte Vereidigung nicht erfolgt, vielmehr eine einfache Zurückverweisung auf den in der Voruntersuchung geleisteten Eid für ausreichend erachtet ist (§ 55 l. c.);

In Erw., daß die Sache sich dagegen anders nach den Vorschriften und Grundsätzen der Rh. StPO. verhält;

daß nach diesen zwar die in der Voruntersuchung vor den Instruktionsrichter geladenen Personen, welche als Dritte von der Sache Wissenschaft haben sollen, Zeugen „témoins" genannt werden, ihre Aussage auch als „témoignage" bezeichnet wird (Art. 71 der StPO.);

daß die von jenen Personen gemachten Depositionen aber selbst unter der Bekräftigung des im Art. 75 der StPO. vorgeschriebenen Eides, als Aussagen von Beweiszeugen, als eigentliche Beweiszeugnisse, nach den Grundsätzen der cit. StPO. nicht angesehen werden, vielmehr nur die zeugenschaftliche Aussage vor dem erkennenden Richter über die zur Aburtheilung stehende That als Beweiszeugniß gilt, sofern es von dem vor diesem Richter abgeleisteten Eide nach Maaßgabe der Bestimmungen der Artt. 155. 189. 317 l. c. begleitet gewesen ist, und eben weil die in der Voruntersuchung unter der im Art. 75 ibid. vorgeschriebenen Bekräftigung gemachte Aussage die Geltung eines Beweiszeugnisses nicht hat, die Strafe des falschen Zeugnisses nur von der Verletzung der Wahrheit bei der Hauptverhandlung durch einen Zeugen nach Ableistung des für diesen vorgeschriebenen Eides, abhängig gemacht ist;

daß denn auch vom juristischen Standpunkte aus darüber keine Meinungsverschiedenheit besteht, daß vor Einführung des gegenwärtigen StGB.s nach den Grundsätzen der Rh. StPO. nur derjenige als falscher Zeuge angesehen und bestraft werden konnte, welcher in der Sitzung vor dem erkennenden Richter ein falsches Zeugniß nach dem vor diesem abgeleisteten Zeugeneide abgeleistet habe;

daß vielmehr wesentlich nur eingewendet ist, daß es sich bei der ganzen Frage nicht um ein Prinzip des Verfahrens, sondern um einen Punkt des materiellen Rechts handle;

daß jedoch die desfallsige Behauptung auf rechtliche Begründung keinen Anspruch machen kann;

daß dabei geltend gemacht wird, daß im System der Rheinischen Strafgesetzgebung die Ausschließung der Strafbarkeit des vor dem Instruktionsrichter abgelegten eidlichen falschen Zeugnisses ihre rechtliche Grundlage nur darin finde, daß durch die Wortfassung der Artt. 361 und fgg. des Rh. StGB.s selbst, also durch die Bestimmungen des materiellen Rechts — die Strafe des falschen Zeugnisses von der Ablegung des Zeugnisses vor dem erkennenden Richter abhängig gemacht sei;

daß jedoch bei diesem Einwande übersehen ist, daß, wenn man auch zugeben will, daß es sich mit dem Wortlaute also verhalte, die Bestimmungen der citt. Artt. 361 u. fgg. doch sich nur als Folge des anerkannten prozessualischen Prinzips darstellen, und nur eine Anwendung desselben enthalten;

daß dieses Prinzip aber in der geschichtlichen Entwickelung der Materie und der im System der StPO. begründeten Anschauung beruhte, daß nur die vor dem erkennenden Richter abgegebenen eidlichen Erklärungen als Zeugenaussagen im Sinne des Gesetzes betrachtet, dagegen alle vorher in der Voruntersuchung gemachten Angaben, ungeachtet sie, wie nach der jetzigen Rh. StPO., unter dem sogenannten bürgerlichen Eide, die ganze Wahrheit und nichts als die Wahrheit zu sagen, erfolgten, lediglich als vorläufige informatorische Aeußerungen anzusehen seien, von welchen der vor dem erkennenden Richter vernommene Zeuge im Interesse der unbeschränkten Wahrheitsermittelung wieder abgehen kann, ohne Gefahr zu laufen, auf Grund des vor dem Instruktionsrichter aufgenommenen Protokolls wegen falschen Zeugnisses verfolgt zu werden;

daß dieser formelle Grundsatz, welcher in der älteren wie in der neuesten französischen Strafgesetzgebung sowohl in dem Falle, wo das Verfahren gegen den Beschuldigten eingestellt wurde, als in demjenigen, wo es zur Wiedervernehmung des Zeugen vor dem erkennenden Richter kam, zur Anwendung gelangte, hiernach auch dem Wortlaute des § 126 des jetzigen StGB.s gegenüber stehen geblieben ist, wie denn auch die Aeußerungen in dem Kommissions-Berichte der II. Kammer zu dem heutigen § 126 des StGB.s dieser Annahme jedenfalls insofern zur Seite stehen, als sie damit übereinstimmen, daß der § 126 cit. in seiner Wortfassung darüber nichts entscheidet, ob das in der Voruntersuchung abgelegte falsche Zeugniß die Meineidsstrafe begründe, diese Frage vielmehr nicht dem materiellen, sondern vielmehr dem formellen Rechte angehöre, und folglich nach den in den älteren Provinzen und in der Rheinprovinz bestehenden Strafprozeß-Ordnungen beantwortet werden müsse;

daß die Aeußerungen des Berichts der II. Kammer, mochten sie vielleicht auch davon ausgehen, daß in der Rheinprovinz für das mündliche Verfahren in Strafsachen die Vereidigung der Zeugen in religiöser Form bereits gesetzlich vorgeschrieben sei, doch für das hier in Frage stehende Prinzip um so mehr Bedeutung haben, als dagegen von Seiten der übrigen Faktoren der Gesetzgebung ein Widerspruch, der im Falle des Dissenses so nahe gelegen hätte, nicht erhoben wurde, daß sich endlich hieraus erklärt, weshalb in dem Entwurfe zur Einführung des gegenwärtigen StGB.s nicht, wie es im Art. XVII. des Einf.-Ges.s zu dem Entwurf des StGB.s v. 1847 geschehen, eine Abänderung des im § 75 der Rh. StPO. vorgeschriebenen Eides stattgefunden hat;

In Erw., daß nach allem Diesen derjenige, welcher im Gebiete des Rheinischen Rechts in einer vor dem Untersuchungsrichter schwebenden Untersuchung einen Anderen wissentlich zur wissentlichen Angabe der Unwahrheit nach geleistetem Zeugeneide — (Art. 75 der StPO.) — zu verleiten versucht, der Strafe des § 130 des StGB.s nicht unterliegt, und für eine gegentheilige Annahme auch aus der Bestimmung des § 129 ibid. nichts zu folgern ist;

In Erw., daß im gegenwärtigen Falle der Angeklagte B. unter der Anklage vor den Assisenhof verwiesen war,

in der wegen Vermögensbeschädigung wider ihn eingeleiteten strafrechtlichen Untersuchung

1) am ꝛc. den Schiffer P. M.

2) am ꝛc. den Tagelöhner P. J. M.

wissentlich zur wissentlichen Angabe der Unwahrheit nach abgeleistetem Zeugeneide zu verleiten versucht zu haben;

daß die den Geschwornen sub 1 und 2 des Fragebogens vorgelegten Fragen ganz übereinstimmend mit dieser Anklageformel gefaßt sind;

daß die Geschwornen diese beiden Fragen unbedingt bejaht haben, der durch diese Bejahung festgestellte Thatbestand aber in keiner Weise erkennen läßt, daß es sich bei dem fraglichen Verleitungsversuche um eine vor dem erkennenden Richter zu machende wissentliche Angabe der Unwahrheit nach geleistetem Zeugeneide gehandelt habe;

daß die Nebenerwägung in den Urtheilsgründen des Assisenhofes, daß die Verleitung zur Abgabe eines falschen Zeugnisses nach abgeleistetem Zeugeneide auch den eventuell in der öffentlichen Sitzung zu leistenden Zeugeneid in sich schließe, als Rechtssatz aufgefaßt, nicht gerechtfertigt sein, als thatsächlicher Grund aber eine thatsächliche Feststellung enthalten würde, wozu der Assisenhof gesetzlich nicht berufen gewesen ist;

daß hiernach durch den allein entscheidenden Ausspruch der Geschwornen die Grundlage zur Anwendung des § 130 des StGB.s nicht festgestellt ist, der Assisenhof mithin, indem er gleichwohl auf Grund dieses Ausspruchs, aus dem eben hervorgehobenen Grunde, und der weitern Erwägung, daß auch der in der Voruntersuchung vor dem Untersuchungsrichter abzuleistende Zeugeneid auch als ein Zeugeneid im Sinne des § 130 mitanzusehen, den Angeklagten mittelst Anwendung dieses § zur Strafe desselben verurtheilte, diese Strafbestimmung und zwar, insofern man den ersten Erwägungsgrund des Richters ins Auge faßt, durch Anwendung auf einen unvollständigen Thatbestand, in Hinblick auf die Schlußerwägung aber durch Verkennung ihres rechtlichen Sinnes verletzt hat;

daß daher das angegriffene Urtheil der Verrichtung unterliegt;

In Erw., daß die Anklageschrift keine Anhaltspunkte dafür gewährt, daß der Verleitungsversuch wirklich eine vor dem erkennenden Richter zu machende wissentliche Angabe der Unwahrheit nach abgeleistetem Zeugeneide, zum Gegenstand gehabt habe;

daß vielmehr die Anklage, wie sie formirt war, erschöpft ist;

daß folglich und in Betracht, daß die Thathandlung, deren der Angeklagte durch den Ausspruch der Geschwornen für schuldig erklärt worden, durch kein Gesetz mit einer Strafe bedroht ist, die Freisprechung des Angeklagten in Gemäßheit der Vorschrift des Art. 429 der StPO. erfolgen muß. [27 — 1.]

Weidfrevel. — Stoppelweide. — Berechtigungseinrede. — Künstliche Wiese.

1. Macht der eines Weidfrevels Beschuldigte den Einwand, daß er nach dem Rh. Rur.-Ges. auf Grund der herkömmlich bestehenden Stoppelweide berechtigt gewesen sei, auf dem betr. Grundstücke die Weide auszuüben, so findet eine Verweisung der Sache zum Civilverfahren nicht statt, wenn das Bestehen der Stoppelweide nicht bestritten und es nur fraglich ist, ob das Grundstück zu denjenigen gehöre, auf welche sich jenes Recht nach

den gesetzlichen Bestimmungen bezieht; vielmehr ist diese Frage durch den Strafrichter selbst zu lösen.

Ges. v. 31. Jan. 1845 § 1. Vgl. RhOTr. 1. S. 74; 2. S. 30; 4. S. 554.

2. Künstliche Wiesen im Sinne des Rh. Rural-Ges.s sind nur solche Felder, auf welchen im gewöhnlichen Wege der Beackerung und Besaamung Futterkräuter gezogen werden; eine natürliche Wiese, welche das Viehfutter von selbst erzeugt, wird dadurch nicht zur künstlichen, daß sie durch entsprechende Anlagen (Bewässerung 2c.) produktionsfähiger gemacht wird.

Rh. Rur.-Ges v. 28. Sept. — 6 Okt. 1791 Tit. 1. Abschn. 4. Art. 9; Tit. 2. Art. 24; StGB. § 347 Nr. 10. Vgl. Rh. Arch. 45. 1. S. 255; 55. 1. S. 228.

Erk. (Z. II.) v. 26. Okt. 1865 c. Heyer (265. II. Cr.).

H., unter der Beschuldigung: „— 2 Kühe 2c. in einer neu angebauten fremden Wiese hirtenlos weiden gelassen zu haben", vor das (Rh) PG. gestellt, machte den Einwand: er sei zu der fraglichen Handlung als Mitglied der Gemeinde K, in welcher die Stoppelweide hergebracht sei, berechtigt gewesen, da die betr. Wiese nicht zu den „künstlichen Wiesen" im Sinne des Rur.-Ges.s gehöre. Der hierüber vernommene Ortsbürgermeister bekundete, daß das qu. Grundstück eine Wiese sei, welche, wie die meisten Wiesen der Gemeinde, vor mehreren Jahren planirt, nivellirt und mit Be- und Entwässerungsgräben versehen worden sei. Darauf sprach das PG. den H. frei, weil durch die erwähnte Behandlung eine natürliche Wiese nicht den Charakter einer künstlichen annehme. — Kass.-Rekurs des PAnw s, zu dessen Rechtfertigung der Ob.-Prokurator unter Bezugnahme auf das Erk. v. 18. Okt. 1860 (RhOTr. 1. S. 74) ausführte: der Pol -Richter habe die vorgeschützte Berechtigungseinrede nicht selbst prüfen, sondern nur untersuchen düren, ob die Einrede gehörig „bescheinigt" sei, um dann eventuell die Sache von Amtswegen zum Civilverfahren zu verweisen — Das OTr. hat den Rekurs verworfen, indem es erwog:

daß nach der thatsächlichen Annahme des Polizeirichters und den Verhandlungen die Thatsachen unbestritten waren, daß auf den Ländereien des Bannes K. die Stoppelweide hergebracht und der Beschuldigte als Bewohner des M.-Hofes zur Ausübung derselben mitberechtigt sei; die Streitfrage vielmehr sich nur darum drehte, ob die Wiese, auf welcher das Vieh des Beschuldigten an dem fraglichen Tage geweidet hat, als eine künstliche Wiese im Sinne des Art. 9. Tit. 1. Abschn. IV. des Rur.-Ges.s v. 28. Sept. — 6. Okt. 1791 zu betrachten gewesen und als solche mithin der Stoppelweide entzogen sei;

daß mithin eine präjudizielle Civileinrede im Sinne des Ges.s v. 31. Jan. 1845 nicht vorlag, wie denn auch das in der Kassationsschrift bezogene Urtheil des Kgl. OTr.s v. 18. Okt. 1860 c. Weingartz auch einen anderen Fall zur Grundlage hat;

daß dagegen das Polizeigericht als Richter über die erhobene Beschuldigung wohl befugt war, über die einzig streitige Frage, ob die fragliche Wiese nach den Bestimmungen des Rur.-Ges.s der Stoppelweide unterworfen sei, oder nicht, zu entscheiden, und daß es diese Frage auch in einem richtigen Sinne entschieden hat, da unter künstlichen Wiesen, prairies artificielles im Sinne des Rur.-Gesetzes und nach dem französischen Sprachgebrauche, im Gegensatze zu den natürlichen Wiesen, Felder verstanden werden, auf welchen im gewöhnlichen Wege der Beackerung und Besaamung Futterkräuter, wie Klee und dergl. gezogen werden, während der Boden der natürlichen Wiesen das Viehfutter von selbst erzeugt, und der Umstand, daß solche natürliche Wiesen durch entsprechende Anlagen produktionsfähiger gemacht werden, ihnen den Charakter von künstlichen Wiesen nicht verleiht; (vgl. Dictionaire de l'académie, verbo „prairies“.)

Antr. des GStA.s: gleichl. [27.—3.]

Strafverfolgung. — Handelsfirma. — Theilhaber.

Eine Strafverfolgung kann nur gegen einzelne Individuen, nicht gegen eine Mehrheit von Individuen als ein Ganzes gerichtet werden. Haben daher mehrere Inhaber einer Handelsfirma einen jugendlichen Arbeiter ohne Arbeitsbuch beschäftigt, so trifft jeden die ganze Strafe.

Vdn. v. 3. Jan. 1849 § 1 [n. 9]; Regulativ v. 19. März 1839 §§ 1. 2. 8 (GS. S. 156); AKO. v. 6. Apr. 1839 (ibid); Ges. v. 16. Mai 1853 §§ 1—3. 9 (GS. S 225).

Erk. (B. II.) v. 26. Okt. 1865 c. Scheins & Reiß (353. II. Cr.).

Die unter einer gemeinschaftlichen Firma ein Fabrikgeschäft betreibenden Sch. und R. hatten „— den jugendlichen Fabrikarbeiter M. ohne Arbeitsbuch beschäftigt", waren aber vom (Rh.) P.-Richter nur zusammen solidarisch zu einer Geldbuße von 1 Thlr verurtheilt worden, weil „sie unter einer Firma handelten und die Kontravention nicht einzeln, sondern zusammen begangen hätten." Auf den Kass.-Rekurs des P.-Anw.s ist dieses Erkenntniß vernichtet und jeder der beiden Beschuldigten zur Geldbuße von 1 Thlr. verurtheilt worden. Das OTr. erwog hierbei:

daß ein Vergehen seinem Wesen nach die rechtsverletzende Handlung eines Menschen ist, die strafrechtliche Verfolgung mithin gegen die bei der Thathandlung betheiligten Individuen als solche gerichtet und die desfalls verwirkte Strafe gegen jedes Individuum, welches sich derselben allein oder in Gemeinschaft mit Andern schuldig gemacht hat, zu verhängen ist;

daß vorliegend die beiden Beschuldigten die ihnen zur Last gelegte Handlung eingestanden haben, die hieran sich anschließende Erwägung des angegriffenen Urtheils aber, daß dieselben, weil sie unter einer Firma handeln, nicht einzeln, sondern zusammen jene Kontravention begangen, und demnach die verwirkte Strafe solidarisch zu zahlen haben, auf einer unrichtigen Hereinziehung des civilrechtlichen Charakters einer Handelsfirma und einer Verkennung des Grundprinzips der strafrechtlichen Verantwortlichkeit der Individuen um so gewisser beruht, als Seitens der Beschuldigten nicht behauptet worden ist, daß Einer derselben als der Vertreter des Fabrikbetriebes bestellt worden sei;

daß mithin die durch §§ 2 und 9 des Ges.s v. 16. Mai

1853 angedrohte Strafe gegen jeden der Beschuldigten auszusprechen ist.

Antr. des GStA.s: gleichl. [?2. — 3.]

Rheinisches Verfahren. — Abwesender. — Vorladung.

Die Vorladung eines Beschuldigten vor ein Rh. Strafgericht kann nur dann in Gemäßheit des Ges.s v. 11. Mai 1855 Artt. 10 ff. erfolgen, wenn derselbe weder einen bekannten Wohn- noch einen bekannten Aufenthaltsort im Inlande hat.

Erk. (Z. II.) v. 26. Okt. 1865 c. Servatius (323. II C.).

S. war unter der Beschuldigung des Wuchers vor das (Rh.) ZPG. verwiesen worden. Da er seinen bisherigen Wohnort H. verlassen hatte und sein jeweiliger Aufenthalt unbekannt war, so ließ ihn das öff. Ministerium nach Anleitung des Art. 10 des Ges.s v. 11. Mai 1855 vorladen und beantragte, als er in der Sitzung nicht erschien, das Contumacialverfahren. Dieser Antrag ward indessen in beiden Instanzen abgelehnt, indem beide Kammern des LG.s davon ausgingen, daß der cit. Art. 10 nur da Platz greife, wo der betr. Beschuldigte im Inlande weder einen bekannten Wohn- noch einen bekannten Aufenthaltsort habe, hier also nicht zutreffe, da S., wenn er sich auch der Untersuchung durch die Flucht ins Ausland entzogen, doch durch Nichts erkennbar gemacht habe, daß er seinen bisherigen Wohnsitz H. als solchen aufgeben wolle, er vielmehr seine dortige Haus- und Ackerwirthschaft noch immer fortführen lasse und in der Person seines Bruders einen Generalbevollmächtigten bestellt habe. — Das Erkenntniß der App.-Kammer focht der Ob.-Prokurator durch Kass.-Rekurs an, welchen er dem S. wiederum nach Anleitung des cit. Ges.s (Art. 11) zustellen ließ. Er führte aus: die Rh. StPO. enthalte keine Vorschriften über die bei Vorladungen zu beobachtenden Förmlichkeiten, man bringe daher die Bestimmungen der Artt 68. 69 der BPO. auch hier zur Anwendung; in Frankreich sei es nun eine sehr bestrittene Frage, wie derjenige zu laden sei, welcher seinen bisherigen Wohnort aufgegeben habe, ohne einen neuen zu wählen (vgl. Chauveau sur Carré n 355; Gilbert sur l'art 68 du C. de pr n 15); diesen Zweifeln habe das Ges. v. 11. Mai 1855 für das Strafverfahren ein Ende gemacht, indem es für die Personen, „welche im Inlande keinen bekannten Wohnsitz oder Aufenthaltsort“ hätten, ein besonderes Verfahren vorschreibe; es genüge also, wenn entweder der Wohn- oder der Aufenthaltsort des Betreffenden unbekannt sei, um jene Vorschrift wirksam zu machen, und zwar mit Recht, da es sehr im Interesse eines Beschuldigten, welcher zwar ein gesetzliches Domizil habe, dessen Aufenthalt aber unbekannt sei, liegen könne, öffentlich vorgeladen zu werden, weil die Vorladung im Wohnsitze wegen der Unbekanntheit seines Aufenthalts ihn präsumtive nicht erreichen werde; für diese Auslegung des Gesetzes spreche auch 1) daß nach cit. Art. 10 der zu veröffentlichende Auszug der Vorladung auch den Wohnort des Beschuldigten, so weit er bekannt sei, enthalten müsse, und zwar allgemein nicht bloß in Betreff der im Auslande wohnenden Personen; 2) daß Art 14 auch die Vorladung im Wohn- oder Aufenthaltsort gestatte; 3) die Analogie des Ges s v 10. März 1856 § 3.

Die GStAnw.-schaft machte zunächst darauf aufmerksam, daß es, wenn die vom Ob.-Prokurator vertretene Ansicht unrichtig sei, hier an einer regelrechten Zustellung des Kass.-Rekurses fehle, derselbe sich also als unannehmbar darstelle. Sonach sprach sie sich dahin aus, daß jener Ansicht allerdings nicht beigetreten werden könne: schon die Bezugnahme auf den Art 68 der BPO und die an diesen sich knüpfende Streitfrage treffe hier nicht zu, denn die letztere beziehe sich nur auf den Fall, wo Jemand sein bisheriges Domizil wirklich aufgegeben, nicht aber auf den hier vorliegenden, wo Jemand sich nur thatsächlich aus dem im Uebrigen beibehaltenen Domizile zeitweise entfernt habe; sodann aber sehe das Gesetz v. 11. Mai den Fall vor, wo Jemand im Inlande „keinen bekannten Wohnsitz oder Aufenthaltsort" habe; diese Worte bezeichneten sowohl sprachlich als nach der Entstehungsgeschichte des Gesetzes den Fall, wo Jemand keinen Ort habe, wo er entweder im gesetzlichen Sinne wohne oder sich aufhalte; keineswegs werde dadurch angedeutet, daß die Unbekanntschaft entweder des Wohn- oder des Aufenthaltsortes zur Anwendung der betr. Vorschriften genügen solle; die entgegenstehende Ansicht beruhe wesentlich auf einer irrigen Auffassung des Wortes „Aufenthaltsort"; dieses bezeichne nicht den Ort, an welchem sich Jemand zur Zeit befinde, sei vielmehr nur die Uebersetzung des französischen résidence (BPO. Art. 69 Nr. 8); es bezeichne sonach den Ort, wo sich der Betreffende zur Zeit aufzuhalten pflege, ohne gleichwohl dort ein Domizil im Sinne des Art 102 BGB. erlangt zu haben; ebendeshalb werde in der Regel bei demjenigen, welcher einen wirklichen Wohnsitz habe, von einem daneben existirenden Aufenthaltsorte im Inlande keine Rede sein, jedenfalls aber dürften die betr. Worte des Art. 10 nicht auf den Fall bezogen werden, wo es unbekannt sei, wo sich Jemand zur Zeit befinde; auch die am Ende des Berichts des Ob.-Prokurators hervorgehobenen Gründe seien nicht durchgreifend, das unter Nr. 1 und 2 Bemerkte deshalb nicht, weil beide dort in Bezug genommene Vorschriften sich auf den Fall bezögen, wo der Betreffende im Auslande einen bekannten Wohn- oder Aufenthaltsort habe; das für den ganzen Staat erlassene Ges. v. 10. März 1856 könne dagegen überhaupt nicht zur Auslegung des Ges.s v. 11. Mai 1855 dienen. Schließlich ward noch darauf hinverwiesen, wie unzweckmäßig die Vorschrift nach der im Kassations-Rekurse angenommenen Auslegung sein werde; denn nach ihr würde es zulässig sein, die große Anzahl von Personen (namentlich Ausländern), welche im Inlande zwar keinen förmlichen „Wohnsitz", wohl aber eine langjährige „Residenz" hätten, durch Aufgebot nach Anleitung des cit. Art. 10 vorzuladen, und gänzlich von der Zustellung in ihrem bekannten Wohnhause abzusehen; das könne unmöglich in der Absicht des Gesetzgebers gelegen haben.

Das OTr. hat den Kass.-Rekurs verworfen, indem es erwog:

daß der Art. 10 des Ges.s v. 11. Mai 1855 nach Ausweis der Regierungs-Motive seine Entstehung der wiederholten Entscheidung des höchsten Gerichtshofes verdankt, daß die Vorschriften, welche für die Formen der Vorladungen und Zustellungen an Personen, die keinen bekannten Wohnsitz und Aufenthaltsort im Inlande haben, in der BPO. enthalten sind, auf Strafsachen nicht anzuwenden seien;

daß hiermit auch die Wortfassung des Gesetzes nicht im Widerspruche steht, insbesondere die disjunktive Verbindung der Worte: „Wohnsitz oder Aufenthaltsort" ihre Erklärung darin findet, daß das Gesetz, wie das darin enthaltene Citat ergiebt, sich an die im Art. 69 Nr. 8 und 9 l. c. enthaltenen Bestimmungen angeschlossen hat, daß diejenigen, welche keinen bekannten Wohnsitz im Inlande haben, in ihrem gegenwärtigen Aufenthaltsort, in Ermangelung eines solchen aber durch Anheftung am Gerichtsgebäude, vorgeladen werden sollen;

daß die im Abs. 3 l. c. enthaltene Vorschrift, wonach der zu veröffentlichende Auszug den Wohnort des Beschuldigten, so weit er bekannt ist, enthalten muß, hiermit ebenwohl im Einklange steht, indem dieselbe sich ebenso, wie der Art. 14 ibid., auf den etwa bekannten Wohnsitz im Auslande bezieht;

daß somach die im Art. 10 l. c. bezeichnete Vorladung nur in dem Falle Platz greifen kann, wenn, wie dies auch nach Inhalt des Vorladungsaktes v. ꝛc. Seitens des öffentlichen Ministeriums vorausgesetzt war, der Beschuldigte ohne bekannten Wohn- und Aufenthaltsort war, nicht aber auch dann, wenn derselbe, wie in den Instanzen thatsächlich festgestellt ist, seinen bisherigen bekannten Wohnsitz im Inlande nicht aufgegeben, sondern beibehalten hat. [22. — 3.]

Widerstand im Amte. — Legalität der Amtshandlung.

Die von einem Exekutionsbeamten im Auftrage der berechtigten Behörde vorgenommenen Vollstreckungshandlungen sind Amtshandlungen, und der Widerstand gegen dieselben ist strafbar, sollte auch das angeordnete Verfahren sich demnächst als ein durch die Gesetze nicht gerechtfertigtes herausstellen.

StGB. § 89 [n. 20].

Erk. (Z. II.) v. 26. Okt. 1865 c. Tögel (292. II. Cr.).

In Folge einer Requisition des Gerichts zu B. hatte das Kr.-G. zu E. den Büreau-Diätar H. beauftragt, wegen einer Restforderung der Gewerkschaft B. H. gegen den Kaufmann K. die diesem angeblich zugehörigen, in Magazine der Zeche N. lagernden 3500 Scheffel Kohlen zu pfänden und zu verkaufen. Demgemäß hatte H. wirklich in jenem Magazine eine Quantität Kohlen gepfändet, sie einstweilen in der Gewahrsam eines Schachtmeisters der Zeche N. belassen, zugleich aber zum Verkaufe derselben einen Termin anberaumt. Als er sich an diesem Tage wieder auf der Zeche einfand und zum Verkaufe schreiten wollte, leistete ihm der Direktor der Zeche, Dr. T., durch Drohungen Widerstand. Deshalb aus § 89 verurtheilt, machte T. im Wege der NB. geltend: die Pfändung der Kohlen im Magazine der unbetheiligten Zeche N. sei, selbst wenn K. Eigenthümer derselben gewesen wäre, unstatthaft, und nur ein Arrest nach dem Ges. v. 20. März 1854 § 18 zulässig gewesen; sodann sei aber demnächst durch Erkenntniß festgestellt worden, daß die Kohlen gar nicht dem K., sondern der Zeche N. selbst gehört hätten, er T. sei also als Direktor dieser Zeche und zur Wahrung ihres Rechts befugt gewesen, sich dem von H. beabsichtigten Verkaufe zu widersetzen; das AG., welches selbst die Illegalität der Pfändung anerkenne, verletze daher den § 89 cit., wenn es hier einen Widerstand gegen eine „Amtshandlung" angenommen habe. Zurückweisung. Gründe:

Mit Recht hat der App.-Richter angenommen, „daß dem ꝛc. H. während der Vornahme einer Amtshandlung durch Drohung Widerstand geleistet worden ist." Gegen die thatsächliche Annahme der Instanzrichter läuft es an, wenn zunächst der Implorant behauptet, daß der ꝛc. H. den gerichtlichen Auftrag nicht gehabt habe, die Pfändung und den Verkauf der Kohlen im Magazin der Zeche N. vorzunehmen, und zu diesem Ende in Räume des Magazins einzudringen. H. hatte vielmehr den ausdrücklichen Befehl zum Verkauf der Kohlen in dem Magazin der Zeche. Dieser Auftrag, resp. Befehl berechtigte ihn in die Räume desselben zum Zwecke der Ausführung des Befehls einzudringen, selbst wenn sie verschließbar oder verschlossen waren, ohne daß der Implorant, als Vertreter der Zeche, ihm das der letztern zustehende Eigenthum und den Besitz der Räume, wirksam entgegensetzen konnte. —

Der App.-Richter selbst hat die Illegalität des gegen die Zeche N. eingeleiteten Verfahrens und des dem H. ertheilten gerichtlichen Auftrags nachgegeben. Allein mit vollkommenem Recht hat er auch angenommen, „daß dessenungeachtet die Handlung resp. das Vorschreiten des H. eine Amtshandlung geblieben sei, und daß namentlich der durch die Ausführung des Auftrags Betroffene sich nicht zum Richter über die Legalität dieses Auftrags, und des eingeleiteten Verfahrens aufwerfen dürfe, vielmehr nur den gesetzlichen Weg der Beschwerde zu betreten gehabt habe." Letzteres muß im vorliegenden Falle um so mehr angenommen werden, als der H. durch den ihm von der berechtigten Gerichtsbehörde ertheilten Exekutionsbefehl zur Vornahme des beabsichtigten Verkaufs der Kohlen legitimirt war, die Legalität dieses Befehls selbst nicht einmal zu prüfen hatte, jedenfalls dieselbe voraussetzen durfte, und so im Bewußtsein, eine berechtigte Amtshandlung vorzunehmen, gehandelt hat. Der hiernach berechtigten Amtshandlung des 2c. H. gegenüber, konnte der dem Imploranten zur Last gelegte Widerstand nur als das im § 89 des StGB.s vorgesehene Vergehen betrachtet werden, und die Behauptung des Imploranten, daß er nur in berechtigter Weise und auch seiner Verpflichtung gemäß gehandelt habe, um das seinem Schutz anheimgegebene Eigenthum und den Besitz der Zeche N. zu wahren, muß sich daher auch als rechtlich hinfällig darstellen.

Antr. des GStA.s: gleichl. [27.—3.]

Rheinufer (linkes). — Weidfrevel. — Hochwald. — Gemeindewald. — Schaden.

1. Auf dem linken Rheinufer sind auch die in Gemeinde-Hochwaldkulturen verübten Weidfrevel aus Artt. 8. 10 Tit. 32 der Ordonnanz v. Aug. 1669 zu bestrafen.

Cit. Ord. Tit. 32. Artt. 8. 10; Tit. 24. Artt. 2 11; Tit. 25. Artt. 2. 3; Tit. 26. Art. 1. Vgl. oben S. 5.

2. Das cit. Gesetz macht die Bestrafung des Weidfrevels nicht von dem Nachweise eines angerichteten Schadens abhängig.

Cit. Ord. Tit 32. Art 10; Tit. 19. Art. 11. Vgl. StRG. v. 16. frim. XIV. Nr. 1; E. (KH) v. 25. Jan. 1847 c. Cramer, Cass. Par. KH. 1. therm. XII; id. 19. Febr. 1825; Merl. Rép. v. Délit for. § 9.

Erk. (S. II.) v. 26. Okt. 1865 c. Vietz (312. II. Cr).

V. hatte „in einer Gemeinde-Hochwaldskultur Schaafe weiden lassen;" da indessen nach dem Protokolle des Försters ein Schaden nicht veranlaßt woren war, so erachtete der (Rh.) Pol.-Richter den vom P.-Anw. in Bezug genommenen Art. 38. Tit. 2 des Rh. Rur.-Ges.s für unanwendbar und bestrafte aus § 347 Nr. 10 des StGB.s. Auf den Kass.-Rekus des P.-Anw.s ist dieses Erkenntniß vernichtet und die Strafe aus Artt. 8. 10. Tit. 32 der Ordonnanz v. 1669 verhängt worden. Das OTr. erwog hierbei:

daß der von dem Polizeigerichte angewendete Art. 347 Nr. 10 des StGB.s sich auf Durchtreiben von Vieh bezieht;

daß im vorliegenden Falle dagegen die Ausübung eines Weidefrevels Gegenstand der Beschuldigung war;

daß die Bestimmungen der Artt. 37 und 38. Ti. II. des Rur.-Ges.s sich nur auf Niederwaldungen der Gemeinden beziehen;

daß Nadelholz-Kulturen zu den Hochwaldungen gehören;

daß auf die Hochwaldungen der Gemeinden nach Art. 609 des Code v. 3. brum. IV. die Bestimmungen der Forst-Ordonnanz v. Aug. 1669 Anwendung finden;

daß die auf Vergehen in Staatswaldungen angedrohten Strafen nach Art. 11. Tit. 24 der Forst-Ordon. auch auf Vergehen in Gemeindewaldungen angewendet werden sollen;

daß nach Art. 10. Tit. 32 der Forstordnung die Strafe des Weidfrevels nicht davon abhängt, ob ein Schaden zugefügt worden sei;

daß also das angegriffene Urtheil das von ihm angeführte Strafgesetz unrichtig angewendet hat.

Antr. des GStA.s: gleichl. [12 — 3.]

Kuppelei. — Unbescholtenheit der Verkuppelten.

Die Strafbarkeit der Kuppelei ist nicht durch die Unbescholtenheit der Person bedingt, welcher zur Unzucht Vorschub geleistet worden ist.

StGB. § 147 [n. 8]. Vgl. oben S. 11.

Erk. (Z. I.) v. 26. Okt. 1865 c. **Richter** (1051 I. Cr.).

Es ist nicht richtig, daß zur Anwendung des § 147 des StGB.s es erforderlich ist, daß die verkuppelte Person eine sittlich unbescholtene sein müsse. Das Gesetz verlangt dieses Erforderniß nicht, sondern will nur der Vermittelung der Unzucht zwischen Personen verschiedenen Geschlechts überhaupt steuern, wie auch das Kgl. OTr. bereits öfter entschieden hat.

Antr. des GStA.s: gleichl. [20. — 2.]

Notar. — Prozessualische Angelegenheit.

Der § 6 der Notariats-Ordnung verbietet allgemein den Notarien, in solchen prozessualischen Angelegenheiten, in welchen sie den Betheiligten als Rechtsanwalte bedient gewesen sind, Notariats-Urkunden aufzunehmen; er ist daher nicht auf diejenigen Fälle beschränkt, in welchen sich der Gegenstand der Notariats-Urkunde mit dem des Prozesses deckt, mit ihm identisch ist.

Not.-Ordn. v. 11. Juli 1845 § 6.

Erk. (I. Civ.-Sen.) v. 30. Okt. 1865 c. Rechtsanwalt G. (431. D.) spricht den obigen Satz aus.

Antr. des GStA.s: gleichl. [—4.]

Urkunde. — Unterschrift. — Abkürzung.

Eine abgekürzte Unterschrift kann genügen, um einem Schriftstücke den Charakter einer Urkunde beizulegen.

StGB. § 247 [n. 84].

Erk. (Z. II.) v. 2. Nov. 1865 c. Daub & Gen. (326. II. Cr.).

Die Eheleute D. hatten auf die von ihnen verschuldeten Kommunal-Steuern wiederholte Abschlagszahlungen geleistet, über welche der betr. Empfänger v. Goldenberg auf dem (seine gedruckte Unterschrift tragenden) Steuerzettel in der Weise quittirt hatte, daß er die Beträge in die dazu bestimmte Kolonne eintrug und jeder Eintragung seine abgekürzte Unterschrift: „v. Gdbrg." resp.: „Gg." hinzufügte. Diese Quittungsvermerke hatte D. in den Zahlenangaben 2c. verfälscht, und seine Ehefrau hatte von den so verfälschten Quittungen 2c. Gebrauch gemacht. Aus § 251 Nr. 1 StGB. bestraft, rügten sie im Wege der NB., daß jene Schriftstücke trotz der unvollständigen Unterschrift des 2c. v. G. für Urkunden erachtet worden seien. Zurückweisung Gründe:

Zuvörderst trägt der Zettel, der sich nach Form und Inhalt als ein Steuerzettel darstellt, die gedruckte Unterschrift „der Kommunal-Empfänger v. Goldenberg", und da auch eine gedruckte Unterschrift als Unterschrift im Sinne des Gesetzes angesehen werden kann, so würde, wenn etwas auf den Zettel selbst ankäme, das Requisit der Unterschrift hier gewahrt sein.

Sodann steht aber in der mit „Betrag — der bezahlten Schuldposten nebst Quittung des Empfängers" überschriebenen Kolonne unter der ursprünglichen Quittung 2 Thlr. 22 Sgr. der Namenszug „v. Gdberg", und neben der Quittung über 8 Sgr. der Namenszug „Gg.". Objektiv betrachtet, kann es nun schon keinem Zweifel unterliegen, daß diese Schriftzüge die abgekürzte Unterschrift des Empfängers v. Goldenberg darzustellen bestimmt sind, und es steht auch an sich rechtlich nichts entgegen, eine solche abgekürzte Unterschrift der vollständigen Unterschrift gleich zu stellen. Ueberdies steht aber auch durch das eigene Schuldbekenntniß der Angeklagten nicht nur fest, daß der fragliche Steuerzettel die gedruckte Unterschrift des Kommunal-Empfängers v. Goldenberg trage, sondern auch, daß die darauf befindlichen beiden in ihrer Aechtheit auf Steuerzahlung von 2 Thlr. 22 Sgr. und 8 Sgr. lautenden Quittungen von dem Kommunal-Empfänger v. Goldenberg unter dem Namenszug „v. Gbrg.", beziehungsweise „Gg." ausgestellt seien, und es ist hiernach zugleich festgestellt, daß dieser Namenszug in Wirklichkeit die abgekürzte Unterschrift des Quittungsausstellers v. Goldenberg sei.

Antr. des GStA.s: gleichl. [27. — 3]

Entweichung eines Gefangenen. — Beamter. — Erleichterung.

Ein Beamter, welcher pflichtwidriger Weise die Uebernahme eines Gefangenen verweigert, wird, wenn in Folge dessen der letztere entweicht, nicht von der Strafe des § 322 StGB. betroffen.

StGB. § 322 [dort einzutr. als n. 6].

Beschl. (I.) v. 3. Nov. 1865 c. Kersten (263. B. I. Cr.).

Der Amtsdiener S. hatte in dem Dorfe B. den strafrechtlich verfolgten Br. angetroffen und verhaftet; da er selbst im Begriffe war, einen andern amtlichen Auftrag zu vollziehen, so führte er den Br.

dem Schulzen K. zu und forderte diesen auf, die Bewachung des Br. zu veranlassen; K., anscheinend aus persönlicher Furcht vor dem als gefährlich verschrieenen Br., lehnte die Uebernahme desselben unter unbegründeten Vorwänden ab, so daß dem S. zuletzt nichts anderes übrig blieb, als die Bewachung dem Krüger D. zu übertragen; in Gefolge dessen ist Br. nach der Entfernung des S. entwichen. — Aus dieser Veranlassung erhob die StA.-schaft gegen den Schulzen K. die Beschuldigung aus § 322 StGB.; beide Instanzgerichte lehnten indessen die Eröffnung der Untersuchung ab, das AG. indem es erwog: „der § 322 setze ebenso wie § 95 voraus, daß der entkommene Gefangene der dafür verantwortlich zu machenden Person von einem andern dazu Befugten anvertraut gewesen sei; dieses Anvertrauen müsse aber, richtig nach dem Gesetze aufgefaßt, von Person zu Person erfolgt sein; eine gesetzliche Verpflichtung zur Uebernahme stehe jenem Anvertrauen nicht gleich, unterliege vielmehr ev. einer Beurtheilung aus andern Strafbestimmungen."

Gegen den Beschluß des AG.s ergriff der OStA die Beschwerde, welche von der GStA.-schaft für begründet erachtet wurde; sie führte aus: „das AG. übersehe, daß weder § 322 noch § 95 von der „Anvertrauung eines Gefangenen" spreche, vielmehr sei in beiden von Personen die Rede, welchen die „Aufbewahrung, Bewachung oder Begleitung" eines Gefangenen anvertraut sei; dazu bedürfe es offenbar nicht einer speziellen Uebergabe von Person zu Person, und überhaupt nicht der Uebergabe der Person des Gefangenen, da die Worte: „Bewachung ꝛc." eine Thätigkeit bezeichnen, deren Anvertrauung durch die Ertheilung eines Befehls, eines Auftrags, einer Anweisung ꝛc. erfolgen werde; es genüge also, wenn Jemand mit jener Thätigkeit betraut worden sei, möge dieses durch einen speziellen Akt eines dritten dazu Berufenen oder durch das Gesetz oder durch die allgemeine Uebertragung einer Amtsfunktion bewirkt sein; überhaupt seien die Worte: „welchen die Aufbewahrung anvertraut ist", aus dem auf Nichtbeamte bezüglichen § 95 in den § 322 übernommen worden, sie seien daher hier in dem Sinne aufzufassen, wie es der allgemeine amtliche Beruf und die hergebrachte Form der Thätigkeit des einzelnen Beamten mit sich brächten; verlange man bei diesen jedesmal eine spezielle Uebergabe der Person des Gefangenen als nothwendige Voraussetzung der Anwendbarkeit des §, so werde derselbe in den meisten Fällen seinen Zweck verfehlen, z. B. überall, wo ein Beamter befugter Weise selbst zur Haftnahme geschritten, eine Uebergabe durch einen Andern also nicht erfolgt sei; ebenso würde der § auf alle Unterbeamten in größern Haftanstalten unanwendbar bleiben, weil die Anvertrauung der Personen der einzelnen Gefangnen nie an sie, sondern nur an den vorgesetzten Oberbeamten erfolgen werde, während dem Unterbeamten in Folge seiner amtlichen Stellung zwar die Bewachung der Gefangenen, nicht aber ihre Person und jedenfalls nicht durch spezielle Uebertragung anvertraut sei; in dem hier entwickelten Sinne habe das OTr. schon durch ein Z. (I, 722) 27. Sept. 1861 c Grigo, G. A 9. S. 789, den § 322 ausgelegt; im vorliegenden Falle nehme das AG. selbst an, der Schulze K. sei zur Uebernahme des Br. verpflichtet gewesen, daraus folge, daß er (gesetzlich) zur Bewachung desselben berufen, daß ihm also dieselbe im Sinne des § 322 anvertraut gewesen sei; der betr. Beschluß sei daher aufzuheben, und die Sache zur nähern Prüfung, ob durch die Pflichtwidrigkeit des K. die Entweichung des Br. vorsätzlich oder nur fahrlässiger Weise befordert worden sei, an das AG. zurückzuverweisen.

Das OTr. hat die Beschwerde zurückgewiesen. Gründe:

Wenngleich dem App.-Richter darin nicht beigepflichtet werden kann, daß das „Anvertrauen" eines Gefangenen an einen Beamten, dessen der § 322 in Uebereinstimmung mit dem § 95 StGB. gedenkt, nothwendig eine Uebergabe von Person zu Person voraussetze, so ist doch unter allen Umständen erforderlich, daß der Gefangene als solcher von dem Beamten zur Aufbewahrung, Begleitung oder Bewachung, sei es vermöge eines besonderen Auftrages oder einer allgemeinen gesetzlichen Pflicht übernommen worden sei, weil ohne dies von einem „Anvertrautsein" nicht die Rede sein kann. Im vorliegenden Falle hat aber der Schulz K., wie in der Anklage behauptet und von den Instanzrichtern vorausgesetzt wird, den ihm von dem Amtsdiener S. vorgestellten Gefangenen Br. nicht nur nicht übernommen, sondern sich sogar entschieden der Uebernahme desselben geweigert, woraus von selbst folgt, daß ihm derselbe nicht anvertraut gewesen sein kann. Durch diese Weigerung kann K. möglicher Weise seine Amtspflichten verletzt haben, eine Verletzung des § 322 StGB. liegt darin aber nicht. [28.—3]

Oeffentlichkeit. — Verschließung der Thüre.

Eine Sitzungs-Verhandlung hört nicht auf, eine öffentliche zu sein, wenn die Thüren verschlossen werden, nachdem so viele Personen Eingang gefunden haben, als der betr. Raum gestattet.

Vdn. v. 3 Jan. 1849 § 14 [n. 4].

Erk. (Z. I.) v. 3. Nov. 1865 c. Lachmeier (935 I. Cr.).

L. hatte in 2. Instanz unter Beweis gestellt, daß die Oeffentlichkeit der Verhandlung 1. Instanz dadurch beeinträchtigt worden sei, daß der Vorsitzende die Schließung der Thüren verordnet habe Das AG. hatte unter Bezugnahme auf G. A. 8. S. 589 diesen Einwand beseitigt, weil — wie auch Art 18 des Ges.s v. 3. Mai 1852 ergebe, — die Oeffentlichkeit nicht in der unbeschränkten Möglichkeit für jede beliebige Person bestehe, zu jeder Zeit in den Sitzungssaal einzutreten. NB. des L. — Zurückweisung. Gründe:

Abgesehen davon, daß die Oeffentlichkeit der Verhandlung erster Instanz durch das Sitzungsprotokoll erwiesen ist, beschränkte sich die dagegen unter Beweis gestellte Behauptung des Appellanten darauf, daß die Thüre des Audienzsaales während der Verhandlung abgeschlossen worden. Ueber die Veranlassung dieses Abschließens hat der Angeklagte sich nirgends erklärt, der zweite Richter aber mit Recht ausgeführt, daß dasselbe an und für sich allein den Begriff der Oeffentlichkeit der Verhandlung nicht ausschließe, sondern dieselbe im Sinne des § 14 der Vdn. v. 3. Jan. 1849 gewahrt sei, wenn sie soweit bestehe, als sie nach den gegebenen Raumverhältnissen faktisch ausführbar sei. Denn dieses ist die wesentliche Bedeutung seiner Urtelsgründe, deren Richtigkeit sich sowohl aus den legislativen Vorverhandlungen zu § 14, als der Natur der Sache und wiederholten Präjudizien ergiebt — vgl. Oppenhoff Strafverf. S. 92 Anm. 3ff. — Daß die Verschließung der Thür des Sitzungssaales mehr Zuhörer als die Ueberzahl der Personen, welche derselbe fassen konnte, ohne die Verhandlungen zu stören, davon ausgeschlossen habe, behauptet Implorant auch jetzt noch nicht, während die StA.-schaft ausdrücklich die Ueberfüllung des Audienzsaales als einzigen Grund des dann erst erfolgten Thürverschlusses angiebt, womit das Sitzungsprotokoll, indem es die Oeffentlichkeit beurkundet hat, und das auch vom Angeklagten in zweiter Instanz gemachte

Zugeständniß, daß Zuhörer anwesend waren, sich im Einklange befindet.

Antr. des GStA.s: gleichl. [23.—2.]

Rechtsmittel. — Anmeldung. — Unterkreuzung.

Ein Rechtsmittel wird durch eine vom Angeklagten nur unterkreuzte Anmeldungsschrift gewahrt, sobald demnächst festgestellt wird, daß die Unterkreuzung wirklich vom Angeklagten herrührt.

Vdn. v. 3. Jan. 1849 Abschn. IV (S. 453 n. 15). Sic: B. (I, 1046) 24. Nov. 1865 c. Paduck. Vgl. RbOTr. 4. S. 111; 6. S. 243. 363.

Erk. (B. I.) v. 3. Nov. 1865 c. Tarnowski (917. I. Cr.).

Das AG. hatte die in einer unterkreuzten Schrift angemeldete Appellation des Angeklagten für „unannehmbar erklärt", weil „eine nur unterkreuzte Schrift für eine schriftliche Erklärung nicht zu erachten sei", und die nach dem Ablaufe der Nothfrist zu Protokoll erklärte Genehmigung jenen Mangel nicht heilen könne Auf die NB. des T. hat das OTr. dieses Erkenntniß vernichtet. Gründe:

Die Formen für die Einlegung eines Rechtsmittels in Strafsachen können nicht unter allen Umständen nach den strengeren Vorschriften über schriftliche Willenserklärungen beurtheilt werden. Die Hauptsache bleibt die Gewißheit, daß der Angeklagte die Einlegung des Rechtsmittels erklärt habe. In dieser Hinsicht würde es schon genügend sein, daß das Kgl. K.-G., als instruirender Richter, die Anmeldungsschrift v. 2c. als von dem Angeklagten herrührend anerkannt, und demgemäß die Appellation eingeleitet hat.

In jedem Falle, auch wenn der App.-Richter selbst Zweifel über jene Thatsache hatte, so genügte das Anerkenntniß des bevollmächtigten Vertheidigers in der Audienz des AG.s, daß die Anmeldungsschrift von dem Angeklagten herrühre. Der Ablauf der Appellationsfrist hat auf die Wirksamkeit dieses Anerkenntnisses keinen Einfluß.

Antr. des GStA.s: gleichl. [15.—2.]

Disciplin. — Entgegenwirken gegen die Staatsregierung.

Ein Beamter verstößt gegen die Disciplin, wenn er bei der öffentlichen Kundgebung seiner politischen Ansichten, Maaßregeln der Staatsregierung hindernd entgegentritt.

Disc.-Ges. v. 7. Mai 1851 § 1. Vgl. RdOTr. 4 S. 38; 5. S. 150. 224. Sic: Erk. 19. Mai 1865 c. M. (417).

Erk. (Disc.-Sen.) v. 6. Nov. 1865 c. Stadtgerichtsrath T. (396. D.).

Bereits im Vorurtel ist mit Recht ausgeführt, daß Beamte bei der öffentlichen Kundgebung ihrer politischen Ansichten einer aus ihrer Stellung als Glieder im Staatsorganismus sich ergebenden Beschränkung unterworfen sind, und daß die Uebertretung der mit der Beamtenstellung verbundenen Pflicht, Maaßregeln der Staatsregierung nicht hindernd entgegenzutreten, gegen die Disciplin — gute Zucht und Ordnung — verstößt, sofern nicht besondere gesetzliche Bestimmungen den Beamten dazu ermächtigen.

Der Angeklagte meint zwar, nach den bestehenden Gesetzen sei nicht jede öffentliche Opposition eines Beamten gegen die Staatsregierung strafbar, und beruft sich zur Unterstützung dieser Ansicht auf die Worte des § 1 des Ges.s v. 7. Mai 1851, wonach ein Richter, abgesehen von Pflichtverletzungen im Amte, nur dann dessen Vorschriften unterliege, wenn er „sich der Achtung, des Ansehens und des Vertrauens, die sein Beruf erfordern, unwürdig zeige," sowie auf die Geschichte der Disciplinargesetze, weil in dem Entwurfe des Disciplinargesetzes für n i c h t richterliche Beamte neben jenen Worten eine fernere Rubrik „feindselige Parteinahme gegen die Regierung," gestanden habe, welche gestrichen worden sei. Allein offenbar mit Unrecht. Denn der § 1, sowohl der Vdn. v. 10. als der Vdn. v. 11. Juli 1849 (GS. S. 253. 271) — lautete, — mit alleiniger Ausnahme der Worte „Richter" und „Beamte" — übereinstimmend dahin:

Dienstvergehen ist jede Verletzung der Pflichten, welche dem Richter (Beamten) durch sein Amt auferlegt werden. Zu diesen

> Pflichten gehört, daß der Richter (Beamte) sich durch sein Verhalten in und außer dem Amte der Achtung, des Ansehens und des Vertrauens würdig beweise, die sein Beruf erfordert.

Also auch in der Vdn. v. 11. Juli 1849 stand eine besondere Rubrik „feindselige Parteinahme gegen die Regierung" nicht daneben. Nur der § 20 dieser Verordnung enthielt neben der Vorschrift:

> Welche Disciplinarstrafe anzuwenden sei, ist nach der größeren oder geringeren Erheblichkeit des Dienstvergehens mit Rücksicht auf die sonstige Führung des Angeschuldigten zu ermessen;

noch die weitere Bestimmung,

> daß die Dienstentlassung erfolgen müsse, wenn der Beamte sich einer feindseligen Parteinahme gegen die Staatsregierung schuldig gemacht habe;

eine Festsetzung, welche bei der Berathung der Verordnung gestrichen und in das Disciplinargesetz für nichtrichterliche Beamte v. 21. Juli 1852 nicht mit aufgenommen worden ist. Hieraus ergiebt sich unwiderleglich, daß feindselige Parteinahme gegen die Staatsregierung vor Erlaß dieses Gesetzes als eine besondere Art von Dienstvergehen nicht aufgestellt gewesen, und als solches durch dies Gesetz nicht aufgehoben, resp. für straflos erklärt worden ist, sondern daß auch nach diesem neueren Gesetze zu prüfen bleibt, ob eine feindselige Parteinahme gegen die Regierung sich als ein eines Beamten unwürdiges Verhalten charakterisirt, und daß die Vdn. v. 11. Juli 1849 in dieser Beziehung nur insofern abgeändert ist, als ein Beamter, welchem eine solche Parteinahme zur Last fällt, nicht unter allen Umständen mit Dienstentlassung bestraft werden muß, vielmehr das Disciplinargericht bei Bestimmung der Strafe auch für ein solches Dienstvergehen die größere oder geringere Erheblichkeit desselben, unter Berücksichtigung der bisherigen Führung des Angeschuldigten, frei zu ermessen befugt ist. —

Zunächst kommt in Betracht, daß Frankfurt a. M. außerhalb Preußen liegt, und daß es von vornherein mit den Pflichten des im öffentlichen Interesse mit besonderen

Vorrechten verbundenen richterlichen Amts nicht verträglich erscheint, wenn ein preußischer Richter im Auslande an politischen Agitationen und Bestrebungen sich betheiligt, deren letzte Ziele auch dem Besonnensten verborgen bleiben können, und deren Tragweite sich jeder sicheren Vorausberechnung zu entziehen geeignet ist. Sodann war aber der Zweck des Zusammentretens des sog. Abgeordnetentages und die Tendenz der auf demselben am 21. Dez. 1863 gefaßten Resolution nicht bloß unzweifelhaft eine öffentliche Demonstration überhaupt, sondern eine, insbesondere auch gegen die damals in die Oeffentlichkeit gelangten Schritte und Intentionen der Preußischen Regierung in Behandlung des Verhältnisses der Herzogthümer Schleswig und Holstein zu Dänemark und Deutschland, gerichtete Demonstration ꝛc.

Antr. des GStA.s: gleichl. [—1.]

Strafunmündiger. — Unterscheidungsvermögen. — Steuerdefraude.

Der Strafunmündige, welcher eine Steuerdefraude ohne Unterscheidungsvermögen verübt, bleibt straflos.

StGB. § 42 [n. 7].

Erk. (Z. I.) v. 8. Nov. 1865 c. Kosseck (1028. I. Cr.).

Der App.-Richter hat es nicht für erwiesen angesehen, daß der Angeklagte, welcher zur Zeit der ihm zur Last gelegten Steuerdefraudation erst 14 Jahre alt war, mit Unterscheidungsvermögen gehandelt hat. Hierdurch rechtfertigt sich schon allein nach § 43 des StGB.s seine Freisprechung, ohne daß es hier darauf weiter ankommt, ob er wußte oder doch hätte wissen müssen, daß sich das Fleisch auf dem von ihm geführten Wagen befand.

Antr. des GStA s: gleichl [18.—4.]

Widersetzlichkeit. — Steuerbeamter. — Steuerbehörde. — Verfolgung.

1. Es kann als eine „Widersetzlichkeit gegen einen Steuerbeamten" angesehen werden, wenn der Führer eines Fuhrwerks der Aufforderung zum Anhalten nicht nur nicht Folge leistet, sondern das Pferd stärker antreibt.

Steuer-Ordn. v. 8 Febr. 1819 § 89.

2. Der Steuerbehörde steht das Recht der Strafverfolgung auch wegen der nach § 89 der Steuer-Ordn. zu bestrafenden Widersetzlichkeiten gegen Steuerbeamte zu. (ind. entschieden.)

Ges v. 3. Mai 1852 Art 135 [n. 12].

Erk. (S. I.) v. 8. Nov. 1865 c. Kude (781. I. Cr.).

K. ward im innern Stadtbezirke einer schlacht- ꝛc. steuerpflichtigen Stadt auf einem Nebenwege betroffen, leistete aber der Aufforderung des betr. Beamten, anzuhalten, keine Folge, sondern fuhr nach der Versicherung des letzteren, in rascherem Trabe davon. Aus § 89 der Steuer-Ordn. verfolgt, ward er von den Instanzgerichten nur aus § 90 ibid mit einer Ordnungsstrafe belegt, weil er „nichts weiter gethan, als daß er der Aufforderung des Beamten keine Folge geleistet, somit sich nur eines Ungehorsams, nicht aber einer Widersetzlichkeit schuldig gemacht habe." Auf die NB. des Prov.-Steuer-Direktors, welcher sich der Anklage nachträglich anschloß, ist das Erkenntniß des AG.s vernichtet und die Sache in die 2. Instanz zurückverwiesen worden. Gründe:

Der App.-Richter erkennt selbst an, daß der § 89 der Steuer-Ordnung einen weitern Begriff der Widersetzlichkeit aufstelle, als der § 89 des StGB.s, da der erstere jede Widersetzlichkeit mit Strafe bedrohe. Es ist dem App.-Richter auch zuzugeben, daß der § 89 der Steuer-Ordnung zu seiner Anwendung, abgesehen von der hier nicht in Frage stehenden versagten Hülfsleistung, nicht ein bloßes Nichtbefolgen einer amtlichen Aufforderung, sondern eine wirkliche Widersetzlichkeit erfordert. Eine solche kann aber in jeder Thätigkeit liegen, wodurch der beabsichtigten Amtshandlung entgegen getreten, sie zu verhindern versucht wird.

Im vorliegenden Falle hat nun die Anklage behauptet, daß der Angeklagte, welcher im starken Trabe fuhr, auf den Anruf des Steuerbeamten, obwohl er ihn gehört, nicht nur nicht angehalten hat, sondern auch in einem noch stärkern Tempo weiter gefahren ist, so daß seine Verfolgung unversucht bleiben mußte. In einem solchen Verhalten des Angeklagten würde aber allerdings eine Widersetzlichkeit im Sinne des cit. § 89 gefunden werden können, und da der App.-Richter nur feststellt: „daß der Angeklagte sein Fuhrwerk, mit welchem er im innern Stadtbezirk von St. fuhr, auf den Anruf eines Steuerbeamten nicht angehalten hat," so ist die auf § 89 der Steuer-Ordnung gegründete Anklage von ihm gar nicht erschöpft.

Antr. des GStA.s: gleichl. [18.—4.]

---

1. Seeschiffer. — Disciplinargewalt.
2. Züchtigungsrecht. — Ueberschreitung.

1. In Betreff der Disciplinargewalt des Schiffers gegen die Schiffsmannschaft auf einem Seeschiffe sind jetzt nur das Ges. v. 31. März 1841 und das Ges. v. 26. März 1864 maaßgebend.

2. Ob eine die Anwendung der Mißhandlungsstrafe rechtfertigende Ueberschreitung des Züchtigungsrechts vorliege, unterliegt nur der thatsächlichen Beurtheilung des Instanzrichters.

StGB. Thl. II. Tit. 16. [S. 287 n. 2. 4].

Erk. (Z. I.) v. 8. Nov. 1865 c. Pokatis (997. I. Cr.).

Der Küstenschiffer P. war wegen einer „jedes Maaß einer Züchtigung überschreitenden Mißhandlung des Schiffsjungen J. P." aus § 189 bestraft worden. Seine NB. behauptete Verletzung dieses §, der Gesinde-Ordn. v. 8. Nov. 1810 § 77, der AKO. v. 23. Nov. 1831 und der AKO. v. 23. Sept. 1835, sowie des Ges.s v. 31. März 1841, nach welchem ihm ein Züchtigungsrecht gegen den J. P. zugestanden habe, dessen Gebrauch in Betreff der dazu gegebenen Veranlassung nicht der richterlichen Kognition unterliege. Zurückweisung. Gründe:

Es kann zugegeben werden, daß dem Angeklagten zur Zeit des Vorfalles [August 1864] ein Züchtigungsrecht gegen den rc. J. P. zugestanden, und daß er unter dieser Voraussetzung darüber, ob er zur Ausübung dieses Rechts genügende Veranlassung gehabt, vor Gericht keine Rechenschaft abzugeben verpflichtet gewesen sei. Zwar kann dieses Recht nicht aus der Gesinde-Ordn., deren § 77 der Herrschaft ein wirkliches Züchtigungsrecht nicht einräumt, folglich auch nicht aus der AKO. v. 23. Nov. 1831 (GS. S. 255) hergeleitet werden, welche (bei Seeschiffen) das Verhältniß des Schiffsvolkes zum Schiffer dem des Gesindes zur Herrschaft gleichstellt, zumal die letztere schon durch das Ges. v. 31. März 1841 (GS. S. 64), welches dem Schiffer viel größere Rechte beilegt, der Hauptsache nach ihre Erledigung gefunden hat, und vollends durch den Art. 61 Nr. 1 des Einf.-Ges.s z. HGB. (welche nur noch die auf die Stromschiffer bezügliche KO. v. 23. Sept. 1835 [GS. S. 222] bestehen läßt), so wie endlich durch das neueste Ges. v. 26. März 1864 [GS. S. 693] für aufgehoben zu achten ist. Anzuerkennen aber ist, daß zu der Zeit, um die es sich hier handelt (August 1864), das Züchtigungsrecht eines Seeschiffers gegen seine Schiffsmannschaft noch in dem § 2 des Ges.s v. 31. März 1841 litt. e. seine Begründung fand, da der § 29 des Ges.s v. 26. März 1864, welcher bei der neuen Redaktion dieses § die litt. e. weggelassen hat, erst später ausgegeben worden ist. Allein, wenn dem auch so ist, und wenn deshalb die ferner angeregte Frage, ob dem Schiffer gegen Schiffsjungen andere Rechte zustehen, als gegen Schiffsmänner, hier auf sich beruhen kann, so bleibt doch die Ueberschreitung des Züchtigungsrechts immer Gegenstand richterlicher Kognition und unterliegt, auch wenn sie keine schweren oder erheblichen Verletzungen zur Folge gehabt hat, der Bestrafung aus § 187 des StGB.s.

Bestimmte Merkmale, an denen eine solche Ueberschreitung erkennbar sei, hat das Gesetz allerdings weder aufgestellt, noch füglich aufstellen können; eben deswegen ist aber die Frage, ob im konkreten Falle eine solche Ueberschreitung vorliege, Gegenstand thatsächlicher Beurtheilung des Richters, und da die Instanzrichter, jedenfalls der zweite Richter, das Vorhandensein einer solchen Ueberschreitung angenommen haben, so ist hiergegen nach Art. 107 des Ges.s v. 3. Mai 1852 mit der NB. nicht anzukämpfen.

Antr. des GStA.s: gleichl. [28.—4.]

Wucher. — Einkleidung. — Zahlenlassen.

Ist die Zinsenüberhebung durch Einkleidung versteckt worden, so ist, auch wenn nur ein „Sich-Zahlen-Lassen" der übermäßigen Zinsen festgestellt ist, die Wucherstrafe verwirkt.

StGB. § 263 [n. 17. 54. 55].

Erk. (Z. I.) v. 8. Nov. 1865 c. Rosenbaum (895. I. Cr.).

R. war aus § 263 StGB. bestraft worden, weil er „— sich von seinen Schuldnern B. und N. höhere Zinsen als die Gesetze zulassen habe zahlen lassen, und dieses sowohl gewohnheitsmäßig betrieben, als auch die Geschäfte so eingekleidet habe, daß dadurch die Gesetzwidrigkeit versteckt wurde." Dabei hatten die Instanzrichter ausgeführt, es liege sog. Kapitalswucher vor, indem sich R. Wechsel über höhere, Kapital und Zinsen übersteigende Beträge habe ausstellen lassen, und demnächst die vollen Beträge von den Schuldnern eingezogen habe. Die NB. des R. rügte Gesetzesverletzung, weil bei dem von den Instanzrichtern angenommenen Kapitalwucher zwar möglicherweise der eigentliche Betrag der vorbedungenen Valuta, nicht aber der Betrag der später geleisteten Rückzahlung versteckt sein könne. Das OTr. hat die NB. zurückgewiesen,

weil nach der erfolgten thatsächlichen Feststellung das Sich- (zurück-) Zahlen-Lassen eines die gesetzlichen Zinsen übersteigenden höheren, als des gegebenen Kapitalbetrages von dieser Hergabe nicht getrennt werden kann, das Verstecken des ersten mithin in der Ausstellung eines Wechsels oder Schuldscheins über einen höheren als den gegebenen Kapitalbetrag mit enthalten ist.

Antr des GStA.s: gleichl. [28.—4.]

Urkundenfälschung. — Postanweisung.

Die Verfälschung einer Postanweisung ist auch dann aus § 251 Nr. 1 StGB. zu bestrafen, wenn die betr. Aenderungen nur in dem von dem Absender geschriebenen Schriftsatze und nicht in der darunter befindlichen Bescheinigung des Postbeamten vorgenommen sind.

StGB. § 251 Nr. 1 [n. 20. 21; vgl. § 247 n. 118. 120].

Erk. (Z. I.) v. 8. Nov. 1865 c. Voigt (991. I. Cr.).

Die Angeklagte war, weil sie in zwei durch sie zu reassirenden Postanweisungen die Zahlenangaben verändert hatte, aus § 251 Nr. 1 StGB. bestraft worden. Ihre NB. rügte Verletzung dieses §, weil die von ihr in den Anweisungen vorgenommenen Aenderungen lediglich die von den Absendern ausgegangenen Vermerke über den eingezahlten Betrag betroffen, die darunter befindlichen Bescheinigungen der betr. Postbeamten aber gänzlich unberührt gelassen hätten, ihre Handlung sonach nicht als Verfälschung einer von einem Beamten aufgenommenen 2c. Urkunde anzusehen gewesen sei. Zurückweisung. Gründe:

Die Ausführung der Implorantin erscheint als verfehlt, weil, wenn der unter dem dicken Striche befindliche Vermerk des absendenden Postamtes über die erfolgte Einzahlung des „oben vermerkten" Betrages die Einzahlung eben dieses Betrages beweist und für sich allein als öffentliche Urkunde anzusehen ist, damit zugleich die Richtigkeit des von dem Absender eingeschriebenen Betrages beurkundet, dieser Betrag selbst mithin als von dem absendenden Postamte beglaubigt und dadurch um so mehr als eine öffentliche Urkunde im Sinne des § 251 Nr. 2 anzusehen ist, als die Verpflichtung des Postamtes am Orte des Adressaten, diesem die angewiesene Summe zu zahlen, lediglich aus der vom absendenden Postamte ertheilten Bescheinigung erwächst, daß die angewiesene Summe bei ihm wirklich eingezahlt worden sei, solchergestalt aber der Vermerk des Absenders von der Beglaubigung des Postamtes nicht dergestalt getrennt werden kann, daß jedes als eine besondere Urkunde in Betracht kommen könnte.

Antr. des GStA.s: gleichl. [28.—4.]

Mißhandlung. — Vorsatz.

1. Jede vorsätzliche Zufügung eines körperlichen Uebelbefindens ist eine Mißhandlung, sollte sie auch nur die Folge einer psychischen Einwirkung sein.

StGB. § 187 [n. 7. 8. 9].

2. Damit eine Mißhandlung vorsätzlich zugefügt sei, genügt nicht die Vorsätzlichkeit der sie verursachenden Handlung an und für sich; vielmehr muß der Vorsatz darauf gerichtet sein, daß durch die Handlung der betr. Person ein körperliches Unbehagen zugefügt werde.

StGB. § 187 [n. 1]; Thl. I. Tit. 3 (S. 85 n. 13). Vgl. RdOTr. 1. S. 523. — In der letzteren Beziehung wird aber das entsprechende Bewußtsein als Vorsatz genügen; vgl. RdOTr. 5. S. 367.

Erk. (V. II.) v. 9. Nov. 1865 c. Hippert (322. II. Cr.).

H. hatte vorsätzlich in das erleuchtete Fenster einer Stube, in welcher sich die Ehefrau A. befand, einen Schuß abgefeuert und dadurch nicht nur das Fenster beschädigt, sondern auch die ꝛc. A. dermaaßen erschreckt, daß sie wankte und zu Boden sank. Hierin fanden die Instanzrichter nicht nur eine Vermögensbeschädigung, sondern auch eine „der ꝛc. A. vorsätzlich zugefügte Mißhandlung", da unter „Mißhandlung" jede Handlung zu verstehen sei, welche einen nachtheiligen Einfluß auf das körperliche Wohlbefinden eines Andern ausübe; eine solche liege hier vor, da der ꝛc. A. Schrecken und ein körperliches Unbehagen zugefügt sei. — Auf die, Gesetzesverletzung behauptende, NB. des H. ist dieses Erkenntniß vernichtet und die Sache an das AG. zurückverwiesen worden. Gründe:

Wenn auch unter Mißhandlung im Sinne des § 187 die vorsätzliche Zufügung eines körperlichen Uebelbefindens irgend einer Art zu verstehen ist, so wird dadurch doch nicht jede vorsätzliche Handlung, welche ein solches Uebelbefinden verursacht zu einer vorsätzlichen Mißhandlung. Der Angeklagte hat nach der Annahme des App.-Richters vorsätzlich in das erleuchtete Fenster der ꝛc. A. gefeuert. Der Schuß hat die A. erschreckt, so daß sie zu Boden gefallen ist. Die Fassung der Gründe des App.-Richters läßt nicht erkennen, ob er das Vorsätzliche der Mißhandlung in der Vorsätzlichkeit des Schusses gefunden habe, welches einen Rechtsirrthum in sich schließen würde, oder in dem Vorsatze, der A. ein körperliches Unbehagen zuzufügen. Der § 187 des StGB.s ist daher auf einen nicht genügend festgestellten Thatbestand angewendet. [12. — 3.]

Unterschlagung. — Lotterieloos, gemeinschaftliches.

Wenn einer von mehreren Mitspielern desselben Lotterieloofes den von ihm allein erhobenen darauf gefallenen Gewinn bei Seite schafft, so trifft ihn die Strafe der Unterschlagung.

StGB § 225 [n. 25]. Sic: B. (I, 48) 17. Febr. 1865 c. Schäfer.

Erk. (B. I.) v. 10. Nov. 1865 c. Kallina (882. I. Cr.).

K. hatte zwei Viertelloose gemeinschaftlich mit mehreren Andern gespielt, die Beiträge der letzteren erhalten, demnächst auch die auf jene Loose gefallenen Gewinne erhoben, dieselben aber zum Theil nicht an die Mitspieler ausgezahlt, sondern für sich verwendet. In 1. Instanz wegen Unterschlagung verurtheilt, ward er in 2 Instanz freigesprochen, weil er „das von der Lotterie-Verwaltung gezahlte Geld in eignem Namen empfangen habe, dieses also für ihn keine fremde Sache gewesen sei; den Mitspielern habe nur ein obligatorischer Anspruch auf Auszahlung ihres Gewinnantheils zugestanden." Auf die NB. des OStAnw.s ist dieses Erkenntniß vernichtet und die Sache an ein anderes AG. verwiesen worden. Gründe:

Der App.-Richter stellt selbst nicht in Zweifel, daß ein durch gemeinsame Aufwendung erworbenes Lotterieloos eine communio incidens der daran betheiligten Mitspieler auch in Beziehung auf das eventuelle Forderungsrecht an die Lotterie-Verwaltung begründet. Nach §§ 555 und 556 I, 11. ALR. und § 9 des Lotterie-Edikts v. 28. Mai 1810 sind aber die Lotterieloose auf jeden Inhaber lautende Papiere, und werden die darauf fallenden Gewinne dem Inhaber des Looses ohne andere Legitimation ausgezahlt, es kann also bei dem, einen Gewinn auszahlenden Lotterie-Einnehmer nur der Wille vorausgesetzt werden, die Verbindlichkeit der Lotterie-Verwaltung durch Einlösung des Looses zu erfüllen, nicht aber der, dem Präsentanten des Looses, und ausschließlich nur ihm als Eigenthümer den Besitz des Gewinnes zu übertragen; die Zahlung läßt vielmehr die Frage, wer Eigenthümer des Looses und somit des Gewinnes sei, unentschieden und qualifizirt sich als traditio in personam incertam. Hieraus folgt, daß der erhobene Gewinn nicht für eigenes Geld des Präsentanten erachtet werden kann, wenn Andere an dem Loose Antheil haben, und daß die Erhebung des Gewinnes gegen Hingabe des Looses nicht für einen Seitens des Präsentanten mit der Lotterie-Verwaltung in eigenem Namen abgeschlossenen Vertrag im Sinne des § 233 I, 17. ALR. erachtet werden, mithin auch die Vorschrift der §§ 55 und 56 a. a. O. hier nicht Anwendung finden kann.

Antr. des GStA.s: Vernichtung. [30.—2.]

Amts-Unterschlagung. — Amtlicher Empfang.

Wenn ein bei einer Behörde angestellter Beamter eine an die erstere zu leistende Zahlung im Amtsgebäude derselben mit dem Bewußtsein in Empfang nimmt, daß der Zahlende an die Behörde zahlen wolle, so kann ohne Rechtsirrthum angenommen werden, diese Zahlung sei in amtlicher Eigenschaft angenommen, sollte der Beamte auch nicht der zur Empfangnahme berufene gewesen sein.

StGB. § 324 [n. 9].

Erk. (Z. I.) v. 10. Nov. 1865 c. Splettstößer (1056. I. Cr.).

Der Bauer N. war vom Vormundschaftsgerichte zur Einzahlung einer Summe zum Depositum aufgefordert worden; er stellte sich zu diesem Ende, zwar nicht an dem ihm bestimmten Depositaltage, wohl aber 3 Tage später im Gerichtslokale ein. Hier von dem beim Gerichte als Salarienkassen-Kontrolleur 2c. angestellten Spl. empfangen, leistete er an diesen die Zahlung, obgleich Spl. nicht der zur Empfangnahme des Depositums berufene Beamte war. Spl. hat dieses Geld unterschlagen und ist deshalb aus § 324 StGB. bestraft worden. Seine NB. rügte Verletzung dieses §, weil er jene Zahlung nicht „in amtlicher Eigenschaft" in Empfang genommen habe. Zurückweisung. Gründe:

Es fragt sich nur, ob der rechtliche Theil der Gründe des App.-Richters die behauptete Verletzung eines Gesetzes oder Rechtsgrundsatzes erkennen läßt. Dies ist jedoch nicht der Fall, obgleich dem Imploranten eingeräumt werden muß, daß die bloße Meinung des Zahlenden über die amtliche Eigenschaft des Empfängers die Anwendung des § 324 nicht rechtfertigen würde, wenn der Empfänger keine amtliche Eigenschaft hätte oder in einer solchen die Zahlung zu erhalten sich nicht bewußt wäre. — Der Vorderrichter ist aber zu seiner Schlußfeststellung mit Rücksicht darauf gelangt, daß Angeklagter wirklich Beamter war, und sich nicht allein dieser Eigenschaft, sondern auch dessen bewußt war, daß N. zur Zahlung des fraglichen Betrags ad depositum in Folge amtlicher Aufforderungen in das Gerichtslokal gekommen war und keineswegs beabsichtigte, denselben in Privathände abzuliefern. Den etwaigen Irrthum des N., daß Angeklagter vermöge seines Amtes das Geld empfangen dürfe und das Bewußtsein des Angeklagten, daß dies nicht Sache seines Amtes sei, hat der App.-Richter aber mit Recht für ebenso unerheblich erklärt, als es unerheblich für die Anwendung des § 324 ist, daß die Zahlung, welche Angeklagter als Beamter empfing, nicht an einem Depositaltage und nicht im Kassenzimmer erfolgte.

Antr. des GStA.s: gleichl. [23. — 2.]

Betrug. — Meßwerkzeug. — Unrichtigkeit.

Ein Betrug kann nur dann durch die Benutzung eines unrichtigen Gewichtstücks verübt sein, wenn dieses Gewichtstück objektiv unrichtig war, wenn ihm also die Kennzeichen eines andern Gewichtes beiwohnten, als sein Gehalt betrug.

StGB. § 243 Nr. 1 [n. 8]. Vgl. B. (I, 918) 17. Nov. 1865 c. Dorowski (unten).

Erk. (Z.Pl.) v. 13. Nov. 1865 c. Häse (783. I., 11. Pl. Cr.).

Der Fleischermeister H. hatte nach der instanzrichterlichen Feststellung „— den 2c. K., welcher von ihm ein Pfund Schweinefleisch und ein Pfund Schweinefett kaufte, jede dieser Waaren mit zwei Gewichtsstücken zugewogen, von welchen das eine (ungeaichte) $\frac{1}{2}$ Pfd., das andere (nach den älteren Gewichtssätzen geaichte) $\frac{1}{4}$ Pfd. wog, so daß K. nicht je ein Pfund, sondern nur je dreiviertel Pfund erhalten hatte." Hierin fand das AG. den Thatbestand des Betrugs, bestrafte aber nur aus §§ 241. 242 StGB., und nicht aus § 243 Nr. 1, weil dieser ein „unrichtiges Meßwerkzeug" voraussetze, im vorliegenden Falle aber „die benutzten Gewichtsstücke ein richtiges $\frac{1}{2}$ Pfd.- und ein richtiges $\frac{1}{4}$ Pfd.-Gewicht gewesen seien. — Unter Bezugnahme auf die bisherige Praxis des OTr.s (Oppenhoff StGB. § 243 Nr. 1 n. 8) rügte die NB. des OStA.s Gesetzesverletzung.

Der GStAnw. sprach sich für die Zurückweisung derselben aus: nicht jede in Beziehung auf eine Maaß- oder Gewichtsermittlung vorgekommene Täuschung reiche hin, um die verschärfte Betrugsstrafe zu rechtfertigen, vielmehr werde nach dem klaren Wortinhalte des § 243 Nr. 1 die Benutzung eines unrichtigen Meßwerkzeugs vorausgesetzt; die Unrichtigkeit müsse also dem Werkzeuge selbst objektiv ankleben, es genüge nicht, wenn bloß in Beziehung auf das beim Gebrauche des Werkzeugs erzielte Resultat eine irrige Meinung hervorgerufen werde; nun könnten zwar einzelne Meßwerkzeuge, z. B. eine Waage, unzweifelhaft objektiv unrichtig sein, wenn nämlich die erforderliche Gleichheit der beiden Schaalen fehle; anders verhalte es sich aber mit einem Gewichtsstücke: ein solches habe nur ein ganz bestimmtes, ihm durch die Natur der Dinge gegebenes Gewicht, welches nie unrichtig sein könne; die Unrichtigkeit könne hier nur in der ihm gewordenen und erkennbar gemachten, jenem naturgemäßen Gewichte nicht entsprechenden Bestimmung, d. h. also in der ihm beigelegten Bezeichnung liegen; in dieser Beziehung könne nun aber eine in mehr oder weniger sichtbarer und bleibender Weise an dem Stücke angebrachte Privatbezeichnung unmöglich genügen, weil es an jedem Anhalte fehlen würde, warum und unter welchen Voraussetzungen eine solche in den verschiedensten Weisen an dem Stücke anzubringende Privatbezeichnung demselben objektiv angehöre, inwiefern dazu eine feste und bleibende körperliche Verbindung mit dem Stücke nothwendig sei, und ob nicht ev. selbst eine mündliche Versicherung oder eine eine solche Versicherung thatsächlich in sich schließende stillschweigende Handlung dieselbe Wirkung hervorbringen könne; man dürfe daher nur der amtlichen, durch den Aichungsstempel an dem Gewichtsstücke selbst angebrachten Bezeichnung die Bedeutung beilegen, daß die Nichtübereinstimmung dieser Bezeichnung mit dem wirklichen Gewichte das Stück zu einem objektiv „unrichtigen" im Sinne des § 243 mache; es rechtfertige sich dann auch sachlich die Verhängung einer verschärften Strafe, weil der amtliche Aichungsstempel zum Zwecke der Täuschung mißbraucht werde, eine Handlung, welche sich dem Gebrauche einer falschen Urkunde nähere; hiernach gehe das AG. noch zu weit, wenn es — nach seinen Erwägungsgründen — davon auszugehen scheine, der § 243 Nr. 1 werde anwendbar, sobald nur das gebrauchte Gewichtsstück der darauf angebrachten Gewichtsbezeichnung nicht entspreche; vielmehr könne der Thatbestand jenes § nur da angenommen werden, wo das wirkliche Gewicht nicht mit demjenigen übereinstimme, welches dem betr. Gewichtsstücke in gesetzlicher Weise, d. h. durch den vorgeschriebenen öffentlichen Aichungsstempel, beigelegt sei; wo es an einer solchen Bezeichnung gänzlich fehle, könne nicht gesagt werden, das Stück sei (objektiv) „unrichtig".

Das OTr. hat die NB. zurückgewiesen. Gründe:

Schon nach der grammatischen Auslegung und dem gemeinen Sprachgebrauche ist unter einem „unrichtigen Werkzeuge" in § 243 Nr. 1 des StGB.s, gleichwie unter einer „unrichtigen Waage" in § 348 Nr. 2 daselbst, welche hier als Korrelat eines „unrichtigen Maaßes oder Gewichtes" erscheint (vgl. Ges. v. 24. Mai 1853 § 10 und Erkenntniß c. Heinemann v. 30. März 1865 in Oppenhoffs RdOTr. 6. S. 33), und unter einem „falschen Maaße oder Gewichte" in § 1444. II, 20 ALR., der geschichtlichen Quelle des § 243 Nr. 1, ein Werkzeug zu verstehen, welches die Unrichtigkeit als eine objektive Eigenschaft an sich trägt, so daß immer und unter allen Umständen die damit gemessene oder gewogene Waare ein anderes Quantum hat, als ihr durch das Maaß, Gewicht oder die Waage beigelegt wird, und diese Verkürzung des Käufers gerade dadurch geschieht, daß dem Meß- oder Wägewerkzeuge Kennzeichen eines höheren Maaßes oder Gewichtes gegeben waren, als sein Gehalt betrug, daß es, mit einem Worte, gefälscht war, sei es von dem Messenden oder Wägenden selbst oder nach dessen Wissenschaft darum. Nur so erhält auch der Ausdruck „wissentlich" im § 243 Nr. 1 den rechten Sinn für „wissend, daß das Werkzeug unrichtig (falsch oder verfälscht) ist," und das darin vorgesehene Vergehen erscheint als ein Betrug mittelst vorhergegangener Fälschung, wie der Gebrauch einer falschen Urkunde ein Betrug mittelst Urkundenfälschung im engeren Sinne ist (§ 249 des StGB.s). Nach der Ansicht des Imploranten müßte die Nr. 1 nicht lauten: „wer sich wissentlich unrichtiger — Werkzeuge — bedient," sondern „wer sich zum Messen ꝛc. bestimmter Werkzeuge wissentlich unrichtig bedient." Daß die Gesetzgebung in Uebereinstimmung mit der Doktrin des gemeinen und preußischen Strafrechts (L. 32 § 1 D. de lege Corn., 48, 10; L. 6 § 1 D. de extr. crim., 47, 11; C.C.C. Art. 113; Tittmann Handb. der Strafrechtswissenschaft 3. § 524; Berner Lehrb. § 157; Abegg § 197) den Betrug in § 243 Nr. 1 als durch die Unrichtigkeit oder Falschheit des Werkzeugs qualifizirt betrachtet, ergiebt sich auch nicht allein aus dem Zusammenhange dieser Bestimmung mit dem citirten § 1444. II, 20. ALR. und § 348 Nr. 2 des StGB.s, sondern aus ihrer ganzen Entstehungsgeschichte insofern, als alle früheren Entwürfe des StGB.s bis zum neusten ausschließlich (vgl. Entwurf v. 1847 § 295 Nr. 2) die Anwendung unrichtiger zum Messen oder Wiegen bestimmter Werkzeuge mit gleicher Zuchthausstrafe wie die Urkundenfälschung im engeren Sinne bedroht hatten (§§ 311 und 312 daselbst). Die Motive des neusten Entwurfs (§ 221) haben zwar die Zuchthausstrafe wegen des ersteren Vergehens für zu hart erklärt, den objektiven Thatbestand desselben aber unverändert gelassen. Der dabei, wie in den Motiven zu den früheren Entwürfen des StGB.s hervorgehobene innere Grund für die Auszeichnung desselben und ähnlicher Betrügereien vom gemeinen Betruge, die „Gefährdung einer größeren Anzahl von Personen oder überhaupt des Publikums" durch den Gebrauch unrichtiger Werkzeuge zum Messen und Wiegen, spricht nach wie vor gleichfalls dafür, daß in § 243 nicht die bloße mündliche oder thatsächliche Vorspiegelung des Wägenden oder Messenden an den Käufer resp. Verkäufer einer Waare oder mehreren nach einander, als wäge oder messe das gebrauchte unverfälschte, d. h. nach seinem wahren mit dem gesetzlichen Urmaaße oder Gewichte übereinstimmenden Gehalte bezeichnete oder erkennbare Werkzeug dem Empfänger der Waare mehr resp. weniger zu, wie damit nach der Beschaffenheit desselben gewogen oder gemessen werden kann, vor den ganz gleichartigen gemeinen Betrugsfällen ausgezeichnet werden sollte, sondern nur der wissentliche Gebrauch eines von vorn herein zur Täuschung Vieler angefertigten und geeigneten Werkzeuges. Der Irrthum des Beschädigten wird dann nicht durch das jedesmal nothwendige Vorbringen der falschen Thatsache, das angewendete Gewicht enthalte das Geforderte, resp. die jedesmalige Unterdrückung der wahren Thatsache, daß es ein anderes ist, von Seiten des Betrügers hervorgebracht, sondern durch das Werkzeug an und für sich. Wer sich jener Vorspiegelungen bei der Anwendung eines an sich richtigen Gewichtes schuldig macht, ist nach § 241 in keinem höheren Grade ein Betrüger, als wer bei einem Analphabeten unter Vorhaltung einer ächten Urkunde einen Irrthum über ihren Inhalt erregt und dadurch dessen Vermögen beschädigt.

[23.—1.]

Feldfrüchte. — Entwendung. — Werth. — Quantität.

Die Entwendung von Feldfrüchten ꝛc. von Feldern ꝛc. wird unter Ausschließung der Diebstahlsstrafe von der Strafe des § 42 der FPO. betroffen, sobald entweder der Werth derselben ein unbedeutender oder aber ihre Quantität eine geringe war; es ist nicht erforderlich, daß beide Voraussetzungen kumulative zusammentreffen.

FPO. v. 1. Nov. 1847 § 42 Nr. 2. Sic: Z. B. (I, 886) 25. Okt. 1861 c. Kötsch, RdOTr. 2. S. 24; Z. (I, 74) 9. März 1864 c. Pratsch, RdOTr. 4. S. 414. Contra: Z. (II, 108) 29. März 1860 c. Retting, GA. 8. S. 549. Vgl. B. (I, 692) 13. Juli 1860 c. Folgmann, GA. 8. S. 699.

Erk. (Z. Pl.) v. 13. Nov. 1865 c. Schröder (18. I. 2. Pl. Cr.).

Gegen Schr. war festgestellt worden, daß er, „— in einer fremden Weise in Gemeinschaft mit einer zweiten Person eine Quantität (44 Bund) Rohr von unbedeutendem Werthe (15 Sgr.), welche ihm nicht gehörten, entwendet habe," zugleich ward für nicht festgestellt erachtet, „ob die Wegnahme des Rohrs von ihm in gewinnsüchtiger Absicht bewirkt worden sei." Die Instanzrichter hatten hierauf die Strafe aus § 42 Nr. 2 der FPO. verhängt. NB. des OStA s, welcher unter Bezugnahme auf Z. 29. März 1860 c. Netting ausführte: die Anwendung des cit. § der FPO. sei dadurch bedingt, daß 1) die weggenommene Quantität eine geringe, 2) daß der Werth derselben eine unbedeutende und 3) daß die Aneignung nicht in gewinnsüchtiger Absicht bewirkt sei; hier stehe die Geringfügigkeit der Quantität nicht fest, vielmehr sei in 2. Instanz das Gegentheil unter Beweis gestellt worden; mit Unrecht habe daher das AG. jenen § statt des § 216 zur Anwendung gebracht. — Der GStA. beantragte die Zurückweisung dieser NB. Er führte aus: Der § 43 Nr. 2 lasse die geringere Strafe eintreten, wenn die entwendeten Bodenerzeugnisse von unbedeutendem Werthe oder in geringer Quantität seien; gegen diese klare Wortfassung sei es bedenklich, mit dem cit. Z. 29. März 1860 ex ratione legis zu argumentiren; diese ratio widerstreite aber auch dem Wortsinne nicht; der Gesetzgeber gehe bei der Entwendung geringfügiger Gegenstände von der Vermuthung aus, daß es dabei an der gewinnsüchtigen Absicht fehle; man habe nun greifbare Merkmale der Geringfügigkeit aufstellen wollen; als solche hätten sich geringe Quantität und unbedeutender Werth dargeboten; hätte man nun das Vorhandensein beider kopulativ verlangt, so würde man den gewollten Zweck in dem Falle verfehlt haben, wo eine nicht geringe Quantität dennoch einen unbedeutenden Werth habe, weil auch in diesem Falle der Gegenstand immer nur als ein geringfügiger anzusehen gewesen wäre; bedenklicher könne der umgekehrte Fall erscheinen, wo zwar die Quantität eine geringe, ihr Werth aber nicht unbedeutend ist; abgesehen aber davon, daß Fälle dieser Art in der Praxis selten sein würden, liege das Korrektiv für dieselben im § 45 der FPO., weil alsdann in der Regel eine gewinnsüchtige Absicht obwalten werde.

Das OTr hat die NB. zurückgewiesen. Gründe:

Dem Angriff steht zunächst die Wortfassung des Gesetzes entgegen, welche bei dessen Interpretation einen wesentlichen Gesichtspunkt bildet. Die FPO. bestimmt nämlich im § 42 nach der durch das Ges. v. 13. Apr. 1856 gegebenen Fassung, daß mit Geldbuße von 10 Sgr. bis zu 20 Thlrn. derjenige bestraft werde, welcher unbefugterweise

„2) aus Gärten, Wiesen ꝛc. Gartenfrüchte, Feldfrüchte oder andere Bodenerzeugnisse von unbedeutendem Werth oder in geringer Quantität entwendet."

und im § 45:

„Wenn in den Fällen der §§ 41—43 eine Wegnahme in gewinnsüchtiger Absicht stattgefunden hat, so kommen die Strafen des Diebstahls zur Anwendung."

Die beiden Umstände, welche nach § 42 die Anwendung der Feldpolizei-Ordnung bedingen, sind durch das Wort „oder" disjunktiv zusammengestellt, erscheinen daher als Alternativen und führen zu der Schlußfolge, daß die FPO. nur dann ausgeschlossen ist, wenn beide Umstände nicht vorhanden sind. Der § 349 Nr. 3 des StGB.s, dessen neue Fassung in die nämliche Zeit wie die der Feldpolizei-Ordnung fällt, enthält in dieser Beziehung die nämliche Bestimmung. Mit dem Wortlaut des § 42 Nr. 2 stimmt auch die Absicht des Gesetzes überein. Im Strafrechte ist es Grundsatz, bei der unbefugten Entwendung geringfügiger Gegenstände unter Umständen die gewinnsüchtige (diebische) Absicht nicht zu vermuthen und daher die Strafe des Diebstahls nicht anzuwenden (§ 1122 ff. II, 20. ALR; AKO. v. 20. Apr. 1835); die FPO. v. 1847 und der § 349 Nr. 3 des StGB.s von 1851 gehen von diesem Gesichtspunkte aus, und beide sollten durch die Gesetze v. 13. und 14. Apr. 1856 eine weitere Ausdehnung erhalten. Während die FPO. v. 1847 im § 42 Nr. 6 nur in der geringen Quantität der Garten- oder Feldfrüchte das Merkmal der Geringfügigkeit des Objekts fand, dehnte das Gesetz v. 13. Apr. 1856 diesen Charakter auch auf den unbedeutenden Werth aus und stellte diesen Umstand voran. Durch diesen Zusatz giebt das Gesetz seine Absicht, die Qualifikation der Feldfrevel im Gegensatz der Diebstähle zu erweitern, unzweideutig zu erkennen, und es entspricht demnach demselben, wenn der App.-Richter wegen des festgestellten unbedeutenden Werths des entwendeten Rohrs die Bestimmung der Feldpolizei-Ordnung zur Anwendung brachte. Mißstände können aus einer solchen Auslegung sich nicht ergeben, da, wenn gewinnsüchtige Absicht oder eine dolose Beschädigung vorliegt, nach § 45 die strengern Strafen eintreten. [13.—1.]

Chaussee. — Radfelgenbreite. — Fuhrwerkseigenthümer.

Wenn bei einem eine Kunststraße befahrenden Frachtfuhrwerke die Radfelgenbreite den gesetzlichen Vorschriften nicht entspricht, so haftet neben dem Führer auch der Eigenthümer desselben für die Strafe selbstständig und nicht bloß subsidiarisch; es kann daher gegen ihn direkt und allein Anklage erhoben werden. Dagegen ist nur einmalige Beitreibung der Strafe statthaft.

Vdn. v. 17. März 1839 §§ 1. 15. 18 (GS. S. 80); AKO. v. 12. Apr. 1840 (GS. S. 108).

Erk. (V. I.) v. 15. Nov. 1865 c. Schwäger (971. I. Cr.).

Ein der Wittwe Schw. gehöriges Gespann, dessen Radfelgen nur eine Breite von 2 Zoll hatten, war mit einer das Gewicht von 30 Ctrn. übersteigenden Ladung auf der — Landstraße betroffen worden. Aus § 1 und 15 der Vdn. v. 17. März 1839 angeklagt, ward die Schw. in beiden Instanzen freigesprochen, weil „sie in keiner Weise bei der übermäßigen Belastung des Fuhrwerks betheiligt, dieses vielmehr an jenem Tage von einem Dritten F. gedungen gewesen sei, welcher selbst, ohne Zuziehung der Angeklagten, den Wagen beladen habe und mit demselben gefahren sei; die cit. Vdn und die AKO. v. 12. Apr. 1840 erklärten nur den Fuhrwerksführer für strafbar; wenn § 18 der ersteren die Vollstreckung der Strafe auch gegen den Eigenthümer des Fuhrwerks gestatte, so deute dieses nur auf eine subsidiarische Haftbarkeit für die den Führer treffende Strafe." — Die NB. des OStA.s rügte Gesetzesverletzung, und machte eventuell geltend: der Rekursrichter habe mit Unrecht das unbedingt freisprechende polizeirichterliche Erkenntniß bestätigt, obgleich er selbst eine subsidiarische Haftbarkeit des Eigenthümers anerkenne. — Die GStA.-schaft erachtete es mindestens für zweifelhaft, ob nach § 18 cit. wegen einer von einem Dritten verübten Kontravention der Eigenthümer des Fuhrwerks als solcher mit der betr. Strafe belegt werden könne; hielt dagegen die eventuelle Beschwerde des OStA.s für begründet. — Das OTr. hat das Erkenntniß des AG.s vernichtet. Gründe:

Beide vorige Richter verkennen zunächst die Naur einer Polizei-Uebertretung, um welche es sich nur handet, insofern als sie einen Dolus oder doch eine Kulpa, eine nachgewiesene Schuld der Angeklagten zu ihrer Bestraung für erforderlich halten, während die Strafe des § 15 l.c. schon dann verwirkt ist, wenn die Handlung objektiv eine Uebertretung der im § 15 allegirten §§ 1. 2. 3. 6. 7. 9 10. 11 der Vdn. v. 17. März 1839 bildet.

Sodann beruht es aber auch auf einem Rechtsrrthum, wenn der Rekursrichter annimmt, daß der § 18 der Vdn. v. 17. März 1839 nur eine subsidiäre Verhaftung des Eigenthümers des Fuhrwerks für den Führer desselben anordne. Eine solche Bestimmung enthält der § 18 l.c. nicht, und es ist dies auch aus den übrigen Vorschriften der Verordnung in keiner Weise zu entnehmen. Nach § 15 soll jede Uebertretung der Vorschriften der §§ 1. 2. 3. 6. 7. 9. 10. 11 mit einer Strafe von 10 Thlrn. polizeilich geahndet werden, ohne daß gesagt ist, ob diese Strafe den Führer oder den Eigenthümer des Fuhrwerks treffen soll, und wenn dann § 18 ganz allgemein ausspricht:

> „Die in den §§ 15—17 bestimmten Strafen können sowohl gegen den Führer des Fuhrwerks, als gegen den Eigenthümer desselben und insbesondere in das Fuhrwerk selbst sofort vollstreckt werden."

so kann dies nur dahin verstanden werden, daß es von der Wahl der Polizeibehörde abhängt, ob sie die Strafe gegen den Führer oder gegen den Eigenthümer des Fuhrwerks festsetzen will, wobei sie natürlich ihr Ermessen in jedem einzelnen Falle von den obwaltenden besonderen Umständen leiten lassen wird. Der Führer und Eigenthümer haften daher nach § 18 l. c. jeder selbstständig, obwohl die Geldbuße von 10 Thlrn. nur einmal beigetrieben werden kann. Daß der Eigenthümer des Fuhrwerks nicht bloß subsidiarisch für den Führer desselben haftet, ergiebt sich auch besonders deutlich aus der Vorschrift im § 18, daß die Strafe sogar in das Fuhrwerk selbst sofort vollstreckt werden kann, sowie daraus, daß das Gesetz in den Fällen, in welchen es sich ausschließlich an den Führer des Fuhrwerks halten will, nämlich wenn es sich um Ermittelung der Größe der Ladung oder Vorzeigung der darüber sprechenden Papiere handelt, in den §§ 4. 5 und 8 nur des Führers allein erwähnt, also zwischen dem Führer und Eigenthümer des Fuhrwerks nach ihrem verschiedenen Verhältniß zu demselben wohl unterschieden hat. [18.—4]

Richter. — Fähigkeit. — Nichtigkeits-Beschwerde.

Eine Nichtigkeits-Beschwerde kann nicht darauf gestützt werden, daß einem Richter, welcher bei den angefochtenen Erkenntnisse mitgewirkt hat, die dazu erforderliche körperliche Fähigkeit gefehlt habe.

Vdn. v. 3. Jan. 1849 § 38 [dort einzutr. als n. 4a]; Ges. v. 3. Mai 1852 Art. 108 [n. 21]. Vgl. das. Art. 56 n. 8—10.

Erk. (Z. I.) v. 15. Nov. 1865 c. Waldstein (1103. I. Cr.).

Die NB. des W. behauptete einen Verstoß gegen Art. 108 Nr. 3 des Ges.s v. 3. Mai 1852, weil der AG.-Rath S., welcher an der Entscheidung 2. Instanz als Referent Theil genommen hatte, am Terminstage so schwerhörig gewesen sei, daß er bei der Verhandlung den Angeklagten und dessen Vertheidiger nicht habe hören können;" über diese Thatsache war Beweiserhebung durch Vernehmung von Zeugen und Sachverständigen beantragt. Zurückweisung. Gründe:

Abgesehen davon, daß das Protokoll über die mündliche Verhandlung 2. Instanz, in welcher der Angeklagte zum Theil zugegen war, nicht ergiebt, daß derselbe den jetzt gerügten Umstand zur Sprache gebracht hat, erledigt sich der Angriff gegen das angefochtene Erkenntniß dadurch, daß angenommen werden muß, daß der App.-Rath S., so lange er unter Genehmigung seiner Vorgesetzten amtlich fungirt, seine diesfälligen Pflichten nicht wissentlich derartig verletzen und an einer Verhandlung und Entscheidung einer

Sache Theil nehmen wird, sobald ihm das dazu erforderliche Organ des Gehörs fehlt.

Antr. des GStA.s: gleichl. [20.—4.]

Geschwornenspruch. — Thäter. — Theilnehmer. — Widerspruch.

Wenn die Geschwornen die Schuld desjenigen, welcher der Verübung eines Verbrechens als Thäter angeklagt war, verneint haben, so ist damit auch die fernere einen angeblichen Theilnehmer an dem Verbrechen jenes Thäters betreffende Frage erledigt. Wird nichtsdestoweniger diese Frage beantwortet und bejaht, so muß dennoch die Freisprechung auch des angeblichen Theilnehmers erfolgen.

Ges. v. 3. Mai 1852 Art. 97 [n. 33]. Contra im Grundsatz: B. (I, 1175 v. 1857) 13. Jan. 1858 c. Monhaupt, G. A. 6. S. 236; B. (I, 405) v. 30. Sept. 1859 c. Beetz, JMBl. 60. S. 87. Vgl. RbOTr. 2. S. 560; 3. S. 190. 356.

Erk. (B. II.) v. 16. Nov. 1865 c. L. Malcus u. Gen. (37/9. II. Cr.).

H. M. war des Gebrauchs einer großen Anzahl gefälschter Wechsel und L. M. der Hülfeleistung zu diesen Verbrechen des H. M. angeklagt. Die Geschwornen erklärten den H. M in Beziehung auf einen Theil der Anklagepunkte für schuldig, in Beziehung auf andere, insbesondere in Betreff eines mit Nr. 44 bezeichneten Wechsels, für nicht schuldig; gleichwohl fanden sie demnächst den L. M. schuldig: „dem H. M. zu dem von diesem gemachten Gebrauche des gefälschten Wechsels Nr. 44 wissentlich Hülfe geleistet zu haben", worauf der Schw.-GH. auch wegen dieser Theilnahme gegen L M. eine Strafverhängung aussprach. Gegen dieses Erkenntniß ergriff der StA. im Interesse des L. M. die NB., ohne indessen das Rechtsmittel auch gegen H. M. mit zu richten.

Die GStA.-schaft war mit dem Antrage auf Vernichtung der betr. Entscheidung einverstanden, nicht aber deshalb, weil H. M. rechtskräftig freigesprochen sei (vgl. B. [I, 59] 30. Sept. 1859 c. Beetz, JMBl. S. 87, bes. S. 89. 90), sondern weil faktisch widersprechende Entscheidungen vorlägen, welche auf Grund desselben Verfahrens nicht von demselben Richter ausgehen dürften, da sie den Beweis lieferten, daß derselbe entweder die Sachlage nicht klar aufgefaßt, oder aber sich Befugnisse beigelegt habe, welche ihm nicht zuständen; liege sonach der Grund der Vernichtung in dem Widerspruche zwischen den beiden Geschwornensprüchen, so seien beide fehlerhaft, und daher auch beide der Verbesserung bedürftig; insbesondere könne hier nicht aufgestellt werden, daß das in Betreff des Thäters H. M. ergangene „Nicht schuldig" diesem erworben sein müsse, da eben nur ein regelrechter Spruch erworben sein könne, hier aber der Mangel in der Unvereinbarkeit zweier Sprüche liege und somit beide betreffe; ebensowenig lasse sich behaupten, daß, nachdem H. M. nicht schuldig befunden worden, die Geschwornen die den angeblichen Theilnehmer L. M. betreffende Frage deshalb nicht mehr hätten beantworten dürfen, weil aus der Nichtschuld des Thäters auch die des Theilnehmers (welcher nur an der That dieses Thäters sich betheiligt haben solle) mit Nothwendigkeit folge, — denn das Gesetz schreibe vor, daß jede Anklage durch einen auf den einzelnen Angeklagten bezüglichen Richter- (Geschwornen-) Spruch erledigt werde; die Geschwornen hätten also die ihnen in Betreff des L. M. gestellte Frage nicht unbeantwortet lassen dürfen, auch schließe ja nicht diese Beantwortung an und für sich, sondern der Inhalt der ertheilten Antwort den Fehler in sich; — nun könne zwar das in Betreff des H. M. ergangene Erkenntniß und der auf ihn bezügliche Geschwornenspruch nicht mehr vernichtet werden, da jenes in Ermangelung eines dagegen ergriffenen Rechtsmittels rechtskräftig geworden sei; dieser Umstand könne aber nicht entgegen stehen, in Betreff des L. M. nach erfolgter Vernichtung des Erkenntnisses und des vorhergegangenen Verfahrens, die Sache zur nochmaligen Verhandlung über die noch nicht erledigte Anklage zurückzuverweisen, wobei dann auch unbedenklich eine Schuldigerklärung des L. M. und seine Verurtheilung statthaft sein würde, da das neu befaßte Schwurgericht durch den früheren auf H. M. bezüglichen Wahrspruch nicht behindert werde, auf Grund der neuen vor ihm erfolgenden Beweiserhebung zu einer von jenem abweichenden Entscheidung zu gelangen; — sonach könne von einer auch in Betreff des L. M. bindenden Rechtskraft der über die Schuld des H. M. ergangenen Freisprechung nicht die Rede sein, obgleich seine Schuld thatsächlich und rechtlich durch die des H. M. bedingt werde, denn die Rechtskraft einer Entscheidung werde nur für die von derselben direkt betroffenen Personen, hier also nur für H. M. selbst, wirksam; hiernach stelle sich an und für sich die Zurückverweisung der Sache zur neuen Verhandlung als unerläßlich dar, insoweit nicht davon auf Grund einer andern gesetzlichen Vorschrift Umgang genommen werden könne; eine solche Vorschrift sei nun aber im Art. XXIII. des Einf.-Ges.s zum StGB. gegeben; er gestatte der Rathskammer im Laufe einer wegen mehrerer realiter konkurrirender Straffälle eingeleiteten Voruntersuchung, zu verordnen, daß das Verfahren wegen einzelner jener Straffälle einstweilen ruhen bleiben, wenn ihre Feststellung voraussichtlich für das zu verhängende Strafmaaß nicht von wesentlicher Bedeutung sein würde; nichts stehe im Wege, diese Bestimmung auf einen Fall, wie der vorliegende, auszudehnen, wo eventuell zu einer neuen Verhandlung über einen einzelnen Anklagepunkt geschritten werden müßte, während bereits eine große Anzahl von andern realiter konkurrirenden Verbrechen gegen L. M. rechtskräftig festgestellt und mit Sicherheit anzunehmen sei, daß auch durch den Hinzutritt eines ferneren das Strafmaaß eine erhebliche Erhöhung nicht erleiden werde. — Demgemäß ging der Antrag der GStAnw.-schaft dahin: das angefochtene Erkenntniß gegen L. M., soweit es sich auf eine Hülfeleistung zu dem durch H. M. verübten Gebrauche des gefälschten Wechsels Nr. 44 beziehe, zu vernichten, zugleich aber anzuordnen, daß das Verfahren über diesen Anklagepunkt einstweilen und vorbehaltlich einer dem Ermessen der StA.-schaft zu überlassenden Wiederaufnahme — ruhen bleibe.

Das OTr. hat das angefochtene Erkenntniß insoweit, als dadurch L. M. der Theilnahme an Wechselfälschung in 30 Fällen für schuldig erklärt war, vernichtet, statt dessen denselben nur dieser Theilnahme in 29 Fällen schuldig erklärt, und eine angemessene Herabsetzung der Strafe vorgenommen. Gründe:

Wenn die Geschwornen auf die erste Frage den Angeklagten H. M. für nicht schuldig erklärten, „von dem Wechsel Nr. 44 wissend, u. s. w. Gebrauch gemacht zu haben," so war damit die weitere Frage (7.) „ob L. M. schuldig sei, dem H. M. zu dem wissentlichen Gebrauche dieses Wechsels die Mittel verschafft und ihm dabei Hülfe geleistet zu haben ꝛc." erledigt, da, wenn die konkrete That, an der L. M. Theil genommmen haben sollte, nicht existirte, von der Theilnahme an derselben nicht weiter die Rede sein konnte. Es mußte deshalb die Freisprechung beider Angeklagten in diesem Punkte erfolgen. Die aus dem ersten, die Existenz der Hauptthat beseitigenden Ausspruch auch für den der Theilnahme an dieser That Angeklagten sich ergebende Konsequenz konnte durch den zweiten, den L. M. dennoch der Theilnahme für schuldig erklärenden Ausspruch nicht wieder in Frage gestellt werden. Es war daher auch eine Nothwendigkeit, eine Lösung des zwischen den beiden Aussprüchen obwaltenden Widerspruchs in dem durch den

Art. 97 des Ges.s v 3. Mai 1852 vorgezeichneten Wege herbeizuführen, nicht vorhanden.

Antr. des GStA.s: gleichl. [29.—3.]

Polizei-Verordnung. — Oeffentlicher Weg. — Benutzung.

Die Benutzung eines öffentlichen Wegs kann nicht durch Polizei-Verordnung gewissen Personen untersagt werden.

Pol.-Ges. v. 11 März 1850 §§ 5. 6. 17; StGB. § 332 [n. 26]. Sic: Erk. Kass.-H. 9. Okt. 1849 (Rh. Arch. 47. 2. A. S. 98). Vgl. Oppenhoff Ressortgess. S. 513 n. 40.

Erk. (B. II.) v. 16. Nov. 1865 c. Schmitz (392. II. Cr.).

Auf den Antrag der Ortsbehörde der Stadt Kr. hatte die Regierung zu D. einen von Kr. nach B. führenden Weg als einen öffentlichen „anerkannt"; die Stadt Kr. hatte demgemäß die bisherigen Privat-Eigenthümer dieses Wegs entschädigt, und den letzteren, soweit das städtische Gebiet reichte, ausgebaut. Da indessen die Nachbargemeinde B. den Ausbau der Fortsetzung auf ihrem Gebiete beharrlich verweigerte, erließ der Bürgermeister von Kr. „auf Grund des Ges.s v. 11. März 1850 §§ 5 6 eine „Polizei-Verordnung", in welcher zunächst erwogen wurde, daß „jener Weg lediglich zu dem Zwecke von der Gemeinde Kr. in Stand gesetzt sei, um in Anschluß an die in der Gemeinde B. belegene Wegestrecke einen direkten Fahrweg zur bessern Kommunikation zwischen Kr. und A. rc. herzustellen, daß indessen dieser Zweck wegen der Weigerung der Ortsbehörde zu B, die Wegestrecke im B—er Bezirk als öffentlichen Fahrweg anzuerkennen, bisher nicht habe erreicht werden können, daß daher die hierdurch herbeigeführte Aenderung in der urspünglichen Bestimmung der bezeichneten Wegestrecke auf diesseitigem Gebiete auch eine anderweitige polizeiliche Regelung in Betreff der Benutzung dieser letzteren nothwendig mache." Sodann bestimmte der § 1 der Verordnung, daß „die Benutzung des betr. Wegs mit Fuhrwerk rc nur den Bewohnern der Ortsbürgermeisterei Kr. gestattet, allen Auswirtigen dagegen untersagt sei;" § 2 enthielt die Strafandrohung gegen Zuwiderhandelnde. — Trotz dieses Verbots hatte der, der Gemeinde Kr. nicht angehörende Ackerer Schm. jenen Weg benutzt, und war deshalb vor das (Rh.) Pol.-Gericht geladen worden. Hier machte er geltend: daß die Polizei-Verordnung im Widerspruche mit der die Oeffentlichkeit des Weges anerkennenden Regierungs-Verfügung stehe, daher inkompetenter Weise erlassen und unverbindlich sei; eventuell beantragte er die Verweisung der Sache zum Civilwege nach Anleitung des Ges.s v. 31. Jan. 1845, weil er als Besitzer eines an den Weg stoßenden Grundstücks von den frühern Eigenthümern des erstern durch Notarialakt die Fahrgerechtsame über denselben erworben habe. — Der Pol.-Richter sprach indessen sofort die Verurtheilung aus, weil die Polizei-Vdn. „nach ihrem Eingange und nach der Bezugnahme auf § 6 des Pol.-Ges.s zum Schutze des Eigenthums und zum Zweck der Ordnung ꝛc. des Verkehrs auf dem Wege erlassen sei, und somit innerhalb der Kompetenz des Bürgermeisters gelegen habe; die behauptete Fahrgerechtsame sei dagegen der Pol.-Vdn gegenüber auf das Strafverfahren ohne Einfluß, weil der Weg unbestritten ein von der Regierung anerkannter Kommunalweg sei." — Gegen dieses Urtheil hat Schm. den Kassations-Rekurs ergriffen.

Die GStAnw.-schaft hielt denselben für begründet: die Frage, ob ein Weg zu den öffentlichen zu zählen sei, falle unzweifelhaft in den Bereich der Attributionen der höheren Verwaltungs-Behörden, d. h. der Regierungen, welchen das Rur.-Ges. v. 16. Okt. 1791 Tit. 1. Abschn. 6. Art. 2, das Arr. v. 23 mess. V., das Ges. v. 9. vent. XIII. Art. 6 und das Dekr. v. 16. Okt. 1813 (v. Daniels Gesetze ꝛc. 5. S. 888) ausdrücklich die Befugniß beilegten, einen Weg für einen Vicinal-Weg zu erklären, und seine Breite zu bestimmen; nun fehle es zwar an einer entsprechenden ausdrücklichen Vorschrift in Beziehung auf alle anderen Arten von öffentlichen Wegen, welche nicht zu der beschränkten Klasse der Vicinalwege (vgl. Proudh. Tr. du dom. publ. n. 471 ff.; Oppenhoff Ressortgess. S. 223 n. 30. 31) gehörten; gleichwohl erscheine es gerechtfertigt, den Regierungen überhaupt und in Beziehung auf jeden Weg die Befugniß beizulegen, die „Oeffentlichkeit" desselben anzuerkennen, wenn gleich es zweifelhaft sein möge, ob auch den desfallsigen Verfügungen die weitgehenden Expropriirungswirkungen beizulegen seien, welche die citt. Gesetze den entsprechenden Anordnungen über die Vicinalwege zuerkännten (vgl. Oppenhoff Ress.-Gess. S. 314 n 15. 16); dem möge indessen sein, wie ihm wolle, jedenfalls könne es einer der Regierung untergeordneten Polizei-Behörde nicht gestattet sein, durch ihre Verordnungen die Wirksamkeit der Regierungs-Verfügungen zu beeinträchtigen (Ges. v. 11. März 1850 § 17); das geschehe aber unzweifelhaft durch die hier in Frage stehende Pol.-Vdn.; indem die Regierung die „Oeffentlichkeit" des Wegs anerkannte, habe sie gleichzeitig ausgesprochen, daß nach Art. 537 ff. und Art. 714 ff. des BGB.s die Benutzung desselben Allen gleichmäßig zustehe; gerade das wolle die Pol.-Vdn. verhindern, sie verstoße daher nicht nur gegen die Regierungs-Verfügung, sondern auch gegen die citt. Gesetzesstellen; nehme man dagegen an, daß die Pol.-Vdn. in der angedeuteten Weise die allgemeine Oeffentlichkeit des Wegs habe beschränken dürfen, dann habe es allerdings auch in Frage kommen müssen, ob die von Schm. behauptete, angeblich früher erworbene Fahrgerechtsame für ihn jetzt nicht wieder wirksam werde, es habe daher in diesem Falle allerdings der Verweisung der Sache zum Civilwege bedurft. —

Das OTr. hat das angefochtene Erkenntniß vernichtet und auf Freisprechung des Schm. erkannt, indem es erwog:

daß thatsächlich festgestellt ist, daß der hier in Rede stehende Weg durch Beschluß der Kgl. Regierung zu D. für einen öffentlichen Weg erklärt worden ist, dieser auf Grund des Ges.s v. 9. vent. XIII. ergangene Beschluß aber die Erklärung der höheren Verwaltungs-Behörde in sich schließt, daß jener Weg für die Verbindung der Nachbargemeinden nothwendig und bestimmt sei;

daß mit dieser Bestimmung des fraglichen Weges als eines Vicinalweges die Vorschrift der Polizei-Verordnung des Oberbürgermeisters von Kr. v. 2c., welche die Benutzung desselben auf dem Gebiete der Bürgermeisterei Kr. mit Fuhrwerk nur den Bewohnern der letzteren gestattet, in direktem Widerspruche steht;

daß nach § 15 des Ges.s v. 11. März 1850 in eine Polizei-Verordnung keine Bestimmungen aufgenommen werden dürfen, welche mit den Gesetzen oder den Verordnungen einer höheren Instanz im Widerspruche stehen, die vorbezeichnete Vorschrift mithin der gesetzlichen Gültigkeit entbehrt, und nach § 17 ibid. einem Straferkenntnisse nicht zu Grunde gelegt werden kann. [22. — 3.]

Eröffnung der Untersuchung. — Beschwerde.

Der Rathskammerbeschluß, durch welchen die Eröffnung der Untersuchung ausgesprochen wird, kann vom Angeklagten ebensowenig aus formellen als aus materiellen Gründen durch Beschwerde angefochten werden; dagegen kann er im Haupt-

30*

verfahren alle gegen das Verfahren zulässigen Einwendungen machen.

Ges. v. 3. Mai 1852 Art. 15 [n. 2].

Beschl. (I.) v. 17. Nov. 1865 c. Abelsdorff (277. B. I. Cr.).

Gegen den Buchhändler A. war aus Veranlassung eines in seinem Verlage erschienenen französischen Werks eine Beschuldigung wegen Preßvergehens erhoben, und auf Grund der vom StA. abgefaßten Anklageschrift „dem Antrage gemäß" die Untersuchung eröffnet worden. In einer beim Gerichte erster Instanz eingereichten Schrift stellte darauf A. vor, daß die Anklageschrift des StA.s verschiedene angeblich strafbare Stellen aus jener Schrift in französischer Sprache ohne beigefügte Uebersetzung hervorhebe; er (A.) sei der französischen Sprache nicht mächtig; deshalb trage er dahin an: das StG. wolle die StA.-schaft anhalten, eine beglaubigte Uebersetzung der inkriminirten Stellen vorzulegen, und dann selbst durch einen neuen Rathskammerbeschluß über die Eröffnung der Untersuchung nochmals befinden. Das StG. beschied den A. dahin, daß es die Anfertigung einer Uebersetzung der betr. französischen Stellen angeordnet habe, lehnte aber im Uebrigen die Anträge desselben, als „gesetzlich nicht gerechtfertigt" ab. Gegen den diesen Bescheid billigenden Beschluß des Kammergerichts ergriff der RA. Lewald Namens des A. die Beschwerde an das OTr., welche er auf Verletzung des § 39 der Vdn. v. 3. Jan. 1849 stützte: nach diesem solle die Anklageschrift eine Darstellung der dem Angeklagten zur Last gelegten That enthalten; diese Darstellung müsse selbstverständlich in deutscher Sprache erfolgen; der Dollmetscher werde demnächst zugezogen zum Zweck der Beweiserhebung über den dem Angeklagten zur Last fallenden Thatbestand; dagegen könne er formelle Mängel der Anklageschrift als eines Prozeßstücks nicht ersetzen; die Formulirung der dem Angeklagten zur Last gelegten That in der Anklageschrift müsse so gefaßt sein, daß sie in Schwurgerichtssachen den Gegenstand der Fragstellung bilden könne; sie dürfe also unmöglich in einer fremden Sprache abgefaßt sein; der Angeklagte müsse sofort ersehen können, welchen Sinn der StA. den in fremder Sprache abgefaßten Stellen beilege; genüge die Anklageschrift diesem Erfordernisse nicht, so dürfe die RK. nicht auf Grund derselben die Untersuchung eröffnen; mit Unrecht hätten daher StG. und Kammergericht seine Berichtigungsanträge abgelehnt.

Die OStAnw.-schaft beantragte Zurückweisung dieser Beschwerde: die von A. an das StG. gerichtete Eingabe sei in Wirklichkeit eine Beschwerde gegen den Eröffnungsbeschluß gewesen, da er dahin abgezielt habe, daß das Gericht zunächst dem StA. eine Abänderung resp.

Ergänzung der Anklageschrift aufgebe und dann selbst zu einer neuen Beschlußnahme über den inkriminirten Thatbestand schreite, welche, auf einer neuen Grundlage beruhend, möglicher Weise auch zu einem andern Resultate hätte gelangen können, so daß dabei der erste Beschluß nothwendig als beseitigt zu behandeln gewesen wäre; ein Eröffnungsbeschluß sei nun aber eine förmliche gerichtliche Entscheidung, welche es nöthig mache, über die erhobene Anklage im mündlichen Hauptverfahren abzuurtheilen; es habe (nach Art. 15 cit.) dem höheren Richter nicht zugestanden, auf die Beschwerde des Angeklagten diesen Beschluß aufzuheben oder abzuändern; noch weniger könne daher der Rathskammer selbst eine solche Befugniß zustehen; für sie sei der Beschluß unbedingt bindend gewesen; der Angeklagte aber könne nicht das Verbot des Art. 15 dadurch umgehen, daß er zunächst einen Abänderungsantrag an die Rathskammer richte, und dann den ablehnenden Bescheid derselben durch Beschwerde beim AG. und OTr. anfechte.

Das OTr. hat die Beschwerde zurückgewiesen. Gründe:

Die von Ihnen in der Untersuchung wider den Verlagsbuchhändler A. erhobene Beschwerde wird hiermit zurückgewiesen. Dieselbe ist gegen den Beschluß der Rathskammer des Kgl. Stadtgerichts v. ꝛc., durch welchen die Untersuchung gegen den A. eröffnet ist, gerichtet, und beantragt im Wesentlichen die Aufhebung dieses Beschlusses. Der Art. 15 des Ges.s v. 3. Mai 1852 schreibt aber vor, daß gegen einen Beschluß, durch welchen die Untersuchung eröffnet wird, dem Angeklagten eine Beschwerde nicht zusteht. Derselbe unterscheidet hierbei nicht, ob die Beschwerde aus materiellen oder nur aus formellen Gründen erhoben wird. Denn das Motiv der Vorschrift, daß dem Angeklagten in der eröffneten Untersuchung selbst alle gegen das Verfahren zulässigen Einwendungen zustehen, dieselben also hier geltend gemacht werden können, ist in den beiden angegebenen Beziehungen wirksam. [15. — 3.]

Betrug. — Meßwerkzeug.

Ein Betrug ist nur dann durch Benutzung eines unrichtigen Meßwerkzeugs verübt, wenn das letztere selbst [objektiv] gefälscht ist.

StGB. § 243 Nr. 1 [n. 8]. Vgl. oben S. 453.

Erk. (B. I.) v. 17. Nov. 1865 c. Dorowski (918. I. Cr.).

Vernichtung des angefochtenen Erkenntnisses und Zurückverweisung der Sache an das AG. zur näheren thatsächlichen Prüfung, ob die Voraussetzungen des einfachen Betrugs vorliegen. Gründe:

Nach der Feststellung des ersten Richters, welche von dem App.-Richter nicht geändert ist, hat der Angeklagte das zu wiegende Objekt des Kaufes, nämlich den Rumpf eines Schaafes, durch Hineinstecken eines Gewichtes in diesen Rumpf schwerer wiegend gemacht und sich das dadurch erhöhte Mehrgewicht bezahlen lassen. Davon, daß der Angeklagte das zum Wiegen bestimmte und gebrauchte Werkzeug selbst, also die Waage, verändert oder sonst fälschlich gebraucht hat, ist also keine Rede gewesen, und die Ansicht der Instanzrichter, daß es hierauf überall nicht ankomme, daß vielmehr die Waage zu einem unrichtigen, zum Messen bestimmten Werkzeug auch dann werde, wenn sie in Folge einer Operation, wie die vorliegende, demjenigen Gewichte nicht entspreche, welches durch ihre Benutzung ermittelt und festgestellt werden soll, ist in ihrer Anwendung auf den vorliegenden Fall eine irrthümliche. Der § 243 Nr. 1 StGB. setzt vielmehr, wie dessen Wortlaut und seine Entstehungsgeschichte ergiebt, die Fälschung des Werkzeuges selbst, also seine mechanische Veränderung zum Nachtheile des Publikums voraus. Der bloß unrichtige Gebrauch eines im Uebrigen richtigen, also mechanisch unveränderten Werkzeuges enthält daher nur den Thatbestand des gemeinen Betruges, vorausgesetzt, daß außerdem seine besonderen Erfordernisse nach § 241 vorhanden sind. Wenn also, wie hier, nur das Objekt des Wiegens erschwert, also auf die Waage ein Gegenstand gebracht wird, welcher durch künstliche Mittel an ihm selbst ein höheres Gewicht erhält, als welches ohne solches Mittel durch die Waage angezeigt werden würde, so ist die mechanische Beschaffenheit der Waage selbst, sei es dauernd oder nur für den vorliegenden Fall, nicht verändert also nicht gefälscht.

Antr. des GStA.s: gleichl. [15.—2.]

Gutachten. — Medizinal-Kollegium. — Verlesung.

Das Gutachten eines Medizinal-Kollegiums kann in der Sitzung verlesen werden, ohne daß es einer Rechtfertigung dieser Maaßregel nach Anleitung des Art. 25 des Ges.s v. 3. Mai 1852 bedürfte.

Vdn. v. 3. Jan. 1849 § 22 [n. 13. 15]. Sic: Z. (I, 19) 6. Febr. 1861 c. Wendt, G. A. 9. S. 268. — Dasselbe gilt von dem Gutachten anderer kollegialischer Behörden, z. B. der Hauptverwaltung der Staatsschulden. Z. (I, 1208) 29. Nov. 1865 c. Lomba (Jänike u. Gen.).

Erk. (Z. I.) v. 17. Nov. 1865 c. Röpell (1067. I. Cr.).

Mit Recht bemerkt der App.-Richter, daß das Gutachten des Medizinal-Kollegiums v. ꝛc. als Beweismittel habe benutzt und verlesen werden dürfe. Denn dasselbe ist das Produkt der Berathung eines technischen Kollegiums, das als solches durch die vom Kollegium darüber ausgestellte Urkunde, nicht durch mündliche Vernehmung der Mitglieder, bewiesen wird, welche letztere auch von dem Angeklagten selbst in den Instanzen nicht beantragt worden ist. — Der Art. 25 des Ges.s v. 3. Mai 1852 enthält in seinem ersten Satze das aus dem Grundsatze der Unmittelbarkeit der Beweisaufnahme vor dem erkennenden Richter oder der Mündlichkeit (§ 14 Vdn. v. 3. Jan. 1849) fließende Gebot, die Wissenschaft von Personen, welche über Thatsachen Auskunft geben können, aus ihrem eigenen Munde zu hören, und im zweiten Satze eine Beschränkung dieser Regel, wonach das Gericht eine gewisse Kenntniß solcher Thatsachen, nämlich „zur Aufklärung der Sache", auch durch Verlesung von Schriftstücken sich verschaffen darf. Weder diese Beschränkung noch jene Regel bezieht sich auf kollegialische Gutachten oder Ergebnisse kollegialischer Berathung und Beschlußfassung über Fragen der Wissenschaft und Kunst. Vielmehr ist es dem erkennenden Richter nicht allein unbenommen, dergleichen Gutachten als Aeußerungen des technischen Urtheils einer moralischen Person, welches aus dem Wechselverkehre mehrerer physischen Personen durch eine Vereinigung der Mehrheit der Stimmen hervorgegangen ist, vor sich verlesen zu lassen, sondern er kann durch diese Verlesung eine unmittelbare Anschauung ihres Resultates gewinnen, während er durch Vernehmung der Mitglieder des betreffenden Kollegiums zur Kenntniß des Kollegial-Urtheils mittelbar gelangen würde. Indem daher das Gericht 1. Instanz das Gutachten des Medizinal-Kollegiums verlesen ließ, hat es weder gegen den Grundsatz der Mündlichkeit, noch gegen cit. Art. 25 oder eine andere Vorschrift verstoßen. Von seinem thatsächlichen Ermessen hing es nach § 22 der cit. Vdn. ab, wie weit es die Rücksicht auf dasselbe ausdehnen, ob es namentlich solches als Beweismittel ansehen wollte, wozu es nach Art. 29 des cit. Ges. befugt war, obgleich von keiner Seite darauf provozirt und dasselbe dem Angeklagten früher unbekannt war, oder ob es ihm nur eine aufklärende Wirksamkeit beilegte. Die Unbekanntschaft des Angeklagten damit und sein Protest gegen die Verlesung scheint die letztere Auffassung veranlaßt zu haben, welche den Angeklagten am wenigsten beschweren konnte, wobei es übrigens nach dem Gesagten auf eine nähere Motivirung des Beschlusses der Verlesung aus Art. 25 gar nicht ankam, weil die Bezugnahme darauf, insofern sie in dem Beschlusse liegt, überflüssig war.

Antr. des GStA.s: gleichl. [23.—2.]

Majestätsbeleidigung. — Frühere Handlung.

Eine Majestätsbeleidigung liegt auch dann vor, wenn angebliche frühere Handlungen des jetzt regierenden Königs in einer ehrfurchtverletzenden Weise besprochen werden.

StGB. § 75 [n. 1a].

Erk. (Z. I.) v. 17. Nov. 1865 c. Schlingmann (1083. I. Cr.).

Es ist in rechtlicher Beziehung nicht unzutreffend, daß eine Ehrfurchtsverletzung auch darin gefunden wird, wenn angebliche frühere Handlungen des gegenwärtig regierenden

Königs in einer Weise besprochen werden, die gegen den § 75 l. c. verstoßen.

Antr. des GStA.s: gleichl. [20. — 2]

Urkundenfälschung (intellektuelle). — Dolus.

Zum Thatbestande der intellektuellen Urkundenfälschung gehört das Bewußtsein des Angeklagten, daß seine Handlung die im § vorausgesetzte Beurkundung zur Folge haben werde, und der auf Herbeiführung dieses Erfolges gerichtete Wille.

StGB. § 252 [n. 5].

Beschl. (I.) v. 17. Nov. 1865 c. Spillert (275. B I. Cr.).

Sp. hatte sich unter dem Namen seines Vaters zur Abbüßung einer wider diesen verhängten Gefängnißstrafe bei dem betr. Gefangenwärter gestellt und die gedachte Strafe angetreten; er war demzufolge in die Gefangnenliste unter dem Namen seines Vaters eingetragen, und ebenso war in den den letztern betr. Untersuchungsakten der Strafantritt bescheinigt worden. In der aus § 252 StGB. eingeleiteten Voruntersuchung gestand Sp. zu, gewußt zu haben, daß in Folge seiner Handlung in die Gefangnenliste und in die Untersuchungsakten der Vermerk gelangen werde, sein Vater habe die Strafe angetreten; gleichwohl setzte der Ankl.-Senat denselben außer Verfolgung, weil zum Thatbestande des § 252 nicht bloß das Bewußtsein gehöre, die faktische Bekundung werde eine Folge der That sein, sondern auch die auf diesen Erfolg gerichtete Absicht; übrigens sei auch die Richtigkeit des von Sp. über sein Bewußtsein abgegebenen, anscheinend vom Untersuchungsrichter suppeditirten Geständnisses, beim Stande des ersteren zweifelhaft; endlich aber könne der Gesetzgeber die Handlung des Sp. nicht mit Strafe belegt haben, weil die Verfolgung gegen die öffentliche Moral verstoße. — Beschw. des OStA.s, welche die GStA.-schaft für unbegründet erachtete, weil das AG. das zum Thatbestande erforderliche Bewußtsein für nicht erwiesen erachte, die hierfür angeführten thatsächlichen Gründe aber nicht der Kritik des OTr.s unterlägen — Zurückweisung. Gründe:

Zum Thatbestande des im § 252 vorgesehenen Verbrechens gehört nicht bloß das Bewußtsein des Angeklagten, daß seine Handlung die dort vorausgesetzte Beurkundung zur Folge haben werde, sondern auch ein auf diesen Erfolg gerichteter Wille desselben, der Anklage-Senat des K.G.s hat aber ausdrücklich das Vorhandensein dieses Bewußtseins bei dem Beschuldigten Sp. und seine auf eine falsche Beurkundung gerichtete Absicht aus thatsächlichen, unserer Prüfung nicht unterliegenden Gründen verneint. Es muß daher bei dem gedachten Beschlusse v. rc. sein Bewenden behalten, wenngleich dem Anklage-Senat darin nicht beigetreten werden kann, daß der Gesetzgeber eine Handlung, wie die von dem rc. Sp. zugestandene, nicht habe bestraft wissen wollen, die Verfolgung derselben vielmehr gegen die öffentliche Moral verstoßen würde. [18. — 3.]

---

1. Voruntersuchung. — Zeugenvernehmung. — Vereidungsvermerk. — Unterschrift.
2. Freiheitsberaubung. — Widerrechtlichkeit.
3. 4. Erpressung. — Bedrohung durch Handlungen. — Versuch.

1. Es genügt, wenn der Vermerk über die stattgehabte Vereidung eines in der Voruntersuchung vernommenen Zeugen von den Gerichtspersonen unterzeichnet ist; die Unterschrift des Zeugen selbst ist nicht unerläßlich.

Crim.-Ordn. § 341; Vdn. v. 3. Jan. 1849 § 43 [n. 46]; AGO. I, 10 § 205. Vgl. oben S. 316.

2. Bei einer Anklage wegen Freiheitsberaubung ist in Ermanglung eines ausdrücklichen Antrags die Auflösung des Begriffs der „Widerrechtlichkeit“ in den den Geschwornen vorgelegten Fragen nicht unerläßlich.

StGB. § 210 [n. 6].

3. Die Strafbarkeit eines Erpressungsversuchs ist nicht durch die im § 31 StGB. erwähnten Voraussetzungen bedingt.

StGB. § 234 [n. 20].

4. Eine Erpressung kann auch durch eine ver-

mittelst Handlungen bewirkte Bedrohung verübt werden.

StGB. § 234 [n. 16]. 212 [n. 5]. Vgl. RdOTr. 5. S. 424.

Erk. (Z. I.) v. 17. Nov. 1865 c. C. Sternberg (952. I. Cr.).

Die Geschwornen hatten u. A die Frage: ob C. St. schuldig sei, „— —die ꝛc. B., um sich einen rechtswidrigen Vortheil zu verschaffen, zu einer Handlung dadurch zu zwingen versucht zu haben, daß er a) dieselbe mündlich und thatsächlich mit der Verübung des Vergehens der Freiheitsberaubung bedrohte, und b) Gewalt gegen die Person derselben anwendete," — dahin beantwortet: „ja, der Angeklagte ist schuldig, mit den zu a. enthaltenen Umständen, aber es ist nicht erwiesen der Umstand zu b." Deshalb aus §§ 234. 235 StGB. bestraft, ergriff St. die NB. und rügte:

1) daß in der Hauptverhandlung das Protokoll über die kommissarisch bewirkte Vernehmung der Zeuginnen G. und W. verlesen worden sei, obgleich dasselbe den gesetzlichen Vorschriften (Crim.-Ordn. §§ 330 f. 341) insofern nicht entsprochen habe, als der Vermerk über die geschehene Vereidung der Zeugin G. von dieser nicht mit unterschrieben sei;

2) unrichtige Fassung der oben angeführten Frage, sowie Verletzung der §§ 31. 210. 211 StGB., weil jene die im § 31 aufgezählten Bedingungen der Strafbarkeit eines Versuchs nicht enthalte, und weil der Rechtsbegriff der „widerrechtlichen" Freiheitsberaubung nicht in Gemäßheit der Artt. 81. 82 des Ges. v. 3. Mai 1852 aufgelöst sei;

3) Verletzung der §§ 234—236 StGB.; der Geschwornenspruch stelle eine „thatsächliche" Bedrohung fest; eine solche sei nur als Gewalthandlung gegen den Bedrohten denkbar; gleichwohl hätten die Geschwornen die Anwendung von Gewalt gegen die B. verneint; es habe also auf Grund des Spruchs eine Verurtheilung nicht erfolgen dürfen.

Das OTr. hat die NB. zurückgewiesen. Gründe:

Zu Nr. 1 ist es zwar richtig, daß in der vor dem Schwurgericht verlesenen, die Zeugenvernehmung der G. und W. enthaltenden kommissarischen Verhandlung die Unterschrift dieser Zeuginnen sich nur unter den ihnen vorgelesenen Zeugenaussagen selbst, nicht aber auch unter dem von den Gerichtspersonen allein vollzogenen Vermerk über die Vereidung der Zeuginnen befindet. Allein die als verletzt bezeichneten §§ 330 ff. der Crim.-Ordn. schreiben die Vollziehung dieses Vermerks durch die Zeugen keineswegs vor;

der § 341 in Verbindung mit § 330 bezieht sich offenbar nur auf den dem Zeugen vorgelesenen und von ihm zu genehmigenden Theil des Protokolles überhaupt, und dieser ist nach § 330, noch deutlicher aber nach § 205. I, 10 AGO. derjenige, in welchem die Aussage selbst niedergeschrieben ist, weshalb denn auch nach § 209 ibid. der Zeuge vor der Unterschrift an den nunmehr abzuleistenden Eid erinnert werden soll. Eine besondere Vorschrift, daß auch der Zeuge den richterlichen Vermerk über die erfolgte Vereidung unterschreiben soll, besteht also nicht. In jeden Fall aber, auch wenn über die obige Auslegung der bezeichneten Vorschriften ein Zweifel obwalten sollte, ist es immer entscheidend, daß die Vereidung ein dem Richter allein obliegender Akt ist, dessen Vollziehung er somit auch nur allein durch seine Registratur zum Protokolle zu bekunden hat.

Zu Nr. 2a. Der § 234 hat durch den Ausdruck „zu zwingen versucht" nicht den Thatbestand des Versuches im Sinne des § 31 des StGB.s, sondern wie in verschiedenen anderen Vorschriften nur die unternommene Einwirkung auf den Willen eines Anderen, welche auch ohne Erfolg um des strafbaren Mittels willen allein schon als eine strafbare Handlung qualifizirt ist, ausdrücken wollen. Von einer Auflösung des Begriffs des Versuches in jenem Sinne kann hier daher keine Rede sein.

Zu Nr. 2b. Der Ausdruck „widerrechtlich" im § 210 l. c. soll, wie die Entstehungsgeschichte der Vorschrift darthut (G.A. 9. S. 752 ff.), andeuten, daß entweder keiner der im § 211 erwähnten Fälle einer gesetzlich zulässigen Freiheitsberaubung, noch auch, daß eine durch das Recht der elterlichen oder sonstigen Erziehungs-Gewalt gestattete Beschränkung der persönlichen Freiheit vorliege.

Nur in diesem Sinne ist in dem Ausdruck ein Rechtsbegriff enthalten, aber offenbar nicht in dem Maaße, daß dessen Auflösung nach Art. 82 des Ges.s v. 3. Mai 1852 in allen Fällen geboten wäre. Ohnedies muß bereits die Anklage und die Verhandlung zur Genüge ergeben haben, ob einer jener Ausnahmefälle, deren Abwesenheit der Ausdruck eben andeuten soll, vorliege, und nur, wenn dies zweifelhaft und also ein Streit darüber gewesen ist — worüber hier das Protokoll Nichts enthält — würde die Auflösung geboten sein.

Zu Nr. 3. Es ist richtig, daß die Geschwornen zwar den Angeklagten der mündlichen und thatsächlichen Bedrohung mit dem Vergehen der widerrechtlichen Freiheitsberaubung schuldig, dagegen nicht schuldig erklärt haben, daß dies auch mit Gewalt gegen die Person geschehen sei.

Hierauf gründet sich die Verurtheilung des Angeklagten wegen einfacher Erpressung aus § 234, dagegen seine Freisprechung von der qualifizirten Erpressung aus § 236 des StGB.s. Wäre nun der Ausdruck „thatsächlich" unter allen Umständen als gleichbedeutend mit „Gewalt an der Person" zu betrachten, so würde allerdings insoweit ein Widerspruch in dem Verdikte liegen, der indeß im Resultate deshalb auf die Sache selbst ohne Einfluß sein würde, weil ja der Angeklagte außerdem auch der „mündlichen" Bedrohung schuldig erklärt ist, deshalb also allein jedenfalls die Anwendung des § 234 erfolgen mußte. Allein der Ausdruck „thatsächlich" findet seine Erklärung in dem Gegensatz gegen „mündlich oder schriftlich".

Das OTr. hat nämlich bereits durch die Entscheidung v. 20. Okt. 1858 (Beschl. I. c. Lange, G. A. 6. S. 845) ausgesprochen, daß das Gesetz durch diese letzteren beiden Ausdrücke offenbar den Thatbestand nicht dahin habe beschränken wollen, daß dadurch die „symbolischen Drohungen", also die durch Handlungen ausgedrückten, hätten ausgeschlossen werden sollen; indem diese gerade die unzweideutigste und unmittelbarste Form der Bedrohung enthielten. Dies also, nämlich die Vornahme von Drohungen auch durch Handlungen, soll der Ausdruck „thatsächlich" in der vorliegenden Frage bedeuten. Die Anklage ergiebt dies deutlich, indem der Angeklagte auch Handlungen verübt haben soll, welche — wie das mehrmalige Vertreten des

Weges zur Thür — ohne in eine Gewalt gegen die Person auszuarten, doch geeignet gewesen sein sollen, die bereits mündlich angedrohte Freiheitsberaubung auch als unmittelbar bevorstehend thatsächlich anzudeuten.

Antr. des GStA.s: gleichl. [15.—2.]

Steuervergehen. — Rückfallsstrafe. — Belehrung.

Wegen einer im zweiten Rückfalle verübten Steuerdefraude kann auf Untersagung des Gewerbebetriebes nur dann erkannt werden, wenn der Angeklagte bei den früheren Bestrafungen auch auf die höheren Rückfallsstrafen aufmerksam gemacht worden ist.

Steuer-Ordn. v. 8. Febr. 1819 §§ 63. 94.

Erk. (Z. I.) v. 22. Nov. 1865 c. Heyde (1094. I. Cr.).

Der Müller H. war wegen einer im zweiten Rückfalle verübten Mahlsteuerdefraude mit einer Geldbuße im Betrage des Sechszehnfachen der umgangenen Gefälle bestraft worden; dagegen hatte das AG. es abgelehnt, demselben die fernere Ausübung seines Gewerbes zu untersagen, weil nicht konstire, daß er bei seinen früheren Bestrafungen auf die höheren Rückfallsstrafen aufmerksam gemacht worden sei; nach § 94 der Steuer-Ordn. treffe zwar trotz dieser Versäumniß den Uebertreter dennoch die erhöhte Geldstrafe; diese Vorschrift beziehe sich aber nicht mit auf die Gewerbshemmung, resp. Gewerbslegung. Die gegen diese Entscheidung von der Kgl. Regierung ergriffene NB. ward zurückgewiesen:

weil der App.-Richter den § 94 cit. ganz richtig und im Einklange mit mehrfachen Entscheidungen des OTr.s, namentlich mit dem Erkenntnisse Z. [I, 1058] v. 27. Okt. 1854 c. Justa (G. A. 3. S. 125) ausgelegt hat.

Antr. des GStA.s: gleichl. [18.—4.]

Weidefrevel. — Schonung. — Provinz Posen.

1. Der § 347 Nr. 10 StGB. hält alle damals bestehenden Bestimmungen über Weidefrevel aufrecht, sollten dieselben auch nicht in einer Feld-

Pol.-Ordn., sondern z. B. in einer Forstordnung enthalten sein.

StGB § 347 Nr. 10 [n. 30]; vgl. RbOTr. 2. S. 1. — Contra in Betreff des letztern Punktes: eine JMin.-Verf. v. 16. Jan. 1853 (I, 5467).

2. Das auf das Viehtreiben in Schonungen bezügliche Strafverbot des für die Provinz Posen verkündeten Publikandums der Kriegs- und Dom.-Kammer v. 1. März 1794 (§ 10) ist durch § 186. I, 22 ALR. in Verbindung mit der AKO. v. 30. Mai 1841 aufgehoben.

3. Der § 347 Nr. 10 StGB. kommt auch in dem Falle zur Anwendung, wo das Viehtreiben zum Zwecke der Hütung Statt gefunden hat, wenn es an zutreffenden Strafbestimmungen für diesen Weidefrevel fehlt.

StGB. § 347 Nr. 10 [n. 30].

Erk. (V. I.) v. 22. Nov. 1865 c. Krüger (1092. I. Cr.).

Die Instanzrichter hatten festgestellt, daß: „— in der mit Warnungstafeln versehenen Schonung des Kgl. Forstreviers Br. von der Schaafheerde des Angeklagten Kr. durch dessen Schäfer G. 160 Stück geweidet worden seien." Das AG. hatte demgemäß gegen Kr. eine Strafverhängung aus §§ 10. 11 des für die Provinz Posen ergangenen Kammer-Publikandums v. 1. März 1794 ausgesprochen, indem es ausführte, daß diese Strafvorschrift nicht durch § 347 Nr. 10 des StGB.s aufgehoben und ersetzt sei, da diese letztere Gesetzesstelle nur das „Durchtreiben" des Viehes, nicht aber das durch die citt. §§ 10. 11 des Publikandums verpönte „Treiben und Eintreiben in die Schonungen zum Zwecke der Hütung", mithin das Weiden und Hüten in den Schonungen mit Strafe bedrohe. — NB des OStAnw.s, welcher auszuführen suchte: der cit. § 10 des Publikandums beziehe sich gar nicht ausschließlich auf Weidefrevel, sei also durch § 347 Nr. 10 nicht aufrecht erhalten; jedenfalls aber sei derselbe schon durch § 186. I, 22. ALR. in Verbindung mit der AKO. v. 30. Mai 1841 aufgehoben worden.

Das OTr. hat das angefochtene Erkenntniß vernichtet und die Sache an das AG. zurückverwiesen. Gründe:

Der Wortlaut des dem Ges. v. 14. Apr. 1856 entnommenen § 347 Nr. 10 des StGB.s giebt deutlich zu erkennen, daß die Auslegung, die ihr der Rekurs-Richter gegeben hat, an sich richtig ist. Denn schon aus dem Schlußsatze folgt, daß Uebertretungen, welche die Ausübung einer Weide, einer Hüthung, zum Gegenstande des Viehtreibens über fremde Grundstücke haben, den etwa bestehenden diesfälligen besonderen Bestimmungen unterworfen sein sollen, und die in dem § 347 Nr. 10 cit. enthaltene Zusammenstellung des Viehtreibens mit anderen Fällen, die mit der Ausübung einer Weide in gar keiner Verbindung stehen, bestätigt jene Annahme unbedenklich. Damit stimmt auch die Entstehungsgeschichte des cit. § nach der Fassung des Ges.s v. 14. Apr. 1856 überein, indem beabsichtigt wurde, die dem entsprechende Bestimmung der Nr. 1 des § 41 der FPol.-Ordn. v. 1. Nov. 1847 gänzlich in Wegfall zu bringen, was dennn auch geschehen ist; vgl. G. A. 3. S. 860; 4. S. 134. 141 ff. Der § 41 Nr. 1 der FPO. aber besagte:

> „Wer unbefugter Weise über Gärten, Weinberge, oder vor völlig beendeter Ernte über bestellte Aecker oder Wiesen, oder über solche Aecker, Wiesen oder Weiden, welche eingefriedigt sind, oder deren Betreten durch Warnungszeichen (Tafeln, Strohwische, Gräben u. s. w.) untersagt ist, oder auf einem durch Warnungszeichen geschlossenen Privatwege geht, reitet, fährt oder Vieh treibt," —

und daß hiermit lediglich das Betreten fremder Grundstücke, ohne dazu berechtigt zu sein, betroffen worden ist, geht namentlich aus den §§ 2 ff. ibid. hervor, welche über das unbefugte Weiden und Hüten von Vieh auf fremden Grundstücken, besondere Bestimmungen enthalten. Dieser Auslegung des cit. § 347 Nr. 10 steht auch nicht der von der NB. der Kgl. StA.-schaft hervorgehobene Umstand entgegen, daß es sich gar nicht oder doch nur schwer feststellen lassen werde, ob das Vieh in der Absicht, dasselbe weiden zu lassen, oder nur zu dem Zwecke des Hinübertreibens, auf das fremde Grundstück gebracht worden sei. Denn jeder von diesen beiden Fällen wird sich, je nachdem der eine oder der andere vorliegt, in der Regel wenigstens, durch hervorgetretene thatsächliche Momente kennzeichnen, aus denen

Inhalt.

Die Rechtsprechung

des

Königlichen Ober-Tribunals

in

Straf-Sachen

herausgegeben

von

F. C. Oppenhoff,
Ober-Staats-Anwalt beim Königl. Ober-Tribunal.

Sechsten Bandes sechstes Heft.

Berlin, 1866.
Druck und Verlag von Georg Reimer.

dann die entsprechende Feststellung, wie jede andere, gewonnen werden kann und muß. — In gleicher Weise hat auch bereits das Kgl. OTr. in dem Erkenntnisse v. 10. Okt. 1861 c. Schaber (RdOTr. 2. S. 1) den § 347 Nr. 10 des StGB.s ausgelegt, und insoweit fällt daher dem Rekursrichter kein Rechtsirrthum zur Last.

Weil nun die erwähnte gesetzliche Bestimmung in ihrem Schlußsatze bezüglich der Weidefrevel ausdrücklich auf die bestehenden Feld-Pol.-Ordnungen verweist, so frägt es sich weiter, ob, wie die Vorderrichter gethan, für die Provinz Posen das Publikandum der Kriegs- und Domainen-Kammer v. 1. März 1794 in Anwendung gebracht werden kann, wobei es nicht ins Gewicht fällt, daß dasselbe die Bestrafung von Forst- und Jagd-Vergehen zum Gegenstande hat, der cit. § 347 Nr. 10 aber nur auf Feld-Polizei-Ordnungen Bezug nimmt. Denn der Schlußsatz im § 347 Nr. 10 l. c. spricht offenbar ein allgemeines Prinzip über die Bestrafung der Weidefrevel, diejenigen, welche in Schonungen begangen werden, mit inbegriffen, aus, und es kann deshalb nicht von Einfluß sein, ob die dahin einschlagenden Bestimmungen der speziellen Gesetze in einer Feld-Polizei-Ordnung, oder in einer Forst-Ordnung, oder in einer sonstigen Verordnung zu finden sind. Daß nun das erwähnte Publikandum an sich für die Provinz Posen gesetzliche Gültigkeit hat, ist unbedenklich. Denn die AKO. v. 30. Mai 1841 bestimmt dies ausdrücklich, und da dieselbe in dem Amtsblatt der Posener Regierung pro 1842 bekannt gemacht worden ist, so hat sie nach den Gesetzen v. 27. Okt. 1810 (G.S. S. 1), v. 28. März 1811 (G.S. S. 165), v. 14. Jan. 1813 (G.S. S. 2) und der AKO. v. 24. Juli 1826 (G.S. S. 73) gesetzliche Verbindlichkeit. Sie bestimmt aber zu gleicher Zeit speziell:

„daß das Publikandum i n s o w e i t zur Anwendung gebracht werden soll, als nicht das ALR., oder spätere allgemeine Gesetze für die hier in Rede stehenden Verbrechen a b w e i c h e n d e Strafbestimmungen enthalten, oder einzelne Strafarten ganz abgeschafft worden."

Es muß daher, wie auch in dem Erkenntnisse des Kgl. OTr.s v. 26. Apr. 1865 c. Zehl (RbOTr. 6. S. 77) ausgesprochen worden, in jedem Einzelfalle geprüft werden, ob etwa das ALR. oder sonstige allgemeine Gesetze Strafbestimmungen enthalten, welche von denen des Publikandums v. 1. März 1794 abweichen. Das letztere verordnet im § 10:

„Diejenigen, deren Hirten und Schäfer der Warnungstafeln ohngeachtet, in die Schonungen der § 9 benannten Forsten [darunter sind Königliche namentlich bezeichnet] treiben, oder das Vieh dahin übertreten lassen, sollen gepfändet und das erstemal für das Pferd 2c zu erlegen, angehalten werden."

Daß hiermit zugleich Weidefrevel betroffen worden sind, kann der ganzen Fassung des § 10 l. c. nach nicht bezweifelt werden; allein die gedachte Bestimmung ist durch die AKO. v. 30. Mai 1841 als ein gültiges Gesetz für die Provinz Posen niemals wieder eingeführt worden. Denn das ALR. enthält über Fälle der gedachten Art im § 186. I, 22 eine besondere Vorschrift, wenn es dort heißt:

„Hirten, Schäfer und anderes Gesinde, welche Schonungen behüten, oder das übertretende Vieh nicht sofort abkehren, sollen, außer dem Schadenersatze, mit nachdrücklicher Leibes- und allenfalls Festungsstrafe, nach näherer Bestimmung des Kriminal-Rechts, belegt werden: Thl. II Tit 20. Abschn. 16.

Der angezogene Abschn. 16. II, 20 handelte aber von den Strafen wegen Beschädigungen des Vermögens aus Rache, Bosheit und Muthwillen, und diese kamen sonach in Folge der Bestimmung der AKO. v. 30. Mai 1841 zur Anwendung. An deren Stelle sind der § 281 resp. § 347 Nr. 10 des StGB.s getreten, und ist demzufolge der § 10 des Publikandums v. 1. März 1794 nach wie vor ausgeschlossen. Wenn ihn dennoch der Rekursrichter angewendet hat, so ist dies rechtsirrthümlich geschehen, und seine Entscheidung unterliegt deshalb der Vernichtung. Hiermit stimmt im Allgemeinen das Reskr. des JMinisters v. 16. Jan. 1858 überein, welches die StA.-schaft angewiesen hat, Fälle der vor=

liegenden Art nicht nach dem gedachten Publikandum, sondern nach Nr. 10 des § 347 des StGB.s zu verfolgen.

Die Sache selbst mußte aber zur kontradiktorischen Verhandlung in die Rekurs-Instanz zurückgewiesen werden, weil der veränderte rechtliche Gesichtspunkt auch eine anderweitige thatsächliche Feststellung bedingt. Der Rekursrichter hat nämlich festgestellt, „daß von der Schaafheerde des Angeklagten durch dessen Schäfer 160 Stück geweidet worden." In wie weit dadurch der Angeklagte K. nach § 281 oder § 347 Nr. 10 des StGB.s straffällig geworden, muß erörtert und geprüft werden. Nach § 10 des Publikandums v. 1. März 1794 war eine derartige Feststellung nicht geboten, weil nach diesem diejenigen, deren Hirten und Schäfer kontravenirten, bestraft wurden, ein Grundsatz, den der § 186. I, 22 ALR., resp. das StGB. nicht adoptirt haben. Daraus folgt aber nicht, daß der § 10 des Publikandums neben den anderweitigen Bestimmungen stehen geblieben ist, weil alle augenscheinlich dasselbe Ziel verfolgen, nämlich Hütungs- und Weidefrevel zu beahnden, und nur in der Art und Weise, wie und gegen wen dies geschehen soll, variiren. Endlich liegt in der für zulässig erachteten Anwendung des cit. § 347 Nr. 10 kein Widerspruch mit der im Eingange befindlichen Auslegung des Sinnes desselben. Denn wenn er gleich nur das Betreten fremder Grundstücke verbietet, so liegt doch eben in dem Treiben des Viehes auf ein Grundstück, zum Zwecke der Hütung, zugleich ein Betreten desselben, und diese geringere Bestrafung muß eintreten, sobald die höhere entweder nicht verhängt werden kann, oder wenn es an einer solchen überhaupt mangelt.

Antr. des GStA.s: gleichl. [20.—4.]

Kontumazial-Präjudiz. — Verhafteter.

Die von einem zur Sitzung zweiter Instanz nicht vorgeführten verhafteten Angeklagten in der Appellations-Rechtfertigung gestellten Beweisanträge dürfen nicht aus dem Grunde unberücksichtigt bleiben, weil ein Vertreter für ihn in der Sitzung nicht aufgetreten ist und nicht jene Anträge wiederholt hat.

Vdn. v. 3. Jan. 1849 §§ 126 [n. 47]. 52 [n. 18].

Erk. (Z. I.) v. 22. Nov. 1865 c. Nowack (1231. I. Cr.).

Die in 1. Instanz verurtheilte N. hatte in der zur Rechtfertigung ihrer Appellation eingereichten Schrift verschiedene neue Anführungen gemacht. Da sie sich in Haft befand, erschien sie in der Sitzung zweiter Instanz nicht; ebensowenig trat ein Vertreter für sie auf. Das AG. bestätigte das 1. Urtheil und erwog: die neuen Anführungen der N. könnten keine Berücksichtigung finden, einestheils weil sie beweislos geblieben und durch die von der N. angebotene eigene eidliche Bekräftigung nicht dargethan werden könnten, anderntheils aber auch deshalb, weil jene Anführungen in der Sitzung nicht wiederholt worden seien. — Diesen letzteren Grund focht die NB. der N. als rechtsverletzend an. Das OTr. hat den Angriff als begründet anerkannt, gleichwohl aber die NB. zurückgewiesen, weil der vom AG zuerst angeführte Grund für sich allein die Verfahrungsweise rechtfertige. In Betreff jenes Punktes lauten die Gründe:

Allerdings ist es nicht zu billigen, daß der App.-Richter nach seinem Beschlusse in der Audienz und nach Inhalt der Entscheidungsgründe gegen die Angeklagte in contumaciam erkannt hat. Denn die Angeklagte war in Haft, dies auch dem App.-Richter, welcher ihr die Vorladung im Gefängnisse hat insinuiren lassen, bekannt. Ein Kontumazialverfahren gegen einen Verhafteten ist aber unstatthaft. Handelte es sich also um Verhandlungen, welche in anderen Fällen wegen Nichterscheinens des gehörig vorgeladenen Angeklagten in contumaciam erfolgen dürfen, so hat der App.-Richter nach § 135 der Vdn. v. 3. Jan. 1849 zu erwägen, ob er den Angeklagten persönlich gestellen lassen will. Er kann also auch nicht, wie hier geschehen, annehmen, daß der Angeklagte wegen seines Nichterscheinens auf die neuvorgebrachten Thatsachen oder Beweise verzichte ꝛc.

Antr. des GStA.s: Vernichtung [15 — 4.]

Mißhandlung. — Beleidigung. — Aufrechnung.

Die Strafe einer Mißhandlung kann nicht durch Aufrechnung mit einer Beleidigung beseitigt werden.

StGB. § 188 [n. 4]. 153 [n. 4].

Erk. (Z. I.) v. 22. Nov. 1865 c. Schöttke & Gen. (818. I. Cr.).

Die beiden Angeklagten waren in 1. Instanz wegen „Mißhandlung des rc. Z." bestraft worden; in 2. Instanz stellten sie unter Beweis, daß Z. Schimpfreden gegen sie ausgestoßen habe; der App.-Richter beseitigte indessen diesen Einwand, weil „den Angeklagten nicht eine Beleidigung zur Last falle, es aber nur bei einer solchen von Erheblichkeit sein würde, ob Z. sich zuerst einer Beleidigung schuldig gemacht habe und die Erwiderungen der Angeklagten nach § 153 straflos zu lassen seien." Die diese Erwägung anfechtende NB. ward zurückgewiesen. Gründe:

In rechtlicher Beziehung hat der Vorderrichter nicht geirrt, wenn er die Anwendbarkeit des § 153 des StGB.s für ausgeschlossen erachtet hat, weil dieser voraussetzt, daß wechselseitige Beleidigungen vorliegen, die Angeklagten aber nicht wegen solcher, sondern wegen vorsätzlicher Mißhandlung gestraft worden sind.

Der § 188 l. c. endlich durfte nicht besonders in Betracht gezogen werden, weil wechselseitige, auf der Stelle erwiderte Mißhandlungen nicht Gegenstand der Verurtheilung der Angeklagten gewesen. [20.—4.]

Betrug. — Gewinnsucht. — Schadenersatz.

Zum Thatbestande des Betrugs genügt als Dolus die Absicht, Ersatz für einen erlittenen Schaden von einem nicht dazu Verpflichteten zu erlangen.

StGB. § 241 [n. 5].

Erk. (V. II.) v. 23. Nov. 1865 c. Gitzinger (391. II. Cr.).

G. hatte seine Mo- und Immobilien zuerst bei der Gothaer Versicherungs-Gesellschaft und dann zum zweiten Male bei der Pariser Gesellschaft l'aigle gegen Feuersgefahr versichert, ohne bei der letzteren die bereits bestehende erste Versicherung zur Anzeige zu bringen. Nach stattgehabtem Brande liquidirte er zuerst seinen Schaden bei der Gothaer Gesellschaft, und schloß mit dem Vertreter der letzteren über den beanspruchten Betrag einen Vergleich ab. Sodann liquidirte er aber auch bei der Pariser Gesellschaft den Schaden, und stellte hierbei auf Befragen die anderweitige Versicherung beharrlich in Abrede. Hierin fand das (Rh.) ZPG einen Betrugsversuch und bestrafte aus §§ 241. 242. 34. 35 StGB. Auf die Appellation des G. erfolgte aber in 2. Instanz Freisprechung, weil anzunehmen sei, daß die sämmtlichen Gegenstände, für welche G. bei der Pariser Gesellschaft den Ersatz beansprucht habe, ihrem wirklichen Werthe nach vorhanden gewesen, und daß ihm an denselben durch den Brand wirklich ein so großer Schaden entstanden sei, als er zusammen bei beiden Gesellschaften liquidirt habe; es fehle daher an der zum Thatbestande des Betrugs erforderichen gewinnsüchtigen Absicht. — Kassations-Rekurs des Ober-Prokurators, welcher die Verkennung des Rechtsbegriffs „gewinnsüchtige Absicht" rügte; die ganze Beschuldigung habe darauf beruht, daß nach den Statuten des Aigle dieser zur Zahlung einer Versicherungssumme nicht verpflichtet gewesen sei, wenn, wie hier feststehe, dieselben Sachen bereits vorher bei einer anderen Gesellschaft versichert gewesen, und hiervon nicht sofort beim Vertragsabschluß Anzeige gemacht sei; die Gewinnsucht des G. habe also darin bestanden, daß er den Ersatz für einen erlittenen Schaden von Jemand beansprucht habe, der ihm dazu nicht verpflichtet gewesen sei; die App.-Kammer habe die Beschuldigung nicht erschöpft, indem sie die Frage nach der Gewinnsucht nach dieser Richtung hin ungeprüft gelassen habe. — Das OTr. hat das angefochtene Urtheil vernichtet und die Sache an eine andere App.-Kammer verwiesen, indem es erwog:

daß die der Entscheidung zum Grunde liegende Beschränkung des Begriffes der gewinnsüchtigen Absicht, wie solche der § 241 des StGB.s voraussetzt, sich gesetzlich nicht rechtfertigt; daß nicht bloß der Erwerb eines früher nicht besessenen, sondern auch die Wiedererlangung eines verlornen Vermögensobjektes, wenn zu solcher Wiedererlangung überhaupt oder unter gegebenen Umständen ein Anspruch nicht vorhanden ist, einen Gewinn darstellt, und daher eine gewinnsüchtige Absicht nicht bloß da anzunehmen ist, wo Jemand einen Vortheil, den er nie besessen, sondern auch da, wo er nur den Ersatz eines erlittenen Schadens zu erlangen strebt, welchen er entweder selbst tragen müßte, oder welchen doch derjenige, von welchem er ihn in Anspruch nimmt, nicht zu leisten hatte;

daß daher im vorliegenden Falle die Frage, ob der Handlungsweise des Beschuldigten eine gewinnsüchtige Absicht zu Grunde lag, nicht davon, ob die Gegenstände, um deren Ersatz es sich handelte, vorhanden gewesen und verbrannt seien, sondern vielmehr davon abhängig war, ob Umstände vorlagen, vermöge deren der Beschuldigte den Ersatz für den behaupteten Schaden von der Gesellschaft l'aigle zu fordern nicht berechtigt war, und er dennoch, unter Unterdrückung dieser Umstände, dieselbe zu einem solchen Ersatze zu bestimmen versucht hat;

daß mithin der App.-Richter, indem er, sich einer Prüfung der Sachlage nach dieser Richtung gänzlich entziehend, die den Beschuldigten beigemessene gewinnsüchtige Absicht ohne Weiteres und lediglich um deswillen, weil derselbe den Schaden, dessen Ersatz er gefordert, wirklich erlitten habe, für beseitigt, und demnach den § 241 des StGB.s für nicht anwendbar erachtet, den Begriff der gewinnsüchtigen Absicht unrichtig aufgefaßt und somit das bezogene Strafgesetz verletzt hat.

Anr. des GStA.s: gleichl. [29. — 3.]

Preßerzeugniß. — Vernichtung. — Prävention. — Inhalt. — Verbotswidrige Verbreitung.

1. Werden wegen des strafbaren Inhaltes eines Preßerzeugnisses verschiedene Personen bei verschiedenen Gerichten verfolgt, so ist auch im Falle der Freisprechung von jedem der letzteren auch über die Vernichtung der Schrift zu erkennen; die Prävention des einen oder des andern Gerichts kann hieran Nichts ändern.

Preßges. v. 12. Mai 1851 § 50; Ges. v. 3. Mai 1852 Art. 4.

2 Die Vernichtung eines Preßerzeugnisses kann nur wegen der Strafbarkeit seines Inhaltes ausgesprochen werden, nicht also wegen des Ver-

kaufs ꝛc. einer ausländischen Zeitschrift, deren Verbreitung vom Minister des Innern untersagt war; in einem solchen Falle kann nur auf Konfiskation der verkauften ꝛc. Exemplare nach § 19 StGB. erkannt werden.

Preßges. v. 12. Mai 1851 §§ 50. 52. 53; StGB. § 19.

Erk. (Z. II.) v. 23. Nov. 1865 c. Loose (282. II. Cr.).

Der Buchhändler L. war der „gewerbsmäßigen Verbreitung einer durch öffentlich bekannt gemachte Verfügung des Ministers des Innern in Preußen verbotenen Zeitschrift (der Gartenlaube)" angeklagt. Den Gegenstand dieser Anklage bildeten acht verschiedene Hefte, welche zwar unter verschiedenen besondern Titeln erschienen waren, von welchen aber behauptet wurde, daß sie lediglich fortsetzende Monatshefte der gedachten Zeitschrift seien und ihrem Hauptinhalte nach mit den entsprechenden Monatsheften der (im übrigen Deutschland verbreiteten) „Gartenlaube" identisch seien. In Betreff zweier Hefte nahm das Gericht erster Instanz diese Identität an, erachtete dieselbe dagegen in Betreff der übrigen sechs für nicht bewiesen und sprach schließlich den Angeklagten von der Anklage gänzlich frei, weil nicht dargethan sei, daß er jene Identität*) der zuerst erwähnten beiden Hefte mit den entsprechenden der Gartenlaube gekannt habe. Gleichzeitig lehnte das Gericht es ab, die vom StA. beantragte Vernichtung der als Fortsetzung der „Gartenlaube"

---

*) Das Instanzgericht legte hier der Identität der betr. Hefte mit den ausgegebenen Heften der „Gartenlaube" ein zu großes Gewicht bei, denn eine unter einem andern Titel erscheinende Zeitschrift kann sich sehr füglich als Fortsetzung einer früher erschienenen, vom Minister auf Grund des § 52 des Preßges.s verbotenen darstellen, ohne daß außerdem dieselben Hefte auch noch unter dem alten Titel ausgegeben werden; ebenso wäre es sehr wohl denkbar, daß der Herausgeber der „Gartenlaube" diese unter demselben Titel für das übrige Deutschland fort erscheinen ließe, während er dieselbe unter einem andern Titel und mit einem a n d e r n I n h a l t e für Preußen f o r t s e t z t e; auch in einem solchen Falle würde diese Fortsetzung unter das Verbot der §§ 52. 53 l. c. fallen. Mit Unrecht ist daher hier auf diese Identität und auf die Kenntniß des Angeklagten von dieser Identität das Hauptgewicht gelegt worden; vielmehr mußte selbstständig geprüft werden, ob die in Frage stehenden Hefte die Fortsetzung der alten „Gartenlaube" bilden sollten, wobei dann jene Identität allerdings ein erhebliches Beweismoment bildete, keineswegs aber für die Sache von entscheidender Bedeutung war.

erkannten Hefte auszusprechen, weil eine solche nach § 50 des Preßges.s in Verbindung mit § 29 ibid. und mit § 19 des StGB.s nur da Platz greife, wo der Inhalt strafbar sei, was hier nicht zutreffe. Der StA. hat gegen dieses Erkenntniß nur insoweit appellirt, als die beantragte Vernichtung der acht inkriminirten Hefte abgelehnt worden ist; es ist daher die Freisprechung des L. rechtskräftig geworden. In 2. Instanz machte der OStA. darauf aufmerksam, daß auch in Berlin gegen einen Buchhändler M. wegen Verbreitung der fraglichen Hefte eingeschritten, und daß daher auch dort eine Entscheidung über die Vernichtung derselben zu erwarten sei; da nun aber jede ausgesprochene Vernichtung nach dem cit § 50 Abs 2 sich auf alle beim Verfasser, Buchhändler rc. befindlichen Exemplare beziehe, so dürfe über diese Maaßregel nicht bei verschiedenen Gerichten entschieden werden, vielmehr sei arg. Art. 4 des Ges.s v. 3. Mai 1852 das zuerst befaßte Gericht in dieser Beziehung für ausschließlich kompetent zu erachten. Demgemäß beantragte er: 1) zur Feststellung der Prävention des Gerichts die Untersuchungsakten des Kammergerichts gegen M. einzufordern; 2) die Beweisaufnahme über die oben erwähnte Identitätsfrage durch Vorlegung der acht Hefte und Vergleichung mit den entsprechenden Heften der Gartenlaube zu wiederholen. — Das AG. lehnte indessen beide Anträge ab und bestätigte das erstrichterliche Urtheil. In Betreff des ersten Antrags führte dasselbe aus: es handle sich hier um eine Untersuchung gegen L., bei welcher zwar die Vernichtung der inkriminirten Hefte zur Sprache komme, nicht aber als selbstständiger Gegenstand des Verfahrens, wie in dem durch cit. § 50 Abs. 3 vorgesehenen Falle; für dieses letztere Verfahren könne die Prävention in Betracht kommen, nicht aber für die gegen L. eingeleitete Untersuchung Den zweiten Antrag lehnte das AG. dagegen deshalb ab, weil, wie der erste Richter mit Recht ausführe, hier eine Strafbarkeit des Inhalts der Schriften gar nicht in Frage stehe, in Ermangelung einer solchen aber von einer Vernichtung derselben nicht die Rede sein könne. Die NB. des OStAnw.s fand u. A.:

1) in der Ablehnung des ersten Antrags eine Verletzung des Art. 4 des Ges.s v. 3. Mai 1852; sie führte aus: das AG. erkenne selbst an, daß für das im cit. § 50 Abs. 3 erwähnte Verfahren in Betreff der Kompetenz die Prävention in Betracht komme, verneine dasselbe aber hier, weil es sich um eine gegen L. geführte Untersuchung handle; L. sei aber rechtskräftig freigesprochen, nur die Vernichtung stehe noch in Frage, es treffe also gerade dasjenige zu, was das AG. vermisse; daß es sich in 1. Instanz auch um die Schuld des L. gehandelt habe, ändere daran Nichts; durch die erfolgte rechtskräftige Freisprechung sei die Konnexität der Vernichtungs- mit der Schuldfrage gelöst, es müsse daher in 2. Instanz eine neue Prüfung der Kompetenz mit Rück-

sicht auf die jetzt ganz veränderte Sachlage eintreten. — Sodann rügte der OStA. es

2) als eine Verletzung des § 50 des Preßges.s, daß das AG. mit dem 1. Richter in Fällen der vorliegenden Art die Vernichtung der Druckschriften für unstatthaft erachtet habe; unter Bezugnahme auf die Gründe eines Beschl. (I, 8. B.) 14. Jan. 1863 c. Ahrens (RODTr. 3. S. 207) ward auszuführen gesucht, daß die Worte im Eingange des cit. § 50: „wird in einer Schrift der Thatbestand rc. erkannt" auf den strafbaren Inhalt nur im Gegensatze gegen die äußere Form im Sinne der §§ 7 und 24 (vgl. § 29) deuteten, und daß deshalb jene Ausdrücke auf alle Fälle zu beziehen seien, wo, von der Nichtbeobachtung der §§ 7 und 24 abgesehen, durch oder mit einer Druckschrift eine strafbare Handlung verübt werde.

Die GStA.-schaft sprach sich für die Zurückweisung der NB. aus. Sie hob

zu 1 hervor, daß die Vorschrift des Abs. 2 § 50 cit. eine ganz exzeptionelle sei, denn sie lasse die von einem Gerichte ausgesprochene Vernichtung „aller vorfindlichen Exemplare" einer Schrift gegen alle im Besitze des Verfassers, Druckers, Verlegers, Herausgebers, Buchhändlers rc. befindlichen Exemplare gelten, greife also in die Privatrechte aller genannten Personen ein, während doch bei dem stattgehabten Verfahren regelmäßig nur eine derselben habe mitwirken und ihre Rechte wahren können; das sei um so abnormer, als in der Regel die Beschlagnahme bei Sortimentsbuchhändlern erfolge, welche durchweg ein eignes pekuniäres Interesse bei jener Frage gar nicht hätten, von welchen daher auch nicht zu erwarten sei, daß sie von der ihnen durch Abs. 4 l. c. gewährten Befugniß einen kräftigen Gebrauch machen würden, während umgekehrt den vorzugsweise interessirten Personen (Verleger, Verfasser rc.), wenn nicht bei ihnen die Beschlagnahme erfolgt, oder gegen sie die Verfolgung gerichtet sei, jede Möglichkeit der Vertheidigung entzogen bleibe. Habe der Gesetzgeber aus dringenden Gründen — um den schädlichen Folgen vorzubeugen, welche aus der Verbreitung einer einmal als strafbar erkannten Schrift entstehen könnten, — eine von den allgemeinen Grundsätzen jedes Rechtsverfahrens so sehr abweichende Bestimmung getroffen, so sei sie auf ihren Wortlaut zu beschränken; man dürfe daher nur der rechtskräftig ausgesprochenen Vernichtung jene weitgreifende Wirksamkeit (§ 50 Abs. 2) beilegen; so lange aber eine solche nicht angeordnet sei, müsse es bei der im Abs. 4 anerkannten Regel verbleiben, daß jeder, bei welchem eine Beschlagnahme von Schriften erfolgt sei, über die Vernichtungsfrage gehört werden müsse, und daß daher die Sache nur in einem gegen ihn gerichteten Verfahren zur Entscheidung gelangen könne, ohne daß ein bei einem andern Gerichte gegen eine andere Person früher anhängig gewordenes Verfahren eine Prävention zu begründen im Stande sei; der Art. 4 des Ges.s v. 3 Mai 1852 komme sonach hier nicht in Betracht, denn er setze voraus, daß für dieselbe Sache mehrere Gerichtsstände begründet seien; für die Sache gegen L., insbesondere auch für ein gegen ihn als Beschlagnahme-Interessenten zu richtendes Vernichtungs-Verfahren, sei aber das Gericht zu Berlin nicht kompetent; daß aber L., welcher verlangen konne, daß er in dem Vernichtungs-Verfahren bei seinem Richter gehört werde, ruhig abwarten solle, ob vielleicht ein anderes Gericht diese Vernichtung ausspreche, ohne ihn zu hören, könne unmöglich aus Art. 4 cit. gefolgert werden; das Alles müsse hier um so mehr gelten, wo bereits in 1. Instanz über die beantragte Vernichtung erkannt, und gegen das betr. Erkenntniß appellirt sei; über diese Appellation zu entscheiden, stehe nur dem dem Gerichte 1. Instanz übergeordneten AG. zu; endlich treffe aber die Ausführung des OStA.s auch schon deshalb nicht zu, weil — wie zu Nr. 2 näher dargethan werden würde, — hier von einer Vernichtung mit der im Abs. 2 des § 50 angeordneten Folge überhaupt keine Rede sein könne; denn

zu Nr. 2. sei es unbestreitbar, daß die Worte im § 50: „wird in einer Schrift der Thatbestand ꝛc erkannt" — lediglich auf den Fall Bezug hätten, wo der Inhalt, d. h. der durch die Worte ausgedrückte Gedanke an sich strafbar sei; dafür sprächen nicht allein die gedachten Worte selbst, sondern auch der Schluß des cit. Abs. 1 („— Hauptinhalt —") und die unzweideutige Fassung des § 29 des Preßges.s sowie des § 19 des StGB s; gegen diese Auslegung sei auch nicht der cit. Beschl. v. 14. Jan. 1863 anzuführen, denn auch damals habe es sich recht eigentlich von einem Falle der Strafbarkeit des Inhalts gehandelt, und der Zweifel nur darin bestanden, ob es genüge, wenn die Strafbarkeit nicht auf dem Gesetze, sondern auf einer Polizeiverordnung beruhe; ganz anders liege die Sache hier; eine Strafbarkeit des Inhalts der betr. Hefte werde gar nicht behauptet; die Fortexistenz der Hefte, und die Möglichkeit, daß künftig Jemand Kenntniß von ihrem Inhalte nehme, schließe gar keine Gefahr in sich, welcher durch die Vernichtung vorgebeugt werden müsse; nur der Verkauf, die Ausstellung und die gewerbsmäßige Vertheilung oder Verbreitung seien verboten; strafbar werde daher eventuell nicht der Verfasser, Drucker, Herausgeber, Verleger, sondern nur derjenige, welcher in Preußen in der angegebenen Weise die Schrift verkaufe ꝛc.; verstoße vielleicht irgend ein Sortimentsbuchhändler in Preußen gegen dieses Verbot, so fehle es doch an jedem inneren Grunde, nun eine allgemeine Vernichtung aller vorfindlichen Exemplare auszusprechen, also auch solcher, die gar nicht verkauft ꝛc., sondern vielleicht absichtlich vom Verkaufe zurückgehalten seien, weil der Besitzer gewissenhaft dem Gesetze Folge leisten wollte; nur in Betreff derjenigen Exemplare, welche wirklich in Preußen „verkauft, ausgestellt, gewerbsmäßig vertheilt oder verbreitet" seien, könne sonach eine derartige Maaßregel gerechtfertigt sein, nicht aber auf Grund des cit. § 50, sondern lediglich auf Grund des § 19 Abs. 2 des StGB.s, welcher die Konfiskation der Gegenstände vorschreibe, welche zur Begehung der betr. strafbaren Handlung gebraucht oder bestimmt worden seien, sofern sie dem Thäter oder Theilnehmer gehörten; eine solche Konfiskation genüge dann aber auch dem in der Sache liegenden Bedürfnisse, insbesondere sei hier, wo die Schrift selbst nichts objektiv Strafbares enthalte, die Anordnung der Vernichtung zwecklos; im vorliegenden Falle sei L. rechtskräftig freigesprochen, damit erledige sich die Verhängung der im cit. § 19 angedrohten Strafe . .

Das OTr. hat die NB. zurückgewiesen. Gründe:

Zunächst wird dem App.-Richter Verletzung von Grundsätzen des Verfahrens zum Vorwurf gemacht. Er soll nämlich

1) in Betreff der Druckschrift „Immergrün" den Rechtssatz non bis in idem verletzt haben, indem er es nach den ihm gemachten Vorlagen unbeachtet gelassen, daß bereits durch rechtskräftiges Erkenntniß des St.- u. Kr.-G.s zu Magdeburg v. ꝛc. die Vernichtung aller vorfindlichen Exemplare dieser Druckschrift und der dazu bestimmten Platten und Formen ausgesprochen gewesen;
2) in Betreff der übrigen in der Anklage gegen Loose bezeichneten Druckschriften sich einer Verletzung des Art. 4 des Ges.s v. 3. Mai 1852 schuldig gemacht haben, indem er die in zweiter Instanz von der StA.-schaft beantragte Einforderung der Untersuchungs-Akten c. M. abgelehnt habe.

Die Angriffe sind jedoch verfehlt. Der Gerichtsstand der Prävention, welcher im Art. 4 des Ges.s v. 3. Mai 1852 vorgesehen ist, setzt Einheit der That voraus. Von einer solchen Einheit der That kann allerdings bei einem Vernichtungs-Verfahren gegen eine Schrift die Rede sein, welches auf Grund des Abs. 3 des § 50 des Preßges.s bei einer in verschiedenen Gerichtssprengeln erfolgten Beschlagnahme derselben eingeleitet ist, da die Schrift selbst, nicht die einzelnen Exemplare den Gegenstand des Verfahrens bildet. Anders liegt aber die Sache in dem Falle, wo mit Rücksicht auf den angeblich strafbaren Inhalt einer Schrift verschiedene Personen bei verschiedenen Gerichten verfolgt werden. Alsdann liegen verschiedene strafbare Handlungen vor, bezüglich deren jedes Gericht vermöge seiner eigenen Kompetenz, wie über die Schuldfrage, so auch über die Frage nach der Vernichtung der Schrift selbstständig entscheidet. Die Kompetenz, über die Vernichtung zu erkennen, wird durch die Kompetenz rücksichtlich der Strafthat des Angeschuldigten begründet. Hier bleibt also jede Prävention in Betreff der Vernichtungsfrage ausgeschlossen, und daß widersprechende Erkenntnisse hierbei vorkommen können, vermag an den Grundsätzen über die Kompetenz nichts zu ändern.

Mit Recht hat hiernach der App.-Richter angenommen, daß für die Untersuchung gegen den Angeklagten L. zu Halberstadt die Untersuchung, welche in Berlin gegen einen Buchhändler M. wegen Vernichtung der in der Anklage bezeichneten 8 Druckschriften beim Kammergericht schweben soll, eine Prävention ebensowenig bewirkt haben könne, als die Untersuchung gegen L. eine präventive Einwirkung auf die Untersuchung gegen M. auszuüben vermöchte. —

Die Behauptung der NB., im vorliegenden Falle sei die Kompetenz des Kgl. Kr.-G.s zu Halberstadt zu einem Vernichtungs-Verfahren gegen die in der Anklage gegen L. bezeichneten Druckschriften nicht auf die Vorschrift im ersten Abs. des cit. § 50, sondern darauf gegründet, daß in Halberstadt eine Beschlagnahme der Druckschrift „Lindenblüthen" erfolgt sei, und daß diese Druckschrift ein Stück des als ein Ganzes zu betrachtenden Jahrganges 1864 der Gartenlaube darstelle, ist als richtig nicht anzuerkennen. Es sind zwar mehrere Exemplare der Druckschrift Lindenblüthen bei dem Angeklagten L. in Beschlag genommen, und ist auf den

Antrag der StA.-schaft diese Beschlagnahme gerichtsseitig aufrecht erhalten worden. Eine Beschlagnahme der übrigen in der Anklage bezeichneten Druckschriften ist überhaupt nicht erfolgt. Die Anklage ist nun auch lediglich gegen den Buchhändler L. wegen gewerbsmäßiger Verbreitung der sämmtlichen Druckschriften gerichtet, und bezieht sich hierbei bloß auf die §§ 50. 52. 53 des Preßges.s. Sie erwähnt der Beschlagnahme der Exemplare der Druckschrift Lindenblüthen nur nebenbei, enthält davon, daß die Kompetenz des Gerichts wegen der Vernichtung der fraglichen Druckschriften auf den Abs. 3 des § 50 cit. gestützt werde, kein Wort, und da eben nur verschiedene Exemplare der Druckschrift Lindenblüthen mit Beschlag belegt sind, so würde auch rücksichtlich aller übrigen in der Anklage bezeichneten Druckschriften das im Abs. 3 cit. vorausgesetzte Forum der Beschlagnahme nicht vorhanden gewesen sein. Die Kompetenz des Kreisgerichts zu Halberstadt wegen Vernichtung der fraglichen Druckschriften war hiernach sichtbar auf die Kompetenz des Gerichts in der Hauptsache gestützt.

Die NB. behauptet nun zwar, daß solches um deswillen von der Anklage nicht geschehen sei, weil die Bestimmung des Abs. 1 des § 50, wonach die Vernichtung auch dann in dem Urtel auszusprechen sei, wenn zwar der Angeklagte freigesprochen, in der Schrift jedoch der Thatbestand einer strafbaren Handlung vom Richter erkannt werde, nur einen solchen Angeklagten vor Augen habe, der nach § 34 des Preßges.s materiell, oder nach §§ 35 bis 37 daselbst formell, eine Verantwortlichkeit für den Inhalt der Druckschrift habe, nicht aber die Fälle der §§ 43 und 53 Abs. 1 l. c., in denen der Verbreiter der betreffenden Druckschrift eine Verantwortlichkeit für den Inhalt überhaupt nicht habe. Allein beim § 43 kommt die Vernichtungsfrage beim Fortdauern der Beschlagnahme gar nicht zur Erörterung, und der § 53 in seinem ersten Absatz setzt voraus, daß die ausländische Zeitschrift für sich ihrem Inhalte nach nicht strafbar sei. Ist dies aber der Fall, so fällt auch die

Voraussetzung fort, unter der auch nach Maaßgabe des Abs. 3 des cit. § 50 ein Vernichtungs-Verfahren gegen die Schrift selbst eingeleitet werden könnte. Behauptet dagegen die Anklage die Strafbarkeit des Inhalts der Schrift unter irgend einem Gesichtspunkte, so hat auch der Angeklagte das Recht, diese Strafbarkeit zu bestreiten und somit das befaßte Gericht auch die Kompetenz über eine nothwendige Voraussetzung der Vernichtung, und mithin auch über diese selbst zu erkennen. Es ist daher auch nicht abzusehen, wie im Falle des Abs. 1 des § 53 l. c. von der wirksamen Prävention eines andern Gerichts in Bezug auf die Frage der Vernichtung der nämlichen Schrift die Rede sein könne.

Aber abgesehen von dem Bisherigen rechtfertigt sich auch die Entscheidung des vorigen Richters. Was zunächst das beim ersten Beschwerdepunkte bezogene Urtheil des Kgl. St.- und Kr.-G.s zu Magdeburg v. 19. Nov. 1864 betrifft, so ist dies Urtheil zwar an demselben Tage, an welchem die StA.-schaft erster Instanz die Rechtfertigung der Appellation gegen das erstrichterliche Urtheil eingereicht hat, von dem OStA. zu den gerichtlichen Akten gegen L. gegeben worden. Nirgends erhellt aber, daß im Verfolg der Appellation auf dieses Schriftstück, welches die Appellations-Rechtfertigung nicht erwähnt, Seitens der StA.-schaft irgend wie rekurrirt worden ist. Im Gegentheil geht der in der 2. Instanz Seitens der StA.-schaft gestellte Antrag ausdrücklich auf Vernichtung der sämmtlichen in der Anklage bezeichneten Druckschriften, also auch der Druckschrift „Immergrün“ und von Novis in 2. Instanz ist überall nicht die Rede. Der App.-Richter würde sich hiernach auch der Verletzung des Grundsatzes non bis in idem nicht schuldig gemacht haben, wenn für ihn rücksichtlich der Druckschrift „Immergrün“ die dieserhalb ausgesprochene Vernichtung in allen zur Verbreitung vorfindlichen Exemplaren maaßgebend gewesen wäre.

Anlangend sodann die Beschwerde sub 2, so unterstellt die Prävention und Art. 4 des Ges.s v. 3. Mai 1852, welche die NB. für sich anruft, die territoriale Kompetenz der verschiedenen Gerichte. Wie der Eingang des Abs. 2 des eben citirten Artikels ergiebt, fixirt das Erkenntniß 1. Instanz den Gerichtsstand definitiv, und zwar aus dem einfachen Grunde, weil (abgesehen von einer Regulirung der Sache nach Maaßgabe des Ges.s v. 26. April 1851) nur das ressortmäßige AG. über den Spruch des ihm untergebenen Unterrichters befinden kann.

Nun hat aber im vorliegenden Falle der erste kompetente Richter — die Kompetenz behauptet auch die Anklage vom anfänglichen Standpunkte, und selbst die NB. noch von ihrem jetzigen Standpunkte aus — die Vernichtung der in der Anklage bezeichneten Druckschriften aus materiellen Gründen abgelehnt. Ein fremdes AG. kann demnach auch ex praeventione über diese Frage zu entscheiden nicht mehr kompetent werden; es müßte dieselbe vielmehr dem ressortmäßigen AG. zu Halberstadt vorbehalten bleiben, und es kann daher auch, indem es wegen der als möglich behaupteten Prävention die Einforderung der Untersuchungsakten, welche vom Kammergericht wegen angeblicher Vernichtung der sämmtlichen in der Anklage bezeichneten Druckschriften gegen den Buchhändler M. verhandelt würden, nicht veranlaßt hat, dieselbe vielmehr zurückwies, den cit. Art. 4 nicht verletzt haben.

Die formellen Angriffe der NB. erscheinen demnach in beiden Richtungen hin verfehlt.

Ebenso verhält es sich mit der fernerweit behaupteten materiellen Rechtsverletzung. Denn es kann einem begründeten Zweifel nicht unterliegen, daß der § 50 des Preßges.s zu seiner Anwendbarkeit überall die Voraussetzung hat, daß der Inhalt der Schrift, ihre Veröffentlichung vorausgesetzt, materiell den Thatbestand einer strafbaren Handlung darstelle. Soll die Handlung in diesem Sinne strafbar sein, so müssen die Merkmale vorliegen, unter denen das Gesetz dieselbe als strafbar vorgesehen hat. In dem Falle einer lediglich auf den Abs. 1 des § 53 ibid. gestützten Anklage fehlt es aber selbstverständlich an jedem Gesetze, unter welches die Handlung an sich als strafbar subsumirt werden könnte. Es ist vielmehr einzig und allein die gewerbsmäßige Verbreitung der darin vorgesehenen Druckschriften, welche den Thatbestand des Vergehens darstellt, uud zwar in der Voraussetzung ihres straflosen Inhalts. Dies ist mit zutreffenden Gründen von dem ersten und zweiten Richter ausgeführt, und es steht dem das Präjudikat in dem Beschlüsse des Kgl. OTr.s v. 14. Jan. 1863 c. Ahrens auch nicht entgegen, da es sich dort um eine Bekanntmachung handelte, welche an sich die Uebertretung einer Polizei-Vorschrift enthielt. Das im § 53 Abs. 1 l. c. vorgesehene Vergehen ist vom Gesetzgeber milder behandelt, als das Vergehen aus § 43 daselbst. Nur die gewerbsmäßige Verbreitung der verbotenen Druckschrift bildet den Thatbestand des Vergehens und die Verbreitung solcher Schriften durch Privatpersonen, sofern sie nicht gewerbsmäßig erfolgt, ist straflos. Hieraus ergiebt sich also, daß wenn auf die aus § 53 erhobene Anklage freigesprochen wird, weil eine gewerbsmäßige Verbreitung nicht stattgefunden habe, auch nicht einmal die Konfiskation der vorfindlichen, zur Verbreitung bestimmten Exemplare im Urtel ausgesprochen werden kann, im Falle der Verurtheilung dagegen nur auf Konfiskation der Druckschriften zu erkennen ist, welche sich im Sinne des Abs. 1 des § 19 des StGB.s als Mittel zur Verübung des Vergehens darstellen. [27. — 3.]

Waffen. — Auffammeln.

Ein Auffammeln von Waffen ꝛc. kann auch in einer einmaligen Anschaffung derselben gefunden werden.

StGB. § 340 Nr. 2 [dort einzutr. als n. 2a].

Erk. (Z. I.) v. 24. Nov. 1865 c. Grand (1145. I. Cr.) spricht den obigen Grundsatz ohne weitere Begründung aus.

Antr. des GStA.s: gleichl. [18. — 2.]

Hehlerei. — Annahme in Zahlung.

Die Annahme gestohlenen Geldes als Zahlung stellt den Thatbestand der Hehlerei dar, wenn dabei die Kenntniß von dem Diebstahle obwaltete.

StGB. § 237 [n. 24].

Erk. (Z. I.) v. 24. Nov. 1865 c. Hirsch (1044. I. Cr.).

Nach der ursprünglichen Fassung des § 237 des StGB.s, welcher nur die Erwerbsarten des Ankaufs oder der In-Pfandnahme der Sachen, außer dem Verheimlichen, als Hehlerei strafte, konnte es allerdings zweifelhaft sein, auch den Verkauf eigener Sachen des Hehlers gegen Empfangnahme des in gestohlenem u. s. w. Gelde bestehenden Kaufpreises als Hehlerei zu qualifiziren. Man hat nun aber durch die neue Fassung des § 237 nach dem Ges. v. 14. Apr. 1856 eine Erweiterung des Thatbestandes durch Hereinziehung auch anderer Erwerbsarten bezweckt. In dieser Hinsicht ist insbesondere das gegen den Angeklagten festgestellte „Ansichbringen" entscheidend, indem dasselbe ohne Zwang auch jenen Fall, also die Annahme eines Kaufpreises in gestohlenem Gelde, mit der Kenntniß seines verbrecherischen Erwerbes Seitens des Käufers, in sich begreift. Der Umstand, daß der Verkäufer in solchem Falle ein wirkliches Aequivalent giebt, ist nicht entscheidend, weil dasselbe auch in anderen vom Gesetze genannten Fällen stattfindet. Der Ausdruck „Sachen" ist ein allgemeiner, auch die fungiblen, also auch das Geld umfassender.

Antr. des GStA.s: gleichl. [15.—2.]

Anstiftung. — Anleitung.

Kann das „Anleitung-Geben" ein geeignetes Mittel der Anstiftung zur Begehung einer Strafthat darstellen? (von der GStA.-schaft bejaht.)

StGB. § 34 Nr. 1. 2 [n. 51].

Erk. (Z. I.) v. 24. Nov. 1865 c. Schwiderka (Koschan u. Gen. 1228. I. Cr.).

Die Geschwornen hatten den K. des Meineides und den Schw.

schuldig befunden: „— den K. durch Aufforderung und Anleitung zur Begehung jenes Verbrechens bestimmt zu haben." Die gegen das verurtheilende Erkenntniß gerichtete NB. des Schw. rügte Gesetzesverletzung: § 34 Nr. 1 StGB. führe Aufforderung und Anleitung nicht ausdrücklich als Mittel der Anstiftung auf; zwar habe das OTr. angenommen, die Aufforderung sei als ein genügendes Mittel anzusehen, wenn der Thäter dadurch wirklich zur Ausführung vermocht sei; ein gleiches könne aber nicht von der Anleitung gelten, da das Gesetz sie nur als eine Art der Theilnahme im Sinne des § 34 Nr. 2 auffasse; sei dieses richtig, so rechtfertige der Geschwornenspruch die Strafverhängung nicht, da er es unbestimmt lasse, ob die Aufforderung oder aber die Anleitung mit der erforderlichen Stimmenmehrheit bejaht worden sei. —

Die GStAnw.-schaft sprach sich für die Zurückweisung der NB. aus, indem sie u. A. ausführte: das Geben einer Anleitung könne unbedenklich auch als Mittel zur Anstiftung wirksam werden; dieses sei anzunehmen, sobald durch diese Anleitung in dem Thäter der verbrecherische Wille zur Begehung der That hervorgerufen werde, während umgekehrt § 34 Nr. 2 da Platz greife, wo der Anleitung-Gebende nicht den Willen des Thäters zur Begehung der That hervorgerufen, ihm vielmehr eine Belehrung ertheilt habe, wie ꝛc. die That auszuführen sei, möge der Thäter zur Begehung bereits früher entschlossen gewesen, oder erst später aus einer andern Veranlassung zu diesem Entschlusse gelangt sein. —

Das OTr. hat, ohne auf eine Erörterung dieser Frage einzugehen, die NB. zurückgewiesen, weil die festgestellte Anstiftung durch Aufforderung zur Rechtfertigung der Strafverhängung aus §§ 34 Nr. 1 und 35 genüge. [18. — 2.]

Abdeckerei. — Befähigungszeugniß. — Zweck des Betriebs.

Zum Betriebe des Abdeckereigewerbes bedarf es auch dann eines Befähigungszeugnisses der Regierung, wenn die durch dasselbe erzielten Stoffe lediglich für ein von dem Betreffenden betriebenes anderes Gewerbe benutzt werden, sobald nur jener Thätigkeit an und für sich der Charakter eines Gewerbebetriebes beiwohnt.

Gew.-Ordn. v. 17. Jan. 1845 § 45; Ges. v. 31. Mai 1858 (GS. S. 333).

Erk. (B. I.) v. 24. Nov. 1865 c. Ziegenhirt (1089. I. Cr.).

Der Weißgerbermeister und Leimsieder Z. war in 1. Instanz wegen

Betriebs des Abdeckereigewerbes ohne Befähigungszeugniß bestraft worden; auf seinen Rekurs sprach das AG. frei; dasselbe nahm zwar mit dem 1. Richter an: Z. habe eine große Anzahl todter und lebender Pferde gekauft, die letzteren schlachten und alle abledern lassen, und dann die Körper ausgenutzt; es hielt aber die §§ 177. 45 der Gew.-Ordn. deshalb für unanwendbar, weil jene Ausnutzung der Pferde-Kadaver durch Z. nur für sein Gewerbe als Leimsieder bewirkt worden sei. — Auf die NB. des OStA.s erfolgte Vernichtung dieses Erkenntnisses. Gründe:

Die thatsächliche Feststellung des zweiten Richters beruht auf rechtsirrthümlichen Auffassungen, da es bei Anwendung der §§ 45 und 177 der A. Gew.-Ordn. v. 17. Jan. 1845 nicht darauf ankommen kann, ob die inkriminirte Handlungsweise zu dem Zweck vorgenommen wird, die erzielten Stoffe noch für ein anderes Gewerbe, welches der Angeschuldigte betreibt, zu benutzen, sondern nur darauf, ob diese Handlungsweise an und für sich den Betrieb eines der im § 45 a. a. O. aufgeführten Gewerbe darstellt. Die Vorschrift des § 45 a. a. O. ist im polizeilichen Interesse erlassen, indem sie, soweit es die Abdeckerei betrifft, bezweckt, daß nicht unkundige Personen sich mit dem Betriebe eines Gewerbes befassen, dessen regelwidrige Handhabung — namentlich in Beziehung auf die Verbreitung ansteckender Krankheiten — allgemein schädliche Wirkungen haben kann. Daß nur dies, und nicht etwa, wie der zweite Richter annimmt, die Absicht, ein Monopol des Abdeckers zu begründen, die Absicht des Gesetzgebers ist, ergiebt sich nicht nur aus der Natur der übrigen im § 45 erwähnten Beschäftigungen, sondern auch daraus, daß die spätere Gesetzgebung, der Aufhebung der Zwangs- und Bannrechte ohngeachtet, diese Vorschrift beibehalten hat. Dies ist im § 27 des Ges.s über die Regulirung des Abdeckereiwesens v. 31. Mai 1858 (GS. S. 333) ausdrücklich ausgesprochen, und durch die Gesetze v. 22. Juni 1861, betreffend die Abänderung einiger Bestimmungen der allgemeinen Gewerbe-Ordnung, und v. 1. Juli 1861, betreffend die Errichtung gewerblicher Anlagen, nicht abgeändert worden. Es findet sich übrigens auch im § 1 des zuletzt genannten Gesetzes die Bestimmung, daß bei allen gewerblichen Anlagen, welche dort als einer besonderen polizeilichen Genehmigung bedürfend aufgeführt sind — und unter ihnen sind auch Abdeckereien genannt — es keinen Unterschied mache, ob sie nur auf den eigenen Bedarf des Unternehmers oder auch auf den Absatz an Andere berechnet sind. Deshalb ist es auch nicht zutreffend, wenn der zweite Richter darauf Gewicht legt, daß der Angeschuldigte zum Betriebe des Handwerks als Weißgerber und des Gewerbes als Leimsieder befugt sei, denn weder die Prüfung, welche er als Weißgerber, wenn er nicht etwa der Innung angehörte, nach § 23 der Vdn. v. 9. Febr. 1849 vor der Prüfungskommission seines Handwerks abzulegen hatte, noch die polizeiliche Genehmigung, deren er nach § 27 der Gew.-Ordn. zur Anlegung seiner Gerberei und Leimsiederei bedurfte, können das im § 45 a. a. O. vorgeschriebene Zeugniß der Kgl. Regierung über die Befähigung zum Abdeckerei-Betriebe ersetzen.

Auch die vom zweiten Richter angeführte Verordnung der Kgl. Regierung zu Potsdam v. 7. Sept. 1855 (ABl. S. 343) berührt — abgesehen davon, daß durch dieselbe der § 45 der Gew.-Ordn. nicht aufgehoben werden konnte — den vorliegenden Fall nicht, da sie nur den Zweck hat, von dem im § 5 des Publikandums v. 29. Apr. 1772 — N. C. C. von 1772 pag. 149 — angeordneten Vergraben der Kadaver im Allgemeinen Abstand zu nehmen und demgemäß den Abdeckern und andern Gewerbetreibenden und Viehbesitzern die Ausnutzung der Kadaver solcher Thiere, welche nicht an gefährlichen Krankheiten gelitten haben — selbstredend aber unter Beobachtung der sonstigen polizeilichen Vorschriften — gestattet.

Antr. des GStA.s: gleichl. [30. — 2.]

Postzwang. — Expresser Bote.

Die Versendung postzwangspflichtiger Gegenstände kann durch eigne Privatboten in unbe-

schränkter Weise erfolgen; insbesondere ist es nicht unstatthaft, durch einen solchen Boten regelmäßig die einzelnen Nummern einer postzwangspflichtigen Zeitung zu verschicken.

Post-Ges. v. 5. Juni 1852 §§ 7. 1. 5. 32 Nr. 3; ALR. II, 15. § 147.

Erk. (Z. II.) v. 30. Nov. 1865 c. Bentmann & Krüger (380. II. Cr.).

Der Buchhändler Kr. zu D. hatte als Eigenthümer und Verleger einer stempel- und daher postzwangspflichtigen Zeitung die einzelnen Nrn. derselben seinen in H. und A. wohnenden Abonnenten durch den dafür bezahlten Tagelöhner B. überbringen lassen, obgleich zwischen D. einer- und H. und A. andrerseits eine Postverbindung bestand. Deshalb aus § 7 und 32 Nr. 3 des Postgesetzes angeklagt, wurden beide von den Instanzgerichten freigesprochen, weil B. als expresser Bote des Kr. gehandelt und diese Eigenschaft auch nicht dadurch verloren habe, daß er die betr. Botengänge regelmäßig zu bestimmten Zeiten machte (vgl. § 147 II, 15 ALR.). — Die NB. des OStA. und des Ob.-Post-Direktors suchte, unter Bezugnahme auf das Postges. v. 26. Nov. 1782 § 5 Abschn. 16 (Rabe 1. S. 287), auszuführen, daß ein „expresser Bote" nur derjenige sei, welcher in außerordentlichen, der Beschleunigung bedürfenden, Fällen verwendet werde, nicht also ein solcher, welcher regelmäßig die betr. Gänge mache; für diese Auslegung spreche auch § 32 Nr. 1. des Postges.s, welcher den Fall des § 7 nicht ausnehme und auch da zutreffe, wo nur die Sachen eines einzigen Eigenthümers transportirt würden. — Zurückweisung. Gründe:

Zur Unterstützung der der NB. zu Grunde liegenden, die im § 7 des Ges.s v. 5. Juni 1852 statuirte Ausnahme von dem Postzwange einschränkenden Ansicht wird vor Allem der Ausdruck: „expresser" Bote und die demselben in dem Sprachgebrauche des gewöhnlichen Lebens beiwohnende Nebenbedeutung von etwas Außergewöhnlichem und besonderer Beschleunigung Bedürfendem urgirt. Allein es erscheint bedenklich, diesem Wortlaute ein zu großes Gewicht beizulegen, vielmehr nothwendig, die Deutung der betreffenden Vorschrift in dem Zusammenhange der gesetzlichen Bestimmungen und der daraus erkennbaren Absicht des Gesetzgebers zu suchen. Und da kommt denn in Betracht, daß die in § 7 cit. gewährte Freiheit von dem Postzwange alle nach § 4 sub Nr. 1—4 demselben unterworfenen Gegenstände umfaßt, also nicht bloß Briefe, für welche die Voraussetzung, daß die gewährte Freiheit nur für die Fälle einer außergewöhnlichen und nicht zu verschiebenden Besorgung bestimmt sei, eher gelten kann, sondern auch andere Gegenstände, auf welche diese Voraussetzung nicht paßt, insbesondere Zeitungen und Anzeigeblätter, welche periodisch und regelmäßig erscheinen, und welche daher eine gleiche periodische und regelmäßige Beförderung, nach ihrem Erscheinen, erheischen. Diese Beförderung ist es, wofür in § 4 Nr. 2 des Postgesetzes der Postzwang im Allgemeinen und wofür in § 7 ibid. die Freiheit der Beförderung durch eigene Mittel statuirt wird. Daß diese Freiheit auf den Fall, wo ausnahmsweise eine Versendung von Zeitungen in größerer Quantität, oder eines einzelnen Zeitungsblattes für sich erfolgt, habe beschränkt werden wollen, widerspricht der Natur der Sache und kann unmöglich angenommen werden. Es leuchtet also ein, daß der Ausdruck: „expresser Bote" nicht in dem engeren Sinne eines für eine einmalige ungewöhnliche Verrichtung angenommenen Boten verstanden werden kann, vielmehr damit nur der Gegensatz gegen den Postzwang ausgedrückt, derselbe also als gleichbedeutend mit: „Privat- oder eigener Bote" gebraucht wird. Nach dieser Auffassung schließt sich der Sinn des § 7 cit. an das frühere Recht (ALR. II, 15. §§ 141. 142. 147) an. Dies spricht (§ 147 ibid.) einfach und ohne Einschränkung aus, daß Jedem freistehe, seine Briefe oder postmäßigen Packete durch eigene Boten oder Fuhren abzuschicken. Es ist ein Argument, dessen Stärke nicht verkannt werden kann, und das die aus der bloßen Wortfassung des § 7 hergeleiteten Zweifelsgründe widerlegt, wenn gesagt wird, daß eine Absicht, das Postregal auszudehnen und zum Vortheil desselben den freien Verkehr zu beschränken, bei dem Ges. v. 5. Juni 1852 nicht unterstellt werden könne.

Der Versuch, den Sinn des § 7 cit. aus der angezogenem Bestimmung der Postordnung v. 26. Nov. 1782 erläutern zu wollen, scheitert daran, daß letztere Bestimmung eben nur von der Zulässigkeit der Beförderung von Briefen außerhalb des Postzwanges redet und diese allerdings auf außergewöhnliche Fälle beschränkt, darum aber auch für die Beurtheilung der erweiterten und auf andere Beförderungsobjekte ausgedehnten Befugniß nicht maaßgebend sein kann.

Wenn in den Ausführungen der Postverwaltung wiederholt die Regelmäßigkeit der Beförderung mit angeblich feststehender Abgangszeit betont und aus der Fassung des § 32 Nr. 1 des Postgesetzes argumentirt, namentlich darauf Gewicht gelegt wird, daß hiernach hätte auf § 7 verwiesen und der Fall einer regelmäßigen Beförderung einzelner postzwangspflichtiger Gegenstände durch expresse Boten als ein Ausnahmefall von der Strafbarkeit des § 32 bezeichnet werden müssen, so verwechselt diese ganze Argumentation zwei verschiedene Verhältnisse, die einfache Verletzung der Postzwangspflicht und die Usurpation des eigentlichen landesherrlichen Postregals durch Begründung einer regelmäßigen, der Benutzung des Publikums dargebotenen und durch feststehende Abgangs- und Ankunftszeit derselben zugänglich gemachten Beförderungsgelegenheit oder Anstalt. Bei diesem Verhältnisse, wovon der § 32 Nr. 1 handelt, sind allerdings die Regelmäßigkeit der Beförderung und die Bestimmtheit der Abgangszeit die wesentlichen Momente, da dadurch die Möglichkeit für das Publikum, sich der Beförderungsgelegenheit zu bedienen, bedingt ist. Dagegen kommt die Regelmäßigkeit oder das etwanige Feststehen der Zeit, zu der der betreffende Bote seinen Weg antritt, ganz und gar nicht in Betracht, wo es sich nur um die Beförderung eigener Sachen handelt, an der das Publikum kein Interesse hat und wo, wie es im vorliegenden Falle festgestellter Maaßen sich verhält, der die Beförderung besorgende Bote, ohne alle Nebenzwecke, dem Publikum gegenüber, lediglich den ihm ertheilten speziellen Auftrag ausführt. Hier ist von keinem Eingriffe in das § 1 des Postgesetzes bezeichnete Regal die Rede. Es war daher auch keineswegs nothwendig, in die den Schutz dieses Regals bezweckende Strafbestimmung des § 32 Nr. 1 den Fall des § 7 ibid. aufzunehmen. Es ist vielmehr begriffswidrig, den letzteren mit jener Bestimmung in eine Verbindung bringen zu wollen.

Anr. des GStA.s: gleichl. [29.—3.]

Rheinisches Verfahren. — Assisen-Präsident. — Diskretionäre Gewalt.

Der Assisen-Präsident ist in der Handhabung der ihm ertheilten diskretionären Gewalt unbeschränkt; insbesondere kann er die im Vorverfahren zu Protokoll genommenen Zeugenaussagen verlesen lassen, ohne Unterschied, ob die Veranlassung dazu sich erst aus den neuen Vorgängen in der Sitzung ergab, oder vielleicht auch früher hätte vorausgesehen werden können.

Rh. StPO. Artt. 268. 269.

Erk. (Z. II.) v. 30. Nov. 1865 c. Brasse (424 II. Cr.).

Der vom (Rh.) Ass.-Hofe verurtheilte Br. machte im Wege des Kassationsrekurses geltend: der Präsident habe dadurch, daß er die im Vorverfahren zu Protokoll genommenen Aussagen zweier zur Sitzung nicht vorgeladener Zeugen habe verlesen lassen, seine diskretionäre Gewalt mißbraucht und den Art. 269 StPO. verletzt; diese Gewalt solle nur da aushelfen, wo das regelrechte Verfahren auf Hindernisse stoße, die außerordentliche Hülfsmittel erheischten; dagegen solle der Präsident nicht durch Anwendung jener Gewalt die Verabsäumungen des öffentlichen Ministeriums wieder gut machen; insbesondere gestatte Art. 269 nur nach Maßgabe der neuen in der Sitzung erfolgten Ermittelungen sich ergebende n e u e Beweismittel zu benutzen, nicht aber auch solche, welche sich auch früher schon dargeboten hätten. — Das OTr. hat den Rekurs verworfen, indem es erwog:

daß der Assisen-Präsident dadurch, daß er kraft seiner, ihm durch den Art. 268 der StPO. anvertrauten diskretionären Gewalt die in der Voruntersuchung abgegebenen Aussagen der zur Sitzung nicht mit vorgeladenen Fabrikanten B. und B.-D. verlas und den Angeklagten über den Inhalt dieser Aussagen vernahm, den Art. 269 ibid.

nicht verletzt hat, da er hierbei nicht nach Maaßgabe dieses letzteren Artikels, sondern von der im Art. 268 ihm ganz im Allgemeinen ertheilten Befugniß Gebrauch machte; daß es daher, gleichviel, ob die Nothwendigkeit oder Angemessenheit eines Zurückgehens auf den Inhalt der Aussager dieser Zeugen sich erst aus den neuen Vorgängen in der Audienz ergab, oder auch vielleicht schon früher hätte vorhergesehen und durch eine Vorladung eben dieser Zeugen zur Sitzung Seitens des öffentlichen Ministeriums hätte unnöthig gemacht werden können, bei Prüfung der Rechtsgültigkeit des angegriffenen Verfahrens, nur noch darauf ankommt, ob der Assisen-Präsident in dem Augenblick, wo er zur Verlesung der Zeugenaussagen überging, im Bewußtsein der ihm zustehenden diskretionären Gewalt handelte, und daß dies durch die, im Audienzprotokolle konstatirte desfallsige ausdrückliche Erklärung desselben außer Zweifel gestellt ist.

Antr. des GStA.s: gleichl. [11.—3.]

Rheinisches Verfahren. — Geschworner. — Verweigern des Dienstes. — Strafe. — Rechtsmittel.

Nach Rheinischem Verfahren steht dem Geschwornen, welcher wegen Ungehorsams vom Assisenhofe ungehört mit der Strafe des Art. 396 der StPO. belegt worden ist, das Rechtsmittel des Einspruchs zu. So lange er von diesem keinen Gebrauch gemacht hat, kann er das wider ihn ergangene Urtheil nicht durch Kassationsrekurs anfechten.

Rh. StPO. Artt. 396. 397. Jener Einspruch ist an die im Art. 187 vorgeschriebene fünftägige Frist gebunden: Carnot sur l'art. 397; Morin Dict. d. dr. cr. v. Juré p. 463; beide Schriftsteller nehmen an, der Einspruch müsse dem öff. Ministerium zugestellt werden.

Erk. (Z. II.) v. 30. Nov. 1865 c. Doutrelepont (408. II. Cr.).

D. war zu den Quartalsitzungen des (Rh.) Schw.-GH.s zu A. für das zweite und dritte Quartal als Geschworner einberufen worden, hatte aber jedesmal Dispensation erwirkt, das erste Mal wegen einer nothwendigen Reise, das zweite Mal wegen der bevorstehenden Niederkunft seiner Frau. Zu der Sitzung des vierten Quartals ebenfalls einberufen, reichte er wiederum zwei Dispensationsgesuche ein, von welchen das erste auf angebliche Schwerhörigkeit, das zweite darauf gestützt war, daß er als Wallone der deutschen Sprache nicht genügend mächtig sei. Beide Gesuche wurden als thatsächlich unbegründet verworfen. Er wurde darauf in der Untersuchungssache c. W. H. als Geschworner gezogen und wohnte der Verhandlung bei, weigerte sich aber demnächst an der Abstimmung der Geschwornen Theil zu nehmen unter der wiederholten Versicherung: er habe der Verhandlung nicht vollständig folgen können Hierauf vertagte der GH. die Verhandlung der Sache c. W. H. bis zur nächsten Sitzung, und verurtheilte den ꝛc. D. zu einer Geldbuße von 500 Franks, sowie zur Erstattung der frustrirten Kosten, ohne diesen vorher nochmals in Beziehung auf diese Strafverhängung zu vernehmen; in den Gründen des Urtheils ward ausgeführt, daß der die Abgabe der Stimme verweigernde Geschworne demjenigen gleich stehe, welcher der Vorladung keine Folge leiste; in Betreff des Kostenersatzes war auf Art. 1382 des BGB.s und Art. 355 der StPO. Bezug genommen. — Der Kassationsrekurs des D rügte: 1) Verletzung des Art. 396 StPO., weil dieser nur gegen denjenigen Geschwornen die Strafe androhe, welcher nicht erscheine, oder nachdem er erschienen war, sich unbefugter Weise wieder entferne, nicht aber gegen denjenigen, welcher aus Gewissenhaftigkeit seine Stimme nicht abgeben zu können glaube; *) 2) Verletzung der Artt. 273. 284 ibid., weil das Urtheil gesprochen sei, ohne das öffentliche Ministerium zu hören, also ohne daß eine Strafverfolgung stattgefunden habe; 3) weil er, D., nicht in Betreff der gegen ihn zu verhängenden Strafe gehört worden sei. —

Das OTr. hat den Kass.-Rekurs, ohne auf die angegebenen Gründe einzugehen, verworfen; es erwog:

daß, wenn der Kgl. Assisenhof zu A. den Kassationskläger in Folge seiner Weigerung, bei der Verhandlung der

*) Für die analoge Ausdehnung des Art. 396 auf einen Fall, wo der Geschworne sich weigert, oder schuldbarer Weise sich in die Unmöglichkeit versetzt hat, den Geschwornendienst zu erfüllen, hatte der Ass.-Hof z. Aachen sich auch durch ein Urtheil v. 5. März 1825 c. Schmitz ausgesprochen; ähnlich ein Urtheil des App.-Hofs z. Rouen v. 22. Nov. 1822 (Sir. 24. 2. 98); diese Praxis billigt Carnot 2. p. 655; contra: die Note der Herausgeber der Collection nouv. des Sirey zu einem Cass. 14. pluv. VIII. (l. c. 1. 1. p. 298), welche hier eine Lücke in der Gesetzgebung finden; vgl. Oppenhoff Strafverfahren § 72 n. 10. 11; Just.-Min.-Bl. 1858. S. 170.

Untersuchungssache wider W. H. in der Sitzung v. ꝛc. sich als Geschworner an der Abstimmung zu betheiligen, als in gleichem Falle mit demjenigen Geschwornen, der sich auf die an ihn ergangene Vorladung nicht eingefunden hat, befindlich erachtet, und ihn demzufolge auch, gleichwie einen Nichterschienenen, in Anwendung des Art. 396 der StPO., ohne Weiteres und ohne ihn über die Gründe seines Verhaltens zu hören, zu der in dem bezogenen Artikel angedrohten Strafe verurtheilt hat, demselben die für den Fall des Art. 396 sowohl, wie des Art. 398 der StPO. anerkannte Befugniß zusteht, im Wege des Einspruchs wider das verurtheilende Erkenntniß seine behaupteten Entschuldigungsgründe der Prüfung des Assisenhofes zu unterbreiten und, gestützt auf dieselben, die Wiederaufhebung der erfolgten Bestrafung zu beantragen;

daß der Anspruch hierauf dadurch nicht beseitigt ist, daß der Assisenhof das Gesuch des Kassationsklägers, von dem Amte eines Geschwornen auf die Dauer eines Jahres dispensirt zu werden, vorher schon abgelehnt hatte, da durch diese Ablehnung die Frage, in wie fern er durch seine Weigerung, an der Abstimmung in der Sitzung v. ꝛc. Theil zu nehmen, sich einer Strafbarkeit ausgesetzt habe, nicht erschöpft ist;

daß, so lange aber dem Kassationskläger der Weg offen steht, vermöge eines Einspruchs wider das verurtheilende Erkenntniß dasjenige Gehör, über dessen Nichtgewährung er Beschwerde führt, zu erlangen, jenes Erkenntniß, als in letzter Instanz ergangen, nicht betrachtet und daher mittelst des Kassationsrekurses nicht angefochten werden kann.

Antr. des GStA.s: gleichl. [29.—3.]

Rheinisches Verfahren. — Unfähiger Zeuge. — Uneidliche Vernehmung.

1. Nach Rheinischem Verfahren ist eine schwurgerichtliche Verhandlung nichtig, wenn eine zum Zeugnisse unfähige Person eidlich vernommen

worden ist, insofern dieses nicht vom Präsidenten vermöge seiner diskretionären Gewalt angeordnet worden ist.

Rh. StPO. Art. 322. — Das ist indessen auf die uneidliche Vernehmung von Kindern unter 15 Jahren nicht auszudehnen, arg. Art. 79: Rej. (ch. réun.) 3. Dez. 1812, Sir. 16. 1. p 424.

2. **Der Schwager des Angeklagten bleibt auch dann zum Zeugnisse unfähig, wenn der das Schwägerschaftsverhältniß vermittelnde Ehegatte verstorben ist.**

Ebendas. Vgl. Cass. 10. Okt. 1839, id. 10. Mai 1843, Sir. 39. 1. p. 955; 43. 1. p. 434.

Erk. (B. II.) v. 30. Nov. 1865 c. Jendges (419. II Cr.).

In Erw., daß nach Art. 322 der StPO. die Geschwister der Angeklagten und die in gleichem Grade verschwägerten Personen als Zeugen nicht vernommen werden dürfen, der als Zeuge geladene C. Th. aber erklärt hat, daß der mitangeklagte K. der Bruder seiner ersten verstorbenen Frau sei;

daß, wenn hiernach die eidliche Vernehmung des geladenen Zeugen Th. nicht Statt gehabt hat, hierdurch eine Verletzung des Art. 322 l. c. nicht bewirkt worden ist, gleichviel ob ein Widerspruch gegen die eidliche Vernehmung Seitens des Angeklagten oder des öffentlichen Ministeriums erhoben worden ist, oder nicht;

daß dagegen der Beschluß, die eidliche Vernehmung nicht eintreten zu lassen, nach Art. 317 ibid. die Folge haben mußte, daß der betreffende Zeuge überhaupt nicht vernommen wurde, da dessen uneidliche Vernehmung nur nach Art. 269 ibid. kraft der diskretionären Gewalt des Präsidenten verordnet werden konnte;

daß von dieser, der Ehre und dem Gewissen des Präsidenten anheim gegebenen Ausnahms-Maaßregel aber nach Ausweis des Audienzprotokolls nicht Gebrauch gemacht, mithin der Art. 317 ibid. verletzt worden ist.

Antr. des GStA.s: gleichl. [22. — 3.]

Eröffnungsbeschluß. — Anklage-Senat. — Inkompetenz-Urtheil. — Res iudicata.

Durch einen Beschluß des Anklage-Senats, welcher den Thatbestand eines Vergehens beseitigt und nur wegen einer Uebertretung die Untersuchung eröffnet, wird der erkennende Richter (erster oder zweiter Instanz) nicht verhindert, jenen Vergehensthatbestand als vorliegend festzustellen und demgemäß seine Inkompetenz durch Erkenntniß auszusprechen. Durch dieses Erkenntniß wird jener Beschluß vollständig unwirksam.

Ges. v. 3. Mai 1852 Art. 9 [n. 7]. Vgl. RdOTr. 4. S. 95.

Erk. (Z. II.) v. 30. Nov. 1865 c. Rose (305. II. Cr.).

Durch die Rathskammer war gegen R. die Untersuchung wegen Betrugs eröffnet worden; demnächst hatte aber der Anklagesenat, weil er den Thatbestand des Betrugs nicht für vorliegend erachtete, jenen Beschluß aufgehoben und nur die Eröffnung der polizeirichterlichen Untersuchung wegen Waldproduktendiebstahls ausgesprochen (vgl. RdOTr. 4. S. 277). Vor dem PRichter beantragte der PAnw. Inkompetenzerklärung, weil die That einen Betrug darstelle; der PRichter sprach aber frei, weil er weder den Thatbestand des Betrugs noch den des Waldproduktendiebstahls für erwiesen erachtete. Auf den Rekurs des PAnw.s hob dagegen das AG. nach einer erneuerten Beweisaufnahme das erstrichterliche Erkenntniß auf und sprach seine, sowie des PRichters Inkompetenz aus, weil allerdings die That die Begriffsmerkmale des Betrugs in sich vereinige. Demnächst ist R. auch in beiden Instanzen wegen Betrugs verurtheilt worden. Seine NB. rügte die Verletzung des Grundsatzes Non bis in idem; der Ankl.-Senat habe durch rechtskräftig gewordenen Beschluß die Beschuldigung wegen Betrugs beseitigt; es sei daher unstatthaft gewesen, auf diesen Gesichtspunkt später wieder zurückzukommen; jener rechtskräftige Beschluß sei auch nicht durch das Inkompetenz-Urtheil des Rekursrichters unwirksam geworden; das vom AG. hierfür angerufene Z. (II, 390) 8. Okt. 1863 c. Lichtewahl (RdOTr. 4. S. 95) passe nicht, weil damals der Richter erster Instanz sich inkompetent erklärt habe; der Rekursrichter habe hier eine gleiche Befugniß nicht gehabt, weil nicht der Fall vorgelegen habe, in welchem derselbe nach § 166 der Vdn. v 3. Jan. 1849 zu einer neuen Beweiserhebung hätte übergehen dürfen. — Das OTr. hat die NB. zurückgewiesen. Gründe:

In dem angegriffenen Erkenntnisse ist auf Grund der Art. 7.9 und 30 des Ges.s v. 3. Mai 1852 mit Recht ausgeführt daß der Beschluß des Anklagesenats v. rc., welcher die Eröffnung der Untersuchung wegen einfacher Uebertretung ausspricht, durch das nach stattgehabter Verhandlung der Sache erfolgte Inkompetenz-Urtheil des Rekursrichters beseitig und erledigt worden sei. Obiger Verweisungsbeschluß hatte nur die Wirkung, den erkennenden Richter mit der Sache zu befassen; fand derselbe aber, daß die That nicht etwa eine Gesetzesübertretung geringerer (Art. 6 ibid.) sondern schwererer, seine Kompetenz übersteigender Art darstelle, so mußte er seine Inkompetenz aussprechen, und das desfallsige Urtheil hatte die Wirkung einer Verweisung vor das betr. Gericht. In der NB. wird mit Unrecht behauptet, daß dies Rechtsverhältniß nur in dem Falle eintrete, wenn derjenige Richter, an welchen die Sache verwiesen war, nicht auch, wenn, wie vorliegend, der Rekursrichter die Inkompetenz-Erklärung ausgesprochen. Denn dem Rekursrichter ist es nach § 166 der Vdn. v. 3. Jan. 1849 unbenommen, die erstrichterliche Feststellung zu prüfen, und falls er dabei Bedenken findet, zu einer Wiederholung der Beweisaufnahme überzugehen, folgeweise auch diejenige Entscheidung eintreten zu lassen, zu welcher der 1. Richter berechtigt und verpflichtet war.

Anr. des GStA.s: gleichl. [22.—3.]

Anklage. — Instanzrichter. — Befassung.

Der durch die Anklage mit einer Untersuchungssache befaßte Instanzrichter kann einen auf Beweiserhebung gerichteten Antrag der Staatsanwaltschaft, welcher dahin abzielt, zu ermitteln, ob die That von einem andern Gesichtspunkte aus strafbar sei, nicht aus dem Grunde ablehnen, weil der Staatsanwalt in jener Beziehung nicht eine Behauptung aufgestellt habe.

Vdn. v. 3. Jan 1849 § 1 [n. 16]; Ges. v. 3. Mai 1852 Art. 30 [n. 1. 5. 8. 10. 11]. Vgl. RbOTr. 3. S. 5. 275. 303.

Erk. (V. II.) v. 30. Nov. 1865 c. Bahrenholt (375. II. Cr.).

Auf dem Eisenbahnhofe zu B. war eine für eine Spinnerei bestimmte Quantität Flachs angekommen; beim Abladen gerieth dieselbe, angeblich durch die Fahrlässigkeit des Arbeiters B., in Brand; dieser ward daher aus §§ 288 286 StGB. angeklagt und in erster Instanz verurtheilt, weil man den Flachs als einen „Vorrath landwirthschaftlicher Erzeugnisse" (§ 286) betrachtete. In zweiter Instanz erachtete der OStA. diese Ansicht für nicht zutreffend, weil der Flachs hier nicht als ein solches Erzeugniß, sondern als ein bereits verarbeiteter Handelsartikel sich darstelle; dagegen regte er die Frage an, ob nicht der in Brand gerathene Wagen Flachs vermöge seiner Lage und Beschaffenheit das Feuer den Bahnhofsgebäuden habe mittheilen können; er beantragte daher: über diese Frage den Bahnhofs-Inspektor als Zeugen zu vernehmen, weil dann eventuell § 288 in Verbindung mit § 287 Anwendung finden müsse. Das AG. trat der Ansicht des OStA.s, daß hier der in Brand gerathene Flachs nicht als Vorrath landwirthschaftlicher Erzeugnisse anzusehen sei, bei und sprach den B. frei, indem es in Betreff des gestellten Beweisantrages erwog: „auf die Frage, ob hier die Requisite der §§ 288. 287 StGB. vorlagen, könne nicht eingegangen werden, da der OStA. eine Behauptung betreffs des Sachverhaltes in dieser Beziehung nicht aufgestellt, sondern nur auf Untersuchung angetragen habe, ein solches Verfahren aber mit dem Geiste des Anklageprozesses unvereinbar sei." — NB. des OStA.s, welche die GStA.schaft für begründet erachtete: durch die Anklage seien die Gerichte mit der ganzen That befaßt, sie müßten sie nach allen Richtungen einer möglichen Strafbarkeit hin prüfen; es sei daher gleichgültig gewesen, ob hier der OStA. positiv behauptet habe, daß die Voraussetzungen der §§ 288. 287 vorlägen, oder ob von ihm in dieser Beziehung nur ein Zweifel geäußert worden sei; das AG habe den Beweisantrag ablehnen können, wenn es thatsächlich angenommen habe, daß für eine Verfolgung aus den gedachten §§ keine genügenden Anzeigen vorlägen; die Ablehnung aus dem angegebenen prinzipiellen Grunde verkenne dagegen die Stellung des Richteramtes zur Anklage und verletze den Art. 30 des Ges. v. 3. Mai 1852. — Das OTr hat das Erkenntniß vernichtet und die Sache in die zweite Instanz zurückverwiesen. Gründe:

Dem gegenwärtigen, auf der Vdn. v. 3. Jan. 1849 und auf der Novelle v. 3. Mai 1852 gegründeten Strafverfahren liegt der Anklageprozeß nur in sehr modifizirter Weise zu Grunde. Die Erhebung der Anklage beruht zwar in den Händen der StA.-schaft, aber sowie der Richter einmal mit der Anklage befaßt ist, steht ihm nicht nur die formelle Prozeßleitung zu, sondern er hat auch, unabhängig von den Anträgen der Staatsanwaltschaft, das Recht und die Pflicht, die zur Aburtheilung liegende That unter allen rechtlichen Gesichtspunkten zu prüfen, um mit einem Male die Sache zum Austrag zu bringen. Ihm steht selbst ein materielles Aufklärungsrecht zu, und zwar von Amtswegen zu, so daß von Prozeßmaximen, wie sie der reine Anklageprozeß, oder die so genannte Verhandlungsmaxime mit sich bringt, unter der einheimischen Strafprozeß-Gesetzgebung nicht die Rede sein kann. Alles dies folgt schon einfach aus den Vorschriften der Artt. 30. 86. 101 des Ges.s v. 3. Mai 1852 und aus dem § 1 der Vdn. v. 3. Jan. 1849, ohne daß es eines näheren gesetzlichen Nachweises bedarf. Der App.-Richter kann daher auch rechtsgrundsätzlich einen von der StA.-schaft in erster oder in zweiter Instanz gestellten Beweisantrag, welcher den Zweck hat, die Strafbarkeit der dem Angeklagten zur Last gelegten That unter einem anderen Gesichtspunkte, als demjenigen, unter welchen sie von der Anklage, resp. dem ersten Richter gestellt war, darzulegen, deshalb nicht ablehnen, weil der StA. in der Richtung des neuen Gesichtspunktes keine Behauptungen über das Sachverhältniß aufgestellt, vielmehr nur eine Untersuchung beantragt habe, ein solches Verfahren aber mit dem Geiste des Anklageprozesses nicht vereinbar sei. Es steht dem Richter allerdings zu, einen solchen Antrag ebenso mit Rücksicht auf die thatsächliche Lage der Sache, wie auch mit Rücksicht auf das materielle Strafgesetz, zu prüfen, und je nach dieser Prüfung zu entscheiden. Allein der Geist, der unser einheimisches Verfahren beherrscht, und seine Bestimmungen stehen einer grundsätzlichen Ablehnung eines solchen Antrages überall nicht zur Seite. Der App.-Richter hat daher den im Art. 30 des Ges.s v. 3. Mai 1852 enthaltenen Rechtsgrundsatz: „daß der mit der Aburtheilung der Sache befaßte Richter die That nach allen ihren rechtlichen Gesichtspunkten in Erwägung zu ziehen, so berechtigt wie verpflichtet sei", verletzt, so daß die dieserhalb erhobene NB. nur als begründet hat erachtet werden können.

Antr. des OStA.s: gleichl. [27.—3.]

Nichtigkeitsbeschwerde. — Rechtfertigung. — Strafe zu hart.

Die Behauptung: die erkannte Strafe sei zu hart, genügt nicht, um eine angemeldete Nichtigkeitsbeschwerde zu rechtfertigen.

Ges. v. 3. Mai 1852 Art. 111 [n. 13].

Beschl. (II.) v. 30. Nov. 1865 c. Witte (415. II. Cr.)

spricht den obigen Grundsatz in Beziehung auf einen Fall aus, wo der Angeklagte zur Rechtfertigung seiner NB. lediglich aufgestellt hatte: „die erkannte Gefängnißstrafe sei zu hart." — [11.—2.]

Stempel. — Wechsel. — Bürge.

Der Wechselbürge haftet für den Wechselstempel und verfällt in die Stempelstrafe, wenn er am Umlaufe des Wechsels vor der Stempelung Theil nimmt.

Stemp.-Ges. v. 7. März 1822 § 26. — D. WO. Art. 81.

Erk. (V. I.) v. 1. Dez. 1865 c. Arnold & Möwes (Meinhardt & Gen. 1151. I. Cr.).

A. und M. hatten einen von Meinhardt gezogenen trockenen, demnächst ungestempelt in Umlauf gesetzten Wechsel als „Bürgen" unterzeichnet, waren aber in zweiter Instanz von der Anklage der Stempelkontravention freigesprochen worden, weil § 26 des St.-Ges.s der Bürgen keine Erwähnung thue, auf sie also auch nicht ausgedehnt werden dürfe, wenn gleich sie nach Art. 81 der D. WO. unzweifelhaft mit wechselmäßig verpflichtet seien. Auf die NB. des OStA.s ist dieses Erkenntniß vernichtet und gegen beide Angeklagten die Wechselstempelstrafe verhängt worden. Gründe:

Allerdings erwähnt der § 26 des Stemp.-Ges.s v. 7. März 1822 des Bürgen nicht; dies erklärt sich jedoch einfach daraus, daß nach den zur Zeit der Emanation des Stemp.-Ges.s gültigen Vorschriften im § 296. I, 14 und § 801. I, 8 ALR. derjenige, welcher aus einem Wechsel als Bürge verhaftet ist, erst dann wechselmäßig belangt werden konnte, wenn die Wechsel-Exekution gegen den Hauptschuldner vergeblich vollstreckt ist, oder wegen seiner Entfernung nicht vollstreckt werden kann. Aus Art. 81 der D. WO. ergiebt sich aber, daß sowohl der Wechsel als auch das Accept und das Indossament noch von andern Personen — außer dem eigentlichen Aussteller, Acceptanten und Indossanten — mitunterzeichnet sein können, und daß solche Mitunterzeichner gleichmäßig wechselmäßig verpflichtet sind, selbst wenn sie sich dabei nur als Bürgen benannt haben, daß also der Ausdruck „als Bürge" rechtlich dem Wechselinhaber gegenüber ganz bedeutungslos ist. Die Mitunterzeichner des Wechsels, des Accepts und Indossaments treten daher unbedingt, und selbst dann, wenn sie sich ausdrücklich nur als Bürgen genannt haben, in die Kategorie als Mitaussteller, resp. Mitacceptanten und Mitindossanten, welche als solche an dem Umlauf des Wechsels Theil nehmen und auf welche deshalb auch § 26 des Stempelgesetzes Anwendung findet. Dies gilt daher im vorliegenden Falle in Betreff der Angeklagten M. und A. als Mitaussteller des Wechsels.

Der § 14 des Ges.s v. 24. Mai 1861 greift übrigens hier nicht Platz, weil im vorliegenden Fall die Stempelsteuer unbestritten ist, und es sich nur um die Stempelstrafe handelte.

Antr. des GStA.s: gleichl. [18.—2.]

Kleinhandel mit Getränken. — Spiritus.

Es ist als „Kleinhandel mit einem Getränk" anzusehen, wenn Jemand im Kleinhandel Spiritus verkauft, von welchem er weiß, daß er nach Zugießen von Wasser als Getränk benutzt werden soll.

AKO. v. 7. Febr. 1835 Nr. 1. Sic: Z (I, 1209) 4. Jan. 1860 c. Lebram, G. A. 8. S. 262; Z. (I, 886) 26. Okt. 1860 c. Tarnowsky; vgl. Z. (II, 495) 21. Dez. 1854 c. Lipsius. Das zweite dieser Erkenntnisse sprach gleichzeitig aus, daß die Kgl. Regierungen nicht befugt seien, im Wege einer Polizei-Verordnung den Kleinhandel mit Spiritus als solchen von einer polizeilichen Erlaubniß abhängig zu machen. Vgl. Hartm. Strafgess. S. 297 n. 6.

Erk. (V. I.) v. 1. Dez. 1865 c. Frömming (766. I. Cr.).

Das OTr. hat bereits in dem Erkenntniß v. 4. Jan. 1860 c. Lebram — G. A. 8. S. 262 — ausgesprochen und ausgeführt, daß nach der AKO. v. 7. Febr. 1835 Nr. 1 bei dem Kleinhandel eine Flüssigkeit dann als Getränk anzusehen ist, wenn sie entweder bei dem Verkauf sich bereits in einem solchen Zustande befindet, oder doch in einen solchen Zustand versetzt werden soll, welcher deren Genuß auf der Stelle, d. h. sofort gestattet, und daß es nach den jedesmaligen Umständen beurtheilt werden muß, ob die in Rede stehende Flüssigkeit eine derartige ist. Im vorliegenden Falle stellt aber der Rekursrichter in Uebereinstimmung mit dem ersten Richter thatsächlich fest, daß dem Angeklagten beim Verkauf des Spiritus bekannt war, daß er nach Zugießen von Wasser als Getränk benutzt werden sollte. Die AKO. v. 7. Febr. 1835 Nr. 1 findet daher hier auch Anwendung.

Antr. des GStA s: gleichl. [18 — 2.]

Sitzungs-Protokoll. — Geständniß. — Beweiskraft.

Die im Sitzungs-Protokoll enthaltene Registrirung über ein vom Angeklagten in der Sitzung abgelegtes Geständniß hat Beweiskraft, die aber den Gegenbeweis nicht ausschließt.

Ges. v. 3 Mai 1852 Art 78 [n. 62]. Vgl. RdOTr. 3. S. 223; 4. S. 309; und V (I, 145) 17. Jan. 1866 c. Schonebeck im 7. Bande.

Erk. (Z. I.) v. 6. Dez. 1865 c. Drosdatius (827. I. Cr.).

D., des Wuchers angeklagt, war in erster Instanz verurtheilt worden; die Gründe des Erkenntnisses legten ein Gewicht darauf, daß der Angeklagte eine (auch im Sitzungsprotokoll registrirte) thatsächliche Erklärung resp. ein Zugeständniß abgegeben habe. In zweiter Instanz bestritt D. die Richtigkeit dieser Referirung, und berief sich auf das Zeugniß des in erster Instanz aufgetretenen StA.s dafür, daß seine betr. Erklärung anders gelautet habe. Das AG. beseitigte indessen diesen Einwand durch die Erwägung: „daß das regelrecht geführte Audienzprotokoll vollen Beweis liefere und daß die Berufung auf den StA. zur Führung des Gegenbeweises unzulässig sei; dazu komme, daß über denselben Vorfall der Zeuge G. bekunde: rc." Die NB. des D. behauptete Verletzung des Art. 78 des Ges. v. 3. Mai 1852, weil dieser sich nur auf die Beobachtung der Förmlichkeiten, nicht aber auf den materiellen Inhalt der Verhandlungen beziehe.

Die GStA.-schaft hielt diese Beschwerde für begründet; nur in Betreff der vorgeschriebenen Förmlichkeiten sei das Protokoll das einzige statthafte Beweismittel; ein Beweisantrag, daß die über den Inhalt einer abgegebenen Erklärung aufgenommene Registratur unrichtig sei, könne daher nicht durch den Hinweis auf die unbedingte Beweiskraft des Protokolls beseitigt werden; *) auch sei grundsätzlich die Vernehmung des StA.s als Zeugen über einen solchen Punkt nicht ausgeschlossen. —

Das OTr. hat die NB. zurückgewiesen, indem es davon ausging, daß das AG. nicht eine grundsätzliche Unstatthaftigkeit der beantragten Zeugenvernehmung, sondern ihre Unerheblichkeit mit Rücksicht auf die Belegenheit der vorliegenden Sache angenommen habe. Im Uebrigen lauten die Gründe:

Der § 78 der Vdn. v. 3. Jan. 1849 enthält die Bestimmung, welche auch für das Verfahren vor den Gerichts-Abtheilungen anwendbar ist, „daß von den Erklärungen des Angeklagten und der Zeugen das Wesentliche in das Protokoll aufgenommen werden soll," und es folgt hieraus, daß diese Registrirung vollen gerichtlichen Glauben verdient.

Die Beweiskraft dieser von dem Vorsitzenden und dem Gerichtsschreiber vollzogenen Urkunde schließt jedoch die Zulässigkeit des Gegenbeweises darüber, daß die Erklärung des Angeklagten oder des Zeugen in anderer Weise, als sie abgegeben, niedergeschrieben worden, allerdings nicht schlechthin aus, vielmehr hat der Richter, bei welchem der Gegenbeweis erboten wird, zu prüfen, ob derselbe in statthafter und erheblicher Weise angetreten sei rc. [13.—4.]

---

*) Eine indirekte Anerkennung fand der hier aufgestellte Satz durch ein Z. (II, 12) 18. Jan. 1866 c. Eversmeyer.

Preßerzeugniß. — Verbreitung.

Die auf Veranlassung eines Dritten erfolgende Vertheilung einer größeren Anzahl von Exemplaren eines Preßerzeugnisses an die Mitglieder eines Hauses des Landtags stellt eine Verbreitung und somit eine Veröffentlichung dar.

Preßges. v. 12. Mai 1851 § 33. Vgl. Z. (126) 28. Jan. 1852 c. Arronge, Entsch. 22. S. 85; Z. (I, 1130) 17. Dez. 1856 c. Kawerau, G. A. 5. S. 82; — Hartm. Strafgess. S. 464 n. 2; id. Preßges. S. 164 n. 3.

Erk. (B. I.) v. 6. Dez. 1865 c. Grävell (705. I. Cr.).

G. hatte zwei von ihm verfaßte Druckschriften in 350 Exemplaren an das Haus der Abgeordneten gesendet; dort waren sie unter die Mitglieder vertheilt worden. Diese Schriften enthielten Beleidigungen des Staats-Ministeriums; es erfolgte daher auch in den Instanzen eine Bestrafung des G. wegen schriftlicher Beleidigung ꝛc.; dagegen wurde nicht angenommen, daß diese Beleidigungen „öffentlich" zugefügt seien: jene auf Veranlassung des Gr. erfolgte Vertheilung sei nicht als eine „Verbreitung" im Sinne des § 33 des Preßges. anzusehen, weil „die betr. Exemplare doch innerhalb der Körperschaft des Abgeordnetenhauses verblieben und nicht in die Oeffentlichkeit getreten seien, auch keine Verlesung der Schrift in einer öffentlichen Sitzung des Hauses und eine Veröffentlichung des Inhalts derselben in den stenographischen Berichten stattgefunden habe. Auf die NB. des OStA.s ist das Erkenntniß des AG.s vernichtet und die Strafe wegen schriftlicher und öffentlicher Beleidigung ꝛc. verhängt worden. Gründe:

Für ein Verbreiten im Sinne des § 33 des Preßges.s muß es erachtet werden, wenn der Angeklagte, wie der App.-Richter feststellt, 350 Exemplare der inkriminirten Druckschriften an das Abgeordnetenhaus eingesandt, und dort unter die Mitglieder hat vertheilen lassen. Insbesondere steht dem nicht entgegen, daß die Personen, unter welche die Vertheilung erfolgt ist, sämmtlich Mitglieder einer Korporation sind. Allerdings hat das OTr. in dem Erkenntnisse v. 17. Dez. 1856 c. Kawerau (G. A. 5. S. 82) ausgeführt, daß die Vertheilung einer von dem Vorsteher der Aeltesten der Kaufmannschaft ausgegangenen Druckschrift unter die Mitglieder dieser Korporation für ein „Verbreiten" im Sinne des Preßgesetzes nicht zu erachten sei.

Dieser Fall unterscheidet sich aber von dem vorliegenden wesentlich dadurch, daß dort die Vertheilung von dem Vorstande der Korporation selbst unter die Mitglieder derselben, die auf die betreffenden Schriften ein Recht hatten, ausgegangen, mithin lediglich ein Akt der inneren Verwaltung gewesen war, während sie hier von einem dazu nicht berufenen Dritten erfolgt ist. Es findet auf den vorliegenden Fall mithin dasjenige Anwendung, was in dem Präjudiz des OTr.s v. 28. Jan. 1852 (Entsch. 22. S. 85) ausgesprochen ist:

„Bei Anwendung der Vorschriften der §§ 11. 14. 29. 32. 33 des Ges.s v. 12. Mai 1851 kann nicht zwischen dem Publikum, dieses als Bewohner eines bestimmten Erdtheiles oder sonst räumlich begrenzten Bezirkes aufgefaßt, und einem anderweit, etwa nach dem Berufe der Theilnehmer innerhalb gewisser Grenzen sich haltenden Leserkreise unterschieden, und es kann daher nicht als Regel hingestellt werden, daß die Mittheilung einer Druckschrift an einen bestimmten Leserkreis keine Verbreitung und Veröffentlichung im Sinne des § 33 sei."

Dazu kommt, daß der § 152 des StGB.s die Oeffentlichkeit einer in einer Schrift ausgesprochenen Beleidigung auch schon dann für vorhanden erklärt, wenn diese Schrift „vertheilt", ein Vertheilen aber vom zweiten Richter wörtlich festgestellt worden ist.

Antr. des GStA.s: gleichl. [28.—4.]

Non bis in idem. — Identität der Handlung.

Eine Handlung, welche einmal Gegenstand einer Strafverfolgung und Aburtheilung gewesen ist, kann nicht abermals zum Gegenstande einer Beschuldigung gemacht werden, sollte ihr auch jetzt eine andere rechtliche Qualifizirung beigelegt sein, nach welcher der früher befaßte Richter zur Aburtheilung nicht als kompetent erscheinen würde. Vdn. v. 3. Jan. 1849 § 1 [n. 48. 49].

Erk. (Z. I.) v. 6. Dez. 1865 c. Hintz (1139 I Cr.).

Die Instanzrichter stellen die Identität des jetzt zur

Anklage gestellten und des am 7. Juli 1863 von dem Forstrichter entschiedenen Falles insoweit fest, als es sich in beiden Fällen um die Entwendung von 25 Schock Buchen-Pflänzlingen aus der O—er Forst, welche entweder am 29. oder am 30. März verübt ist, handelt. Es unterliegt daher auch keinem Zweifel, daß die Behauptung, diese Pflänzlinge seien bereits ausgerodet gewesen, es liege also ein gemeiner Diebstahl mit dem erschwerenden Umstande des § 217 des StGB.s vor, während in dem früheren Falle nur die Entwendung stehenden Holzes nach dem Holzdiebstahlsgesetze in Rede gewesen ist, nicht die Hauptthat selbst, sondern nur ihre Qualifikation berührt. Die Hauptthat ist immer die Entwendung derselben Hölzer, von demselben Orte und zu derselben Zeit geblieben. Das OTr. hat aber in zahlreichen Entscheidungen ausgesprochen, daß die neue härtere Qualifikation derselben Hauptthat durch eine wiederholte Verfolgung nach erfolgter rechtskräftiger Vorentscheidung durch den Grundsatz des non bis in idem ausgeschlossen sei. Daß hierbei die Frage über die Kompetenz des Richters einen Unterschied nicht machen könne, liegt auf der Hand. Der zur Aburtelung des behaupteten qualifizirten Falles inkompetente Richter hat seine Inkompetenz auszusprechen. Hat er dieselbe nicht ausgesprochen, so kann dies sowohl darauf beruhen, daß ihm die Qualifikation unbekannt geblieben oder daß ihm die Umstände zwar indizirt gewesen sind, er dieselben aber nicht für genugsam erwiesen erachtet hat.

Antr. des GStA.s: gleichl. [15.—4.]

Vertheidiger. — Vorladung.

In nicht schwurgerichtlichen Sachen bedarf es der Vorladung des erwählten oder zugeordneten Vertheidigers nur in der Appellationsinstanz, wenn der Angeklagte sich in Haft befindet; in allen andern Fällen besteht eine Zwangsvorschrift nicht.

Ges. v. 3. Mai 1852 Art. 21 [n. 15]. Vdn. v. 3. Jan. 1849 § 134 [n. 19];

Crim.-Ordn. § 452. Ein Erk Z. (I, 752) 4. Okt. 1861 c. Abendroth, RbOTr. 1. S. 575, erachtete auch in schwurgerichtlichen Sachen die Vorladung des Vertheidigers nicht für unerläßlich.

Erk. (Z. I.) v. 6. Dez. 1865 c. Isaacsohn (974. I. Cr.).

Die Angeklagte rügte im Wege der NB., daß der von ihr bestellte Vertheidiger, RA. H, obgleich er sich als solcher gemeldet hatte, nicht zur Sitzung erster Instanz vorgeladen, und daß der von ihr deshalb gestellte Antrag: die Sitzung zu vertagen und die nachträgliche Vorladung des H. zu veranlassen, abgelehnt, sowie daß ihre hierauf bezügliche Appellationsbeschwerde unberücksichtigt geblieben sei. Zurückweisung. Gründe:

Die Vorladung des erwählten oder bestellten Vertheidigers zur mündlichen Verhandlung ist nur in Schwurgerichtssachen unbedingt und in der Appellationsinstanz, wenn der Angeklagte sich in Haft befindet, vorgeschrieben (Ges. v. 3. Mai 1852 Art. 21; Vdn. v. 3. Jan. 1849 § 134 Abs. 2), für die übrigen Fälle besteht eine solche Bestimmung nicht (§§ 49. 50. 51 und 134 Abs. 1), und folgt die Nothwendigkeit der Vorladung auch nicht aus dem Wesen der Vertheidigung, da der Angeklagte selbst die Benachrichtigung seines Vertheidigers von dem Termin zu veranlassen im Stande ist. Den ersten Richter trifft daher nicht der Vorwurf einer unzulässigen Beschränkung der Vertheidigung, weil die Vorladung des Vertheidigers der Angeklagten J. zur Verhandlung v. xc. unterblieben ist, und der App.-Richter hat den hierauf gerichteten Angriff mit Recht zurückgewiesen.

Antr. des GStA.s: gleichl. [13. — 4.]

Erpressung. — Verschaffung eines rechtswidrigen Vortheils. — Schadensabwendung.

Die Abwendung eines bereits vorhandenen Vermögensnachtheils stellt einen Vortheil (Gewinn) dar; die hierauf gerichtete Absicht genügt daher, um den zum Thatbestande der Erpressung erforderlichen Dolus herzustellen.

StGB. § 234 [dort einzutr. als n. 3a].

Erk. (V. I.) v. 6. Dez. 1865 c. Schröder (1136. I. Cr.).

Die Schr. hatte die Ehefrau Sk. durch Bedrohung mit einer Mißhandlung zur Herausgabe einer von dieser gepfändeten Kuh gezwungen; deshalb in erster Instanz aus § 234. 235 StGB. verurtheilt, ward sie in zweiter Instanz freigesprochen, weil nicht erwiesen sei, daß ihre Absicht bei der That dahin gegangen sei, „sich einen rechtswidrigen Vortheil zu verschaffen"; diese im § 234 erheischte Absicht sei gleichbedeutend mit „gewinnsüchtiger Absicht"; die Sch. habe aber nicht die Erzielung eines Gewinnes, sondern höchstens die Vermeidung eines Schadens für sich gesucht, vorausgesetzt daß sie, was jedoch kaum anzunehmen sei, sich durch die Wegnahme der Kuh der Zahlung des Pfandgeldes habe entziehen wollen. — Auf die NB. des OStA.s ist dieses Erkenntniß vernichtet und die Sache an das AG. zurückverwiesen worden. Gründe:

Die Beschwerde des OStA.s ist begründet, weil sich die Auffassung des App.-Richters über den Begriff des „rechtswidrigen Vortheils", welchen der § 234 des StGB.s zum Thatbestande der Erpressung fordert, nicht rechtfertigen läßt. Es mag dahin gestellt bleiben, ob jener Begriff mit demjenigen der „gewinnsüchtigen Absicht" identisch sei, da dieser in den verschiedenen Vorschriften des StGB.s ein verschiedener und durch die Natur des speziellen Verbrechens oder Vergehens, bei welchem er aufgestellt wird, bedingt ist, es sich also immer darum handeln würde, in welchem Sinne er im § 234 aufzufassen wäre. Nun kann es aber einem Zweifel nicht wohl unterliegen, daß einmal die Abwendung eines positiv bereits vorhandenen Vermögensnachtheils einen Gewinn, also einen Vortheil involvirt. Der Pfändende ist durch den Besitz der gepfändeten Sache in der Lage, sich, wie der App.-Richter anerkennt, den Beweis der ihm widerfahrenen Besitzstörung und des Schadensersatzes, sowie den Anspruch auf das Pfandgeld zu sichern. Durch den Verlust des Pfandes wird ihm dieser Beweis und die Sicherung dieses Anspruches entzogen. Der Vortheil des Anderen besteht also darin, daß er die Führung des Beweises gegen sich erwarten darf, und daß er ohne

Entrichtung des Pfandgeldes wieder in den Besitz der ihm abgepfändeten Sache gelangt.

Antr. des GStA.s: gleichl. [15.—4.]

---

1. Beschwerde. — Verwaltungsbehörde.
2. Konfiskation. — Manifestationseid.

1. Steht einer Verwaltungsbehörde die Beschwerde gegen gerichtliche Beschlüsse zu, welche über die Vollstreckung einer durch Erkenntniß verhängten Konfiskation ergangen sind?

Kann der auf eine solche Beschwerde ergangene ablehnende appellationsgerichtliche Bescheid vom Ober-Staatsanwalt durch Beschwerde angefochten werden?

Ges. v. 3. Mai 1852 Art. 11 [n. 14a]. (Beide Fragen sind von der GStA-schaft verneint worden).

2. Behufs der Vollstreckung einer verhängten Konfiskation kann dem Verurtheilten der Manifestationseid auferlegt werden; derselbe wird auch dadurch nicht unzulässig, daß die für konfiszirt erklärte Sache nicht ganz individuell bezeichnet werden kann, und ebenso wenig dadurch, daß der Verurtheilte, welcher bis dahin die betr. That geleugnet hatte, dadurch genöthigt wird, die letztere indirekt einzugestehen.

StGB. §19 [n. 16]; ähnlich: Beschl (I, 282. B.) 24. Nov. 1865 c. Dehn.

Beschl. (I.) v. 6. Dez. 1865 c. Zahl (295. B. I. Cr.).

Der Gastwirth Z. war, seines Leugnens ungeachtet, wegen Jagd-Kontravention verurtheilt und es war dabei die Konfiskation zweier Gewehre ausgesprochen worden, welche er bei der That bei sich geführt habe. Er lieferte demzufolge wirklich zwei Gewehre ein, gab aber selbst zu, daß dieses nicht die früher mitgeführten seien; der Pol.-Anw. Oberförster St. beantragte daher, dem Z. den Manifestationseid aufzuerlegen. Der Pol.-Richter lehnte indessen diesen Antrag ab, „weil der Angeklagte, wenn er den ihm zugeschobenen Eid leisten sollte, zu einem Geständniß der von ihm fortwährend bestrittenen That gezwungen werde." Gegen diesen Beschluß ergriff nicht der Pol.-Anw., sondern die Kgl. Regierung Beschwerde, welche indessen vom AG. zurückgewiesen wurde, „weil nach den §§ 28. 29. I, 22 AGO. der Manifestationseid nur dann abgefordert werden dürfe, wenn eine ganz individuell bestimmte Sache, wie hier nicht der Fall, in Rede stehe." Auf das Ansuchen der Regierung hat der OStA. diesen Beschluß durch Beschwerde angefochten; er geht dabei von der Annahme aus, daß an sich die Regierung zur Beschwerdeführung nicht qualifizirt gewesen sei, daß aber dieses seiner weiteren Beschwerde an das OTr. nicht entgegen stehe, da das AG., ohne jenen Qualifikationsmangel zu rügen, einen Bescheid erlassen habe, welcher einer weiteren Verfolgung der Sache hindernd entgegen stehen würde.

Die GStA.-schaft hob zunächst hervor, daß der StA.-schaft, welche nach Art. 1 des Ges.s v. 3. Mai 1852 zur Stellung von Anträgen in Beziehung auf die Strafvollstreckung befugt sei, folgerichtig auch das Recht zustehen müsse, die in Betreff der Vollstreckung ergangenen Beschlüsse durch Beschwerde anzufechten [vgl. Vdn. v. 3 Jan 1849 § 35; Ges. v. 26. Apr. 1851 Art. XIII Nr. 2; Oppenhoff Strafverf. Art. 11 n. 9]. Sodann aber führte sie aus, daß den Verwaltungsbehörden weder in ihrer Eigenschaft als Polizeibehörde, noch (von den in den Artt. 135 ff. des Ges. v. 3. Mai 1852 vorgesehenen Fällen abgesehen) in ihrer Eigenschaft als Vertreter des Fiskus, ein Recht der Einmischung in das gerichtliche Strafverfahren und insbesondere ein Recht der Beschwerde gegen gerichtliche Beschlüsse und Verfügungen zustehe (vgl. Oppenhoff l c. n. 14a); es könne daher in der vorliegenden Sache die Korrespondenz, welche zwischen Regierung und AG. gepflogen worden, nicht als eine „Beschwerde" gegen die polizeirichterliche Verfügung, resp. als eine darauf ergangene gerichtliche Entscheidung angesehen werden, vielmehr habe dieselbe nur die Bedeutung eines Austausches der Ansichten; dabei sei es gleichgültig, ob das AG. selbst die Sache von diesem Gesichtspunkte aus angesehen habe, seine an die Regierung gerichtete Verbescheidung könne dadurch nicht den Charakter einer Entscheidung über die polizeirichterliche Verfügung annehmen, da diese letztere von dem dafür allein zuständigen P.-Anw. durch Beschwerde nicht angefochten sei. Demgemäß wurde beantragt die Beschwerde des OSt.A.s als gegenstandlos zurückzuweisen, indem es dem PAnw. zu überlassen sei, inwiefern er gegen die polizeirichterliche Verfügung die an keine Frist gebundene und daher noch immer statthafte Beschwerde an das AG. ergreifen wolle. —

Das OTr. hat, ohne auf diese formelle Frage einzugehen, die Beschlüsse beider Instanzen aufgehoben und den P.-Richter angewiesen, den Z. zur Ableistung des Manifestationseides anzuhalten. Gründe:

Wenn geltend gemacht wird, daß nach den §§ 28. 29. I, 22 der AGO. der Manifestationseid nur dann abgefordert werden dürfe, wenn eine ganz individuell bestimmte Sache, wie hier nicht der Fall, in Rede stehe, so ist dies nicht richtig. Gerade die allegirten Gesetzstellen lassen die Abnahme des Manifestationseides selbst dann zu, wenn ein ganzer Inbegriff von Sachen angezeigt oder herausgegeben werden soll, wie z. B. ein Nachlaß, ein Handlungs-Vermögen 2c. Dazu kommt in dem vorliegenden Falle noch, daß die hier von dem Angeklagten verlangten beiden Gewehre theils in dem ergangenen Erkenntniß durch Bezugnahme auf die Zeit und den Ort der That, theils durch die Eingabe des Kgl. Oberförsters St. v. 2c. noch näher bezeichnet worden sind.

Endlich ist auch der von dem Kgl. KrG. aufgestellte fernere Grund unzutreffend, „daß der Angeklagte, wenn er den ihm zugemutheten Manifestationseid leisten sollte, zu einem Geständniß der von ihm fortwährend bestrittenen That gezwungen werden würde." Denn es handelt sich hier nicht mehr um ein Untersuchungs-Verfahren, resp. um ein in demselben zu erlangendes Geständniß des Angeschuldigten, sondern um die Vollstreckung eines rechtskräftig gewordenen Erkenntnisses gegen den verurtheilten Angeklagten. Demzufolge ist es auch nicht richtig, daß das gedachte Urtheil hinsichts der ausgesprochenen Konfiskation der Gewehre so unbestimmt sei, daß eine Vollstreckung desselben in dieser Beziehung unmöglich erscheine. Denn daß in Fällen der vorliegenden Art an und für sich der Manifestationseid zur Ermittelung resp. Herbeischaffung des Konfiskats, ohne besonderes prozessualisches Verfahren, zulässig ist, folgt aus den §§ 29 Nr. 5 und 31. I, 22 der AGO., wie das Kgl. OTr. öfter und namentlich in den Beschlüssen v. 13. Mai 1861 c. Kosthorst (RdOTr. 1. S. 403) und v. 22. Okt. 1862 c. Dölle (G. A. 11. S. 48) ausgeführt hat. Die Norm dieses Eides aber wird stets objektiv dahin zu fassen sein, daß der Verurtheilte schwört, diejenigen Gewehre, deren

Konfiskation das rechtskräftig gewordene Erkenntniß ausgesprochen hat, nicht hinter sich zu haben rc. [20. — 3.]

Nachdruck. — Strafantrag. — Beweis. — Prozeßregel.

Wenn im Strafverfahren der Thatbestand eines Nachdrucks, sowie die Legitimation desjenigen, von welchem der Strafantrag ausgegangen, festzustellen ist, so sind in Betreff des Beweises die Grundsätze des Strafprozesses maaßgebend, sollte es sich auch nur noch um die dem Verletzten gebührende Entschädigung handeln. Es darf daher auch in einem solchen Falle der App.-Richter von den betreffenden erstrichterlichen Feststellungen nicht ohne neue Beweiserhebung abweichen.

Ges. v. 11. Juni 1837 §§ 10. 15. 16. 34; Vdn. v. 3. Jan. 1849 § 126 [n. 25]; Ges. v. 3. Mai 1852 Art. 107 [n. 27].

Erk. (V. II.) v. 7. Dez. 1865 c. Bänsch (244. II. Cr.).

In der Bd. 5. S. 186 erwähnten Sache hatte das AG. nach abermaliger, jedoch ohne Erneuerung der Beweisaufnahme stattgehabter Verhandlung das erstrichterliche freisprechende Erkenntniß wiederum bestätigt, indem es erwog, daß die angeblich verletzte Familie Sch. bereits vor Jahren ihr Verlagsrecht freigegeben habe, sie also jetzt eine Entschädigung wegen Beeinträchtigung jenes Rechts nicht beanspruchen konnen. Da die erstrichterliche Feststellung von einem solchen Verzichte der Familie Sch. auf ihr Verlagsrecht Nichts enthalten hatte, so hat das OTr. auf die NB. des OStA s dieses neue app.-gerichtliche Urtheil wegen unstatthafter Abweichung von jener Feststellung des 1. Richters **vernichtet**, und die Sache an ein anderes AG. verwiesen. In den Gründen heißt es:

Hat sich auch das Erkenntniß der vereinigten Abtheilungen des Senats für Strafsachen des OTr.s v. 24. Okt. 1864 (RdOTr. 5. S. 186) nicht ausdrücklich darüber ausgesprochen, welche Beweistheorie in Bezug auf den Beweis der Thatsachen, welche den Thatbestand des Vergehens strafbaren Nachdrucks bilden, in Bezug auf die Legitimation zur Stellung des Bestrafungs-Antrages (Ges. v. 11. Juni

1837 § 5) und überhaupt in Betreff der Thatfrage da zu befolgen sei, wo es nach dem Tode des Beschuldigten nicht mehr darauf ankommt, gegen diesen auszusprechen, ob der Angelagte schuldig oder nicht schuldig und zu bestrafen sei, sondern nur noch auf Entschädigung und Geltendmachung der Konfiskation in den Nachlaß, so sind doch in Konsequenz der in dem gedachten Erkenntniß angenommenen und für die vorliegende Sache festzuhaltenden Grundsätze, da nach denselben hierüber noch im Strafverfahren zu prozediren ist, auch in den gedachten Beziehungen die Grundsätze des Strafverfahrens zu befolgen.

Antr. des GStA.s: gleichl. [26.—3.]

Zeuge. — Mit-Angeklagter. — Konnexität.

Ein in erster Instanz rechtskräftig verurtheilter Mit-Angeklagter ist in der den andern Mit-Angeklagten betreffenden Verhandlung zweiter Instanz zum eidlichen Zeugnisse dann nicht unfähig, wenn die Anklage gegen ihn nur einen konnexen Straffall, nicht also die Betheiligung bei demjenigen Straffalle zum Gegenstande hatte, über welchen in zweiter Instanz zu erkennen ist.

Vdn. v. 3. Jan 1849 § 22 [n. 22. 23a. 24]; vgl. oben S. 365. — Ebenso kann der Mit-Angeklagte, welcher in 1. Instanz rechtskräftig freigesprochen ist, unbedingt in 2. Inst eidlich als Zeuge vernommen werden: Z (I, 881) 4 Okt. 1861 c. Maaß; contra: Z (I, 103) 7. März 1862 c. Stellmach. Dagegen ist es unstatthaft, einen Mit-Angeklagten, so lange er als solcher beim Verfahren betheiligt ist, als Zeuge für seine Mit-Angeklagten zu behandeln, sollte auch in diesem Verfahren selbst seine Freisprechung erfolgen; vgl. RdOTr. 2. S. 18; Z. (II, 30) 22. Jan. 1863 c. Prätzsch, G. A. 11. S. 348. In einem solchen Falle kann seine Vernehmung als Zeuge nur dadurch ermöglicht werden, daß eine Trennung der Sachen bewirkt, und demgemäß zunächst allein gegen ihn auf Freisprechung erkannt, und daß erst nach eingetretener Rechtskraft dieses Urtheils dem Verfahren gegen den Mit-Angeklagten Fortgang gegeben wird.

Erk. (Z. II.) v. 7. Dez. 1865 c. Casotte (437. II. Cr.).

Gegen C. und S. war die Untersuchung wegen gewerbsmäßigen Hazardspiels, und außerdem noch gegen C. wegen Diebstahls eröffnet;

in der über diese Anklage stattgehabten Verhandlung 1. Instanz erfolgte gegen beide eine demnächst rechtskräftig gewordene Verurtheilung wegen des Hazardspiels; dagegen ward C. von der Anklage des Diebstahls freigesprochen. Gegen diesen Theil der Entscheidung appellirte der StA. Vor dem AG. beantragte C. die Vernehmung seines frühern Mit-Angeklagten S. als Zeuge über eine von ihm (C.) selbst bei der betr. That gemachte Aeußerung, aus welcher er die Abwesenheit des zum Diebstahl erforderlichen Dolus herleiten wollte. Das AG. lehnte diesen Antrag ab, weil „die eignen Aeußerungen des Angeklagten nicht geeignet seien, für ihn ein Beweismittel abzugeben, übrigens auch S., sein Komplice beim Hazardspiel, für ihn als Beweiszeuge nicht anzusehen sei." Die gegen das verurtheilende Erkenntniß 2. Instanz von C. ergriffene NB. fand in der letzteren Erwägung eine Verletzung des oben cit. § 22, sowie des § 356 Nr. 8 der Crim.-Ordn. —

Das OTr. hat die NB. zurückgewiesen, indem es davon ausging, daß der oben angegebene erste Grund der Ablehnung des Beweisantrags auf der thatsächlichen Annahme der Unerheblichkeit der betr. Thatsache beruhe, wodurch allein schon die getroffene Entscheidung vollständig getragen werde; zugleich aber sprachen sich die Gründe des Erkenntnisses dahin aus:

Wenn in dem angegriffenen Erkenntniß noch bemerkt wird, der vorgeschlagene Zeuge S. sei überdies als Komplice des Angeklagten bei der Anschuldigung wegen gewerbsmäßigen Hazardspiels für den Angeklagten als Beweiszeuge nicht anzusehen, so kann diese Rechtsansicht insofern als richtig nicht anerkannt werden, als S. in Ermanglung einer gegen ihn eingelegten Appellation aufgehört hatte, als Mitbeschuldigter vor Gericht zu stehen ꝛc.

Antr. des GStA.s: gleichl. [22.—3.]

Hausirhandel. — Begriff. — Gewerbsmäßigkeit.

1. **Der Begriff des „Gewerbebetriebs im Umherziehen" ist nicht auf die Fälle beschränkt, wo ein Wandern von Haus zu Haus stattfindet.**

Regulativ v. 28. Apr. 1824 §§ 2. 5 26.

2. **Eine Anklage, wegen „unbefugten Gewerbebetriebs im Umherziehen" umfaßt alle dem Angeklagten zur Last fallenden Kontraventionshandlungen der betr. Art; es ist unstatthaft, ein-**

zelne dieser Handlungen aus dem Verfahren deshalb auszuscheiden, weil die Anklage ꝛc. sie nicht als solche hervorgehoben habe.

Ebendas. Vgl. RdOTr. 3. S. 275; 4. S. 278.

Erk. (V. II.) v. 7. Dez. 1865 c. Huuke (394. II. Cr.).

H., Agent der Feuerversicherungs-Gesellschaft Ph. und zu L. wohnhaft, hatte durch einen Dritten den in F. wohnenden, bei der gedachten Gesellschaft versicherten Personen mittheilen lassen, daß er an einem bestimmten Tage in einem Wirthshause zu F. anwesend sein und Prolongationsanträge entgegennehmen werde; er hatte sich sodann wirklich am gedachten Tage nach F. begeben, und von mehreren Personen solche Prolongationsanträge angenommen und von ihnen unterzeichnen lassen. Hierin hatte der erste Richter einen unbefugten Gewerbebetrieb im Umherziehen gefunden. In 2. Instanz behauptete der OStA. und stellte unter Beweis, daß H. sich auch noch nach 2 andern Orten, Fr. und D., begeben, und dort den Einwohnern seine Dienste zur Vermittlung von Versicherungsanträgen angeboten habe. Ohne auf diesen Beweisantrag einzugehen, sprach indessen das AG. frei, weil in dem Hinbegeben nach F. ein „Umherziehen" nicht zu erkennen sei; zum Thatbestande des „Hausirens" gehöre ein Umherziehen von Haus zu Haus, welches dem H. nicht zur Last falle; ob derselbe ähnliche Reisen auch nach Fr. und D. gemacht habe, komme hier nicht in Betracht, da das der Anschuldigung zum Grunde liegende Resolut der Kgl. Regierung sich nur auf den Fall in F. bezogen, auf diesen sich daher auch die richterliche Entscheidung zu beschränken habe. — Auf die NB. des OStA.s hat das OTr. dieses Erkenntniß vernichtet und die Sache zur anderweiten Verhandlung ꝛc. an das AG. zurückverwiesen. Gründe:

Dem App.-Richter kann darin nicht beigepflichtet werden, daß er ohne Weiteres den Begriff des Gewerbebetriebs im Umherziehen für ausgeschlossen erachtet hat, weil die Requisite des Hausirhandels nicht vorhanden seien, ein Wandern „von Haus zu Haus" um Waaren zu verkaufen oder anzubieten, oder Bestellungen anzunehmen, nicht stattgefunden habe. Der Hausirhandel bildet nur eine Spezies des Gewerbebetriebes im Umherziehen, und das Gesetz setzt für letzteren überhaupt die aufgezählten Momente keineswegs voraus.

Erschien aber durch den von dem ersten Richter festgestellten Sachverhalt der Begriff des Umherziehens von

Ort zu Ort an sich nicht erfüllt, so bot sich in dem von der StA.-schaft dieserhalb angetretenen Beweise das geeignete Mittel zur Vervollständigung dar. Mit Recht rügt die NB. es als eine Verletzung des § 26 des Regulativs v. 28. Apr. 1824, wenn der App.-Richter die Erhebung jenes Beweises aus dem von ihm ausgesprochenen Grunde abgelehnt hat.

Wenn dem Angeklagten Gewerbebetrieb im Umherziehen nach § 26 des Regulativs zur Last gelegt wurde, so bildeten nicht die einzelnen Kontraventionshandlungen den Gegenstand der Beschuldigung, diese stellten nicht ebenso viel Straffälle dar, sondern sie kamen nur als die einzelnen thatsächlichen Momente in Betracht, aus denen sich der Thatbestand des Vergehens zusammensetzte. Handelte es sich also darum, die Beweisaufnahme auf andere als die bis dahin zur Sprache gekommenen Akte der gewerblichen Thätigkeit auszudehnen, so würde damit nicht das Objekt der Anklage verändert oder erweitert, sondern nur der Thatbestand des den ursprünglichen Gegenstand der Anklage bildenden Vergehens seinem ganzen Umfange nach konstatirt. Mit diesem auf dem richtigen Verständnisse des Strafgesetzes (§ 26 l. c. in Verbindung mit § 1 b. ibid.), insbesondere des demselben zu Grunde liegenden Begriffes des Gewerbebetriebes beruhenden, durch die Rechtsprechung des Kgl. OTr.s (Oppenhoff StGB. § 56 n. 21; RdOTr. 3. S. 275; 4. S. 278) mehrfach sanktionirten Grundsatze hat der App.-Richter sich in Widerspruch gesetzt, indem er dem Antrage des OStA.s, zum Beweise darüber verstattet zu werden, daß Angeklagter Ende 1864 auch nach Fr. und D. sich begeben, und dort in gleicher Weise sein Gewerbe ausgeübt habe, aus dem Grunde nicht willfahrt hat, weil das Strafresolut der Regierung sich nur auf den F.—schen Fall bezogen habe.

Antr. des GStA.s: gleichl. [29.—3.]

Schaamhaftigkeit. — Verletzung. — Oeffentlichkeit.

Das durch eine Verletzung der Schaamhaftigkeit gegebene Aergerniß kann nicht als ein öffentliches angesehen werden, wenn der Thäter die Handlung heimlich verüben wollte und nur von seinem Willen unabhängige Umstände es bewirkten, daß sie von Andern wahrgenommen wurde. StGB. § 150 [n. 14].

Erk. (B. II) v. 7. Dez. 1865 c. Stefan (420. II. Cr.).

St. hatte nach der instanzgerichtlichen Feststellung sich Nachts in die von der R. Schm. und der Wittwe F. bewohnte Stube geschlichen und sich zu der letzteren ins Bett gelegt; sein Bemühen, die Sache vor der R. Schm. geheim zu halten, war erfolglos, weil der in demselben Hause wohnende B. F. sein Kommen belauscht hatte, und plötzlich mit Licht in die Stube trat, so daß nicht nur B. F. selbst, sondern auch die aufwachende R. Schm. Zeuge jener Thatsache wurden. Hierin fand das AG. den Thatbestand eines durch eine Verletzung der Schaamhaftigkeit gegebenen Aergernisses, weil „zwei Personen anwesend gewesen seien, als St. bei der F. im Bette lag." Auf die NB. des Angeklagten ist dieses Erkenntniß vernichtet und auf Freisprechung erkannt worden. Gründe:

Wenn hierin [d. h. in dem festgestellten Sachverhalte] der vorige Richter die gesetzlichen Merkmale eines öffentlichen Aergernisses erkennt, so ist dies mit dem richtig verstandenen Sinne des § 150 des StGB.s, namentlich dem darin enthaltenen Begriffe der Oeffentlichkeit, nicht vereinbar. Zu diesem gehört, daß die That unmittelbar einer Mehrheit von Personen gegenüber so verübt wird, daß mit ihrer Verübung schon der Charakter der Oeffentlichkeit und des gegebenen Aergernisses verbunden ist. Dies ist aber nicht vorhanden, wenn die Wahrnehmung der That erst hinterher und in Folge der beobachtenden Nachforschung eines Dritten in einer Privatwohnung eintritt, der Thäter die That also nicht Angesichts dritter Personen öffentlich verüben, sondern vielmehr heimlich halten wollte.

Antr. des GStA.s: gleichl. [29.—3.]

Anklagebeschluß. — Motivirung.

Ein die Versetzung in den Anklagestand ablehnender Beschluß ist nichtig, wenn es nicht durch die Angabe der Gründe dem höhern Richter möglich gemacht ist, seine Gesetzlichkeit zu prüfen.

Ges. v. 3. Mai 1852 Art. 13 [n. 2]; Vdn. v 3. Jan. 1849 §76 [n. 11]. Vgl. RbOTr. 2. S. 156.

Beschl. (I.) v. 8. Dez. 1865 c. Genz (294. B. I. Cr.).

G. sollte als Zeuge in einer Voruntersuchung wahrheitswidrig versichert und beschworen haben, daß der Beschuldigte X. eine gewisse Aeußerung nicht gemacht habe. Die Rathskammer sprach deshalb die vorläufige Versetzung in den Anklagestand wegen wissentlichen Meineides aus; der Anklage-Senat setzte dagegen den G. außer Verfolgung, indem er nur erwog, daß, „abgesehen von sonstigen Bedenken, die eidliche Aussage des G. ihrem Gesammtinhalte nach und in Bezug auf den inkriminirten Punkt eine thatsächliche Angabe nicht enthalte" Auf die Beschwerde des OStA.s hat das OTr. den betr. Beschluß aufgehoben und die Sache zur anderweiten Prüfung an das AG. zurückverwiesen, indem es erwog:

daß die Motivirung [des Beschlusses] nicht erkennen läßt, ob der Criminal-Senat die erwähnte Aufstellung der Anklage für nicht erwiesen erachtet hat, oder aus welchen Gründen, und ob aus thatsächlichen oder rechtlichen, er in der Aussage des rc. G. ein falsches Zeugniß nicht erkannt hat, auch die noch erwähnten sonstigen Bedenken nicht in dieser Weise näher erkennbar gemacht sind, die Motivirung also die Prüfung der Gesetzlichkeit des Beschlusses ausschließt.

Antr. des GStA.s: gleichl. [30. — 3.]

Urkunde. — Beamter. — Reiseliquidation. — Bescheinigung.

Eine Bescheinigung, welche ein Beamter über eine von ihm gemachte Reise lediglich zu dem Zwecke ausstellt, daß sie der vorgesetzten Behörde als reglementsmäßiger Beleg für die von ihm eingereichte Reisekostenliquidation diene, ist keine Urkunde. StGB. §§ 323 [dort einzutr. als n. 19a]. 247.

Erk. (V. I.) v. 8. Dez. 1865 c. v. Ginning (1242. I. Cr.).

Nach dem (inzwischen durch das Regl. v. 9. Sept. 1863, GS. S. 577, ersetzten) Feuer-Sozietäts-Regl für die Provinz Posen v. 5. Jan. 1836 und den dazu ergangenen Nachträgen, insbesondere nach der Vdn. v. 6. Juni 1853 (GS. S. 463) waren die Distrikts-Kommissarien berechtigt, die Kosten der von ihnen gemachten Reisen unter gewissen Voraussetzungen zu liquidiren. Zur Kontrollirung dieser Reisen mußten sie ein sog. Reisetagebuch führen, in welchem sie jede Reise besonders zu spezifiziren und darunter die amtliche Versicherung abzugeben hatten, daß die aufgeführten Reisen wirklich und zwar zum Zwecke der Aufnahme einer sofortigen Versicherung unternommen seien. — Der Distrikts-Kommissar v. G. ist nun angeklagt und schuldig befunden worden: „— in der Absicht sich Gewinn zu verschaffen, ein Attest, nach welchem er die über demselben aufgeführten Reisen an den dabei angegebenen Tagen unternommen habe 2c., dessen Ausstellung ihm vermöge seines Amtes oblag, insofern unrichtig ausgestellt zu haben, als er a) zwei der Reisen gar nicht unternommen, und b) behufs Aufnahme einer Versicherung bei dem 2c. M. nicht eine besondere Reise nach L. unternommen, die Versicherung vielmehr bei Gelegenheit der Anwesenheit behufs anderer Amtsverrichtungen aufgenommen habe." Der Schw.-GH, davon ausgehend, daß jenes Attest „im Sinne des § 247 StGB. als Urkunde unzweifelhaft zu erachten sei," hatte aus § 323 bestraft. Auf die NB. des v. G. ist dieses Erkenntniß aber vernichtet und auf Freisprechung erkannt worden. Gründe:

Unbedenklich hat der Angeklagte eine wahrheitswidrige Bescheinigung gemäß dem Verdikte aus Gewinnsucht ausgestellt, dieselbe war aber für Niemanden anders bestimmt, als die ihm nach dem Zusatze zu § 122 des Regl.s v. 5. Jan. 1836 vorgesetzten Behörden; sie erfüllte eine in seinem amtlichen Verkehre mit denselben vorgeschriebene Form zur größeren Gewähr der Richtigkeit der liquidirten Reisen, allein sie war außerhalb dieses Verkehrs der Behörden untereinander für Rechte und Rechtsverbindlichkeiten ganz unerheblich und konnte sogar innerhalb desselben einen Beweis zu Gunsten des Angeklagten oder zum Nachtheile der Sozietät in keiner Weise liefern oder bekräftigen, da er die Bescheinigung sich nicht selbst als Beweisurkunde über die fraglichen Reisen für seinen Entschädigungsanspruch ausstellen konnte, vielmehr die Bestreitung der Wahrheit seines Attestes ihn, um einen Rechtsanspruch zu begründen, sofort in die Nothwendigkeit versetzte, dem Richter ohne alle Rücksicht auf sein eigenes Attest die angeblichen Reisen durch andere Beweismittel darzuthun. Das Attest ist also keine Urkunde im Sinne des § 247 des StGB.s, und daß mit dem Ausdrucke „Urkunden" in § 323 daselbst der nämliche Begriff, wie in § 247 resp. § 254 verbunden sei, gleich der Unanwendbarkeit dieses Begriffs auf Schriftstücke der vorliegenden Art, die nur für den innern Verkehr der Behörden bestimmt sind, ist bereits so oft ausgeführt, daß das von der örtlichen Staatsanwaltschaft dagegen geäußerte Bedenken keiner weitern Widerlegung bedarf (vgl. die von Oppenhoff zu § 323 n. 4. 18. 19 citirten Erkenntnisse und Beschlüsse). Der für dies Bedenken angegebene Grund, daß § 323 anwendbar sei, wenn ein Beamter die in § 254 des StGB.s bezeichneten Schriftstücke für andere Personen fälschlich ausstelle (Oppenhoff l. c. n. 8), kann dasselbe augenscheinlich nicht motiviren, da dergleichen Schriftstücke ihre Wirksamkeit für die Besitzer ja auch außerhalb des amtlichen Verkehrs äußern. Ebensowenig Bedeutung haben die Bemerkungen des StA.s, daß durch das fragliche Attest das Interesse der Versichernden näher berührt werde, und es sich dabei um das Interesse eines nur unter staatlicher Aufsicht stehenden besondern Instituts, der Provinzial-Feuerversicherungs-Sozietät, handle: denn jene angebliche nähere Berührung ist nirgends ersichtlich, namentlich geben die erwähnten Reglements und die Cirkular-Verfügungen v. 11. Apr. 1859 und 17. Juli 1862 lediglich die Bestimmung der Reisekosten-Liquidationen und dazu gehörigen Atteste für die Direktion der genannten Sozietät zu erkennen, welche letztere in den Allerhöchst sanktionirten Reglements zugleich als eine Korporation erscheint, deren Beamte — abgesehen von der gleichzeitigen Eigenschaft vieler derselben als unmittelbarer Staatsbeamten — in dem Verhältnisse mittelbarer Staatsdiener ausdrücklich anerkannt sind (vgl. Vdn. v. 6. Juni 1853 zu § 69 und § 122 des Regl.s v. 1836; § 69. II,

10 ALR. und § 331 des StGB.s; vgl. Regl. v. 9. Sept. 1863 § 70; GS. S. 599). Wie schwer daher die wahrheitswidrige Ausstellung des fraglichen Attestes als Dienstvergehen im Disziplinar-Verfahren immer zu bestrafen sein möge: hier konnte nur wie geschehen erkannt werden.

Antr. des GStA.s: gleichl. [23. — 2.]

Meineid. — Verleitungsversuch. — Wissentlichkeit.

Bei einer Anklage wegen Verleitungsversuchs zum Meineide ist es unerläßlich, in die den Geschwornen vorzulegende Frage aufzunehmen, daß der Angeklagte die betr. Handlung „wissentlich" verübt habe; es genügt nicht, wenn die Wissentlichkeit in Beziehung auf die dem zu Verleitenden zugemuthete Eidesableistung festgestellt wird.

StGB. § 130 [n. 1].

Erk. (B. I.) v. 8. Dez. 1865 c. Hartwig (1222. I. Cr.).

H. war unter der Anklage: „— die Arbeiter Kr. und C. wissentlich zur eidlichen Bekräftigung einer Unwahrheit zu verleiten versucht zu haben", vor den Schw.-GH. gestellt worden. Bei der Fragestellung machte der StA. darauf aufmerksam, daß nach der Fassung des Anklagebeschlusses nicht zur „wissentlichen eidlichen Bekräftigung einer Unwahrheit" zu verleiten versucht sein würde, was den Begriffserfordernissen des § 130 nicht entsprechen dürfte. Demzufolge wurde die den Geschwornen vorgelegte Frage dahin gefaßt: ob H. schuldig sei, — die Arbeiter Kr. und C. zur wissentlichen eidlichen Bekräftigung einer Unwahrheit zu verleiten versucht zu haben. Auf den Grund des bejahenden Geschwornenspruchs erfolgte sodann die Verurtheilung aus § 130 cit. — Die NB. des H. rügte u. A. Verletzung der §§ 130 und 31 StGB., weil weder die Bedingungen der Strafbarkeit eines Versuchs (§ 31) noch die im § 130 vorausgesetzte Wissentlichkeit des Angeklagten bei dem ihm zur Last gelegten Verleitungsversuche festgestellt sei. —

Die GStA.-schaft beantragte Zurückweisung der NB.; zwar setze § 130 ausdrücklich voraus, daß der Angeklagte einen Anderen wissentlich zur eidlichen Bekräftigung einer Unwahrheit zu verleiten versucht habe; ein „Verleiten" sei aber ohne Wissentlichkeit gar nicht denkbar, dieses Merkmal sonach in jenem Ausdrucke nothwendig mit enthalten; das Gesetz habe hier ausnahmsweise einen erfolglosen Anstiftungsversuch für strafbar erklären wollen; zur Anwendung des § müsse es daher genügen, wenn in der Person des Angeklagten alle Voraussetzungen der wirklichen Anstiftung vorlägen; nun würde aber, wenn Kr. und C. sich wirklich zur Ableistung des ihnen angesonnenen Meineids verstanden hätten, es mit Rücksicht auf Art. 34 Nr. 1 vollständig genügt haben, festzustellen, daß er „— jene beiden zur Begehung des gedachten Verbrechens verleitet habe," ohne daß es in dieser Beziehung auch noch der ausdrücklichen Hervorhebung bedurft hätte, daß jene Verleitung von seiner Seite eine wissentliche gewesen sei. sei dem aber so, so könne auch — trotz der Fassung des § 130 — in dem hier vorgesehenen Falle die ausdrückliche Feststellung dieses Merkmals nicht unerläßlich sein; damit stimme ganz der Bericht der Kommission der II. Kammer, aus welcher der Vorschlag zu dem jetzigen § 130 hervorgegangen sei, überein; er (S. 76) thue der Wissentlichkeit des Verleitungsversuchs überall keine Erwähnung, während in Beziehung auf die Eidesleistung des zu Verleitenden ausdrücklich das Begriffserforderniß der „Wissentlichkeit" betont werde; das sei denn auch ganz korrekt gewesen, da beim Verbrechen des Meineids (§§ 125. 126) die Wissentlichkeit recht eigentlich ein wesentliches Begriffsmerkmal darstelle; hiernach sei anzunehmen, daß im § 130 durch ein Redaktionsversehen das Wort „wissentlich" an die irrige Stelle gesetzt sei; mit Recht habe daher hier der Schw.-GH. dasselbe bei der „eidlichen Bekräftigung einer Unwahrheit" zugesetzt, während in Beziehung auf den Angeklagten selbst der betr. Begriff im Worte „verleiten" mit Nothwendigkeit mitenthalten und daher entbehrlich gewesen sei

Das OTr hat das Erkenntniß vernichtet und die Sache an den Schw.-GH. zurückverwiesen. Gründe:

Wenn es auch einer Feststellung der Voraussetzungen der Strafbarkeit des Versuchs nach § 31 des StGB.s nicht bedurfte, da der Versuch der Verleitung zum Meineide nach § 130 ein selbstständiges Verbrechen in der Vollendung darstellt und nicht eine Stufe oder einen Abschnitt der vorbereitenden Handlungen zu einem unvollendeten verbrecherischen Thatbestande: so gehört doch zum Thatbestande eben jenes Verbrechens nach dem Wortlaute des § 130 unbedingt, daß der Angeklagte seinerseits wissentlich den Verleitungsversuch zur Ableistung eines Meineides bei Anderen gemacht habe, wie auch die Anklage behauptet hat. Der Antrag des Staatsanwalts zur Fragestellung verlangte außerdem, daß das Bewußtsein der Arbeiter Kr. und C., welche der

Angeklagte zu verleiten versucht hatte, um die Falschheit des ihnen zugemutheten Eides konstatirt werde.

Die Weglassung des „wissentlich", welches der § 130 in der Person des Angeklagten verlangt, aus der Frage und folgeweise der Feststellung der Geschwornen entzieht indessen an und für sich der letzteren ein so wesentliches Merkmal des strafbaren Thatbestandes, daß dadurch allein die Vernichtung des angefochtenen Urtels geboten war und eine neue thatsächliche Feststellung vor dem Schwurgerichte erfolgen muß. [23. — 2.]

Beschlagnahme. — Entziehung.

Der Thatbestand des im § 272 StGB. vorgesehenen Vergehens kann als vorliegend betrachtet werden, wenn Jemand dem pfändenden Beamten die von diesem als Pfandobjekt an sich genommene Sache ohne Anwendung von Gewalt wieder wegnimmt.

StGB. § 272 [n. 14. 21. 31].

Erk. (Z. I.) v. 8. Dez. 1865 c. Sieg & Gen. (967. I Cr.)

Der Schulze G. und der Dorfgeschworne K hatten sich zu den Eheleuten S begeben, um von diesen Abgabenrückstände beizutreiben; da Zahlung nicht erfolgte, so ordnete G. die Pfändung an, worauf K. eine Uhr und ein Pistol als Pfandobjekte an sich nahm; beide Gegenstände wurden ihm von den Angeklagten wieder abgenommen, ohne daß er bemüht war, dieselben festzuhalten oder seinerseits eine besondere Körperkraft anzuwenden. Wegen des letzteren Umstandes erachteten die Instanzgerichte den Thatbestand des § 89 StGB. nicht für vorliegend, bestraften dagegen aus § 272 l c. Die NB. der Angeklagten suchte auszuführen: § 272 könne nur da zutreffen, wo die Beschlagnahme an Ort und Stelle beendigt sei und der betreffende Beamte den Ort wieder verlassen habe; eine Thätigkeit gegen den pfändenden Beamten könne nur aus § 89 bestraft werden, wenn dessen Voraussetzungen vorlägen. Zurückweisung. Gründe:

In dem Vorgange v. ꝛc. haben die Vorderrichter den Thatbestand des § 89 mit Recht nicht gefunden, wohl aber denjenigen des § 272, wozu weder Gewalt noch Drohungen gegen den pfändenden Beamten oder andere Personen gehören. Indem die Vorderrichter thatsächlich ausführen, daß der den Befehl des Schulzen in dessen Gegenwart vollstreckende Dorfgeschworne die Uhr und das Pistol der Angeklagten als Pfandobjekte in seinen Besitz genommen gehabt, und letztere sie darauf wieder aus seinem Besitz weggenommen haben, um sie der Pfändung zu entziehen, stellen sie den Thatbestand des im § 272 vorgesehenen Vergehens vollständig fest. Denn in diesem Akte der Wegnahme der Sachen aus dem Pfandbesitze der Beamten konnte rechtlich eine Entziehung der Pfändung ebenso gut gefunden werden, wenn die Beamten sich noch in der Wohnung der Angeklagten befanden, als wenn sie dieselbe bereits verlassen hatten; vgl. Oppenhoff zu § 272 n. 14. 31.

Antr. des GStA.s: gleichl. [23.—2.]

Pommersche Forst-Ordnung. — Einführen von Wild rc. — Legitimations-Attest. — Strafe.

Nach der Pommerschen Forst-Ordn. v. 24. Dez. 1777 Tit. 14 § 24 hat derjenige, welcher Wild (Holz) in eine Stadt ohne das dort vorgeschriebene Attest einbringt, die Konfiskation des betr. Gegenstandes verwirkt, sollte auch eine Abpfändung derselben beim Einbringen nicht stattgefunden haben. Vgl. RbOTr. 3. S. 103.

Erk. (B. I.) v. 13. Dez. 1865 c. Schmidt (993. I. Cr.).

Schm. hatte ein Reh ohne Legitimationsattest in die Stadt Schlawe eingebracht, war aber vor der aus § 24 Tit. 14 l. c. erhobenen Anklage vom AG. freigesprochen worden; dasselbe nahm zwar mit dem OTr.s-Erk. v. 5 Nov. 1862 (RbOTr. 3. S. 103) die fortdauernde Gültigkeit jener Gesetzesstelle an, hielt aber dafür, daß dieselbe zunächst nur eine Anweisung für die Thorbedienten enthalte, den Einbringer anzuhalten; nur da, wo ein solches Anhalten stattgefunden habe, könne die Strafe der Konfiskation verwirkt sein. — Auf die NB. des OStAnw.s erfolgte Vernichtung jenes Erkenntnisses und Zurückweisung des von Schm. gegen das verurtheilende Erkenntniß 1. Instanz ergriffenen Rekurses. Gründe:

Der Angeklagte ist bloß deshalb der ihm zur Last gelegten Zuwiderhandlung gegen § 24 Tit. 14 der Pommerschen Forst-Ordnung nicht schuldig erachtet, weil es ihm gelungen ist, das Reh ohne das vorgeschriebene Legitimations-Attest unbemerkt in die Stadt Sch. einzubringen. Ein solches Resultat bei Anwendung des § 24 l. c. kann vom Gesetzgeber nicht beabsichtigt sein. Aber auch der Wortlaut des § 24 l. c. steht der Ansicht des vorigen Richters nicht zur Seite. Derselbe enthält allerdings eine Anweisung an die Thorbedienten, welche sie bei Strafe befolgen sollen, aber zugleich auch die Androhung der Strafe der Konfiskation gegen den unlegitimirten Einbringer. Beides sind ganz selbstständige Vorschriften, und die den Thorbedienten und dem Einbringer angedrohten Strafen ganz verschiedene. Das Gesetz sagt auch nicht, daß das Holz resp. Wild von den Thorbedienten angehalten und von ihnen konfiszirt werden soll, sondern „daß es von den Thorbedienten angehalten und konfiszirt sein" soll. Also der unlegitimirte Einbringer hat jedenfalls als Strafe die Konfiskation verwirkt, mag er von den Thorbedienten mit dem Holz oder Wild angehalten sein oder nicht. Denn das Gesetz hat das Anhalten und die Konfiskation schon seinem Wortlaut nach in keine nothwendige Verbindung gebracht, wie vom vorigen Richter irrthümlich angenommen ist. — —

Zwar hat der Angeklagte auch noch behauptet, daß wenigstens, wenn wie im vorliegenden Fall die Konfiskation des ohne Attest in eine Stadt gebrachten Wildes nicht mehr ausführbar sei, auf Erstattung des Werths nicht erkannt werden könne, weil das Gesetz nicht von Erstattung des Werths, sondern nur von der Konfiskation spreche. Es versteht sich jedoch von selbst, daß auch ohne eine desfallsige ausdrückliche Bestimmung im Gesetze, sobald die Konfiskation selbst nicht mehr stattfinden kann, an deren Stelle die Entrichtung des Werths des Konfiskats treten muß, weil der zufällige Umstand, daß die Konfiskation selbst nicht mehr zu realisiren ist, den Angeklagten von der verwirkten Konfiskationsstrafe nicht befreien kann. Der vom ersten

Richter auf 4 Thlr. festgesetzte Werth des Rehes ist aber vom Angeklagten nicht bestritten.

Antr. des GStA.s: gleichl. [18.—4.]

Unzüchtige Handlung. — Kind. — Versuch.

Der Versuch der „Vornahme unzüchtiger Handlungen mit einer Person unter vierzehn Jahren" ist sehr wohl denkbar, und fällt nicht nothwendig mit dem vollendeten Verbrechen zusammen. Die Stellung einer Eventualfrage in Beziehung auf einen solchen Versuch kann daher nicht als unstatthaft abgelehnt werden.

StGB. § 144 Nr. 3 [n. 27. 8]

Erk. (B. II.) v. 14. Dez. 1865 c. Eyert (446. II. Cr.).

E. war unter der Anklage der „Vornahme unzüchtiger Handlungen mit einem Kinde unter 14 Jahren" vor den Schw.-GH. gestellt worden. Hier beantragte der StA. die Stellung einer Eventualfrage in Beziehung auf den Versuch jenes Verbrechens. Der GH. lehnte indessen diesen Antrag ab, weil „ein solcher Versuch insofern überhaupt nicht denkbar sei, als die zum Thatbestande des Versuchs vorausgesetzte Handlung eine unzüchtige sein müsse, woraus dann folge, daß der Versuch mit dem vollendeten Unternehmen zusammen falle." Nachdem sodann die Geschwornen die Hauptfrage verneint hatten, erfolgte die Freisprechung des E. — Auf die NB. des StA s ist dieses Erkenntniß vernichtet und die Sache an den Schw.-GH. zurückverwiesen worden. Gründe:

Der die Stellung der von dem StA. beantragten zusätzlichen Frage ablehnenden Entscheidung des Schw.-GH.s liegt die Rechtsansicht zu Grunde, daß bei dem Verbrechen des § 144 Nr. 3 des StGB.s ein strafbarer Versuch nicht gedacht werden könne, da die denselben konstituirenden Handlungen den unzüchtigen Charakter an sich tragen müßten, die Vornahme solcher Handlungen aber das vollendete Verbrechen darstelle und somit hier, der Natur der Sache nach, Vollendung und Versuch zusammenfalle. Diese Ansicht erweist sich bei näherer Betrachtung als unhaltbar und hat daher auch in der Rechtsprechung keinen Eingang gefunden. Da der § 144 Nr. 3 den Begriff „unzüchtiger Handlungen" nicht definirt und bestimmte Merkmale der Vollendung derselben nicht aufstellt, so kann zugegeben werden, daß die Grenzlinie zwischen Vollendung und Versuch hier schwankender wie in anderen Fällen erscheint, und ihre Auffindung im einzelnen Falle Schwierigkeiten bieten kann. Die Konsequenz, daß darum von einem Versuche begrifflich nicht die Rede sein könne, läßt sich hieraus aber nicht ziehen. Es ist auch, Mangels einer in den § aufgenommenen erschöpfenden Definition, immerhin unzweifelhaft, daß das Gesetz unter dem Ausdrucke „unzüchtige Handlungen" nicht jedes auf das Gebiet geschlechtlich unsittlicher Handlungen hinüberspielendes Thun, sondern Excesse von einer prägnanten objektiven Bedeutung hat verstehen wollen. Daß eine solche Unterscheidung in der Anschauung des Gesetzgebers vorhanden ist, geht schon aus dem Gegensatze zwischen dem im § 150 vorgesehenen Vergehen der Verletzung der Schaamhaftigkeit und den eigentlichen Unzuchtsverbrechen (§§ 141 bis 149) hervor. Dies vorausgesetzt, ist nicht abzusehen, warum bei den den Thatbestand des in § 144 Nr. 3 bezeichneten Verbrechens bildenden unzüchtigen Handlungen nicht wie bei jeder anderen verbrecherischen That zwischen Anfang und Vollendung soll unterschieden werden, warum eine Handlung nicht so soll beschaffen sein können, daß in ihr die Absicht, an oder mit einer anderen Person einen Akt der Unzucht vornehmen zu wollen, klar wird und sie auch schon einen Anfang der Ausführung dieser Absicht enthält, ohne daß gleichwohl die Absicht damit erreicht und die Handlung zu einem vollendeten Unzuchtsakte im vollen Sinne des § 144 geworden ist. Noch klarer wie im Wege der theoretischen Erörterung zeigt sich dies an der Betrachtung des konkreten Falles. Wenn der Thäter die Absicht, eine unzüchtige Handlung vornehmen zu wollen, ausspricht, zum Zwecke derselben sich entblößt, die der Ausführung seines Vorhabens entgegenstehenden äußeren Hindernisse beseitigt (Aufheben der Kleider u. s. w.), so kann die Annahme berechtigt sein, daß in diesen Momenten die Konsumtion einer unzüchtigen Handlung an oder mit einer anderen Person nicht enthalten ist; es ist jedoch nicht erfindlich, wie durch diese Annahme der Frage präjudizirt sein soll, ob nicht die Vereinigung jener Momente die Absicht und den Anfang der Ausführung einer Handlung erkennen läßt, die, wenn sie konsumirt worden wäre, den Charakter einer objektiv unzüchtigen an sich getragen haben würde. Ganz unbedenklich aber gestaltet sich die Frage bei dem zweiten Falle des § 144 Nr. 3 der Verleitung zur Vornahme oder zur Duldung unzüchtiger Handlungen. Dieselbe bietet sich hier in der einfachsten Form und ohne die eben erörterten Schwierigkeiten dar. Es ist der Anfang der Ausführung des Verbrechens vorhanden, sobald nur ein Akt des Verleitens stattgefunden hat; es ist hier also das Zusammenfallen der den Versuch konstituirenden Handlungen mit der vollendeten That ausgeschlossen. Endlich ist auch der in der Beantwortung der NB. noch geltend gemachte Zweifelsgrund nicht durchgreifend, daß wenn Handlungen, die den Gegenstand der Anklage bilden, nicht selbst unzüchtige Handlungen, sondern nur Versuche zu solchen seien, alsdann nicht feststehe, welche Handlungen Zweck des Versuches gewesen seien, und, zur Ausführung gebracht, das Verbrechen strafbarer Unzucht selbst enthalten haben würden. —

Es liegt in der Natur der Sache und kann in höherem oder geringerem Grade bei jedem strafbaren Versuche vorkommen, daß, während in den vorliegenden thatsächlichen Momenten die Anfänge einer verbrecherischen That erkannt werden, doch über die konkrete Gestalt, welche das Verbrechen in der Ausführung angenommen haben würde, Ungewißheit herrscht. Es ist genug, wenn so viel feststeht, daß die versuchte Handlung, wenn sie, dem Versuche entsprechend, zu Stande gekommen wäre, die Merkmale eines Verbrechens an sich getragen haben würde. Ob dies den Umständen nach anzunehmen ist, unterliegt der Beurtheilung des Richters der That.

Antr. des GStA.s: gleichl. [29. — 1.]

Landesverweisung. — Zeitdauer.

Die gegen Ausländer statt der Polizeiaufsicht zu verhängende Landesverweisung ist nicht, wie jene, auf eine bestimmte Zeitdauer zu beschränken.

StGB. §§ 29 [dort einzutr. als n. 4 a] 26.

Erk. (Z. II.) v. 14. Dez. 1865 c. Oehrle (383. II. Cr.).

Das StGB. hat nur für die Stellung unter Polizeiaufsicht in § 26 eine Zeitdauer vorgeschrieben; dagegen soll nach § 29 wider Ausländer, gegen welche auf Stellung unter Polizeiaufsicht zu erkennen sein würde, auf Landesverweisung erkannt werden, ohne daß hierbei dieser Strafe irgend eine gesetzliche Zeitbeschränkung beigefügt ist. Es findet also die Stellung unter Polizeiaufsicht gegen Ausländer keine Anwendung. Daher fallen hinsichtlich ihrer auch alle nur die Polizei-Aufsicht betreffenden gesetzlichen Bestimmungen weg. Es ist kein Gesetz vorhanden, welches den Richter ermächtigt oder verpflichtet, die Landesverweisung auf eine bestimmte Zeit zu beschränken.

Antr. des GStA.s: gleichl. [12. — 1.]

---

1. Nichtigkeitsbeschwerde. — Ausländisches Gesetz.
2. Vertagung. — Schwurgerichtshof. — Statthaftigkeit.

1. Eine Nichtigkeitsbeschwerde kann nicht auf Verletzung eines ausländischen Gesetzes gestützt werden.

Ges. v. 3. Mai 1852 Art. 107 [n. 21], vgl. Strieth Arch. 30. S. 138; 37. S. 150.

2. In schwurgerichtlichen Sachen kann nach der Verkündung des Geschwornenspruchs eine Vertagung zum Zweck der Beweisaufnahme über solche Thatsachen stattfinden, welche lediglich der Beurtheilung des Gerichtshofs unterliegen. Ein hierauf abzielender Beweisantrag darf daher nicht als unstatthaft abgelehnt werden.

Vdn. v. 3. Jan. 1849 § 122 [n. 1]. 59; Ges. v. 3. Mai 1852 Art. 29.

Erk. (Z. B. II.) v. 14. Dez. 1865 c. Peine (356. II. Cr.).

Die Th. P. war unter der Anklage des meineidigen Zeugnisses vor den Schw.-GH. gestellt, jener That aber von den Geschwornen nicht schuldig, dagegen auf eine Eventualfrage schuldig befunden worden: „— in Hamburg aus Fahrlässigkeit etwas Unwahres eidlich versichert zu haben." Nach Verlesung dieses Spruchs stellte der StA. den Antrag: die Sache auf 8 Tage zu vertagen, um vom Obergerichte zu Hamburg darüber amtliche Auskunft zu erfordern, ob nach dortigen Gesetzen der fahrlässige Meineid strafbar sei." Diesen Antrag lehnte der GH. ab, „weil der Fall des Art. 32 des Ges.s vom 3. Mai 1852 nicht vorliege." Sodann sprach er die P. frei, „weil weder bekannt noch nachgewiesen sei, daß der fahrlässige Meineid nach den in Hamburg geltenden Strafgesetzen strafbar sei." Die NB. des OStA.s rügte 1) Verletzung der §§ 132. und 4 Nr. 3 des StGB und des in Hamburg geltenden Rechts; 2) Verletzung eines wesentlichen Grundgesetzes des Verfahrens durch Ablehnung des gestellten Beweisantrags. Das OTr. hat den ersten Grund nicht für durchgreifend erachtet, dagegen mit Rücksicht auf den zweiten das angefochtene Erkenntniß vernichtet und die Sache vor den Schw.-GH. zurückverwiesen. Gründe:

Der erste Vorwurf würde nicht begründet sein. Denn für den Preußischen Richter, welcher nur die einheimischen Gesetze zu kennen braucht, ist die Frage nach dem Dasein und Inhalt des ausländischen Strafrechts eine Thatfrage, und es unterliegt daher auch die materielle Lösung dieser Frage an sich einem Angriff im Wege der NB. überall nicht.

Dagegen muß der formelle Angriff für begründet erachtet werden, welcher daraus entnommen ist, daß der Schw.-GH. einem erheblichen Beweismittel über das in Frage kommende ausländische Recht die Berücksichtigung versagt habe. Nachdem die Geschwornen ihr Verdikt abgegeben hatten, war nämlich von der StA.-schaft der Antrag gestellt worden, die Sache auf 8 Tage zu vertagen, um von dem Obergericht in Hamburg amtliche Auskunft darüber zu erfordern: ob nach dortigen Gesetzen der fahrlässige Meineid strafbar sei, und der GH. hat diesen Antrag abgelehnt, weil der im Art. 32 des Ges.s v. 3. Mai 1852 vorgesehene Fall (einer Vertagung) nicht vorliege. Richtig ist nun zwar, daß der in diesem Artikel gedachte Fall, welcher nur die Vertagung zum Zweck der Urtheilsverkündigung vor Augen hat, wirklich nicht vorlag. Allein unverkennbar war die Frage, ob der fahrlässige Meineid nach den Hamburgischen Strafgesetzen strafbar sei, für die Anwendung des diesseitigen Strafgesetzes — und das erkennt auch der Schw.-GH. an — präjudiziell, also auch die desfallsige Feststellung von rechtlicher Erheblichkeit. Eine gesetzliche Bestimmung, wonach in Schwurgerichtssachen nach dem Wahrspruch der Geschwornen eine Beweisaufnahme über Thatsachen, welche die Gesetzesanwendung betreffen, und insoweit lediglich der Beurtheilung des Schwurgerichtshofes unterliegen, ausgeschlossen wäre, besteht nicht; insbesondere bedingen die Vorschriften der §§ 59 und 122 der Vdn. v. 3. Jan. 1849 eine solche Ausschließung nicht, und die Natur der Sache spricht auch nicht dafür. Der von der StA.-schaft gestellte Vertagungsantrag fiel daher unter den im Art. 29 des cit. Ges.s enthaltenen Grundsatz, wonach erhebliche Umstände und Beweismittel regelmäßig nicht unberücksichtigt bleiben dürfen. Der Schw.-GH. hat mithin, indem er die Vertagung der Sache, welche zum Zweck der Beibringung eines an sich rechtlich erheblichen Beweises begehrt war, nicht etwa aus einem thatsächlichen, aus dem anzunehmenden Erfolg des Begehrens entlehnten Grunde, sondern aus einem nicht entscheidenden Rechtsgrnnde ablehnte, die Vorschrift des cit. Art. 29 verletzt. Die NB. hat zwar diese Vorschrift nicht ausdrücklich als verletzt bezeichnet; allein darauf kommt es auch nach Art. 111 l. c. nicht an, da die Thatsache, welche der Beschwerde zur Grundlage diente, die Verletzung des cit. Art. 29 bedingt.

Antr. des GStA.s: gleich! [27. — 1.]

Oeffentlichkeit. — Ausschließung. — Recht des Angeklagten.

Der Angeklagte kann es nicht als Nichtigkeitsgrund geltend machen, daß über die erfolgte

Ausschließung der Oeffentlichkeit in öffentlicher Sitzung verhandelt worden sei.

Ges. v. 3. Mai 1852 Art. 19 [n. 5]. Vgl. RhOTr. 4. S. 115.

Erk. (Z. II) v. 14. Dez. 1865 c. Schulz (421. II. Cr.).

Wenn über den Ausschluß der Oeffentlichkeit nicht, wie es der Art. 19 des Ges.s v. 3. Mai 1852 fordert, in nicht öffentlicher Sitzung verhandelt worden ist, so kann von dem Angeklagten hieraus ein Nichtigkeitsgrund nicht hergeleitet werden, da die Oeffentlichkeit an sich die Regel bildet, und wo sie auszuschließen ist, dies nicht in dem Interesse des Angeklagten, sondern in dem Interesse der öffentlichen Ordnung und der guten Sitten, um Aergerniß zu vermeiden, geschieht.

Antr. des GStA.s: gleichl. [12 — 1.]

Rückfall. — Identität der Person.

Wird bei einer Anklage wegen einer im Rückfalle verübten Strafthat die Identität des Angeklagten mit dem früher Verurtheilten zweifelhaft, so stellt dieses eine vom Instanzrichter zu lösende thatsächliche Frage dar, welche als solche nicht zum Gegenstande der Nichtigkeitsbeschwerde gemacht werden kann.

StGB. § 58 [dort einzutr. als n. 26].

Erk. (Z. I.) v. 15. Dez. 1865 c. Hippert (1193. I. Cr.).

Der Holzhändler und Zimmermann Gottlieb H. war unter der Anklage eines am 24. Juli verübten Holzdiebstahls vor die Gerichts-Abtheilung des Kr.-G.s zu Brieg gestellt worden, weil die StA.-schaft aufstellte, derselbe sei bereits 3 Mal in den Jahren 1862 und 1863 und zuletzt am 8. Jan. 1864 wegen einfachen Holzdiebstahls rechtskräftig bestraft worden, es liege sonach jetzt der dritte Rückfall vor, welcher nach §§ 16. 24 des HDGes.s v. 2. Juni 1852 als Vergehen zu behandeln sei. H. gab die Vorbestrafungen aus den Jahren 1862 und 1863 zu, bestritt dagegen die vom 8. Jan. 1864. Aus den diesen Fall betreffenden Akten des Polizeirichters zu Brieg ergab sich, daß damals ein „Häusler Gottlob H." in cont. verurtheilt worden sei. Den vom StA. versuchten Nachweis, daß trotz dieser Abweichung in Vornamen auch damals gegen den jetzigen Angeklagten Gottlieb H. verfahren, daß ihm das Kontumazialurtheil zugestellt worden sei, und daß er die verhängte Strafe verbüßt habe, erachtete das Gericht 1. Instanz für nicht erbracht, nahm daher nur einen im zweiten Rückfall verübten Holzdiebstahl an und sprach von der Anklage wegen Ablaufs der 3monatlichen Verjährungsfrist (HDGes. § 20) frei. — Auf die Appellation des StA s erneuerte das AG. die Beweiserhebung durch Vorlegung der Akten und durch Vernehmung zweier Zeugen über die von H. in Vollziehung jenes Urtheils v. 8. Jan. 1864 geleistete Forstarbeit. Auf Grund dieser Beweiserhebung erklärte dasselbe es für unzweifelhaft, daß der jetzige Angeklagte Gottlieb H. den unter dem 8. Jan. 1864 zur Aburtheilung gelangten Diebstahl begangen und demnächst auch die deshalb verhängte Strafe abgebüßt habe, daß überhaupt seine Identität mit dem damals verfolgten „Gottlob H." anzunehmen und daß dargethan sei, daß das Kontumazialurtheil v. 8. Jan. 1864 ihm vorschriftsmäßig insinuirt und demgemäß rechtskräftig geworden sei. Demgemäß ward gegen H. der Thatbestand eines im dritten Rückfall verübten Holzdiebstahls festgestellt und, da auf diesen die Verjährung des § 20 cit. keine Anwendung finde, die Strafe des § 16 l. c verhängt. — Die NB. desselben rügte Verletzung der angewendeten §§ des HDGes.s: es sei nicht erwiesen, daß ihm das Erkenntniß vom 8. Jan. 1864 insinuirt worden sei; ob er die damals verhängte Strafe abgebüßt habe, sei, so lange die stattgehabte Insinuation und demgemäß der Eintritt der Rechtskraft des Urtheils nicht feststehe, gleichgültig; um die bestrittene Identität mit dem „Gottlob H." festzustellen, habe das AG. dem Antrage des StA.s gemäß den Förster K., welcher den damals fraglichen Holzdiebstahl zur Anzeige gebracht, als Zeugen vernehmen müssen, dieses sei nicht geschehen, 2c. —

Die GStA.-schaft sprach sich dahin aus, daß das mit der Anklage befaßte Gericht, wie überhaupt den Thatbestand, so auch namentlich die Voraussetzungen des Rückfalls festzustellen berufen sei; werde hierbei die Identität des Angeklagten mit dem früher Bestraften streitig, so sei auch das offenbar eine rein thatsächliche Frage, welche eben nur der befaßte Instanzrichter lösen könne; das habe das AG. gethan; seine Entscheidung beruhe auf durchaus thatsächlichen Gründen, gegen welche im Wege der NB. nicht anzukämpfen sei; auch beschränke sich H. eigentlich nur auf ein thatsächliches Bestreiten desjenigen, was gegen ihn festgestellt worden. —

Das OTr. hat die NB. zurückgewiesen. Gründe:

Zuvörderst ist es unbedenklich, daß die materielle Wirkung eines Strafurtheils nicht dadurch alterirt werden kann,

daß der Name — hier der Vorname — des Angeklagten unrichtig angegeben ist, dabei also ein Irrthum des erkennenden Richters obgewaltet hat. Jene Wirkung ist vielmehr lediglich dadurch bedingt, daß in Wirklichkeit gegen den der That beschuldigten, zur Untersuchung gezogenen Angeklagten erkannt worden ist. Es handelt sich sonach um die Identität dieser Person. In dem Beschl. v. 1. Febr. 1861 c. Voß (RdOTr. 1. S. 237, G. A. 9. S. 187) ist in einem Falle, in welchem in erster Instanz gegen einen unrichtigen Angeklagten — durch Namenverwechselung — erkannt worden war, und diese Person dagegen appellirt hatte, allerdings der Grundsatz ausgesprochen, daß die Erledigung solchen Irrthums durch die annoch offenstehenden Instanzen zu erfolgen habe. Daraus folgt aber nicht, daß, wenn es sich um eine rechtskräftige Entscheidung handelt, der Irrthum gleichfalls ein rechtskräftig gewordener Mangel sei, zumal wenn nicht physische Personen, sondern — wie sich aus den vorliegenden Entscheidungen ergiebt — nur die Namen einer und derselben Person verwechselt sind, und nur aus diesem Grunde eine Ungewißheit über die Identität vorhanden ist. In einem solchen Falle, wo nicht der dispositive Theil des Tenors der ergangenen Entscheidung in Frage steht, würde eine Deklaration durch den erkennenden Richter zulässig sein (Beschl. v. 19. Mai 1858, G. A. 6. S. 540), und das Wesen einer solchen liegt hier darin, daß derselbe frühere erkennende Richter und demnächst der App.-Richter über die Frage entschieden haben, ob das Urtel v. 8. Jan. 1864 in Wirklichkeit gegen einen Gottlob H. oder gegen den jetzigen Imploranten Gottlieb H. ergangen sei. Der App.-Richter hat diese Frage bejaht. Er schließt dies daraus, daß ein Gottlob H. in dem angegebenen Wohnort gar nicht existirt habe, daß in Folge der Verurtheilung der Name Gottlieb H. in die Forststrafliste eingetragen sei, und daß dieser Angeklagte, also der jetzige Implorant, auch die damals erkannte Forststrafarbeit geleistet, demnach die Strafe verbüßt habe; er schließt endlich ferner hieraus, daß das Kontumazial-Urtel v. 8. Jan. 1864 dem Imploranten auch insinuirt worden sei und demnach gegen ihn die Rechtskraft beschritten habe. Diese Gründe sind lediglich thatsächliche und durch die NB. nicht weiter anfechtbar.

[15. — 2.]

Verleumdung. — Beweis der Wahrheit.

Die Freisprechung von einer Anklage wegen Verleumdung wird nicht genügend durch die Feststellung gerechtfertigt, daß die behauptete Thatsache „im Wesentlichen wahr" sei.

StGB. § 157 [n. 4 a].

Erk. (V. I.) v. 15. Dez. 1865 c. Jachmann & Deutsch (1128. I. Cr.).

Der Kardinal-Erzbischof v. G. zu Köln hatte in einem Hirtenbriefe seine Diözesanen aufgefordert: „für Ausrottung der Irrlehren" zu beten. Ein diesen Hirtenbrief besprechender Artikel in der von J. redigirten Zeitung stellte die Behauptung auf: der Erzbischof habe öffentlich zu einem Gebete für „Ausrottung der Ketzer" aufgefordert. J. und der als Verfasser jenes Artikels ermittelte D. wurden daher „der verleumderischen Beleidigung eines Religionsdieners in Beziehung auf seinen Beruf" angeklagt, vom AG. aber freigesprochen, weil „die in jenem Artikel enthaltene Beschuldigung im Wesentlichen wahr sei." Auf die NB. des OStA.s ist dieses Erkenntniß vernichtet und die Sache zur nochmaligen Verhandlung an ein anderes AG. verwiesen worden. Gründe:

Die Verleumdung setzt als wesentliches Begriffsmerkmal voraus, daß die in Beziehung auf einen Anderen behauptete Thatsache unwahr sei, der den Angeklagten als straflos darstellende Beweis der Wahrheit setzt daher selbstredend voraus, daß er den Nachweis führt, diejenige Thatsache, welche er behauptet hat, sei in der Wahrheit begründet. Daß dies der Fall sei, hat der App.-Richter nicht festgestellt, seine Feststellung geht vielmehr nur dahin, daß die von den Angeklagten behauptete Thatsache im Wesentlichen wahr sei; er hat also unter Verletzung von Rechtsgrundsätzen die Anwendung des § 156 StGB. ausgeschlossen, da diese Feststellung nicht erkennen läßt, was er für das

Wesentliche erachte, und ob thatsächliche oder rechtliche Gründe ihn zu dem Ausspruch geführt haben, daß die von den Angeklagten in Beziehung auf den Kardinal-Erzbischof v. G. behauptete Thatsache im Wesentlichen wahr sei und der letztere den § 135 StGB. verletzt habe.

Antr. des GStA.s: gleichl. [30. — 2.]

Schmähung. — Anordnung der Obrigkeit.

Der Begriff einer Schmähung (Verhöhnung) der Anordnungen der Obrigkeit wird weder durch die Wahrheit der behaupteten Thatsachen, noch dadurch ausgeschlossen, daß lediglich Möglichkeiten besprochen worden, welche sich als Resultate jener Anordnungen herausstellen könnten.

StGB. § 101 [n. 4. 4a].

Erk. (S. I.) v. 15. Dez. 1865 c. Jachmann (1186. I. Cr.).

Die von J. redigirte Zeitung hatte zwei Artikel gebracht, welche den Krieg mit Dänemark und die zu erwartenden Folgen desselben besprachen. In dem Inhalte derselben hatte der erste Richter den Thatbestand der §§ 101. und 102 StGB. gefunden, und demgemäß gegen J. auf Strafe erkannt. Auf die Appellation des Letzteren erfolgte in 2. Instanz Freisprechung. Das AG. nahm zwar ebenfalls an, daß die betr. Artikel Angriffe gegen das Staatsministerium in Beziehung auf die von demselben in Betreff jenes Kriegs ꝛc. gefaßten Beschlüsse enthielten und daß diese Beschlüsse als „Anordnungen der Obrigkeit" im Sinne des § 101 cit. anzusehen seien; dagegen fand es in jenen Artikeln nicht den Thatbestand einer „Schmähung oder Verhöhnung" jener Beschlüsse, weil die aufgestellten Behauptungen nicht „als unberechtigte" angesehen werden könnten und weder eine Verleumdung, welche Aufstellungen falscher Thatsachen voraussetze, noch eine Verhöhnung enthielten; im Uebrigen sei in beiden Artikeln nur von Möglichkeiten die Rede, die als Resultat der Friedens-Verhandlungen mit Dänemark eintreten könnten, und da diese Möglichkeiten nicht Anordnungen der Obrigkeit im Sinne des Gesetzes seien, so fehle es an jeder Grundlage zur Anwendung des § 101; ꝛc. — Auf die NB. des OStA.s ist dieses Erkenntniß vernichtet und die Sache zur nochmaligen Verhandlung an ein anderes AG verwiesen worden. Gründe:

Es ist richtig, daß der § 101 l. c. in einem gewissen Verwandtschafts-Verhältniß zur Ehrverletzung und der damit in Verbindung stehenden Verleumdung sich befindet. Der Wortlaut der allegirten Gesetzesstelle drückt dies unzweifelhaft aus. Daraus folgt aber noch nicht, daß zur Anwendung derselben allemal sämmtliche Erfordernisse der erwähnten anderweitigen Vergehen aus den §§ 102. 152. 156 l. c. zusammentreffen müssen. Bei aller Verwandtschaft des § 101 l. c. mit ihnen, bildet er doch hinwiederum auch eine selbstständige Strafthat, die ihren eigenthümlichen Thatbestand hat. Von diesem Gesichtspunkt aus kann es, je nach den obwaltenden Umständen, kommen, daß an und für sich wahre Thatsachen, welche sich als Anordnungen der Obrigkeit, wie festgestelltermaaßen in dem vorliegenden Falle, darstellen, in einer Art und Weise selbst unter Heranziehung anderweitiger wahrer Thatumstände, dergestalt besprochen werden, daß darin eine Verhöhnung oder Schmähung derselben liegt, die sie dem Hasse oder der Verachtung aussetzt. Ob dies letztere der Fall, gehört natürlich jedesmal in das Bereich der thatsächlichen Festsetzung, nur kann diese nicht, wie vom App.=Richter geschehen, um deshalb abgelehnt werden, weil die bezüglichen Thatumstände mehr oder weniger in der Wahrheit begründet sind.

Ein fernerer Rechtsirrthum liegt in der Betrachtung des App.=Urtheils, daß die inkriminirten Artikel bloß von Möglichkeiten sprechen sollen, diese aber nicht Anordnungen der Obrigkeit seien. Etwas Derartiges hatte aber die Anklage gar nicht behauptet, und lag überhaupt auch nicht der Prüfung des Vorderrichters vor. Die Frage war nur die, ob bereits bestehende Anordnungen der Obrigkeit, sowie sie in den quäst. Zeitungs=Artikeln mit allen ihren als möglich vorausgesetzten Konsequenzen besprochen werden, verhöhnt oder verspottet worden sind. Denn es ist ganz klar, und bedarf keiner weitern Ausführung, daß die Verspottung einer bereits bestehenden Anordnung nicht bloß in der Weise stattfinden kann, daß man die durch dieselbe schon herbeigeführten Folgen verhöhnt oder schmäht, sondern auch dadurch, daß man in herabwürdigender Weise zeigt, welche schmählichen Konsequenzen sich noch fernerweitig ergeben werden oder können. Es folgt dies bereits aus dem Zusammenhange des § 101 des StGB.s mit dem Begriffe der Ehrverletzung, bezüglich welcher letzteren Theorie und Rechtsprechung darin übereinstimmen, daß eine solche nicht dadurch allein, daß eine Bedingung, ein Zeitpunkt oder ein sonstiges Reservat beigefügt worden, ausgeschlossen wird; vgl. Feuerbach Lehrb. § 290; Heffter Lehrb. § 301; Tittmann Lehrb. § 394; Köstlin Abhandlungen aus dem Strafrechte S. 68; Z. (II, 154) 20. Juni 1861 c. Stein (RbOTr. 1. S. 456); Z. (B. II, 345) c. Hoppe (ibid. 4. S. 206).

Antr. des GStA.s: gleichl. [20.—2.]

Unterschlagung. — Uebertragung aus Irrthum. — Zufall.

Wenn Jemand beim Empfange einer Zahlung in Folge eines Irrthums des Zahlenden ein Werthpapier höheren Betrages erhält, als der letztere beabsichtigte, so ist dieses als ein „Zufall" im Sinne des § 226 StGB. anzusehen. Die Bei-Seite-Schaffung ꝛc. eines solchen Werthpapiers stellt daher den Thatbestand des Fundbiebstahls dar. StGB. § 226 [n. 12]. Vgl. RbOTr. 6. S. 87.

Erk. (Z. I.) v. 15. Dez. 1865 c. Schultze (1164 I. Cr.).

Sch. hatte bei einer ihm durch v. B. geleisteten Zahlung durch einen Irrthum des Letzteren statt einer Kassenanweisung von 100 Thlrn. eine solche von 500 Thlrn. erhalten, und demnächst diesen Empfang der Obrigkeit abgeleugnet. Aus §§ 226. 227 StGB. bestraft, behauptete er im Wege der NB. Verletzung dieser §§, weil er die Gewahrsam an der betr. Note durch die Uebergabe Seitens des v. B., nicht also durch „Zufall" erlangt habe, und weil er durch jene Uebergabe Eigenthümer der Note geworden sei; die Instanzrichter also mit Unrecht angenommen hätten, dieselbe sei eine ihm fremde Sache gewesen. Zurückweisung. Gründe:

Daß in der irrthümlichen Uebergabe eines Geldscheines von höherem Betrage in der Absicht und in der Meinung, dadurch eine Schuld von geringerem Betrage zu tilgen, ein Zufall im Sinne des § 226 des StGB.s liege, daß also der Empfänger des Geldscheines sich durch die Ableugnung oder den Verbrauch eines solchen Geldscheines der Unterschlagung im Sinne dieses § 226 schuldig mache, kann rechtlich einem Bedenken nicht unterworfen sein, wie dies auch in mehrfachen Entscheidungen von dem OTr. bereits anerkannt ist. Allerdings ist nach civilrechtlichen Grundsätzen der Begriff des Zufalls nur in Ereignissen zu finden, welche durch unabwendbare Naturgewalt, oder doch durch außerhalb der menschlichen Willkühr liegende Ursachen herbeigeführt werden; — Bornemann System 2. S. 304. Allein strafrechtlich im Sinne der §§ 225. 226 des StGB.s ist der Zufall überall da vorhanden, wo die Erlangung der Gewahrsam außerhalb der Willensfreiheit des Tradenten der Sache liegt. Daß dies hier der Fall gewesen, daß also, wie erwähnt, der v. B. den Geldschein von 500 Thlrn. nur aus Irrthum statt eines Geldscheines über 100 Thlr. dem Angeklagten übergeben hat, steht fest. Es liegt also nicht ein Irrthum im Beweggrunde der Zahlung, folglich kein Irrthum des v. B. dahin vor, daß derselbe geglaubt, er habe dem Angeklagten annoch 500 Thlr. zu zahlen, sondern ein Irrthum in corpore bei jener Zahlung. Wenn also auch, wie das OTr. in mehreren Entscheidungen ausgesprochen hat, der Empfänger in dem ersteren Falle Eigenthümer der übergebenen Summe wird, und nur mittelst der condictio indebiti zur Herauszahlung des irrthümlich zuviel Gezahlten anzuhalten ist, so ist doch in dem zweiten hier vorliegenden Falle von solchem Uebergange des Eigenthums auf den Empfänger keine Rede. Denn während durch einen Irrthum im Beweggrunde das Dasein einer freien Willenserklärung mittelst der Leistung oder Zahlung nicht ausgeschlossen wird, ist dies bei dem error in corpore über den Gegenstand der Leistung oder Zahlung allerdings der Fall. Denn auch auf die Tradition finden die Grundsätze von Verträgen in so fern Anwendung, als dabei der übereinstimmende Wille, Eigenthum zu übertragen und zu erwerben, erforderlich ist; wo es an diesem fehlt, da geht das Eigenthum der tradirten Sache nicht über; vgl. v. Savigny System 3. S. 113. 273. 312. 468.

Antr. des GStA.s: gleichl. [15.—2.]

Presse. — Vergehen 2c. — Rückfall. — Gewerbebetrieb. — Redakteur.

1. Der Verlust der Befugniß zum Gewerbebetriebe wegen eines im Rückfalle verübten Preßvergehens 2c. tritt ein, sobald der Angeklagte überhaupt nur wegen Preßvergehen 2c. die Vorbestrafungen erlitten hat; es wird dabei nicht vorausgesetzt, daß diese Vorbestrafungen gegen ihn als Gewerbtreibenden ergangen seien, oder daß er überhaupt zur Zeit der Begehung der betr. Vergehen 2c. eins der im § 1 des Preßges.s genannten Gewerbe betrieben habe.

Preßges. v. 12. Mai 1851 § 54. Vgl. RbOTr. 2. S. 403; 4. S. 494; 5. S. 227; Hartm. Strafgess. S. 447 n. 2; id. Preßges. S. 306 n. 3. 4.

2. Dagegen ist wegen eines im Rückfall verübten Preßvergehens 2c. nicht auf den Verlust der Befugniß zum Betriebe des Gewerbes als Redakteur zu erkennen.

Ebendas.

Erk. (V. Z. Pl.) v. 18. Dez. 1865 c. Zillekens (13. Pl.; 315. II. Cr.).

Z. hatte in einer von ihm redigirten und gedruckten Zeitung einen Artikel veröffentlicht, dessen Inhalt gegen § 100 StGB. verstieß und war deshalb in 1. Instanz mit einer Geldbuße belegt worden. Da er indessen bereits zweimal in den Jahren 1863 und 1864 wegen Preßvergehens bestraft worden war, so erklärte ihn das AG. auf die Appellation des StA.s auch der Befugniß seines Gewerbes als Drucker und Redakteur der erwähnten Zeitung verlustig. Hiergegen richtete sich seine NB.: die Redaktion einer Zeitung gehöre nicht zu denjenigen Gewerben, in Betreff deren das Betriebsrecht abgesprochen werden könne (Preßges. §§ 1. 54); dagegen setze § 54 cit. voraus, daß die Vorbestrafungen gegen den Angeklagten in seiner Eigenschaft als Gewerbtreibenden ergangen seien; das treffe bei ihm nicht zu, da er durch die früheren Urtheile nicht als „Drucker" bestraft sei.

Der GStAnw. erachtete die NB. für begründet, insoweit sie sich auf die Verlustigerklärung der Befugniß zum Betriebe des Gewerbes als Redakteur beziehe; im Uebrigen aber beantragte er die Zurückweisung derselben und führte in dieser Hinsicht aus: der Wortlaut des § 54 setze nur eine (zwei) Vorbestrafungen wegen Preßverbrechens zc. voraus und unterscheide weiter nicht, ob der Angeklagte früher schon Gewerbtreibender gewesen und in dieser Eigenschaft bestraft sei; auch die ratio legis, selbst wenn sie bei einem an sich klaren Gesetze eine beschränkende Auslegung rechtfertigen könnte, spreche hier nicht für eine solche; Bedingung der von der Regierung zu ertheilenden Genehmigung zum Betriebe der im § 1 des Preßges.s erwähnten Gewerbe sei die Unbescholtenheit; § 54 beruhe nun auf dem Gedanken, daß die ertheilte Genehmigung unwirksam werde, wenn ein Richterspruch feststelle, daß der Gewerbtreibende nicht „unbescholten" sei; letzteres werde angenommen, sobald entweder die Untersagung der Ausübung der Ehrenrechte oder aber wegen Preßvergehens zc. wiederholte Verurtheilungen erfolgt seien (vgl. Gew.-Ordn. v. 17. Jan. 1845 und Ges. v. 22. Juni 1861 §§ 73. 74); es sei sonach das rein subjektive Moment der Unbescholtenheit der Person das Entscheidende, in Betreff dieser subjektiven Eigenschaft könne es aber unmöglich darauf ankommen, ob der Angeklagte bei seiner ersten Verurtheilung bereits konzessionirter Gewerbtreibender gewesen sei oder nicht; der Umstand, daß die Regierung einem bereits (ein- oder zweimal) Verurtheilten die Genehmigung ertheilt habe, könne den gesetzlichen Einfluß nicht beseitigen, den diese Verurtheilungen auf die Unbescholtenheit ausübten; — noch weniger von Einfluß auf die Unbescholtenheitsfrage könne es sein, ob die früheren Verurtheilungen oder die neuerdings erfolgende gegen den Angeklagten in seiner Eigenschaft als Gewerbtreibender d. h. wegen eines Vergehens ergangen seien, welches durch Verletzung der für sein Gewerbe bestehenden besonderen Vorschriften begangen werde; die Unbescholtenheit des Gewerbtreibenden solle eine Gewähr dafür geben, daß derselbe das Gewerbe nicht mißbrauche; daher könne Nichts darauf ankommen, in welcher Eigenschaft die jene Unbescholtenheit beeinträchtigende Handlung verübt sei; dazu komme aber, daß den Gewerbtreibenden die Strafe wegen Verabsäumung der besonderen für das Gewerbe bestehenden Vorschriften nur dann treffe, wenn er nicht als Urheber oder Theilnehmer der durch die Presse begangenen Strafthat anzusehen sei; trete letzteres ein, so sei für den Thatbestand die konkurrirende Zuwiderhandlung gegen die Gewerbsvorschriften unerheblich; diese werde vielmehr nur dann entscheidend, wenn dem Gewerbtreibenden die Urheberschaft oder Theilnahme nicht nachgewiesen werden könne; sie werde sonach im Verhältniß zu der Urheberschaft zc. regelmäßig als das minus angesehen; nun sei es aber undenkbar, daß ein Verleger deshalb bei einer abermaligen Verurtheilung der Strafe des § 54 entgehen sollte, weil ihm in dem früheren Falle die schwerere Verschuldung der Urheberschaft rc. nachgewiesen worden und es eben deshalb unerörtert geblieben sei, ob er sich nicht eventuell wenigstens der Verabsäumung der Gewerbsvorschriften schuldig gemacht habe. —

Das OTr. hat das angefochtene Erkenntniß insoweit vernichtet, als dasselbe den Z. der Befugniß zum Betriebe des Gewerbes als Redakteur verlustig erklärt hatte und hat diesen Theil der Verurtheilung beseitigt. Im Uebrigen ward die NB. zurückgewiesen. Gründe:

Zu den im § 1 des Preßges.s bezeichneten Gewerbetreibenden, welchen nach § 54 ibid. die Befugniß zum Gewerbebetrieb aberkannt werden kann, bez. soll, gehören die verantwortlichen Redakteure nicht, das angegriffene Erkenntniß unterliegt mithin insoweit, als es gegen den Angeklagten auch in dieser Eigenschaft den betreffenden Verlust ausgesprochen hat, der Vernichtung. Im Uebrigen mußte die NB. nach dem Wortlaute und der Entstehungsgeschichte des § 54 l. c. als unbegründet zurückgewiesen werden; denn die Vorschrift desselben, daß gegen die im § 1 genannten Gewerbetreibenden auf den Verlust der Befugniß zum Gewerbebetriebe erkannt werden kann, bez. soll, „wenn wegen eines mittelst der Presse verübten Vergehens rc. innerhalb eines Zeitraumes von 5 Jahren zum 2., resp. zum 3. Male eine Verurtheilung erfolgt," stellt sich als eine ganz allgemeine, von den Voraussetzungen der gewöhnlichen Rückfallsstrafen abweichende dar, die eine frühere Verurtheilung des Gewerbetreibenden als solchen oder zu einer Zeit, wo er sich bereits im Besitze der Gewerbs-Konzession befunden hat, nicht erfordert. Wenn das Gesetz beabsichtigt hätte, die höhere Strafbarkeit derjenigen Preßvergehen, welche von den in § 1 l. c. bezeichneten Gewerbetreibenden begangen worden sind, in ähnlicher Weise, wie durch §§ 172 und 173 der Gew.-Ordn. v. 17. Jan. 1845 oder Art. XVI. Nr. 1 der Vdn. v. 18. Okt. 1819 auf den Rückfall im engeren Sinne des Wortes zu beschränken, so hätte es nahe gelegen, die Fassung des § 54 l. c. an die der bezeichneten Gesetze anzuschließen und nicht in außergewöhnlicher Weise einen weiter gehenden allgemeinern Ausdruck zu wählen. In anderen Fällen (cf. §§ 40. 42. 43 und 45) hat das Preßgesetz selbst eigentliche Rückfallsstrafen angeordnet, alsdann aber auch die entsprechende, von der des § 54 wesentlich abweichende Fassung gewählt, hierdurch aber die Schlußfolgerung gerechtfertigt, daß bei § 54 andere, als die hinsichtlich des Rückfalls geltenden Grundsätze anzuwenden seien, und daß insbesondere das entscheidende Gewicht auf die Verletzung der mit dem Gewerbebetrieb verbundenen besonderen Pflichten zu legen sei. — Bei der Vorberathung des Preßgesetzes sind auch keine Momente hervorgetreten, welche auf eine andere Absicht schließen ließen, es ist vielmehr für die Beibehaltung der im Gesetzentwurf den Verwaltungsbehörden beigelegten Befugniß zur Entziehung der Konzession speziell darauf hingewiesen worden, daß dieselben bei Ertheilung der Konzession die stattgehabten Vorbestrafungen übersehen haben könnten; wenn nun nichts desto weniger den Gerichten allein die Befugniß zur Aberkennung der Konzession übertragen worden ist, so liegt die Annahme nahe, daß dieselben auch zur Berücksichtigung dieser, der Konzession vorhergegangenen Verurtheilungen wegen Preßvergehen für berufen erachtet wurden. Hiernach sind unter den im § 54 l. c. gedachten früheren Verurtheilungen eines der im § 1 ibid. genannten Gewerbetreibenden, zu denen die Drucker gehören, alle diejenigen zu verstehen, welche — unter den sonstigen Voraussetzungen dieses § — gegen seine Person, gleichviel, ob vor oder nach erlangter Konzession erfolgt sind. [22.—1.]

Betrug. — Gold ꝛc. — Gehalt.

Der § 243 Nr. 2 sieht nur den Betrugsfall vor, wo der Ankäufer von Gold ꝛc. einen geringeren Goldgehalt erhält, als ihm versprochen war, nicht auch den Fall, wo der Käufer statt des

versprochenen Goldes ꝛc. anderes Metall erhält. Daher bleibt derselbe ausgeschlossen, wenn eine verkaufte Goldwaare im Innern schlechteres Metall enthält.

StGB. § 243 Nr. 2 [n. 17].

Erk. (Z. I.) v. 20. Dez. 1865 c. Neumann (1057. I. Cr.).

Die Wittwe N. hatte der ꝛc. P. unter falschen Vorspiegelungen einen goldnen im Innern mit Blei ausgegossenen Ring für einen übertriebenen Preis verkauft. Der erste Richter hatte die Begriffsmerkmale des Betrugs festgestellt und aus § 243 Nr. 2 bestraft, weil er annahm, das hier „geringhaltigeres Gold für vollhaltigeres“ verkauft sei. Der App.-Richter strafte dagegen nur wegen einfachen Betrugs und hielt den cit. § 243 Nr. 2 deshalb für ausgeschlossen, weil dieser voraussetze, daß das Verkaufsobjekt wirklich vollständig und in allen seinen Theilen Gold ꝛc sei, und daß sich die Täuschung nur auf den größeren oder geringeren Feingehalt des an sich ächten Metalls beziehe, was hier nicht vorliege. — NB. des OStA.s. Zurückweisung. Gründe:

Der § 243 Nr. 2 StGB. bestraft denjenigen wegen eines qualifizirten Betruges, welcher einen Ankäufer von Gold oder Silber über die Eigenschaften dieser Waare hintergeht, indem er ihm geringhaltigeres Gold oder Silber für vollhaltigeres verkauft. Diese Bestimmung ist auf den vorliegenden Fall nicht anwendbar. Bei dem Handel mit Gold- oder Silberwaaren kommen häufig Täuschungen des Käufers in einer zwiefachen Richtung vor, entweder daß unächtes, schlechteres Metall für ächtes Gold oder Silber verkauft wird, oder daß die Waare einen geringeren Gehalt an Gold oder Silber hat, als ausdrücklich oder stillschweigend versprochen ist. An sich sind beide Arten der Täuschung völlig getrennt, im ersten Falle erhält der Käufer kein Gold oder Silber, sondern ein anderes Metall, im zweiten ist der Gold- und Silbergehalt durch Zusatz verringert. Der § 243 Nr. 2 des StGB.s spricht nur von dem letzteren Falle, er stellt nur das geringhaltigere Gold oder Silber dem vollhaltigeren gegenüber, und geht bei der strengeren Strafbestimmung nicht im Allgemeinen davon aus, daß das Metall einen geringeren Werth habe, als unter den Parteien verabredet worden, sondern präzisirt die Art der Täuschung dahin, daß in dem Metall nicht der versprochene Gold- oder Silbergehalt sich vorfindet. Die Strafgesetze dürfen aber nicht, wie der App.-Richter mit Recht annimmt, über ihre positiven Grenzen angewendet werden, eine analoge Anwendung auf ähnliche, nicht durch das Gesetz bezeichnete Fälle ist unzulässig. Es kommt daher für den Richter nicht darauf an, ob eine mechanische, dem Auge verborgene Verbindung eines unedlen Metalles mit dem Gold oder Silber die Täuschung des Käufers noch leichter herbeiführt, als die Beimischung von unedlen Metallen durch Verschmelzung oder auf anderem Wege. Es genügt, daß das Strafgesetz jenen Fall nicht einbegriffen hat, welcher hier vorliegt, nämlich, daß die verkauften Ringe nicht von geringhaltigerem Gold verfertigt sind, als der Käufer unterstellt hat, sondern daß sie im Innern mit Blei ausgegossen waren.

Antr. des GStA.s: entgeg. [13.—4.]

Beweisantrag. — Ablehnung. — Möglichkeit.

Ein gestellter Beweisantrag kann nicht aus dem Grunde abgelehnt werden, weil der in Vorschlag gebrachte Zeuge „vielleicht" selbst bei der Strafthat betheiligt sei.

Vdn. v. 3. Jan. 1849 § 52 [n. 36. 49].

Erk. (S. I.) v. 20. Dez. 1865 c. Sierke (1196. I. Cr.).

S., in 1. Instanz wegen Diebstahls eines Brettes bestraft, berief sich in 2 Instanz auf das Zeugniß des Arbeitsmanns Pf., von welchem er jenes Brett erhalten haben wollte. Das AG. lehnte diesen Antrag ab, weil „der laudirte Pf. vielleicht selbst betheiligt und deshalb kein gültiger Zeuge sei, in jedem Fall aber S. wenn auch nicht als Entwender doch als Hehler strafbar sein würde" Das darauf ergangene bestätigende Erkenntniß hat das OTr. vernichtet, indem es erwog:

daß der angeführte Ablehnungsgrund das Vertheidigungsrecht des Angeklagten beschränkt, da der App.-Richter nur die Möglichkeit einer Betheiligung des Pf. und zwar in ganz unbestimmter Weise voraussetzt, sodann aber von einer Betheiligung des Angeklagten als Hehler an einem Diebstahl des Pf. ausgeht, ohne diesen Diebstahl und damit auch jene Hehlerei irgendwie festzustellen.

Antr. des GStA.s: gleichl. [15.—4.]

Verlesung. — Motivirung.

Die Verlesung einer in der Voruntersuchung zu Protokoll genommenen Zeugenaussage bedarf einer besondern Rechtfertigung nicht, wenn sie ersichtlich nur stattfand, um danach die Erheblichkeit der beantragten persönlichen Vernehmung des Zeugen in der Sitzung zu beurtheilen.

Ges. v. 3. Mai 1852 Artt. 25 [n. 6. 7] 101. Vgl. RtOTr. 3. S. 64; 2, S. 200, und Z. (I, 1322) 10. Jan. 1866 c. Surowczyk im 7. Bande.

Erk. (Z. I.) v. 20. Dez. 1865 c. Wagner (1167. I. Cr.).

Die NB. des W. rügte es, daß ein von ihm in der 2. Instanz benannter Zeuge J. nicht vernommen und daß statt dieser Vernehmung die in der Voruntersuchung protokollirte Aussage des gedachten Zeugen in der Sitzung verlesen worden sei, ohne daß diese Abweichung von dem Grundsatze des § 14 irgendwie durch Anführung von Gründen gerechtfertigt worden wäre. Zurückweisung. Gründe:

Die Entscheidungsgründe ergeben, daß der App.-Richter aus der Aussage des Zeugen J. nur die Ueberzeugung gewonnen hat, daß durch den Zeugen nichts ausgesagt werden könnte, was die erstinstanzliche Feststellung des Herganges erschüttern würde, er hat sie also nur zur Entscheidung über die von ihm zu beurtheilende Erheblichkeit des beantragten Zeugnisses benutzt, wozu es keiner förmlichen Beweiserhebung im Sinne des Art. 25 des Ges.s v. 3. Mai 1852 bedurfte, da er sich in dieser Hinsicht ohne vorerstige Vorlage der betreffenden Momente aus den Vorakten die erforderlichen Aufklärungen verschaffen durfte. Weder der § 21 der Vdn. v. 3. Jan. 1849 noch auch der Art. 25 des Ges.s v. 3. Mai 1852 können daher für verletzt oder die

Vertheidigungsrechte des Angeklagten für beeinträchtigt angesehen werden.

Antr. des GStA.s: gleichl. [17.—4.]

Wucher. — Einkleidung. — Kauf auf Wiederkauf.

Ein wucherisches Darlehen kann auch in der Weise durch Einkleidung versteckt werden, daß dasselbe in der betreffenden Urkunde als ein Kauf auf Rückkauf dargestellt, und daß dabei die Verzinsung vollständig verschwiegen wird.

StGB. § 263 [n. 51. 55]; vgl. RdOTr. 5. S. 372.

Erk. (Z. I) v. 20. Dez. 1865 c. **Wallmann** (922. I. Cr.).

Nach der instanzgerichtlichen Feststellung hatte W. der 2c. M. ein „Darlehen" von 13 Thlrn. gegen übermäßige Zinsen gegeben, in der darüber ausgestellten Urkunde aber das Geschäft als „Verkauf" mehrerer Pfandbriefe für den Betrag von 13 Thalern und unter dem Vorbehalte „des Wiederkaufs für einen gleichen Betrag" bezeichnet; der zu zahlenden Zinsen geschah in der Urkunde keine Erwähnung. Hierin hatten die Instanzgerichte einen eingekleideten Wucher gefunden. Die NB. des W. behauptete Verletzung des § 263 StGB.; das Geschäft sei ursprünglich nur mündlich geschlossen worden; die erst später ausgestellte Schrift habe dieses Geschäft nicht mehr alteriren können; dazu komme, daß die Schrift, wenn sie auch die Natur des Rechtsgeschäfts verstecke, doch nicht die Verzinsung verschleiere, da als Rückkaufspreis der von ihm (W.) gezahlte Betrag stipulirt worden sei; wenn, wie hier, die [mündlich versprochenen] Zinsen neben einem anderen Geschäfte offen liefen, so lasse sich nicht sagen, daß die Einkleidung in ein anderes Geschäft gewählt sei, um die in der Zinsenstipulation liegende Gesetzwidrigkeit zu verstecken. Zurückweisung. Gründe:

Allerdings liegt in dem von dem Angeklagten mit der Schuldnerin M. mündlich und sodann durch die Schrift v. 2c. auch in schriftlicher Form abgeschlossenen Geschäfte eine Verkleidung desselben im Sinne des § 263 StGB., weil durch dieses Geschäft die höhere als gesetzlich zulässige Stipulation der Zinsen und die erfolgte Zahlung dieser ungesetzlichen Zinsen vor dem Richter versteckt wurde. Der gedachte Schein würde zwar die Schuldnerin berechtigt haben, die wiederkäuflich an den Angeklagten verkauften

Pfandscheine durch Erlegung der als Kaufgeld darin bezeichneten 13 Thaler, also in Höhe des wirklich erhaltenen Darlehns, zurückzukaufen (§ 296. I, 11 ALR.). Die Verkleidung bestand also nicht darin, daß sich der Angeklagte eine höhere Rückkaufs-Summe stipuliren ließ, als er in Wirklichkeit als Darlehn gegeben hatte. Allein die schriftliche Form eines Kaufs, resp. Wiederkaufs statt des in Wirklichkeit vorhandenen Darlehnsgeschäfts und dabei die Uebergehung, also die Verschweigung jener ungesetzlichen Zinsstipulation aus diesem Darlehnsgeschäfte versteckte vor dem Richter die wahre Natur des von beiden Kontrahenten gewollten Geschäftes, und machte es für die Schuldnerin unmöglich, im Rechtswege den wahren Betrag ihrer Leistungen, also den der Zurückforderung unterliegenden Betrag der ungesetzlichen Zinsen, geltend zu machen, wenn sie nicht dafür einen besonderen Beweis außer dem schriftlichen Vertrage beibringen konnte; vgl. U. 16. Dez. 1864 c. Popp (RdOTr. 5. S. 372; G. A. 13. S. 132).

Antr. des GStA.s: gleichl. [15. — 4.]

Widerstand. — Exekutiv-Beamter. — Richter.

Die Strafbestimmung des § 89 StGB. ist nicht auf den einem eigentlichen Exekutivbeamten geleisteten Widerstand beschränkt, trifft vielmehr überall zu, wo einem jeweilig zur Vollstreckung eines Gesetzes oder einer amtlichen Verordnung berufenen Beamten Widerstand geleistet ist. Als eine solche Verordnung ist auch ein gerichtliches, irgend eine prozessualische Maaßnahme anordnendes Resolut anzusehen; der dasselbe vollziehende Richter gehört dann zu den Beamten, wie sie der § voraussetzt.

StGB. § 89 [n. 7. 12].

Erk. (S. I.) v. 20. Dez. 1865 c. Weid & Lenz (1034. I. Cr.).

In einer Prozeßsache des Gutsbesitzers G. gegen die Gemeinde M. hatte das befaßte KrG. durch Resolut eine Beweisaufnahme an

Ort und Stelle über den früheren Wasserstand eines streitigen Sees angeordnet. Als dieses Resolut zur Ausführung gebracht wurde, leisteten die Angeklagten dem von dem betr. Gerichtsdeputirten als Sachverständigen zugezogenen Geometer und einem zur Assistenz zugezogenen Förster gewaltsamen Widerstand. Deshalb aus § 89 StGB. bestraft, ergriffen sie die NB. und suchten auszuführen: der mit der Erledigung eines Beweisresoluts beauftragte Richter sei nicht zur „Vollstreckung der Gesetze oder der Verordnungen der Gerichte" berufen; ein solches Resolut sei (arg. Z. I. 7. Nov 1856 c Rauschert, G.A. 5. S. 263) nur eine Anordnung (Verfügung), nicht eine Verordnung, welche, wie ein Erkenntniß, exekutivische Vollstreckbarkeit voraussetze; zwar könne § 89 anwendbar werden, wenn ein Richter im Wege der Exekution eine Grenzregulirung vornehme, nicht aber, wenn er, wie hier, in einem Beweisverfahren eine Grenzlinie feststelle. — Das OTr. hat die NB. zurückgewiesen. Gründe:

Zunächst beschränkt sich die Vorschrift des § 89 StGB. nicht prinzipiell auf die Klasse der sog. Exekutiv-Beamten, weder die Fassung des Gesetzes, noch dessen Entstehungsgeschichte, noch dessen Zweck deuten darauf hin, daß alle übrigen Beamte von dem hier gewährten Schutze ausgeschlossen werden sollen. Es fragt sich nur, ob der betreffende Beamte zur Vollstreckung der Gesetze oder der Befehle und Verordnungen der Verwaltungs-Behörden, oder der Urtheile und Verordnungen der Gerichte berufen war. Der letzte Fall liegt vor, das Resolut des Kr.-G.s in der rubrizirten Prozeßsache ist als eine solche Verordnung des Gerichts zu betrachten, deren Vollstreckung unter die Bestimmung des § 89 fällt, — und die Ansicht der Imploranten, daß eine gerichtliche Verordnung in diesem Sinne die exekutivische Vollstreckbarkeit, wie ein Erkenntniß, voraussetze, ist nicht gerechtfertigt. Die gerichtlichen Verordnungen sind hier den Urtheilen entgegengesetzt und unterliegen andern Vorschriften, als die Exekution der Erkenntnisse. Die Beweisaufnahme mit der Nivellirung der streitigen Lokalität konnte in jener Prozeßsache nur durch den Deputirten des Gerichts mit Zuziehung eines Geometers vollzogen werden und der festgestellte thätliche Widerstand von Seiten der Angeklagten trat daher der Vollstreckung einer gerichtlichen Verordnung entgegen, so daß das spezielle Vergehen des § 89 vorliegt und es nicht auf die Erörterung ankommt, ob die allgemeine Strafbestimmung des § 90 eingetreten ist.

Antr. des GStA.s: gleichl. [13.—4.]

---

1. Thäter. — Mitthäter.
2. Fragstellung. — Anklagebeschluß. — Abänderung.
3. Geschwornenspruch. — Abstimmung. — Tödtliche Körperverletzung.

1. Wenn mehrere Personen, auch ohne vorgängiges Komplott, nicht bloß in gleicher, sondern auch in gemeinsamer Absicht zur Ausführung einer Strafthat handeln, so hat jeder als Mitthäter die Gesammtthat und ihren Erfolg zu vertreten.

StGB. Thl. I. Tit. 3 (S. 84 n. 4. 7).

2. In die Fragstellung können auch solche thatsächliche Momente aufgenommen werden, welche der Anklagebeschluß in die Formulirung nicht aufgenommen hatte; ebenso sind Abänderungen dieser Formulirung statthaft, insofern nur durch die Frage die Anklage erschöpft wird.

Ges. v. 3. Mai 1852 Art. 81 [n. 9. 14]. Vgl. RdOTr. 6. S. 169.

3. Bei einer Anklage aus § 194 StGB. ist der tödtliche Erfolg einer zugefügten vorsätzlichen Körperverletzung ein die letztere qualifizirender Umstand, über welchen die Geschwornen besonders abstimmen müssen.

Ges. v. 3. Mai 1852 Art. 91 [n. 17. 23]; StGB. § 194 [n. 8]. Sic: B. (I, 620) 2. Juli 1862 c. Steinberg, G. A. 10. S. 627

Erk. (Z. B. II.) v. 21. Dez. 1865 c. Höttgen u. Gen. (445. II. Cr.).

In Betreff jedes der 4 Angeklagten war den Geschwornen die Frage vorgelegt worden: ob er schuldig sei, „— — dem rc. H. gemeinschaftlich mit einem oder mehreren Andern vorsätzlich Mißhandlungen, die den Tod des Verletzten zur Folge gehabt, beigebracht zu haben." Die Antworten lauteten: „Ja mit mehr als 7 Stimmen," worauf gegen jeden die Strafe aus § 194 StGB. verhängt wurde. Die NB. derselben rügte: 1) daß in die Fragen die Worte: „gemeinschaftlich mit einem oder mehreren Andern" aufgenommen worden seien; diese hätten sich in der Formulirung des vorläufigen Anklagebeschlusses gefunden, seien aber vom Anklagesenat nicht mit in den definitiven Anklagebeschluß aufgenommen, vielmehr beseitigt worden; ebendeshalb sei ihre demnächstige Aufnahme in die Fragestellung unstatthaft gewesen; davon abgesehen lasse die Fragestellung nicht ersehen, welche Art der „Gemeinschaft" obgewaltet haben solle, ob insbesondere diese eine solche gewesen sei, welche jeden der Mitwirkenden für den Gesammterfolg verantwortlich mache; der betr. Begriff sei überhaupt kein legaler, da das StGB von einem „gemeinschaftlichen" Handeln mehrerer Mitthäter gar nicht spreche; es habe daher ev. einer Auflösung jenes Begriffs bedurft, damit eine Gewähr dafür gewonnen worden wäre, daß alle Geschwornen diesen Ausdruck in seiner richtigen Bedeutung auffaßten. Sodann behaupteten sie 2) Verletzung des Art. 91 des Ges. v. 3. Mai 1852, weil die Geschwornen über den, die Mißhandlung erschwerenden Umstand des tödtlichen Erfolgs nicht besonders abgestimmt, resp. das Resultat dieser Abstimmung nicht angegeben hätten.

Das OTr. hat den ersten Angriff für unbegründet erachtet, mit Rücksicht auf den zweiten aber das Erkenntniß vernichtet. Gründe:

Der § 195 des StGB. hat das homicidium in turba und das homicidium a pluribus commissum zum Gegenstande. Nach dem ersten Absatze soll jeder, der sich an der Schlägerei ꝛc. betheiligt hat, schon wegen dieser Betheiligung einer härteren als der im § 187 Abs. 1 bestimmten Strafe verfallen. Der 2. Abs. bestimmt die Strafe derjenigen dieser Betheiligten, von denen festgestellt wird, daß ihre Handlungen zwar nicht für sich, aber doch mit der Handlung anderer Betheiligten zusammenwirkend den tödtlichen, schweren oder erheblichen Erfolg gehabt haben. Die Anwendung dieses 2. Absatzes erfordert daher, daß die Person derjenigen, welche Verletzungen zugefügt haben und weiter festgestellt wird, daß diese Verletzungen nicht einzeln für sich, sondern nur in ihrer Zusammenwirkung den schweren Erfolg gehabt haben. Ausdrücklich hat dann aber der 3. Absatz bestimmt, daß (auch bei einer Schlägerei ꝛc., wobei solch schwerer Erfolg eingetreten ist) die Anwendung der Gesetze gegen diejenigen, welche als Urheber eines Mordes oder Todtschlags, oder einer schweren oder erheblichen Körperverletzung oder als Theilnehmer an diesen strafbaren Handlungen schuldig sind, nicht ausgeschlossen sei. Die hier gedachten Urheber können nun aber auch Miturheber sein. Auch gegen die etwanigen mehreren physischen Urheber (Miturheber oder Mitthäter) der Tödtung, — d. h. der dergestalt erfolgten Verletzung, daß der Verletzte an den Folgen der Verletzung stirbt, — sollen die den Todtschlag, event. den Mord betreffenden Gesetze, ungeachtet der Bestimmungen im 1. und 2. Absatze des § 195, zur Anwendung kommen, wenn sie ermittelt sind. — Den Begriff des Urhebers (Thäters) hat das StGB. als bekannt vorausgesetzt. Es hat nur nöthig gefunden, dem Begriffe des Thäters gegenüber, das Wesen der Theilnahme zu bestimmen. Ebenso aber hat es die Miturheberschaft nicht definirt. Es erkennt an, daß außer der Theilnahme i. e. S. des § 34 die Mitwirkung mehrerer Personen zur Verübung eines Verbrechens oder Vergehens als Miturheber oder Mitthäter vorkommen kann (Einf.-Ges. Art. XXII. Nr. 2; StGB. § 218 Nr. 7; § 232 Nr. 2; § 275). Solche Miturheberschaft liegt nun allerdings da nicht vor, wo — wie oft bei dem Raufhandel nur der Fall ist — mehrere Personen nur, ohne Gemeinsamkeit der Absicht, bei ihrer Thätigkeit in dem Objekte des Verbrechens oder Vergehens zusammentreffen. Wohl aber ist sie sowohl da vorhanden, wo mehrere Personen in ausdrücklich getroffener Uebereinkunft, nach vorgängiger Verabredung, im Komplott, gemeinschaftlich handeln, als auch da, wo sie, ohne solche Verabredung, im stillschweigenden Einverständnisse, gemeinschaftlich handeln, nämlich die als sog. zufällige Miturheber konkurrirenden Mitschuldigen nicht bloß in gleicher Absicht, sondern auch in ihrer gemeinsamen Absicht zur Ausführung eines Verbrechens 2c. handeln (vgl. G. A. 8. S. 692. 738. 752; 11. S. 182. 184. 369. 375; RdOTr. 3. S. 256; 4. S. 548. 549; 6. S. 141). Diese Miturheberschaft ist durch den Ausspruch der Geschwornen gegen jeden der vier Angeklagten festgestellt. Daß der Anklagebeschluß in dieser Beziehung von dem RK.-Beschlusse abweichend, das Moment der Gemeinschaftlichkeit nicht aufgenommen hatte, konnte, — wenn es sich dabei auch nicht um Thatumstände, welche Gegenstand zusätzlicher Fragen werden können (Artt. 84. 85 Ges. v. 3. Mai 1852) handelte und deshalb nicht schon der Art. 85 a. a. O. solches zulässig machte, — nicht hindern, dieses Moment, welches übrigens auch kein die That begleitender erschwerender Umstand war — (Oppenh. Strafverf. Art. 91 n. 14. 21; Art. 81 n. 24; id. StGB. S. 85 n. 10) — bei der Fragstellung wieder aufzunehmen. Ob dazu die Sachlage Veranlassung geben konnte, ist in der Nichtigkeitsinstanz nicht zu erörtern. Durch die Fragstellung, auch wie sie erfolgt ist, wurde die Anklage erledigt. Auch bei ihr war den Geschwornen unbenommen, die hinsichts eines jeden der 4 Angeklagten gestellte Haupt-Schuldfrage theilweise zu bejahen und theilweise zu verneinen; wie denn auch, selbst bei einer in der Verhandlung hervortretenden Modifikation des Thatbestandes (Art. 86 a. a. O.) die Reihenfolge der zu stellenden Fragen und ihr Verhältniß zu einander als Haupt- und resp. Subsidiarfragen zu bestimmen, dem Ermessen des GH.s überlassen ist (Oppenhoff Strafverf. Art. 86 n. 31; id. RdOTr. 2. S. 483). Eine Verletzung des Art. 81 l. c. liegt daher nicht vor. Ebensowenig eine Verletzung des Art. 82 ibid., da gemeinschaftliches Handeln nicht ein, ohne darauf gerichteten Antrag der Auflösung bedürfender, Rechtsbegriff ist. —

Dagegen ist allerdings die wesentliche (vgl. Oppenhoff Strafverf. Art. 91 n. 33; G. A. 7. S. 74) Vorschrift des Art. 91 Abs. 4 des Ges.s v. 3. Mai 1852 — wenn auch nicht Rücksichts des, wie bemerkt, nicht einen begleitenden erschwerenden Umstand bildenden Moments der Gemeinschaftlichkeit, — doch Rücksichts des erschwerenden Umstandes des mit ihrer Handlung im Kausalzusammenhange stehenden tödtlichen Erfolges dadurch verletzt, daß nicht bezüglich auf diesen Umstand stattgehabte besondere Abstimmung der Geschwornen konstatirt worden ist und nicht besondere Angabe des Stimmenverhältnisses stattgefunden hat, in welcher Beziehung auf die nähere Ausführung der dieserhalb mehrfach ergangenen, veröffentlichten Erkenntnisse zu verweisen ist; vgl. B. (I, 774) 12. Juni 1857 c. Wagner, G. A. 5. S. 664; B. (I, 620) 2. Juli 1862 c. Steinberg, G. A. 10. S. 627; Oppenhoff Strafverf. Art. 91 n. 17. 18. 23.

Antr. des OStA.s: gleichl. [26. — 3.]

Militärpflicht. — Entziehung. — Kompetenz.

Der ausgetretene Militärpflichtige, welcher in Preußen nie einen Wohnsitz gehabt hat, kann nicht bei dem Gerichte des Orts, wo seine Eltern vor seiner Geburt den letzten Wohnsitz hatten, verfolgt werden.

Ges. v. 3. Mai 1852 Art 2; StGB. § 110 [n. 18]; Ges v. 10. März 1856 § 10; Mil.-Ers.-Instr. (genehmigt durch AKO. v. 9. Dez. 1858) §§ 21 Nr. 4. 8; 34 Nr. 4; 36 Nr. 5 Abs. 6.

Beschl. (I.) v. 22. Dez. 1865 c. Nerbe (4. B. I. Cr. v. 1866).

N. war zu einer Zeit, wo seine Eltern keinen festen Wohnsitz hatten, sondern unstät im Lande umherzogen, auf der Durchreise derselben zu M (KrG.-Bez. Jüterbogk) am 11. Nov. 1839 geboren. Auch später haben seine Eltern und er einen festen Wohnsitz nicht gehabt. Er hat sich dem Eintritte in den Heeresdienst entzogen; sein Aufenthalt war im Inlande nicht zu ermitteln. Demzufolge erhob der StA. zu Jüterbogk bei dem dortigen KrG. gegen ihn Anklage aus § 110 StGB.; diese ward aber sowohl von dem dortigen KrG. als von dem Kammergericht „wegen Inkompetenz" abgelehnt. Sodann erhob die StA.-schaft zu Demmin die Anklage beim dortigen KrG., weil die Eltern des N, vor dessen Geburt, ihren letzten bekannten Wohnsitz im Bezirke jenes Gerichts, zu Treptow a. d. T. gehabt hätten. Auch dieses Gericht, sowie das vorgesetzte AG. zu St. erachteten sich aber für inkompetent Den Beschluß des letzteren hat der OStA. zu St. durch Beschwerde angefochten und auszuführen gesucht: nach Art. 2. Nr. 2 des Ges. v. 3. Mai 1852 sei allerdings nur das Gericht des zeitweiligen Wohn- resp. Aufenthaltsortes zuständig; für das hier fragliche Vergehen habe aber das Ges. v 10. März 1856 im § 4 ausnahmsweise die Kompetenz des letzten Wohnsitzes oder des letzten gewöhnlichen Aufenthaltsortes aufgestellt, gerade um für Fälle, wie der vorliegende, Vorsorge zu treffen; habe daher der Angeklagte kein forum domicilii, so sei der Gerichtsstand da begründet, wo der Vater desselben seinen Wohnsitz hatte; sei dieser nicht zu ermitteln, so sei anzunehmen, daß der Vater seinen letzten bekannten Wohnsitz beibehalten habe, und dieser Ort sei dann auch als forum originis für das Kind entscheidend.

Die GStA.-schaft erachtete diese Beschwerde für nicht begründet: der cit. § 4 des Ges. v. 10 März 1856 enthalte keine Kompetenzvorschrift, sondern regele nur den äußeren Geschäftsgang nach den in der Regel vorwaltenden Verhältnissen; die Annahme: nur das Gericht des letzten Wohnsitzes rc. sei kompetent, würde eine wesentliche Erschwerung der Strafverfolgung in allen Fällen zur Folge haben, wo, wie hier, ein früherer Wohnsitz des Ausgetretenen nicht zu ermitteln sei; insbesondere spreche Nichts dafür, daß N jemals einen Gerichtsstand zu Treptow gehabt habe; — dagegen sei hier das KrG. zu Jüterbogk unzweifelhaft als forum delicti commissi zuständig, denn nach der durch AKO. v. 9. Dez. 1858 genehmigten Milit.-Ers.-Instr § 21 Nr. 4 seien Militärpflichtige, welche sich außerhalb Preußens aufhalten, an ihrem Wohnorte und in Ermangelung eines solchen an ihrem Geburtsorte gestellungspflichtig; N. habe sich also im Bezirke des KrG.s zu Jüterbogk gestellen müssen, hier sei also die durch die Nichtgestellung verübte Strafthat begangen; nun habe sich zwar dieses Gericht inkompetent erklärt und das Kammergericht habe auf erhobene Beschwerde diesen Beschluß aufrecht erhalten; das stehe aber einer nochmaligen Verfolgung bei demselben nicht entgegen, weil — selbst wenn der kammergerichtliche Beschluß rechtskräftig geworden sein möchte, die Aufhebung desselben im Wege des negativen Kompetenzkonflikts nach Anleitung des Ges. v. 26. Apr 1851 Art. V. Nr. 1 herbeigeführt werden könne.

Das OTr. hat die Beschwerde zurückgewiesen. Gründe:

Der Beschluß des AG.s v. rc. nimmt für thatsächlich ermittelt an, daß der rc. N. in Tr. weder seinen Wohnsitz, noch seinen gewöhnlichen Aufenthalt gehabt, da seine Eltern schon im J. 1834 ihren Wohnsitz in Tr. aufgegeben und diesen Ort verlassen haben, während er erst nach 4 Jahren, am 11. Nov. 1839 in M. auf der Reise geboren ist. Ein Rechtsirrthum ist hierbei nicht ersichtlich und daher die Zurückweisung der Anklage Seitens des Kgl. Kr.-G.s zu D. nicht für ungerechtfertigt zu erachten. [20.—4.]

Amtsunterschlagung. — Buchführung. — Geschwornenspruch.

Bei einer auf Unterschlagung amtlich empfangener Gelder rc. lautenden Anklage bildet die konkurrirende unrichtige Buchführung einen erschwerenden Umstand, über welchen die Geschwornen besonders abstimmen müssen.

StGB. §§ 324. 325 [n. 20]; Ges v. 3. Mai 1852 Art. 91 [n. 18a]. Vgl. oben S. 291.

Erk. (B. I.) v. 22. Dez. 1865 c. Rudolph (1303. I. Cr.) spricht den obigen Grundsatz ohne weitere Begründung aus.

Antr. des GStA.s: gleichl. [15.—2.]

Schlägerei. — Thäter. — Mildernde Umstände.

Ist der Urheber einer bei einer Schlägerei zugefügten erheblichen Körperverletzung ermittelt, so ist an und für sich rücksichtlich seiner die Berücksichtigung mildernder Umstände nicht ausgeschlossen; die Strafabmessung kann dann aber nicht unter das im § 195 Abs. 1 angedrohte geringste Strafmaaß von drei Monaten Gefängniß hinabgehen.

StGB. §§ 195 [n. 21]. 196. 192a. Sic: RbOTr. 1. S. 251; 3. S. 41; 5. S. 100.

Erk. (B. I.) v. 22. Dez. 1865 c. Schildberg (1100. I. Cr.).

Der § 195 Abs. 1 droht schon um der Betheiligung an einer Schlägerei willen eine Gefängnißstrafe von mindestens 3 Monaten an. Der Grund hiervon liegt in der Gemeingefährlichkeit solchen Vergehens, und es sind deshalb weder im § 195 noch auch im § 196 mildernde Umstände für diejenigen, welche sich überhaupt nur an einer Schlägerei oder an einem Angriffe Mehrerer betheiligt haben, zugelassen. Dagegen ist es allerdings richtig, daß der § 196 die Zulassung mildernder Umstände gegen die ermittelten Thäter der Körperverletzung bei einer solchen Schlägerei u. s. w. zur Folge hat, es möge nun diese Ermittelung die Mehreren, deren Handlungen in ihrer Gesammtwirkung nur den schwereren Erfolg gehabt hat (§ 195 Abs. 2) oder den Einen Thäter der schweren ꝛc. Verletzung (§ 195 Abs. 3) betreffen. Diese Zulassung mildernder Umstände hat aber, was die Höhe der zu erkennenden Strafen betrifft, ihre Grenze in jenem Abs. 1 cit., also darin, daß diese Thäter der Verletzung sich damit selbst an der Schlägerei betheiligt, deshalb also mindestens 3 Monate Gefängniß verwirkt haben. Die Zulassung einer minderen Strafe, wie sie unter Umständen der § 196 gestattet, findet daher nicht statt.

Antr. des GStA.s: gleichl. [15.—2.]

Zeugen. — Vereidung. — Verwarnung.

Es ist nicht vorgeschrieben, daß eine Verwarnung der zu vernehmenden Zeugen in einer bestimmten Form erfolgen, und daß dieselbe im Protokoll konstatirt werden solle.

Crim.-Ordn. §§ 317. 338; Vdn. v. 3. Jan. 1849 § 45 [n. 2]; § 55 [n. 6]; AGO. Anh. § 82. Vgl. RdOTr. 1. S. 504.

Erk. (Z. I.) v. 22. Dez. 1865 c. Schmeckebier (1323. I. Cr.) spricht den obigen Grundsatz aus

Antr. des GStA.s: gleichl. [13.—2.]

Staatsanwaltschaft. — Referendarius.

Es begründet keine Nichtigkeit des Verfahrens, wenn die Funktionen des Staatsanwalts durch einen für den speziellen Fall vom Ober-Staatsanwalt mit der Vertretung beauftragten Referendarius wahrgenommen werden.

Vdn. v. 3. Jan. 1849 §§ 2 [n. 13]. 14.

Erk. (Z. I.) v. 22. Dez. 1865 c. Schmidt (15. I Cr. v. 1866).

Das AG. hatte das erstinstanzgerichtliche Urtheil vernichtet, weil bei demselben ein vom OStA. dem verhinderten StA. substituirter Referendarius die Funktionen der StA.-schaft wahrgenommen hatte. NB. des OStA.s. Vernichtung. Gründe:

Bei der mündlichen Verhandlung der Sache in 1. Instanz ist, wie der 2. Richter selbst annimmt, die StA.-schaft durch einen Referendarius, also einen Justizbeamten vertreten, welcher nach Art. XV. des Ges.s v. 26. Apr. 1851 an sich qualifizirt ist, als Gehülfe des StA.s zu fungiren, und bei der mündlichen Verhandlung der Sache in 2. Instanz hat der zuständige OStA. erklärt, daß er diesen Referendarius für die Verhandlung der Sache in 1. Instanz dem behinderten StA. substituirt habe. Unter diesen Umständen muß die StA.-schaft als gehörig vertreten erscheinen. In diesem Sinne ist bereits vom Kgl. OTr. unterm 14. Nov. 1849 (JMBl. S. 503, Entsch. 18. S. 498) und unterm 8. Febr. 1855 (Präj. Nr. 135, Entsch. 29. S. 451) erkannt worden und nachgewiesen, daß das stattgehabte Verfahren auch nicht mit der allgemeinen Verfügung v. 15. Nov. 1849 (JMBl. 2. S. 460) in Widerspruch steht. Das von dem 2. Richter in Bezug genommene Regulativ über die Prüfung und Vorbereitung der Referendarien v. 10. Dez. 1849 (JMBl. S. 491), welches anordnet, daß und in welcher Weise Referendarien Behufs ihrer Ausbildung 3 Monate lang bei einem StA. beschäftigt werden sollen, ist aber für den vorliegenden Fall, wo es sich um einen einzelnen, besonders ertheilten amtlichen Auftrag handelt, nicht maaßgebend.

Antr. des GStA.s: gleichl. [30.—2.]

Gefängnißstrafe. — Vollstreckung. — Untersuchungshaft.

Die Untersuchungshaft ist auf eine wegen eines andern Straffalles erkannte und zu verbüßende Gefängnißstrafe nicht anzurechnen.

Vdn. v. 3. Jan. 1849 § 158 [n. 6].

Beschl. (I.) v. 23. Dez. 1865 c. Streit (301. B. I: Cr.).

Str. war aus der Strafanstalt zu A., in welcher er eine rechtskräftig verhängte zweijährige Gefängnißstrafe abbüßte, entsprungen, verübte einen neuen Diebstahl, ward deshalb als Untersuchungsgefangener in das Kr.-G.s-Gefängniß zu F. gebracht, und erst nach Beendigung dieser neuen Untersuchung in die Strafanstalt zu A. zurückgeführt. Hier beantragte er, daß ihm die inzwischen erlittene Untersuchungshaft auf den noch zu verbüßenden Rest jener Gefängnißstrafe angerechnet werde. Gegen die diesen Antrag ablehnenden Beschlüsse der Instanzgerichte ergriff er die Beschwerde an das OTr., ward aber auch von diesem zurückgewiesen. Gründe der Verbescheidung:

Die Untersuchungshaft kann auf die zufolge Urtheils v. ꝛc. zu verbüßende Strafzeit nicht angerechnet werden, weil Ihre Behandlung als Untersuchungsgefangener in dem Kr.-G.s-Gefängniß eine wesentlich andere gewesen ist als die in der Strafanstalt zu A., — der Zweck der Strafe mithin durch jene Haft nicht in gleicher Weise erreicht werden konnte.

Antr. des GStA.s: gleichl. [13.—4.]

Register.

I. Sach-Register.

(Die Ziffern bezeichnen die Seite.)

II. Quellen-Verzeichniß.

A. Strafgesetzbuch vom 14. April 1851.

B. Verordnung vom 3. Jan. 1849.

C. Gesetz vom 3. Mai 1852.

D. Criminal-Ordnung.

E. Rheinische Strafprozeß-Ordnung.

F. Allgemeine Gerichts-Ordnung.

G. Allgemeines Landrecht.

H. Rheinisches Bürgerliches Gesetzbuch.

I. Deutsche Wechselordnung.

K. Deutsches Handelsgesetzbuch.

L. Einzelne Gesetze, Verordnungen ꝛc.

Druckfehler.

S. 5 Z. 19 v. u. l. Tit. 32 st. Tit. 2.
„ 124 „ 12 v. o. l. 1843 st. 1848.
„ 256 „ 11 v. o. l. 5. Juni st. 2. Juni.
„ 396 „ 6 v. u. l. 363 st. 303.
„ 427 „ 5 v. o. l. 9. März st. 19. März.
„ 429 „ 18 v. o. l. Sodann st. Sonach.
„ 448 „ 2 und 9 v. o. l. Nr 2. st. Nr. 1.
„ 488 „ 15 v. o. ist das Wort seien zu streichen.
„ 564 „ 17 v. o l. n. 5. st. n. 4

Inhalt.

Seite